우송 김태길 전집

체험과 사색

우송
김태길 전집

체험과 사색

철학과 현실사

2007년 가을 학술원 회장 시절, 학술원 뜰 앞에서

2008년 호암상 시상식 축사 모습

머리말

시기심이 난무하는 치열한 경쟁의 시대에 살고 있다. 이러한 시대를 사는 처세술의 요체는 자기의 모습은 연막으로 가리고 남에게는 옷을 벗도록 유도하는 전략에 있다. 그러나 이제 살 만치 살았고 더 이상 남과 겨루고 경쟁할 일도 없는 나이가 되었다. 실패한 이야기든 성공한 이야기든 거짓 없는 기록은 누군가를 위해서 뜻있는 읽을거리가 될 것이다.

기억이라는 것을 전적으로 믿을 수 있느냐 하는 의문이 떠오른다. 지엽적인 기억의 착오는 더러 있을지 모른다. 그러나 큰 줄거리는 사실에서 별로 벗어나지 않았을 것이다. 적어도 의도적으로 거짓말을 쓰지는 않았다. 굳이 거짓말을 늘어놓을 까닭이 없다. 다만 남을 당혹하게 만들지나 않을까 하는 염려가 있을 경우에는 사람의 이름을 숨기거나 가명으로 바꾸어 놓는 정도의 거짓은 불가피하였다.

기억에 남은 것들을 남김 없이 모두 기록하지는 않았다. 나 자신 잊어버리고 싶은 이야기까지 기록으로 남길 필요는 없을 것이고, 타인에게 피해를 줄지도 모른다고 생각되는 이야기도 가급적 묻어 두기로 하였다.

기억을 더듬다 보면, 어떤 연상(聯想)의 심리작용 때문인지, 더러는 반성 같기도 하고 더러는 의견 같기도 한 생각이 떠오르는 경우가 있다. 그렇게 떠오른 생각 가운데 마음에 드는 것이 있으면 함께 기록하기도 하였다. 체험도 기록하고 사색도 기록한 셈이 된다.

나는 10여 년 전부터 '삶의 설계'가 중요함을 역설해 왔다. 부끄럽지 않은 삶을 갖기 위해서는 위대한 안목으로 멀리 내다보며 목표를 세우고 합리적 노력으로 일관해야 한다고 강조하는 버릇이 생겼다. 원칙적으로 그것이 보람된 삶을 위한 길이라고 믿는 까닭에 그렇게 말하는 것이다.

그러나 나 자신은 이 삶의 설계의 원칙을 잘 지키며 살았다고 말하기가 어렵다. 내 의도를 따라서 삶을 설계하고 내가 세운 목표의 달성을 위하여 꾸준한 노력을 기울일 수 있었던 것은 내 나이 40세를 넘어선 뒤의 일이며, 그 이전에는 '우연'이 던져 준 암시를 따라서 이리저리 방황한 나날이 많았다. 내가 만약 나의 운명을 미리 알 수 있었다면 그 숱한 시간을 낭비하지 않아도 좋았을 것이라는 부질없는 생각에 실소하기도 한다.

돈독한 신앙심을 갖지 못하고, 인간이 역사의 주인공이라는 교만한 생각으로 살아왔음에 가깝다. 그러나 무한한 대자연과 왜소한 나를 견주어 보며 경건한 마음으로 합장하는 순간도 있다. "운명은 아무도 모른다."는 생각이 문득 떠오르기도 하고, "하늘의 뜻은 진실로 헤아리기 어렵다(天意良難測)."는 옛사람의 말에 깊이 수긍하기도 한다.

나의 체험과 나의 사색. 그러나 그것은 결코 나 개인만의 것은 아니다. 거기에는 격동하는 시대를 함께 살아온 우리 모두의 체험과 사색이 반영되어 있을 것이다.

1993년 7월
철학문화연구소에서
김 태 길

차례

이야기를 시작하기 전에

언제부터였는지 나는 자기중심적이며 허영심 많은 사람을 몹시 싫어하게 되었다. 그리고 이것이 결국은 나 자신에 대한 혐오임을 알게 된 것은 철이 들기 시작한 뒤의 일이다.

중학교 하급생 시절에 이를테면 '자서전'의 첫 장(章)을 써둘까 하는 생각으로 원고지 몇 장을 메운 기억이 있다. 일개 소년이 자서전이라는 것을 염두에 두었다는 것은, 그 아이가 지극히 자기중심적이며 또 유례 없이 허영심이 강하다는 것을 말해 준다. 물론 처음부터 그것이 자기중심적이며 허영심 강한 성격의 발로임을 알았던 것은 아니며, 그러한 성격이 좋지 않다는 생각도 없었다. 그러나 언제부터였는지 나는 나 자신이 자기중심적이며 허영심이 강한 성격임을 알게 되었고, 또 그것이 좋지 못한 성격임을 뉘우치게 되었다.

자기중심적이며 허영심이 강하다는 것은 자기에 대한 사랑이 지나침을 의미한다. 결국 나는 내가 나를 지나치게 사랑하고 있음을 알았고, 그러한 나 자신에 대하여 혐오를 느끼게 된 것이다. 바로 이러한 상반된 두 가지 감정의 갈등을 나는 『흐르지 않는 세월』 마지막 장 첫머리에 다음과 같이 적어 두었다.

네가 가장 사랑한 것은 누구이냐?

저 자신입니다.

네가 가장 미워한 것은 누구이냐?

그것도 저 자신입니다.

앞으로 절실히 바라는 것은?

저 자신을 넘어서는 일입니다.

자기중심적이며 허영심 강한 나 자신을 극복하고자 하는 마음, 이것은 내가 철이 들기 시작한 이후로 줄곧 품어 온 소망이고, 아직도 부분적으로밖에는 이루지 못한 평생의 과제다. 어쩌면 끝내 이루지 못할 소망일지도 모른다. 나 자신에 대한 미움이 철저하지 못하기 때문이다.

자신을 철저하게 미워한다는 것은 결코 쉬운 일이 아니다. 미워하면서도 사랑하고, 사랑하면서도 미워한다. 어쩌면 자아(自我)라는 의식 가운데 이 두 가지 상반된 감정이 내재하는 것인지도 모른다.

나에게 사랑과 미움의 갈등을 일으킨 것은 개인으로서의 나 자신만이 아니었다. 우리 겨레로서의 '한국인' 또는 우리나라로서의 '한국'에 대해서도 나는 사랑과 미움을 아울러 느껴 왔다. 내가 출생한 것은 우리나라가 일본의 식민지가 된 지 11년 만인 1920년이었고, 나는 성장 과정에서 '삼천리 금수강산'이 좋은 나라라는 이야기와 우리나라가 보잘것없는 약소국가라는 이야기를 거듭 들어야 했다. 우리 민족은 기어코 독립을 해야 한다는 어른들의 말을 자주 듣는 한편, 우리 '조선'이 일본 사람들 앞에서 꼼짝 못하는 약하고 가난한 나라라는 사실을 피부로 느끼며 어린 시절을 보냈다.

철부지 어린이에게도 애국심이라는 것은 다소간 있기 마련이며, 나의 경우는 독립운동을 하다가 장기간 투옥된 경력 때문에 항상 고등계 형사들의 감시를 받으시던 아버지의 민족주의적 훈화를 자주 들은 터라, 다른 아이들보다는 나라를 사랑하는 마음의 싹이 일찍 돋았다고 기억한다. 6년형을 받고 복역을 하던 중에 3·1 운동 소식을 듣고 옥중에서 죄수들을 규합하여 '대한 독립 만세'를 부른 죄로 형기가 1년 연장되었다는 아버지의 체험담을 들었을 때, 의병 대장 한봉수 씨와 협동하여 일본 헌병대와 싸운 약간 허풍이 섞인 아버지의 무용담을 들었을 때, 나도 크면 애국자가 되어야겠다는 생각을 어렴풋이, 아주 어렴풋이 하게 되었다.

그러나 내 마음 한구석에서는 '조선인'을 미워하는 생각도 싹트고 있었다. 조상들이 잘못했기 때문에 일본의 속국이 되었으니 결국 자업자득이라는 상급생들의 말이 옳은 것 같았고, 사색당쟁에 관한 이야기나 한말의 친일파 이완용, 송병준 등의 매국 행위에 관한 이야기를 들으면서 일본 사람보다도 우리 조상이 더 밉다는 생각도 들었다.

5년제 중학교를 졸업하고 일본에 있는 제삼고등학교(第三高等學校)에 입학했을 때, 내가 조선 사람이라는 것을 더욱 강하게 의식하는 동시에, '조선인'에 대한 사랑과 미움의 감정도 더욱 뚜렷하게 느꼈던 것으로 기억한다. 그 당시 일본에 온 유학생 가운데는 자신이 조선인이라는 사실이 드러나는 것을 원치 않는 사람도 간혹 있었으나, 나는 오히려 내가 조선인이라는 것을 성급하게 밝히려는 태도를 취했으며, 일본인 앞에 당당하게 보이려고 의식적으로 노력하기도 하였다. 우리의 문자 한글의 우수함을 일본의 '가나'와 비교해서 강조했던 기억도 있고, 조선에서는 변기(요강)를 실내에서 사용한다는데 그것이 사실이냐는 질문을 받았을 때, 요강에는 뚜껑이 있으며 오줌이라는 것은 썩기 전에는 조금도 더러울 것이 없는 깨끗한 물질이라고 답변한 기억이 있다. 그리고 안방 바로 옆에 변소를 마련한 일본인보다 뒷간을 멀리 담 밖으로 배치한 조선인이 훨씬 더 위생적이라고 강변하기도 하였다. (그 당시에는 일본 가정에서도 수세식 변소는 사용하지 않았다.)

그러나 교외 변두리에서 가난하게 사는 교포들의 초라한 모습을 볼 때마다 공연히 화가 났다. 일본인의 변소에서 퍼낸 인분을 두 개의 통에 넣어서 운반하거나 손수레로 운반하는 일은 거의 모두 우리 교포들이 도맡아서 하는 형편이었는데, 나에게는 그들의 비참한 처지를 이해할 만한 지각이 없었다. 그 따위 고역에나 종사하려고 남의 나라에까지 왔는가 싶어서 그들이 한심하게 여겨졌고, 나 자신이 조선인이라는 사실에 비애를 느끼곤 하였다.

나 자신과 우리 겨레에 대한 사랑과 미움의 갈등은 그것으로 그치지 않고 또 하나의 갈등과 방황으로 이어졌다. 일제로부터 해방되어 국권을 회복한 우리나라의 현실은 혼란을 거듭하였고, 이 혼란한 현실 속에 포함된 사회적 갈등은 내 마음속으로 파고들었다. 그리고 이 어지러운 현실을 어떻게 대해야 옳을지 몰라서 엉거주춤 방황해야 했고, 내가 명색이 철학도라는 사실 때문에 이 방황이 부끄러움으로 인식되어 마음의 갈등을 더욱 부추겼다. 해방 직후에 좌우 두 이데올로기가 격렬한 대립의 양상을 보였을 때, 나도 응당 하나의 노선을 지지해야 한다는 강박관념을 느끼곤 했으나, 어느 길이 옳을지 정말 판단이 서지 않아서 엉거주춤한 자세로 방황할 수밖에 없었다.

6·25 동란이 지나간 뒤에는 좌익 세력이 일단 물러갔고 나 개인으로서도 쓰라린 체험을 했던 까닭에, 좌우 사이에서의 방황은 자연히 해소되었다. 그러나 '민주주의'를 표방했던 대한민국 정부가 약속을 어기고 독재정치를 감행했던 까닭에, 이 독재 정권이 연출하는 우리의 현실에 대해서 어떠한 태도를 취해야 할 것이냐 하는 물음 앞에서, 성격이 우유부단한 나는 또다시 갈등과 방황으로 세월을 보내야 했다.

70 평생을 갈등과 방황으로 살아온 셈이다. 갈등과 방황으로 순조롭지 못한 세월을 보내게 된 것은, 첫째로 내가 살아온 시대가 격동의 시대였기 때문이요, 둘째로 내 신경이 과민했기 때문이며, 셋째로는 내가 생각을 위주로 하는 '철학'이라는 일에 종사했기 때문일 것이다.

1장 나 어리던 시절

1. 단편적 기억

어린 시절의 기억은 극히 단편적이다. 내 어린 시절의 기억 가운데서 가장 오래된 것은 할머니가 만들어 주신 토시를 끼고 기뻐했던 일이다. 연두색 헝겊으로 만든 토시였다. 지금은 볼 수 없는 일종의 방한구(防寒具)인 토시를 얻어 끼고, 그 기쁨을 어머니에게 자랑하려고 부엌으로 달려간 일이 생생한 기억으로 남아 있다. 그것은 내 나이 세 살 때의 일이었다고 추정된다.

할머니는 내 고향 마을 파소(巴沼)에서는 50리 떨어진 숫골 큰댁에서 사셨고, 넷째 아드님인 우리 아버지를 보기 겸하여 우리 집에 다니러 오신 길에 막내 손자인 나에게 토시를 만들어 주셨던 것이다. 나의 그 기억이 몇 살 때의 일인지 궁금하여 할머니가 우리 집에 마지막으로 오신 것이 언제냐고 후일에 어머니에게 물었을 때 '세 살 때'라는 대답을 얻었던 것이다. 나에게 연두색 토시를 만들어 주셨을 때 할머니는 이미 70 고개를 넘은 고령이었고, 숫골에서 우리 집이 있던 파소까지 50리 길을 오시자면 여러 개의 산고개를 걸어서 넘어야 했던 까닭에, 그 뒤에는 다시 우리 집에 오시지 못했던 것으로 알고 있다.

또 하나 기억에 떠오르는 것은 꽤 큰 뒤에도 어머니의 젖을 먹었을 때의 아련한 모습이다. 막내라 그런 어리광이 허용된 것인데 몇 살 때까지 어머니 젖에 매달렸던지는 알 수가 없다. 어머니는 젖을 떼려고 쓰디쓴 금계랍을 젖꼭지에 바르기까지 했지만, 나는 그것을 물로 닦아 내고 다시 어머니 품에 안기기도 하였다.

무엇 때문인지는 모르나 어머니에게 야단을 맞고 울었을 때, 누나가 업어서 달래 주었던 일도 기억에 남았다. 나보다 열세 살 위인 누나는 17세 되던 해에 시집을 갔는데, 그 결혼 신방의 광경을 잠시 훔쳐보았을 때의 기억이 생생하다. 안방을 신방으로 내주고 어머니와 나는 윗방에서 자고 있었는데, 중간에 잠이 깼다. 잠이 깨면서 누나의 신방 모습이 궁금하게 느껴졌던지, 나는 안방과 윗방 사이의 통로 구실을 했던 사잇문을 살며시 열고 들여다보았다. 당시 15세였던 신랑이 신부의 족두리를 막 벗기는 찰나였다. 족두리를 벗긴 다음에는 신부의 저고리 옷고름에 손을 대는 듯하더니 "벗으시지요." 하고 말했다. 그러나 그 다음은 지켜보지 못하고 곧 문을 닫아야 했다. 누나의 벗는 모습을 차마 볼 수 없어서 그랬는지, 또는 어머니에게 들켜서 제지를 당한 것인지, 그 점은 기억에 남아 있지 않다.

나의 단편적 기억의 또 하나는 여름철에 적삼만 하나 걸치고 배꼽 이하는 완전히 노출한 채 돌아다닌 나의 어린 모습에 관한 것이다. 물론 나만 그랬던 것은 아니고 같은 또래의 다른 아이들도 모두 그런 모습이었으므로 부끄러움 따위는 전혀 몰랐다. 동네 아저씨들이 그 고추 맛 좀 보자고 졸라 대면, 나는 고추를 슬쩍 쓰다듬은 손을 동네 아저씨 입에 가져다 대곤 하였다. '맛있다'는 칭찬이 듣고 싶어서 인심을 후하게 썼던 것이다.

내가 출생한 곳은 충주읍에서 약 20리 떨어진 두메산골이었다. 많지도 않은 농토가 토박하여서 마을 전체가 가난하였고, 두 다리밖에는 교통수단이 따로 없을 정도로 문명에서 소외된 고장이었다. 마을의 어른들은 모두 상투를 틀고 있었는데, 우리 아버지만이 '하이 칼라' 머리에 모자를 쓰고 다니셨다.

아버지는 항일 독립운동으로 7년의 옥고를 치른 경력을 가지셨다. 내가 세상에 태어나기 이전에 있었던 일이므로, 그 항일 투쟁의 구체적 모습은 상세히 아는 바가 없다. 분명히 말할 수 있는 것은 한일합방이 공식화된 1909년의 아버지 연세가 24세였다는 사실이며, 구한말에 금부도사(禁府都使)를 지내신 할아버지와 함께 상주(尙州) 땅 늘티를 본거지로 삼고 무력 항쟁을 하다가 체포되었다는 사실이다.

일본 헌병들에게 가택 수색을 당했을 때, 폭약과 총기류가 나와서 아버지가 체포되었다는 이야기를 어머니로부터 들은 적이 있다. 그리고 의병들에게 밥을 해대느라고 안에서 고생이 막심했다는 이야기도 들었다. 어쨌든 아버지는 6년형을 선고받았고, 6년 만기를 거의 채워 갈 무렵에 기미년 독립만세운동이 일어났다. 아버지는 옥중에서 다른 수감자들을 규합하여 '만세'를 불렀고, 그로 인하여 형기가 1년 가까이 더 연장되었다. 아버지가 석방된 것은 1920년 이른 봄이었을 것이다. 내 생일이 그해 11월 15일이라는 사실이 그러한 추측을 가능케 한다.

내가 태어났을 때 아버지는 35세였고 어머니는 36세였으니 노산(老産)에 해당한다. 내가 출생했을 당시에 우리 부모에게는 이미 열네 살 난 딸과 열두 살짜리와 열 살짜리 두 아들이 있었다. 만약 아버지가 옥고를 치르지 않았다면, 우리는 더 여러 남매가 됐을 가능성이 높다.

내가 잉태됐을 무렵에 어머니가 꾼 태몽 이야기를 나는 여러 번 들었다. 굉장히 큰 자라 한 마리가 나타나더니 부엌으로 기어 들어갔다. 뒤를 따라가 보았더니 가마솥에 쌀이 가득했고, 자라는 그 쌀 속으로 들어가서 머리만 내밀었다. 어머니는 자라의 이빨이 무섭다는 것도 잊고 쌀로 자라의 머리까지 덮어 주려고 했으나, 자라가 계속 고개를 드는 바람에 머리를 덮지는 못하고 그저 쓰다듬어 주기만 하였다. 신기한 꿈이라고 생각되어 아버지에게 그 이야기를 했더니 분명 태몽이라고 단언하시더라는 것이다.

어머니는 충주읍에서 10리쯤 떨어진 탄금대(彈琴臺) 부근에 살고 있던 권승지(權承旨)의 외동딸로 태어나서 어린 시절을 유복하게 보냈다. 16세 때 한 살 아래인 김 도령과 결혼을 했고, 그때부터 고생길이 열렸다.

시댁은 소문보다 가난한 집안이었고, 5남매 가운데 넷째와 결혼을 했으니 손위 동서가 세 사람이나 있었고 손아래 시누이도 있었다. 그러나 어머니의 고생은 시댁의 가난이나 층층시하의 시집살이에서 오기보다는 아버지의 파란만장한 행적에서 왔다. 아버지에게는 물려받은 유산이나 수입은 전혀 없었고, 다소라도 집에 있는 것은 가져다가 없애는 것이 그분의 경제 행위의 전부였다.

아버지가 장기간 옥살이를 하게 되었을 때, 우리 외조부께서는 따님과 그 식솔을 파소로 이주시키고, 그곳에 3천 평 정도의 땅과 작은 초가 한 채를 마련해 주셨다. 그 정도로도 파소에서는 잘사는 편에 속했으나, 자녀들의 교육비까지를 감당하기에는 어려움이 있었다. 나보다 손위인 3남매 가운데 큰형만이 보통학교(지금의 초등학교)를 겨우 다녔다는 사실이 그 당시의 우리 집 경제 사정을 말해 준다. 큰형은 파소의 소년으로서 학교교육을 받은 첫 번째 사람이었다. 그래도 그 고장에서는 우리 집이 제일 부자였던 모양이다.

어머니는 독립운동가의 아내로서보다는 네 자녀의 어머니로서 더 열심히 사셨다. 집안의 경제생활뿐 아니라 자녀들의 교육에 대해서도 아버지 구실까지를 일부 맡아야 했다. 아버지는 집안의 경제에 대해서는 무책임한 편이었으나, 자녀들의 교육에 대한 관심에는 나무랄 데가 없었다. 그러나 7년형이 끝난 뒤에도 늘 경찰에 쫓기는 요시찰 인물이었고 가끔 붙잡혀 가기도 했으므로, 실제로 집에 눌러앉아서 자녀들을 교화하기에는 한계가 있었다.

어머니가 우리에게 글을 가르치신 것은 아니다. 어머니가 가르친 것은 주로 버릇이었고, 나쁜 버릇을 고치기 위해서 가끔 종아리를 때리는 일도 있었다. 종아리를 때린 다음에는 그것을 마음 아파 하는 모습을 감추지 못한 점이 아버지와 달랐다. 엄함과 자애로움을 아울러 가졌던 것인데, 우리 4남매는 그런 어머니를 세상에서 가장 훌륭한 어머니라고 생각하였다.

그 당시의 주부들이 대개 그랬지만, 우리 어머니는 이루 말할 수 없을 정도로 알뜰하고 부지런하였다. 계절에 따라서, 고추와 마늘, 배추와 무, 콩과 보리 등 밭농사를 손수 지었는데, 언제나 마을의 다른 밭보다 월등하게 농사가 잘되었다. 거름을 남보다 더 주고 김도 남보다 더 자주 매는 것이 비결이라면 비결이었다. 어머니는 봄 가을 두 차례 누에도 치고, 목화 농사를 지어서 길쌈도 하였다. 요즈음 주부들이 부엌일 하나만을 가지고도 잔소리와 불평이 많은 것을 보면서, 나는 가끔 옛날 어머니들을 생각한다.

워낙 일이 많았고 물자가 귀했으므로 자녀들을 과보호할 여유도 없었지만, 과보호해서는 안 된다는 뚜렷한 신념을 가지고 있었다. 나는 막내로서의 귀여움을 독차지했고 내가 자랄 무렵에는 집안 형편이 많이 좋아졌지만, 어머니는 나에게 많은 일을 시키셨다. 집 청소도 시키고, 배추벌레도 잡게 했으며, 이웃집으로 심부름도 자주 보냈다. 언젠가 20리 길을 걸어서 외가에 가던 도중에 길가에 홍시(紅柿)를 놓고 파는 사람이 있기에, 그것이 먹고 싶다고 졸라 댄 적이 있었다. 그때 어머니는 돈은 한 푼이라도 아껴야 한다며 나를 나무라셨다. 그러고 나서 한 개만 사주었다.

어머니의 그러한 교육이 내 성격 형성에 결정적 영향을 끼쳤다. 나는 평생 매우 부지런하게 살았으며, 지금도 부지런히 움직이고 있다. 나는 지금도 물자를 몹시 아낀다. 비행기 안에서 주는 종이 냅킨은 버리지 않고 호주머니에 넣어 두었다가 다음에 휴지로 사용한다. 한 번 사용한 봉투도 버리지 않고 두었다가 다시 사용한다. 우리 집에서는 우유 팩은 물에 씻어서 분리 수거 방침에 충실하게 협조하고 있다.

나의 이러한 태도를 인색하다고 웃는 사람이 있을지 모른다. 그러나 나는 인색과 절약은 다르다고 생각한다. 나는 상점에서 물건값을 깎지 않으며, 싼 물건을 찾아서 여러 상점에 들르지도 않는다. 나는 꼭 필요한 일에는 돈을 아끼지 않으며, 시간의 절약을 위해서라면 돈을 헤프게 쓰기도 한다.

시대가 달라졌으니 이제는 옛날처럼 절약을 하며 궁상을 떨 필요가 없다는 주장에도 나는 동의하지 않는다. 나는 시대가 달라졌으므로 옛날보다도 더 절약을 해야 한다고 믿는다. 옛날에는 부유한 사람이 돈을 좀 헤프게 쓰더라도 그것을 보고 위화감을 느끼는 사람은 거의 없었으며, 잔치를 푸짐하게 벌이면 굶주린 이웃에게 베푸는 결과가 되었다. 옛날에는 물질의 소비가 자연자원의 고갈을 가져오고 환경의 오염을 부를 것임을 걱정할 필요도 없었다. 그러나 오늘은 사정이 크게 다르다.

과보호의 사랑은 받지 못했지만, 우리 세대는 그 점에 대해서 불만보다는 오히려 깊은 감사를 느끼며 살았다. 요즈음 젊은 세대가 과보호의 사랑을 포식하면서 그래도 부모에 대한 불만이 적지 않은 것과는 대조적이다. "시대가 달라졌는데 웬 옛날이야기냐?" 하고 간단히 물리치기 전에 좀 깊이 생각해야 할 문제가 여기에 있을 것 같다.

내 나이 다섯 살 때로 기억되는 어느 날, 아버지는 나를 불러 앉히고 "너 오늘부터 글을 배워라." 하며 책 한 권을 내놓으셨다. 『천자문(千字文)』이었다. 그날부터 "하늘천언 따아지, 가물혀언 누루화앙" 하며 집이 떠나가라고 큰 소리로 외워 대는 공부를 시작한 것인데, 엄밀하게 말하면 글공부의 기초로서 한자(漢字)를 배우기 시작한 것이다.

왜 한자 공부를 해야 하는지 그 까닭을 알 리가 없는 어린 나이였다. 뛰어다니며 노는 것만 못하다고 불평하는 것을 눈치채고, 아버지는 나에게 한 가지 제안을 하였다. 하루 동안 배운 것에 대하여 다음 날 아침에 간단한 시험을 쳐서 하나도 틀리지 않으면 상으로 일전(一錢)짜리 동전 한 닢을 주시겠다는 조건이었다. 나로서는 반대할 이유가 없었으므로, 이를테면 부자 간의 첫 약속이 맺어지게 되었다.

간단한 시험은 그 전날 배운 부분을 우선 암송하고, 배운 글자 가운데 "이것은 무슨 자니?" 하고 무작위로 물었을 때 "별 진(辰) 자입니다." 또는 "감출 장(藏) 자입니다." 하고 대답하는 것이 그 내용이었다. 크게 어려울 것이 없는 시험이어서 매일 동전 한 닢씩을 상으로 받았다. (동전을 밥상에 올려놓고 가지라고 하는 것인가 했더니, 그것은 아니었다.)

『천자문』 한 권을 배우는 데 16일이 걸렸으며, 나는 결과적으로 16전의 돈을 벌게 되었다. 두메산골이라 돈을 주고 엿이나 사탕을 살 기회도 별로 없었고, 동전을 넣어 둘 만한 지갑도 없었다. 그래서 그것을 아버지에게 당분간 맡겨 두기로 했는데, 그 뒤에 그 돈은 나에게 다시 돌아오지 않았다. 나는 내 채권을 주장할 정도로 영악스럽지 못했고, 아버지는 어린이의 재산권을 우습게 생각하신 모양이었다. 그러나 『천자문』을 떼던 날 떡을 만들어서 나누어 먹었으니, 나로서는 그것만으로도 보람은 충분하였다. '책씻이'라는 말도 그때 처음 알게 되었다.

『천자문』 다음에는 『동몽선습(童蒙先習)』이라는 책을 배우게 되었다. "천지 사이 만물 가운데 사람이 있어서 가장 고귀한 존재이니(天地之間萬物之中, 有人而最貴)"라는 말로 시작되는 수신(修身) 책이다. 이번에는 시험을 잘 치르면 상금을 준다는 약속이 없었다. 반드시 그것 때문은 아니겠지만, 나는 글공부에 별로 흥미를 느끼지 못하였다. 글공부보다는 뛰어다니며 노는 편이 좋았다.

그 당시 나보다 좀 큰 아이들 사이에 활쏘기 놀이가 인기를 끈 적이 있다. 복숭아나무 가지로 만든 활에 가는 수수깡으로 된 화살을 끼워 날리는 놀이였다. 나도 형에게 졸라서 만든 활과 화살로 무장을 하고 나가서 놀다가 의기양양한 모습으로 집에 돌아왔다. 그 모양을 보고 아버지는 "글공부를 열심히 해야지, 그까짓 활은 쏘아서 무엇하느냐?" 하며 나무라셨다. 일본에 대한 무력 항쟁을 늘 자랑삼아 이야기한 분이 왜 아들의 활쏘기 놀이를 막았는지, 지금 생각해도 잘 납득이 가지 않는다. 어쨌든 아버지는 근본적으로 무(武)의 길보다도 문(文)의 길이 더 소중하다는 믿음을 버린 적은 없는 것으로 보인다.

아버지는 집에 계시는 날보다도 객지로 돌아다니는 날이 더 많았다. 아버지가 객지 생활을 하신 기간이 나에게는 방학 기간이었다. 아버지와 공부하는 시간이 별로 싫지도 않았지만, 아버지가 빨리 돌아오시기를 기다릴 정도로 글공부를 좋아하지도 않았다. 그 교재가 내 나이에는 너무 어려운 편이었고, 몸가짐과 마음가짐에 대한 설교로 꽉 들어차 있는 책이 예닐곱 살짜리 어린이에게 흥미로울 리가 없었다.

아버지의 사정으로 글공부가 자주 중단되기는 했지만, 그럭저럭 『동몽선습』도 끝까지 배우고 또 책씻이 떡을 해먹었다. 그 다음에 배우기 시작한 것은 『소학(小學)』이었다. 이것도 일종의 수신 책이다. 아버지는 소년 시절에 악동(惡童)으로 소문이 났었다는데, 나에게는 시종일관 삼강(三綱)과 오륜(五倫)의 길을 가르치려고 결심하신 것으로 보인다.

우리 집에는 『소학』의 원전이 있었으나, 아버지는 그것을 손수 붓글씨로 한 부를 베끼셨다. 아마 중국에서 출판된 원전에는 구두점도 없고 토도 없어서 어린이는 배우기가 어려운 것으로 생각되어, 배우기 쉽게 우리말로 토도 달고 구두점도 찍은 교재를 만들기 위해서 그렇게 했을 것이다. 나의 교육에 대한 아버지의 관심이 깊었음을 말해 주는 정성이다.

책 이름은 비록 『소학』이나 이 책은 결코 내용이 쉬운 책은 아니었다. 그러나 여러 번 읽어서 줄줄 외우게 되면 자연히 문리(文理)가 트이게 되리라는 것이 그 당시 선생님들의 공통된 믿음이었다. 그날 하루 배울 분량을 우선 한 번 읽어 가면서 선생님이 해석을 해준다. 그러나 그 해석 자체가 원전에 대한 직역(直譯)에 가까운 것이어서, 알 것도 같고 모를 것도 같았다. 모르더라도 거듭 읽어서 줄줄 암송만 하면 자연히 조만간 알게 된다는 말만 믿고 열심히 낭독을 하고 암송을 한 것이 그 당시 내가 받은 한문 교육이었다.

어린이들은 비상한 기억력을 가졌다. 나도 어린 시절에는 기억력이 좋은 편이어서, 의미도 모르는 한문 문장을 줄줄 암송하는 데는 별로 어려움이 없었다. 이태리어를 모르는 가수가 이태리 가곡을 제법 그럴듯하게 부를 수 있는 것과 비슷한 사정이다. 큰 소리를 내서 암송하면 조건 반응의 심리가 작용하여 기계적으로 계속 소리가 이어지는 모양이다. 어쨌든 나는 『천자문』과 『동몽선습』 그리고 『소학』을 잇달아 암송하는 재주를 부려서 어른들의 칭찬을 받곤 하였다. 칭찬을 너무 자주 들으면 니르키소스처럼 자기중심적인 성격이 되기 쉽다는 것을 아는 사람은 아무도 없었다. 특히 사람들이 많은 외가에 가면 어른들은 글 한번 외워 보라고 부추겼고, 나는 칭찬받는 재미로 사양하지 않고 큰 소리로 암송하곤 하였다.

내 나이 일곱 살 때의 어느 날, 아버지는 나를 데리고 충주읍 교현동에 있는 향교(鄕校)로 가셨다. 많은 사람들이 그곳에 운집해 있었다. 이를테면 '한문 암송 대회'가 열리고 있었던 것이다. 몇 시간을 추위와 배고픔을 참고 기다린 끝에 내 차례가 왔다. '강(講)'이라고 불린 암송을 시작하기 전에 심사위원으로 보이는 노인들로부터 간단한 질문이 있었다. "이름이 무엇이냐?" "본관이 어디냐?" "아버지 성함을 말해 보라." 하는 따위의 질문이었다.

"네 나이 올해 몇 살이냐?" 하고 심사위원 한 분이 물었을 때, 나는 "일곱 살이유." 하고 대답하였다. 그 순간 역시 심사위원 자리에 있던 다른 노인 한 분이, "내가 알기로는 네 나이가 여섯 살인데, 왜 일곱 살이라고 하느냐?" 하고 반문하였다. 우리 집에도 자주 온 적이 있고 외가에서도 여러 번 만나서 내 절을 받은 분이다. 한쪽 눈을 못 뜨는 그분을 아버지는 '자곡 어른'이라고 부르며 대단한 유학자라고 하신 적이 있다. '자곡(紫谷)'은 그의 아호였을 것이다. 성은 홍(洪)씨였다.

"아니유, 저는 일곱 살이유." 하고 나는 다시 자신 있게 말했다. 이런 경우는 나이가 적을수록 평가에 유리하다. 아마 '자곡 어른'은 친구의 외손자이기도 한 나를 위하는 마음에서 '여섯 살'을 주장했을 것이다. '만'으로 따지면 '여섯 살'도 채 안 된 때였다. 어쨌든 나는 '일곱 살'을 고집했고, 심사위원들은 모두 껄껄 웃었다.

나는 『소학』을 첫머리부터 암송하기로 되어 있었다. "고자(古者) 소학(小學)에, 교인(敎人)이 쇄소응대(灑掃應對), 진퇴지절(進退之節)와 애친경장(愛親敬長)…" 여기까지 큰 소리로 자신만만하게 암송했을 때 심사위원석에서 "그만!" 하고 중단시켰다. '진퇴지절과'라고 해야 옳은데 '진퇴지절와'라고 토를 잘못 읽은 것이다. 워낙 참가자가 많았으므로 조금이라도 틀리면 그 시험을 끝내는 진행 방법을 취한 것으로 안다.

나는 어느 대목이 틀렸다는 것인지 알 수가 없었다. 나는 배운대로 정확하게 암송했던 것이다. 내가 아버지에게 의문을 제기했을 때, 아버지는 "내가 잘못 가르쳤다."고 솔직하게 자인하셨다. 『소학』 원전에 우리말 토를 달아서 필사본 교재를 만들었을 때, '진퇴지절과'라고 해야 할 것을 '진퇴지절와'로 잘못 적으신 것이다. 한학자였던 아버지는 우리말 문법에는 통달하지 못했다고 보아야 한다.

심사 결과가 발표되었을 때, 나는 3등상을 받게 되었다고 들었다. 최연소 참가자라는 점과 교재에 문제가 있었다는 점을 감안하여 입상권 내에 포함시킨 것으로 짐작된다. 상품은 백로지(白露紙) 15장과 또 한 가지 무엇을 받았다고 들었으나, 현품을 본 적은 없다. 어린이에게 물질에 대한 관심을 불러일으킬 필요가 없다는 교육관 때문이었는지, 모두가 어른들 위주의 잔치였기 때문인지, 아버지는 나에게 상품을 보여주지 않으셨다. 요즈음 아이들 같으면 제 것이라고 주장했을 상품이었다.

충주 향교에서 한문 고전 암송 대회가 있던 무렵부터 나의 선생님은 아버지에서 권태술(權泰述) 선생으로 바뀌었다. 권태술 선생은 외가로 먼 친척이 되는 분으로서 나는 그를 '선생님'이라고 부르지 않고 '주사(主事) 형님'이라고 불렀다. 항렬은 우리 외사촌과 같았으나, 환갑이 지난 백발 노인이었다. 나를 권태술 선생의 제자로 만든 까닭은 그분이 아버지보다 한 수 위인 한학자였다는 점도 있었겠지만, 자식을 직접 가르치는 것보다는 바꾸어서 가르치는 편이 낫다는 옛날부터의 생각도 작용했을 것이다.

권태술 선생은 우리 외가댁 작은사랑에 서당을 차리고 여러 아이들을 가르치고 있었다. (큰사랑은 외조부께서 사용하셨다.) 그분은 한시(漢詩)의 대가로서 동아일보나 조선일보 문화면에 그분의 작품이 기끔 실리기도 하였으나, 나는 그것이 크게 자랑스럽다는 것을 몰랐다. 시인인 우리 선생님은 전형적인 훈장은 못 되었다. 알아듣도록 열심히 가르치려고 애쓰는 기색도 없었고, 잘 못한다 하여 종아리를 때리는 법도 없었다. 홀아비로 외롭게 살았지만, 천하가 태평한 호호야(好好爺)였다.

아침 몇 시쯤부터 공부를 시작하고 오후 몇 시쯤에 학습을 마친다는 규칙도 없었다. 배우는 책과 진도(進度)가 아이들마다 달랐으므로 개인지도의 형식으로 글을 배웠고, 아침결에 한 사람 한 사람 선생님 앞에서 그날 몫을 배우기 마련이었다. 배운 다음에는 큰 소리로 낭독을 했다. 낭독을 거듭하는 가운데 암송의 효과를 거두자는 것이었다. 교과서도 다르고 진도도 다른 학생들이 제각기 다른 대목을 낭독하기 마련이니, 소리를 크게 내지 않으면 내 낭독이 남의 낭독에 묻혀 버린다. 따라서 서로 기를 쓰고 큰 소리로 글을 읽게 되니, 마치 여름숲에서 여러 매미들이 소리를 높여 울어 대는 상황과 흡사했다.

아침마다 글을 배우는 순서는 서당에 나타난 순서를 따랐다. 먼저 온 사람은 먼저 배우고 나중에 온 사람은 나중에 배운다. 다만 배우기 전에 전날 것을 암송해야 하는 부담이 있었으므로, 암송 준비가 되지 않으면 일찍 배우겠다고 나서기가 어려웠다. 그러므로 선생님 앞에 먼저 나서서 먼저 외우고 먼저 배우는 사람이 공부를 잘하는 학생이라는 인상을 줄 수도 있었다.

나는 어릴 때부터 샘이 많은 편이었다. 남보다 먼저 외우고 남보다 먼저 배움으로써 '공부 잘하는 아이'라는 칭찬이 듣고 싶었다. 글방에 다니기 위하여 외가댁에서 숙식을 하고 있었으므로, 같은 집 작은사랑을 서당으로 사용하던 선생님 앞에 먼저 나가기에 유리한 점도 있었다. 그래서 나는 큰 무리를 하지 않고도 '제일 먼저 배우는 아이'가 될 수 있었다. 그러나 오래지 않아서 강력한 경쟁자가 나타났다. 나보다 두 살 위인 외사촌 누나가 나의 독주로 인하여 자존심이 상하기 시작했던 것이다.

외사촌 누나는 총기(聰氣)가 탁월하여 암송에서 나에게 뒤질 까닭이 없었고, 같은 집에서 기거했으니 서당까지 가는 거리상의 조건도 나와 같았다. 결국 나는 몇 차례 선두를 빼앗기게 되었고, 더욱 분발할 필요가 있었다. '분발'이라는 것이 별 게 아니라 아침에 더 일찍 일어나서 선생님 앞에 먼저 나가는 것이었다. 외사촌 누나도 순순히 물러설 성미가 아니었으므로, 두 아이의 기상(起床)은 점점 빨라졌다. 마침내 나는 선생님이 일어나기도 전에 사랑으로 나가서 선생님을 깨우고 글을 배우러 왔다고 재촉하기에 이르렀다. 선생님은 "아 이놈들아, 잠 좀 자게 내버려 두어라." 하며 일어나셨다. 그러나 화를 내는 일은 없었다.

아직 날이 새기도 전이었다. 그러나 암송에는 날이 밝을 필요가 없었다. 글을 외우는 데는 지장이 없었으나, 겨울날이라 문을 활짝 열고 환기를 할 수 없다는 어려움이 있었다. 선생님에게서 밤새도록 뿜어 나온 홀아비 냄새와 노인 냄새가 만만치 않았던 것이다. 나는 그 냄새에 쾌감을 느낄 수는 없었으나 못 견딜 정도는 아니었다. 못 견딘 것은 여자인 외사촌 누나였다. 그 선두다툼은 결국 외사촌 누나의 기권패로 끝났으나, 누나는 나를 여전히 귀여워해 주었다. 그것은 어디까지나 선의의 경쟁이었고 약간 장난기가 섞인 게임이었던 까닭에, 감정의 대립 따위는 애당초 없었다.

내가 아홉 살 되던 해 봄에 내 고향 마을 파소에도 제대로 된 서당이 생겼다. 그전에도 동네 할아버지가 자기 손자와 이웃 아이들을 모아 놓고 한문을 가르치는 곳이 있었으나, 그 선생님의 한문 실력이 좀 달리는 편이어서 본격적인 서당이라고 보기는 어려웠다. 그런 상황을 보고 경상도에서 이사온 최 씨 영감이 마을에 서당다운 서당 하나 없어서야 되겠느냐며, 자기 집 사랑채에 서당을 차린 것이다. 최 씨 영감에게는 학수와 학돌이라는 두 아들이 있었다.

최 씨 영감이 훈장을 구해 왔는데 그분도 권 선생님이었다. 아버지가 그 훈장을 만나 보시고 좋은 선생님이라며 나를 그 문하로 들여보냈다. 이를테면 전학을 한 셈이다. 권태술 선생보다 학문이 깊다고 보아 나를 그분에게 맡긴 것은 아니고, 훈장으로서의 열성이 대단하다는 점을 높이 산 것으로 알고 있다.

새로 오신 선생님은 전형적인 훈장이었다. 항상 관모를 쓰고 학동들을 대했으며, 아침저녁으로 선생님께 절을 하도록 시켰다. 학동들 상호간에는 읍(揖)이라는 예법으로 인사를 나누도록 가르쳤다. 전날 배운 것을 제대로 암송 못하는 학동에게는 종아리채로 벌을 주기도 하였다. 붓글씨를 배우는 시간도 마련하여 일과에 변화를 주기도 하고, 여름에는 산기슭에 정자를 짓고 그곳에서 당시선(唐詩選)과 한시(漢詩) 작법을 가르치는 등 의욕을 보였다.

파소 서당의 학동들 가운데서도 나는 최연소자였고, 공부 잘한다는 칭찬도 자주 들었다. 그러나 나는 이 서당 공부에 별로 흥미를 느끼지 못했다. 나이가 아홉 살이나 되어서 서당에 다닌다는 사실에 불만이 있었던 것이다. 외가에 갔을 때 그 동네에 학교에 다니는 아이들이 많은 것을 본 것이 자극이 되어, 나도 학교에 다니고 싶었던 것이다.

내 나이 아홉 살이 되던 1928년 봄에 (그때 만으로는 7년 3개월 정도였다) 나도 학교에 보내 달라고 내 의사를 밝힌 적이 있다. 부모님도 학교교육의 필요성을 인정했으나, 가장 가까운 대소원(大召院) 보통학교에 다니자니 큰 고개를 넘어서 6킬로미터 이상 거리를 걸어서 왕복해야 했으므로, 내가 너무 어리다는 이유를 들어 다음 해에 보내 주기로 시기를 늦추었다.

그 약속을 받고 파소에서 1년 동안만 더 서당에 다니기로 했던 것인데, 마음은 벌써 학교로 달아나고 있었다. 음력으로 그해 연말까지만 서당에 다니게 될 것으로 알고 있었는데, 해가 바뀐 뒤에도 계속 다니라고 아버지께서 말씀하셨다. 입학 시기는 4월 초순이니 3월 하순까지는 한문 공부를 계속하라는 말씀을 남기고 서울로 떠나셨다.

아버지가 돌아오셔야 입학 절차도 밟고 그 밖의 준비도 할 터인데, 3월이 오도록 아버지는 소식을 끊은 채 모습을 보이지 않았다. 객지로 나갔다가 경찰에 체포되어 고생을 하신 적도 가끔 있었던 아버지였으므로 나는 불안을 느끼기 시작했다. 아버지의 신상(身上)을 걱정한 것이 아니라 내가 입학 시기를 놓치지나 않을까 그것이 걱정되었던 것이다. 어머니에게 나의 초조한 마음을 전했으나, 아버지가 오실 때까지 기다리라고만 하였다. 꼼짝없이 보통학교 입학이 1년 더 늦어지게 되는구나 생각하니 어린 가슴이 무너져 내렸다.

서당에는 여전히 매일 나갔다. 그러나 한문 공부에서는 이미 마음이 떠난 뒤였다. 큰 소리로 책을 읽으면서도 다른 생각만 하였다. 학교 입학이 좌절된다는 생각에 눈물이 마구 쏟아졌다. 선생님에게 눈물을 들키지 않기 위해서는 글방 밖으로 나가야 하는데, 그것도 마음대로 할 수는 없었다. 변소에 간다는 핑계를 대고 나가야 했고, 밖에 나간 학동이 들어오기 전에는 나갈 수가 없었다. 두 사람 이상이 동시에 밖으로 나가면 잡담을 하게 된다는 이유로 선생님이 그런 제한 규칙을 만들었던 것이다.

그 제한이 나에게 유리한 점도 있었다. 하나밖에 없는 '외출패(外出牌)'를 내가 들고 나가면 다른 학동은 문 밖에 나갈 수가 없으므로, 나는 혼자서 마음 놓고 실컷 울 수가 있었던 것이다. 그러나 너무 오래 울면 다른 친구들에게 '외출패'를 사용할 수 없는 불편을 주게 되므로, 변소 옆에서 적당히 울고 손등으로 눈물을 닦으며 총총히 글방 안으로 돌아오곤 하였다.

아버지께서 돌아오신 것은 3월 말이 다가온 뒤였다. 입학에 필요한 모든 절차를 끝냈다고 하셨다. 나는 대소원에 있는 보통학교에 다니게 될 줄 알았는데, 충주공립보통학교에 입학이 결정되었다는 소식이어서 더욱 기뻤다. 파소에서 대소원 학교를 다니기가 힘들 뿐 아니라, 면소재지의 학교보다는 읍내에 있는 학교가 낫다는 점을 고려하여, 외가에 와서 충주의 학교에 다니도록 하라는 혜택이 주어졌던 것이다. 6년 동안 외가댁 신세를 지게 된 것인데, 그때 나를 위하여 그런 결정을 내리는 과정에서 가장 큰 힘이 된 것은 나보다 여섯 살 위인 외종형(外從兄) 태갑(泰甲) 씨였다고 들었다. 태갑 씨는 당시에 16세밖에 안 되는 소년이었지만 권씨가의 종손(宗孫)으로서 이미 어른 대접을 받았고, 본래 인품이 후덕하여 친인척 가운데 어려운 사람들에게 많은 것을 베푸는 장자(長子)의 풍도를 일찍부터 보인 인물이다.

이것은 나의 짐작에 불과한 것이지만, 우리 부모님은 내가 보통학교에 입학하기로 결정된 것을 나에게 빨리 알릴 필요가 없다고 판단한 것으로 보인다. 학교에 다니기로 확정되었음을 알면 마음이 들떠서 한문 공부를 소홀히 할 것이라는 예측 때문에, 공부의 공백기를 없애기 위하여 그 소식 알리는 것을 일부러 늦추었다는 생각이 든다. 어머니는 그동안에도 친정에 자주 다니셨고, 서울에서 돌아오신 아버지와 충주 외가댁에서 미리 만났을 가능성도 있었다. 아버지는 서울에서 집으로 바로 돌아오지 않고, 먼저 처가로 가서 여러 날 지체하셨다는 인상이 강하다.

만약에 내 심작이 맞는다면 부모님께서 잘못 아신 것이다. 내가 학교에 입학하기로 결정되었다는 것을 미리 알았더라면, 안심하고 한문도 배우고 한

글 공부도 시작할 수 있었을 것이다. 부모님은 어린이의 심리를 잘못 짚으신 것이다. 하기야 아동심리학이라는 것이 전혀 알려지지 않은 60여 년 전의 이야기다.

보통학교에 들어가기 이전에 있었던 일 가운데 기억에 남는 단편들은 그 밖에도 적지 않다. 그러나 일일이 기록하기에는 너무나 하찮은 일들이다. 다만 여기서 한 가지 더 보태고 싶은 것은 내 성격과 관계있는 어린 시절의 기억들이다. 성격의 틀이 어린 시절에 거의 결정된다는 심리학자들의 말을 생각하면서, 어렸을 때부터 매우 다정다감했던 나에 대한 기억을 정리해 보고자 하는 것이다.

다른 어린이들도 마찬가지인지는 모르겠으나, 어린 시절의 나는 가끔 엉뚱한 상상을 하였다. 정신의학의 견지에서 볼 때 바람직하지 않은 공상에 잠기는 버릇이 있었던 기억을 가지고 있다. 예컨대, "내가 과연 사람일까?" 하는 의문을 느끼고 골똘히 생각했던 기억이 생생하다. 내가 어렸을 때는 옛날이야기를 들을 기회가 자주 있었고, 옛날이야기 가운데는 백 년 묵은 여우가 공중회전의 재주를 세 번 훌딱훌딱 넘고는 사람으로 둔갑을 했다는 이야기도 있었다. 그런 이야기를 들은 뒤에 내가 바로 그 백 년 묵은 여우가 아닐까 하는 생각을 했던 것이다.

나의 어린 공상 가운데는 예쁘고 가문이 좋은 규수와 만나서 사랑을 약속하는 따위의 것도 있었다. 그런 공상을 하기 시작한 것이 일곱 살쯤 되었을 때라고 회상되니, '남녀칠세부동석'이라는 가르침의 '칠세'가 심리학적 경험에 근거하고 있다는 생각이 든다. 그 밖에도 공중을 날아다니는 공상도 자주 했고, 큰 바윗돌을 공깃돌처럼 다룰 수 있는 장사가 되는 공상에 빠지기도 했다. 공상이라는 것이 본래 비현실적이기 마련이지만, 내 경우는 정도가 심했던 것 같은 느낌이 든다.

내가 공상을 많이 하게 된 까닭의 하나는 네 살에서 다섯 살 사이에 내가 혼자서 집을 본 시간이 많았다는 사실 때문일 것이다. 네 살 때 누나가 시집을 가고 다음 해 겨울에 큰형이 장가를 들기 전까지의 1년 동안은 어머니와 작은형과 나 세 사람만이 함께 사는 날이 많았다. 아버지께서는 객지로 돌아다니시고, 큰형은 충주의 외가댁에서 숙식을 하며 보통학교에 다니고 있었기 때문이다.

어머니는 열네 살짜리와 다섯 살짜리 두 아들만 집에 남겨 두고 친정에 가시는 일이 많았다. 효성이 지극한 분이어서 찹쌀술과 약식 따위의 별식을 만들어서 친정 부모님께 가져다 드리는 일이 자주 있었던 것이다. 작은형은 작은형대로 놀러 다닐 곳이 많아서, 집은 나에게 맡기고 달아나 버리기가 일쑤였다. 그 덕분에 나는 혼자서 진종일 집을 보게 되었고, 혼자 있자니 자연히 백일몽(白日夢)에 열중하게 된 것이 아닐까 한다.

어린 나이에 혼자서 자주 집을 지킨 경험이 나에게 인내력을 길러 준 긍정적 측면도 있지만, 쓸데없는 공상에 빠져서 현실과 유리된 시간을 너무 많이 가진 것은 성격 형성에 좋지 않은 영향을 미쳤을 것으로 생각된다. 실현이 가능한 일을 차근차근 추구하는 버릇을 키우는 것이 바람직한데, 공상을 즐기게 되면 엉뚱한 생각을 하고 몸과 마음이 공중으로 뜰 염려가 있다. 그리고 나의 경우가 바로 그러한 사례에 가깝다고 생각된다.

내 고향 파소는 산마을이었고, 우리 집은 그 산마을에서 가장 높은 위치에 있었다. 우리 집 부근에는 이웃이 세 집밖에 없었고, 그 세 집에는 내 또래의 사내 아이는 하나도 없었다. 나보다 한두 살 나이가 위인 언년이와 간내가 이웃에 살고 있었으나, 여자일 뿐 아니라 몹시 가난해서 가정교육이고 말고 할 여지도 없이 제멋대로 큰 아이들이었다. 이런 환경에서 매우 국한된 사람들과의 접촉만을 갖고 어린 시절을 살았던 것도 내 성격 형성에 별로 유리하지 않았을 것으로 생각된다. 나에게 사람을 몹시 그리워하는 마음과 혼자 있기를 좋아하는 모순된 심리가 있는 것도 내 어린 시절의 생활환경과 무관하지 않을 것이다.

나는 어린 시절에 칭찬을 많이 받고 컸다. 비록 그 뜻은 몰랐지만 어려운 한문책을 줄줄 암송하기를 잘한다고 칭찬을 받았으며, 어린아이가 참을성 있게 집을 잘 지킨다는 칭찬도 받았다. 이웃에 전할 말이 있어서 심부름을 보내면 불평 없이 다녀온다는 칭찬도 받았으며, 냉이랑 쑥을 잘 캐온다는 칭찬도 들었다.

칭찬을 너무 포식하며 큰 것도 내 성격 형성에 별로 좋지 않은 영향을 미쳤다고 생각된다. 늘 칭찬만 들으면 나는 당연히 칭찬을 받아야 할 사람으로 자임하게 되고, 칭찬이 아닌 비난을 받았을 때 견디기가 어렵다. 실제로 나는 조금만 비난을 받아도 곧 무안을 타고 울어 버리는 나약한 어린이로 자랐다. 어린이가 야단을 너무 맞으면 기가 죽고, 칭찬을 너무 받으면 교만하기 쉽지 않을까 한다.

막내아들로 태어났다는 사실, 혼자서 자주 공상에 빠지며 내 생각에 골몰했다는 사실, 어릴 때부터 주위 사람들의 칭찬을 많이 받았다는 사실 등은 나를 자기중심적이고 내향적인 성격으로 자라게 하였다. 지나치게 내향적인 내 성격을 고쳐야겠다고 생각하게 된 것은 일본에서 고등학교에 들어갔을 무렵이었고, 지나치게 자기중심적인 것과 이기적인 것 사이에 큰 차이가 없다는 것을 뉘우친 것은 그보다 훨씬 뒤의 일이다. 내 성격의 두 가지 취약점을 그 뒤에 완전히 극복하지는 못했지만, 내 성격의 취약점이 무엇인가를 분명히 알았다는 것은 불행 중 다행한 일이다.

어린 시절의 체험이 나의 성격 형성에 좋지 않은 영향만을 끼쳤다고는 생각되지 않는다. 두메산골에서 자랐던 까닭에 자연과 가까워졌고 자연에 대해서 깊은 애정을 느끼는 심성을 갖게 된 것은 나를 위해서 바람직한 일이었다. 산골에서 자랐다고 모두 그런 것은 아니겠지만, 나는 가축에 대해서 남다른 애정을 느끼는 편이었다. 집에서 기른 가축을 파는 것을 싫어했고, 돼지의 불알까는 비명소리를 듣지 않으려고 멀리 달아나기도 했다. 지금도 보신탕을 못 먹는 것은 어린 시절부터의 정서 때문일 것이다.

닭 모가지 하나 비틀 수 없을 정도로 나약한 성격이지만, 언제나 약하기만 한 것은 아니었다. 우리 집에서 꽤 멀리 떨어진 곳에 목연옥(睦連玉)이라는 같은 또래의 남자 아이가 살고 있었는데, 나는 예닐곱 살 때 무인지경의 밤길을 걸어서 그 친구 집에까지 마실을 가는 담력을 보이기도 했다. 지금도 나 자신과의 싸움에서는 보통보다 강한 편이다.

2. 충주공립보통학교

내가 입학한 학교의 정식 명칭은 '충주공립보통학교'였다. 한 학년이 세 학급으로 나누어졌고, 그 가운데 한 학급은 여자반이었다. 여자부는 본교로부터 멀리 떨어진 용산리(龍山里)에 있었고, 교실로는 일본군 수비대(守備隊)가 사용하던 막사를 이용하고 있었다. 남자부에 해당하는 본교(本校)에 고등과가 생기면서 그곳의 교실이 부족했던지, 우리들 1학년은 남학생들도 여자부의 별관에 교실을 가지고 있었다.

남학생들은 대조(大組)와 소조(小組) 두 반으로 나누어졌고, 나는 대조에 속해 있었다. 대조 아이들은 키가 대체로 좀 큰 편이었으며, 1학년 남학생 140명 가운데서 나는 키가 둘째로 큰 아이였다. 대조에서의 내 번호는 22번이었으며, 그것은 연령순으로 매긴 번호였다. 그때 만으로 8년 3개월이 좀 지난 나보다도 더 나이가 많은 아이들이 우리 반에만 21명이 있었다는 이야기가 된다.

선생님들은 거의 모두가 남자들이었고 여자 선생님은 진교에 단 두 사람뿐이었다. 그전에 찍은 졸업사진을 보면 선생님들이 경찰관 같은 제복을 입고 긴 칼까지 차고 있었으나, 내가 입학했을 때의 남자 선생님들은 보통 양복에 넥타이 차림이었다. 여자 선생님 중 한 사람은 한복을 입고 출근하였고, 또 한 사람은 일본 옷을 입고 다녔다. 여자의 양장은 보기 어려운 시절이었다.

우리 1학년 대조의 담임을 맡은 분은 홍경식(洪庚植) 선생님이었다. 보통 체구에 상고머리를 한 홍 선생님은 웃는 얼굴이 많아서, 소조의 이건영(李建榮) 선생님보다 마음에 들었다. 이건영 선생님은 좀 무서워 보였던 것이다.

지금으로 말하면 '음악'에 해당하는 '창가(唱歌)'를 처음 배우게 된 시간에 홍 선생님은 이렇게 말했다. "너희들 가운데 창가를 할 줄 아는 사람은 손을 들어 보아라." 맨 먼저 손을 든 것은 이름을 알 수 없는 똘똘한 아이였다. 선생님은 "그럼 너 이리 나와서 한번 불러 보아라."라고 하면서 교단을 가리켰다. 그 아이는 서슴지 않고 나가더니 '반달'을 춤까지 곁들여 가며 아주 잘 불렀다. 당시 충주에는 하나밖에 없었던 유치원에 다니면서 배운 솜씨였다.

다음에 손을 번쩍 들고 나가서 노래를 부른 사람은 바로 내 외사촌이었다. 나와는 동갑이지만 생일이 빨라서 형뻘인 그도 '뽀뽀뽀'로 시작되는 일본 동요를 매우 잘 불러서 선생님의 칭찬을 받았다. 외사촌은 유치원에 다닌 적은 없지만 본래 음악에 소질이 있어서, 어릴 때부터 노래 잘 부르는 아이로 집안에 알려져 있었다.

나도 뭔가 해야 한다는 생각이 들었다. 학교가 파하고 집으로 돌아가면 외사촌은 창가 시간에 노래를 잘 불러서 선생님의 칭찬을 받았다는 자랑을 할 것이다. 그러면 외사촌 누나를 비롯한 여러 사람들은 "태길이는 그 시간에 어떻게 했느냐?"고 물을 것임에 틀림이 없다. 이 물음에 꿀리지 않고 대답하기 위해서는 나도 노래를 불러서 칭찬을 받을 필요가 있었다. 이렇게 생각하고 나도 다음번에 손을 번쩍 들었다.

동요보다도 더 멋있는 노래를 불러서 더 큰 칭찬을 받기로 하였다. 유치한 동요보다는 유행가가 더 멋있을 것임에 틀림이 없었다. 이러한 확신을 가지고 나는 목청을 돋우어서 유행가를 뽑기 시작했다.

가실 저억에 하신 마알씀
명년 추운삼월(春三月)
꽃이 피이고 잎이 피이면 오시마아 하더니이
단풍지이고 누운이 와아도 아니 오오시네에.

여기까지 채 부르기도 전에 선생님이 그만 부르라고 제지했다. 그런 노래는 기생집이나 술집에서 부르는 노래지 교실에서 부를 노래가 아니라는 이유까지 설명했을 때, 아이들이 와아 하고 웃었나. 이 방신은 외사촌의 입을 통하여 외가 동네 사람들에게 알려졌고, 나는 또 한 번 웃음거리가 되었다.

이 노래 망신을 당하던 날보다 먼저인지 그 뒤인지는 기억이 아리송하나, 다음과 같은 일도 있었다. 어느 날 담임 선생님이 교실에 들어오더니, 호명을 당한 사람은 앞으로 나오라고 하였다. 호명을 당한 사람은 7-8명 정도였고, 나도 그 가운데 끼여 있었다. 호명을 당한 아이들이 모두 앞으로 나섰을 때, 선생님은 출석부 표지에 쓰인 한자(漢字) 하나를 짚으면서 이것이 무슨 자냐고 나에게 물었다. 나는 '자리 석(席)' 자라고 대답하였다. 다음에는 이만영(李萬寧)이라는 아이에게 출석부 안에 쓰인 이름 글자 하나를 짚으면서 이것이 무슨 자냐고 물었다. 이만영은 '밝을 명(明)' 자라고 대답하였다. 반초서체(半草書體)로 흘려서 쓴 글씨여서 알아보기가 좀 어려웠으나, 이만영은 거침없이 대답했던 것이다. 홍 선생님은 그 이상 다른 아이들에게 더 묻지 않고 다음과 같이 선언하였다.

"여기 나온 학생들은 모두 반장이 될 만한 사람들이다. 그러나 반장은 두 사람만 뽑게 되어 있으므로, 김대길과 이만영을 우리 반 반장으로 하겠나. 모두 제자리로 돌아가도록."

반장으로 임명만 했을 뿐, 그 반장의 할 일이 무엇인지에 대해서는 선생님은 아무 말도 하지 않았다. 따로 불러서 어떤 지시를 내리지도 않았다. 적어도 내가 아는 범위 안에서는 그랬다. 반장이 하는 일이 무엇이냐고 내 편에서 먼저 물어볼 정도로 나는 똑똑하지도 영악스럽지도 못했다. 두메산골에서 자란 촌놈이었으니까.

그런 상태로 며칠이 지난 뒤에 나에게는 충격적인 일이 생겼다. 어느 날 땡땡땡땡 시작종이 울렸고, 우리 반 아이들 모두가 교실에 들어와서 앉아 있었을 때, 홍 선생님이 들어오셨다. 그 순간 이만영이 "기립!" 하고 소리쳤다. 그 구령을 따라서 우리는 일제히 일어섰다. 다음에는 "경례!" 하는 구령이 떨어졌고, 그 다음에는 "착석!" 하는 구령이 내려졌다. 모두가 이만영의 목소리였다. 나도 구령을 따라서 행동할 수밖에 없었다. 그러나 속으로는 '이만영이 제깐 놈이 뭔데?' 하는 생각이 치밀었다.

하교길에서 내 외사촌 형도 내 편을 들었다. 반장을 뽑던 날 선생님이 제일 먼저 부른 이름이 '김태길'이었고, 한자에 대한 물음을 제일 먼저 받은 것도 김태길이다. 그러니까 김태길이 정반장이고 이만영은 부반장이다. 그런데 왜 정반장이 바보처럼 가만히 있느냐? 네가 정반장 노릇을 제대로 못하니까 이만영이 건방지게 나선 것이다. 대략 이런 말로 외사촌은 나를 부추겼다.

그 다음 날 첫 시간에 선생님이 교실 문을 들어서자마자 내가 "기립!" 하고 선수를 쳤다. 나도 바보가 아니라는 것을 보여줄 필요가 있었던 것이다. 그러나 선생님은 "김태길이는 가만히 있어!" 하고 이만영의 편을 들었다. 정말 뜻밖이었다. 그러나 왜 내가 가만히 있어야 하느냐고 따지지는 않았다. 그저 기가 푹 죽었을 뿐이다.

반장을 뽑던 날 담임 선생님은 누가 정반장이고 누가 부반장이라는 것을 밝히지 않았다. 아마 며칠 더 두고 관찰한 다음에 결정할 생각으로 그 점에 대해서는 언급하지 않았을 것이다. 그리고 관찰한 끝에 이만영이 정반장으로서 더 적합하다는 결론을 얻었으며, 이만영을 불러서 '기립, 경례, 착석' 하는 구령의 권한을 주었음에 틀림이 없다. 나중에 밝혀진 일이지만, 이만영은 나보다 나이가 두 살 위였고 힘도 우리 반에서 제일 강했다. 선생님이 정확하게 본 것이다.

1학기가 끝나고 방학으로 들어가기 전에 종업식(終業式)이라는 것이 있었다. 종업식에 참석하기 위하여 우리는 여학생들과 함께 본교 운동장으로 모였다. 이열 종대로 대열을 지어서 재잘거리며 부대 이동을 한 것이다.

종업식 식순 가운데 '우등생 표창'이라는 것이 있었다. 각 반에서 '학업성적이 우수하고 품행이 방정한' 학생 한 사람씩을 뽑아서 상장과 상품을 주는 순서가 진행되는 모양이었다. 상급반에서부터 차례로 호명을 하면 호명을 당한 학생이 교장 선생님이 서 있는 교단(教壇) 앞에 나가서 상장과 상품을 받는 모습이 멀리 바라보였다. 바라보면서 부럽다는 생각이 치밀어 올라옴을 느꼈고, 나도 언젠가 저 상을 타야 하겠다고 마음속으로 생각을 하였다.

그런데 뜻밖의 일이 생겼다. 마침내 1학년 차례가 왔을 때, "1학년 대조 김태길!" 하는 소리가 들렸다. 그 소리를 듣는 순간 나는 쏜살같이 앞으로 달려나갔다. 그리고 교장 선생님이 주는 상품과 상장을 받은 다음에 두 손을 번쩍 들어서 그것을 전교생 앞에 흔들어 보였다. 요즈음 최우수상을 받은 배우나 가수가 트로피를 높이 들고 좌우로 흔드는 그 모습을 나는 독창적으로 연출했던 것이다.

그러나 그 독창성에 문제가 있었다. 상품을 거머쥐고 내 자리로 돌아가려고 하는 나를 교장 선생님이 불러 세웠다. 상을 받는 태도가 잘못되어도 보통 잘못된 것이 아니라고 꾸짖었다. 교장 선생님이 서 있는 교단 앞 세 걸음 거리까지 와서 먼저 경례를 하고, 가까이 나가서 상장과 상품을 받은 다음에, 다시 세 걸음 뒤로 물러서서 또 경례를 하고 대열로 돌아가야 한다는 것이었다.

수상(受賞)의 격식이 그토록 까다롭다는 것을 나는 알 까닭이 없었다. 키가 컸기 때문에 나는 대열 맨 뒤에서 종업식에 참석했으므로, 상급반 우등생들이 상을 받는 모습을 소상하게 보기가 어려웠고, 주의 깊게 관찰하지도 않았다. 담임 선생님이 내가 수상자로 내정되었음을 미리 알리고 상 받는 예절을 가르쳐 주었으면 좋았겠지만, 담임 선생님은 전혀 아무 말도 하지 않았다. 왜 그랬는지는 지금도 모르고 있다. 그 뒤에 바로 홍경식 선생은 어떤 면소재지 학교로 전근을 갔고, 다시는 그 모습을 보이지 않았다.

모처럼 일등상을 받았어도 별로 빛이 나지 않았다. 상 받는 태도가 나빠서 웃음거리가 된 것도 문제였지만, 외가가 있었던 '오깟' 마을에 일등을 한 학생이 나 외에도 다섯 사람이나 더 있어서 희소가치가 없었던 것이다. 그해에 그 마을에서 충주공립보통학교에 다닌 학생은 모두 13명이었으니, 거의 반수가 일등상을 받은 셈이다. 머리가 좋은 아이들이 많아서 그렇게 되었을 것으로 어린 나는 추측했다. 그러나 지금 돌이켜 보건대 다른 요인이 더 컸던 것이 아닐까 하는 생각이 든다.

그 당시는 부모가 아이들 보고 '공부해라, 공부해라' 하며 종주먹 대는 일은 거의 없었다. '과외'라는 말은 들어 본 적도 없다. 따라서 타고난 재능이 학교 성적을 좌우했다고 생각하기가 쉬웠다. 그러나 오깟 마을에서만 머리 좋은 아이들이 그렇게 많이 태어났다고 보는 데는 통계학적으로 무리가 있다. 두뇌도 무관하지는 않았을 것이나, 더욱 중요한 요인으로 작용한 것은 동네 학생들의 공부하는 분위기가 아니었을까 한다.

권태술 선생을 훈장으로 모셨던 외가댁 서당은 내가 그곳을 떠난 뒤에 얼마 안 가서 없어졌다. 본래 그 서당은 우리 외조부 권 승지께서 가문의 종손인 태갑(泰甲) 씨만은 한문 공부를 시키고자 하는 동기에서 차린 것이었다. 그러나 개화의 물결이 점점 높아짐에 따라서 외조부는 고집을 꺾고 종손이

13세 되던 해에 그의 보통학교 입학을 허락하셨다. 아우인 태성(泰成) 씨가 6학년이 되던 해에 뒤늦게 입학 허락이 내려진 것이다. 그리고 서당의 대들보가 학교로 빠져나가게 되니 그 서당은 자연히 없어지기 마련이었다.

서당을 차렸던 외가의 '작은사랑'이 대소가 학생 아이들의 공부방으로 변했다. 외조부가 거처했던 본래의 사랑을 '큰사랑'이라 부르고 새로 지은 사랑채를 '작은사랑'이라고 불렀던 것인데, 이름만 '작은사랑'이지 사실은 매우 넓은 공간이었다. 온돌방 둘에 큰 마루방 하나가 따로 있었고, 또 툇마루도 꽤 넓었다. 10여 명이 동시에 공부를 하기에도 부족함이 없을 정도로 넉넉한 공간이어서, 대소가의 학생들뿐 아니라 마을의 아이들은 아무나 와서 공부할 수 있도록 공개되었다.

이 공부방 '작은사랑'에 드나든 학생들 가운데 뛰어난 모범생이 몇 사람 있었고, 그들이 자습(自習)과 대화(對話)의 분위기를 조성하였다. 그러한 분위기의 자극 속에서 많은 우등생이 쏟아져 나온 것이라고 지금 나는 분석해 본다. 비록 보통학교 학생들이 모이는 공부방이기는 했으나, 지금 돌이켜 보면 맹랑한 젊은이들의 모임이었고, 나는 그곳에서 얻어 들은 이야기가 적지 않았다.

1학년 2학기가 시작되고 가을이 다가왔다. 가을에는 전교를 떠들썩하게 하는 '대운동회'가 열리게 되어 있었고, 우리는 일찍부터 그 연습으로 분주했다. '백 미터 달리기' 연습도 가끔 했는데, 우리 반에서는 내가 가장 빠른 아이라는 사실이 밝혀졌다. 운동회가 열리는 날에 일등상 하나는 맡아 놓았다고 기대에 부풀었다.

운동회 날은 학부모들에게도 잔칫날이었다. 만국기가 휘날리는 큰 운동장에는 학생들보다도 더 많은 숫자의 학부모들이 모였던 것 같다. 우리 집에서는 아버지와 어머니 그리고 큰형이 참석했고, 외가에서도 여러 사람들이 참석하였다. 학부모석에 아는 사람이 많을수록 '백 미터 달리기'에서 따내게 될 나의 일등상은 더욱 빛날 것이었다.

드디어 대망의 '백 미터 달리기' 순서가 왔다. 나는 전력을 다하여 질주했고, 단연 선두로 앞서 나갔다. 당연히 일등이었다. 결승선 부근에는 1등, 2등, 3등을 상징하는 깃발을 든 고등과 학생들이 서 있었다. 그 깃발을 받아 들고 교장 선생님 앞에 나란히 서서 상을 타기 마련이었다. 나는 당연히 '1등기'를 잡으려고 하였다. 그러나 고등과 학생은 그것을 나에게 주지 않았다. '그러면 2등인가?' 하고 그리로 갔으나 '2등기'도 내 차지가 되지 않았다. '3등기'는 벌써 다른 아이의 손에 쥐어져 있었다. 세상에 이럴 수가 있는가? 억울하기 짝이 없었지만 아무도 나를 위해서 힘이 되어 주지 않았다.

운동회가 끝나고 집으로 돌아온 뒤에도 분은 풀리지 않았다. 나는 깃대를 맡고 있던 고등과 학생들을 원색적으로 비난했다. 그때 큰형이, "잘못은 고등과 학생들에게 있었던 것이 아니고 네 자신에게 있었다."고 하며 나를 나무랐다. 나는 깃대를 잡기에 급급해서 결승선을 통과하기도 전에 옆길로 샜다는 것이다. 실격당한 것이다. 옆에 있던 외당숙(外堂叔) 권중협(權重協) 씨는 나에게 이렇게 타일렀다. "다음부터는 깃대는 안중에 두지 말고 앞만 보고 달려라. 앞만 보고 달려서 남보다 앞서면, 깃대는 저절로 네 것이 될 것이다."

"깃대는 안중에 두지 말고 앞만 보고 달려라." 이 말이 운동장에서의 경주에만 국한된 교훈이 아니라 인생 전반과도 무관하지 않은 교훈을 담고 있는 말이라는 것을 깨달은 것은 오랜 후일의 일이다. 이 말이 젊은이들에게 교훈이 될 수도 있다는 생각이 떠올라 「경주(競走)」라는 제목의 수필을 쓴 것은 1959년의 일이었다. 그러나 우리가 경험하고 있는 사회가 '앞만 보고 달리면 깃대는 저절로 따라오는 사회'라고 말할 수 있을지는 의문이다. 확실한 것은 앞만 보고 달리는 사람들보다는 깃대를 잡으려고 덤비는 사람들이 더 많다는 사실과, 앞만 보고 달리는 사람들에게 응분의 깃대가 저절로 따라오는 그런 사회의 건설을 위해서 우리 모두가 앞으로 달려야 한다는 당위성(當爲性)뿐이다.

우리 1학년은 남자반까지도 신세를 지고 있던 '여자부' 운동장에서 정기적으로 '조회(朝會)'가 있었다. 수요일 조회에서는 원칙적으로 '발표'라는 것을 하게 되었으나, 발표자는 주로 상급반 학생이었다. 2학기가 반 이상 지날 때까지도 1학년 학생의 '발표'는 없었다. 1학년 학생들은 상급생이 하는 '발표'를 보고 듣기만 하면 되는 것으로 알았다.

그런데 어느 날 조회 때 '발표자'의 한 사람으로서 1학년 소조(小組) 아이가 단상에 모습을 나타냈다. 아마 소조의 반장이었을 것이다. 교과서의 한 단원을 큰 소리로 암송하는 것이 그 아이의 '발표'였다. 그 정도의 발표라면 나도 할 수 있을 것 같았다. 소조에서 발표자가 나왔는데 대조(大組)에서 가만히 보고만 있을 수 없다는 생각도 있었다.

나는 기회를 엿본 끝에 탈토(脫兎)처럼 달려가서 단상으로 뛰어올랐다. 아무도 말리는 사람은 없었다. 그래서 나는 무사히 '발표'를 마치고 껑충 교단 아래로 뛰어내렸다. 내가 그때 어떤 '발표'를 했는지는 생각이 나지 않으나, 아무 준비도 없이 뛰어올라간 단상이었으니 오죽했으랴 싶다. 어쨌든 어린 시절에는 덤벙대기도 하고 만용을 보이기도 했으나, 나이가 들면서 전혀 딴 사람으로 변했다는 느낌이 강하다.

외가가 있던 오깟 마을에서 학교까지는 4킬로미터 가량 떨어져 있었다. 매일 걸어서 다니기 마련인 그 신작로 중간 지점에 '봉방교(鳳方橋)'라는 다리가 있었다. 초겨울로 기억되는 어느 날 집으로 돌아가다 그 다리에 이르렀을 때 실로 어처구니없는 생각이 내 머리를 스쳐 갔다. '내가 눈을 감고서 이 다리를 저쪽 끝까지 건너가면 나는 장차 큰 인물이 될 것이요, 만약 중간에서 겁을 먹고 눈을 뜨거나 방향이 틀려서 다리 아래로 떨어진다면 보잘것없는 사람이 되고 말 것이다.'

내 기억에 남은 봉방교의 길이는 20-30미터 정도이고 넓이는 3-4미터 정도이며, 다리 난간은 전혀 없었다. 높이는 3미터 가량 될 것이고, 밑에는 장마 때가 아니면 자작자작할 정도의 적은 물이 흐르고 있었다. 알기 쉽게 말하자면, 장님이 사용하는 흰 지팡이 없이 눈을 감고 건너기에는 너무 길고 좁은 다리였다. 그리고 개울 바닥에는 모래가 아닌 돌이 깔려 있어서 떨어지면 크게 다칠 위험성이 있는 다리였다.

그러나 나는 위험을 무릅쓰고 내 운명을 점쳐 보기로 결심했다. 다리 아래로 떨어져도 좋다고 생각한 것은 물론 아니다. 나는 큰 인물이 될 운명을 타고났을 것임에 틀림이 없으므로 떨어질 염려는 없다고 확신했던 것으로 보인다. 엄밀하게 말하면, 운명을 점치려 했던 것이 아니라 그것을 확인하고자 했을 따름이다.

내 거동을 동행하던 친구들에게 들키면 방해를 당할 가능성이 있었다. 모험은 남몰래 은밀히 결행할 필요가 있다고 생각되어, 나는 다른 친구들보다 좀 뒤에 처졌다. 그리고 눈을 감고 똑바로 앞을 향하여 걸었다. 한참 걸었을 때 '아찔'이라고밖에 달리 표현할 수 없는 어떤 의식이 번쩍 지나갔다. 다음 순간에 꽝 하고 머리가 무엇에 부딪쳤다는 감각이 있었고, 머리에서 피가 줄줄 흐른다는 것을 어렴풋이 느꼈다. 전신이 벌벌 떨리기 시작했다.

아마 내가 비명 소리를 지른 모양이다. 나의 낙교(落橋) 사고는 함께 하교하던 일행에게 알려졌고, 일행 가운데 상급생 하나가 나를 등에 업었다. 빨리 집으로 업고 가서 어른들에게 알려야 한다는 것이 보통학교 어린이들의 소견이었을 것이다. 바로 이때 이 다급한 상황을 목격한 남자 어른 한 사람이 있었다.

나에게는 외재종(外再從) 형이며 역시 오깟에 살고 있던 권태영(權泰永) 씨가 충주읍에 갔다 돌아오는 길에 내가 피를 흘리며 업혀 가는 광경을 목격한 것이다. 권태영 씨는 자전거를 타고 있었으므로 걸어서 가는 우리 일행을 뒤좇아온 결과가 된 모양이다. 이미 40세를 바라보던 그는 사태가 심상치 않음을 직감으로 판단하였고, 발걸음의 방향을 돌려서 나를 다시 충주읍으로 데리고 갔다. 흔히 '정석희 병원'이라고도 부르던 '충일의원(忠一醫院)'에 입원시키기 위해서였다.

충일의원까지 누구 등에 업혀 갔는지 또는 자전거 짐받이에 실려서 끌려갔는지 그것은 모른다. 어쨌든 나는 수술을 받았고, 수일간 입원 치료를 받았다. 병원에 누워 있는 동안에 들은 말 가운데 기억에 남는 것들은 다음과 같다.

"머리는 몸 가운데서 비교적 무거운 부분이므로 거꾸로 떨어진 것이다."

"모자가 목숨을 살렸다. 만약 모자를 안 썼더라면 뇌수(腦髓)를 다쳤을 것이다."

"목이 부러지지 않은 것이 천만다행이다."

"무엇보다도 병원으로 빨리 데리고 간 것이 천행(天幸)이었다. 수술하지 않고 민간요법으로 치료할 수 있는 부상이 아니다."

가장 다행이었던 것은 권태영 씨가 마침 그 광경을 목격했다는 사실이라고 하였다. 행인이 많지도 않은 시골길에서 그분을 만나게 된 것은 하늘이 도운 것이라고 하였다. '보잘것없는 사람'이 되기로 운명지어진 소인을 하늘이 도왔다는 이야기가 되는데, 이 이야기에 모순이 있는 것 같기도 하고 반드시 '모순'이라고까지 할 것은 없을 것 같기도 하다.

어머니는 자신의 친정 당질(堂姪)인 권태영 씨가 '은인'이라는 말을 여러 번 하셨다. 두고두고 같은 말을 되풀이하였고, 물질적 정표도 한 것으로 알고 있다. 외조모께서는 권태영 씨가 묘지 명당(明堂) 자리를 가로챈 '불한당'

이라고 집요하게 비난하셨지만, 우리 어머니는 권태영 씨에 대한 고마움의 감격을 오래 잊지 않은 것으로 보였다.

퇴원 후 통원 치료를 하게 되면서부터 학교에도 나갔다. 붕대로 머리통을 이리저리 칭칭 동여매고 교정에 들어섰을 때, 여학생들이 놀라움 같기도 하고 호기심 같기도 한 시선으로 바라보았다. 우리 반의 똘똘이 이대영(李大榮)의 누나이기도 한 5학년 여자반 반장은 "어머나, 재가 어쩐 일이지?" 하며 깜짝 놀라는 표정을 지었다. 여자부에서 가장 예쁜 누나의 한 사람이기도 하였으니, 재색을 겸비한 여성의 시선을 끌었다고도 볼 수 있었다. 부상을 당한 보람이 있었다고까지는 말하기 어려웠으나, 다소의 위안은 되었다.

2학년에 진급하면서 남자반 두 학급은 교현동에 있는 본교로 이사하였다. 2학년 때 생긴 일 가운데는 기억에 남아 있는 것이 별로 없다. 1학년 때는 두메산골인 파소 마을과 생활환경이 크게 다른 오깟 마을에서 살게 되고 서당과는 분위기가 딴판인 학교에 다니게 되어서 새로운 자극 속에서의 과도기적 경험이 기억에 깊은 인상으로 남았으나, 2학년 이후에는 생활이 안정되면서 새로운 경험이 줄어든 것으로 보인다.

2학년으로 진급한 뒤에도 반편성은 그대로였다. 1학기 초에 반장을 투표로 선출했는데, 이종화(李鐘和)라는 아이가 정반장에 뽑히고 나는 부반장이 되었다. 사실은 1학년 2학기 때 반장 선거가 있어서 내가 정반장이 되었는데, 너무 마음이 좋아서 반 아이들이 떠들어도 내버려 두었다는 것이 약점으로 지적되어 부반장 자리로 내려앉은 것이다. 그러나 한 달도 못 가서 반장 자리가 나에게로 다시 돌아왔다. 이종화 반장이 너무 강력한 통솔력을 발휘하는 바람에, 그의 완력 행사에 불안을 느낀 아이들이 담임 선생님께 건의해서 다시 반장을 선출했던 것이다. 그 뒤로는 졸업할 때까지 김태길 반장의 장기집권이 자연스럽게 이루어졌다.

1학년 1학기 때 반장에 임명되었던 이만영은 힘도 좋고 통솔력도 있었지만, 학업성적이 3등 안에 들 정도가 못 되어서 다시 정반장으로 부상되지는 않았다. 학업성적이 좋아야 반장이 될 수 있다는 규정이 있었던 것도 아닌데, 반장 선거가 있을 때마다 석차(席次)라는 것이 크게 작용했던 것 같다. 이만영은 2학년에 진급하기 직전에 장가를 들었거니와, 그것이 학업성적에 악영향을 미친 것인지 그 점은 알 수가 없다.

2학년 때 있었던 일로 기억에 남은 것을 굳이 찾는다면, 학교 생활과 별로 관계가 없는 이야기 하나가 생각난다. 그것은 아버지와 의형제를 맺은 김상설(金相卨) 씨에게 처음 인사를 드렸을 때 있었던 일이다. 김상설 씨는 조선총독부의 어용기관으로 알려진 중추원(中樞院)에서 참의(參議)로서 문서를 다룬 사람이다. 항일 독립투사임을 자랑한 아버지가 친일파 소리를 듣는 자리에 있던 김상설 씨를 의형(義兄)으로 삼은 것은 좀 이상한 일이다. 내가 어렴풋하게 들은 기억으로는, 아버지가 헌병대로 또는 형무소로 끌려 다닐 때 김상설 씨가 뒤에서 많은 힘을 쓴 사실이 있어서, 아버지가 그것을 평생 잊지 못하는 그런 관계였던 것으로 알고 있다.

그 김상설 씨가 충주에 온다는 기별이 왔다. 아버지는 나도 그 양반에게 인사를 올려야 한다며 하교길에 읍내 어느 여관으로 오라고 분부하셨다. 지시대로 여관을 찾아갔더니 풍채가 좋은 노신사 한 분과 아버지가 담화를 나누고 있었다. 나는 우선 손님에게 넙죽 절을 했다. 절하는 데는 어릴 때부터 이골이 나 있었다.

"네 나이 올해 몇 살이냐?"

"열한 살입니다."

"그래? 그런데 너의 아버지가 말씀하시기를 네가 아직도 똥을 싼다더구나. 그래 성발 똥을 싸느냐?"

이 양반이 나를 데리고 농을 걸어 오고 있구나 하는 생각이 들었고, 농담은 농담으로 대꾸하는 편이 어울릴 것 같았다. 그래서 이렇게 대답했다.

"예, 가끔 싸지유. 아직 어리니까유."

김상설 씨는 파안대소하였다. 그리고 그놈 맹랑하다고 칭찬하였다. 그 뒤에 아버지로부터 들은 이야기지만, 나의 그 대답은 아주 명답(名答) 중의 명답이라고 평가된다는 것이었다. 똥을 안 싼다고 부인을 하면 아버지나 김상설 씨 두 분 가운데 누가 거짓말을 했다는 뜻이 된다. 그리고 똥을 싼다는 것을 무조건 인정을 하면 우리 아버지 김성응(金聲應) 씨가 모자라는 자식을 두었다는 말이 된다. 하지만 늘 싸는 것이 아니라 '가끔' 싼다고 했으며, '아직 어리니까'라는 이유까지 달았으니 아주 모자라는 자식은 아님이 분명하다.

이거야말로 꿈보다 해몽이었다. 나는 여러 생각을 두루 한 끝에 그렇게 대답을 한 것이 아니라, 그저 농담을 농담으로 받았을 뿐이다. 소가 뒷걸음질을 하다가 쥐를 밟은 격이다. 그러나 아버지는 당신의 막내가 생각이 깊어서 그런 대답을 한 것으로 의미를 부여하셨고, 나는 그것이 아니라고 굳이 여러 말 하지 않았다. 어쩌면 나 자신도 칭찬에 도취했을지도 모른다.

2학년 때 있었던 일로 또 하나 생각나는 것은 월사금 낼 돈을 봉투째 변소 깊숙이 빠뜨리는 실수를 범한 경험이다. 당시는 수업료를 다달이 내기 마련이었고, '월사금 봉투'에 넣어서 담임 선생님께 드리기로 되어 있었다. 어느 날 나는 돈이 든 월사금 봉투를 가지고 변소에 갔다가 그만 그것을 똥통 속에 떨어뜨렸다. 한 달치 월사금은 그 당시의 형편으로는 큰돈이었다. 그저 포기하기에는 너무나 큰돈이었다.

아무리 팔을 뻗쳐도 돈 봉투에는 닿지 않았다. 팔보다는 다리가 길었다. 나는 다리를 그 속에 넣고 발가락으로 봉투를 집어 올리는 데 성공하였다. 그러나 발은 말할 것도 없고 바지 가랑이에 온통 오물이 묻었다. 어쨌든 돈을 건진 것만 다행으로 생각하고, 나는 학교 연못으로 가서 발과 봉투에 묻은 것을 씻어 내고 바지 가랑이도 빨았다.

허둥지둥 교실로 달려갔다. 벌써 담임 선생님이 들어오셔서 막 수업을 시작하려는 찰나였다. 나는 슬금슬금 눈치를 보며 내 책상으로 다가갔다. 그 순간 옆자리의 아이들이 냄새가 지독하다며 코를 쥐고 돌아앉았다. 선생님이 무슨 일인가 해서 내 곁에까지 왔다가 상을 찌푸리고 돌아섰다. 다시 가서 더 씻고 오라는 지시를 내리며 돌아섰다. 반장의 체면이 말이 아니었다. 그러나 돈을 버리지 않고 유효하게 납금했으니 불행 중 다행이었다.

언제부터 그렇게 되었는지 또 그 원인이 무엇인지 잘은 모르겠으나, 나는 말을 더듬는 버릇을 얻게 되었다. 정확한 기억은 아니지만 3학년이 되던 열두 실 때는 이미 말을 더듬기 시작했고, 그 증세는 점점 심해지는 경향을 보였다. 본래는 남 앞에 나서기를 좋아하고 좀 덤벙대는 편이었으나, 점차 내향적이고 소극적인 편으로 성격도 변해 가고 있었다. 아마 덤벙대며 남 앞에 나서기를 좋아하다가 실수를 하고 웃음거리가 된 경험이 쌓이면서 성격의 위축을 가져왔고, 그러한 성격의 변화와 함께 말을 더듬는 버릇이 생긴 것이 아닐까 한다. 이것은 그저 내 나름의 분석에 지나지 않으며, 다만 분명한 것은 내 성격이 지나치게 과민해지기 시작했고 그와 때를 같이하여 말을 더듬게 되었다는 사실이다. 좋지 않은 변화가 생긴 것이다.

이러한 변화와 무슨 관계가 있는지 없는지는 알 수 없으나, 3학년 2학기 때 평생 기억에 남는 일 하나를 경험하였다. 그 당시 '일본 설'이라고 부르던 양력 정월 초하룻날 당한 일이다. 그때는 방학 중이었으나 1월 1일은 전교생이 강당에 모여서 식을 올리기로 되어 있었다. '국민의례'가 있고 그 다음에 '교장 훈화'의 차례가 왔을 때, '무서운 선생'으로 알려진 다나까(田中) 교장이 등단하여 다음과 같은 말을 하였다.

"학생 제군! 제군은 오늘 뜻깊은 세해를 맞이하였다. 오늘부터 제군은 나이를 한 살 더 먹게 되었다. 나이가 한 살 많아졌으니 어제와는 달라져야 할 것이다. 어제까지 너희들은 선생님의 말씀을 어기기도 하고 부모님에게 걱정을 끼치기도 했을 것이다. 그러나 오늘부터는 그래서는 안 된다. 이 순간부터 제군은 선생님의 말씀을 잘 듣고 부모님에게 걱정을 끼치지 않는 착한 어린이가 되어야 한다. 딴사람이 되란 말이다. 제군! 딴사람이 될 것을 나와 약속하자. 약속할 사람은 손을 들어라!"

학생들의 손이 일제히 올라갔다. 그 광경을 보고 교장 선생은 크게 만족한 듯, "요로시(좋아)!" 하며 손을 내리라는 신호를 보냈다. 바로 그때였다. "교장 선생님! 여기 손을 안 든 학생이 두 사람 있습니다." 하는 소리가 뒤에서 들려왔다. 교무주임 김웅기(金雄起) 선생의 목소리였다. 다른 선생들은 모두 강당 앞쪽 의자에 앉아 있었는데, 김웅기 선생만은 뒤에 서서 지켜보았던 것이다.

기분이 좋아서 미소를 지었던 교장의 표정이 금세 굳어졌다. "그게 누구냐? 두 사람은 일어서라!" 강당에는 학생들을 위한 의자는 없었고, 전교생이 마룻바닥에 앉아 있었던 것이다.

5학년의 '신중섭'인지 '신중식'인지 그 비슷한 이름을 가진 학생이 일어서는 모습이 저만치 보였다. 나도 일어섰다. 교장 선생의 권위에 도전이라도 받은 듯이 분노에 찬 얼굴로 다나까 교장은 우선 신 군에게 물었다.

"너는 어째서 손을 안 들었으냐? 이 교장 선생님과 약속을 못하겠다는 말이냐?"

"선생님, 잘못했습니다. 약속하겠습니다." 하고 신 군이 백기를 들었다. 다음은 내 차례였다. 교장 선생은 강당 뒤 벽 가까이에 위치했던 나를 노려보며 물었다.

"너는 어떠냐? 너도 나와 약속을 하겠느냐?"

나는 아무 대답도 하지 않고 그저 가만히 서 있었다. 천 수백 명에 달하는 학생들이 일제히 고개를 뒤로 돌려 나의 처량한 모습을 바라보았다. 그 와중에서도 신경에 걸리는 것은 여학생들의 시선이었다.

"왜 말이 없느냐? 약속을 못하겠다는 말이냐?"

"하이!" 하고 나는 기어들어가는 소리로 겨우 대답했다.

"약속을 못하겠다고? 어째서 약속을 못하느냐?"

"자 자 자 자신이 어 없습니다.(지 지 지 지싱가 아 아리마생.)" 더듬더듬 겨우 한마디 하고 나는 엉엉 울었다. 내 머릿속에는 하고 싶은 말이 있었지만, 심한 말더듬이인 내가 그때 내 마음속에 있는 말을 그 공포 분위기 속에서 한다는 것은 도저히 불가능한 일이었다. 지금도 생생하게 기억하지만, 내가 하고 싶었던 말은 대략 다음과 같은 내용이었다.

"한 살 더 먹었다고 하지만 실제로는 하룻밤을 잤을 뿐이다. 하루가 아니라 1년을 지낸다 하더라도 딴사람이 되겠다는 약속은 할 수 없다. 나는 딴사람이 될 자신이 없다. 지킬 자신이 없는 약속을 하는 것은 옳은 일이 아니다. 나는 무책임한 약속은 하지 않겠다."

머릿속에서 이런 생각과 말이 오고 갔지만, 나는 그것을 밖으로 내서 표현할 수가 없었다. 그래서 나는 바보처럼 울고 만 것이다. 전교생, 특히 여학생들 앞에서 바보가 되고 만 것이 못내 아쉬웠다. 말더듬이만 아니었다면 부족하나마 내 뜻을 어느 정도 전할 수 있었을 터인데, 분하기 짝이 없었다. 운 것은 백기를 든 것이나 마찬가지라고 해석했는지, 또는 '자신이 없습니다'라는 단어를 통하여 내 뜻이 부분적으로나마 전달되었는지, 다나까 교장은 더 이상 추궁하지 않았다.

지금도 섭섭한 것은 그날의 김웅기 선생이 취한 태도였다. 그 당시는 교감이라는 제도가 없었고, '교무주임'은 교장 다음의 높은 자리였다. 조선 사람으로서 제2인자의 자리에 오른 김웅기 선생은 학생들과 학부모의 존경을 받아 온 처지였고, 또 머리가 좋아서 잘 가르치는 선생님으로도 알려져 있었다. 그러나 그날 그가 취한 태도는 매우 비열하고 비교육적이라고 나는 생각했다. 그리고 그 생각은 지금도 별로 바뀌지 않고 있다. 강당 뒷자리에 서서 학생들의 동태를 지켜본 것까지는 좋다 하더라도, 손을 안 든 학생이 있었다는 것을 교장에게 일러바친 것은 점수를 따려는 아첨으로밖에 보이지 않았다. 그리고 교육자답게 처리하자면, 손을 들지 않은 학생을 조용히 따로 불러서 왜 손을 들지 않았는지 차근차근 이야기를 나누었어야 했다. 약속은 하고 싶은 사람만 하는 것이지, 전교생이 모두 손을 들고 약속을 해야 한다는 생각부터가 비교육적이었다.

나는 지금도 약속은 잘 안 하는 편이다. 원고 청탁을 자주 받지만, 써주겠다는 약속을 하는 데 매우 인색하다. 어떤 모임에서 초대장을 보내 놓고, 나오겠느냐고 다시 전화로 확인할 경우가 있다. 그럴 경우에도 나는 꼭 나가겠다는 약속은 잘 하지 않는다. 봐서 나가겠다고 단서를 붙일 경우도 있다. 그러나 일단 분명히 한 약속은 책임지고 지킨다. 약속한 원고를 약속 날짜보다 여러 날 늦게 써주거나 안 써준 일은, 내가 기억하는 범위 안에서는 한 번도 없었다. 약속을 지킬 자신이 없으면 아예 약속을 하지 않는다. 나 자신과 하는 약속에 대해서도 마찬가지다.

4학년 때에도 선생님에게 야단을 맞은 적이 있다. 그때는 당연히 야단맞을 짓을 내가 했었던 것이고, 그날 야단을 친 선생님에 대해서는 지금도 존경심을 느끼고 있다.

어느 여름날이었다. 나의 외가, 즉 친정에 다니러 온 어머니가 빳빳하게 풀을 먹여서 다린 새 중이적삼을 나에게 입혀서 학교에 보내셨다. 그런데 그날 수업에 '농업' 시간이 들어 있어서 험한 노동일을 하게 생겼다. 변소에서 똥을 푸는 일이었는지 보리타작을 하는 일이었는지 생각이 나지 않으나, 어쨌든 그 일을 열심히 하면 새로 입고 간 옷이 엉망이 될 형편이었다. 옷이 매우 귀한 때였고, 그날 입은 옷은 내 여름옷 가운데서 가장 좋은 옷이었다. 작업복이라는 것이 따로 있는 시절도 아니었다.

옷을 아끼자면 몸을 사릴 수밖에 없었다. 나는 꾀를 부려서 되도록 힘들지 않은 일만 골라서 하며 어정거렸다. 담임인 오경모(吳慶模) 선생이 나를 불러 세웠다. 그리고 호되게 야단을 쳤다. 모범을 보여야 할 반장의 태도가 그래도 되느냐고 몹시 꾸짖었다. 그날 꾸짖은 것으로 그치지 않고, 그 학기의 농업 점수를 '미(美)'에 해당하는 70점을 주었다. 내가 보통학교 6년 동안에 받은 점수 가운데서 가장 낮은 점수였다. 좀 심하다는 생각이 들기도 했지만, 오경모 선생의 단호한 조치는 훌륭하다는 생각이 들었다. 다만 내가 좋아하는 오경모 선생에게 '나쁜 아이'라는 인상을 준 것이 몹시 안타까울 뿐이었다. '무서운 선생님'으로 알려진 오경모 선생을 내가 좋아한 이유의 하나는, 그가 충주 제일의 높이뛰기 선수요, 백 미터 달리기 선수였다는 사실 때문이었다.

그해 여름방학을 지내고 다음 학기가 되었을 때, 오경모 선생은 어느 시골 학교로 전근하고 보이지 않았다. '시민 운동회' 때 높이뛰기와 4백 미터 계주에서 우승을 하여 우리 학교에 명예를 안겨 주었던 선생님이 떠난 것은 섭섭한 일이었으나, 나를 좋지 않게 생각하는 선생님이 담임을 그만두게 된 것은 다행한 일이었다.

청주공립고등보통학교에 입학했을 때, 반에서 힘이 제일 강하고 공부도 잘하여 단연 두각을 나타낸 친구가 있었다. 유만형(柳晩馨)이라는 그 친구가 어느 날 나에게 오경모 선생 이야기를 했다. 충주에서 전근해 온 오경모 선생이 자기 반 담임 선생이었다는 이야기와 그 선생으로부터 내 말을 많이 들었다는 이야기였다. 나를 나쁘게 말한 것이 아니라 칭찬이 대단했다는 말을 듣고, 그제서야 스승의 뜻이 깊은 곳에 있었음을 깨달았다.

6학년 때도 담임 선생으로부터 호되게 야단을 맞은 적이 있다. 그것도 역시 교실 밖에서 있었던 일이다. 여름방학 중이었는지 방학이 끝난 직후였는지는 분명치 않으나, 우리 반 아이들 몇몇이 동원되어 학교 실습지에서 잡초를 뽑게 되었다. 오래간만에 만난 학우들이라 우리들에게는 할 이야기가 많았다. 우리는 잡초를 뽑으면서 이야기에 열중하였고, 어쩌다 보니 그날은 내가 이야기꾼이 되었다. 긴장할 필요가 없는 분위기 속에서 잡담을 할 때는 더듬지 않고 말이 술술 나오는 편이어서, 내 주위에 모여든 친구들이 서너 명으로 늘어났다.

이때 등 뒤에서 "김태길! 무엇들을 하고 있는 거냐?" 하는 소리가 들려왔다. 담임을 맡은 오사끼(尾崎) 선생의 목소리였다. 나는 별 생각 없이 "재미있는 이야기를 하고 있습니다." 하고 대답했다. 다음 순간 눈에 불이 번쩍 났다. 따귀를 얻어맞은 것이다. "선생님, 아무것도 아닙니다." 하고 이야기를 중단했더라면 크게 야단을 맞지 않아도 될 상황이었다.

나는 그 상황이 잡담을 해서는 안 될 상황이라는 생각을 전혀 가지고 있지 않았다. 정규 수업 시간이 아니고 이를테면 자원봉사에 가까운 일을 하고 있었으므로, 자유롭게 잡담을 해가며 일을 해도 무방하다고 생각했던 것이다. "재미있는 이야기를 하고 있습니다." 하고 대답한 순간에는 선생님도 내 이야기를 들어 보시라는 기분까지 배후에 있었다. 그런데 선생은 내가 자기의 권위를 무시한 것으로 오해했던 모양이다. 이번에도 "남의 모범이 되어야 할 급장(級長)이 …"라는 말이 나왔다. 그놈의 급장인지 반장인지 하는 감투가 늘 말썽거리였다. 나는 졸업할 때 반 학생들로부터 돈을 걷어서 오사끼 선생이 즐기는 바둑판과 바둑알을 사서 기념품으로 드렸다.

항상 야단만 맞은 것은 물론 아니다. 칭찬을 들은 적도 있다. 칭찬 들은 이야기도 곁들여야 나 자신에 대해서 공정한 처사가 될 것이다.

2학년 때 송충이를 잡기 위해서 담임 선생의 인솔 아래 우리 반 전체가 가까운 산에 갔다. 그때 선생님이 어린 소나무들을 가리키면서, 이것은 몇 살 된 나무고 저것은 몇 살 된 나무라며 나무의 연령을 식별하는 방법을 가르쳐 주었다. 나무의 줄기는 해마다 한 마디씩 자라기 때문에, 나무 줄기에서 옆으로 뻗은 가지에 따라서 줄기의 마디를 헤아려 보면 그 나무의 연령을 알 수 있다는 가르침이었다.

그때 내가 질문을 했다. 어린 소나무는 줄기의 마디가 분명하지만, 늙은 소나무는 줄기의 마디를 헤아리기가 어렵다는 것을 지적하고, 늙은 나무의 나이는 어떻게 알 수 있느냐 하는 질문이었다. 그 질문을 받고 담임인 홍 선생님은 참 좋은 질문이라고 칭찬을 했다. 나는 그날 처음으로 나무의 나이테(年輪)에 관한 설명을 듣게 되었다.

그 다음에 또 한 차례 좋은 질문을 했다고 칭찬을 받은 일이 기억에 남아 있다. 그것도 2학년 때의 일같이 생각되나, 어쩌면 좀 뒤에 있었던 일일지도 모른다. 서당에서 한문을 배웠던 덕택에 받은 칭찬이다.

일본어 교과서에 '원의경(源義經)'이라는 무장(武將)의 이름이 소개되었고, 일본말로는 '미나모도노 요시쓰네'라고 읽는다는 것이 한자 옆에 밝혀져 있었다. 근원 원(源) 자는 일본말로 '미나모도'고, 옳을 의(義) 자는 '요시'라고 읽으며, 날 경(經) 자는 '쓰네'라고 읽도록 되어 있다. 그렇다면 전체 이름은 '미나모도 요시쓰네'라고 해야 옳을 것이다. 그런데 실제로는 '미나모도노 요시쓰네'라고 부르는 모양이다. 그렇다면 '노'가 왜 끼어들었으며, '노'라는 발음 부호는 근원 원(源) 자에 붙일 것이냐 옳을 의(義) 자에 붙일 것이냐 하는 것이 나의 질문이었다. 이 질문에 대해서 내가 들은 대답이 무엇이었는지는 기억이 분명치 않다.

질문이 좋았다고 칭찬을 받는 데 재미를 붙이고 똑똑한 척 질문을 자주 하는 것이 길게 볼 때 별로 좋은 버릇이 아니라는 것을 깨닫기까지에는 오랜 세월이 필요했다. 나는 그 밖에도 똑똑한 척하는 질문을 더러 했고, 또 좋은 질문이라는 칭찬을 받기도 했다. 그러나 긴 안목으로 볼 때 그것은 결국 어리석은 짓임이 밝혀졌다. '좋은 질문'이라는 것은 선생님이 자신 있게 대답할 수 있는 범위 안에서 했을 때 환영을 받는 것이며, 대답하기 어려울 정도로 날카로운 질문은 도리어 미움을 산다. 또 선생님에게 실력이 있어서 환영을 받고 칭찬까지 받는다 하더라도, 그 문답을 옆에서 지켜본 학우들의 시기심 섞인 미움을 살 경우가 많다는 사실까지도 염두에 두어야 한다. 이러한 심리의 뒤안길까지 알게 된 것은 내가 고등보통학교에 진학한 뒤의 일이다.

3. 외가와 외조부

지금으로 말하면 초등학교에 해당하는 보통학교를 마칠 때까지 6년 동안 외가의 신세를 졌지만, 나는 남의 집이라는 생각은 별로 하지 않았다. 당시의 대가족제도의 분위기 덕분이기도 했지만, 우리 외가의 인심이 워낙 후덕했기 때문이다. 그때는 너무 어려서 그것이 얼마나 후덕한 인심인지조차도 모르고 지냈지만, 지금 돌이켜 보면 여러 가지로 감회가 깊다. 나뿐 아니라 큰형도 6년 동안 외가의 신세를 졌으니, 합하면 12년의 세월이 된다.

외숙모께서는 워낙 큰 살림을 맡고 여러 식솔을 거느리고 있었으므로, 나에 대해서 특별히 신경을 쓰실 여유가 없었다. 그러나 내가 안방으로 건넌방으로 돌아다니며 수선을 피워도 귀찮게 여기는 기색을 보인 일이 한 번도 없었으며, 외조모께서 외손자를 지나친 편애로 싸고돌아도 모르는 척할 정도로 대범하셨다. 그뿐만 아니라 외가에 있는 동안 나는 객식구(客食口)로서 후한 대접을 받은 것이 아니라, 그저 그 집의 식구로서 산 것이나 다름이 없었다.

지금의 중학교와 고등학교를 합친 것에 가까운 '고등보통학교'를 '높은 학교'라고 부르던 시절이다. 서울에서 '높은 학교'에 다니는 외사촌 형이 방학에 즈음하여 돌아올 때는 여러 가지 선물을 사 가지고 왔다. 그 선물 가운데는 미리 누구의 것으로 지목을 하고 준비된 물건도 있었고, 과자류와 같이 여럿이 나누어 즐길 수 있는 것도 있었다. 그런데 개인별로 준비한 선물 가운데는 반드시 고종사촌인 내 몫도 있었고, 과자를 함께 나누어 먹을 때도 내가 빠지지 않도록 누군가가 배려하였다.

외가 전체에서 가장 웃어른은 외조부였고, 외조부의 권위는 거의 절대적이었다. 외조부의 권위가 집안의 질서를 유지하는 대들보의 구실을 한 것은 지금의 시각에서 볼 때 비민주적인 상황이었음에 틀림이 없다. 그러나 우리 외조부는 가부장(家父長)이라는 그 위치의 힘을 행사한 데 그친 것이 아니라, 대소가의 살림을 보살펴 주는 보호자로서의 구실도 겸하여, 집안의 존경을 크게 받았다. 외조부는 자수성가로 부자가 된 분이었고 일가친척 가운데는 가난한 가정도 많았던 까닭에, 대소가 가운데 그분의 도움을 받은 사람들이 많았던 것이다. 아마 우리 집은 그 도움을 가장 크게 받은 경우가 아닐까 한다.

외조부가 어떤 경위로 부자가 되었는지 자세한 사정은 모른다. 다만 내가 아는 것은 그분의 소비생활이 절약에 투철했다는 것과 돈에 여유가 생기면 곧 땅을 샀다는 것, 그리고 유능하고 믿을 만한 사람들을 여럿 거느리고 있었다는 사실 정도다.

외조부께서는 큰 부자가 된 뒤에도 물자의 낭비를 허용하지 않았다. 가마를 타고 긴 여행을 하는 도중에 여관에서 주는 밥이 남으면 가마꾼에게 싸서 집으로 가져가도록 지시했을 정도로 철저했다. 그러나 돈을 쓸 때는 아끼지 않고 쓰는 일면도 있었다. 지나가는 손님이 하룻밤 자고 가기를 청할 경우에는 물리치지 말고 숙식을 제공하도록 지시를 내렸다. 거액의 돈을 들여서 영호정(永湖亭)이라는 정자를 세운 일이 있으며, 그 정자의 준공을 자축하기 위하여 큰 잔치를 벌였다. 그 잔치는 일주일 가까이 지속됐으며, 인근 마을 사람들에게 푸짐한 음식을 대접하였다. 거지들이 많던 시절이어서 마당 하나는 거지들이 차지하였다.

외조부에 관해서는 그분이 보통 사람이 아님을 말해 주는 일화들이 많다. 그 가운데 하나는 권총 강도가 들어왔을 때에 보여주신 그분의 기개에 관한 이야기다. 3인조 권총 강도가 들어와서 돈을 내라고 협박을 했을 때, 외조부께서는 우선 권총부터 치우라고 조용히 타일렀다. 돈을 달라고 사정을 해도 줄까 말까 한데, 권총을 들이대는 무례한 놈들에게 어찌 돈을 줄 수 있느냐는 논리였다. 그러나 권총을 든 자는 물러서지 않고 더욱 가까이 다가섰다. 그 순간 외조부께서는 "이노옴, 쏘겠으면 쏘아 보라!"고 호통을 치며 동시에 웃통을 벗고 가슴을 내미셨다. 그 기세가 너무나 엄청나서 강도는 권총을 땅에 놓고 머리를 조아렸다.

"영감님, 저희들이 죽을 죄를 지었습니다."

이때 급보를 받고 달려온 외삼촌이 돈 30원을 그들에게 주었으며 외조부께서는 그것을 막지 않으셨다. 그때만 해도 강도들이 지금처럼 흉악하지는 않았음을 말해 주는 흥미로운 이야기다.

또 하나의 일화는 강도 사건보다도 차원이 높다. 박 아무개라는 충청북도 지사가 있었으며, 그의 특기는 남에게서 돈을 빌려 쓰고 갚지 않는 수단에 있었다. 돈을 빌려 주지 않을 수 없도록 상황을 몰고 가는 그의 재주가 놀라웠으며, 일단 빌린 돈은 갚지 않는 것을 원칙으로 삼았다. 그 당시의 도지사라면 조선인으로서는 최고의 지위였으므로, 차용 증서를 받아 놓을 형편도 아니었고 돈을 되찾기 위하여 송사(訟事)를 벌일 수 있는 상황도 아니었다.

충청북도의 부자들 가운데서 박 지사에게 돈을 떼이지 않은 사람이 별로 없었으나, 우리 외조부 권 승지의 돈만은 뜻대로 되지 않은 것이 박 지사로서는 몹시 유감스러웠다. 마침내 박 지사에게 절호의 기회가 왔다. 새로 부임한 조선 총독이 충북 지방을 초도 순시하게 되었을 때, 그 기회를 최대한 살리기로 박 지사가 머리를 썼다.

총독이 충북 지방을 순시할 때는 충북 지사가 수행하기 마련이다. 수행하는 길에서 지사는 총독에게 진언하였다.

“각하께서 유숙하게 되실 수안보 온천에서 멀지 않은 곳에 권 승지라는 호족이 살고 있습니다. 영향력도 많은 사람이니 한번 만나 보시는 것이 지방 민정을 살피시는 데 큰 도움이 될 것입니다. 수안보에 가시는 길에 잠깐만 들러서 권 승지를 만나 보시는 것이 좋을 것 같습니다.”

‘호족’이라는 바람에 호기심을 느낀 조선 총독은 그렇게 하라고 승낙하였다. 그리고 박 지사는 이 사실을 권 승지에게 미리 통보하고 준비에 소홀함이 없도록 당부하였다.

총독 일행이 외가에 당도했을 때, 그들은 우리 외조부가 거처하시는 큰사랑으로 안내되었다. 주객이 일단 자리에 앉았을 때, 외조부는 하인을 불러서 이렇게 지시를 내렸다.

“여봐라, 여기 온 저 사람이 왜놈 중에서는 제일 높은 사람이란다. 그러니 안에 들어가서 주안상 하나 잘 차리라고 일러라.”

여기서 핵심은 ‘왜놈 중에서는’이라는 표현에 있다. 조선 양반의 견지에서 볼 때 총독이라는 것이 대수로울 것 없다는 배짱이다. 총독이 자기 집에까지 찾아온 것을 큰 영광으로 알고 감격할 줄 알았고, 그 고마움의 감정이 식기 전에 권 승지로부터 돈을 빌리는 형식으로 울궈 내자는 것이 박 지사의 계략이었다. 외조부는 그의 속셈을 환히 내다보았던 것이며, 총독의 가정방문을 크게 영광으로 여기지 않는다는 뜻을 알리기 위해서 ‘왜놈 중에서는 제일 높은 사람’이라는 표현을 썼던 것이다.

2장 '높은 학교'에 들어가기는 했으나

1. 청주고등보통학교에서의 실패담

외가에서 6년 동안 살면서 나는 여러 가지를 보고 들었다. 보통학교 학생도 하나밖에 없던 나의 고향 마을 파소와는 달리, 외가 마을 오깟에는 후일에 '경기고등학교'로 이름을 바꾼 '제일공립고등보통학교'에 다니는 학생이 둘이나 있었고, 손기정 선수를 배출한 '양정고등보통학교'에 다니는 학생도 있었다. 그뿐만 아니라, 내가 봉방교에서 떨어졌을 때 병원으로 데리고 간 권태영 씨의 아우인 권태하(權泰夏) 씨는 명치대학에 재학 중이었다.

나도 '높은 학교'에 진학해야 한다는 생각이 점차 굳어져 갔다. 그러나 우리 집의 경제력으로는 상급 학교 진학이 어려운 실정이어서, 그 점이 걱정이었다. 무슨 수를 쓰더라도 돈을 모아야 하겠다는 생각을 어릴 때부터 품었던 것이 기억에 생생하다. 그러한 생각은 잘사는 외가의 모습을 가까이서 보는 가운데 더욱 강화되었을 가능성이 있다.

내가 첫째로 할 수 있는 일은 돈을 아끼는 일이었다. 돈을 너무 아끼느라고 크게 어리석은 짓도 하였다. 교과서 사는 돈까지도 아꼈던 것이다.

조선의 보통학교에서도 처음에는 일본 문부성(文部省)에서 편찬한 교과서를 사용하고 있었다. 그런데 내가 보통학교에 입학하던 해부터 조선총독부에서 따로 교과서를 만들어서 그것으로 조선의 학생을 가르치기로 방침이 바뀌었다. 1학년에 입학했을 때는 학교에서 교과서를 일괄 구입하여 나누어 주었으므로 아무런 문제가 없었으나, 2학년부터는 제각기 교과서를 사도록 되어 있어 문제가 생겼다. 외가의 상급생으로부터 물려받은 교과서가 무용지물이 되는 것이 너무도 억울하게 느껴졌던 것이다.

나는 두 가지 교과서를 비교해 보았다. 일본어 교과서는 서로 전혀 달랐으나, 다른 과목은 비슷한 내용이 많이 들어 있음을 발견했다. 가령 산수 교과서는 숫자는 달랐지만, 교과 내용의 수준은 비슷했다. 이에 나는 물려받은 교과서를 살리기로 작심하고 조선어와 일본어 교과서만을 사기로 하였다. 지금 생각하면 어리석고 무모하기 짝이 없는 짓이었으며, 문부성 교과서를 책상 위에 태연히 펼쳐 놓은 학생이나 그것을 알았는지 몰랐는지 지나쳐 버린 선생이나 매우 느긋하고 한가로운 풍경이었음에 금석지감(今昔之感)을 금치 못한다.

3학년 때 학교와 금융조합(농협의 전신)이 손을 잡고 학생들에게 양계를 권한 적이 있다. 레그혼 병아리를 공동으로 좀 싸게 구입하여 희망하는 학생들에게 분양하고, 병아리가 커서 알을 낳게 되면 약간 유리한 가격으로 공동 판매하였다. 그리고 판매한 계란값을 바로 학생들에게 내주지 않고 금융조합의 예금통장에 입금하였다. 이를테면 양계와 저축을 동시에 장려한다는 취지였다.

나도 그 병아리를 분양받았다. 아마 열 마리 정도에 불과했을 것이다. 그러나 그것을 외가에서 키울 수 있는 형편은 아니었다. 파소에 있는 우리 집 마당이 그들의 주소가 될 수밖에 없었고, 사육은 어머니가 맡게 되었다. 본래 집에서도 닭을 키우고 있었으므로 닭장을 새로 지어야 한다거나 그러한 문제는 없었다. 그러나 그 병아리들이 커서 알을 낳기 시작하면서부터 어머니의 일이 늘었다. 분양받은 닭이 낳은 알은 학교로 가지고 가서 공동 판매하기로 되어 있었기 때문이다.

파소에서 충주 학교까지는 20리 길이 넘는다. 중간에 나룻배로 건너야 하는 달천강도 있었다. 그 먼 길을 달걀 몇 꾸러미를 들고 걸어서 오시는 어머니. 학교에 도착한 시간이 수업 중이면 그 시간이 끝날 때까지 어머니는 기다려야 했다. 그렇게 해서 1년을 저축해도 불과 얼마 안 되는 초라한 경제행위였다. 하찮은 일로 어머니의 고생을 더해 드리고 있다는 사실을 나는 몰랐다.

내가 직접 일을 해서 적은 돈을 번 적도 있었다. 오깟 마을 앞에는 큰 늪이 있었고, 그 늪의 모래 바닥에는 많은 조개들이 살고 있었다. 인근 마을 아줌마들이 그 조개를 건져서 읍내 일본 사람들에게 비싼 값에 판다는 소문을 들었다. 그것은 나도 할 수 있는 일이었다. 토요일 오후에 조개를 건져서 물이 담긴 대야에 넣어 두었다가 일요일 아침에 읍내로 가지고 가서 팔면 될 일이었다. 실제로 몇 번 시도해 보았다. 그러나 오래 지속하지는 않았다. 조개를 들고 일본 사람의 집을 찾아다니는 것이 심리적으로 부담이 되어서 몇 번 하다가 그만둔 것이 아닐까 한다.

'티끌 모아 태산'이라고 하였다. 계란 판 돈, 조개 판 돈, 그리고 외조부가 주신 세뱃돈을 모아서 송아지 한 마리를 샀다. 그 송아지가 커서 새끼를 낳았고, 그 새끼는 이웃 농가에 어울이로 주었다. '어울이'는 '배내'의 충청도 방언이다. 이렇게 해서 나는 몇 마리의 소 주인이 되었지만, 그 소유권을 직접 행사한 적은 없다. 내 소는 곧 우리 집 소였고, 우리 집 재산은 모두 어머니가 관리하셨다.

그 당시 충주에는 3년제 농업학교가 하나 있기는 했으나 우리는 그것을 '높은 학교'라고까지는 보지 않았다. 어린아이들도 '똥통 학교'라고 부르며 약간 얕잡아보는 경향이 있었다. 그런데 그 '똥통 학교'에 지원하라는 종용을 내가 받게 되었다. 그 학교에 입학하면 숙식은 외가에서 계속 제공하겠다는 언질이 있었던 모양이다. 그러나 나는 싫다고 울었다. '높은 학교'에 가기 위해서 돈을 모아 소까지 갖게 된 나로서는 그 제안을 도저히 받아들일 수가 없었던 것이다.

다음으로 권고받은 곳은 학비 전액을 면제해 주는 경성사범학교였다. 5학년 때 담임을 맡았던 마에다(前田) 선생이 경성사범 출신이어서, 나 정도의 성적이면 한번 쳐볼 만하다고 말했던 것이다. 그러나 나는 사범학교도 거절하였다. 교사가 되면 말을 많이 해야 할 터인데, 말을 심하게 더듬는 내가 어떻게 그런 직업을 감당할 수 있겠느냐는 것이 거절의 이유였다.

외사촌 형들과 외육촌 형이 다니는 서울의 '높은 학교'를 감히 넘보지는 못했으나, 청주에 있는 '높은 학교'쯤은 다녀야겠다는 것이 나의 소망이었다. 학비에서 가장 큰 비중을 차지하는 것이 하숙비였고, 서울보다는 청주의 하숙비가 월등하게 적었던 것이다. 그러나 그 청주의 하숙비를 감당하는 것도 우리 집 형편으로는 어렵다는 것이 이미 26세의 청년이 된 큰형의 판단이었고, 우리 집에서는 유일한 보통학교 졸업생이었던 큰형의 판단은 곧 최고의 판단이었다.

청주까지 기차로 통학을 하면 하숙비 문제는 해결될 것이었다. 그러나 외가에서 숙식을 해가며 청주로 기차 통학을 하기는 어려웠다. 아침 여섯시 전에 기차를 타야 할 것이고, 그렇게 하자면 매일같이 새벽밥을 지어 줄 사람이 있어야 했기 때문이다. 아무리 외가의 인심이 후하다 하더라도 그것까지는 생각하기 어려운 일이었다. 파소의 우리 집은 기차역까지의 거리가 너무 멀어서 기차 통학의 본거지가 될 수 없었다.

내가 6학년 되던 해에 24세에 이른 작은형이 분가하여 소이역(蘇伊驛)에서 20분 거리에 있는 봉전리(鳳田里)에서 농사를 짓고 있었다. 소이에서 청주까지는 그 당시의 기차로 두 시간 반 거리였다. 역시 새벽밥을 먹고 다녀야 할 형편이기는 했으나, 외가보다는 작은형의 신세를 지는 편이 다소 나을 것 같은 생각이 들었다.

어머니를 통해서 작은형과 형수에게 부탁을 했는지 내가 직접 했는지는 기억할 수 없으나, 어쨌든 나의 기차 통학을 위하여 작은형 집에서 숙식을 제공하겠다는 승낙을 얻어 냈다. 이 승낙이 떨어지자마자 나는 청주농업학교를 지망하기로 마음을 먹고 큰형에게 그 뜻을 밝혔다. 조선은 농업국이므로 장차 농촌 지도자가 되겠다는 내 포부를 말하고 큰형의 동의를 구했다.

한참 생각하더니, 큰형은 어차피 청주에 있는 학교에 다닐 바에는 차라리 청주고등보통학교를 지망하는 편이 낫겠다는 판단을 내렸다. 청주농업학교나 청주고등보통학교나 5년제 학교이기는 마찬가지나, 졸업한 뒤에 다시 전문학교로 진학하는 데는 후자가 유리하다는 것이 큰형의 논리였다. 중등학교도 제대로 다닐 형편이 못 되어서 기차 통학을 계획하고 있는 주제에 전문학교까지 욕심을 낼 수 있겠느냐고 내가 반문했을 때, 앞으로 5년 동안에 우리 집 경제 사정이 좀 나아질 가능성도 있지 않느냐고 큰형은 대답하였다. 설령 집안 사정이 늘 그 대중이어서 인문고등보통학교만 마치고 그만둔다 하더라도 농촌 지도자가 되는 데는 별로 불리할 것이 없으며, 다행히 경제 형편이 좋아져서 보성전문(普成專門) 법과만 졸업하게 되면 금융조합의 이사 한 자리는 할 수 있다고 큰형은 전망하였다. 금융조합 이사 자리는 지금의 은행 지점장만은 조금 못하지만 그래도 지방에서는 '유지(有志)' 축에 드는 지위였다.

나는 큰형의 판단을 따르기로 하였다. 청주고등보통학교로 편지를 내고 입학원서와 그 밖의 필요한 서류를 보내 달라고 요청하였다. 내 손으로 원서를 써서 우편으로 보냈다. 아마 충주보통학교 측에서도 별도로 내신서를 보낸 것으로 알고 있다. 내가 이 자리에 기록해 두고자 하는 것은, 그 당시에는 보통학교 학생들도 자기 일은 대개 자기 손으로 처리했으며 부모들의 지나친 보호를 받는 따위의 풍속은 없었다는 사실이다. 서울이나 청주로 시험을 치르기 위하여 집을 떠날 때도 학부형이 따라 나서는 일은 없었다.

시험 과목 가운데 '작문(作文)'이라는 것이 따로 있었다. 내가 시험을 쳤던 1935년의 작문 시험 제목은 '3월 10일'이었다. 3월 10일은 군국주의 일본의 '육군 기념일'에 해당하는 날로서, 우리나라의 '국군의 날'보다도 더 성대한 행사를 치르기도 하는 공휴일이었다. 따라서 일본의 군대를 찬양하고 나도 커서 용맹무쌍한 대일본제국 군인이 되고 싶다는 포부 따위를 적으면 아마 좋은 점수를 받을 수 있는 제목이었을 것이다.

나는 '육군 기념일'이라는 생각을 까맣게 잊고 있었다. 공교롭게도 그 시험이 시작되던 날이 3월 11일이어서, 나는 시험을 하루 앞둔 수험생의 초조하고 긴장된 하루의 일기를 썼다. 어머니가 아침에 엿을 싸주셨다는 말도 아마 썼을 것이다. 그러나 육군 기념일의 의의나 용맹무쌍한 일본 군인에 대해서는 일언반구도 언급하지 않았다. 일부러 안 한 것이 아니라 생각이 미치지 못했던 것이다.

시험장에서 나왔을 때 비로소 나는 큰 실수를 했다는 것을 깨달았다. 누구에게 물어보아도 나 같은 작문을 지은 수험생은 하나도 없었다. 선배들도 걱정을 했다. 시험장에서 바로 내 옆자리를 차지했던 청주영동보통학교 아이는 "이 촌놈아, 그 따위 멍청한 머리를 가지고 어떻게 청주의 명문에 들어올 생각은 했느냐?" 하며 노골적으로 야유를 퍼붓기도 하였다. 그 똑똑한 청주 아이는 물론 일본의 육군을 찬양하는 글로 원고지를 꽉 메웠다고 자랑하기도 하였다. 그러나 그 친구는 합격자 명단에는 들지 못했다.

면접시험에 두 가지가 있었다. 하나는 점수화(點數化)하는 면접시험이었고, 또 하나는 특별히 결격사유를 가진 수험생을 가려내기 위한 면접이었다. 점수화하는 면접시험은 시험이 시작되기 전에 수험생을 모두 교실에 가두어

놓고 시험을 친 학생과 치기 전의 학생의 교신이나 접촉을 완전히 막을 수 있도록 시험장 주변을 꾸며 놓고 있었다.

"사람은 평상시 1분에 보통 몇 번 정도 호흡하는가?" "7월 22일이 수요일이면 그 다음 다음 수요일은 몇 월 몇 일인가?" 이런 문제를 연달아 열 개 제시하고 제한된 시간 안에 빨리 대답하는 독특한 면접시험이었다. 그해 처음 실시한 방법이어서 당황한 나머지 아는 것도 대답을 하지 못한 학생이 많았다. 다행히 나는 그날만은 말을 별로 더듬지 않고 아홉 번째까지는 잘 대답했다. 열 번째 물음은 "일본에서 제일 큰 제철소는 어디에 있는가?"였다. 나는 "야하다입니다." 하고는 "아니…" 하며 수정하려고 들었다. 그때 시험 위원은 "됐어!" 하며 동그라미를 그렸다. '야하다'가 정답이었는데, 마지막에 너무 긴장해서 좀 떨었던 것이다. 요즈음 텔레비전의 퀴즈 프로그램에서 젊은이들이 척척 대답하는 것을 볼 때마다, 늙으면서 내 사고의 순발력이 떨어진 것을 절실하게 느낀다. "됐어!" 하고 나를 봐준 시험 위원은 '이야마(飯山)'라는 체육 교사임이 후일에 밝혀졌다.

또 한 가지 면접시험은 허름한 옷차림에 텁수룩한 머리를 한 깡마른 선생에게서 받았다. 그는 서류를 들추어 보더니 이렇게 단도직입적으로 물었다.

"김 군은 가정 형편이 넉넉하지 못한 모양인데, 입학이 허락되면 졸업 때까지 계속해서 다닐 수 있겠나?"

나는 그 점은 별로 염려할 필요가 없다고 주저 없이 대답했다. 무엇을 근거로 그렇게 낙관하느냐고 다시 추궁하였다. 나는 닭을 쳐서 송아지를 샀다는 이야기도 하고, 형들이 이제 장성해서 가정 형편이 앞으로 나아질 전망이라고 대답했다. 면접하던 선생은 빙그레 웃었다. 이 선생이 영어 실력이 대단한 청주고보의 보배 '우에끼(植木)' 선생이라는 사실도 후일에 알게 되었다.

우에끼 선생은 대단한 공부벌레였다. 학생들을 인솔하고 신사(神社) 참배에 동행할 때나, 전쟁터로 나가는 병정을 전송하기 위하여 교사와 학생들이 대열을 지어서 청주역에 나갈 때나, 때와 장소를 가리지 않고 영어사전을 들고 다녔다. 사전의 단어들을 모조리 암기한다는 소문이 돌았다. 가르치기도 열심히 가르쳤고 교수법도 탁월하였다.

우에끼 선생은 내가 4학년 때 경기고등학교의 전신인 제일공립고등보통학교로 전근하였다. 그 당시의 '제일고보'에 다닌 어떤 친구와 최근에 만났을 때 우연히 우에끼 선생 이야기가 나왔다. 제일고보에서도 우에끼 선생의 인기는 대단했다고 그 친구는 회상했다. 패전 후에 일본으로 돌아가서 일본에서도 저명한 영어 교사로서 활약했다는 사실까지도 그는 알고 있었다. 책밖에 모르던 그가 말년에는 춤바람인지 무슨 바람인지 때문에 생활의 모습이 달라졌나는 풍문도 들었나고 하였나. 풍문이라는 것은 믿을 수 없는 것이지만, 설령 그 풍문이 사실에 가깝다 하더라도 그럴 만할 사유가 있었을 것이라는 생각이 든다.

기차 통학이라는 것은 생각보다도 더 힘든 일이었다. 매일 다섯 시간 이상을 기차 안에서 보내는 일도 고달픈 일이었고, 매일 새벽밥을 지어야 하는 형수의 괴로움도 보통 일이 아니었다. 기차를 놓치면 큰일이라는 압박감도 항상 큰 부담으로 다가왔다. 해가 긴 여름 한철은 그런대로 견딜 만했으나, 겨울이 가까워지면서 해가 짧아진 뒤에는 하루하루가 고생이었다. 피로가 누적되어 늘 비실비실하며 소이와 청주 사이를 겨우 왔다 갔다 하는 꼴이 되었다. 결국 기차 통학은 1년을 채우지 못하고 나는 청주에 하숙을 구하게 되었다.

그러나 청주고등보통학교에서의 첫 학기는 감격스럽고 행복한 시기로서 회고되는 편이다. 담임 선생이 모든 과목을 가르치던 보통학교와는 달리 과목마다 전문 교사가 교대해 가며 가르치는 것도 신기했고, 가르치는 선생들의 실력도 보통학교 선생들보다 월등하게 높은 것으로 느껴졌다. 학생들 가운데도 우수한 친구들이 많아서 '높은 학교'는 역시 다르구나 하는 느낌을 받았다. 나도 선생들과 학생들이 우수한 '높은 학교'에 다니고 있다는 사실이 기쁘고 자랑스러웠다.

불행하게도 이러한 기쁨이 오래 지속되지는 않았다. 실력이 있는 교사들이 많다는 생각, 또 학생들 가운데 우수한 친구들이 많다는 생각이 바뀐 것은 아니었다. 다만 내가 새로운 환경에 제대로 적응하지 못한 까닭에 즐거운 날들이 단축되었을 뿐이다. 충주에서 보통학교에 다닐 때는 대인관계에서 아무런 어려움도 경험하지 못했던 내가 청주에서 고등보통학교에 다니게 되면서 문제가 생긴 것이다. 보통학교 시절이 너무나 평탄했던 까닭에 대인관계의 어려움을 체험할 기회를 못 가졌던 것이 오히려 좋지 않았던 것으로 보인다. 대인관계의 어려움 문제는 몇 가지 복합적 요인에서 유래한 것으로 보이나, 가장 큰 요인은 나의 성격에 있었다고 보는 것이 옳지 않을까 한다. 그러나 가장 직접적인 계기가 된 것은 육상경기에서의 실수였다고 생각된다.

청주고등보통학교에서는 매년 초여름에 '장거리 경주 교내 대회'라는 것을 열고 있었다. 내가 1학년 때는 1학기 중간고사가 끝나면 곧 이어서 그 '장거리 경주 교내 대회'가 열린다고 하였다. 나는 학업성적보다도 그 장거리 경주에서 좋은 성적을 올리고 싶었다. 머리가 나쁘다는 소리는 별로 들어 보지 않았으나 몸이 약하다는 말을 자주 들은 나로서는 몸도 그리 약하지 않다는 것을 보여주고 싶은 심리에 쫓겼던 것으로 분석된다.

중간고사에 대한 준비는 하지 않고 달리기 연습에만 열을 올렸다. 기차 통학으로 많은 시간을 빼앗겼으며 몸도 피곤한 상태여서 장거리 달리기 연습도 충분히는 못했지만, 작은형 집에서 가까운 숲 속을 여러 차례 달려 보았다. 대회가 있던 당일에 크게 만족스러운 성적은 올리지 못했으나 입상권에는 들어서 우리 학급의 명예를 위하여 다소 기여한 꼴이 되었다. 한편 1학기 학업성적은 우리 반 55명 중에서 8등에 머물렀다.

가을에도 교내 육상경기 대회가 열리기로 예정되었다고 하였다. 가을 대회는 학교 운동장 안에서 달리고 뛰고 던지는 기량을 겨루기로 되어 있었고, 그 가운데 '학급 대항 4백 미터 계주'라는 종목이 있었다. 그 4백 미터 릴레이 선수를 뽑기 위한 의논이 있었을 때, 내 이름이 거론되었다. 장거리 경주에서 좋은 성적을 올렸으니 우리 학급 릴레이 선수 네 사람 중에 포함시키자는 의견과 장거리와 단거리는 사정이 다르니 빼자는 의견이 대립하였다. 그럴 경우에 본인인 나는 침묵을 지키는 것이 현명한 처사인데, '단거리에도 자신이 있다'고 하며 대표 선수로 나가기를 자청하였다. 그런데 그 자청이 화를 불렀다.

4백 미터 릴레이는 상급반과 하급반을 나누어서 실시했나. 하급반은 1학년 두 반과 2학년 두 반 네 팀이 겨루게 되었고, 나는 제1주자로 달리게 되었다. 출발선에 섰을 때 주위를 돌아보니 다른 선수들은 모두 단거리 경주용 스파이크화를 신고 있었다. 나만 맨발이었다. 나는 스파이크화를 신어 본 적도 없었고, 보통학교 때부터 운동회에서는 맨발로 뛰는 버릇이 있었다. 운농화는 비싸서 못 신었고, 고무신은 달리기에 적합하지 않았다. 고등보통학교에 들어온 뒤에는 실내화로 신는 운동화를 가지고 있었으나, 그것보다는 맨발이 유리할 것 같아서 맨발로 출발선상에 나타났던 것이다.

요즈음은 선수 각자가 뛸 수 있는 공간이 백선(白線)으로 구별되어 있고 추월할 수 있는 지점도 정해져 있는 것으로 아나, 그 당시의 교내 대회에서는 출발선과 결승선만이 그려져 있었다. 바꾸어 말하면 선수들끼리 몸을 부딪칠 수도 있는 상황이었다. 모두가 맨발이라면 밟힌다 해도 큰 상처는 입지 않겠지만, 나는 맨발이고 다른 선수들은 스파이크화를 신었다는 것이 몹시 마음에 걸렸다. 출발선에서 차지한 내 위치가 가장자리였다면 그래도 좀 나았을 터인네, 운 나쁘세 나는 중간에서 뛰게 되있다.

출발부터 맨발보다는 스파이크화를 신은 사람이 유리했다. 아차 한발 늦었구나 생각했을 때, 옆에서 달리는 경쟁자들의 스파이크화에 박힌 못이 크게 확대되면서 시야로 들어왔다. 밟힐 것이 두려워서 앞으로 내닫기가 어려웠다. 불과 백 미터를 달리는 단거리 경주였던 까닭에, 만회할 틈도 없이 결국 네 사람 가운데서 네 번째로 바통을 넘겨주었다. 그리고 순위는 그 뒤에도 바뀌지 않아서 끝내 우리 학급이 꼴찌를 차지하고 말았다.

경기에서는 이기는 수도 있고 지는 수도 있다. "이놈아 네가 잘못 뛰어서 우리 반이 졌다." 하는 따위의 비난이 일시적으로 있을 수도 있지만, 시간이 흐르면 잊히는 것이 보통이다. 그러나 나의 경우는 그렇게 간단하게 끝나지 않았다. "제가 자청해서 뛴 김태길이가 꼴찌를 하는 바람에 우리 반이 꼴찌가 되고 말았다."는 비난이 마치 전과자의 붉은 줄처럼 두고두고 따라다녔다. 우리 학급의 분위기를 그렇게 유도한 친구가 있었던 것이다.

청주고등보통학교 입학시험에 합격한 직후에 아버지는 나를 불러 앉히고 이렇게 말씀하셨다. "이번에 그 학교에 합격한 학생 가운데 조태욱(趙泰旭)이라는 아이가 있느니라. 네 매부의 육촌 동생이니 우리와는 사돈지간이다. 어릴 때부터 신동(神童)으로 소문이 났었다. 각별히 사이좋게 지내도록 하여라." 입학식이 끝나고 새 학기가 시작된 직후에 조태욱과 첫 인사를 하게 되었다. 그도 기차 통학을 했으므로 서로 얼굴을 대할 기회가 자주 있었다. 아버지의 말씀도 있었고 또 '사돈지간'이라는 관념도 다소 있어서 나는 조태욱과 친하게 되기를 원했다. 그런데 내 느낌으로는 조태욱 편에서 나의 접근을 별로 탐탁하게 생각하지 않는 듯한 인상이 강했다. 그럴 만한 이유가 따로 있었던 것도 아닌데, 뭔가 비웃는 듯한 표정을 보일 때가 많았다. 나도 사람을 사귀는 데 시간이 걸리는 편이어서 적극적으로 접근을 시도하지도 못하고 그럭저럭 한 학기가 지났다. 나도 1학기 성적이 별로 좋지 않았지만, 조태욱의 성적은 중간보다 약간 나은 정도에 머물렀다. 그 학교에서는 성적에 따라서 교실의 좌석이 정해졌으므로, 모든 학생들의 학업성적은 자연히 겉으로 드러나기 마련이었다.

4백 미터 릴레이에서 실패한 것을 계기로 내가 친구들로부터 소외당하도록 충동질한 사람이 바로 조태욱이었다. 그가 왜 그렇게 했는지는 짚이는 데가 없어서 알 수 없었다. 조태욱의 가문과 우리 가문 사이에 사돈관계가 있었다는 사실이 오히려 좋지 않게 작용한 것이 아닐까 하는 짐작을 해보기도 했으나, 그것은 어디까지나 짐작에 불과했다.

충동질을 하더라도 사람들이 그 충동에 넘어가지 않을 수도 있는 법인데, 나에 대한 조태욱의 충동은 잘 먹혀 들어갔다. 그리고 그렇게 된 원인은 주로 나에게 있었던 것으로 생각된다. 다시 말하면 나의 성격 또는 나의 처신에 문제가 있었던 것으로 보인다. 특히 교실에서의 내 수업 태도가 학급 친구들에게 거부감을 주었을 가능성이 크다는 것이 나에 대한 나 자신의 분석이다.

나는 예습과 복습을 열심히 하거나 시험 때가 되면 밤을 새우다시피 공부하는 면학도(勉學徒)는 아니었다. 그러나 결석함이 없이 교실에 나가서 선생의 강의는 열심히 듣는 편이었다. 거기에서 그치지 않고 수업 시간에 손을 자주 들고 질문을 던지는 버릇까지 있었다. 보통학교에 다닐 때 똑똑한 질문을 하여 선생으로부터 칭찬을 받았다는 이야기는 앞에서 적은 일이 있거니와, 그 버릇을 그대로 청주고등보통학교에까지 가지고 갔던 것이다.

충주보통학교에서는 나의 그러한 태도가 그런대로 받아들여졌다. 늘 반장도 했고 경쟁자가 없는 상황이었으므로, '저 애는 본래 그런 아이'라는 기득권 비슷한 것을 확보하고 있었던 것이다. 그러나 청주고등보통학교에서는 사정이 달랐다. 청주 본바닥 출신도 아닌 촌놈인 주제에 제가 뭔데 껍죽대느냐는 거부감을 일으켰던 것으로 보인다. 선생이 대답을 시원치 않게 하면 끝까지 물고 늘어지는 버릇까지 있어서, 수업이 빨리 끝나기를 열망하는 친구들에게 더욱 미움을 살 소지가 충분히 있있다.

'잘난 척한다'와 '보기 싫다'가 거의 같은 뜻으로 쓰인 것이 그 당시 중학생들의 풍속도가 아니었을까 한다. 한국 사람들은 대체로 따지는 것을 좋아하지 않는 편이며, 50-60년 전 사람들은 따지는 것을 더욱 싫어했다. 따지기 좋아하는 것은 똑똑한 척하는 것이었으며, 똑똑한 척하는 것은 잘난 척하는 것이다. 마땅히 삼가야 할 태도였다. 그런데 나는 어릴 때부터 한국인답지 않게 따지기를 좋아했던 것이다.

4백 미터 릴레이에 나가서 뛰겠다고 자청한 것도 '잘난 척한다'와 맥을 같이하는 보기 싫은 태도였다. 두고 보자 했더니 아니나 다를까 꼴찌를 해서 학급의 명예를 실추시켰다. 도저히 묵과할 수 없는 '과오'임에 틀림이 없다. 조태욱의 충동질이 학급 친구들에게 받아들여질 근거는 충분하였고, 그 근거의 씨는 나 자신이 일찍부터 수업 시간에 뿌려 놓았던 것이다.

4백 미터 릴레이에서 실패한 뒤에는 자연히 기분이 위축될 수밖에 없었고, 여러 학생들이 함께 뛰는 운동장과도 멀어지기 시작했다. 학생들끼리 편을 갈라서 구기(球技)를 즐기는 일에도 참가하기를 꺼리게 되었고, 특히 단거리든 장거리든 뛰고 달리는 운동에 대한 흥미를 잃게 되었다. 그래도 몸을 튼튼하게 하기 위해서는 운동을 해야 한다는 생각까지 버릴 수는 없어서, 주로 혼자 할 수 있는 운동에 열중하였다. 줄넘기, 수영, 등산, 그리고 콘크리트로 만든 역기(力器)도 좀 들어 보았다. 그 가운데서 가장 재미를 붙인 것이 줄넘기였고, 한때 줄넘기 기술이 상당히 높은 수준에까지 오른 적이 있었다.

학급의 친구들이 계속해서 나를 따돌린 것은 아니다. 오히려 내가 그들을 피해서 고독을 자청했다고 보는 편이 공정할 것이다. 학급 친구들은 4백 미터 릴레이에서 패배한 사연 따위는 까맣게 잊었을 터인데, 나만 그것을 잊을 수가 없어서 항상 우울한 기분으로 시간을 보냈다. 내 성격에 문제가 있었던 것이다. 내 성격에 문제가 있다는 것을 일찍 깨달았더라면 나는 그 문제로부터 빠져나올 수가 있었을 것이다. 그러나 나에게는 그 깨달음이 빨리 오지 않았다.

나는 다정다감한 기질을 타고났다. 한국 사람이 대체로 다정다감한 편이지만, 나는 보통보다도 심할 정도로 다정다감한 기질을 타고났다. 어릴 때부터 친구를 좋아했고, 자질구레한 물건을 친구들에게 주기를 좋아했다. 파소에서 서당에 다닐 때, 어머니가 아끼시는 엿 또는 작은형의 소유물인 문방구 따위를 몰래 가져다가 서당 친구들에게 준 일이 탄로 나서 야단을 맞기도 하였다.

내가 기차 통학을 시작한 지 얼마 되지 않았을 때 기차 유리창 위에 '우정'이라는 낱말을 자주 낙서한 기억이 있다. 유리창에 입김을 불어서 흐리게 만들고 그 위에 손가락으로 '友情'이라는 두 한자를 쓰곤 했던 것이다. "친구는 또 하나의 나 자신이다." 이것은 내가 그 무렵에 매우 좋아한 말 가운데 하나였다. 어쩌면 그 당시 내가 우정을 나누고 싶었던 친구들 가운데는 조태욱이 포함되었을지도 모른다.

내가 청주고등보통학교에 입학하고 얼마 안 되었을 무렵에, 같은 반 친구 하나가 "너는 무엇이 좋아서 항상 웃는 얼굴이냐?" 하며 말을 건 적이 있다. 지금은 백발이 성성한 할아버지가 되었지만, 그 당시는 홍안의 미소년이었던 서병익(徐丙翊)이었다. '높은 학교'에 다니게 되었다는 기쁨도 있었겠지만, 나는 그전에도 명랑한 성격이었고 청주고보에서 여러 새 친구를 얻을 수 있다는 희망에 가득 차 있었다. 항상 웃는 얼굴일 수밖에 없는 까닭이었다.

다정다감한 성격과 예민한 신경 사이에는 밀접한 관계가 있다. 신경이 예민한 사람은 대수롭지 않은 일로 큰 충격을 받기도 한다. 4백 미터 릴레이에 얽힌 별것도 아닌 일이 나에게는 큰 충격으로 다가왔고, 서병익의 눈에 띄었던 웃는 얼굴이 우울한 얼굴로 바뀌었다. 친구들과 어울리기를 좋아했던 내가 혼자 있기를 좋아하는 나로 변해 가고 있었다. 3학년 학기 말에 박충렬(朴忠烈)이라는 친구가 꾸민 장난은 나의 그러한 변화를 더욱 촉신하였다.

청주고등보통학교에서는 학년 말이 되면 재학생이 졸업생을 환송하는 모임을 갖기로 되어 있었다. 일종의 다과회 비슷한 것이었으며, 3학년과 4학년 각 반에서 한 사람씩 대표가 나와서 환송하는 뜻의 인사말을 하는 순서를 넣는 것이 관례였다. 반장이라는 것이 있었더라면 그가 학급을 대표해서 졸업생 환송의 인사말을 했겠지만, 주번(週番)이 돌아가면서 학급을 통솔하도록 된 학교였으므로, 그 인사말을 할 대표를 정하기 위한 학급 회의가 열렸다. 그 학급 회의가 열리기 전에 박충렬이 나를 골탕먹이기 위한 장난을 준비했다. 말을 몹시 더듬는 김태길을 대표로 뽑아서 단상에 세우면 재미있을 것이라며, 나를 뽑도록 하자고 해괴한 사전 선거 운동을 은밀히 획책했던 것이다. 나도 그 낌새를 알았지만 모르는 척해 두었다. '개고기'라는 별명을 가진 박충렬은 반에서 별로 알아주지 않는 친구였으며, 학급의 명예에도 관계되는 그 인선을 장난삼아 하자는 상식 밖의 의견에 급우들이 호응할 리가 없다고 보았던 것이다.

그러나 내 예상과는 달리, 그 학급 회의에 참석했던 대다수의 학생들이 박충렬의 제안에 찬동하여 나를 내세우기로 의결하였다. 나는 그 순간 극도로 흥분했고 당장에 달려가서 박충렬을 두들겼다. 유도 선수라고 뻐기고 다닌 그였지만 불의의 선제 공격을 받고 박충렬은 교실 바닥에 고꾸라졌다. 그것으로 승부가 났다고 낙관한 나는 박충렬이 일어서는 것을 태연하게 바라보며 서 있었다. 그 순간 박충렬은 책상 위에 놓여 있던 주먹만한 잉크병을 내 안면에 던졌다. 잉크병은 이마에 적중했고 피가 주르르 흘렀다. 1회전에서는 내가 이기고 2회전에서는 반칙 덕분에 그가 이긴 셈이 되었다. 나는 바로 병원에 가서 몇 바늘 꿰매는 수술을 받았고, 박충렬은 그 행동이 좋지 못했다는 이유로 그 학기 조행(操行) 성적이 병(丙)으로 평가되어 낙제를 당하는 결과를 불렀다.

그 소동 덕분에 환송의 인사말을 하는 짐은 벗게 되었으나, 뒷맛이 몹시 고약했다. 학급의 여러 친구들이 박충렬의 악의 가득한 장난에 호응했고, 그의 장난을 저지하고 나를 돕기 위해서 앞으로 나선 사람이 아무도 없었다는 사실이 나를 고독감 속으로 몰아넣었다. 나는 인간의 잔인성을 과민하게 느꼈고, 점점 청주고보가 싫어졌다. 겉으로는 별일 없는 듯이 매일 학교에 나가고 친구들과 말도 나누었지만, 속으로는 마음의 문을 걸어 잠갔다.

내가 수동(壽洞) 김성모(金性模)네 집에 하숙하고 있던 무렵에 같은 반의 이영호(李永浩)가 자주 놀러 왔다. 어느 날 그와 내가 단둘이서 이야기할 기회가 생겼을 때, 나는 나의 고독한 심경을 그에게 털어놓았다. 이영호는 나의 심경에 대해서 깊은 이해와 동정을 표명하였고, 그 뒤로 그와 나는 매우 가까워졌다. 이영호는 체격도 듬직하고 학급에서 영향력도 있는 편이어서, 나는 백만 대군을 얻은 것처럼 마음 든든함을 느꼈다.

언젠가 거물 간첩이라며 크게 보도된 적이 있는 송창섭(宋昌燮)도 같은 반 학우였다. 어느 날 그가 나의 하숙을 자기 집으로 옮기지 않겠느냐고 제안하였다. 학업성적이 신통치 않은 아들을 걱정한 송창섭의 아버지가 공부 잘하는 아이 하나를 데려오라고 지시했다는 것이다. 우등생과 한집에 살면 자연히 성적이 향상되지 않을까 하는 기대에서 궁여지책을 쓰기로 한 모양이었다.

나는 그때까지 하숙했던 김성모네 집에 대해서 아무 불만도 없었다. 김성모와의 사이도 무난한 편이었고, 같이 하숙했던 김용욱(金容旭)은 몇 안 되는 가까운 친구 중의 하나였다. 나는 굳이 하숙을 옮길 이유가 없기에 자연 망설이게 되었다. 송창섭네 집에 하숙하면 학교가 가까워진다는 이점이 있기는 했으나, 그것 때문에 하숙을 옮긴다는 것도 설득력이 있는 이야기는 아니었다.

내가 친구들에 대한 의리 때문에 망설인다고 생각한 송창섭은 김성모와 김용욱에게도 청을 넣었다. "너희들은 셋이 모두 우등생 아니냐. 김태길 하나 빠져도 아무 지장이 없을 터이니 김태길을 양보하라."는 식의 설득이 아니었을까 한다. 공교롭게도 세 김 군이 모두 우등생에 들었고, 공부하는 분위기가 중요하다고 판단한 송창섭은 김태길이나 김용욱 가운데서 하나를 빼갈 생각을 했던 것으로 보인다.

결국 나는 송창섭의 집으로 하숙을 옮겼다. 송창섭의 집은 김성모의 집보다 컸고, 두 사람이 큰 방 하나를 쓰게 되어 세 사람이 좁은 방에서 복작거리던 때보다 좋은 점도 있었다. 송창섭도 성격이 둥글둥글한 편이어서 같은 방을 쓰기에 크게 불편한 점은 없었다. 그러나 김성모나 김용욱에 비하면 좀 얼렁뚱땅한 편이어서 어디인지 서먹서먹한 구석이 있었다.

나와 같은 방 쓰기를 한 학기 동안 했지만 송창섭의 성적은 조금도 올라가지 않았다. 뒤에 깨달은 일이지만 올라갈 까닭이 없었다. 앞에서도 말했듯이, 나는 예습이나 복습을 열심히 하거나 시험 때 밤을 새우다시피 공부를 하는 그런 유형의 학생이 아니라, 수업 시간에 열심히 듣는 것이 장기(長技)라면 장기라고 할 수 있는 학생이었다. 그러니 시험 때에도 일찌감치 이불 속으로 들어가는 나와 같은 방을 써서 유리할 것이 전혀 없었다.

송창섭의 집은 부유한 편이어서 하숙생을 받음으로써 가정경제에 보탬을 얻는 것을 대견스럽게 생각할 그런 형편이 아니었다. 남의 식구 하나 더 있는 것을 귀찮게 느낄 그런 집이었다. 나는 그런 눈치가 빠른 편이다. 내가 나가겠다고 말을 꺼냈는지 또는 그 집에서 나보고 나가 달라고 먼저 말했는지, 그 점은 기억이 흐리다. 내 기억에는 저쪽에서 먼저 나가 달라고 말한 것 같은 느낌이 남아 있으나, 확실한 것은 아니다. 어쨌든 나는 오래지 않아서 송창섭의 집을 떠났다.

그 다음에 간 하숙집은 학교 운동장 담 뒤에 있었다. 그러나 그 집이 곧 사직동(社稷洞)으로 이사하게 되어 나와 나의 동숙생(同宿生) 윤흥학(尹興學)도 함께 그리로 옮겨 갔다. 사직동에는 군시제사회사(郡是製絲會社)의 공장이 있었고, 많은 여공들이 지나다녔다.

사직동의 하숙방은 좀 넓은 편이어서, 하숙집 주인은 하숙생을 한 사람 더 얻기를 원했다. 그때 내 머리에 제일 먼저 떠오른 것이 나의 가까운 친구 이영호였다. 나는 바로 이영호에게 동숙생이 되기를 청했고, 이영호도 기꺼이 내 의견에 찬동하여 우리는 같은 솥에 밥을 먹게 되었다.

윤흥학과 이영호 그리고 나 세 사람은 동급생이었다. 동급생이 같은 방을 쓸 경우에는 제일 뒤에 들어온 사람이 윗목을 차지하는 것이 그 당시의 관례였다. 요즈음과 달라서 아랫목은 따뜻하나 윗목은 찬 것이 그 당시의 하숙방이어서, 아랫목이냐 윗목이냐 하는 것은 하숙생들에게는 상당한 관심사가 아닐 수 없었다. 우리 하숙집의 경우는 이영호가 맨 뒤에 왔으므로 그가 윗목을 자지하기 마련이었다. 그러나 나는 내가 불러들인 친구에게 맨 윗목을 주는 것이 미안하다고 생각되어, 나의 아랫목과 그의 윗목을 바꾸기로 하였다.

우리 하숙집에는 두 사람의 아가씨가 있었다. 하나는 그 집 딸이고 또 하나는 심부름꾼이었다. 어느 날 우리 세 학생이 학교에서 돌아왔을 때, 마치 기다리고 있었다는 듯이 두 아가씨가 달려와서 호소하였다. 빨래터에 갔다가 공장 근처의 불량배들에게 희롱을 당했다는 호소였다. 그 당시의 말로 '히야까시'를 당했다는 것이다. 그 말을 들은 이영호는 주먹을 불끈 쥐고 말했다.

"그런 나쁜 놈들이 있나! 내가 보았더라면 그놈들 버르장머리를 고쳐 주었을 터인데…."

이 말이 공장 근처 그 패거리들의 귀에 들어갔다. 아마 다음에 또 희롱을 당했을 때, "우리 집 학생들에게 혼나고 싶지 않거든 조심하라!"고 아가씨들 측에서 으름장을 놓은 모양이다. 이것이 화근이 되어 이영호와 윤흥학 그리고 나 세 사람이 한동안 곤욕을 치르게 되었다. 그뿐만 아니라 이영호와 나 사이의 우정에도 큰 금이 가는 결과를 불렀다.

어느 날 우리 세 사람이 학교에서 돌아오는 길에 하숙집 근방에서 낯모를 청년 몇 사람과 마주쳤다. 우리가 돌아오는 것을 기다리고 있다가 나타난 모양이었다. 그들은 우리의 길을 가로막고, "형씨들 가운데 우리를 혼내 주겠다고 말한 사람이 있다는데 그게 누구요?" 하고 물었다. 나오는 기세가 심상치 않았다. 왜 남의 처녀들에게 희롱을 했느냐고 당당히 맞설 만한 용기는 우리 세 사람 누구에게도 없었다. 또 하숙집 처녀에게 농담을 했기로서니, 그것을 문제 삼고 나설 위치에 있지도 않았다.

그 상황에서 우리가 취할 수 있는 길은 두 가지뿐이었다. 하나는 그 비슷한 말을 한 것은 사실이나 단순히 농담으로 한 말에 지나지 않는다고 사과조로 나오는 길이다. 또 하나는 그런 말을 한 적이 없다고 잡아떼는 길이다. 첫째 길을 택할 경우에는, 이영호가 우선 그런 말을 했다는 것을 솔직하게 시인하고, 그 다음에 우리 두 사람이 그것은 농담에 불과했다는 점을 강조했어야 할 것이다. 그러나 이영호는 그런 말 한 적이 없다고 딱 잡아뗐다. 그러니 우리도 따라서 잡아뗄 수밖에 없었다.

그들은 우리의 말을 그대로 믿는 것 같지 않았다. 그러나 그 자리에서 폭력을 휘두르지는 않았다. 그 말을 누가 했는지 밝혀 내고 말겠다고 선언하고, 그 말을 한 사람의 힘과 기량이 얼마나 좋은지 시험해 볼 날이 있을 것이라고 위협하였다. 그리고 일단 후퇴했다. 역시 충정도식이었다.

우리 세 사람은 항상 같이 다니기로 하였다. 그 말을 한 사람이 이영호라는 사실을 끝까지 숨기고, 당하더라도 세 사람이 함께 당하자고 다짐하였다. 그것이 친구의 의리라고 믿었으며, 이영호는 나의 가장 가까운 친구였다.

그리고 며칠 뒤에 우리 세 사람은 또다시 그들과 마주쳤다. 이번에는 저쪽이 두 사람뿐이었다. 이야기를 좀 하자고 하였다. 그런데 이상하게도 이영호와 윤흥학에게는 먼저 가보라고 말하며, 이야기는 나하고만 하자고 하였다. 그들을 혼내 주겠다고 말한 것이 나라고 생각하고 있는 듯한 눈치였다. 나는 이상하다는 느낌과 함께 겁이 났다. 다행히 이영호와 윤흥학이 내 곁을 떠나지 않아서, 그들은 또 다음에 보자고 하며 사라졌다. 이영호는 유도 선수이기도 한 덩치가 큰 친구였고, 윤흥학도 정구 선수로서 약골은 아니었다. 둘이서 세 사람을 상대할 필요는 없다고 생각했던 모양이다. 역시 충청도식 깡패였다.

그 뒤로는 한동안 아무 일도 없었다. 이제는 별일이 없을 것 같았다. 어느 정도 마음이 놓이기에 나 혼자서 시내에 볼일을 보러 나갔다. 돌아오는 길에 청주상업학교 학생 하나를 만났다. 역시 사직동에 사는 사람으로 자주 본 얼굴이었다. 그 친구가 나에게 접근하며, "우리 친구들을 혼내 준다고 한 것이 당신이라며?" 하고 시비조로 나왔다. 그러나 말투가 몹시 험악하지는 않았다.

나는 우선 당황하지 말아야 한다고 생각했다. 그리고 말했다. "보시다시피 나는 약골 중의 약골이오. 나 같은 약골이 어찌 그런 말을 할 수가 있겠소?" 내 몸이 호리호리한 것을 이때처럼 고맙게 느낀 적은 그전에도 그 뒤에도 없었다.

그러나 상업학교 친구는 내가 그런 말 했다는 말을 들었다며 물러서지 않았다. 누구에게서 들었느냐고 물었다. 그것은 말할 수 없다고 하였다. 그것이 누구인지 알아야 내가 그 말을 했는지 안 했는지 밝힐 수 있을 것이 아니냐고 따졌다. 실제로 '혼내 주겠다'는 말을 내가 한 적이 없었던 까닭에 나는 침착하고 조리 있게 말할 수 있었고, 상업학교 학생도 내 말에 믿음이 가는 듯한 눈치였다. 그는 알았다고 하면서 떠나갔다.

하숙집으로 돌아오면서 나는 추리를 시작했다. 추리의 결론은 이영호가 겁을 집어먹고 자신에게 닥칠 위험을 나에게 떠넘기는 재주를 부렸다는 것이었다. 그와 같은 결론을 내리기까지의 추리 과정은 대략 다음과 같다.

우리 동급생 가운데 우리 하숙집에서 가까운 곳에 사는 최규성이 그 상업학교 학생과 어울려 다니는 것을 여러 번 목격하였다. 그 최규성은 나와 사돈 관계를 가진 조태욱과 가까운 사이였고 나를 공연히 못마땅하게 생각하는 친구였다. 그렇지만 아무하고나 둥글둥글하게 지내는 이영호는 최규성과도 가끔 어울렸다. '혼내 주겠다'고 여자들 앞에서 큰소리친 것은 김태길이었다는 거짓말을 슬쩍 최규성에게 흘리면, 최규성은 그 말을 곧이들을 것임에 틀림이 없다. 그리고 그 말은 자연스럽게 그 패거리들 귀에 들어갔을 것이다. 최규성은 사직동에 오래 살았고, 그 패거리와도 가끔 어울리는 사이였기 때문이다.

나는 하숙집에 돌아와서 이영호와 조용히 만났다. 그리고 상업학교 학생을 만났다는 이야기와 서로 주고받은 말을 전했다. 나는 어떠한 연유로 그들이 나를 지목하게 되었는지 안다고 넘겨짚었다. 이영호는 그저 우물쭈물했고, 나는 그 다음부터 이영호와는 말을 하지 않았다. 오래지 않아 이영호는 하숙을 다른 곳으로 옮겼다.

그런 일이 있은 지 며칠 뒤에 그 패거리가 청주농업학교 학생들을 집단으로 폭행한 사건이 생겼다. 그 패거리가 고성방가하며 무심천 제방을 누비던 어느 날 밤, 제방 가까이에 위치했던 청주농업학교 기숙사 학생들이 "시끄럽다!"고 소리를 쳤다. 아마 시험 때였던 모양이다. 노래를 부르지 말라는 뜻으로 시끄럽다고 한 말이 그 패거리를 화나게 했고, 화난 패거리는 기숙사로 쳐들어가 여러 사람을 크게 다치게 했다.

이 따위 대수롭지 않은 이야기를 여기에 장황하게 기록한 것은, 그것이 하찮은 이야기임에도 불구하고 내 성격에 큰 변화를 가져왔으며 나의 인간관 내지 인생관에도 적지 않은 영향을 끼쳤다고 보기 때문이다. 내 성격에 어떤 변화를 끼쳤다고 보는지에 대해서 쓰기 전에, 비슷한 맥락의 자질구레한 이야기 하나만 더 소개하기로 한다.

청주고등보통학교에는 교실마다 한구석에 청소 도구를 넣어 두는 궤짝 모양의 허름한 비품이 있었고, 그 비품에는 옆으로 밀어서 열고 닫는 유리문이 달려 있었다. 어느 날 나는 그 유리문이 제대로 끼워져 있지 않고 궤짝에 기대 세워져 있음을 발견하였다. 누가 조금만 건드려도 곧 쓰러질 것 같은 불안한 상태였고, 쓰러지면 유리가 깨질 것이었다. 나는 그 문을 제자리에 끼워 보려고 한참 동안 시도했으나, 잘 들어맞지 않아서 포기하고 말았다. 나의 그 시도하는 모습을 지켜본 친구들 가운데는 그 주(週)의 주번이었던 한백운(韓百運)도 있었다.

내가 걱정한 대로 그날 그 문은 쓰러졌고 유리는 산산조각이 났다. 누가 건드렸는지 또는 다른 원인으로 쓰러졌는지 그것은 알 수 없으나, 내가 만진 직후가 아닌 방과 후에 쓰러진 것임에는 의심의 여지가 없었다. 그것이 쓰러져서 유리가 깨졌다는 사실을 내가 안 것이 그 다음 날이었다는 사실로 미루어서 그렇게 단언할 수가 있다.

그 다음 날 학교에 갔더니, 교무실로 가보라고 주번인 한백운이 나에게 전했다. 그 주의 주번 교사인 이야마(飯山) 선생이 부른다고 하였다. 내가 교무실로 찾아갔을 때, 이야마 선생은 자리에 있었다. 유도 5단의 체육 교사인 그는 저구에서 나오는 목소리로 나를 몰이세우기 시작했다. 학교의 기물을 파손했으면 응당 그 사실을 보고하고 변상해야 마땅한데, 슬그머니 달아난 소행은 도저히 용납할 수 없다는 논지였다.

나는 그 전날 내가 한 행동을 자세히 이야기하고, 그 유리를 깬 책임이 나에게 있다고 생각하기 어려움을 주장하였다. 이야마 선생은, "유리문을 끼워 맞추려고 시도한 것은 좋으나, 그것이 뜻대로 안 되었을 때는 학급 주번에게 이야기해서 어떤 조치를 취했어야 한다."는 말로 그가 나를 부른 것을 정당화하였다. 그리고 변상은 안 해도 좋다는 관대한 처분까지 내렸다.

내가 여기서 전하고자 하는 이야기의 초점은 이야마 선생이 아니라 주번 한백운에게 있다. 한백운이 주번 일지에 무엇이라고 적었는지 자세히는 모르나, 어쨌든 그 유리가 깨지게 된 책임은 김태길에게 있다는 판단이 내려지도록 기록했음에는 틀림이 없다. 한백운은 주번으로서 그날 학급에서 일어난 일들을 모두 잘 파악했다는 인상을 주기 위해서 그렇게 일지에 기록했을지 모르나, 나로서는 도저히 이해할 수가 없었다. 한백운은 내가 평소에 괜찮은 사람으로 생각해 온 소수의 친구 가운데 한 사람이었으므로, 나의 실망은 더욱 컸다.

2. 일본으로 돌린 진학의 방향

천재지변, 전쟁 또는 개인적 목표의 달성과 실패 등 외형적으로 큰 사건에 의해서뿐 아니라 겉으로 보기에는 아주 사소하고 대수롭지 않은 일로 인하여 큰 충격을 받는 사람들이 있다. 대체로 신경이 과민한 사람들 가운데 사소한 일을 심각하게 받아들이는 경향이 강한 것으로 생각되거니와, 나의 젊은 날이 바로 그런 경우의 대표적 사례가 아닐까 한다. 앞에서 내가 자질구레한 체험담 몇 가지를 소개한 것도, 그것들이 나의 정신적 성장 내지 퇴보와 깊은 관계를 가졌다는 뜻에서 나에게는 상당한 의미를 가진 체험이라고 생각되기 때문이다.

나의 어린 시절은, 그 당시의 기준으로 볼 때 매우 다복하고 순조로운 편이었다. 다복하고 순조로운 어린 시절을 살았던 나는 명랑하고 낙관적인 성격으로 자랐고, 사람을 좋아하는 정감 어린 시각에서 인간 세계를 바라보는 태도를 갖게 되었다. 그리고 파소라는 산골에서 태어난 소년들 가운데서는 최초로 '높은 학교'에 진학하게 되었을 때, 나의 기쁨과 희망은 절정으로 치달았다.

바로 그 '높은 학교'에 들어간 기쁨과 희망에 도취하여 덤벙대다가 4백 미터 계주 경기에서 실패하는 쓰디쓴 체험을 하게 되었고, 조태욱을 비롯한 학급 친구들이 연출한 따돌림 비슷한 촌극과 부딪쳤던 것이다. 어려서부터 모질게 자랐더라면 그런 정도의 체험이 걸림돌로 작용할 까닭이 없었겠지만,

나의 경우는 온실에서만 자란 식물이 갑작스럽게 서리를 맞고 늘어진 꼴이 되었다. 남달리 신경이 예민했던 탓으로 어떤 특수한 경험을 확대해석하여, "인간은 이기적이고 잔인한 동물이다."라든지 "인생은 고독하다."는 따위의 일반적 결론을 성급하게 내리곤 하였다.

그 따위 일반적 결론은 나로 하여금 인생을 견디기 어려운 암흑과 같은 것으로 느끼게 하였다. 이에 나는 '예외(例外)'의 존재를 믿고 예외적 존재에서 광명을 찾는 길을 모색하였다. 인간이 일반적으로 이기적이며 잔인한 존재이기는 하나 그렇지 않은 사람도 더러 있다는 가설을 세우고, 그 가설에서 광명을 찾겠다는 심산이었다.

이영호는 그 예외적인 사람의 제1호로서 희망을 걸었던 친구였다. 한백운도 예외에 가까운 사람의 하나로서 기대를 걸었던 친구였다. 그러므로 앞에서 소개한 두 토막의 이야기는 내가 마지막 희망을 걸었던 사람들에 대한 환멸을 의미하는 것이므로, 나에게는 결코 하찮은 이야기로만 그칠 수 없는 심각한 체험으로서 기억되었던 것이다.

우리는 누구나 사람들 속에 섞여서 사람들과 만나며 살기 마련이다. 한 인간이 주위 사람들을 좋아하느냐 싫어하느냐 하는 것은 그 사람의 사람됨과 그 사람의 삶의 방향을 크게 좌우한다. 내가 어렸을 때는 대부분의 주위 사람들을 좋아하는 편이었고 따라서 성격도 명랑하고 삶을 보는 시각도 긍정적이었다. 그러나 청주에서 고등보통학교에 다닐 무렵에는 대부분의 주위 사람들을 싫어하는 편으로 바뀌었으며, 따라서 성격도 우울해지고 삶을 보는 시각도 부정적 방향으로 옮겨 가게 되었다.

그 당시의 내 정신연령으로서는 나 자신을 안으로 들여다보는 자성(自省)의 경지에는 이르지 못한 상태였다. 이 자성의 부족은 나를 위해서 다행스러운 측면과 나를 불행 속에 묶어 놓는 측면을 아울러 가지고 있었다. 나 자신에게도 다른 사람들과 마찬가지로 이기적이고 비열한 측면이 있다는 사실을 몰랐던 까닭에 아직은 나 자신에 대한 환멸은 느끼지 않았으며, 그 점에서 자성의 부족은 나를 위해서 다행한 일이었다. 그러나 나 자신도 다른 사람들과 마찬가지의 속물임을 알았더라면 동병상련(同病相憐)의 심정으로 남을 용서할 수도 있었을 것을, 그렇지 못했다는 점에서 자성의 부족은 나를 불행 속에 묶어 놓은 셈이 되었다.

또 하나 내가 나 자신을 들여다보지 못한 사항이 있었다. 나 자신의 태도 여하에 따라서 나에 대한 남들의 태도도 달라진다는 사실을 들여다보지 못했다는 불찰이다. 인간의 행동은 자극에 따라서 좌우되는 반응 현상이라는 심리학의 기본에 대해서 무식했던 까닭에, 인간관계의 상대성을 몰랐던 것이다. 그리고 인간관계의 상대성을 몰랐던 까닭에, 나 자신의 태도를 고침으로써 나에 대한 남의 태도를 바꾸고자 하는 노력을 게을리하는 상태를 벗어날 수가 없었다.

위에서 소개한 나의 인간관계에 대한 이야기는 모두 남자들을 상대로 한 이야기였다. 여자로 인해서 실망이나 환멸을 경험한 이야기는 들어 있지 않다. 그러한 경험은 실제로 없었던 것이다. 만약 여자는 남자와 다르다는 가설을 받아들일 수 있다면, 희망을 여자의 세계에 걸 수 있는 여지는 남아 있었다. 그 당시의 나에게는 여자는 신비스러운 존재로밖에 볼 수 없는 미지의 세계였다. 따라서 요즈음과 같이 남녀의 교제가 용이한 시대였다면, 나는 아마 여자를 통하여 삶의 광명을 찾으려고 모색했을지도 모른다. 그러나 그 당시의 상황으로는 그 길로 빠지기는 어려운 실정이었다.

아직은 남녀간의 접근이 심한 제한을 받던 시절이었다. 고등보통학교에서도 연애편지 따위는 보내도 안 되고 받아도 안 되는 것으로 되어 있었다. 나와 같은 반의 친구 하나가 여자로부터 받은 편지를 가지고 있다가 선생에게 발각되어 일주일 정학 처분을 당한 사례가 있었다. 가정에서도 유교적인 교육을 받아 온 터라, 나 자신 사랑이니 연애니 하는 것은 좋지 못한 짓이라는 관념을 가지고 있었다. 이런저런 사정으로 여자 친구를 가짐으로써 고독을 면해 보리라는 시도는 하지 못했다.

실없는 상상이 되겠지만 그 당시에 만일 지금과 같은 개방적 분위기가 있었다면, 내가 남자 친구들과의 관계에서 경험한 낙망을 여자 친구들을 통하여 만회하고자 시도했을 가능성은 충분히 있다. 다정다감했던 내 성격으로 미루어 볼 때 나는 외골로 빠져들었을 것이며, 모르기는 하지만 남자 친구들의 경우보다도 더 큰 상처를 입었을 가능성이 높다. 만약 그렇게 되었다면 내 생애도 지금의 것과는 크게 다른 것이 되고 말았을 것이다.

내가 청주고등보통학교에 들어간 뒤에 우리 집 가정경제는 조금씩 나아져 가고 있었다. 외조부 밑에서 근면과 절약의 처세술을 체득한 큰형이 우리 집안의 큰 기둥으로 성장했던 것이다. 가정의 경제 사정이 좋아졌다는 것은 나의 전문학교 진학을 위한 청신호의 뜻을 가졌고 나는 경성고등공업학교에 지망하기로 마음을 정했다. 대학까지 가기에는 아직 경제력이 부족하다고 판단되었고, 경성고등공업학교는 전문학교 가운데서는 가장 좋은 학교로 평가되었던 시절이다. 그러나 나의 진학 목표는 4학년 때 있었던 일본 수학여행을 계기로 흔들리기 시작했다.

청주고등보통학교에서는 1학년 때부터 수학여행을 위한 적금을 붓기로 되어 있었다. 4학년 때는 일본으로 가고 5학년이 되면 금강산 구경을 한다는 목표를 세우고 미리부터 준비한 것이다. 그러나 나는 이 수학여행을 즐겼다고 말하기가 어렵다. 일본 여행은 차멀미와 뱃멀미에 시달리는 가운데 고생스럽기 짝이 없었고, 금강산 여행은 자진 포기하였다. 그러나 여행으로서는 별로 즐겁지 못했던 일본 수학여행은 나의 인생 행로에 커다란 변화를 일으키는 결과를 불렀다.

항공 노선이 생기기 이전이어서 여행은 주로 기차와 기선에 의존하였다.

우리 일행을 실은 기차가 오까야마(岡山)에 정차했을 때, 백선(白線)을 두른 모자를 쓰고 어깨에는 망토를 두른 학생복 차림이 몇 사람 올라탔다. 나는 그 사람들이 어떤 종류의 학생인지 전혀 몰랐고 별다른 관심도 느끼지 않았으나, 같이 간 친구들 중의 몇 사람이 "야아 고등학교 학생이다!" 하며 선망과 존경의 시선으로 그들을 바라보았다. '고등학교'라는 것이 뭐길래 그렇게 놀라느냐고 물었더니, 고등학교도 모르냐고 핀잔을 주면서 그것이 대단한 학교라는 것을 누군가가 설명해 주었다. 설명의 내용은 대략 다음과 같았다.

조선에 경성제국대학이 생기기 전에 일본에는 동경제국대학, 경도제국대학 등 몇 개의 국립대학이 세워졌으며, 그 대학들은 조선에서 최고의 학부로 군림하는 경성제국대학보다도 더 좋은 명문이다. 특히 동경제국대학은 일본 최고의 명문으로 알려져 있다. 경성제국대학에는 예과가 있지만 일본의 제국대학에는 예과가 없고, 대신 일본 각지에 40여 개의 '고등학교'가 있다. 그 고등학교를 마친 사람들만이 일본의 제국대학에 지원할 수 있으며, 동경제국대학 이외의 다른 제국대학은 지원만 하면 대개는 합격할 수 있다. 각 고등학교의 정원이 많지 않기 때문이다. 40여 개의 고등학교 가운데서도 '넘버스쿨(number school)'이라고 불리는 제일고등학교에서 제팔고등학교까지를 특히 명문으로 꼽는다. 아까 기차에 오른 백선모(白線帽) 차림은 제육고등학교생이며, 육고(六高)는 넘버 스쿨 가운데서도 일고(一高)와 삼고(三高) 다음 가는 명문 중의 명문이다.

일본의 제국대학에 지원할 수 있는 자격을 주는 것 이외에도 일본의 고등학교는 여러 가지 매력을 가지고 있다. 거기에는 청춘이 있고 낭만이 있다. 고등학생들은 자유분방하며, 각 지방에서는 그 지방 고등학생을 장래의 큰 일꾼이 될 재목으로서 각별히 대우한다. 들어가기는 좀 어렵지만 일단 들어가기만 하면 엘리트의 길이 탄탄대로로서 열리게 된다.

설명을 들으며 내가 일본의 대학제도에 대해서 너무 모르고 있었음을 깨달았다. 대학이 아닌 전문학교만 염두에 있었기 때문에 대학에 관한 정보에는 그믐밤처럼 캄캄했던 것이다. 어쨌든 '고등학교'에 대한 이야기는 나에게 매우 신선한 자극이었으며, 나도 그 고등학교에 들어가고 싶다는 욕심이 내 마음속에 싹트기 시작했다. 만약 그 학교에 들어가게만 된다면 이제까지 재미없었던 내 생활에도 새로운 햇살이 비칠 것 같았다. 내가 일본으로 건너가서 고등학교와 대학을 다니게 된다면 청주고보의 반갑지 않은 친구들과 자주 만날 기회도 없을 것이다.

수학여행에서 돌아온 뒤에 나는 고등학교로 지망의 방향을 바꾸기로 서서히 마음을 정했다. 학교 친구들에게는 그런 마음을 알릴 필요가 없었다. 그러나 집안 어른들에게는 일단 양해를 구해야 했다. 다행히 아무도 내 포부에 반대하지 않았다. 우리 집안에 '고등학교'라는 것에 대하여 아는 사람은 아무도 없었지만, 동경제국대학으로 들어가는 관문이라는 말 하나만으로도 충분한 설득력을 가졌다. 우리 집 경제 사정이 해가 갈수록 좋아지고 있다는 사실도 나의 새로운 설계를 위해서 매우 유리한 조건이었다.

경성제국대학 예과를 지망한 학생들은 3학년 후반부터는 수험 준비를 했지만, 경성고등공업학교를 목표로 한 나로서는 크게 서두를 필요가 없었다. 4학년 후반부터 시험 준비를 시작해도 늦지 않다고 생각되어 느긋한 자세로 있다가, 갑자기 목표를 일본의 고등학교로 돌린 것이다. 늦게 시작한 시험 준비로 남을 따라가자면 남다른 노력이 필요했고, 모든 시간을 한 곳으로 몰아서 써야 했다. 5학년생 전원이 참가하는 금강산 수학여행을 자진 포기한 까닭이 여기에 있었다. 물론 겉으로는 거짓 핑계를 댔다.

약 1년 동안 열심히 공부했다. 학교에서 하는 과외는 크게 도움이 되지 않았고, 주로 참고서와 씨름을 하며 독습을 했다. 모의시험 성적이 괜찮게 나오기는 했으나, 같은 학교에 고등학교를 지망하는 친구가 나밖에 없었으므로 도대체 어느 정도의 실력을 가져야 일본의 고등학교에 합격할 수 있는지 감을 잡을 수가 없었다. 일본의 여러 고등학교 가운데서 내가 지망하기로 마음먹고 있던 것은 제육고등학교였다. 일본 여행의 기차 안에서 만난 학생이 제육고등학교 학생이었다는 사실과 그 학교가 명문 고교 중의 하나라는 말을 들었던 것이 나에게 그런 선택을 하도록 만들었을 것이다.

그 당시 『수험순보(受驗旬報)』라는 잡지를 발행하던 구문사(歐文社)에서 '첨삭 지도'라는 것을 하고 있었다. 우편으로 보내온 시험 문제지에 주어진 시간을 지켜 가며 답안을 적어 넣는다. 답안지를 다시 구문사로 보내면 구문사 측에서 채점을 한 뒤에 다시 그것을 수험생에게 돌려보낸다. 그런데 단순히 점수만 매기는 것이 아니라 답안 작성에 잘못된 점을 고쳐 주기도 하고 지망교에 대한 합격 가능성을 점쳐 주기도 한다. 요즈음과 달라서 긴 문장으로 답하기를 요구하는 문제들이 나왔던 까닭에 정답표(正答表) 따위는 없었고, 답안에 대한 첨삭(添削) 또는 단평(短評)이 많은 참고가 될 수 있었다.

나는 처음에 지망교를 '육고(六高)'라고 적어 넣었다. 첫 번째 답안지가 되돌아왔을 때 '합격 가능성' 란에 적힌 평가는 아마 80퍼센트 내외였을 것이다. 첨삭 지도를 받는 횟수가 늘어 감에 따라서 성적이 차차 올라가는 추세를 보였고, '합격 가능성'도 95퍼센트니 98퍼센트니 하는 높은 수치가 나왔다. 그 답안을 채점하고 단평을 해주며 '합격 가능성'을 점친 사람들이 동경에서 고등학교에 재학 중인 아르바이트생에 불과하다는 사실을 알 까닭이 없던 나는 그 '선생님들'의 평가를 전적으로 믿었다.

40여 개의 고등학교 가운데 특히 명성을 떨친 것이 제일고등학교와 제삼고등학교라는 것도 알게 되었다. 이 두 학교에 들어가는 것은 동경제국대학에 들어가는 것보다도 훨씬 더 명예로운 일로 평가되었으며, 이 두 학교는 일본 젊은이들의 꿈이요 동경(憧憬)의 대상이라고 하였다. 나는 혹시나 하는 생각에서 제삼고등학교에도 원서를 한번 내볼까 하는 욕심을 느꼈다. 다음

'첨삭 지도'용 답안을 구문사로 보낼 때는 지망교를 '삼고(三高)'라고 적어 보았다. 점수를 매겨서 돌려보낸 답안지의 '합격 가능성' 란에는 85퍼센트 내외의 숫자가 적혀 있었다.

컴퓨터가 있는 시절도 아니었다. '합격 가능성'에 대한 그들의 예견은 장사꾼들의 무책임한 숫자에 불과했지만, 촌놈인 나는 그들의 판정을 하늘처럼 믿었다. 내 욕심에는 불이 붙었고, 제삼고등학교로 지망을 높여 볼까 하는 생각을 골똘히 하게 되었다. 이에 나는 제삼고등학교에 편지를 보내어, 입학시험에 관한 안내서와 지원서 등 소정 양식의 서류를 보내 달라고 요청하였다.

어느 날 무슨 볼일로 교무실에 들어갔을 때, 담임 교사인 사까이(酒井) 선생이 나를 불러 세웠다. 그리고 물었다.

"제삼고등학교에서 너에게 보낸 우편물이 온 것을 보았다. 입학시험에 관한 서류 같은데, 네가 정말 그 학교에 지원서를 낼 생각이냐?"

"아직 확정한 것은 아닙니다. 삼고와 육고 가운데서 어느 쪽에 낼까 하고 망설이고 있는 중입니다."

"아니 너 지금 농담하는 것은 아니겠지. 도대체 '삼고'라는 학교가 어떤 학교인지 너 알고나 하는 말이냐? 삼고는 명문 중의 명문이다. 아무나 함부로 명함을 내밀 수 있는 곳이 아니다. 사람이 분수를 알아야지. '우물 안 개구리'라더니, 바로 너를 두고 한 말이구나."

"네, 잘 알겠습니다."

사까이 선생의 목청이 높았던 까닭에 그와 나의 대화는 교무실에 있던 여러 선생들의 귀에 들어갔고, 그들이 "와아!" 하고 일제히 웃는 바람에 나는 쥐구멍을 찾는 꼴이 되어 교무실 밖으로 피해 나왔다. 무슨 음모를 꾸미다가 발각된 것 같은 기분이었다.

그 당시는 지망교를 결정하는 데 담임 선생의 허락을 받아야 하는 것은 아니었다. 그러나 나로서는 마땅히 담임 선생과 일단 의논을 했어야 옳은 상황이었다. 그 절차를 밟지 않은 것은 나의 큰 불찰이었다. 평소에 사까이 선생을 좋아했더라면 아마 나는 그에게 여러 가지를 상의했을 것이다. 그러나 나는 그의 권위주의가 마음에 들지 않았고, 사까이 선생은 붙임성 없는 나의 태도를 못마땅하게 여겼을 것이다.

내 생각에도 제삼고등학교에 도전하는 것은 지나친 욕심 같았다. 결국 제육고등학교에 원서를 내기로 결정했고, 이 결정에 대해서는 사까이 선생도 별로 반대하지 않았다. 제육고등학교 가운데서도 '문과 갑류'를 지망하기로 하였다. '문과(文科)'는 대학의 인문과학과 사회과학 방면으로 진출할 수 있는 부문이었고, '갑류(甲類)'는 영어를 제1외국어로 삼기를 원하는 사람들을 위한 분과였다.

나는 제육고등학교 입학시험에 합격할 것으로 믿었다. '삼고'에서 '육고'로 한 단계 낮추었으니까 당연히 합격해야 마땅하다고 생각하는 심리가 작용한 모양이다. 합격이 확실할 바에는 아예 이불과 요를 준비해 가지고 일본으로 향하는 것이 좋을 것이라고 생각되었다. 합격 발표가 있은 뒤에 오래지 않아서 입학식이 있을 것이고, 충주에서 일본 오까야마까지의 왕복 여비를 낭비할 이유가 없다고 본 것이다. 입학시험을 치르러 가면서 이부자리까지 준비해 가지고 떠났다면 기네스북에 실릴 만한 일이지만, 나는 실제로 그렇게 하였다.

오까야마 역에 도착했을 때 손의석(孫宜錫)이라는 제육고등학교 재학생이 마중을 나와 있었다. 잡지 『수험순보』를 통해서 알게 된 광주고등보통학교 출신이었다. 아마 그가 먼저 "조선 학생으로 육고에 지원하는 사람이 있으면 나에게 연락하라."는 글을 『수험순보』에 실었고 그것을 읽은 내가 그에게 편지를 냈을 것이다.

백선(白線) 두 줄을 두른 모자를 쓰고 망토를 어깨에 턱 걸쳤으며, 허리에는 때묻은 수건을 찬 그의 모습이 정말 멋있어 보였다. 더욱 멋있었던 것은 나에게 저녁을 사주기 위하여 어느 음식점에 들어갔을 때 그가 보여준 당당한 태도였다. "여보게, 여기 돈까스 두 그릇 가져오게나!" 하고 그는 마치 하인에게 대하듯이 지시하였고, 일본인 아저씨는 "하이, 가시꼬마리마시다(예, 분부대로 하겠습니다)." 하고 허리를 굽혔던 것이다. 조선인 학생이 일본인 어른에게 반말을 턱 던지는 그 광경은 진실로 상쾌한 목격이었고, 고등학교 학생이 그 지방에서 얼마나 대접을 받고 있는가를 단적으로 말해 주는 감격이었다.

손의석 형은 나를 위해서 민박할 집까지 마련해 놓고 있었다. 저녁을 먹고 숙소에 도착했을 무렵에 '육고'에 다니는 조선 학생 또 한 사람이 찾아왔다. 유도 선수라던가, 체구가 당당한 그는 나의 선전(善戰)을 격려하였다. 방심을 해서도 안 되고 겁을 먹어도 안 된다고 하였다. 나폴레옹이 알프스를 넘었을 때와 같은 기개로 시험에 임하라고 타일렀다. 나는 그 낯모를 선배들의 민족애에 감격하면서 최선을 다하리라고 다짐하였다.

나는 이불과 요를 철도편으로 부쳤다는 것을 손의석 형에게 이야기하고 찾아올 걱정을 했다. 수하물은 완행 열차로 수송했던 까닭에 사람보다 늦게 도착하기 마련이었다. 손의석 형은 "이부자리는 민박집에서 주는데 공연한 짓을 했다."고 하며 다음 날 나를 기차역으로 데리고 갔다. 나는 '민박' 아닌 '하숙'을 위해서 이불을 준비했다는 말을 입 밖에 내지 않고, 사정을 몰라서 가져온 것으로 해두었다.

손의석 형은 나를 일단 안정시킨 다음에 바로 고향으로 돌아갔다. 나 때문에 귀향을 늦춘 것임에 틀림이 없었다. 나를 위해서 그토록 배려한 그와 다시 만날 날이 있으리라고 믿었으나, 그것이 그와의 처음이자 마지막 만남이었다. 나는 입학시험에서 실패했고, 그는 다음 해에 졸업을 하여 오까야마를 떠났던 것이다. 해방이 된 뒤에 그의 행방을 알아보았으나, 북한으로 넘어갔다는 어렴풋한 소문을 들었을 뿐이다.

재수생 시절에 손의석 형에게 면목이 없다는 내용의 편지를 띄운 적이 있었다. 그의 답장 가운데 내 기억에 분명하게 남아 있는 단어는 '권토중래(捲土重來)'라는 말뿐이다. 다시 힘을 길러서 재차 도전하라는 뜻이었다. 그러나 다음 해에 나는 지망교를 바꾸었던 까닭에 '육고' 와의 인연은 이어지지 않았다.

수학 문제 네 문제 가운데서 두 문제를 완전히 놓쳤을 때, 합격의 가능성이 거의 없음을 내다볼 수 있었다. 그러나 발표가 날 때까지는 오까야마를 떠날 수가 없기에, 시험이 끝난 뒤에도 며칠 더 그곳에 머물렀다. 머물러 있는 동안의 무료한 시간을 메우기 위하여 영화관에 들어갔다. 그러나 영화를 즐길 수 있는 그런 심정이 아니었다. 봄바람에 벚꽃이 나부끼며 땅에 떨어지는 영상이 마지막 장면이었는데, 그것이 가을바람에 낙엽이 휘날리는 모습보다도 더욱 쓸쓸하게 느껴졌다.

이불짐을 들고 고향으로 돌아갈 수는 없었다. 이제는 재수(再修)의 길밖에는 남은 것이 없었고, 기왕 재수를 할 바에는 제삼고등학교로 목표를 높여 잡고 싶었다. 그리고 제삼고등학교를 목표로 삼는 재수생들을 위해서 가장 바람직한 곳은 경도부립제일중학교(京都府立第一中學校)의 보습과(補習科)라는 정보를 어디선가 읽은 기억이 났다. 나는 짐을 꾸려 가지고 오까야마를 하직했다. 경도로 향한 것이다.

경도역에 도착해서 우선 경도시의 지도 한 장을 구했다. 경도부립제일중학교는 경도시의 북쪽 끝에 위치해 있었다. 그곳으로 가는 길을 물었다. 전차를 타고 가다가 한 번만 갈아타면 '일중(一中) 앞'이라는 곳까지 갈 수 있다고 가르쳐 주었다. '일중 앞'에서 내렸다. 저 멀리 보이는 황갈색 건물이 '경도일중'이라는 것을 알아 놓고, 나는 숙소부터 정하기로 하였다. 그러나 근처에는 여관이 없었다.

책가방 하나만 들고 이 골목 저 골목 기웃거렸다. 어떤 가정집 문 앞에 정원수가 있고, 그 정원수 가지에 '셋방 있습니다'라고 쓴 송판 조각이 걸려 있었다. 현관문을 열고 들어가서 방을 보여달라고 하였다. 마음에 든다고 했더니 언제부터 오겠느냐고 물었다. "지금 당장"이라고 대답했더니 어리둥절한 표정을 지었다. 나는 경도에 온 나의 목적을 밝히고 집주인의 의심을 풀었다. 방을 빌리기로 약속을 한 다음에 나는 다시 경도역으로 가서 이불 보따리를 찾아와야 했다.

다음 날 아침나절에 경도부립제일중학교를 찾아갔다. (그 당시 일본의 남자 중학교는 조선의 고등보통학교와 마찬가지로 5년제였다.) 보습과에 대해서 알아보았다. 본래는 그 학교 졸업생 가운데서 재수를 원하는 사람들을 위해서 만든 것인데, 경도부(京都府) 안의 다른 학교들의 요청을 받아들여서, 근래에는 타교 졸업생에게도 부분적으로 기회를 준다고 하였다. '부분적으로'라 함은, 모두 60명을 뽑되 그 가운데 일정한 숫자만을 타교 졸업생 가운데서 뽑는다는 뜻이다. 결과적으로 시험을 통해서 보습과 학생을 뽑되, 그 학교 졸업생들은 그 학교 졸업생들끼리 경쟁하도록 하고, 타교 졸업생들은 타교 졸업생들끼리 경쟁하도록 한다는 것이었다.

어쨌든 나는 원서를 내고 시험에 응하기로 하였다. 많은 사람들이 응시했고, 그 가운데는 타교 출신으로 보이는 옷차림도 절반은 되었으나 실제로 선발된 타교 출신은 불과 수명에 지나지 않았다. 그 수명 가운데 다행히 내 이름이 들어 있었다.

보습과라는 것이 재수생들의 모임임에도 불구하고, 학급 전체의 분위기는 명랑한 편이었다. 더욱 다행하게도 다수의 본교 출신이 소수의 타교 출신에 대해서 우호적이었다. 조선인은 나 하나밖에 없었지만, 업신여기는 기색은 보이지 않았다.

나는 내가 조선인임을 의식하지 않을 수 없었다. 나 한 사람이 주는 인상이 조선인 전체에 대한 평가를 좌우할 것임을 명심하고, 항상 의연한 모습을 보이려고 노력하였다. 수업 시간에 날카로운 질문을 더러 해보기도 하였다. 그러나 '조센징'인 주제에 건방지게 군다고 보는 기색은 전혀 없었다. 아이들이 모두 순진하다는 첫인상을 받았다.

청주고등보통학교에서는 같은 반 아이들이 때로는 끈끈한 관계로 뭉치기도 하고, 때로는 끼리끼리 모여 다니며 편을 가르기도 하여, 서로가 서로에게 간섭하는 경향이 있었다. 그러나 경도의 중학교는 학급 전체의 분위기가 끈끈하기보다는 담백한 편이어서, 나 같은 외톨이도 적응하기에 큰 어려움이 없었다.

거의 모두가 조선인과의 접촉이 전혀 없던 사람들이라 호기심을 가지고 이것저것 물어보는 경우가 있었다. 예컨대, 일본에 '가나'라는 고유한 문자(文字)가 있듯이 한국에도 고유한 문자가 있느냐는 것을 물은 학생이 있었다. 그럴 때면 나는 신이 나서 모두 스물네 글자로 된 한글을 자음과 모음으로 나누어서 설명하곤 하였다. 일본 아이도 자기네 '가나'의 우수성을 가지고 맞섰지만 '가나'의 한계를 잘 알고 있는 나를 당할 수가 없었다.

더러는 불쾌한 질문을 하는 녀석도 있었다. "너의 나라에서는 변기를 방안에서 사용한다며?" 하고, 조선인은 비위생적이 아니냐는 뜻으로 말한 녀석이 있었다. 그때 나는 이렇게 대답했다.

"우리가 실내에서 '요강'이라는 변기를 사용하는 것은 사실이다. 그러나 그것은 소변만을 위해서 사용하는 것이며 다음 날 아침에 깨끗하게 씻어서 둔다. 그리고 소변이라는 것은 부패하기 전에는 조금도 불결할 것이 없는 물건이다. 우리는 악취가 나는 변소를 집에서 떨어진 곳에 따로 짓기 때문에 노인들을 위해서 실내에서 요강을 사용할 뿐이며, 젊은이들은 별로 그것을 사용하지 않는다. 그런데 일본에서는 요강은 사용하지 않지만, 변소가 안방이나 부엌에서 멀지 않은 곳에 있지 않으냐? 우리나라 속담에는 '변소와 사돈집은 멀리 떨어져 있는 것이 좋다'라는 것이 있다."

그 당시의 일본 가정에서 수세식 화장실을 가진 집은 없었고, 방 근처에 마련한 화장실을 깨끗하게 청소하고 나프탈렌을 장치하는 등 신경을 쓰지만 악취와 전혀 무관할 수는 없었다. 나는 이러한 일본 사정을 소상히 알고 있었고, 일본 아이는 조선에 대해서 아는 바가 적었던 까닭에 말씨름에서는 내가 유리할 수밖에 없었다.

더러는 일본 가정의 식사 초대를 받은 적도 있다. '조선인'에 대한 호기심에서 초대한 듯한 느낌을 받은 경우도 있고, 정초(正初)와 같이 식당이 문을 닫았을 때 굶지 않도록 하자는 배려에서 초대한 경우도 있었다. 그럴 경우에는 나는 언제나 언행을 조심하고 예의 바르게 행동하도록 신경을 썼다. 그 때문인지 또는 다른 이유 때문인지는 모르겠으나, 그들은 나를 조선의 어느 귀족 가문 출신으로 잘못 아는 것 같았다. 더러 그런 질문을 받았을 때는 그렇지 않다고 부인하였다. 나는 충청북도에 있는 어느 산골의 농가에서 태어났음을 숨기지 않았다.

보습과 같은 반에 '아이미(相見)'라는 친구가 있었다. '삼고'에 두 번 응시했다가 떨어지고 이제 삼수를 하고 있는 형편이었다. 그 친구가 언제 나에게 말을 걸어 왔다. 이것저것 이야기하는 가운데, 일본 사람들이 조선에 가서 못된 짓을 하고 있는 것으로 안다며, 미안하다는 말도 하였다. 섬나라인 관계로 일본에는 속이 좁은 사람도 많으나 모두가 그런 것은 아니라는 말도 하였다. 그런 대화를 계기로 나는 그와 가깝게 지내는 사이가 되었다.

어느 날 아이미는 조선의 금강산이 세계 최고의 명산(名山)이라고 들었다며 나에게 그곳에 가본 적이 있느냐고 물었다. 나는 수학여행 때 불참했다는 이야기를 하고, '삼고'에 합격하면 개인으로서 가볼 생각이라고 대답했다. 이에 아이미는 자기도 함께 가기를 원한다고 하여 하나의 약속을 하게 되었다. 두 사람이 모두 '삼고'에 들어간 것을 전제로 하고, 그 첫 여름방학에 함께 금강산을 탐방한다는 약속이었다.

보습과에 다니는 동안 나는 열심히 공부하였다. 여름방학과 겨울방학 때도 고향에 가지 않고 부지런히 시험 준비에 몰두했다. 요즈음의 대학 수험생들에 비하면 느긋한 편이었다. 매일같이 경치 좋은 곳을 찾아서 산책도 하고, 잠도 잘 만큼 잤다. 그러나 청주고보에 다닐 때에 비하면 딴사람처럼 열심히 공부했다. 만리타향에서 외톨이로 살았지만 외롭다는 것도 모르고 바쁘게 지냈다.

내가 세든 집은 일본식 가옥이었고, 난방장치가 따로 없는 다다미방은 겨울이면 썰렁했다. 집을 떠날 때 미리 준비한 두툼한 이부자리와 주인집에서 피워 주는 화롯불이 추위를 막을 수 있는 수단의 전부였다. 그 화롯불을 가져다주는 일은 주인집의 과년한 딸이 맡고 있었다. 화로만 전해 주고 바로 떠나야 할 사람인데, 화로를 함께 쬐면서 이야기하기를 좋아했다. 그러나 나는 여자와 시시덕거리며 이야기할 시간의 여유를 가지고 있지 않았다. 그래서 내 방 안에는 아예 발을 들여놓지 못하게 하고, 화로는 문 밖에 놓아두고 가라고 부탁했다. 여자의 자존심을 상하지 않도록 완곡하게 멀리할 수도 있었을 터인데, 그 당시의 나에게는 그만한 지혜가 없었다.

내 옆방에는 30대로 보이는 소학교 교사가 세들어 있었다. 밤이 깊도록 공부를 하고 있을 때, 그 옆방에서 여자의 웃음소리가 들려왔다. 화로를 가져다주는 말만한 처녀의 웃음소리. 나에게 올 여자가 그리로 갔다는 생각과 함께 질투 비슷한 느낌이 스쳐 갔다. 다행히 그러한 느낌이 이성을 잃을 정도로 강한 것은 아니었고, 항상 도덕군자 같은 표정을 지은 그 일본 교사와 마주치면 나는 여전히 정중한 목례를 하였다.

내가 재수하던 해부터 고등학교 입학시험 과목에 변동이 생겼다. 그전에는 문과를 지망하든 이과를 지망하든 다 같이 영어와 수학과 일어 세 과목을 시험의 대상으로 삼았으나, 1941년부터는 문과와 이과의 시험 과목을 달리한 것이다. 문과 지망생은 수학과 일어와 역사로 시험을 치르고, 이과 지망생은 수학과 영어와 과학(물리, 화학, 생물, 지질 중에서 두 가지 선택)으로 시험을 치르도록 바꾼 것이다.

역사와 과학은 어느 쪽으로 시험을 치르든 별로 큰 차이가 날 것 같지 않았다. 그러나 영어와 일어의 경우는 사정이 크게 다르다. 영어로 대결하면 일본 학생들에게 꿀릴 이유가 없지만, 일어 시험에서 일본인을 이기기는 매우 어렵다는 판단이 섰다. 그런데 나는 문과 지망생이었던 것이다.

나는 여기서 작전을 바꾸기로 하였다. 이과를 지망하여 일단 입학한 다음에 문과로 전과한다는 작전을 따르기로 한 것이다. 그 당시의 일본 고등학교의 1학년 교과 과목은 문과와 이과 사이에 큰 차이가 없었다. 대부분이 공동 과목이고, 두 과목만 서로 다른 것을 배웠다. 문과에서 가르치고 이과에서 가르치지 않는 두 과목에 대한 시험을 쳐서 합격점을 따면 같은 학년으로 전과할 수 있다는 것을 수소문 끝에 알아냈던 것이다.

경도부립제일중학교 모의고사는 문과 지망과 이과 지망을 가리지 않고 영어와 수학과 일어 세 과목으로 치르기로 되어 있었다. 4학년과 5학년 그리고 보습과 학생들이 함께 보는 모의고사에서 나는 꾸준히 10위 이내에 들었다. 관서(關西) 제일의 명문 중학교로 알려진 경도일중에서는 매년 평균 10명 정도가 동경에 있는 제일고등학교에 합격하고, 60명 정도가 제삼고등학교에 합격한다는 통계가 나와 있었다. 나에게 불리한 일어 시험까지 합해서 10위 이내였으니, 일어를 빼고 시험을 치면 그보다 좀 나은 성적이 될 수 있다는 계산이 나왔다.

내가 이러한 계산까지 하게 된 이유는 그해 봄에 '삼고'에 입학한 조선 학생 세 사람이 사상 문제로 말썽을 일으켜서 경찰에 검거되었다는 기사를 읽었기 때문이었다. (이 이야기는 근년에 윤동주(尹東柱) 시인의 생애를 소개한 라디오 프로그램을 통하여 다시 들은 적이 있다. 전부터 교우관계에 있던 시인 윤동주와 삼고생 고희욱(高熙旭)이 경도에서 함께 검거되었다는 대목을 라디오로 들었을 때, 나는 그것이 반세기 전에 경도에서 읽은 기사와 관련이 있다고 직감하였다.) 이 기사를 읽고 저 계산을 하게 된 것은 어쩌면 나의 신경과민 탓이었을 것이다.

조선에서 경성제대 예과나 그 밖의 전문학교의 입학생을 뽑을 때 심한 민족 차별을 감행한 것은 공공연한 사실이었다. 같은 맥락에서, 일본의 고등학교나 대학에서도 조선인 지망생은 극히 제한된 숫자만 뽑기로 되어 있다는 소문이 돌았다. 다만 "제삼고등학교는 전통적으로 개방적 학풍이 강한 학교여서 민족 차별을 별로 하지 않는다더라." 하는 풍문이 떠돌았다. 이러한 풍문 때문인지 조선 출신으로서 그 '삼고'에 입학원서를 낸 학생들이 해마다 많았고, 실제로 합격한 사람들도 비교적 많았다. 그러나 이제 조선인 학생들 가운데서 경찰에 검거된 사람이 생겼다는 사건을 계기로 제삼고등학교에서도 민족 차별을 하게 되지나 않을까, 이것이 바로 나의 걱정이었다. 전시(戰時)에는 군국주의자들의 입김이 학원에까지 미치기 쉽다는 사정을 고려할 때, 그러한 걱정이 마음을 흔들고 떠나지 않았다.

여기서 나는 차라리 제일고등학교에 지원하는 것이 안전하지 않을까 하는 생각을 하게 되었다. 생각만 한 것이 아니라 실제로 입학원서를 그쪽으로 우송했다. 그리고 이 사실을 아이미에게 알렸다. 지망교를 바꾸고자 하는 이유까지는 말하지 않고, 그저 그 사실만을 전했다. 그러나 아이미는 극구 반대하였다. 반대하는 이유의 하나는 "함께 제삼고등학교에 입학해서 금강산 여행을 하자."는 약속에 위배된다는 것이었고, 또 하나는 제삼고등학교가 제일고등학교보다 더 멋있는 학교라는 것이었다. '출세'를 위해서라면 제일고등학교가 유리하지만 멋있는 학창생활을 위해서는 제삼고등학교가 월등하게 낫다는 것이었다.

'약속에 위배된다'는 말은 상당히 아프게 와 닿았다. 그리고 제삼고등학교에 대해서 이미 많은 애정을 쏟아 온 터라 경도를 떠나서 동경으로 간다는 것이 서글프게 느껴졌다. '조선인 삼고생의 검거'에 관한 기사를 읽은 지도 여러 날 지난 뒤여서, 민족 차별에 대한 걱정이 한낱 기우에 지나지 않을 것 같은 생각이 들었다. 제삼고등학교의 입학 원서 접수 마감까지는 아직 여유가 있었고, 한 사람이 두 학교에 원서를 낼 수 없다는 제한도 없었다. 나는 부랴부랴 서둘러서 삼고에도 입학 원서를 제출했다.

입학시험을 치르고 났을 때, 합격할 것 같은 예감이 들었다. 아이미도 이번에는 자신이 있다고 하였다. 두 사람은 가모가와(鴨川) 제방을 따라서 산책을 했다. 봄이 오고 있었다. 아이미는 제삼고등학교에 들어가면 당장 필요하게 될 것이라고 하며, 그 학교의 노래를 배우라고 하였다. 개울가에 앉아서 나는 아이미로부터 삼고의 노래(寮歌) 가운데서 가장 많이 부르는 것 두 가락을 배웠다.

3장 제삼고등학교

1. 자유료(自由寮)

이불까지 싸들고 집을 떠난 지 만 1년이 지난 1941년 3월에 고향으로 돌아올 때의 심정은 마치 과거에서 장원급제한 젊은이처럼 의기양양하였다. 소위 명문에 합격한다는 것이 별것 아니라는 사실을 깨닫기에는 아직 어린 정신연령이었다. 자신에 대한 과대평가를 한아름 잔뜩 안고 귀국행 기차를 탄 것이 까마득한 옛날이야기 같기도 하고, 바로 엊그제 있었던 일 같기도 하다.

고향인 충주에 이르기 전에 기차가 청주에 멈추었을 때, 나는 일단 내렸다. 청주에 별다른 볼일이 있었던 것도 아닌데 그곳에 내린 것은, 내가 제삼고등학교에 합격했다는 것을 모교인 청주고등보통학교에 자랑하기 위해서였을 것이다. 어쩌면 그전에 내가 제삼고등학교에 지원하려 했을 때 나를 '우물 안 개구리'라고 조소한 선생들 앞에 나의 당당한 모습을 과시하고 싶었을지도 모른다.

때마침 방학 중이어서 모교는 텅 비어 있었다. 학생들의 모습이 보이지 않았을 뿐 아니라, 교무실에서 선생들을 만나기도 어려웠다. 비단옷을 입고 밤길을 걷는 꼴이 되고 만 것이다. 끝으로 교장실을 찾아갔다. 교장은 자리에 있었다.

나는 그 학교의 졸업생임을 밝히고 여러 선생님들의 가르침 덕분으로 제삼고등학교에 입학하게 되었다고 늘어놓았다. 감사의 인사를 드리기 위하여 모교를 방문했다는 말투였다. 그렇게 말하면서 '참 잘했다'는 칭찬을 들을 것으로 크게 기대했을 것임에 틀림이 없다. 그런데 교장은 녹두알만한 칭찬 한마디 하지 않았다. 그의 첫 반응은 엉뚱한 말로 시작되었다. "아 그런가. 앞으로 제삼고등학교에 다니게 되었을 때 모교의 명예를 훼손하는 일이 없도록 각별히 조심하라!"

"예, 잘 알겠습니다." 하고 대답은 했지만, 도무지 이해가 가지 않았다. 나보다 2년 상급생이었던 이형근(李亨根) 씨가 육군사관학교에 합격했을 때, 큰 경사가 났다고 전교가 떠들썩한 청주고등보통학교였다. 이재곤(李載坤)이라는 학생이 광도고등사범학교 일차 시험에 합격했을 때도 법석을 떨지 않았던가. 제삼고등학교에 합격한 졸업생이 나왔다는 것은 이미 그것만으로도 청주고보의 명예를 크게 높였다고 보아야 할 터인데, "모교의 명예를 훼손하는 일이 없도록"이라는 말은 전혀 예상 밖이었다. 내가 어리둥절하고 있는 표정을 읽은 마스야(升谷) 교장은 다시 입을 열었다. "삼고에는 연파(軟派)가 많다고 들었다. 너는 연파에 물들지 않도록 항상 조심하여라."

그가 말한 '연파'란 여자들 궁둥이나 따라다니는 남자들 또는 연애에 빠져서 소일하는 남자들을 가리키는 말이었다. "삼고에는 연파가 많다고 들었다."는 것은 아마 마스야 교장의 거짓말이었을 것이다. 뒤에 안 일이지만, 삼고에는 '연파'에 속하는 학생들은 극소수에 불과하였다. 어쨌든 나는 공연히 모교에 들렀다가 설교만 들은 꼴이 되었다. 교장실을 나오면서 기분이 좋지 않았다.

한마디의 칭찬도 격려도 없이 잔소리만 늘어놓은 마스야 교장의 진의(眞意)가 나름대로 교육자로서의 배려에서 취한 태도였음을 짐작하게 된 것은 내가 경험을 쌓은 먼 훗날의 일이다. 내가 교장실을 찾아갔던 그 시간에 나에게 필요했던 것은 칭찬이나 격려가 아니라 헛된 자만심을 경계하는 충고였을 것이다. '연파'에 물들지 말라고 충고한 것이 그의 일반론이었는지, 내 관상이 여자를 조심해야 할 사람으로 보였기 때문인지, 그 점은 알 수가 없다.

고향인 충주에는 '제삼고등학교'라는 것을 아는 사람이 많지 않았다. 내가 원하면 동경제국대학에 들어갈 수 있게 되었다고 설명했을 때, "그러면 군수(郡守) 한 자리는 맡아 놓은 것이나 다를 바 없군!" 하는 말을 한 사람이 있었다. 이 말은 그 당시에는 조선인으로서 군수가 되는 것이 하늘의 별따기와 같은 목표였다는 실정을 반영시킨 말이다. 그러나 이 말은 내 귀에 거슬렸다. 나는 군수가 되고 싶다고 생각을 가져 본 적이 없었기 때문이다.

뒤에 무엇이 될 수 있다는 것보다도 특유한 교풍을 자랑하는 제삼고등학교에 들어갈 수 있게 되었다는 사실이 나에게는 중요하였다. 이 심정은 제삼고등학교의 교풍을 모르는 사람들에게는 설명하기 어려운 대목이었다. 그래서 나는 이렇게 말하였다. "일본의 젊은이들은 제일고등학교 또는 제삼고등학교에 입학하는 것을 동경제국대학에 들어가는 것보다 훨씬 더 큰 영광이라고 생각합니다."

고등학교 생활의 진수를 맛보기 위해서는 기숙사에 들어가야 한다는 것이 그 당시의 상식이었다. 제일고등학교에서는 집이 동경에 있는 학생들까지 포함하여 전교생을 기숙사에 넣기로 되어 있었으나, 제삼고등학교에는 기숙사의 수용 능력이 부족하였다. '자유'를 앞세우는 학교였던 까닭에 강제성을 띠는 전교생 기숙사 제도를 채택하지 않은 것으로 보인다. 제삼고등학교 기숙사의 이름은 '자유료(自由寮)'였다. 1학년 학생을 우선적으로 수용하고 또면 지방에서 온 학생에게 우선권을 준다는 원칙이었던 까닭에, 나는 쉽게 '자유료'에 들어갈 수 있었다.

들어가던 저녁에 '신입생 환영 콤파'라는 모임이 있었다. 우리 식으로 말하면 '신입생 환영회'에 해당하는 것인데, 당시의 일본 고등학교 학생들은 크고 작은 모임을 '콤파'라고 부르곤 하였다. 그런데 신입생을 환영하는 그 모임의 광경이 매우 특이하여 자못 인상적이었다. 그것은 일종의 축전이었다.

신입생들이 삼삼오오 입장하기 전에 상급생들이 미리 와서 대기하고 있었다. 조용히 기다리고 있는 것이 아니라, 북소리 장단에 맞추어 깃발을 흔들고 큰 소리로 요가(寮歌)를 부르며 기다리고 있었다. 모두가 입장한 뒤에 '콤파'의 시작을 선언하는 말이 있었고, 이어서 첫 번째로 등단한 사람은 학생 총대(總代)였다. 기숙사생들 가운데서 학생 총대로 추대된 사람은 자동적으로 전교생을 대표하는 권한까지 갖게 되어 있어서, 그 자리는 당연히 어깨와 목에 힘을 주어도 어울리는 그런 자리였다.

"신입생 제군!"으로 시작된 학생 총대의 발언 가운데는 '축하한다'느니 '환영한다'느니 하는 따위의 상투적 단어는 들어 있지 않았다. 그의 발언은 환영사라기보다는 격려사에 가까웠다. 이 순간부터 새로운 삶을 향하여 힘찬 출발을 하라고 그는 역설하였다. 어제까지 가정에서나 학교에서 배운 모든 것을 일단 백지로 돌리고, "네 자신의 소신에 따라서 너의 길을 가라!"고 외쳤다. "오늘부터 너희들은 너희들 자신의 주인이다. 너희는 너희들 자신의 행위를 위한 입법자(立法者)가 되어라. 너희들이 어떤 행동을 하든 그것은 너희들의 자유다. 다만 너희들의 행동이 초래할 모든 결과에 대해서는 너희들 자신이 책임을 져야 한다." 대략 이러한 논조였다.

학생 총대 이외에도 여러 상급생들이 번갈아 등단해서 한마디씩 소신을 토로했다. 대개 3분 이내에 끝나는 짧은 연설이었다. 그 짧은 발언 가운데서도 더러는 니체의 말을 인용하기도 하고, 더러는 괴테를 인용하기도 하였다. 신입생 가운데서도 등단하여 한마디 하는 용기를 보인 친구가 있었다. 적어도 삼수쯤은 한 학생으로 보였다. 처음부터 발언자들의 순서가 정해져 있는 것이 아니라, 즉흥적으로 단상으로 뛰어오르는 자유분방한 모임이었다.

교장도 참석했고 교수도 몇 사람 참석했다. 교장에게는 내빈의 자격으로 축사를 보낼 기회가 주어졌고, 학생과장을 맡은 교수는 자신이 삼고생이었던 시절의 회고담을 하였다.

그 학교에는 입학식이라는 것이 따로 없었다. 입학식 대신 신입생 전원에 대한 '환영 콤파'가 있었다. 이 환영 콤파도 학생들 대표가 주최자였고, 교장 이하 교수들은 내빈이었다. 모든 것을 학생들이 알아서 하라는 식이었다. 무질서한 가운데 그 나름의 질서가 있는 듯하였다. 어쨌든 기묘한 교풍이었고, 모두들 그것을 자랑으로 여기는 모양이었다.

내가 들어가게 된 '자유료'의 방은 북료(北寮) 삼번실(三番室)이었다. 우리 방 식구는 열 명이었고 실장은 기와다(川田)라는 3학년 학생이었다. 교실처럼 큰 마루방 하나를 열 명의 학생들이 공동의 거실로 사용하기 마련이었고, 침실은 이층에 따로 있었다.

열 사람이나 드나드는 방이 조용하기는 어려운 일이다. 남의 공부에 방해가 안 되도록 언행을 조용조용히 한다는 것은 그 기숙사의 풍속이 아니었다. 기숙사의 거실은 조용히 공부하기 위한 방이 아니라 고담준론(高談峻論)을 일삼는 대화의 자리였다. 기숙사생 전체를 위한 도서실이 따로 있었고 이층의 침실은 조용한 편이었지만, 대부분의 기숙사생들은 그런 곳보다도 활기 넘치는 공동의 거실을 선호하였다.

낙서는 화장실 벽에만 하는 것이 아니었다. 거실과 침실의 벽에도 빈 곳을 찾기 어려울 정도로 많은 낙서가 있었다. '자유'니 '정열'이니 하는 낱말을 큰 글자로 쓴 것도 있고, "사랑이 없으면 어찌하리!" 따위의 짧은 문장을 써놓은 것도 있었다. 한 가지 기특한 것은 음란한 그림이나 말은 화장실 벽에서도 볼 수 없었다는 사실이다.

기숙사에 들어간 지 일주일쯤 지났을 때 신입생을 환영한다는 명목의 '스톰(storm)'을 당했다. 새벽 두시쯤 떼를 지어서 이층 침실을 차례로 습격하는 일종의 광란(狂亂)을 당시의 고등학생들은 '스톰'이라고 불렀다. 훈도시라는 것으로 몸의 극히 적은 부분만을 가린 나체의 가슴과 등에 붓글씨로 낙서를 한 다음에 죽도(竹刀)나 몽둥이 같은 것을 들고 발을 쾅쾅 굴러 가며 "데칸쇼, 데칸쇼!"를 외치고, 자는 사람들을 두들겨 깨운다. 젊은 혈기를 발산시킨다는 것 이외에 아무런 의미도 없는 난동에 불과하다.

'환영 스톰'을 당한 신입생들은 다음 기회에 '반례(返禮) 스톰'으로 빚을 갚기 마련이었다. 신입생은 인원이 많은 까닭에 여러 팀으로 나누어 여러 차례의 스톰이 있게 되고, 스톰을 했다 하면 기숙사 전체의 침실을 습격하는 것이 관례였다. 그러므로 스톰은 사흘이 멀다 하고 있기 마련이었고, 더러는 같은 밤에 두 차례 당하는 경우도 있었다.

어느 날 밤에 스톰이 쳐들어올 것이라는 정보가 입수되면, 극성스러운 친구들은 여러 개의 양동이에 물을 담아 가지고 이층 계단 위에서 기다리다가 스톰꾼들에게 물벼락을 내리는 취미를 즐기기도 하였다. 결국 스톰을 당하는 편은 안면 방해를 당하고 그 짓을 하는 편은 물벼락을 맞게 되니 피차가 피해를 당하는 꼴이었으나, 그 불합리한 장난은 연중 어느 때에나 있었다. 실대항(室對抗) 운동경기를 하여 이긴 편은 '승전 스톰'을 하여 기세를 올리고, 진 편은 진 것이 분하다고 '울분을 달래는 스톰'을 벌이기도 하였다. 대개는 사전에 술을 마시는 버릇이 있었다.

북료 삼번실의 가와다 실장은 학교의 성적 따위는 안중에 없는 호걸풍이었다. 그는 우리를 끌고 다방과 술집을 돌기도 하고, 고도(古都) 경도의 명승지를 찾기도 하였다. 운동을 좋아해서 실대항 농구 시합 또는 배구 시합을 자주 걸었고, 우리 북료 삼번실이 기숙사 전체에서 운동을 제일 잘하는 방이라는 말을 듣게 하였다. 같은 책을 읽고 독후감을 논하는 '독서회'라는 것도 가끔 가졌다.

5월 1일이 그 학교 개교 기념일이었다. 운동회, 란산(嵐山) 청유회(淸遊會), 전시회 등 다채로운 기념 행사가 있었고, 그 기념 행사는 학교의 수업보다도 몇 갑절 중요한 일이라는 착각이 지배하였다. 그 행사 기간 동안에는 학생들이 떼를 지어서 큰 거리를 누비기도 하고, 명문으로 알려진 여학교의 간판을 떼어다가 전시회에 이용하기도 하였다.

그렇게 제멋대로 굴어도 경찰이 제지하거나 시민이 불평을 하지 않았다. 일설에 의하면, 그것이 일본 정부의 고등 정책 때문이라고 하였다. 1920–30년대에 마르크스주의가 일본에서 고개를 들었을 때 많은 고등학생들이 이에 물들었고, 그 세력이 요원의 불길처럼 번져 갔다. 처음에는 경찰력을 동원하여 이를 탄압했으나 소용이 없었다. 고교생들 사이에 마르크스주의가 번진 것은 현실에 대한 불만 때문이라고 본 일본의 정치가들이 고등학생들의 불만 섞인 혈기를 발산할 수 있도록 '자유'를 주었다는 이야기다.

이 이야기가 어느 정도 정확한 것인지는 알 수 없다. 어쨌든 일본의 고등학생들이 그 당시 특권을 누린 것은 사실이며, 특권을 누리는 신분으로 '평등'을 제일의 신조로 삼는 공산주의자가 되기에는 심정적으로 어려움이 있었을 것임에 틀림이 없다. 실제로 1940년대에 내가 본 제삼고등학교에서 공산주의의 흐름과 만나기는 어려웠고, 군국주의에 대한 대안은 공산주의가 아니라 자유주의 쪽으로 기운다는 인상이 강했다. 다만 우리 조선인 삼고 선배들 가운데는 좌익 책을 읽으라고 조심스럽게 암시를 보내는 사람이 있었다.

삼고생들이 떼를 지어 다니며 제멋대로 구는 것을 경도의 시민들은 별로 탓하지 않았으나, 여기에도 예외가 있었다. '일본무도전문학교' 학생들이 그 꼴을 아니꼽게 생각하고 있다는 사실을 밝히는 작은 충돌이 생겼다. 기숙사생들이 총동원되어 경도 외곽의 명승지 아라시야마(嵐山) 일대를 떼지어

활보하다가 일본무도전문 학생들과 다리 위에서 마주쳤다. 외나무다리는 아니었고 사열 종대 정도는 지나갈 수 있는 넓이의 다리였으니, 서로 양보하면 별 문제가 없을 상황이었다. 그러나 저쪽은 처음부터 시비를 걸려고 마음을 먹은 듯, 7-8명의 거구가 다리 위를 꽉 메우고 길을 열어 주지 않았다. 인원수로 말하면 우리 편은 250명 가까웠으므로 수적으로는 압도적으로 우세했지만, 저편은 일당백의 무술 고단자들이었고, 모두들 손에는 묵직한 단장(短杖)을 들고 있었다. 실력 대결로는 도저히 승산이 없는 상황이었다.

우리 편 학생 총대가 대표로 나서서 말씨름을 시작했다. 나는 선두에서 먼 위치에 서 있었으므로 무슨 말이 오고 갔는지는 알 수 없었다. 이쪽은 단체로서 행신 중이니 개인들로 산책 나온 그쪽에서 양보해 달라고 부탁했을 가능성이 크고, 저쪽에서는 단체면 단체답게 대열을 정돈하고 질서정연하게 행진할 일이지 왜 이렇게 길을 메우고 활개를 치느냐고 응수했을 가능성이 높다. 어쨌든 잠시 말씨름이 이어졌고, 무도전문 학생 하나가 우리 측 대표의 모자를 벗겨서 다리 아래로 던져 버렸다.

학교의 휘장이 붙고 백선(白線) 세 줄이 둘러진 교모(校帽)를 던진 것은 사람을 던진 것이나 마찬가지의 상징적 의미를 가지고 있었다. 무술 고단자로서 직접 사람에게 폭행을 하면 형법 문제가 야기될 것이고 학교에서도 쫓겨나야 했으므로, 아마 그들은 모자를 대신 던졌을 것이다. 이쪽에서도 무도전문학교 모자를 다리 아래로 던졌어야 균형이 잡혔을 터인데, 아무도 그렇게 하지 못했다. 결국 그들의 당당한 체구와 주먹 앞에 삼고생들이 당하고 만 꼴이 되었다.

우리 신입생 가운데 그 굴욕을 참을 수 없었던 친구가 있었다. 그는 그날 저녁에 일본무도전문학교 기숙사로 혼자서 쳐들어갔다. 기숙사 현관에 들어서면서 "제삼고등학교 교모를 모독한 놈이 누구냐? 나와서 사과하라!" 하고 고함을 쳤던 것이다. 제대로 사과를 받은 것 같지는 않으나, 매를 맞지 않고 무사히 돌아온 것만으로도 다행한 일이었다. 힘도 없는 주제에 혼자서 무도전문학교 본거지로 쳐들어간 혈기도 혈기지만, 약골에게 폭력을 휘두르지 않은 무도전문 학생들의 자제력이 돋보인 촌극이었다.

기숙사생들의 가치 기준은 보통 상식과는 크게 달랐다. 학교 측에서 평가하는 학업성적을 올리기 위하여 열심히 공부하는 사람, 즉 수업 시간에 결석하지 않고 예습과 복습을 착실하게 하는 학생은 멸시의 대상이었다. 다방과 극장에 자주 출입하고, 교과서 이외의 책을 많이 읽으며, 콤파와 스톰에 적극적으로 참여하는 학생들이 '위력이 있는' 인물로서 인기가 높았다. 한마디로 말해서 스케일이 크고 남성적인 학생들이 높은 평가를 받은 셈인데, 무엇 때문인지 '여자 문제'로 시간과 정력을 소비하는 사람은 남성적이 못 된다고 생각하는 경향이 있었다. 국가와 사회 또는 시대를 위해서 큰일을 할 사람은 연애 따위의 사사로운 문제에 빠져들어서는 안 된다는 생각 때문이었을 것이다.

내가 속해 있던 북료 삼번실의 가와다 실장은 기숙사생들의 척도로 볼 때 우수한 모범생이었다. 학기말 시험 때가 되어도 별로 준비를 하지 않을 정도로 '통이 큰' 인물이었다. 그의 영향을 받은 북료 삼번실의 모든 실원들은 학교 성적을 가소로운 것으로 아는 데 낙오자가 없었고, 실장 이하 이 점을 자랑거리로 삼았으며, 이웃 친구들도 우리를 부러워할 정도였다.

1학기 성적표가 나왔을 때 우리는 모두 은근히 당황하였다. 실장 한 사람을 제외하고 그 밖의 아홉 사람은 모두 낙제의 조건을 갖추고 있었다. 평균 점수가 60점에 미달한 사람은 없었으나, 과락(科落)이 모두 셋 이상이었다. 과락이 셋 이상이면 낙제한다는 교칙을 적용함에는 '봐준다'는 예외가 전혀 없었고, 30점 이하는 한 과목만 있어도 낙제를 면할 수 없었다. 내 성적은 과락이 셋 있었을 뿐 아니라 고등대수는 25점이었다. 석차는 40명 중 28등이었으며, 이것은 실장 다음으로 비교적 우수한 성적이었다.

학교 공부에 매달릴 정도로 '졸장부'가 되어서도 안 되지만 낙제할 정도로 '뇌'가 나빠도 안 된다는 것이 그 기숙사의 가치 풍토였다. 2학기에 점수를 만회하면 낙제를 면할 길이 남아 있었고, 낙제를 면하기 위해서 학교 공부를 열심히 하는 것은 경멸의 사유가 되지 않았다. 나는 낙제를 면해야 한다는 위기 의식에 밀려서 2학기에는 수업 시간에 빠지지 않고 열심히 공부하였다. 제일 걱정이 컸던 고등대수 시험에 95점을 얻어서 겨우 과락을 면했다. 석차는 7등으로 올라갔는데, 이것은 자랑거리가 아니었다. 아슬아슬한 성적으로 겨우 낙제를 면해야 그것이 가장 '묘기'라고 하였다. 이 묘기를 '저공 비행술'이라고 불렀으며, 이 '저공 비행'을 시도하다가 아홉 사람 가운데 두 사람은 끝내 추락하고 말았다.

2학기 성적표에도 과락에 해당하는 60점 미만이 한 과목 있었다. 장차 문과로 전과하리라는 계획을 세웠던 나에게 가장 흥미가 없었던 것이 '제도(製圖)'였는데, 그 제도 시험문제 둘 가운데 하나는 전혀 손을 댈 수가 없었다. 내가 고전하는 꼴을 눈치 챈 옆사리의 최덕일(崔悳一) 형이 쪽지에 해답을 적어서 슬쩍 건네주었다. 그 쪽지를 이용하면 과락을 면할 것임에 틀림이 없었지만, 나는 그것을 열어 보지 않고 호주머니에 집어넣었다. '커닝'이라는 부정행위는 안 한다는 것이 나의 신조였던 것이다.

나폴레옹, 무솔리니, 히틀러 등의 전기를 즐겨 읽던 보통학교 상급반 시절에 간디의 전기도 읽었다. 그 전기 가운데 가장 감명 깊었던 것은 간디가 커닝을 거부한 대목이었다. 간디가 다니던 학교에 장학관이 시찰을 나왔다. 그가 간디의 반에 들어왔을 때, 학생들에게 문제 몇 개를 내놓고 다음 반으로 가면서, 시간이 되면 답안지를 걷어서 자기에게로 가지고 오도록 담당 교사에게 지시를 내렸다. 담임 교사는 자기 반 아이들이 우수하다는 것을 과시하기 위하여 교실 안을 누비고 다니며 틀린 답안을 바로잡아 주었다. 이를테면 교사가 앞장서서 커닝을 조장한 것이다. 다른 아이들은 모두 교사의 조언을 따라서 답안을 고쳤으나, 간디는 틀린 것은 틀린 그대로 내버려두었다. 평소에는 가장 성적이 우수했던 간디였지만, 그날만은 가장 낮은 점수를 받았다. 평생 잊을 수 없는 감동적인 이야기다.

나도 커닝을 했다고 추궁을 당한 적이 있었다. 며칠 동안의 연휴가 있었을 때 교련 교관이 숙제를 냈다. '군인칙유(軍人勅諭)'라는 긴 글을 토씨 하나 틀리지 않도록 암기해 오라는 숙제였다. 연휴가 끝났을 때 그 글 전체를 암기해서 쓰는 시험을 치를 것이니 명심하라고 하였다. 그 '군인칙유'를 암기로 쓰는 시험을 보았을 때, 커닝을 했다고 추궁을 당했던 것이다.

'군인칙유'라는 것이 매우 긴 글일 뿐 아니라 그 말투가 특수해서 전체를 암기하자면 상당한 시간을 바쳐야 했다. 그보다 더 중요한 어학이나 역사학 같은 공부도 날림으로 하는 판국에, 아무짝에도 쓸모가 없는 '군인칙유'를 암기하는 데 시간을 낭비한다는 것은 조선인 학생인 나로서는 감내하기 어려운 일이었다. 그래서 나는 이 숙제를 무시하고, 그 연휴를 이용하여 잠시 고향에 다녀오기로 하였다.

고향에 다녀온 직후 '군인칙유'를 암기하는 시험이 있었다. 나는 아무 준비도 하지 않았던 까닭에 첫줄부터 막혔다. 그렇다고 백지를 내는 것은 좋지 않을 것 같기에, 책을 책상 위에 내놓고 보면서 베꼈다. 내 자리는 뒷줄에서 가까웠지만, 얼마 안 가서 나의 그 도전적 태도는 곧 교련 교관의 눈에 띄었다. 교관은 나에게로 와서 나의 '커닝'을 꾸짖었다. 당장 책을 책상 속에 넣으라고 명령하였다.

나는 '커닝'을 할 생각은 추호도 없었다고 맞섰다. 책을 감추고 몰래 훔쳐보아야 커닝이지, 책상 위에 내놓고 베끼는 것이 무슨 커닝이냐고 나는 우겼다. 커닝이냐 아니냐가 문제가 아니라 책을 보고 쓰는 것이 잘못이라며, 당장에 책을 책상 속에 넣으라고 교관은 다시 명령하였다. 다소 틀려도 좋으니 암기한 것을 기록하라는 뜻이었다.

그러나 책을 보지 않고서는 한 줄도 쓸 수 없었던 나에게는 '다소 틀려도 좋으니'라는 관대한 처분은 아무 소용이 없었다. 궁지에 몰린 나는 일어서서 차렷 자세를 취하였다. 그리고 엄숙한 어조로 말했다.

"군인칙유는 명치천황 폐하께서 군인들에게 내리신 귀하고 귀한 문헌입니다. 이 거룩한 문헌을 서투른 암기에 의존하여 틀리게 베끼는 것보다는 책을 보더라도 정확하게 옮겨 쓰는 편이 옳다고 생각합니다. 대단히 죄송하지만, 책을 보고 쓰도록 허락해 주십시오."

교련 교관은 더 이상 아무 말 하지 않고 내 곁을 떠나갔다. 그는 계급이 중좌(中佐)였고, 50대 초반의 뚱뚱한 인물이었다. 본래 마음 좋은 사람으로 알려져 있었고, 그 점이 바로 내가 다리를 뻗을 수 있는 '누울 자리'였다.

2. 돈 낭비 시간 낭비

내가 청주고등보통학교를 졸업하기 전부터 우리 집 경제 사정은 크게 호전되고 있었다. 평생 돈을 버리기만 하고 벌어들인 적이 거의 없었던 아버지가 '금광'에 열중하게 된 계기가 무엇이었는지는 알 수가 없다. 어쨌든 아버지는 5천 분의 1 지도를 여러 장 가지고 이곳저곳 부지런히 현지 답사를 다니셨다. 집안에서는 아무도 기대를 걸지 않고 방관적 태도를 취했으나, 금광에 대한 아버지의 열의는 좀처럼 식지 않았다. 아마 그 당시에 우리 반도 전역에 걸쳐서 금광 바람이 불었던 것으로 보인다.

그러던 어느 날 아버지는 매우 유망한 광맥을 발견했다고 하며 큰형과 작은형에게 협조를 청하셨다. 육안으로도 금이 보이는 광석 표본을 앞에 놓고 삼부자가 많은 상의를 했고, 결국 큰형과 작은형도 힘을 합하여 광산 개발에 착수하였다. 광산의 위치는 괴산군의 유목정이라는 어느 오지였다고 기억한다. 큰형은 주로 자본을 끌어대고 작은형은 주로 현장에서 일을 추진하였는데, 금광이라는 것이 본래 막대한 시설 투자를 요구하는 사업이어서 삼부자의 힘으로는 도저히 감당하기가 어려웠다. 결국 어느 정도 기초만 잡아 놓은 다음에 큰 회사에 광권을 팔아 넘길 수밖에 없었고, 그 당시의 돈으로 30여 만 원을 받고 손을 떼게 된 것으로 알고 있다. 백 원이면 논 한 마지기(약 2백 평)를 살 수 있었던 시절이니, 30여 만 원은 아주 큰돈이었다.

제반 비용과 세금 등을 제하고 남은 돈을 아버지는 대소가에 나누어 주시고 우리 집 식구에게도 각자의 몫을 분배하였다. 내 몫도 상당한 거액이었으나, 그 돈이나 통장을 내가 직접 만져 보거나 관리한 적은 없다. 그 광산 일에 대해서 내가 한 구실이 전혀 없었기 때문인지, 나는 내 몫에 대해서 어떤 권리 의식을 느끼지 않았고, 그 돈의 관리에 대해서 깊이 개입하지 않았다.

내가 학비로 갖다 쓴 것 이외에 내 몫에 대하여 직접 권리를 행사한 적이 한 번 있었다. 그 광산이 매매된 지 1년 이상 지났을 때, 1만 7천 원의 세금이 추가로 더 나왔고, 납세 의무자인 아버지의 수중에는 남은 돈이 별로 없었다. 워낙 손이 큰 분이라 달라는 사람들에게 인심을 쓰기도 하고 사기꾼에게 속기도 하여서, 자신의 몫은 거의 없어졌던 것이다. 추가로 나온 세금 문제로 집안의 걱정이 크다는 것을 알고 그 해결책을 내가 제시하였다. 내 몫으로 분배된 5만 5천 원 가운데서 그 세금을 내도록 하자는 제안을 해서 문제가 쉽게 풀렸던 것이다.

1만 7천 원이 지금 화폐의 가치로 환산하면 얼마나 될지 감이 잡히지 않는다. 쌀값을 기준으로 삼고 계산을 하면 대략 2억 원 정도 되지 않을까 생각된다. 어쨌든 그 돈을 세금 내는 데 쓴 것은 결과적으로 잘한 짓이 되었다. 집안의 화목을 위해서 기여했다는 사실을 떠나서라도, 결국 인플레이션으로 흐지부지 날아가고 말 돈을 그때 요긴하게 썼으니 잘한 짓임에 틀림이 없다. 죽을 때는 누구나 빈 손으로 돌아간다는 평범한 상식에 비추어 볼 때, 돈에 대한 애착이라는 것이 언제나 부질없는 어리석음이라는 생각이 잠시 스쳐 간다.

어리석은 일에 돈을 낭비하기도 하였다. 가난하게 살다가 졸부가 된 심리 때문이었는지 또는 일본 학생들 앞에서 무엇인가 과시하고 싶은 어리석음 때문이었는지, 한때 돈을 마구 헤프게 썼다. 책 이외에는 물건을 사들이지 않았다. 주로 다방 또는 극장에 자주 다니며 돈을 썼는데, 기숙사 같은 방 친구들과 함께 다니며 여러 사람의 비용을 혼자서 맡기를 자청했던 까닭에, 학생의 신분으로서는 그 누적이 상당한 액수에 달했다. 술은 체질에 맞지 않았고 '연파'는 인기가 없었던 까닭에, 술이나 여자 관계로 돈을 쓰지는 않았다. 그러나 여행을 다니면서 길에 뿌린 돈은 학생으로서 좀 과다한 편이었다.

이러한 낭비도 일종의 경험이었고 인생 공부에 도움이 되기도 하였다. 그러나 그 낭비를 잘한 일이라고는 생각하지 않는다. 결국 어리석은 짓에 불과했다. 돈을 아낄 때는 무섭게 아끼고 쓸 때는 아낌없이 쓰신 외조부의 돈 철학이 훌륭했다는 생각을 지금도 가끔 한다.

함께 제삼고등학교에 입학하여 첫 여름방학에 금강산 구경을 가자던 것이 아이미(相見)와의 약속이었다. 1학기가 끝나 갈 무렵에 나는 아이미를 만나서 금강산 여행의 일정을 상의하였다. 그러나 그것은 지나가는 말이었지 진정한 약속은 아니었다고 아이미는 딴소리를 했다. 내가 제일고등학교에 지원서를 낸 것을 약속 위반이라고 주장했을 때와 전혀 앞뒤가 맞지 않음을 지적했으나, 아이미는 역시 망설였다. 망설이는 까닭은 말하지 않았으나, 혹시 여비가 없을지도 모른다는 생각에서 내가 금강산 여행에 초대하겠다고 말하였다. 돈을 마구 쓰는 버릇이 발동했던 것이다.

나는 아이미를 끌고 우선 우리 집이 있는 충주로 향했다. 충주에서 이틀 밤을 자고 서울로 갔다. 나도 처음 와보는 서울이었다. 서울 구경을 위해서 이틀을 소비했고, 서울 지리에 어두운 우리는 신설동에 살고 있던 작은형의 도움을 많이 받았다. 화신백화점 식당에서 점심도 얻어먹고 어떤 그릴에 가서 제대로 된 양식을 먹은 것도 그때가 처음이었다.

서울에서 금강산으로 가는 사람들을 위해서 원주행 열차가 있었다. 원주에서 하룻밤 자고 내금강(內金剛)으로 향하기 마련이었는데, 원주에는 깨끗한 여관이 없었다. 그 가운데서 좀 낫다는 집을 찾아갔으나, 여관방 벽에는 죽은 빈대의 흔적이 도처에 보였다. 나는 빈대를 타지 않는 체질이어서 모르고 잤으나, 아이미는 한숨도 못 잤다며 불평을 하였다.

원주에서 장안사(長安寺)까지 무엇을 타고 갔는지 기억에 남은 것이 없다. 장안사에서 하룻밤 자고 그 다음부터는 외금강의 온정리(溫井里)까지 걸어서 갈 수밖에 없었다. 비로봉(毘盧峰)까지 가는 사이에 많은 절경을 보았으나, 그 경관을 바로 보고 즐길 마음의 여유는 없었다. 다른 관광객들의 모습이 전혀 보이지 않는 심산유곡을 오직 두 젊은이만이 걷고 있을 때, 웅대한 자연과 왜소한 인간의 대조가 너무나 강하게 느껴졌다. 마침 장마 끝이라 물소리마저 우렁차서 사람의 말소리를 일방적으로 압도하였다. 대화는 두절되었고, 우리는 각각 외톨이가 되어서 묵묵히 걸어 올라갔다. 인간이 왜소하고 외로운 존재라는 사실을 확인하기 위하여 그곳까지 왔다는 느낌이 들었다.

온정리에서 멀지 않은 어느 지점에 이르렀을 때, 길가에서 기념품을 파는 아주머니를 만났다. 많지도 않은 물건 가운데 눈에 뜨이는 것이 있었다. 길이가 한 뼘가량 되는 큰 수정을 다듬은 조각품으로서 오중탑(五重塔)의 모습이 교묘하게 새겨져 있었다. 같은 것이 두 개 있었다. 값은 하나에 7원이라고 하였다. 쌀 여섯 말 값이다. 좀 비싸기는 하지만 기념품으로서 오래 간직하기에 적합한 물건으로 보였다. 그것을 각각 하나씩 사서 서로 교환하자고 내가 제안하였다. 그러나 너무 비싸다며 아이미는 난색을 보였다. 나는 두말하지 않고 두 개를 모두 샀다. 그리고 하나씩 나누어 가졌다.

아이미가 가난한 집 아들이었다면 나는 조금도 섭섭하지 않았을 것이다. 그러나 그는 그 당시로는 보기 드문 이층 양옥에 살고 있었고, 그 집 거실에는 큰 호랑이 가죽이 장식되어 있었다. 그동안의 여비를 내가 부담한 점을 생각한다면, 그 수정 기념품은 아이미가 사는 편이 상황에 더 어울린다는 생각이 들었다. 나는 그 순간에 일본인의 도량이 협소하다는 것을 느꼈다. 그 뒤로 온정리 여관에 투숙할 때까지 우리는 별로 말을 하지 않았다.

우리는 원산역 앞까지 동행하고 그곳에서 작별하였다. 아이미는 자기의 부모가 있는 만주로 떠났고, 나는 서울까지 가는 기차표를 구했다. 작별하기 직전에 아이미는 복숭아 여남은 개를 사서 나에게 주었다. 수정 기념품에 대한 답례의 뜻을 그렇게 표현했을 것이다.

서울로 향하는 경원선(京元線) 열차 안에서 두 사람의 대학생과 만났다. 경성제국대학 본과에 다니는 조선인 학생이었다. 그들이 먼저 접근해서 삼고(三高)에 들어간 것을 축하한다며 말을 걸었고 우리는 이런저런 이야기를 나누었다. 조선인으로 민족 차별이 심한 경성제대에 들어가기가 삼고에 들어가기보다 별로 쉽지도 않을 터인데, 그들은 그렇게 생각하지 않는 것 같았다.

충주로 돌아가기 전에 서울에서 2-3일 묵었다. 화신백화점 앞에서 서성대고 있었을 때, 지나가던 젊은 여자가 "저기 삼고생이 서 있다."고 하며 동생같이 보이는 남자 아이에게 관심을 촉구했다. 일본 여자였다. 이 비슷한 일은 그 밖에도 자주 있었고, 그러한 일들은 마스야 교장의 충고에도 불구하고 나의 자만심을 조장하는 데 기여하였다. 그리고 근거가 박약한 자존심이 얼마나 어리석은 심리인가를 깨닫기까지에는 많은 세월의 흐름과 산전수전의 경험이 필요하였다.

2학기에 들어간 뒤에는 낙제를 면하기 위하여 강의도 열심히 들었고, 고등학생의 필독서로 알려진 책도 읽는 등, 1학기 때보다는 약간 착실한 생활을 하였다. 그러나 전체로 말하면 여전히 들뜬 나날을 보냈다. 영화도 자주 보고 다방 출입도 자주 하면서 껄렁패로서의 내 이미지를 꾸준히 쌓아 올렸다.

키가 크다는 점을 살릴까 해서 배구부에 들어갔으나, 처음 시작한 운동이라 그랬는지 기량이 별로 상승하지 않았다. 다른 학교와의 시합도 가끔 있어서 따라다녔지만, 주로 벤치에 앉아서 응원에 열중하는 구실을 하였다. 상대편이 약할 경우에만 더러 뛸 기회가 주어졌을 뿐이나, 별로 불평 없이 열심히 따라다녔다.

체조 시간에 편을 갈라서 럭비 시합을 한 적이 있었다. 교수의 호루라기 소리를 신호로 상대편이 찬 킥오프 볼을 받아 가지고 그대로 달려가서 터치다운 하는 공을 세웠다. 허를 찌른 것이다. 이 공로로 문과와 이과의 전체 대항 럭비 경기의 선수로 뽑혔다. 럭비부원은 빠지고 그 밖의 학생들만이 뛰기로 된 경기였다. 그 경기에서도 트라이 하나를 잡아냈다. 그 광경을 바라본 럭비부 부장이 럭비부로 들어오라고 여러 번 권유했다. 그러나 그 권유는 받아들이지 않았다. 럭비는 나 같은 약골에게 너무 과격한 운동임을 알았기 때문이다.

일본에서 가장 큰 호수인 비파호(琵琶湖)가 경도에서 멀지 않은 곳에 있었다. 주말에는 전철을 타고 자주 그곳을 찾았다. 경주용 보트를 저어 보기도 하고, 달을 바라보며 포도주 잔을 기울이기도 하였다. '비파호 주항(周航)의 노래'라는 삼고의 요가(寮歌)는 일반인도 애창하는 명가곡이었다. 놀이 삼아서 보트를 저어 본 것이 계기가 되어 조정 경기의 흉내를 낸 경험도 있다. 보트부원을 제외한 삼고생들이 문과와 이과를 대표하여 대항전을 벌인 것인데, 그 경기에서 승리하여 작은 메달을 받았다. 나 같은 약골에게 그런 일이 있을 수 있었던 것은, 삼고생들의 체력이 대체로 수준 이하였기 때문일 것이다.

기숙사의 연례 행사로서 연극 경연 대회라는 것도 있었다. 졸업생을 환송한다는 뜻도 담긴 단막극의 경연이었는데, 나는 이 연극에도 열을 올렸다. 우리 북료 삼번실의 연극은 극본의 선택이 좋지 않아서 입상권 내에는 들지 못했지만, 그것도 잊히지 않는 경험이다. 어쨌든 이런저런 일에서 천방지축으로 날뛴 덕분에, 기숙사 안에서는 '나카스 오도꼬(괜찮은 사나이)'라는 평가를 받게 되었다.

기숙사 안에서 '나카스 오도꼬'로서 평가를 받게 되면, '취사위원(炊事委員)'에 입후보하라는 권고를 받기가 쉽다. 자유료의 운영은 전체가 학생들의 자율에 맡겨졌으며, 기숙사 생활에서 가장 큰 비중을 차지하는 식생활을 관장한 것이 취사위원실이었다. 취사위원은 모두 여섯 명이었으며, 그 가운데서 경리를 담당한 사람에게는 일이 많았지만, 다른 위원들은 건달에 가까웠다. 그 건달들의 임무는 자유료의 자유분방한 기풍을 계승하고 더욱 진작하는 일이었다. 따라서 취사위원실에는 껄렁패가 모이게 되었고, 취사위원이 된다는 것은 껄렁패로서의 관록이 공인(公認)을 받는 단계에 이르렀음을 의미하였다.

취사위원은 모두 2학년 학생들이 맡기로 되었고, 따라서 임기는 1년이었다. 학년 말이 가까워 오던 어느 날 가와다 실장이 나에게 취사위원에 입후보하라고 권유하였다. 입후보를 위해서는 실장의 추천이 필요한데, 자기가 기꺼이 추천자가 되겠다고 하였다. 나에게는 약간 의외였다. 북료 삼번실에는 껄렁패가 나 외에도 두세 사람 더 있었는데, 조선인인 나를 내세우리라고는 예상하지 않았던 것이다. 망설이고 말고 할 여지도 없이 나는 실장의 의견에 동의하였고, 내 이름은 입후보자 명단에 오르게 되었다.

취사위원을 선정하는 투표가 있기 전에 추천자의 추천 연설이 있었고, 그 다음에 본인들의 입후보 연설이 있었다. 내가 무슨 소리를 했는지는 한마디도 기억에 남은 것이 없다. 가와다 실장의 추천사 가운데 기억에 남는 말은 '비범(非凡)한 평범인'이라는 한마디뿐이다. 겉으로 보기에 첫인상은 평범한 사람 같은데 알고 보면 그것이 아니라는 말재주였는데, 뭔가 그럴듯하게 들렸다. 그 말재주 덕분이었는지 나는 취사위원에 당선되었다.

성격학(性格學)의 고전적 학설 가운데 사람들을 '외향적(外向的)'과 '내향적(內向的)' 두 유형으로 나누는 이론이 있다는 것은 널리 알려진 상식이다. 그 이분법을 따라서 나 자신의 성격을 진단한다면, '내향성'이 강한 사람으로 보아야 마땅할 것이다. 어린 시절부터 나는 매우 다정다감하고 수줍으며, 활동적이기보다는 사색적인 사람으로서의 인상을 강하게 풍겼다. 그리고 그 점에 있어서 현재도 별로 달라진 것이 없다. 샌님 중에서도 특급 샌님이라고 보는 것이 나를 아는 사람들 대부분의 공통된 관찰일 것이다. 그리고 그 관찰은 대체로 정곡을 찌른 관찰이라고 나도 생각한다.

그러나 제삼고등학교에 다니던 시절에 내가 보인 생활 태도는 저 일반적 관찰과는 크게 어긋난 것이었다. 제삼고등학교 시절의 나만을 아는 사람들은 나를 매우 활동적이고 외향적인 성격의 소유자로 알고 있다. 수년 전에 삼고에서 같은 학급에 다녔던 일본인 동창생 한 사람이 서울에 왔을 때, 잠시 만나서 이야기를 나눈 적이 있다. 그 자리에서 그 사람이 나에게 전한 바에 따르면, 일본의 삼고 동창생들은 김태길이 대학교수가 된 것은 아주 뜻밖이라고 생각한다는 것이었다. 정치가나 기업가 따위의 활동적 직업에나 어울릴 사람이 어떻게 조용한 사색을 요구하는 대학교수 노릇을 하게 되었느냐며 의아하게 여긴다고 하였다.

삼고 시절의 나만을 아는 사람은 내가 대학교수들 가운데서도 조용한 샌님형의 대학교수가 되었다는 사실을 의아하게 생각할 것이다. 한국에서의 나밖에 모르는 사람은 내가 일본 고등학교 시절에 응원단장 노릇을 했다면 아마 곧이듣지 않을 것이다. 그러나 그 두 가지는 모두 엄연한 사실이다. 나의 이 두 가지 모순된 측면을 어떻게 이해해야 옳을지, 심리학자가 아닌 나로서는 소박한 추측 이상의 것을 말할 수 없다.

자식으로서 이런 말을 하는 것은 죄송스러운 일이지만, 우리 아버지에게는 악동(惡童) 기질이 강했던 것으로 보인다. 어린 시절에는 장난이 너무 심해서 할아버지로부터 여러 번 종아리를 맞았다고 들었다. 동네 아낙네들이 두레박 샘에서 물을 한 동이 애써 길어 놓으면, 그 동이에 진흙을 집어넣기도 했다 하니, 보통 장난이 아니다. 어린 시절뿐 아니라 청년기에 들어선 뒤에도 자주 말썽을 일으켰다고 어머니는 회상하셨다. 백부가 돌아가셨을 때, 할아버지께서는 넷째 자제인 우리 아버지에게 구장댁에 다녀오라고 심부름을 보내셨다. 심부름 간 사람이 저녁이 되어도 돌아오지 않았다. 심부름 가는 길에 어느 노름방에 들러서 그대로 주저앉았던 것이다.

아버지의 이러한 기질이 나에게도 다소 유전되었을 가능성은 충분히 있다. 그러나 나는 조용한 성격의 어머니 밑에서 주로 자랐고, 아버지께서도 내가 유교적 기준으로 선량한 아들이 되기를 원하였다. 어쩌면 당신의 삶은 이 시절이 좀 지나쳤다고 뉘우쳤을 가능성이 높다. 결국 나는 얌전하고 조용한 아이로 길러졌고, 그렇게 자라는 가운데 나는 착한 아이로서 칭찬도 수없이 들었다.

충청도라는 곳이 본래 조용하고 온순한 사람들이 많이 사는 고장이었다. 이 지방 문화의 분위기도 나의 성격 형성에 적지 않은 영향을 미쳤을 것이다. 그런데 어린 시절에 나는 충청도 기질에 대해서 불만이 많았다. '충청도 양반'이라는 말에 항상 거부감을 느꼈다. 유교적 도덕 교육에 대해서도 속으로 반발을 느꼈다. 속으로 나 자신에 대해서 불만을 느끼면서도 여전히 '착한 아이'로서 성장하였다. 주위의 분위기에 역행할 정도의 기력이 없었다는 점에서 아버지와 달랐다.

일본에서 고등학교에 다닐 때는 나에게 '충청도 양반'이기를 기대하는 사람도 없었고 유교적 도덕을 따라서 근신할 것을 요구하는 사람도 없었다. 모두가 제멋대로 행동하는 교풍이었고, 그 자유분방한 교풍 속에서 나의 '눌렸던 장난기'가 폭발했을 가능성은 충분히 있다.

3. 껄렁패: '말이 통하는 사나이'

앞에서도 말한 바 있듯이 내가 본래 지망한 것은 문과였으나, 시험 과목이 바뀌는 바람에 뒤에 가서 전과할 심산으로 일단 이과에 입학했다. 자연과학자가 될 수 있는 이과가 더 유리하니 전과하지 말라고 충고하는 선배도 있었으나, 나는 처음 마음먹은 대로 전과 시험을 보기로 하였다. 전과 시험은 새 학년이 시작되기 전 방학 기간 중에 실시했으므로, 나는 그 준비를 위하여 봄 방학을 맞은 뒤에도 고향에 돌아가기를 보류하고 기숙사에 남아 있었다. 방학 기간 동안 기숙사에 머무는 학생은 불과 수명에 불과했지만 식당을 아주 폐쇄하지는 않았다.

이과에서 문과로 옮겨 가기 위하여 치른 시험 과목은 두 가지였다. 하나는 일본사(日本史)였고, 또 하나는 일본 고전문학이었다. 어쨌든 그 시험은 그리 어려운 관문이 아니어서 무사히 문과로 넘어갈 수 있었다. 후일에 서울대학교에서 경제학 교수로서 일한 임원택(林元澤) 형도 나와 함께 시험을 쳤던 것으로 희미하게 회상되나, 어쩌면 기억의 착오일지도 모른다.

전과 시험을 치르기 위해서 기숙사에 머물러 있던 그 방학 기간 동안에 고등학교 입학시험도 있었다. 나 자신이 입학시험을 보던 때와는 아주 다르게 느긋한 기분으로 그 시험을 바라보았던 무렵에 있었던 일 가운데, 기억에 뚜렷하게 남은 것이 두 가지 있다. 하나는 천관우(千寬宇) 씨에 관계된 기억이고, 또 하나는 김영록(金永祿) 씨에 관계된 기억이다.

천관우 씨는 청추고등보통학교를 나보다 1년 뒤에 다닌 사람으로서, 이미 그 당시에도 '글 잘 쓰는 학생'으로 널리 알려져 있었다. 그 천관우 형이 제삼고등학교에 다니는 나에게 편지를 보내왔다. 그도 같은 학교에 지원하기로 마음을 정했다며, 책상머리에 붙여 놓을 좌우명 하나를 써서 보내 달라는 부탁 편지였다. 나는 서투른 붓글씨로 '진지(眞摯)'라는 한자어를 써서 보냈다.

지금 나에게 좌우명을 묻는다면 '진지'라고 대답할 가능성은 별로 없지만, 그 당시는 인생을 진지하게 살아야 한다는 순진한 생각으로 가득 차 있었던 것으로 보인다. 그리고 천관우 형이 진지한 태도로 열심히 공부하여 시험에 합격하기를 간절히 바라는 마음도 있었다.

입학시험이 다가왔을 때 나는 천관우 형을 위하여 두 가지 일을 했다. 하나는 시험장에서 가까운 곳에 민박 숙소를 얻어 놓은 일이고, 또 하나는 경도역까지 마중 나가서 그 숙소까지 안내하는 일이었다. 2년 전에 내가 제육고등학교에 응시했을 때 광주고보 출신의 손의석 씨가 나에게 해준 것과 비슷한 구실을 한 것이다.

학과 시험이 끝난 직후에 나는 문제지를 구해 가지고 천관우 형의 숙소를 찾아갔다. 천관우 형을 만나자마자 그가 시험을 어떻게 쳤나를 요모조모 물어보았다. 그의 대답을 듣고 내가 직관적으로 느낀 것은 실망뿐이었다. 합격의 가능성이 전혀 없다고 판단된 것이다. 그 좋은 두뇌로 열심히 노력했다면 그런 답안을 쓰지는 않았으리라는 생각이 들 정도였다. 본인도 시험 준비를 충분히 하지 못했다고 실토하였다.

그 말을 듣고 나는 천관우 형을 마구 꾸짖었다. 실수로 시험을 잘못 보았다면 이해할 수도 있지만, 노력이 부족했다면 그것은 큰 잘못이라고 야단을 쳤다. 마음 단단히 먹고 1년 더 준비한 다음에 다시 오라고 하였다. 합격자 발표가 나고 낙방이 확정된 뒤에도 그렇게 말해서는 안 되는 것인데, 나는 말을 마구 했다. 천관우 형은 아무 대꾸 없이 그저 듣고만 있었다.

한 가지 분명한 것은 천관우 형에 대해서 내가 매우 큰 기대와 깊은 애정을 느끼고 있었다는 사실이다. 나는 그가 삼고에 합격할 가능성이 많은 영재(英才)라고 믿었을 뿐 아니라, 그가 합격하기를 진심으로 바랐다. 호되게 꾸짖을 수 있었던 것은 마치 친동생을 대하는 듯한 애정이 있었기 때문이고, 따끔하게 자극을 줌으로써 다음 해에는 반드시 합격하도록 분발하게 만들자는 뜻도 있었다. 모두가 천관우 형을 위해서 하는 말이므로, 무슨 말을 해도 좋다는 그런 논리였다고 생각된다.

그러나 '위해서 하는 말'이라고 모두 정당화되는 것은 아니었다. 위해 주는 것도 우정에서 나온 충고도 듣는 이에게는 역겨울 수가 있는 일이었다. 교사로서는 '사랑의 매'를 들었다 하더라도 맞은 어린이나 그 부모 측에서 그 뜻으로 받아들이지 않는다면 교사로서 슬기롭게 행동했다고 보기 어려운 것과 비슷한 논리가 아닐까 한다. 어쨌든 나는 단순한 상식을 벗어났던 것이다.

다음 해에 다시 한 번 시도하면 틀림없이 합격할 것이라며 나는 재수를 권고하였다. 천관우 형은 재수했으나 제삼고등학교에는 다시 나타나지 않았다. 다음 해에 그가 들어간 곳은 제삼고등학교가 아니라 경성제국대학 예과였다. 왜 지망교를 바꾸었는지 자세히는 모르나, 제삼고등학교에 대한 자신이 없어서 그렇게 했다고는 생각되지 않았다.

1945년 말에 고향인 충주를 떠나서 서울로 이사왔을 때, 나는 천관우 형을 찾아갔다. 돈암동에 있는 그의 형님 댁에서 기거한다는 소식을 듣고 물어물어 찾아갔다. 일반 가정에는 전화가 없던 시절이어서, 번지수가 적힌 쪽지 하나만을 들고 예고도 없이 찾아갔다. 다행히 천관우 형은 집에 있었다.

특별한 용건이 있어서 돈암동까지 찾아갔던 것으로는 기억되지 않는다. 우선 얼굴이 보고 싶었고, 해방된 새 나라의 내일을 이야기하고 싶었을 것이다. 그러나 천관우 형은 나를 별로 반기는 기색이 아니었다. 자연히 서먹서먹한 분위기가 되었고, 많을 것으로 예상했던 할 이야기의 실마리도 풀리지 않아, 나는 쓸쓸한 방에 잠시 앉았다가 바로 일어섰다.

김영록 씨에 관계되는 기억은 그 색깔이 좀 다르다. 입학시험이 있던 그 전날 기숙사의 텅 빈 방을 지키고 있을 때, 빨리 현관으로 나와 보라는 전갈이 왔다. 조선인 수험생이 찾아와서 면회를 청한다는 것이었다. 어떤 특정인을 보자는 것이 아니라 조선인 재학생 가운데서 아무나 한 사람 만나 보고 싶다고 하여 나를 불러 댄 모양이었다.

텁수룩한 친구 하나가 현관에서 기다리고 있었다. 나는 내가 조선 사람이라는 것을 알리고, 무슨 일로 찾아왔느냐고 물었다.

"뭐 별다른 부탁이 있는 것은 아니고요. 나는 입학한 뒤에 이 기숙사에 들어오고 싶은데, 기숙사에 들어오는 데도 경쟁이 심한가요?"

"경쟁이 없는 것은 아니지만, 집이 먼 곳에 있는 신입생을 우선적으로 뽑아 주니까 조선인 학생은 입사 원서만 내면 대개 들어올 수 있어요. 어려운 것은 기숙사 입사가 아니라, 입학시험에 합격하는 일이지요."

그 텁수룩한 친구는 알았다고 하며 돌아섰다. 고개를 숙여서 인사하는 시늉을 하거나 '고맙다'는 말을 남기는 따위의 예절은 일체 생략하고, 그는 오연(傲然)히 사라졌다. 수험생의 눈에는 이미 입학한 선배의 모습이 까마득하게 우러러보이는 것이 보통인데, 이 친구는 도리어 나를 우습게 내려다보는 듯한 태도였다.

천관우 형의 숙소를 찾아가는 길에서 나는 그 텁수룩한 친구와 다시 마주쳤다. 그는 내가 무슨 말을 걸 틈도 주지 않고 저쪽으로 피해 갔다. 어려운 것은 기숙사에 들어오는 일이 아니라 입학시험에 합격하는 일이라고 한 내 말이 비위에 거슬렸던 모양이다.

조선인 신입생들을 조선인 재학생들이 환영하는 축하의 모임이 있었을 때, 그 텁수룩한 친구의 모습도 보였다. 이름은 김영록이라고 했다. 경기중학교(5년제)를 나온 뒤에 경성제대 예과를 2년 동안 다닌 경력이 있는 노병(老兵)이었다. 경성제대에는 문과에 들어갔는데, 이과로 옮기기 위해서 제삼고등학교에 다시 원서를 낸 친구라는 사실도 밝혀졌다. 재학생들 가운데 그의 경기중학교 후배도 많았으니, 그는 신입생이면서도 선배연한 자세로 늙은이 행세를 할 수 있었나. 그의 오만한 자세가 옳으냐 그르냐의 문제를 떠나서, 입학시험을 치르기도 전에 일본 굴지의 명문으로 알려진 제삼고등학교에 합격하는 것을 식은 죽을 먹는 일 정도로 쉽게 생각한 그 자신만만한 태도는 높이 살 만한 것이었다. 뒤에 밝혀진 일이지만, 김영록 형은 특히 어학 실력이 뛰어났다.

엘리트 의식이 강한 김영록 형은 아무하고나 사귀지 않았다. 악수도 함부로 하지 않았다. 그의 안목으로 볼 때, 충주인지 청주인지에서 기어올라 온 촌뜨기 김태길은 그가 말하는 '콤마 이하'였을 것이다. 나는 제삼고등학교를 졸업할 때까지 그와 악수하는 영광을 가져 보지 못했다.

해방이 되고 경성대학으로 전학한 뒤에도 우리는 동숭동 캠퍼스에서 자주 마주쳤지만 한동안은 악수를 하지 않았다. 그러다가 무엇 때문에 그렇게 되었는지는 잘 모르겠으나, 우리는 드디어 악수를 나누는 사이가 되었다. 악수를 하고 안 하고를 결정하는 권한은 어디까지나 김영록 형에게 있었던 것이며, 그가 나에게 악수의 관용을 베풀었던 것이다. 그가 나에게 악수를 허락한 것은 내가 철저한 속물은 아니라는 재평가를 내렸기 때문일 것이다. 김영록 형이 가장 싫어한 것이 어중이떠중이의 속물들이었으니까.

일단 악수를 나누는 사이가 된 다음에는 그와 나는 아주 가까운 친구가 되었다. 혜화동에 살고 있던 그는 명륜동 1가에 있던 우리 집에 자주 놀러 왔고, 둘이서 북악산 꼭대기까지 동행한 일도 있었다. 그는 물리학을 공부하고 나는 철학을 공부하고 있었지만, 두 사람에게는 공통된 화제가 많았고, 서로 농담도 섞어 가며 즐거운 대화를 나누곤 하였다.

어느 날 김영록 형이 나를 찾아와서 관상을 보러 가자고 하였다. 돈화문 근처에 이름난 관상쟁이가 있다는 소문을 들었다는 것이다. 물리학도가 관상을 보자는 것도 흥미 있는 일이고, 친구 따라 강남에 갈 수도 있는 일이어서, 나는 김영록 형을 따라 나섰다. 내 운명에 대한 궁금증도 있었고, 관상쟁이가 과연 무엇을 좀 아는가 하는 호기심도 있었다.

유명하다고 소문난 그 관상쟁이가 그날은 시원시원하게 말을 하기보다는 조심스럽게 말을 아끼는 태도를 취했다. 우리가 어수룩하게 보이지 않았기 때문일 것이다. 애매한 소리만 하면서 이리저리 말을 돌리기에, 우리는 참을성을 잃고 물었다. 우리가 서울대학교 대학원에 재학 중임을 밝히고, 학문의 길을 밟고자 하는 우리의 앞날이 어떻게 되겠느냐고 단도직입으로 물었던 것이다.

이 물음에 대하여 관상쟁이는 두 가지로 대답하였다. 김영록은 학자의 길에서 그런대로 성공하겠으나, 김태길은 학문을 하기는 하는데 그것이 결국 무용지물이 되겠다고 예언했던 것이다. 이 예언은 별로 만족스러운 것이 아니었다. 모르기는 하지만, 김영록 형은 세계적인 학자가 되리라는 예언을 기대했을 것이므로 그 성노의 예언은 성에 차지 않았을 것이다. 나로 말하면, 한국의 현실을 위해서 무엇인가 기여하는 바 있기를 염원하고 윤리학을 선택했던 것인데, '무용지물의 학문'이 될 것이라 하니 이것은 매우 불만스러운 예언이었다. 특히 마르크스주의자들이 '윤리'라는 것을 지배 계층을 위한 낡은 규범이라고 주장하고 있다는 사실을 상기할 때, 그것은 자못 꺼림직한 예언이기도 했다.

내가 김영록 형을 마지막으로 본 것은 1952년 가을에 내가 임시수도 부산을 방문했을 때였다. 거제도 수용소에서 석방된 뒤에 취직 자리라도 얻어 볼까 하고 부산에 갔던 길에 김영록 형의 숙소를 찾아가서 만났던 것이다. 김영록 형은 그 당시 이미 서울대학교에서 조교수의 자리를 확보하고 있었을 뿐 아니라, '장래가 촉망되는 젊은 물리학자'라고 어느 일간신문에 크게 보도될 정도로 양지바른 곳에 서 있었다. 포로수용소에서 나와 시간강사 자리라도 하나 얻어 볼까 하고 기웃거리던 나와는 비교조차 어려웠다. 나는 그가 학자로서 본 궤도에 오르게 된 것을 부러움 섞인 어조로 축하했다. 그때 김영록 형은 이렇게 말했다. "그까짓 한국에서 일등 하면 뭘해. 빨리 해외로 나가야지."

그는 그 뒤에 오래지 않아 영국으로 유학을 떠났고, 영국에서 다시 미국으로 갔다. 미국 텍사스 주립대학의 물리학 교수가 되었다고 들었다. 간혹 한국에 다녀간 적이 있다는 이야기를 들었으나 직접 만나 보지는 못하였다.

문과로 옮기고 보니 껄렁패 노릇 하기가 더욱 쉬웠다. 이과에서 배우는 과목 가운데는 수학이나 제도(製圖)가 그랬듯이 공부를 하지 않고서는 학점을 따기 어려운 것이 많았으나, 문과에서 가르치는 과목은 독일어를 제외하고는 공부를 별로 하지 않고도 낙제점을 면하기가 어렵지 않았기 때문이다. 대개의 과목은 시험 때 남의 노트만 좀 빌려서 보고 시험을 치르면 학점이 나왔다. 철학 같은 과목은 무슨 소리인지 모를 말을 답안지에 빽빽하게 적어 내기만 하면 70점 정도의 점수는 얻을 수 있었다. 교수로서도 끝까지 읽어 보기는 번거로웠을 것이고, 잘 읽지도 않고 낙제점을 주기가 어려웠을 것이다.

취사위원실에서 내가 맡은 일은 '인사관리'였다. 취사장에서 일하는 남녀 직원들을 통솔한다는 것이 명목상의 임무였으나, 실제로 하는 일은 거의 없었다. 취사장에서 일하는 사람들은 대부분이 여자였고, 남자는 하나밖에 없었다. 그 남자가 눈치 빠른 친구여서 모든 일을 알아서 처리했고, 새로 직원을 채용할 때도 그가 어디서 사람을 구해 왔다. 있던 사람이 나갈 때와 새 사람이 들어올 때 '인사'를 받는 것이 내가 한 일의 전부에 가까웠다.

껄렁패로서 일관했다고는 하지만, 껄렁패로서의 행태(行態)는 1학년 때와 2학년 때가 달랐다. 1학년 때는 주로 겉으로 날뛰는 일에 열을 올렸으나, 2학년이 된 뒤에는 학교 공부와 관계없는 책을 읽는 시간이 늘었고, 되도록 여행을 많이 해야 한다는 생각을 실천에 옮기는 일에도 비중을 두었다. 언젠가는 몇 사람이 모여서 책에 대한 이야기로 밤을 새우고, 동이 틀 무렵에 출발하여 히에이상(比叡山)이라는 꽤 높은 산에 오른 적도 있다. 주말도 아닌데 그런 짓을 했으니 학교 수업은 자연히 하루 빠지게 되었다. 어쩌면 학교의 수업이

나 점수 따위에 구애받지 아니함을 과시하고 큰 인물이나 된 것처럼 착각하는 재미로 그런 짓을 했을지도 모른다.

어느 연휴가 있던 가을날 '일본 알프스'라는 별명을 가진 중부 산악 지대로 여행을 떠난 일이 있었다. 함께 갈 사람을 구했더니 사미(佐味)라는 하급생이 따라 나섰다. 처음 계획은 연휴가 끝나는 날 밤 안으로 돌아올 예정이었으나, 산과 계곡이 너무 좋아서 나는 여행 일정을 더 연기하자고 제의하였다. 사미 군도 처음에도 좋다고 동의하더니, 막판에 가서 "아무래도 그만 돌아가야 하겠다."며 먼저 발걸음을 돌렸다.

지도 한 장만 믿고 어느 산골로 깊숙이 들어갔을 때 황혼이 가까워졌다. 여관이 있는 곳을 찾아가자면 돌아서야 할 시각이었다. 그때 나는 평범하게 여관에서 자는 것보다는 절에서 하룻밤을 보내는 편이 더 뜻이 있을 것 같아서 어느 절을 찾아갔다. 학생의 신분으로 여행을 하다가 해가 저물었으니 하룻밤만 재워 달라고 졸라 댔다. 그러나 아무리 졸라도 듣지 않았다. 자기네 절에서는 니그네를 재운 일이 없다며 절의 전통을 내세웠다. 우리나라의 절과는 인심이 달랐던 것이다.

다음에 찾아간 곳은 어느 보통학교 교장실이었다. 휴일이라 그랬는지 교장실에는 아무도 없었다. 응접용 의자에 앉아서 한참 기다리고 있을 때, 50세 전후의 남자가 들어왔다. 나는 내 신분과 사정을 밝히고 숙직실에서 하룻밤 재워 달라고 떼를 썼다. 50대 남자는 매우 딱한 표정을 지었다. 자기는 교장이 아닌 까닭에 가부간 결정을 내릴 권한이 없다는 것이었다. 그럼 교장 선생 댁이 어디냐고 물었다. 교장께서 저녁 때 들른다고 했으니 댁으로 찾아갈 것 없이 좀 더 기다려 보라고 말하곤 밖으로 사라졌다. 그러나 아무리 기다려도 교장은 오지 않았다.

나를 피해서 달아난 사람이 바로 교장일 것이라는 심증이 굳어졌다. 그러나 교장을 집으로 찾아가지는 않았다. 교장은 출타 중이라며 부인이 면회를 사절할 가능성이 높다고 본 것이다. 결국 먼 길을 걸어서 어느 허름한 여인숙에서 하룻밤 신세를 졌다. 여인숙 천장에서는 쥐들이 밤을 새워 가며 운동회를 열었다.

여름방학을 이용하여 우리나라 국토를 여행할 계획도 세웠다. 그때까지 내가 밟아 보지 못한 우리나라 땅이 많았지만, 근처에도 가보지 못한 곳은 황해도와 평안도 방면이었다. 그래서 그해는 신의주까지 여행하기로 하였다. 고향인 충주를 떠나서 우선 서울로 갔다. 서울에서 이틀 밤을 자고 경의선(京義線)의 여객이 되어 서도(西道) 여행길에 올랐다. 동행은 없었다.

개성은 그냥 지나갈 수가 없었다. 고려의 수도였다는 역사적 의의도 있고, 일본 사람들이 발을 붙이지 못한 민족의 기상이 살아 있는 곳이라고 생각되었던 것이다. 정몽주(鄭夢周)가 살해된 곳으로서 이름이 크게 알려졌던 선죽교(善竹橋)는 생각보다 작은 다리였다. 석양이 깃든 옛 궁터 만월대(滿月臺)의 폐허에 홀로 서서 값싼 감상에 젖어 보기도 하였다. 상혼이 투철하고 계산에 밝은 것으로 알려진 개성 상가에 대해서는 기와집 한옥들이 즐비했다는 기억만이 남아 있다.

온천이라는 것에 대하여 특별한 관심이 있었던 것은 아니나, 하룻밤 자는 곳으로서는 개성보다는 백천(白川) 온천을 찾는 편이 나을 것 같았다. 백천 온천을 찾아갔다는 기억은 분명하나, 그 온천에 관련된 다른 기억은 남은 것이 없다. 동행이 없는 여행은 기억거리가 적은 것이 아닐까 한다.

다음 날의 목적지는 해주(海州)로 정했다. 해주에 가던 날은 날씨가 몹시 무더웠다. 식욕이 뚝 떨어졌고 점심 때가 되어도 배고픔을 느끼지 않았다. 그래도 끼니를 거르는 것은 건강에 해롭다는 고정관념에 밀려서 어느 음식점에 들어갔다. '오므라이스'라는 국적 불명의 점심을 억지로 구겨 넣었는데, 그것이 좋지 않았다. 심한 복통이 일어나고, 전신에서 기운이 빠져나갔다. 그래도 참고 몇 곳을 돌아보았으나, 견디기가 어려워서 여관으로 돌아왔다. 여관에서 밤새도록 앓았다. 충주를 떠날 때도 이미 위장이 좋지 않았던 것인데, 여행을 한답시고 객지로 돌아다니는 가운데 만성 위염에 급성 위염까지 겸했던 모양이다.

본래는 다음 날 평양으로 떠날 계획이었으나, 생각을 바꾸어 집으로 되돌아가는 기차표를 끊었다. 해주에서 서울까지 가는 기차에는 승객이 그리 많지 않았다. '반도가극단(半島歌劇團)'이라는 유랑극단의 단원들이 아니었다면 텅텅 비었을 뻔했다. 나는 단원들의 언행을 유심히 바라보았다. 복통이 다소 가라앉았던 것이다.

서북으로 향한 여행길을 떠나기 얼마 전에 나는 충주에서 반도가극단의 공연을 관람한 적이 있었다. 조선 사람들이 조선 말로 하는 무대 공연을 본 것은 그때가 처음이었던 까닭에, 나는 그 유랑극단의 공연을 보고 큰 감동을 느꼈다. 그들의 연기가 예술적으로 어떤 수준의 것이냐는 문제를 떠나서, 그것이 우리 민족의 것이라는 사실을 매우 중요시했던 것이다.

요즈음 텔레비전에 나타나는 연예인들을 보면 남을 웃기기 위하여 시시덕거리고 경박한 말이나 몸짓을 하는 장면이 많다. 그러나 내가 60여 년 전에 충주극장에서 본 반도가극단의 연기자들이 무대 위에서 보여준 태도는 그렇지가 않았다. 쉽게 말해서, 매우 품위가 있어 보였고 의젓해 보였다. 특히 마지막 순서로 꾸며진 가극은 나를 감동시켰다. 그것은 어떤 고승(高僧)과 여신도의 사랑을 주제로 삼은 것인데, 그 갈등에 가득 찬 사랑이 매우 순결하게 느껴졌고, 주연을 맡은 배우들 자신이 고매한 사람들처럼 보였다.

구경을 마치고 돌아온 뒤에도 흥분이 가라앉지 않았다. '반도가극단'의 한 식구가 되어 전국을 순회하는 나 자신의 모습을 공상 속에 그리며 여름밤을 지새웠다. 연기자로서의 능력이 없더라도 극본을 써서 밥값을 할 수도 있으리라는 생각도 하였다.

다음 날 아침나절에 나는 그 가극단 단원들이 투숙한 여관을 수소문하여 찾아갔다. 당장에 입단 교섭을 할 생각은 아니었을 것이다. 우선 인사나 나누고 안면을 익혀 두자고 찾아갔을 뿐이다. 그러나 가극단은 이미 떠난 뒤여서, 인사를 나누고 찬사를 보낼 상대를 만나지 못하고 허전한 마음으로 돌아섰다.

그 반도가극단 단원들을 해주에서 서울로 가는 기차 안에서 다시 만난 것이다. 그러나 무대 위에서 연기를 통하여 나에게 감동을 주었던 그 훌륭한 모습을 그들이 나에게 다시 보여주지는 않았다. 남자와 여자가 서로 지분거리며 시시덕거리는 수작이 몹시 천박해 보였다. '민족의식' 또는 '민족예술'의 숭고함과 연결짓기에는 너무나 교양이 부족한 사람들이라는 인상이 깊었다.

요즈음 나는 감격을 하거나 흥분을 하는 일이 별로 많지 않다. 남들도 나를 차가운 성격의 사람이라고 보는 경향이 있고, 스스로 생각해 보아도 나는 정열적인 사람이기보다는 냉정한 사람에 가깝다. 그러나 나에게도 덤벙대며 객기(客氣)를 부리던 시절이 있었다는 사실을 웬지 여기에 기록해 두고 싶다. 사람의 성격이란 세월을 따라서 변하는 것 같기도 하고, "세 살 버릇 여든까지 간다."는 속담이 맞는 것 같기도 하다.

취사위원의 임기를 마친 다음에는 다시 일반실로 돌아와서 실장 노릇을 하게 되었다. 내가 맡은 북료 오번실에 나가다(長田)라는 1학년 학생이 있었다. 남달리 식욕이 왕성한 이 친구가 이질에 걸렸다. 우리나라에서는 이질을 크게 무서워하지 않으나, 일본에서는 이 급성 전염병이 생명까지 앗아 가는 매우 두려운 질환으로 인식되고 있었다. 고추와 마늘을 많이 먹는 우리나라 사람에게는 이 병에 대한 저항력이 강하다는 속설도 있었다.

나가다의 병이 적리(赤痢)라고 판명되었을 때, 일본 학생들은 크게 당황하였다. 그 전염병을 두려워하여 접근을 망설였다. 그러나 조선인인 나에게는 그 병이 대수롭지 않게 여겨졌던 까닭에, 내가 앞장서서 경도제대 병원으로 끌고 가 입원 절차를 밟았다. 입원실 침대 가까이서 돌보는 일도 내가 앞장섰다. 실장이 솔선수범하는 마당에 다른 실원(室員)들도 꽁무니를 빼기가 어려웠던지, 서로 번갈아 가며 병실을 지켰다.

전보를 받고 급히 달려온 나가다의 부모는 우리를 외아들의 생명을 구해준 은인이라며 매우 고마워했다. 특히 같은 민족도 아닌 실장이 그 나쁜 병을 두려워하지 않고 앞장서서 환자를 돌보았다는 사실에 대하여 거듭 허리를 굽혀 치하를 했다. 환자는 수일 안에 회복했는데, 이것은 실장이 때를 놓치지 않고 입원 절차를 밟았기 때문이라고 하며 또 나에게 공을 돌렸다.

껄렁껄렁 철없이 세월을 보내는 가운데도 대학 진학에 대해서 생각을 하지 않을 수 없었다. 처음에 나는 종교학과에 지망할 생각을 갖게 되었고, 종교학과는 경쟁이 별로 없었던 까닭에 특별한 준비를 하지 않아도 들어갈 수 있다는 계산이 있었다. 그러나 종교학과 지망에 대해서 만류하는 의견이 많았고, 나도 그 의견이 옳은 것 같아서 법학부에 지망하기로 생각을 바꾸었다. 법학부라면 동경제대의 법학부가 단연 우수하다는 것이 정평이었고, 동경제대 법학부는 경쟁이 심한 까닭에 시험 준비를 단단히 할 필요가 있었다.

내가 종교학과에 들어가기를 원했다는 말이 곧이들리지 않는 사람도 있을 것이다. 그러나 내가 거짓말을 쓰고 있는 것은 아니다. 사람들이 대개 그렇듯이, 나에게도 인간을 초월하는 존재에 대한 경외심(敬畏心)이 없지 않다. 지금은 신(神)의 존재를 긍정도 부정도 못하는 어정쩡한 상태로 있지만, 젊어서는 신의 존재를 주장한 적도 있었다. 제삼고등학교 기숙사에서 '신에 관하여'라는 주제를 놓고 설익은 토론회를 가졌을 때의 일이다. 플라톤의 대화편 '심포지엄'의 이름을 따라서 우리는 그 모임을 '향연'이라고 불렀으며, 나는 그 '향연' 석상에서 신의 존재를 긍정하는 편에 가담했다. 다만 그 '신'은 기독교에서 믿고 있는 인격신(人格神)은 아니라고 덧붙였다. 이론적 근거도 없이 무책임한 발언을 했을 뿐이다.

그러나 그 엉터리 유신론이 나를 종교학과로 이끈 것은 아니다. 제삼고등학교에서 강의를 듣는 가운데 가장 존경심을 느끼게 한 사람이 종교학을 전공한 야마야(山谷) 선생이었다는 사실이 나로 하여금 종교학과 진학을 생각하게 했던 것이다. 내가 기숙사 '향연'에서 신의 존재를 주장한 것은 1학년 때였고, 야마야 선생의 강의를 들은 것은 2학년에 올라간 뒤의 일이다.

야마야 선생은 동경제대 법학부를 졸업하면서 고등고시를 일등으로 통과한 수재였다. 출세가 보장된 관계(官界)에 일단 발을 들여놓은 야마야 선생은 상당한 직위에까지 순조롭게 승진하였다. 그러나 일본 관계의 혼탁한 분위기에 환멸을 느끼고 사표를 던졌다. 사표를 던진 뒤에 다시 동경제대 종교학과에 입학하여 박사 학위를 얻었다. 동시에 목사의 자격도 얻게 되어, 교회를 하나 맡은 것이 그의 본직이었다.

야마야 선생은 교회 일을 보면서 경도제대와 제삼고등학교에 강사로 출강하였다. 그로부터 내가 들은 강의는 '법학통론'이었다. 법학 시간에 법학과는 관계가 없는 이야기를 가끔 했는데, 바로 그 대목이 학생들에게 감명을 주었다. 그는 일본인의 섬나라 근성을 나무라기도 하고, 일본의 군국주의를 질타하기도 하였다. 더러는 인생을 바로 사는 길에 대해서도 이야기하였다. 그러나 목사의 냄새는 전혀 풍기지 않았다. 종교학을 공부하면 나도 저런 인격자가 될 것 같은 생각이 들어서 종교학과를 지망할 마음을 먹었던 것이다.

종교학과에 들어가고자 한다는 편지를 받고 어머니가 우선 크게 실망하였다. 종교를 공부하면 중이나 신부가 되어 속세와 인연을 끊는 것으로 잘못 아신 모양이었다. 그것이 아니라고 해명하는 답장을 보냈지만, 역시 불안한 마음은 다소 남는다고 하셨다.

종교학과 지망을 적극 만류한 것은 경도제대에 다니는 조선인 선배들이었다. 그들은 일본의 패망과 조선의 독립이 임박했다는 믿음에 근거해서 종교학과 진학을 만류하였다. 조선이 독립하는 날 우리는 '큰일'을 해야 할 사람들이다. '큰일' 가운데서도 가장 큰 것은 정치에 관한 일이다. 정치에 관한 큰일을 하자면 역시 동경제대 법학부로 가야 한다. 깊은 신앙 생활을 갖기 위해서라면 굳이 종교학과를 다니지 않아도 되며, 인격 수양을 위해서도 반드시 종교학을 전공할 필요는 없다. 대략 이러한 논리에 근거하여 종교학과 지망을 만류하였다.

이야기를 듣고 보니 선배들의 말이 옳은 것 같았다. 동경제대 법학부 정치학과로 방향을 돌려야 한다는 결론을 얻었다. 그러나 동경제대 법학부에 들어가자면 많은 준비를 해야 한다. 기숙사에 남아서 껄렁패로 세월을 보내면서 입학시험 준비를 하기는 매우 어렵다. 나는 2학년 2학기가 끝나는 즉시 기숙사를 떠나기로 마음을 굳혔다.

기숙사를 떠나기로 한 내 의사를 학생 총대인 안베(安部)에게 전하였다. 안베가 펄쩍 뛰며 안 된다고 하였다. 기숙사의 고문격인 오시로(大城) 교수도 나를 불러서 생각을 바꾸라고 권고하였다. 너 같은 사람이 자유료의 전통을 지켜 주지 않으면 누가 그것을 지키느냐고 나를 치켜세웠다. 조선 반도 출신 학생들은 모두 기숙사를 떠나고 너 한 사람만이 남아 있는데, 너마저 떠나가면 내년에 들어올 반도 출신 신입생은 누가 따뜻하게 환영할 것이냐는 말까지 하였다.

오시로 교수의 말솜씨에 나는 넘어갔다. 나는 내가 대단한 인물이라도 된 듯한 착각에 빠졌고, 대학 입시 준비를 위해서 기숙사를 떠난다는 것은 약삭빠른 소인에게나 어울리는 옹졸한 태도라는 결론을 내렸다. 동경제대 법학부에 못 들어간다고 앞길이 열리지 않는다는 법도 없고, 끝까지 기숙사를 떠나지 않고도 동경제대 법학부에 들어간 선례가 전혀 없는 것도 아니었다.

수용 인원의 제한이 있는 자유료에는 주로 신입생을 받아들이기로 되어 있었던 까닭에, 일단 기숙사에 들어왔던 학생도 2학년으로 진급할 때는 대부분 기숙사를 떠나야 했다. 자진해서 나가는 사람도 있었지만 계속 남기를 원하는 사람이 더 많았던 까닭에, 희망자 중에서 누구를 남기느냐를 결정하는 선별의 과정이 불가피했다. 그 선별 작업은 교수 1명과 학생 대표 4명으로 구성된 심사위원회에서 맡는 것이 관례였다.

그 다섯 사람이 모이는 비밀 회의에 나도 참석하게 되었다. 그 비밀 회의의 내막이 매우 인상적이어서 지금도 그 광경이 기억에 떠오른다. 우선 그 심사 기준이 보통 상식과 크게 달랐는데, 전통적으로 세워진 그 기준에 대해서 아무도 이론을 제기하지 않았다. 그 기준의 첫째는 '말이 통하는 사나이(하나세루 오도꼬)'였거니와, 여기서 '말이 통하는 사나이'로 인정받기 위해서는 상식(常識)의 틀을 벗어날 필요가 있었다.

먼저, 강의를 듣기 위해서 빠지지 않고 꼬박꼬박 교실에 나가는 학생은 '말이 통하는 사나이'가 아니다. 좋은 성적을 얻으려고 밤을 새워 가며 학기말 시험 준비를 할 정도라면, 거론할 가치조차 없는 소인배에 불과하다. '말이 통하는 사나이'가 되려면 교과서 아닌 좋은 책을 읽어야 하고, 삶에 대해서 또는 국가와 사회에 대해서 이야기를 나눌 수 있는 교양과 사상을 가지고 있어야 한다. 다방을 찾는 풍류가 있어야 하고, 좋은 영화가 들어오면 친구들과 어울려서 극장가를 누비는 마음의 여유를 보여야 한다. 건강을 염려해서 술잔을 피하는 것도 '말을 통하는 사나이'가 할 짓은 아니다.

이상과 같은 조건은 물론 그 비밀 회의에서 갑자기 정한 것이 아니고, 그전부터 내려오는 전통이었다. 나도 이 전통에 충실하려고 애썼던 사람이고, 그 덕분에 이 비밀 회의에 참석할 수 있는 영광을 누리게 되었던 것이다. '말이 통하는 사나이'가 되기 위해서 가져야 할 태도 가운데서 나에게 가장 큰 부담을 준 것은 '술잔을 피하지 말 것'이라는 조건이었다. 나는 본래 술에 약한 체질이어서 조금만 마셔도 괴로움을 느끼고 때로는 토하기도 하는 약골이다. 그래도 '말이 통하는 사나이'가 되고 싶어서 억지로 술잔을 가까이한 결과 심한 만성 위염을 앓게 되었다. 해주 여행길에서 배탈이 난 것도 그러한 배경 때문에 일어난 일이었다.

기숙사에 계속 남기를 희망하는 학생들 가운데는 내가 실장을 맡고 있던 북료 오번실의 식구들도 있었다. 그 가운데 하나는 결석 한 번 하는 일 없고 예습과 복습도 열심히 하여 반에서 수석의 자리를 지키고 있는 '모범생'이었다. 나는 그 친구를 별로 마땅하게 생각하지는 않았으나 그래도 내가 데리고 있는 학생이라, 학교 성적은 좋지만 그래도 아주 못쓸 재목은 아니라고 옹호 발언을 하였다. 그러나 "학교 성적이 1등이라는 한 가지 사실만 보아도 그가 얼마나 시시한 친구인가는 능히 짐작할 수 있다."며 모두 반대하였다. 심사위원의 한 사람이었던 오시로 교수까지도 반대하였다.

4. 동경제국대학 입학시험

나도 틈틈이 입학시험 준비를 조금씩 하였다. 시험은 외국어 한 가지와 논문뿐이었으므로, 요즈음 고3 학생들이 하는 시험 준비와는 사정이 달랐다. 그 당시는 고등학교 또는 대학 예과에 들어가기가 가장 어려웠고, 그 고비만 넘기면 다음 단계는 비교적 수월하였다. 문과 계통에서는 동경제대 법학부가 제일 들어가기 어려운 곳으로 정평이 나 있었지만, 경쟁률은 2 대 1 정도였다.

논문 시험은 학교 공부와는 별로 관계가 없었다. 교과서보다는 교양서적을 많이 읽은 껄렁패에게 유리한 면도 있었다. 나보다 1년 선배들이 시험을 쳤을 때의 논문 시험 문제는 '로마의 문화'였고, 그보다 한 해 앞서서 낸 문제는 '르네상스'였다는 점을 고려하여, 서양사와 동양사 공부를 조금 해두면, 그럭저럭 논문이랍시고 써낼 수 있을 것 같았다.

성패의 판가름은 외국어에서 날 것으로 예상되었다. 나는 영어를 선택하였거니와, 내 영어 실력은 제삼고등학교에 입학할 당시보다 별로 향상되지 못하고 있었다. 학교에서 교과서로 사용한 영어책은 주로 단편소설과 수필류였으나, 시험 준비를 위해서는 논설문(論說文) 또는 이론적 저술의 독해력을 기를 필요가 있었다. 그러나 영어의 독해력을 단시일 안에 습득하기는 어려울 터인데, 앞으로 남은 시일이 너무 짧았다. 전시(戰時) 비상 조치의 일환으로 고등학교의 수업 연한이 3년에서 2년 반으로 단축되고 대학 입학시험도 반년 빠르게 실시되는 변화가 생겨서, 시험 준비를 위한 시간 부족은 더욱 심각하게 되었다.

3학년 전학기(前學期)를 마치면 그것으로 제삼고등학교는 졸업하도록 되어 있었다. 졸업생들은 그 떠나감을 몹시 아쉬워했다. 인생에서 가장 화려하고 가장 활기찬 시기가 막을 내리려 하고 있었던 것이다. 인생의 봄이 가고 여름이 다가오고 있음을 느끼며 우리는 몹시 마음이 무거웠다. 졸업을 맞이했을 때, 삼고생이 즐겨 부르는 요가(寮歌) '행춘애가(行春哀歌)'의 노래말은 그들의 그 심정을 잘 말해 주고 있다. 그 노래를 부르기 전에 학생들은 다음과 같은 '머리말'을 조용한 어조로 읊조리기로 되어 있었다.

"우리들의 화려하고도 아름다웠던 청춘의 향연은, 이토록 조용하게, 또 이토록 다급하게, 막을 내리려 한다. 친구여, 다시 새로운 술잔을 기울이며, 우리 모두 함께 이 슬픈 노래를 저물어 가는 태양 아래 낮은 목소리로 부르자."

사람들이 여럿 모였을 때는 누가 한 사람 대표로 이 머리말을 읊조린다. 그리고 다음과 같은 노래를 함께 부른다.

조용히 오라 그립고 그리운
친구여 근심 어린 손을 맞잡세
눈물 속에 빛나는 그대 눈동자
사라져 가는 젊은 날이 흐느낀다

우리들의 모습 그 위에 떠 있는
한 잔 가득한 향기로운 술
보라 소리도 없이 조용히
마지막 한 방울이 다하려 한다
…
친구여, 아름다운 젊은 날 꿈의
사라져 가는 그림자 바라보면서
내 술 한 잔 네 술 한 잔 바꾸어 가며
작별의 노래에 미소를 짓세

모두 6절까지 있는 이 노래는 그 가사가 감상적인 것처럼 곡조도 애조(哀調)로 가득 차 있다. 작사와 작곡 모두 그 학교의 선배들이 재학생 시절에 지은 것이다. 20대 젊은이의 노래치고는 너무나 감상적이고 너무나 애상스럽다. 그럼에도 불구하고, 졸업의 계절이 다가오면 그 주인공들은 홀로 또는 여럿이 함께 이 노래를 즐겨 불렀다. 고등학교 시절을 인생의 절정기로서 이루 말할 수 없도록 극진히 아끼고 사랑했음을 의미한다.

그 시절을 가장 아름답고 가장 행복한 시절로 꼽았지만, 남녀간의 사랑과는 별 관계가 없었다. 그 당시의 고등학교는 남학생만을 뽑았고, 학생들 가운데 남녀의 사랑 문제에 빠져드는 사람은 아주 적었다. 시대와 국가의 문제를 호언장담하는 학풍이어서, 남녀의 사랑 따위에 몰입하는 것은 소인배에게나 어울리는 짓이라는 생각이 지배하였다. 남녀의 사랑이 별로 큰 비중을 차지하지 못한 청춘기였음에도 불구하고, 그 시기를 생애의 가장 아름답고 소중한 시기로 보았다는 사실이 무엇인가 시사하는 바가 있다고 생각된다. 남녀의 사랑을 구가하는 경향이 강한 요즈음의 가치 풍토와 매우 대조적이다.

졸업 직전에는 여러 가지 송별의 모임 등으로 분주한 나날이 이어졌다. 그러한 법석이 끝나고 조용한 시간을 가질 수 있게 된 뒤에, 대학 시험까지는 한 달 남짓한 시일이 남아 있었다. 기숙사생들은 여름 휴가를 맞아 대부분 고향으로 돌아갔으나, 나는 기숙사에 남아서 시험 준비에 몰두하기로 하였다. 시일은 촉박했지만 그런대로 최선을 다해 보자는 생각이었다.

수백 명의 식구가 졸지에 빠져나간 기숙사는 절간보다도 조용하였다. 조용함이 공부하기에 적합한 조건임에는 틀림이 없었으나, 지나친 고요는 도리어 정신의 집중을 방해하였다. 특히 밤이 되면 텅 빈 큰 건물이 너무 쓸쓸하고 허허롭게 느껴졌다. 시험 준비라는 절실한 사유가 없었다면 아마 견디기 어려웠을 것이다.

비장한 각오로 입학시험 준비에 몰두하고 있던 어느 날 편지 한 장이 날아왔다. 이질에 걸려서 입원까지 한 일이 있던 나가다의 어머니가 보낸 편지였다. 잠시 틈을 내서 시골에 있는 자기 집으로 놀러 오라는 내용이었다. 그전에도 같은 내용의 초대를 여러 번 받았지만, 바쁘다는 핑계로 늘 사양해 왔었다. 시험 준비를 위해서 고향에도 돌아가지 않고 정성을 다하는 마당에, 이틀쯤 허비해야 할 남의 집 방문은 말도 안 된다는 생각이 들어서 묵살해 버렸다.

며칠 뒤에 또 같은 내용의 편지가 왔다. 열 번 찍힌 나무의 꼴이 되어 나는 그 초대에 응하기로 하였다. 텅 빈 기숙사에 홀로 남아서 시험 준비를 하는 지루한 생활에 잠시 변화를 주자는 생각도 있었고, 시골에 사는 일본 가정에 대한 호기심도 다소 작용했을 것이다.

나가다의 집은 경도에서 완행열차로 다섯 시간쯤 걸리는 소도시 군시(郡是)라는 곳에 있었다. 전보로 미리 연락을 해두었던 까닭에 군시역에 도착했을 때는 세 사람이 마중을 나와서 기다리고 있었다. 나가다의 어머니와 누나 그리고 누이동생이었다. 정작 나와 있어야 할 그 집 아들의 모습은 보이지 않았다. '시게루(蔚)'는 또 배탈이 나서 누워 있다고 그의 어머니가 변명조로 설명하였다.

군시제사주식회사(郡是製絲株式會社)에서 일하는 가장까지 합해서 다섯 식구가 사는 중류 가정이었다. 급성 전염병에 걸린 외아들을 살리는 데 기여했다는 기억이 아직 남아 있어서, 큰 손님이나 되는 것처럼 수선을 떤 것은 주로 여자들이었다. 어머니뿐 아니라 23세의 큰딸과 중학교 4학년에 다니는 작은딸까지도 들떠 보였다. 아가씨들은 내가 사진에서 본 것보다 잘생겼다는 말을 아주 자연스럽게 하며 호들갑을 떨었다. 그 당시도 일본 여성은 벌써 상당히 개방적이었던 것이다.

저녁 식사가 끝난 뒤에는 가까운 산기슭으로 산책을 하도록 이미 일정표가 짜여 있었다. 길을 모를 것이니 두 딸과 함께 나가라고 하였다. 아들 시게루는 환자이므로 집에서 쉬는 것이 좋겠다고 어머니가 일방적으로 정해 버렸다. 나도 그 결정을 환영했지만 내색은 하지 않았다.

시골의 여름밤은 쾌적하기 그지없었다. 나는 절에 간 색시꼴이 되어 아가씨들이 하자는 대로 하였다. 걷자면 걷고 앉자면 앉았다. 어느 산기슭까지 왔을 때, 그곳이 바로 명당 자리였다. 아가씨들은 내 좌우로 갈라 앉아서 번갈아 가며 질문을 던졌다. 무슨 꽃을 좋아하느냐, 무슨 색깔을 좋아하느냐, 배우는 누구를 좋아하느냐…. 아가씨들의 궁금증에는 끝이 없었다. 심지어 어떤 유형의 여자를 좋아하느냐는 질문까지 나왔다.

그들은 조선에 관해서도 알고 싶은 것이 많았다. 우리 가정에 대한 물음도 있었다. 그들은 내가 조선의 귀족 출신임에 틀림이 없다고 우겨 댔다. 나는 귀족이 아니라고 부인했지만, 지금은 귀족이 아니더라도 옛날 조상들은 귀족일 것이라고 하였다. 두 자매 가운데서는 동생이 더 적극적이었고, 언니는 다소 밀리는 기세였다. 외모도 동생이 더 잘생긴 편이었고, 성격도 더 활달해 보였다.

조선의 민요를 배우고 싶다는 성화에 밀려서 '아리랑'을 함께 불렀다. 그러나 그 시간이 나에게는 독자들이 상상하듯이 더없이 즐거운 시간은 아니었다. 입학시험이 코앞에 닥쳐오고 있다는 사정을 잊을 수 없었고, 여자들과 어울려 본 경험이 거의 없었던 탓도 있었다.

너무 늦기 전에 숙소로 돌아왔다. 목욕물이 준비되어 있었다. 목욕을 마치고 나의 침실로 주어진 이층에서 책을 읽고 있을 때 시게루의 어머니가 다과를 가지고 올라왔다. 눈에 뜨이도록 화장을 한 얼굴에 일본 옷으로 정장을 하고 있었다. 40대 후반으로 보이는 여인은 예의바른 자세로 정좌하고 이것저것 물어보았다. 주로 나의 부모와 형제자매에 관한 물음이었다. 그리고 끝으로 조심스럽게 물었다. 결혼은 반드시 조선인 아가씨와 해야 한다고 생각하느냐 하는 물음이었다.

그것은 내가 예상했던 물음이고, 대답도 생각해 둔 물음이었다. '민족'을 앞세워서 상대편의 자존심을 상하게 할 필요는 없었다. 아직 결혼에 대해서 깊이 생각해 본 적이 없다는 것이 나의 첫 반응이었다. 그리고 결혼 문제는 부모와 상의해서 결정하는 것이 우리 가문의 상식이라는 말을 하였다. 이 말을 받아서 "부모님께서는 일본인 며느리 보는 것을 반대하실 것으로 생각됩니까?" 라고 다시 물었다.

"우리 아버지는 항일 투쟁을 하다가 7년 이상 옥살이를 하셨다." 고 대답을 하면, 그것으로 결정타가 될 것이었다. 그러나 그런 말까지 할 필요는 없을 것 같았다. 다만 우리 부모님은 일본어를 모른다는 이야기를 하고, 말이 안 통하면 서로 불편하지 않겠느냐는 말로 대신하였다.

다음 날 오전 열시쯤 출발하는 기차를 타고 경도로 돌아간다는 것이 내 예정이었다. 책도 가지고 온 듯하니 이층에서 하루 더 있다가 가라고 시게루의 어머니가 만류하였으나 그럴 형편이 아니었다. 그 집이 조용하다 해도 공부가 제대로 될 리 없었고, 그 집 작은딸을 위해서도 빨리 떠나야 했다. 중학교 4학년에 다니는 작은딸은 일요일도 아닌데 학교에 가지 않고 있었던 것이다.

철없는 소녀는 그렇다 치더라도 딸의 결석을 묵인한 어머니의 처사에는 더욱 납득이 가지 않았다.

경도로 돌아오기 위해서 그 집을 나섰을 때, 세 모녀가 역까지 전송하겠다고 따라 나올 채비를 했다. 그러나 나는 그것을 굳이 사양하고 집 문전에서 작별 인사를 하였다. 여자들과 백주의 대로를 걷는다는 것이 몹시 어색하게 느껴졌던 것이다. 충청도식 보수적 성교육의 영향이 일본까지 따라붙은 것으로 생각된다. 시게루는 그날도 앓아 누워 있었다.

입학시험을 치르던 날의 동경은 몹시 무더웠다. 영어 과목에서는 영문을 일본말로 번역하라는 문제 둘과 두 시간 동안 씨름을 해야 했다. 둘째 문제는 대충 뜻을 알 수 있었으나, 예술론에 관한 첫째 문제는 무슨 말인지 대의(大意)조차 잡히지 않았다. 암중모색 끝에 말도 안 되는 소리로 백지를 메울 수밖에 없었다.

역시 두 시간에 걸쳐서 쓰게 된 논문 과목 제목은 '자유와 통제'였다. 나는 지나친 자유가 그리스 사회를 붕괴시키고 지나친 통제가 로마 사회를 경직(硬直)으로 몰고 갔다는 역사적 사실을 지적하였다. 그리고 일본의 군국주의가 지나친 통제로 로마의 전철을 밟지 않도록 일본의 지성은 깊이 성찰해야 할 것이라고 결론지었다. 역사 공부를 좀 해둔 것이 큰 도움을 주었다.

논문 시험은 그런대로 불만이 없었다. 그러나 등락의 판가름은 점수 차가 크게 벌어지는 어학 시험으로 결정될 것으로 예상되었다. 다시 말하면, 영어 시험에서 실패한 내가 합격할 가능성은 거의 없었다. 학과 시험의 발표가 있기 전에 지망생 전원이 신체검사를 받기로 되어 있었고, 내가 신체검사를 받을 날은 3일 가운데 마지막 날로 공고되어 있었다. 그날까지 기다리자면 동경에서 사흘 밤을 더 자야 된다는 계산이다.

합격할 전망이 밝다면 사흘이 아니라 열흘을 기다려도 나쁠 것이 없었다.

그러나 낙방이 확실할 것 같은 예감을 가지고 무더운 동경에서 사흘 더 묵는다는 것은 너무나 바보스러운 짓이었다. 그렇다고 발표도 나기 전에 미리 포기하고 집으로 돌아가는 것도 상식 밖의 처신이었다.

신체검사가 시작되던 첫날 일찍이 검사장을 찾아갔다. 검사장의 책임을 맡은 사람을 붙잡고 통사정을 했다. 학과 시험을 형편없게 보았다는 이야기도 하고, 조선까지 먼 길을 가야 할 사람이라는 말도 했다. 동경에서 먼 곳에 사는 수험생일수록 신체검사를 빨리 하고 가까운 곳에 사는 수험생은 뒤로 돌리는 원칙을 따라서 날짜를 배정했던 것이다. 그 '사는 곳'을 수험생들의 고향으로 보지 않고 출신 고등학교의 소재지로 보았던 까닭에, 동경에서 가까운 경도에 있는 삼고 출신은 마지막 날로 돌려졌던 것이다. 나는 출신 고등학교를 기준으로 하면 동경에서 가까운 곳에 사는 사람이지만, 고향으로 말하면 가장 먼 곳에 사는 사람이었다. 이미 졸업을 하고 떠난 출신교의 소재지를 기준으로 한 것은 불합리하다는 사실을 나는 넌지시 일깨웠던 것이다.

신체검사장의 책임자는 내 말에 일리가 있다고 보았는지, 또는 시험을 잘못 친 사람에 대한 동정에서였는지, 그날 당장에 신체검사를 하도록 편의를 봐주었다. 오전 일찍이 검사를 마치고 경도로 향했다. 경도제국대학 이차 모집에 입학원서를 내기 위해서였다. 필요한 서류의 용지만을 얻어 가지고 가서 우편으로 원서를 제출하는 길도 있었으나, 나는 직접 제출하는 길을 택했다.

그 당시 일본에는 7개의 제국대학이 있었던 것으로 안다. 그 7개의 제국대학이 모두 같은 날 일차 입학시험을 실시한다. 그런데 일차 시험에서는 지원자 수가 정원에 미달하는 학과가 어느 대학에서나 많이 생긴다. (동경제국대학도 예외는 아니다.) 전국의 고등학교 졸업생 수보다 제국대학 입학생 정원의 총수가 더 많았기 때문이다. 변두리에 있는 제국대학들 가운데는 정규 고등학교 졸업생만으로는 입학 정원을 채울 수가 없어서, 전문학교 또는 사립

대학 예과 졸업생 가운데서 우수한 학생들을 '선과생(選科生)'이라는 이름으로 보충하기도 하였다.

일차 지망생의 수가 정원에 미달하더라도 입학시험은 실시했다. 성적이 일정한 수준에 이르지 못한 학생들은 불합격으로 처리하고, 남은 자리를 이차 지망생 중에서 채우거나 아주 비워 두는 편을 택한 것이다. 요컨대, 동경제국대학의 인기 학과들을 제외하고 그 밖의 여러 대학 여러 학과의 입학시험은 경쟁 시험이기보다는 자격 시험에 가까운 성질을 가지고 있었던 것이다.

내가 경도제국대학에 이차로 지망한 곳은 농학부의 농업경제학과였다. (동경제대의 농업경제과는 일차의 지망생이 정원을 초과했다.) 그 시절의 조선은 농업국이었고, 나는 우리나라 농촌을 위해서 할 일이 많다고 막연히 생각하고 있었다. 동경제대 법학부에 못 들어가면 경도제대 농학부로 간다는 것은 그전부터 정해 놓은 순서였다. 삼고와 경도제대 사이를 뛰어다니며 입학원서를 접수시키기까지에는 그리 많은 시간이 걸리지는 않았다. 일차 시험의 결과가 발표도 되기 전에 왜 그리 서두르느냐고 묻는 사람이 있었다. 그럴 만한 사정이 있다고 나는 웃으며 대답했다. 나의 경도제대 농학부 이차 원서 접수 번호는 단연 1번이었다. 접수를 끝내고 다음 날 바로 귀향 열차에 몸을 실었다.

동경을 떠나던 날 나는 유척근(兪拓根) 형에게 입학시험 결과가 발표되거든 내 이름도 좀 보아 달라고 부탁해 두었다. 유척근 형은 나보다 1년 먼저 삼고에 입학한 선배로서 동경제대 법학부에 두 번째 도전한 사람이었다. 두 번째 시험은 성공할 듯한 예감이 든다며 발표날까지 기다리겠다고 하기에, 내 결과도 겸해서 보고 전보로 알려 달라고 부탁했던 것이다. 행여나 하는 실낱같은 미련이 남아 있었던 것이다.

고향에 돌아와서 시험에 실패한 허전한 기분으로 며칠을 보냈을 무렵에 유척근 형으로부터 전보가 날아왔다. "애석하게도 낙방. 권토중래, 다시 도전하시압. 유척근." 이미 예상과 각오는 한 바 있지만, 막상 전보를 받고 보니 역시 전신에서 힘이 쭉 빠져나가는 느낌이었다. 울적한 기분으로 며칠 동안 집 안에 웅크리고 있었을 때 편지 한 장이 배달되었다. 나가다 시게루가 보낸 편지였다. 동경제대 법학부에 합격했음을 축하한다는 말을 담고 있었다. 그야말로 사람을 헷갈리게 만드는 편지였다.

국제전화가 일반화된 지금 같으면 당장 전화를 걸어서 궁금증을 풀었을 것이다. 그러나 일반 가정에서는 국내전화도 이용하지 못하던 시절이었다. 나는 동경에 남아 있던 박인식(朴仁植) 형에게 편지를 띄우고, 확실한 것을 알아서 회답해 줄 것을 부탁하였다. (박인식 형은 그해 동경제대를 졸업한 삼고 선배였다.) 며칠 뒤에 박인식 형으로부터 전보가 왔다. "합격이 틀림없다. 축하한다."

혼란이 생긴 것은 창씨개명(創氏改名) 때문이었다. 나도 일본식 이름을 가지고 있었으나, 조선 학생들 사이에서는 보통 '김태길'로 통하고 있었다. 나 대신 시험 결과를 보아 주기로 한 유척근 형도 나에게 일본식 이름이 있다는 것은 알았지만, 그것이 무엇인지 정확하게는 모르고 있었다. 시험 결과의 발표는 보통 수험번호로 하는 것이 관례이므로, 나도 유척근 형도 창씨개명에 대해서는 신경을 쓰지 않았다. 그런데 실제의 합격자 발표는 수험번호가 아닌 성명으로 했던 것이다.

나가다 시게루가 나의 합격을 어떻게 알았는지는 지금의 나로서는 잘 모르겠다. 그 당시에는 동경대학 합격자 명단이 일간지나 관보(官報) 같은 매체에 실렸을 가능성도 있다. 시게루는 꼼꼼하지도 자상하지도 않은 성격이었다. 아마 그의 어머니나 누이들이 신경을 써서, 어디엔가 보도된 합격자 명단에서 내 이름을 발견했을 것이다.

4장 학도 지원병과 단식

1. 요우(寮雨)

1943년 8월 하순에 나는 일본 경도(京都)에서 멀지 않은 어느 산중에 위치한 단식도장(斷食道場)에 미물고 있었다. 내가 젓가락처럼 바싹 마른 것은 위하수(胃下垂)라는 고질 때문이며, 단식요법을 시행하면 위하수가 고쳐지는 동시에 내 체구가 깍짓동처럼 우람하게 될 것이라는 희망을 안고 나는 그곳을 찾아갔다. 일본 동경대학 법학부에 입학할 날짜를 앞두고 과감한 '체질개선'을 하겠다는 비장한 결심을 하고 수소문 끝에 그곳을 찾아간 것이었다.

3일에 걸친 예비 단식의 과정을 거쳐서 일주일 동안 본단식(本斷食)을 한 다음에, 약 10일 정도의 회복 요양을 하고 그곳을 떠난다는 것이 나의 예정이었다. 본단식 기간 중에는 물 이외에는 일체의 음식을 금하고 기생충약과 설사약만 두어 차례 먹게 되어 있었다. 물론 즐거운 일정은 아니다. 한 사흘 굶고 나면 입 안이 쓰고 귀가 먹먹거리며 갖은 고통이 따른다. 그러나 머리는 맑아졌으며 산책을 하거나 담화를 하기에는 지장이 없었다.

본래 57킬로그램 정도의 체중으로 그곳을 찾았던 것인데, 본단식이 끝나던 날의 체중은 43킬로그램 남짓 했었다. 회복기 첫날에는 멀건 미음만 반 공기 정도 세 번 마셨으나, 이상하게도 체중이 조금 늘기 시작하였다. 열량으로 따지면 3백 칼로리도 안 될 터인데 어떻게 체중이 늘 수 있는지 신기하게 느껴졌다.

단식을 며칠 계속했을 때의 심리 상태는 평상시와 상당히 달랐던 것으로 기억된다. 식욕과 성욕은 전혀 느낄 수가 없었으나, 그 밖의 욕망 내지 의욕은 도리어 선명하게 부각되는 느낌이었다. 정신이 맑게 개이면서 여러 가지 상념이 꼬리를 무는 가운데, 장래에 대한 구상이 의욕적으로 떠오르곤 하였다. 모든 욕망 내지 의욕의 바탕을 '리비도'라는 이름의 성적(性的) 에너지라고 본 프로이트는 이런 심리 현상을 어떻게 설명할지 궁금하다. 의식(意識)된 성욕은 극도로 약화된 가운데 무의식의 그것은 새로운 도약의 준비를 하는 그런 특수한 상태라고 설명할 것인가?

단식도장에서 접한 뉴스 가운데서 나에게 가장 큰 의미를 던졌던 것은, 학병제도(學兵制度)가 새로이 입법화되었고 조선인 대학생에게는 '학도 지원병으로 봉사할 기회'가 주어지게 되었다는 것이었다. 조선인에게는 아직 병역의 의무가 지워지지 않았으므로 조선인 학생들에게 바로 징병 영장을 내보낼 수는 없는 형편이었고, 일본인 대학생들을 모두 전쟁터로 내보내게 되면 조선인 대학생들만이 학업을 계속하는 특혜를 받는 결과가 될 것이었다. 이러한 결과를 막기도 하고 부족한 병력을 보충할 수도 있는 일석이조의 묘안이 '반도 출신 대학생에게도 성전(聖戰)에 참여할 수 있는 성은(聖恩)을 베푸는' 학도 지원병 제도였다.

지원병 제도가 생겼더라도 '지원'을 안 하면 그만이겠지 하는 안이한 생각을 가지고 동경대학으로 향했을 때의 내 건강 상태는 아주 좋지 않았다. 보통은 일주일 정도 유동식을 취하면 그 다음에는 밥을 먹어도 좋다는 것인데, 나의 경우는 좀처럼 식욕이 되살아나지 않았고 체중의 회복도 몹시 더디었다.

입학 시기에 임박해서 동경에 도착했으므로, 학교에서 가까운 하숙방을 구하기에는 너무 늦었다. 삼고 동창생이며 동경대학 법학부에 같이 입학한 전해종(全海宗) 형이 피골이 상접하고 유령처럼 창백한 나를 끌고 다니며 가까운 하숙방을 구해 주려고 애를 썼으나 허사였다.

걸어다닐 수 있는 거리에 마침 빈방 하나가 있음을 알고 찾아간 적이 있었다. 교섭이 순조롭게 진행되어서 거의 결정 단계에 이르렀을 때, 집주인 일본 여인이 내 고향을 물었다. '조선'이라고 대답했더니, 최종 결정은 자기 남편의 동의를 얻어야 하니 다음 날 한 번만 더 들러 달라고 꼬리를 달았다. 혹시나 하고 다음 날 다시 찾아갔으나 예상대로 거절당하고 말았다. 경도에서는 삼고생(三高生)이라면 조선인이라도 각별한 대우를 받았다는 것을 상기하며, 동경에서의 동경대생(東京大生)의 성가가 경도에서의 삼고생의 그것을 따르지 못하고 있다는 느낌이 들었다.

전해종 형은 자기가 얻은 하숙방을 나에게 양보하겠다고 하였다. 그는 동경대학 정문에서 아주 가까운 곳에 좋은 방 하나를 얻어 놓고 있었다. 그해에 동경대학을 졸업한 삼고 선배 박인식(朴仁植) 씨가 사용하던 것을 물려받은 것으로서, 그렇게 조건이 구비된 방을 다시 구한다는 것은 상상도 하기 어려웠다. 그 당시의 내 건강 상태로 먼 곳에서 전차로 통학한다는 것은 무리라고 판단한 전해종 형이 내린 우정의 결단이었다. 나는 그 호의를 염치없게 받아들였다.

'학도 지원병'이라는 것이 이름만 '지원병'이지 사실은 강제성을 띠고 있다는 사실이 차차 드러나기 시작했다. 천황 폐하께서 특별한 배려로 망극한 성은을 베푸신 것인데, 이에 응하지 않는 것은 사상을 의심받아 마땅한 비국민(非國民)이라는 논리가 죄어 들었다. 조선에 있는 대학생들과 전문학생들을 대상으로 최남선(崔南善), 이광수(李光洙) 등 '혁혁한 지도자'들이 설득 공작에 나섰다는 보도가 나돌았다. 부민관(府民館)에 많은 학생들을 모아 놓고,

지원병으로 병역의 의무를 수행함으로써 우리도 일본인과 동등한 권리를 누릴 수 있는 조건을 갖추는 것이 우리 민족이 나아가야 할 길이라는 논리를 전개했다가 학생들에게 신랄한 공격을 당했다는 소문도 돌았고, 눈물로 호소한 이광수의 설득이 어느 정도 먹혀 들어갔다는 소문도 있었던 것 같은 기억이 어렴풋이 남아 있다. 더욱 확실하게 기억에 남은 것은, 지원병에 응모할 것을 일본 유학생들에게도 설득하기 위하여, 그들 일행이 미구에 일본으로 올 것이라는 소문이 퍼졌던 일이다.

학교에서 가장 가까운 내 하숙방에는 오다가다 조선 친구들이 자주 들르는 편이었다. 모이게 되면 자연히 지원병 이야기가 나오곤 했는데, 지금도 뚜렷하게 인상에 남는 것은 윤천주(尹天柱) 형의 걱정이 태산 같은 표정이다. 사고(四高) 출신인 윤 형을 처음 만난 것은 관부 연락선 선실에서였으며, 동경대학에서 다시 만나게 된 것이다. 그는 성격이 털털해서 삼고 출신들과도 잘 어울리는 편이었다. 학생 시절에도 체격이 당당했던 그가 "이 일을 어찌하면 좋을꼬?" 하고 이맛살을 찌푸린 모습은 매우 애교스러웠다.

그러나 나는 크게 걱정하지 않았다. 단식 끝에 수척한 모습을 살려서 지원병을 피할 수 있으리라는 생각을 은밀하게 품었기 때문이었다. 계속해서 식사의 분량을 줄이면 누가 보아도 중환자로 보일 창백한 모습을 그대로 유지할 수 있다는 확신을 가지고 나는 준단식(準斷食)을 계속하였다. 하숙집 여주인도 마음씨가 좋은 편이어서, 밥을 질게 해달라거나 죽을 쑤어 달라는 나의 염치없는 부탁을 잘 들어주었다.

하숙집은 목조(木造)로 된 작은 이층 건물이었다. 아래층은 40대 후반쯤으로 보이는 과부가 딸 하나를 데리고 살았으며, 이층은 내가 쓰고 있었다. 화장실은 아래층에만 하나 있었는데, 이층에서 그곳까지 가자면 복도를 따라서 모녀의 방 옆을 지나가야 했다. 일본식 건물이 대개 그렇듯이, 방과 복도 사이에는 벽이 없었고 오직 장지문으로 가려져 있을 뿐이었다. 발소리를 죽여서 복도를 걸어가도 방 안 사람에게 알려질 수밖에 없는 얄팍한 가옥 구조여서, 화장실 출입이 약간 부담스러웠다. 특히 밤에 자다가 깨어서 소변을 볼 때는 매우 신경이 쓰였다. 인기척으로 잠자는 사람을 깨우게 될까 걱정이 되었다기보다도, 중년 과부의 방 옆을 심야에 지나간다는 것이 뭔가 미안하다는 생각이 들었다. 나는 여기서 묘안을 실천에 옮기기로 하였다. 고등학교 시절에 기숙사 생활에서 익혔던 '요우(寮雨)'의 방법을 다시 한 번 활용한다는 묘안이었다.

'자유료(自由寮)'라는 이름을 가졌던 삼고의 기숙사는 침실이 이층에 있었고 화장실은 아래층에만 있었다. 착실한 학생들은 자다가도 아래층까지 내려가서 소변을 보았지만, 껄렁패 학생들은 이층 침실의 장문을 열고 그 자리에서 작은 폭포를 내려갈기는 방법을 애용하였다. 나도 고등학교 시절에는 껄렁패에 속해 있어서 이 편리한 방법을 택했던 것이며, 이층에서 기숙사 뜰을 향하여 포물선을 그리며 떨어지는 암모니아 섞인 액체를 '요우'라고 불렀다. 밤마다 내리는 '기숙사의 비'라는 뜻에서 그런 이름을 붙였을 것이다.

같은 방법을 하숙집에서 다시 사용하면 아래층까지 내려가는 번거로움도 면할 수 있고, 과부의 잠을 설치게 하는 미안함을 막을 수도 있는 일석이조가 될 것이었다. 약간 망설이다가 용기를 내서 묘안을 실천에 옮겼다. 그런데 뜻하지 않은 상황이 일어났다. 마치 우박이 쏟아지는 것 같은 굉장한 소리가 심야의 고요를 흔들고 말았다. 이층과 아래층 사이에 함석으로 된 차양이 가로막혀 있었고, 그 함석 차양 위에 젊은 놈이 참았던 오줌 줄기로 때리는 음향이 의외로 컸던 것이다. 나는 기겁을 하고 중도에 멈추었다.

며칠 뒤에 최한검(崔漢儉) 선배가 내 하숙방을 찾아왔다. 그는 최남선 선생의 자제로서 삼고와 동경대학에 나보다 앞서 입학한 매우 날카롭고 야무진 사람이었다. 그는 단도직입적으로 나에게 이층에서 아래층으로 방뇨한 일이 있느냐고 물었다. 나는 순순히 사실대로 자백하였고, 그는 앞으로 그런 일이

다시 없도록 주의하라고 준엄하게 타이른 뒤에 유유히 사라졌다.

동경제국대학은 제삼고등학교와는 전혀 분위기가 달랐으나, 그 나름대로 인상적이었다. 제삼고등학교가 열심히 노는 곳이었던 것과는 대조적으로 동경대학은 열심히 공부하는 곳이라는 첫인상이 강했다. 우선 교문을 들어서면 '수업 중 차량 통행 금지'라는 표지판이 보인다. 수업 중이 아닐 때는 이 표지판이 '차량 서행, 경적 금지'로 바뀐다. 은행나무 가로수 사이에 여기저기 서 있는 그 표지판을 무시하는 사람은 아무도 없었고, 공부하는 대학으로서의 엄숙한 분위기가 캠퍼스 전체를 지배하였다.

일본 학생들에게는 개인별로 '징병 영장'이 내려와서 많은 학생들이 전쟁터로 끌려가고 있었으나, 학생들이 동요하고 있다는 증거는 뚜렷하지 않았다. 내가 입학한 법학부 1학년생을 위한 강의는 주로 6백여 명의 자리가 준비된 대형 강의실에서 있었는데, 언제나 강의실은 만원이었다. 서로 앞자리를 차지하려고 미리부터 교실에 들어오는 학생들도 많았고, 더러는 친구의 자리까지 맡아 놓는 사람도 있었다.

백 분 단위의 강의가 진행되는 동안 모든 학생들은 음악회의 청중처럼 조용히 경청하였다. 강의 도중에 자리를 뜨는 학생은 하나도 보이지 않았다. 강의가 시작된 뒤에 교실에 들어오는 학생도 거의 없었다. 오노(小野精一郎)라는 형법학 교수의 강의가 시작된 뒤에 학생 하나가 조심조심 들어온 적이 있었다. 오노 교수는 "여기가 영화관인 줄 아느냐. 당장 나가거라!" 하고 호통을 쳤다. 학생들의 비위를 건드리지 않으려고 물렁물렁하게 구는 요즈음 교수들과는 너무나 대조적인 엄숙한 태도였다.

강의실에 나타난 교수들에게서 찾아볼 수 있는 공통점은 자기가 담당하고 있는 분야에 대해서 세계 수준의 일가(一家)를 이루었다는 자신감을 가지고 있었다는 사실이다. 많은 경우에 그들은 세계 석학들의 학설을 먼저 소개하고, 끝으로 "그러나 나는 이렇게 생각한다." 하는 식으로 마무리를 지었다. 지금 돌이켜 보면 현학적이었다는 생각도 하게 되나, 그 당시의 나에게는 그들의 권위 있는 모습이 자랑스럽게 보였다.

2. 비체중(比體重)

전세(戰勢)가 일본에게 불리해질수록 동경이라는 대도시가 불안하게 느껴졌다. 학도 지원병을 모면하는 데도 내 고향이 유리할 것 같은 생각이 들었다. 강의를 계속 듣고 싶은 욕망도 있었지만, 나는 휴학원을 제출하고 고향인 충주로 돌아올 결심을 굳혔다. 휴학 허가서를 한자를 섞어 가며 타자로 쳐주던 아가씨의 손놀림이 신비로울 정도로 아름답게 보였다. 타자를 치는 모습을 처음 보았고, 그 아가씨의 용모가 빼어났다는 사실이 겹쳐서 강한 인상을 주었던 것으로 짐작한다. 그녀는 일본 여성 특유의 상냥한 말씨로 빨리 건강을 회복하고 돌아오기 바란다고 말했으나, 내가 동경대학의 캠퍼스를 다시 찾아간 것은 그로부터 42년 뒤의 일이 되고 말았다.

고향으로 돌아오는 기차표와 연락선 표를 사는 일이 여간 어렵지 않았다. 온갖 수송력을 군인과 군수물자를 운송하는 일에 우선적으로 동원하는 전시체제였던 까닭에 민간인에게는 극히 제한된 매수만을 배정했기 때문이다. 역전 광장에서 하룻밤을 새워도 살까말까한 상황이었다. 벌써 겨울이 다가오고 있었다. 준단식을 오래 계속한 내 건강 상태로는 도저히 감당하기 어려운 표 사기 경쟁이었다.

충주보통학교와 청주고등보통학교의 동창인 백운길(白雲吉) 형도 동경에 유학하고 있었는데, 나와 동행하여 귀국하기로 의논이 되었다. 어느 날 오후부터 동경역에 함께 나가서 표를 사기 위한 줄서기에 참가하였다. 밤이 깊어가면서 추위가 더해 왔다. 백운길 형이 혼자서 자리를 지키겠다며, 나보고는 하숙에 가서 눈을 붙이고 오라고 하였다.

한숨 자고 다시 동경역으로 나갔을 때는 이미 새벽녘이었다. 역원들이 벌써 나와서 개표를 위한 번호를 교부하고 있었다. 나는 내가 어젯밤에 섰던 자리라고 하면서 백운길 형 앞에 끼어들었다. 그 순간에 뒤에서 아우성 소리가 들렸다. 중간에 자리를 이탈한 사람은 자격이 없다는 것이었다. 나는 50킬로 그램도 안 되는 몸으로 버티었다. 양심이나 체면을 생각할 그런 상황이 아니었기에 나는 결사적이었다.

내가 번호표를 받을 차례가 가까워 올수록 뒤에 선 사람들의 고함 소리는 더욱 거칠어졌다. 마침내 내 차례가 왔을 때, 누군가 뒤에서 나를 줄 밖으로 밀어젖혔다. 나는 "할 수 없군." 하면서 옆으로 비키는 순간, 여행 이유서에 해당하는 '휴학 허가서'를 창구 안으로 밀어 넣었다. 역 직원은 밖에서 벌어진 상황을 몰랐던 듯 번호표 한 장을 내밀었고, 동작이 민첩한 백 형이 그것을 슬쩍 집어서 챙겼다. 어둠 속에서 순간적으로 일어난 일이라 백 형 뒤에 섰던 사람들은 그 상황을 정확하게 보지 못한 듯하였고, 내가 번호표를 얻는 데 결국 실패했다고 착각한 모양이었다. 백운길 형까지 번호표가 나오고 바로 창구가 닫혔다. 그날 분은 매진된 것이다.

어렵게 구한 표를 가지고 고향으로 돌아오던 여행길에서 생긴 일 가운데서 기억에 남는 것은 두 가지밖에 없다. 하나는 관부 연락선이 떠나는 항구 도시 시모노세끼에서 자지 않고, 그곳에서 가까운 하기(萩)라는 조용한 소도시에서 백 형과 함께 하룻밤을 보낸 일이다. 그 와중에 어떻게 그런 마음의 여유가 생겼는지 잘은 모르겠으나, 아마 배가 떠날 때까지 시간의 여유가 많아서 그렇게 했던 것이 아닐까 짐작한다. 또 한 가지 기억되는 것은 기차를 타고 대구 근방을 지났을 때 형사의 불심 검문을 받은 사실이다. 학도 지원병을 피해서 오는 길이 아니냐고 추궁을 당하면서, 나는 지원병에 대한 압력이 조선에서 더 강하다는 것을 직감으로 느꼈다.

뼈와 가죽만 남아서 돌아오는 나의 파리한 보습을 보는 순간 어머니는 "네 꼴이 이게 웬일이냐."며 크게 놀라셨다. 나는 학도 지원병을 피하기 위해서 일부러 체중을 뺀 것이며 건강에는 지장이 없다고 말씀드렸다. 식구들은 모두 내 계교에 가담하게 되었고, 나는 당장 중환자가 되어 자리를 펴고 누웠다. 병명은 '폐결핵'으로 정했다.

집에 돌아온 지 이틀쯤 지난 뒤에 정석희(鄭奭熙) 씨와 오기택(吳基澤) 씨가 차례로 찾아왔다. 이 두 분은 도회의원을 번갈아 가며 지내기도 한 충주 지방의 '유지'로서 직업은 모두 의사였다. 정석희 씨는 내가 보통학교 1학년 때 다리에서 떨어져 머리를 다쳤을 적에 수술을 해주신 분이고, 오기택 씨는 성격이 쾌활한 것으로 소문이 난 분이었다. 오기택 의원에 온 어느 맹장염 환자의 수술 준비를 위하여 간호사가 환자의 음모를 면도로 밀고 있었을 때 환자의 남근이 벌떡 일어나서 간호사를 당황하게 했는데, 오기택 씨가 "자지도 염치가 있어야지." 하면서 탁 때림으로써 순간적으로 오므라들게 했다는 일화를 들은 기억도 남아 있다.

두 분이 찾아온 용건은 '문병을 겸해서'라고는 했지만, 사실은 학도 지원병에 응모할 것을 권고하기 위해서였다. 나의 건강 상태로 보아서 지원을 한다 해도 합격할 가능성은 없다고 전제하면서, 그러나 지원을 안 하고 오해를 받느니보다는 지원을 하고 불합격이 되어서 안심하고 요양을 하는 편이 유리하지 않겠느냐는, 그런 정도의 권유였다고 기억한다. 그러나 나는 완강하게 거부했다. 지원이라는 것은 합격을 원하며 하는 것이지, 불합격을 기대하면서 형식적으로 지원을 한다는 것은 순수해야 할 대학생이 할 짓이 못 된다는 것이 나의 논리였다.

다음 날은 고등계 형사가 찾아왔다. 조선인이었으나 일본인보다도 더 강한 충성심을 보임으로써 그 자리를 유지하고 있는 그런 사람이었다. 형사의 권고는 훨씬 집요했다. 그것은 권고가 아니라 강요였다. 천황 폐하의 부르심을 받고서 응하지 않는 것은 불충(不忠)이라는 원칙론으로 위협하기도 하고, 형식적으로 지원만 하면 우리 충주 지방의 해당자는 전원이 지원한 결과가 된다는 점과 지원을 해도 합격할 가능성은 없으니 개인으로서 손해 볼 일도 없을 것이라는 점을 강조하며 달래기도 하였다. 그러나 나는 역시 완강하게 거부했다. 불합격이 틀림없을 것을 알면서 지원한다는 것을 천황 폐하를 기만하는 일이니, 그것이야말로 큰 불충이라는 것이 나의 논리였다. 위협과 회유를 번갈아 가며 두어 시간 끈질긴 '권유'를 하고 돌아가면서 형사가 끝으로 남긴 말은 "이것은 명백한 기피입니다."였다.

그리고 이틀쯤 지난 뒤에 그 형사가 다시 찾아왔다. 이번에는 이춘웅(李春雄) 씨와 동행이었다. 이춘웅 씨는 그 누이의 이름도 춘자(春子)라는 일본식 이름이었으며 어머니가 일본 사람이라는 말을 들은 듯하나, 기억이 아리송하다. 어쨌든 그분도 도회의원을 지낸 바 있는 충주 지방의 '유지'였다. 두 방문객은 내 병세만 좀 물어보고 곧 아버지 방으로 가서 긴 이야기를 나누는 모양이었다.

그들은 아버지를 설득하여 나 대신 지원서에 도장을 찍도록 하는 데 성공하였다. 본인이 중환자이므로 아버지가 친권자로서 대리로 도장을 찍어도 유효하다는 그들 마음대로 한 해석을 따라서, 나는 지원병에 지원한 셈이 되었다. 그것은, 육군 군의관 대좌(大佐)로서의 전력을 가진 충주도립병원 원장의 진단서를 얻어서 서울에서 있을 지원병 신체검사장에는 나가지 않도록 해준다는 약속을 대가로, 그들이 얻어 낸 결정이었다. 그런 조건이라면 나도 모르는 척해 두기로 하였다.

어느 날 형사가 다시 와서 도립병원까지 동행하기를 요구하였다. 원장의 진단서를 얻자면 일단 진찰을 받아야 된다는 것이었다. 우리 집에서 도립병원까지는 가까운 거리였지만, 겨울 날씨에 찬바람을 쏘이면 병세가 악화될 것이 틀림없다는 이유를 들어서 나는 병원에 가기를 거부하였다. 원장이 왕진을 해야 한다고 버틴 것이다. 내가 본래 배짱이 좋은 편이 못 되는데 그렇게 강경하게 나올 수 있었던 힘이 어디서 나왔는지는 나도 잘 모르겠다. 아마 충주 지방에서는 처음으로 동경제국대학의 학생이 되었다는 내 신분을 과신한 것이었거나, 그렇지 않으면 궁지에 몰린 쥐가 고양이에게 덤벼드는 심리의 소행이었을 것이다.

어쨌든 나는 도립병원 원장을 우리 집까지 오게 하는 데 성공하였다. 그는 우선 손으로 타진(打診)을 하고, 다음에는 청진기를 앞뒤로 대고 열심히 진찰하였다. 그리고 폐결핵의 증세는 전혀 발견되지 않는다고 고개를 가로저으며 난처한 표정을 지었다. 확실한 것을 알기 위해서 엑스레이 사진을 찍어 보자고 하면서 그는 왕진 가방을 간호사에게 건네주었다.

나는 속으로 몹시 당황했다. 내 속마음을 완전히 들켰다는 느낌이 들었다. 엑스레이 사진을 거부할 명분이 없었고, 그것을 거부하게 되면 원장의 진단서를 받아 낼 가능성을 스스로 포기하는 꼴이 될 형편이었다. 엑스레이 사진기를 우리 집까지 가지고 오라고는 도저히 말할 용기가 없어서, 나는 다음 날 마스크를 하고 병원을 찾아갔다.

엑스레이 사진을 이리저리 비추어 본 원장은, 폐결핵이라는 진단을 내릴 근거는 전혀 보이지 않는다고 결론을 내렸다. 그것은 아주 기묘한 상황이었다. 그 당시는 폐결핵이라면 죽을병으로 알려졌던 시대인데, 폐결핵이라는 진단이 내려지기를 기다리다가 그것이 아니라는 말을 듣고 낙심을 하는 그런 상황이었던 것이다. 나는 내 폐에 이상이 없다는 것을 알고 기뻐하기보다는 내 계략이 빗나갔다는 사실에 크게 실망하였다.

그 실망을 노골적으로 나타낼 수 있는 처지가 아니었다. 고맙다고 인사하고 돌아서려 했을 때, 원장은 나더러 잠시 기다리라고 하였다. 그는 책꽂이에서 책 한 권을 빼서 뒤적거리더니, 한 면을 가리키며 "이것을 보라."고 하였다. 거기에는 일본 육군 징병 검사에서 불합격 판결을 내리게 하는 조건이 열거되어 있었다. 무거운 폐결핵 외에도 정신병, 심한 시력 장애, 나병 등이 열거되어 있었던 것으로 기억한다. 그 가운데 비체중(比體重)이 어느 수치 이하로 떨어지면 불합격이 된다는 조항도 있다는 것을 원장은 나에게 넌지시 알려 주면서, 혹 그 조항에 해당할지도 모른다고 작은 소리로 말했다. 그가 왜 그런 정보를 나에게 알려 주었는지는 알 길이 없다. 어쨌든 나는 비체중 항목의 수치를 머릿속에 집어넣고 집으로 돌아왔다.

당장에 저울을 사다가 몸무게를 달아 보았다. 그동안에 체중이 좀 회복되어서 52킬로그램쯤으로 나타났다. 5킬로그램 정도만 더 빼면 '비체중' 조항의 혜택을 받을 수 있다는 계산이 나왔다.

저울을 광 속에 숨겨 놓고 매일 달아 보며 음식 조절을 하였다. 건강을 근본적으로 해칠까 걱정도 되고 만원 기차에 시달려 가며 경성까지 여행할 수 있는 체력도 생각해야 할 처지여서, 함부로 체중을 줄일 수는 없었다. 정확한 기억은 없으나, 신체검사를 위해서 경성으로 떠날 때까지 약 3킬로그램 정도 줄였던 것으로 짐작한다. 다시 2킬로그램쯤 더 줄여야 할 몸을 이끌고 경성으로 향한 것은 신체검사일을 하루 앞둔 어느 겨울날이었다.

완행열차로 영등포까지 가는 데 하루종일 걸렸다. 영등포는 작은형 댁이 있어서 동행한 어머니와 함께 그곳에서 묵었다. 작은형 댁에는 체중을 달 수 있는 저울이 없었고 요즈음처럼 체중계라는 것을 싼 값으로 살 수 있는 시절도 아니었다. 어림짐작으로 체중을 줄여야 하는 것이 불안하기 짝이 없었다.

그때부터 신체검사를 받게 될 때까지 완전히 굶은 것은 물론이요, 다량의 피마자유를 마셔 가며 속을 훑고 또 훑었다. 잠을 자지 않는 것도 체중을 줄이는 데 특효가 있다는 작은형의 말을 따라서 그날 밤은 꼬박 새웠다. 내가 잠이 들지 않도록 감독을 하는 임무는 작은형이 맡았다.

영등포가 아직 경성시(京城市)에 편입되기 전이었다. 전차에 매달려 허허벌판을 거쳐서 용산까지 가는 동안 다리가 좀 휘청거리기는 했으나 정신은 맑았다. 내가 단식을 하고 설사약까지 먹었다는 사실을 영악스러운 일본 군의관이 알아낼 것만 같아서 걱정이 되었다. 검사장에 도착했을 때는 아직 이른 시간이었고, 그곳에서 아는 얼굴들을 여럿 만났으나 반가운 줄도 몰랐다. 뼈만 앙상한 내 몰골이 너무 초라했고, 왜 이렇게 되었느냐는 같은 물음에 같은 대답을 되풀이하기도 피곤한 일이었다.

신체검사를 받기 전에 앞뒤로 적어 내는 용지를 받아서 신상에 관한 것을 기입하였다. 그 종이에 지망병과(志望兵科)를 적어 넣는 난이 있기에, '치중병(輜重兵)'이라고 기입하였다. 치중병은 후방에서 물자를 수송하는 임무를 맡은 병정이므로, 전사의 위험성이 다소 적을까 해서 그렇게 썼던 것이다. 신체검사가 끝나고 형식적인 면접 고사가 있었을 때, 시험관은 왜 하필 치중병을 지망하느냐고 물었다. 나는 무거운 물건을 움직이는 일에 종사함으로써 체력을 증진하고 체중을 늘리는 것이 소망이라고 대답하였다. 그러나 지원병에 낙방을 하게 되어 치중병이 될 기회는 얻지 못했고, 따라서 힘이 세고 몸무게가 나가는 대상부가 되고 싶었던 꿈은 평생토록 실현되지 못하였다.

마지막 과정에서 판정을 내리는 임무를 맡은 장교가 불합격을 의미하는 '병종(丙種)'을 힘차게 선언했을 때, 나는 실로 감개무량했다. 살을 깎고 피를 말려 가며 애쓴 일이 뜻을 이루는 순간이었다. 그러나 나는 기뻐하는 표정을 보이지 않았다. 비밀은 끝까지 감추어야 할 것이었다.

지원병에 떨어지고 가벼운 마음으로 귀향하는 기차 안에서 아는 친구 한 사람을 만났다. 나보다 나이가 좀 아래인 그도 역시 학도병에 지원한 대학생이었다. 신체검사를 받으러 가던 길에서도 기차 안에서 만났는데 돌아오는 길에도 또 만난 것이다. 그는 다짜고짜 내가 지원병에 합격했느냐고 물었다. 나는 병종 판결을 받고 불합격이 되었다는 사실을 담담하게 전했다. 그리고 그 다음에 내가 들은 말은 두고두고 잊히지 않는다. "그렇게 허약한 몸으로 어떻게 천황 폐하께 충성을 다할 수가 있습니까? 저는 갑종(甲種)으로 합격했습니다. 용약 제일선으로 출정하여 이 한 목숨을 황국(皇國)에 바칠 각오입니다!" 그의 이러한 충성심 내지 군인 정신은 해방 후 대한민국으로 자리를 바꾸었고, 그는 여기서도 사성 장군의 자리에까지 올라 부귀와 영화를 누린 것으로 전해 들었다.

학도 지원병을 피하는 일에 성공하면 나는 학문에 열중할 생각이었다. 공습의 동경으로 다시 들어갈 것 없이 집에서 자습을 할 계획으로, 상당한 분량의 책을 충주에까지 실어다 놓았다. 남들이 전쟁터에서 고생하는 정도의 고생을 무릅쓴다면, 상당히 많은 공부를 할 수 있을 것이라고 기대되었다.

그러나 그러한 기대는 완전히 빗나갔다. 아무 자극도 없는 시골에 틀어박혀서 학문다운 학문을 할 수 있을 정도로 나는 호학(好學)이 아니었다. 처음에는 좀 되는 듯도 하였으나, 시험도 경쟁도 없으며 교수도 학우도 없는 공부는 곧 진력이 나서 오래 계속하기 어려웠다. 학병에 나갔던 친구들이 종전(終戰)을 계기로 돌아왔을 때까지 내가 해놓은 일이란 아무것도 없었다. 더욱 건강해 보이는 안색을 하고 살아서 돌아온 학병 친구들을 보았을 때, 그들은 차라리 사선(死線)을 넘나드는 심각한 체험이라도 했는데 내가 그동안에 한 일이 무엇인가를 뉘우쳐야 했다. 지원병을 모면하고자 애쓴 그 노력에 비하여 얻은 것이 너무 적었다. 일본 군대에 들어가지 않았고 일본 제국주의를 위해서 총 한 방 쏘지 않았다는 사실에 의미를 부여하고 싶기도 하였다. 그러나 지원병에 나간 사람이 대부분이고 나가지 않은 사람이 극소수라는 상황 속에서, 그러한 의미 부여는 개인적 자위(自慰)에 불과하였다.

그 길의 옳고 그름을 떠나서, 현실 사회의 대세(大勢)가 갖는 의의는 어떤 당위론(當爲論)으로도 설명하기 어려울 정도로 크다는 사실, 이것은 그 뒤에도 내가 거듭 체험해야 했던 잔인하고 슬픈 역사의 한 측면이다.

5장 수청골 구장과 그의 결혼

1. 수청골 구장

지원병 문제가 일단락 지어진 다음에는 건강 회복에 전념하였다. 한 달 내지 두 달쯤 지난 뒤에는 혈색도 좋아지고 체중은 단식 전보다 오히려 좀 늘어난 결과를 얻었다. 동경으로 다시 돌아가 보아도 공습이나 당하고 공부는 제대로 될 것 같지 않아서, 충주에 그대로 머물러 있었다.

그 당시의 충주읍은 아주 작은 도시였다. 누가 누구인지 빤히 알 수 있는 소도시에 학도 지원병을 피한 사람으로서 머물러 있다는 사실에 대해서 불안을 느끼기 시작했다. 신체검사에서 불합격 판정을 받은 사람이 3개월도 안 되어서 건강을 완전히 회복했다면, 누가 보아도 수상하다고 생각할 것임에 틀림이 없었다. 적어도 6개월 이상은 환자로서의 이미지를 유지할 필요가 있다고 생각되었다.

외출을 삼가고 집 안에 틀어박혀 있는 것이 상책이었다. 그러나 그것도 쉬운 일이 아니었다. 멀쩡한 젊은 놈이 집구석에만 들어앉아 있는다는 것은 생각보다 괴로운 일이었다. 나는 가끔 산책을 하되, 항상 마스크를 하고 걸음

걸이는 환자답게 느리고 힘없는 모습을 취하기로 하였다. 그러나 경찰서 근처에는 얼씬도 하지 않았다.

어느 날 우리 집에서 좀 떨어진 곳까지 이발소 나들이를 하였다. 머리를 깎고 나올 때, 저희들끼리 지껄이는 소리가 등 뒤에서 들렸다.

"쟤는 걸음걸이가 왜 저 모양이지?"

"땅이 꺼질까 봐 그러는 것이겠지 뭐."

"나이는 아직 젊어 보이는데."

"병이 아주 깊은 모양이야."

자기 집에 온 손님에 관한 대화치고는 몹시 고약하다고 느껴졌다. 작은 소리로 지껄였다고는 하지만 사람을 아주 등신으로 알고 하는 수작이었다. 내가 중환자로 인정된 것은 좋았으나, 별로 기분은 좋지 않았다. 길가에서 만나는 아가씨들도 나를 그렇게 보겠지.

낮에는 큰형이 경영하는 과수원에서 시간을 보냈다. 규모가 큰 과수원이어서 산책하기에도 안성맞춤이었다. 그러나 그곳도 불안하다는 느낌이 들기 시작하였다. 경찰 한 녀석이 가끔 들렀기 때문이다. 동경대학을 다녔다는 소문을 퍼뜨리고 다니기도 한 조선인 젊은이였는데 질이 좋지 않아 보였다. 후배를 만나서 반갑다는 핑계를 대며 찾아올 때마다 이것저것 물어보는 품이 뭔가 나를 의심하고 있음에 틀림이 없었다.

과수원에 올 때마다 형님은 그가 타고 온 자전거 뒤에 사과 보따리를 싣도록 인부에게 지시하였다. 돈을 주어도 사과를 구하기가 어려운 전시였으니 그만큼 뇌물을 먹었으면 의리를 지켜야 할 터인데, 이 친구는 여전히 무엇인가 캐내려는 듯한 태도를 바꾸지 않았다. 어느 날 나는 어설픈 역습을 시도하였다. 동경대학을 다니고 하급 경관 노릇을 한다는 것이 수상하다는 직관이 스쳐 갔던 것이다. 저도 별수 없이 학도 지원병을 기피한 자이거나 동경대학에 다녔다는 것이 거짓이거나, 둘 중의 하나일 것이라는 가정을 하고 몇 가지

질문을 하였다. 동경대학의 무슨 과를 다녔느냐? 경찰관 노릇을 하기에는 학력이 아깝다고 생각하지 않느냐? 고향이 평양인데, 왜 충주까지 오게 되었느냐?

그 친구는 처음에는 별다른 기색을 보이지 않고 물음에 대답을 하더니, 나중에는 화를 버럭 내면서 이렇게 말했다. "질문은 경찰관인 내가 하는 것이다!" 나는 겁이 덜컥 났다. 그가 동경대학을 다녔든 안 다녔든, 그가 지원병을 피했든 안 피했든, 그가 현직 경관임에는 다를 바가 없었다. 그 뒤에도 그가 또 찾아왔는지는 기억이 분명치 않으나, 그로 인하여 공식적인 고초를 겪은 일은 없었다.

지원병 다음에는 '징용(徵用)'이 기다리고 있었다. 징용 영장을 받고 끌려가면 강제 노동에 종사하기 마련인데, 지원병으로 나가는 것보다 별로 나을 것이 없었다. 사할린 동포처럼 불귀(不歸)의 객이 되지 않았다 하더라도, 근육노동에 익숙하지 못한 지식인에게는 전투보나도 너 어려운 고초가 닥쳤을 것이다.

몸이 약한 사람은 징용에서 면제된다는 그런 규정이 있을 리 없었다. 일정한 직업도 없이 빈들빈들 노는 나 같은 사람이 징용 대상으로서 가장 적합한 부류에 속했을 것이다. 남들은 도시에서 농촌으로 소개(疏開)하는 판국인데, 폭격이 심한 동경으로 기어들어 간다는 것도 내키지 않는 일이었다. 나는 징용을 면제받을 수 있는 어떤 직업을 가질 필요가 있었다.

교사가 되면 징용을 면할 수가 있다고 하였다. 그러나 나에게는 교사 자격증이 없었다. 지금으로 말하면 이장(里長)에 해당하는 구장(區長) 직을 맡아도 징용을 면할 수가 있다고 하였다. 그러나 농촌의 구장이라는 것은 대개 그 마을에 오래 살아온 노년 중에서 동네일을 두루 잘 맡아 볼 수 있는 농사꾼에게 맡기는 것이 관례였다. 그것은 나같이 도시에 나가서 학교에 다니다가 임시로 돌아와 있는 총각에게는 애당초 어울리지 않는 직책이었다.

그러나 구장은 농사꾼 촌로(村老)에게 맡긴다는 관례를 깬 선례가 이미 생기고 있었다. 충주 교현동(校峴洞)의 구장은 옥스퍼드 대학을 졸업한 지식인이며 충주성결교회 신부로 있던 김현태(金顯太) 씨가 맡게 되었고, 칠금동(漆琴洞)의 구장은 충주 지방의 유지(有志)이기도 한 젊은 대지주 권태갑(權泰甲) 씨가 맡게 되었던 것이다. 이 두 분도 징용을 피하기 위해서 그 구질구질한 직책을 맡았던 것이며, 그래서 '거물 구장'이라는 말이 생기기도 하였다. 권태갑 씨는 나에게 외사촌 형님이 되는 분이었으므로 그런 자리가 또 나거든 나를 추천해 달라고 부탁을 드려 두었다.

1944년 여름이 무르익어 갈 무렵에 요행히 구장 자리가 하나 났다는 소식이 들렸다. 수청동(水清洞)이라는 마을의 구장을 이 사람 저 사람이 바꾸어 가며 맡아 보았으나, 인심이 좀 좋지 않은 곳이라 늘 말썽이 끊이지 않는다는 것이었다. 그 마을은 우리 형님의 과수원이 있는 마을이라, 나와도 다소의 인연은 있었다. 그곳 구장으로 갈 뜻이 있으면 가보라는 것이었다.

더운밥 찬밥을 가릴 형편도 아니었고, 본래 '농촌 지도자'가 되리라는 막연한 꿈을 꾼 적이 있는 터라, 그 구장 자리에 대해서 적극적으로 의욕을 느꼈다. 나는 형님 과수원 근처에 집을 하나 장만하여 그곳에 상주한다는 조건으로 그 마을 구장 자리를 맡았다.

수청동에서 구장 노릇을 하기 어려운 이유가 두 가지 있었다. 첫째로 수청동은 호암제(虎岩堤)라는 저수지 둘레에 촌락이 여기저기 흩어져 있어서 하나의 마을이라고 보기가 어려웠고, 동리를 한 바퀴 돌자면 많은 시간이 걸렸다. 둘째로 충주읍에서 수안보 온천으로 가는 길목이라 술집이 여럿 있었고, 순수한 농민들의 마을이 아니라 얼치기 나농(懶農)들의 부락이었으므로, 인심이 농촌답게 순박하지 못했다.

부락의 사정을 파악해야겠다는 생각으로 우선 반장회를 소집했다. 종래

반장회는 늘 4반 반장집에서 모였다고 하기에 장소를 술집이기도 한 그곳으로 정했다. 반장은 여덟 명이었다. 그 가운데 착실한 농부는 한두 사람뿐이었고, 나머지는 모두 건달 비슷한 사람들이었다. 그들 가운데 세 사람은 술장사를 하고 있었으며, 한 사람은 매우 건장한 체격의 소유자로서 툭하면 주먹을 휘두르는 그런 사람이었다.

지금 같으면 그런 사람들을 데리고 구장일을 본다는 것이 끔찍하게 느껴지겠지만, 젊음의 만용 덕분으로 그 정도의 일에 기가 죽거나 하지는 않았다. 나는 경험이 부족한 사람이니 여러분이 잘 도와달라고 우선 겸손하게 출발하였다. 그리고 수청동 부락민을 위해서 다소라도 도움이 되도록 노력하겠다는 말과 구장의 자리를 이용해서 사욕(私慾)을 채우는 일은 절대로 없을 것이라는 말을 덧붙였다. 과거의 구장들에게 부정과 비리가 있었다는 소문을 염두에 두고 한 말이었다.

지금과는 달라서 그 당시의 구장에게는 할 일이 별로 없었다. 마을에 공회당이라는 것이 하나 있었으나, 동회 사무실도 따로 없었다. 마을 서기가 한 사람 있었지만 그 사람의 안방이 그의 사무실이었다. 구장이 해야 할 일에는 크게 두 가지가 있었다. 하나는 읍사무소를 통하여 나오는 잡곡과 비료, 기타의 배급품을 부락민들에게 나누어 주는 일이고, 또 하나는 추곡(秋穀)과 놋그릇 따위의 물자 공출(供出) 또는 인력의 동원을 읍사무소에서 요구해 왔을 때, 이에 대처하는 일이었다.

배급 나온 물품을 분배하는 일은 비교적 쉬웠다. 형님의 과수원 수입이 적지 않았고, 과일과 다른 생활필수품을 물물교환할 수 있는 길이 열려 있어서, 부락으로 나온 배급품에 대해서 눈독을 들일 필요가 전혀 없었기 때문이다. 배급품 가운데서 내 몫을 하나도 받지 않았으므로 매우 떳떳할 수 있었고, 반장들이 지기기 더 치지히려고 욕심을 부릴 수 없게 할 수도 있었다.

그러나 읍사무소에서 물자의 공출 또는 인력의 동원을 요구했을 때 생기는 문제를 처리하는 일은 결코 쉽지 않았다. 놋그릇이나 광솔 따위의 물건을 요구했을 때는, 부락의 어려운 사정을 설명함으로써 부락으로 배정된 부담의 총량을 어느 정도 줄일 수 있었다. (그런 사정을 설명하는 마당에서는 농민 출신의 구장보다 동경대학의 학생이라는 내 신분이 유리한 조건으로 작용했다고 생각된다.) 그러나 가장 중요한 추곡 공출에 대해서는 그러한 요령이 조금도 통하지 않았다.

가장 난처한 것은 우리 마을 청년에게 징용 영장이 나왔을 경우였다. 영장은 읍사무소 노무계(勞務係) 직원이 손수 들고 왔는데, 직접 본인에게 전하지 않고 구장을 통해서 전하는 절차를 밟았다. 본인이 달아나거나 했을 경우에 연대 책임을 지우자는 속셈이었다고 생각된다. 본인에게 전하는 일은 동서기(洞書記)에게 맡긴다 치더라도, 매우 부담스러운 일이었다. 우리 마을을 담당한 노무계 직원이 술을 좋아한다는 사실에 착안하여, 술을 먹이고 징용을 보류하도록 교섭하자는 안을 동서기가 생각해 냈다. 동서기 자신도 술을 좋아하는 체질이라서 그런 기회를 만들고 싶었을 가능성도 크다. 어쨌든 나는 그 안에 찬성하였고, 우리 마을에 술집이 많다는 점을 살려서 그 안을 실천에 옮기곤 하였다. 구장도 동석을 해야 한다고 해서, 나도 그 자리에 늘 함께했다. 별것도 아닌 녀석한테 아니꼬운 꼴도 여러 번 당했다. 예를 들면, 제가 먼저 노래를 부르고 나서 나보고도 부르라고 하면 그 비위를 맞추어야 했던 것이다.

징용은 징병과는 달라서 반드시 누구를 데리고 가야 한다는 것이 아니라, 어떤 숫자를 채우는 일이 중요했다. 그러므로 술 대접 잘하는 마을 사람 하나 빼주고 대접 안 하는 마을 사람 하나를 대신 뽑아 갈 수가 있었던 것으로 보인다. 어쨌든 술을 퍼먹이고 몇 사람 모면하도록 하는 데 성공했지만, 따지고 보면 다른 마을로 피해를 옮긴 것에 불과하니 별로 잘한 짓도 못 된다. 그뿐만 아니라, 그 친구는 술 생각이 나면 가끔 찾아와서 지난 일의 공치사를 하기도 하여 구질구질한 꼴을 여러 번 당했다.

주로 벼를 말하는 추곡의 공출은 부락 전체에 일정한 분량이 배정되었고, 그 총량(總量)을 다시 나누어서 각 농가에 배정하는 것은 구장의 책임이었다. 구장은 반장들과 함께 들에 나가서 자기 마을 농민들이 경작하고 있는 농토를 일일이 돌면서 그 작황에 대한 '실태 조사'를 하고, 그 조사에 근거하여 각 농가의 책임량을 결정하게 되어 있었다.

술장사 하는 사람들을 포함해서 반장들은 대개 자기 농토를 어느 정도 가지고 있었다. 반장네 논의 작황이 조사의 대상이 될 때는 그 주인은 그것을 되도록 과소평가하려고 애를 썼다. 구장이나 반장의 책임량을 줄여 주면, 그 책임이 같은 부락의 다른 농가에 돌아갈 수밖에 없었다. 반장들은 내가 농사를 모르는 학생이라는 점을 십분 악용할 수 있다고 기대했던 모양이다. 그러나 나도 농가의 아들이었고 본래는 독농가(篤農家)였던 작은형을 따라다니며 벼의 작황을 보고 그 수확량을 예측할 수 있는 안목을 가지고 있었다. 과연 아는 것은 힘이어서, 학생 구장을 마음대로 주무를 수 있으리라고 내다봤던 반장들의 예상은 크게 빗나갔다. 만약 여덟 사람의 반장들이 이구동성으로 내 견해에 반대했다면 나는 꼼짝없이 당했을 것이다. 그러나 그들은 서로를 못마땅하게 생각하는 사이였고, 자신의 경작지가 아닐 경우에는 "구쪼상(구장님) 말씀이 옳아유우." 하면서 내 의견에 동조해 주었다.

추곡 작황의 실태 조사가 시작됐을 무렵에 나는 수청동에 초가집 한 채를 장만하여 그곳에 상주하게 되었고, 그 마을 안에서는 아무도 나를 만만히 보지 않았다. 그러나 읍사무소에 들어가면 나는 하찮은 존재에 불과했다. 특히 허씨 성을 가졌던 권업주임(勸業主任)은 우리 형님과 벗하고 지내는 사이임을 내세우며, "백씨도 요새 안녕하신가?" 하는 식으로 말을 마구 놓았다.

매월 8일에는 마을 공회당 앞마당에 전 부락민이 모여서 조례(朝禮)를 행하기로 되어 있었다. 일본군이 하와이의 진주만을 기습하는 동시에 일본 천황이 미국에 대하여 선전포고를 한 날이 1941년 12월 8일이었다는 사실에 입각하여, 매월 8일을 '대조봉대일(大詔奉戴日)'이라 부르고, 그날 아침에는 각급 학교와 공공단체는 물론이요 농촌에서도 조례를 시행하여 전시 국민으로서의 각오를 새롭게 하라는 지시가 우리나라 전체에 내려졌던 것이다. (일본 본국에는 그런 지시가 내려진 바 없었던 것으로 기억한다.) 그 조례를 농촌에서는, 농삿일에 지장이 없도록 하기 위해 동이 틀 무렵에 행하기로 되어 있었다.

그러나 우리 마을에서는 내가 구장이 된 뒤에는 한 번도 그 조례를 행하지 않았다. 우리 마을이 충주읍 중심가에서 멀리 떨어져 있었으므로, 그런 것은 생략해도 무사히 넘어가리라고 생각했던 것이다. 그리고 실제로 몇 달 동안은 무사히 넘어갔다.

어느 겨울날 새벽녘에 대문을 두드리는 요란한 소리에 잠이 깼다. 어리둥절한 기분으로 나가 보았더니 어두컴컴한 대문 밖에 양복 차림의 남자들이 서 있었다. 그 가운데 한 사람의 "나 읍장이오." 하는 말이 떨어지기도 전에, "오늘 대조봉대일인데 어째서 조회를 소집하지 않습니까?" 하고 수행원인 듯한 사람이 힐난하였다. '아차, 큰일났구나!' 나는 당황하지 않을 수 없었다. 그날이 바로 1944년 12월 8일이었던 것이다. 다른 달은 몰라도 12월달의 8일에도 조회를 소집하지 않는다는 것은 사상을 의심받아 마땅한 무성의였다.

나는 우선 마을 서기의 집을 찾아가서 빨리 부락민을 소집하라고 일렀다. 마을 종을 두드리는 한편, 이웃 청년들을 각 반으로 달려 보냈다. 공회당 앞마당에 수십 명의 사람들이 모일 때까지 약 30분은 걸렸을 것이다. 그동안 읍장은 아무 말 없이 지켜만 보고 있었다.

조례는 일장기의 게양으로부터 시작되어 일본 천황이 사는 동경을 향하여 멀리 절하는 순서가 있었고, 그 다음에 출정 장병들의 무운을 비는 묵념이 있었던 것으로 기억한다. 여기까지는 그런대로 순조롭게 진행되었다. 마을 서기가 이런 일에는 익숙했던 것이다. 그러나 그 다음이 문제였다. 그 다음 순서는 '황국신민의 서사'를 구장이 선창(先唱)하고 온 부락민이 따라서 외치는 것이었는데 나는 그 선창에 자신이 없었던 것이다.

'황국신민(皇國臣民)의 서사(誓詞)'라는 것은, 내가 청주에서 고등보통학교에 다니던 무렵에, 조선인으로 하여금 우리도 일본 신민이라는 것을 맹세하도록 하기 위하여 만든 식민지 정책의 산물이었다. 모두 3절로 되어 있었고, 그 제1절을 우리 말로 번역하면 "하나, 우리는 황국신민이다. 충성을 다하여 군국(君國)에 보답하리라!"에 가까웠다. 학생 시절에는 조회 때마다 함께 외쳐 댔으므로 나도 그 전체를 암송할 수가 있었다. 그러나 일본에 유학한 뒤로는 그 말을 입에 담을 기회가 없었고, 그것을 따라서 부르는 것과 선창하는 것 사이에는 심리적 갈등의 차이가 컸다. 따라서 외칠 때는 합창 때 노래 가사 모르는 사람이 하듯이 어물어물할 수도 있지만, 선창은 정확하게 해야 한다.

나는 옆에 섰던 서기에서 "당신이 선창하시오." 하고 속삭였다. 서기의 선창은 목소리가 좀 탁하기는 했지만 그런대로 무난하였다. 그러나 내 마음은 조마조마했다. 어쨌든 그 순서는 그렇게 넘어갔고, 다음에는 모처럼 어려운 걸음을 한 읍장에게 훈시의 기회를 주는 것이 상식이라고 생각되었다.

읍장은 의례적 훈시를 짧게 했을 뿐 우리 마을이 '대조봉대일'의 조례를 소홀히 한 점에 대해서는 전혀 언급이 없었다. 조례가 끝나고 물러가기 전에 구장을 나무라는 말을 개인적으로 하지도 않고 묵묵히 사라졌다. 그 뒤로 읍사무소의 다른 사람의 입을 통해서 어떤 문책을 당한 일도 없다.

그 당시 충주 읍사무소의 유일한 일본인 직원이었던 그 읍장은 일본에서 제일고등학교를 졸업하고 경도대학 법학부를 나온 50대 관료였다. 일본의 '제일고등학교'라면 대학과 고등학교를 통틀어서 평가할 때에도 최고의 명문으로 꼽히는 명문 중의 명문이었다. (동경대학보다도 제일고등학교와 제삼고등학교 등 명문 고교의 성가가 더 높았다.) 그 명문을 졸업하고 경도대학 법학부로 진학했다는 것은 벌써 뭔가 차질이 생겼음을 의미한다. 법학부에 관한 한 동경대학이 독보적 존재였던 것이다. 비록 동경대학 법학부로 진학하지 못하고 경도대학으로 내려갔다 하더라도, 50대에 충주라는 소도시의 읍장으로 있었다는 것은 낙향도 이만저만한 낙향이 아니다. 그도 아마 군국주의 일본에 불만이 많은 지식인이었을 것이다. 그래서 동경대학생의 신분으로 구장 노릇을 했던 나에 대해서 동병상련 비슷한 심정을 느꼈을지도 모른다. 어쨌든 이 읍장은, 앞에서 이야기한 도립병원장과 아울러 내가 충주에서 만난 일본인들 가운데에서 좀 색다른 사람으로 기억에 남아 있다.

2. 남의 딸 몰래 보기

세상의 부모들은 자기가 걸어온 것과 비슷한 길을 자식들도 걷기를 바라는 경향이 있다. 15세 총각과 16세 처녀라는 이른 나이에 결혼을 한 우리 부모는 자신들의 맏딸과 뒤로 두 형제에게도 비슷한 나이 때 짝을 지어 주셨다. 그리고 셋째 아들인 나의 결혼 적령기도 16세 전후라고 생각하였던 것으로 짐작된다. 가문이 깨끗한 어느 댁에서 나에게 통혼이 들어왔다는 말씀을 처음 들은 것이 내 나이 15세 전후에 이르렀을 때이며, 그때 아버지의 어조가 상당히 적극적이었다는 사실이 이 짐작을 뒷받침한다.

나는 어릴 때부터 조혼을 우리나라가 가지고 있는 폐습의 하나라고 생각하였다. 조혼을 좋지 않게 여기는 것이 그 당시 신학문을 조금이라도 맛본 사람들의 일반적 의견이었으며, 들은 풍월로 나도 그런 생각을 갖게 된 것으로 알고 있다. 여하간 나는 조혼에 반대하는 의사를 분명히 밝혔고, 부모님도 굳이 내 의사를 꺾으려 하지 않으셨다. 다만 어머니께서 회갑을 맞이하기 전에 막내며느리를 보고 싶다 하셨고, 나도 그 말씀에는 거역하지 않았다.

내가 만으로 25세가 되던 1945년이 어머니의 갑년이었다. 그해가 1년 앞으로 다가왔는데도, 나에게는 이렇다 할 여자 친구 하나 없었다. 어머니의 소망에 부응하자면 좀 서둘러야 할 형편이었다. 여기저기 중매를 부탁하였다. 그 당시 경기여고의 교사였고 세 사람밖에 없던 조선인 여자 고등관의 한 사람이었던 손 여사가 한 자리 소개하였다. 그 시절의 소개 방법의 첫 단계는, 아무 곳에 이러이러한 신붓감이 있으니 몰래 알아보라고 하면서, 사진 한 장을 구해 주는 것이 고작이었다.

사진이 첫눈에 들었다. 경기여고를 졸업하고 집에서 쉬고 있다 하였다. 규수의 아버지는 조선산업은행 이리 지점장. 그 시절에 은행 지점장이면 조선인으로서는 좀처럼 얻기 어려운 자리였다.

상반신 사진 한 장만으로는 사람의 전모를 짐작하기 어려우니 실물을 먼발치에서라도 볼 필요가 있었다. 부모님도 한 번 보고 싶다 하시어, 나는 두 분을 모시고 이리를 향하여 떠났다. 초행길이었다. 조치원에서 호남선으로 갈아타고 이리까지 가는 길은 꽤 여러 시간 걸렸다. 도중에 논산에서 내려 은진 미륵불을 구경한 기억이 남아 있다. 1944년 2월경이었을 것이다.

이리까지 가기만 하면 규수를 만날 수 있다는 어떤 약속 또는 확실한 전망이 있었던 것은 아니다. 그 당시에는 남의 귀한 딸과 정식으로 맞선을 본다는 것은 상당한 책임이 따르는 행동이었다. 선만 보고 퇴짜를 놓는 것은 상대편에게 큰 상처를 주는 처사라는 관념이 강했던 까닭에, 결혼을 하겠다는 의사가 어느 정도 굳어지기 전에는 함부로 남의 댁 규수를 보지 않는 것이 예의였다. 여자를 가두어 놓고 키우던 유풍이 아직도 남아 있던 것이며, 그렇다고 족보만 따져서 정혼를 하던 시대는 지난 어중간한 시기였다. 이러한 상황에서 생긴 풍속이 상대편 모르게 살짝 보는 훔쳐보기였다. 그러나 들어앉은 남의 댁 규수를 훔쳐본다는 것이 그리 쉬운 일은 아니었다.

요즈음 흔히 볼 수 있는 화장품 방문 판매원에 가까운 방물장수로 가장하고 찾아가서 남의 딸을 슬쩍 보는 방법이 있었다. 흔히 마을의 지체가 낮은 아낙네를 시키곤 하였는데, 화장품 가게가 없는 농어촌 규수를 훔쳐보는 데나 적합한 방법이었고, 상대편이 눈치채는 경우가 많기도 하여, 별로 신통한 방법이 못 되었다.

나는 머리를 짜서 새로운 방안을 생각해 냈다. 충주에서 미리 전보를 치고 떠나는 방법이었다. 전보의 수신인은 당사자인 규수였고, 발신인은 그의 친구였다. 그의 친구의 이름을 정확하게 알고 있었던 것은 아니다. 그러나 창씨개명을 해서, '도시꼬(민자, 敏子)'니 '게이꼬(혜자, 惠子)'니 '노부꼬(신자, 信子)'니 하는 따위의 여자 이름이 흔했고, 그 가운데서 하나를 골라서 쓰면 여러 동창생들 가운데 그런 이름의 친구가 하나쯤 있을 것이라고 보았던 것이다. 이리 규수의 이름은 '도시꼬(敏子)'였다. 전보의 내용은 "몇 날 몇 시 기차로 이리역에 도착할 것이니 나와 달라. 만나고 싶은 친구 ㅇㅇ꼬" 정도의 것이었다.

발신인이 모호해서 좀 의심이 생기기는 하겠지만 유괴니 인신매매니 하는 따위의 범죄가 없던 시대이고 또 기차가 도착하는 것이 낮 시간이니, 어떤 위험성이 염려되지는 않을 것이었다. 시골에서 무료하게 시간을 보내는 아가씨에게는 호기심이 생길 만한 전보일 것임에 틀림이 없고, 멀지도 않은 역까지 나갔다가 속임을 당한다 하더라도 별다른 손해라고는 생각되지 않을 상황이었다. 밑져도 본전은 될 것이니, 바람도 쏘일 겸하여 나올 확률이 높다고 보았던 것이다.

그러나 이리역에 도착했을 때 그 규수는 나타나지 않았다. 어리숙한 아가씨가 아니었던 모양이다. 우선 여관을 정한 다음에, 나만 혼자 나가서 산업은행 이리 지점장 사택 앞을 멀리서 지켜보았다. 겨울답지 않게 화창한 날씨였다. 젊은 여자니 갑갑해서라도 한 번쯤 집 밖으로 모습을 드러낼 가능성은 충분히 있다고 생각되었다. 일각이 여삼추로 초조하게 기다렸다. 그러나 해가 질 때까지 여자의 모습은 그림자도 보이지 않았다. 잠복근무는 다음 날 아침에 다시 시작하기로 하고 일단 여관으로 철수하였다.

다음 날도 봄날처럼 화창한 날씨였다. 하늘이 돕고 있는 것이었다. 봄기운에 민감한 아가씨가 진종일 방구석에만 틀어박혀 있기에는 너무나 따사로운 날씨였다. 외출이 어렵다면 정원에 모습을 나타낼 수도 있는 일이었고, 먼빛으로 보는 것만으로도 이리에 온 목적의 절반은 달성했다고 볼 수 있었다. 그러나 오후에 접어들어도 공주(公主)는 나타나지 않았다. 구름이 끼고 바람이 일기 시작했다. 부모님과 동행이어서 더 묵기는 어렵다고 판단되어 저녁나절 기차로 귀로에 올랐다. 내 잔꾀는 완전히 실패했으나, 은진미륵불을 볼 수 있었던 것과 전라도의 맛깔스러운 음식을 부모님 모시고 즐길 수 있었다는 점에서 스스로 위안을 찾았다.

훔쳐보기에 실패했다는 것이 청혼을 단념할 치명적 이유가 될 수는 없었다. 이번에는 정식으로 절차를 밟아 가며 정면에서 접근하기로 하였다. 경기여고 손 선생의 주선으로 우선 우리 아버지가 규수의 댁을 예방하고 다음에는 규수의 아버지가 우리 집을 방문하여 어느 정도 합의를 보면, 끝으로 당사자들이 맞선을 보아 최종 결정을 내리기로 하자는 데까지 순조롭게 이야기가 진행되었다.

그 사이에 규수의 아버지가 청주 지점장으로 전근하게 되어 상호 방문이 지리적으로 유리하게 되었다. 양가 사이에 특별한 인연이 있음을 알리는 좋은 조짐이 아닐 수 없었다. 어느 일요일에 아버지는 당일로 청주에 다녀왔고, 돌아왔을 때의 기분이 더없이 명랑하셨다. 모든 것이 만족스럽다고 하셨다. 규수를 직접 보았는데 한 가지도 나무랄 데가 없었고, 상대방에서도 우리 측에 대해서 매우 호의적이었으니, 거의 결정된 것이나 다를 바가 없다고 하셨다.

오직 한 가지 걸림돌이 될 뻔한 것은 나의 건강 문제였다. 지원병 신체검사에서 낙방을 먹었으니, 건강이 몹시 나쁘지 않느냐고 염려한 것은 상대편으로서는 당연한 일이다. 그러나 건강이 정말 나빠서 떨어진 것이 아니라 여차여차한 사정으로 떨어진 것이며 지금은 체중도 완전히 회복됐다는 아버지의 설명을 듣고, 내 건강에 대한 우려도 한낱 기우에 불과한 것으로 결론이 났다. 다음 일요일에는 규수의 아버지가 우리 집을 방문하기로 언약을 하였으니, 일이 일사천리로 진행될 것은 거의 틀림이 없다 하여도 과언이 아니었다.

음식 솜씨에 자신이 있던 어머니는 주말이 오기 며칠 전부터 빈틈없는 준비에 몰두하셨다. 상대편에서 우리 아버지를 융숭하게 대접했으니 추호도 소홀한 점이 있어서는 안 될 일이었다. 당일인 일요일이 되어 점심 시간에 늦지 않도록 만반의 준비를 서두르고 있을 때, 속달 우편 한 장이 배달되었다. 청주에서 온 편지였다. 갑자기 사정이 생겨서 예방을 연기한다는 간단한 내용이었다. 그 사정이 무엇인지, 연기면 언제로 연기한다는 것인지, 전혀 말이 없었다. 우리 집에서는 다음 소식이 있을 때까지 기다리기로 하였다.

그러나 그 뒤로 아무런 소식도 없었다. 어디선가 바람이 들어갔거나 무슨 오해가 생겼음에 틀림이 없었다. 나의 건강 문제가 다시 걸림돌로 부상되었을 가능성이 크다고 나는 판단하였다. 그렇다면 나의 건강한 모습을 보여줌으로써 문제를 해결하는 적극적 자세로 나가는 것이 젊은이가 취해야 할 태도가 아닐 수 없었다.

더 이상 망설일 필요가 없었다. 나는 어느 날 청주로 가서 퇴근 시간을 기다려 산업은행 지점장 댁을 찾아갔다. 지점장은 50세 전후로 보였으며 빈틈없는 사람이라는 인상이 강했다. 나는 그 뒤로 아무 소식이 없는 것이 궁금해서 찾아왔다고 간단하게 내의(來意)를 전했다.

처음부터 냉담한 태도로 나를 접견한 지점장은 냉담한 어조로 입을 열었다. 혼담에 관해서는 명백하게 거절 의사를 밝히지 않는 것이 상례이고, 방문을 연기한 다음에 더 이상 소식이 없으면 그 혼담은 깨진 것으로 해석하는 것이 상식이라며, 어른이 아이에게 가르치듯이 조용히 일깨워 주었다. 그 말을 듣고 나는 바로 일어섰어야 했다. 그러나 그때의 나에게는 그만한 슬기가 없었다. 도대체 이 혼담이 깨져야 할 이유가 무엇이냐고 솔직하게 물었던 것이다. 내 건강에 대한 염려가 그 이유라는 대답이 나올 것을 나는 예상하였고, 내 건강에 대해서는 조금도 걱정할 필요가 없다고 설득하겠다는 것이 나의 심산이었다.

그러나 지점장의 대답은 내 예상을 완전히 벗어났다. 그가 혼담을 깬 이유는 내 건강에 있었던 것이 아니라 내가 '죄인'이라는 사실에 있었다고 그는 분명하게 밝혔던 것이다. 어떤 계교를 부려서 지원병을 기피한 것은 국가에 대한 큰 죄를 저지른 것이라 하였다. 국가에 대해서 죄지은 사람을 사위로 맞아들일 수 없다는 것이 그가 집안 어른들과 상의한 끝에 얻은 결론이라고 하였다. 그 순간에 내가 느낀 감정은 분노보다도 허탈에 가까웠다. 일본 사람 밑에서 주구 노릇을 하는 형사의 입에서 그런 말이 나왔다면 나는 놀라지 않았을 것이다. 경기고등학교의 전신이었던 제일고등보통학교를 거쳐서 서울상대의 전신인 경성고등상업학교를 나온 지도급 인사가 나를 '죄인'이라고 부른 사실이 나를 매우 착잡한 심정으로 몰아넣었다.

조선 사람이 일본 군대를 기피한 것이 어째서 죄가 되느냐고 따질 용기는 나에게 없었다. 나는 그때 겁을 집어먹었을지도 모른다. 잘 알았다는 한마디의 말만 남기고 나는 조용히 일어섰다. 조용히 후퇴한 나를 경찰에 고발할 그런 사람으로는 보이지 않았다. 그러나 우리 가족만이 알고 있는 비밀이 밖으로 샜다는 사실이 다소 마음에 걸렸다.

충주행 마지막 열차가 이미 떠난 뒤였다. 그날 밤은 청주의 어느 작은 여관에 유숙했다. 잠이 오지 않았다. 평생 처음 수면제를 먹었다. 겨우 눈을 좀 붙이기는 했으나, 다음 날 아침에 골이 몹시 무거웠다.

일본의 작가 시가 나오야(志賀直哉)의 『암야행로(暗夜行路)』였던가 어느 소설의 주인공이 배우자를 선택한 방법이 멋있다고 생각되었다. 노상에서 우연히 보게 된 아가씨의 모습이 첫눈에 들어서, 주인공은 그 뒤를 쫓아갔다. 아가씨는 어느 집으로 들어갔고 따라 들어간 주인공은 아가씨의 아버지를 만나서 당장에 청혼을 하였다. 젊은이의 기개를 높이 산 아가씨의 아버지는 그 청혼을 받아들였다.

노상에서 첫눈에 들어오는 아가씨를 발견하기에 충주는 바닥이 너무 좁았다. 서울이 단연 유리할 것이었다. 나는 지체하지 않고 영등포에 있는 작은형 댁을 찾아갔다. 형님도 나의 색다른 발상을 터무니없다고 물리치지 않고 긍정적으로 받아들였다. 지금 돌이켜 보건대, 내가 일본의 명문에 입학한 것이 점수가 되어 우리 집안에서는 나를 특별히 대우하였고, 내가 상식에서 벗어나는 짓을 하더라도 내버려두거나 협조한 것이라고 생각된다.

영등포라는 곳은 멋있는 여자들을 만나기 쉬운 도시가 아니었다. 다음 날 아침 일찍 서울 시내로 들어가야 했다. 서울에서도 화신 근처가 가장 적합하리라고 작은형과 나는 의견을 모았다. 그러나 시내에 들어가면 점심 먹을 일이 걱정이었다. 식권이 없이는 식당에 가도 밥을 사먹을 수 없는 전시였기 때문이다. 도시락 싸기가 얼마나 신경이 쓰이는 일인지 전혀 몰랐던 나는, 형수가 싸주는 것을 당연한 권리처럼 받아 가지고 매일 아침 화신 근처로 출근하였다. 전차를 타고 창밖을 내다보면 파아란 시금치밭이 여기도 있고 저기도 있던 기억이 남아 있다.

그 당시의 종로 네거리는 지금처럼 공기가 탁하고 왕래가 빈번한 곳이 아니어서, 몇 시간 정도 서 있는 것이 크게 고역은 아니었다. 그러나 행인이 많은 데 비해서 눈에 썩 들어오는 여자가 그리 많지 않았고, 맥이 빠지는 듯한 기분으로 하루 해를 보내야 했다. 그곳에서 이틀 동안 기다려 내가 뒤를 따라간 여자는 두 사람 정도였다고 기억되며, 그 두 사람조차도 나와는 깊은 인연이 없는 듯하였다.

내가 첫 번째로 따라간 아가씨는 그 무렵에 유행했던 짧은 치마의 한복 차림이었다. 머리는 뒤로 묶어서 내려뜨린 그런 모습이었다고 기억한다. 서대문 방향으로 뒤따라간 것인데, 여자는 배화여자고등학교 건물로 흡수되고 말았다. 그 학교의 교직원같이는 보이지 않았으므로, 볼일이 끝나면 다시 나오겠거니 생각하며 밖에서 기다렸다. 한 시간 이상 기다렸으나 다시 나타나지 않았다. 나의 미행을 눈치채고 경계하는 것이 아닌가 생각되기도 하고, 배화여고 출신에 대해서 강한 매력을 느낀 것도 아니기에 도중에서 포기하고 말았다.

다음 날 두 번째로 따라간 사람은 밤색 양장 차림이었다. 머리는 약간 안으로 말아서 늘어뜨린 단발머리에 가까운 그런 모습이었을 것이다. 이 아가씨는 동대문 방향으로 가는 전차를 탔다. 동대문 근방에서 내리더니 도보로 충신동인가 창신동이 있는 언덕길을 꼬불꼬불 올라갔다. 나도 놓칠세라 열심히 따라붙었다. 아가씨가 들어간 곳은 어느 초라한 판잣집이었다. 판잣집이라는 조건만으로 고려의 대상에서 제외해야 한다고는 생각되지 않았다. 집의 위치를 잘 보아 두고 일단 영등포로 철수하였다.

그것이 그날의 유일한 성과이기에 약간의 미련을 가지고 밤색 양장을 형님께 보고하였다. 전후 이야기를 듣고 나서 형님이 내린 결론은, 그 여자가 밤업소에 나가는 직업 여성일 가능성이 많다는 것이다.

제3일에는 기다림의 지점을 혜화동 로터리 근방으로 옮겼다. 명륜동과 혜화동이 주택가로는 알아주는 지대라는 점을 근거로 형님이 그곳을 권고한 것이다. 사람의 왕래는 화신 앞보다 적었으나, 신붓감의 출현 빈도는 도리어 높았다고 볼 수 있었다. 혜화동 우체국 부근에서 하루 해를 서성거렸는데, 내가 따라간 여자는 두 사람이었다.

첫 번째 아가씨는 경기여고 교복을 착용하고 있었다. 얼굴은 미인이라기보다는 그저 수수한 편이었고, 체격은 약간 큰 편으로 균형이 잘 잡혀 있었다. 경기여고에 다녔다는 것을 대단한 것으로 생각하는 선입견을 가지고 있던 때였으므로 기꺼이 따라갔다. 혜화동 입구에서 멀지 않은 곳에 그의 집이 있었고, 성은 유(柳)씨로 보였다. 경기여고를 갓 졸업하고 아직 그 교복을 그대로 입고 다녔다는 것도 곧 알 수 있었다.

내가 읽은 소설의 주인공처럼 하자면, 곧바로 그 집으로 따라 들어가서 그 친권자에게 청혼을 했어야 옳았을 것이다. 그러나 나는 그렇게는 하지 않았다. 첫째로, 한눈에 반해 버릴 정도로 매력적이 아니었던 까닭에, 좀 더 알아보며 신중을 기할 필요가 있었다. 둘째로, 우리나라는 아직 보수적인 까닭에, 그토록 엉뚱한 청년에게 딸을 내줄 부모가 없을 것이라는 작은형의 충고가 있었다. 그래서 직업적 매파(媒婆)를 통하여 점진적으로 접근하는 길을 택했다. 그러나 첫째 고개에서 바로 걸리고 말았다. 그 집에서는 딸을 서울 밖으로 시집보낼 생각이 없으며 서울로 이사 와서 살겠다는 약속을 할 경우에만 혼담을 고려하겠다고 조건을 걸었다. 나는 결혼하여 부모님을 모시겠다는 생각을 가지고 있었고, 그 당시로서는 부모님을 모시고 서울로 이사할 형편이 아니었다.

혜화동에서 두 번째로 미행한 사람은 아주 빼어난 미인이었다. 보기만 해도 넋을 잃게 되는 그런 부류의 우아하고 아름다운 여인이었다. 남색 치마와 흰 저고리의 한복 차림을 한 그녀를 내가 처음 본 것은 전차에서 내리는 모습이었다. 종로 4가에서 돈암동 방면으로 가는 전차를 타고 가다가 혜화동 정류장에서 내린 미녀는, 바로 내 옆을 지나서 우체국으로 들어갔다. 그녀가 편지 한 장을 부치고 나서 다시 돈암동행 전차에 오를 때까지, 나는 공연히 허둥지둥했다. 그러나 그녀가 탄 전차를 놓치지는 않았다.

아가씨는 돈암동 종점까지 가지 않고 중간에서 내려 신설동 쪽으로 걸어갔다. 나는 약 10미터 정도의 거리를 두고 그 뒤를 따랐다. 그녀는 미행자가 있음을 눈치채고 걸음을 빨리 했다. 두 번쯤 뒤를 돌아보기도 하였다. 어느 좁은 골목에 접어들자 여자는 뛰기 시작했다. 나도 거의 뛰다시피 했다. 골목길에서 다시 꼬부라지면서 달아나기에 나도 뒤쫓아 달렸다. 그러나 여자의 모습은 사라지고 없었다. 멀리 달아났을 가능성은 없었고 그 근처 어느 집으로 들어갔음에 틀림이 없었다. 그 지점에서 들어갈 수 있는 집은 두 집밖에 없었다.

두 집 사이의 길거리에서 어린아이들이 놀고 있었다. 지금 곧 아가씨 한 사람이 이곳으로 왔다는 말을 하고 두 집 가운데 어느 집으로 들어갔느냐고 물었다. 보지 못했다는 대답이었다. 놀이에만 열중했던 모양이다. 그러면 두 집 가운데 20세쯤 되는 처녀가 있는 집이 어느 쪽이냐고 물었다. 두 집에 다 그런 딸이 있다고 대답하였다. 어느 집 아가씨가 더 미인이냐고 물었다. 세 아이들은 다 같이 대문이 열려 있던 왼쪽 집을 가리켰다. 그 집에는 한약국 간판이 붙어 있었다.

별로 크지 않은 한옥이었다. 대문 안으로 들어섰다. 중문은 닫혀 있었으나 유리창이 한 장 깨져서 안을 들여다볼 수가 있었다. 젊은 여자의 신이 보이는가 하고 뜨락을 살피고 있었을 때, “누구를 찾으십니까?” 하며 중학생 또래가 대청 유리창을 조금 열고 내다보며 물었다. 나는 약을 지으러 온 사람임을 가장하고 선생님이 계시냐고 물었다. 마침 출타 중이라 하기에, 다음에 다시 오겠다 말하고 뒤돌아섰다. 뒤돌아서면서 윗옷 안주머니를 더듬어 보았다. 동경대학 재학생임을 증명하는 신분증이 만져졌다. 내가 불량배가 아님을 밝혀 줄 보증서처럼, 나는 그것을 늘 몸에 지니고 다녔다.

영등포로 돌아왔을 때, 나는 큰 광맥이라도 발견한 탐광사(探鑛師)처럼 흥분하며 신설동 아가씨 이야기를 형에게 보고하였다. 그러나 형은 의외로 냉담하였다. 첫째로 내가 미모에 너무 비중을 크게 두는 듯하다고 지적하였다. 그리고 아가씨가 끝까지 같은 속도로 걷지 않고 뛰어서 달아났다는 점을 감점 이유로 들었다. 나보다 아홉 살이 위인 작은형의 안목으로 보았을 때, 양가의 규수가 진중한 걸음으로 일관하지 못하고 뛰어 달아났다는 것은 침착성이 부족한 탓이라고 분석했던 것이다. 그러나 일단 매파를 통해서 어떤 집 규수인가 한번 알아는 보자고 하였다.

알아본 결과는 크게 탐탁한 편이 못 된다는 것이 작은형의 소견이었다. 여자고등학교를 나오기는 했으나 명문으로 알려진 학교는 아니었다. 가문도 양반이 아닌 보잘것없는 집안이었다. 나는 그런 것을 문제 삼고 싶지 않았으나, 외모에만 치중한다는 말이 나올 것이 두려워서 강하게 밀어붙이기가 어려웠다. 그 당시에는 혼사에 관한 한 반상(班常)을 가리는 경향이 남아 있었고, 아버지는 그 점에서 매우 보수적인 편이어서 부모의 동의를 얻는 데도 어려움이 예상되었다. 사실은 그 약국집 딸이 바로 내가 혜화동 우체국 앞에서 만난 그 미인과 같은 사람이라는 것도 확인된 상태가 아니었다.

작은형과 알고 지내는 사람 하나가 좋은 규수가 있다며 정보를 제공하였다. 개성 부자의 딸로서 경기여고를 졸업했다고 하였다. 지금은 효자동에서 살고 있으니 한번 알아보라며, 주소와 성명을 상세하게 알려 주었다. 그러나 규수의 사진까지 얻어 줄 수 있는 형편은 아닌 모양이었다.

전화가 보급되지 않은 대신 '용달사'라는 것이 많아서 급한 심부름을 신속하게 해주던 시절이었다. 화신 근방에 있던 '오케이 용달사'를 시켜서 효자동 규수 앞으로 편지 한 장을 보냈다. 발신인은 역시 그의 동창 친구였고, 편지의 내용은 그날 몇 시에 총독부 근처에서 만나고 싶다는 것이었다. 여자의 필적에 자신이 없었기에 형수에게 대필을 부탁하였다. 이리의 은행 지점장 딸에게 사용한 방법을 다시 한 번 사용했던 것이다.

용달사가 회답을 가지고 왔다. 편지를 보낸 '영자'가 누군지 잘 생각이 나지 않는다는 것과 꼭 만나고 싶으면 자기 집까지 와달라는 말을 간결하게 적은 쪽지였다. 경기여고 출신들은 한결같이 꿩의 병아리처럼 약아빠져서 어수룩한 데가 없다고 느꼈다. 하기야 아리송한 쪽지 한 장 받아 보고 금방 달려올 정도의 경솔한 여자보다는 오히려 낫다는 생각도 들었다.

자기 집까지 오라고 했으니 직접 찾아가 보기로 하였다. 그러나 다소 준비도 필요한 듯하여서 그날 즉시 찾아가지는 않았다. 내가 본래 참을성이 없어서 하고 싶은 일을 뒤로 미루지 못하는 졸장부였지만 그날만은 참아야 했다. 학생복보다는 국민복으로 갈아입고 서류 가방도 하나 들고 찾아가는 편이 좋으리라고 생각되었기 때문이다.

다음 날은 구름이 잔뜩 낀 우중충한 날씨였다. 효자동 집을 찾는 데는 별로 어려움이 없었다. 아담한 한옥이었다. 중문 안까지 들어섰을 때, 안주인인 듯이 보이는 부인이 나타나서 무슨 일로 왔느냐고 물었다. 식량 배급 관계로 인구조사를 하기 위해서 나온 구청 직원이라고 대답하였다. 그리고 현재의 가족관계를 정확하게 알려 달라고 부탁하였다. 자기 외에 아이들이 몇이고 또 식모도 있다고 하였다. 나는 서류 가방에서 꺼낸 장부와 대조해 가며, 그 댁 자녀들의 이름과 연령 등을 물었다. 고분고분 대답하였다. 그동안에 아이들이 대청까지 나와서 저희들 엄마와 나의 대화를 호기심 어린 눈으로 바라보았다. 그러나 큰아기의 모습은 보이지 않았다. 내친 김에 다른 식구들도 나와 보라고 하였다. 식모인 듯한 여자와 중학교 3학년 정도로 보이는 여자아이가 더 나타났으나, 그래도 큰아기는 보이지 않았다. 마지막 용기를 내서 '큰따님'은 어디에 있느냐고 물었다. 마침 외출 중이라며 매우 미안해했다. 사실 미안할 것도 없는 상황이었지만, 그 당시 사람들에게는 관공리 앞에서 흔히 미안하다는 표정을 짓기도 하고 또 그러한 말을 하기도 하는 버릇이 있었다.

의사들이 자주 하는 농담 가운데 "수술은 잘했는데 환자가 죽었다."는 것이 있다. 그날의 내 경우가 바로 그것이었다. 연극은 잘했는데 꼭 와야 할 관객이 오지 않은 격이었다. 그러나 성과가 전혀 없었던 것은 아니다. 개성의 부자라고 했는데 집은 별로 크지 않았다는 점과 그 집에 살고 있던 사람 가운데 아버지가 없었다는 점에 주목함으로써, 그 댁이 소실댁이라는 사실을 짐작하게 되었던 것이다.

영등포를 거점으로 삼고 소설의 주인공 흉내를 내기도 하고, 공무원을 사칭해 가며 남의 가택에 침입하기도 한 날짜가 족히 일주일 정도는 되었을 것이다. 그러나 내 생각이 워낙 모자랐기 때문인지, 또는 하늘이 노여워했기 때문인지, 결국 아무 소득도 없었다. 허전한 마음을 안고 충주로 돌아오는 기차 안에서, 나는 장가고 뭐고 모든 것이 귀찮다는 생각에 젖었다. 누구라도 좋으니 기꺼이 와주겠다는 아가씨만 있으면 받아들이겠다는 생각도 스쳐갔다. 몹시 지쳐 있었던 것이다. 자신만만하던 기개는 흔적도 없이 사라지고 축 늘어져서 집으로 돌아왔다.

축 늘어진 상태로 빈들빈들하며 얼마 동안 지냈을 때, 또 한 자리 혼처(婚處)가 나타났다고 하였다. 충주에 살던 아버지 친구가 중간에서 다리를 놓은 혼담인 듯하였다. 할아버지가 본래 충주 사람이었으나 오래전에 서울로 이사를 가서 그곳에 살다가, 전쟁이 가열해지므로 다시 충주로 소개(疏開)해 온 가정의 손녀라고 하였다. 규수의 아버지가 일찍 돌아가셨기 때문에, 아무개의 손녀라고 어른들은 말하게 된 모양이다. 어머니가 계셨지만 호주는 엄연히 할아버지였다.

규수는 경기여고를 졸업하고 경성사범 본과의 졸업반에 다닌다고 하였다. 학업 때문에 서울의 친척댁에 남아 있다가 여름방학을 이용하여 충주에 오게 되니, 슬쩍 한 번 엿보도록 하라는 연락이 왔다. 그 '슬쩍 한 번 엿본다'는 것이 그리 쉬운 일이 아니어서 헛고생도 많이 했지만 이번에는 마침 좋은 기회가 있다고 하기에 지쳐 있던 나의 관심에 다소 활기가 되살아났다. 그러나 큰 기대는 하지 않았다.

"충주로 소개해 온 할아버지가 맹장염 수술을 하고 충주도립병원에 입원 중이시다. 방학을 이용하여 충주에 오게 된 손녀딸이 매일 몇 시에서 몇 시 사이에 문병도 하고 시중도 들기 위하여 병원에 나타나게 되어 있다. 그 기회를 살려서 슬쩍 한 번 보기는 별로 어렵지 않을 것이다." 이토록 소상한 정보가 우리 집에까지 전달되었다는 것은 규수 댁 측에서 적극적으로 협조하고 있다는 징조라고 볼 수 있었다. '누구라도 좋으니 기꺼이 와주겠다는 아가씨만 있으면 받아들이겠다'는 심정에 잘 들어맞는 혼처임에 틀림이 없었다. 그러나 어쩐지 손해를 볼 것 같은 예감이 들었다. 경기여고를 다녔다는 것과 옛날에는 좋은 양반이었나는 점이 상쇄되기도 했으나, 아버지도 남자 동기도 없는 너무나 한미한 가정적 배경이 그러한 예감을 부추겼다.

할아버지 문병을 위해서 손녀가 나타나리라는 시간보다 좀 미리 도립병원에 도착하였다. 할아버지의 입원실 입구를 뚫어지게 지켜보면서 병원 복도 의사에 앉아 있는데, "자네 여긴 웬일인가?" 하며 다가오는 사람이 있었다. 보통학교와 고등보통학교의 동창인 임상은(林相殷)이었다. 세브란스 의전을 졸업하고 얼마 전에 충주도립병원으로 취직이 되어 왔다고 하며 그 친구 특유의 허풍을 떨며 손을 잡았다. 남의 집 아가씨를 훔쳐보러 왔다고 말하기가 쑥스럽기에 진찰을 받으러 왔다고 둘러대었다. 무슨 병이냐고 묻기에, 그 전날 탄금대 부근으로 수영을 갔다가 귀에 물이 들어가서 약간 통증을 느낀다고 또 거짓말을 했다. 귀에 물이 들어간 것을 그대로 두면 큰일난다고 허풍을 떨며, 그 친구는 나를 진찰실로 데리고 갔다. 자기가 바로 이비인후과에 있다는 것이었다. '절에 간 색시' 꼴이 되어 시키는 대로 의자에 앉았더니 전지(電池) 불을 들이대기도 하고 반사경에 비추어 보기도 하며 부산을 떨었다. 귀 안에 염증이 생겨서 붓기 시작했다고 말했다. 조금만 늦었어도 큰일날 뻔했다고도 하였다. 그러나 주사를 맞고 약을 먹으면 3일 이내에 나을 것이니 별 염려 말라고 하며, 간호사에게 처방을 써주었다.

옥신각신했다가는 시간만 더 걸릴 것 같기에, 그 친구 시키는 대로 했다. 약국에는 잠시 후에 들르겠다고 양해를 구한 다음, 부랴부랴 그 할아버지 입원실 앞으로 달려갔다. 잠시 서성거리고 있을 때, 사진으로 본 그 규수와 닮은 아가씨가 할아버지 입원실에서 나왔다. 그 당시 유행했던 짧은 검정 치마에 흰 적삼 차림이었다. 머리는 두 가닥으로 갈라서 고무줄로 잡아맨 '학생머리'였다. 그것밖에는 기억에 남은 것이 별로 없다. 무슨 그릇 따위의 것을 들고 나타난 것 같기도 하나 확실치 않다. 어쨌든 훔쳐보기에 처음으로 성공한 셈이 되었다. 그러나 그것만 가지고는 가타부타 말할 수 있는 계기를 포착했다고 보기가 매우 어려웠다. 긍정적으로도 부정적으로도 강한 인상을 받지는 않았던 것이다.

겉모양은 '훔쳐보기'였지만 내실은 그것이 아니었다. 훔쳐보기의 핵심은 상대편에서 이쪽을 모르게 함에 있음에도 불구하고, 이번 경우는 상대편에게 이쪽이 노출되었을 뿐 아니라 상대편의 유도와 협조로 이루어진 어설프기 짝이 없는 작품이었다. 다음에는 정식으로 맞선을 보라는 권고가 중간에 선 분으로부터 당연히 나오기 마련이었고, 이제 와서 싫다고 말하기도 미안한 상황이었다.

정식으로 맞선을 본 곳은 규수 댁 대청마루였다. 충주에 호텔이니 다방이니 하는 중립 지대가 없던 시절이었을 뿐 아니라, 맞선 풍습이 아직 정착되기 이전이어서 그런 모양이 되었을 것이다. 어머니께서 후견인 격으로 따라가셨다. 규수의 아버지가 안 계시고 할아버지는 입원 중이시니 양가의 어머니가 가장의 대리 역을 해야 할 형편이었던 것이다.

지곡말이라는 산기슭 마을에 위치한 작은 초가집이었다. 아래윗방과 건넌방 사이에 대청이랄 것도 없는 작은 마루가 있었고, 마루 위에는 깨끗한 돗자리가 깔려 있었다. 규수 어머니의 영접을 받고 마루 위에 올라앉아 잠시 기다렸을 때, 과일인지 미숫가루인지를 담은 쟁반을 들고 규수가 나타난 것으로 기억한다. 무슨 말을 할까 하고 미리 생각을 해가지고 갔을 터인데, 대화다운 대화는 없었지 않았나 생각된다. 규수는 시종 고개를 숙인 채 묻는 말에 단답식으로 대답을 하는 데 그치는 그런 만남에 불과했을 것이다. 그 당시의 맞선이라는 것이 대화를 통하여 서로의 생각을 알아보는 그런 기회이기보다는, 그저 얼굴을 마주하고 첫인상을 교환하는 그런 만남의 자리였다고 생각된다.

열아홉 살이라고 하였다. 춘향이 이도령을 처음 만난 것은 16세 때였고, 그때 이미 그녀는 나비를 부른 꽃이었다. 19세라면 생물학적으로 성숙하고도 남을 만한 연령이고, 따라서 여성 특유의 어떤 기운을 내뿜을 수 있는 연배이다. 그러나 내 앞에 앉아 있던 아가씨는 그저 순진무구한 학생이었을 뿐이다. 끼가 있는 여자를 위험하다고 생각해 온 우리의 전통적 기준으로 말한다면 가장 높은 평가를 받아도 좋을 듯한 그런 인상이었다. 연인으로서의 매력은 다소 부족할지 몰라도, 결혼 상대로서는 가장 적합한 요조숙녀형이라고 말해도 좋을 것 같은 그런 사람이었다. 그리고 나는 그때 봄바람을 타고 연인을 찾아 거리로 나온 한량이 아니라 어머니 회갑 전에 맞아들일 평생의 배필을 구하고 있는 샌님 서생이었다. 논리는 분명히 그러하였다. 그러나 내 가슴은 그런 논리만으로 채워져 있지는 않았는지 허전한 느낌을 금할 수 없었다.

내가 만약 그때까지 바람을 피우며 연인을 가져 보기도 하고 잃어 보기도 한 경험이 있었다면, 이 규수와의 만남에 나는 크게 만족했을지도 모른다. 그러나 나에게는 그런 다채로운 과거가 없었다. 그러나 사랑에 대한 꿈은 항상 가슴에 안고 살았다. 내가 반발을 느끼며 받아 온 유교적 윤리 교육의 영향은 생각보다 강한 것이어서, 나는 결혼을 전제로 하지 않은 연애는 사악하다는 생각을 가지고 학생 시절을 보냈다. 이 생각을 실천에 옮기자면 결혼할 사람과 연애를 해야 한다는 결론이 불가피하다. 바꾸어 말하면, 결혼의 상대는 동시에 연애의 상대도 되어야 한다는 논리가 된다. 그런데 내가 만난 규수는 철두철미 요조숙녀형이어서 연인으로서의 감동은 주지 않는다고 느꼈던 것 같다. 이 사람과 결혼하게 되면, 내 인생이 결혼은 있으나 연애는 없는 것으로 끝날 것 같은 그런 허전한 느낌이 들었다.

단 한 번 만나고 사람됨을 안다는 것은 신에게나 가능한 일이다. 가슴속에 끼가 있다 하더라도 그것이 겉으로 나타나기까지에는 시간이 걸리는 사람도 있을 것이며, 첫 맞선에서 물씬물씬 풍기는 것이 있을 정도라면 아내로서는 감당하기 어려운 여자일 가능성도 있을 법하다. 요즈음 같으면 여러 번 거듭 만나는 가운데 상대편의 기질이나 성격을 더욱 정확하게 파악하기를 시도하는 것이 보통이다. 그러나 '데이트'라는 말이 아직 알려지지 않았던 시절이며, 맞선 본 아가씨를 다시 만나 식사도 하고 영화도 같이 보는 풍속은 아직 없었다. 단 한 번 마주본 것으로 결정을 내려야 할 처지였으며, 나는 그 당시 사람이라는 것은 한 번 척 보면 그 위인을 알 수 있다고 믿었던 것 같기도 하다.

딸을 외간 남자 앞에 내놓고 선을 보였다는 것은 그 남자에게 시집보낼 의사가 있음을 암암리에 밝힌 것이나 다름이 없다고 보는 것이 그 시절의 상식이었다. 남자 측에서 말한다면, 남의 귀한 따님을 보았을 때는 그만한 심적 부담을 안게 되는 것이며, 납득할 만한 사유 없이 거절한다는 것은, 중간에 든 사람을 포함하여 여러 사람들을 당혹하게 만드는 처사였다. 적어도 나와 우리 주변 사람들에게는 그러한 의식이 상당히 남아 있었다. 아마 이 점에 있어서 나는 다른 사람들보다도 유난스러울 정도로 보수적이었는지도 모른다.

나는 가부간의 의사 표명을 보류한 채 우물쭈물 날짜만 끌었다. 어머니께서는 그만하면 괜찮다는 정도의 반응을 보이셨다. 특히 자신의 키와 발이 너무 크다고 늘 불만이었는데, 이 규수는 키도 발도 작은 것이 마음에 든다고 하셨다. 그러나 동경대학까지 다니는 아들에게 결심을 독촉하지는 않으셨다.

그러던 어느 날, 규수 어머니의 예고 없는 방문을 받았다. 그분의 친정과 우리 어머니의 친정 사이에 먼 인척관계가 있어서, 그분은 우리 어머니를 '형님'이라 부르며 접근할 수 있는 처지였다는 사실이 그 방문을 수월하게 만든 것으로 알고 있다. 본래 성격이 활달한 편이었는데 과부댁이 되고 나서 더욱 강해진 것이 아닌가 싶은 그분의 방문을 받고, 나는 사내자식답지 않게 위압감 비슷한 것을 느꼈다.

규수 어머니가 우리 집을 방문했을 때의 심정은 내가 산업은행 청주 지점장 집을 찾아갔을 때의 심정과 비슷했을 것이다. 내가 청주에 가서 말했듯이, 그분도 소식 없음이 궁금해서 찾아왔다고 말하였다. 그러나 나에게는 아무 반응이 없으면 부정적 의사의 표시가 아니겠느냐고 말할 용기도 냉담성도 없었다. 만약 내가 그렇게 말했다면 그분의 굴욕감은 내 경우보다 더했을 것이다. 딸 가진 사람은 약자이고 딸을 가진 과부는 더욱더 약자이기 때문이다.

그러나 그분의 그러한 심정을 동정해서 내가 이 혼담을 성사시키는 쪽으로 결심을 굳힌 것은 물론 아니다. 내가 어떠한 사유(思惟)의 논리를 따라서 그 규수와 결혼하기로 작심했는지, 지금 그때의 심리를 명백하게 알 수는 없다. 아마 여러 가지 생각이 착잡하게 얽혀서 그런 결정을 내린 것이 아닐까 여겨지며, 그 여러 가지 생각들 가운데는 '에라 모르겠다' 하는 생각도 있었고, '이것도 인연이겠지' 하는 생각도 들어 있던 것으로 기억된다. 나는 평소에 '운명'이니 '인연'이니 '초월자의 뜻'이니 하는 따위의 형이상학적 개념을 멀리하는 편이나, 막상 어떤 결정적인 순간에 부딪치면 그런 개념 속으로 숨어버리는 버릇이 있다.

결혼식은 1945년 1월 1일 전통적 방식을 따라서 올렸다. 양력 설을 쇠지 않던 때였던 까닭에 그런 택일을 했을 것이다. 결혼식 날 새벽녘에 잠이 깼을 때, 이제 오늘로서 내 청춘이 막을 내리는가 하는 허무감에 압도되었던 일이 생각난다. 무한한 가능성을 간직했던 꿈의 세월이 끝나는 동시에 평범하고 산문적인 현실의 나날이 펼쳐지게 되었다는 생각에 마음이 몹시 착잡했다.

이러한 느낌을 나는 외가로 육촌 형인 권태응(權泰應) 시인에게 적어서 보냈다. 사람들이 축하한다고 법석을 떠는 날이 사실은 실망과 슬픔의 날이라는 말을 적어서 보냈고, 청춘과 꿈의 종말인 결혼의 슬픔을 잊기 위해서, 그리고 죽음의 임박을 의미하는 회갑의 불행을 얼버무리기 위해서, 사람들은 잔치를 열고 법석을 떤다고 적어서 보냈다. 본래는 슬픔을 잊기 위해서 옛적의 현인들이 만들어 낸 축하의 풍습을 오늘의 우리들은 멋도 모르고 따르는 것이라고 적어서 보냈다.

돌이켜 보건대, 물론 그때 내가 잘못 생각했던 것이다. 잘못 생각했다기보다도 사물을 어두운 시각에서만 보는 편견에 사로잡혀 있었다. 왜 그랬는지는 모르겠으나, 젊었을 때의 나에게는 사물의 어두운 측면만을 부정(否定)의 시각에서 과장해 보는 버릇이 있었다. 신경이 과민했기 때문이었을 것이다. 부정의 시각에서 보는 것이 통찰이 깊고 날카로움을 의미한다고 착각하기도 하였다. 부정의 시각에서 어두운 면만을 골라서 보는 버릇이 옹졸한 사람의 설익은 습성이라는 것을 깨닫게 된 것은 아주 먼 후일의 일이다.

6장 형편없는 자기 인식
—1막 2장의 희극

1. 엉터리 통역

1945년 8월 15일 오후, 나는 형님이 경영하는 과수원에 있었다. 전화는 물론이요 라디오도 없는 시골 과수원에서 내가 일본의 '무조건 항복' 소식을 들은 것은 아버지의 육성을 통해서였다. 아버지께서는 충주 시내에서 그 감격스러운 소식을 들었고, 이 희소식을 막내아들에게 빨리 알리고자 5리 길을 한걸음에 달려오신 것이었다. 흰 수염과 흰 모시 두루마기 자락을 날리며 달려오셨다. 독립운동을 하다가 체포되어 여러 차례 투옥되었고, 7년의 장기 복역도 하신 노투사의 흥분이었다. "태길아, 이젠 됐다!" 나도 따라서 흥분하였다.

우두커니 있을 때가 아니었다. 아버지를 모시고 오후의 노염(老炎)이 내리쪼이는 호암제(虎岩堤) 둑길을 거쳐서 충주 시내로 들어갔다. 시내로 들어가서 무엇을 어떻게 하겠다는 심산(心算)이 있었던 것은 아니다. 변두리 과수원에 가만히 있을 수가 없어서, 좌우간 사람들이 모이는 곳을 찾아간 것이다. 나는 그때 분명히 충주의 지사(志士)로서 자처했음에 틀림이 없다. 자아,

이제는 한낱 수청골 구장으로서 움츠리고 있을 때가 아니다!

큰일이라도 맡아서 할 기세로 시내로 들어갔으나, 시내는 생각보다는 조용하였다. 그러나 시간이 흐르며 차차 술렁거리기 시작했다. "만세, 조선 독립 만세!" 소리가 여기저기서 터져 나오고 태극기가 나부꼈다. 꽹과리패가 나타나고, 완장을 두른 사람들이 몽둥이를 들고 거리를 누볐다. '친애하는 읍민 여러분'에게 질서를 호소하는 소리가 마이크를 통하여 울려 퍼졌다.

같은 마이크를 통하여 애국가가 방송되었다. 그런데 그 애국가의 가락이 스코틀랜드의 민요 가락을 빌려 온 것이었다. 이것은 말도 안 되는 망발이었다. 모처럼 독립을 되찾고 오래간만에 듣는 애국가의 가락이 남의 나라 것이라는 것은 도저히 용납할 수가 없었다. 흥분한 나는 내가 우선 해야 할 일이 애국가의 가락을 바로잡는 것이라고 믿고 여기저기 쫓아다녔다. 친일파가 아닌 지도급 인사로 알려진 충주의 중진 몇 사람을 붙잡고 외국 가락의 애국가는 고쳐야 한다고 역설하였다. 중진들은 내 말이 옳다고 인정했으나, 한 귀로 듣고 한 귀로 흘렸다. 그 시점에서는 애국가 가락은 지엽적인 문제에 가깝다는 것을 똑똑한 척한 나는 몰랐던 것이다.

다음 날인지 다음다음 날인지 '충주자치위원회'라는 것이 생기고 간판까지 걸었다. 나는 그 위원회에서 어떤 직책을 맡은 것도 아닌데, 자주 그 근처를 기웃거렸다. 나는 스스로 '유지'의 한 사람으로 자처하고 그렇게 했거니와, 아무도 나보고 무엇 때문에 기웃거리느냐고 묻지 않은 것은, 아마 조직이 엉성해서 아직 누가 누구인지 서로 잘 몰랐기 때문이었을 것이다.

자치위원회 사무실에서, 또는 학교 교실에서 자주 회의가 열렸다. 나도 가끔 그 모임에 참석했다. 충주에서 누구누구하면 대개는 안면이 있을 터인데, 낯모를 사람들이 대부분이었다. 어디에 숨었다 나온 사람들처럼 새 얼굴이 많았다. 더욱 놀라운 일은 그 새 얼굴들이 말을 잘했다는 사실이다. 발언권을 얻어서 일어섰다 하면 모두가 쟁쟁한 논객이었다. 그때까지 나는 나 자신이 꽤 똑똑하다고 믿어 왔었는데, 그들 앞에서는 한낱 어린애에 불과하다고 느꼈다. 그 사람들이 전날 밤에 모여서 회의 진행과 발언에 대하여 예비 모의를 이미 하고서 나온 사람이라는 것을 나중에야 알게 되었다. 어쨌든 나는 내가 정치적 모임에 적합하지 않음을 알게 되었고, 따라서 그런 모임에 흥미를 잃게 되었다.

'미군환영준비위원회'를 조직할 것이니 나오라는 통지를 받았다. 나가 보았더니 아는 얼굴이 많이 보였다. 이를테면 앞에서 말한 모임은 좌익의 색채가 강했고 이 준비위원회는 우익의 색채가 강했던 것인데, 그러한 색깔의 차이를 알게 된 것도 한참 뒤의 일이다. 나는 그 모임에서 '통역'이라는 소임을 맡게 되었다. "동경대학까지 나닌 사람이 통역 하나 못하겠느냐." 하는 것이 지방 유지들의 생각이었고, 나 자신도 그렇게 생각했던 것이다.

통역은 모두 네 사람이었다. 옥스퍼드 대학을 졸업한 김현태(金顯太) 신부, 싱거 재봉틀 회사 특파원의 수양아들 겸 하우스 보이 출신의 신용균(申容均) 씨, 영시(英詩)를 술술 외는 실력자로 알려졌고 후일에 서울사대 영문학 교수를 지낸 고광만(高光萬) 씨, 그리고 나였다. 앞의 세 사람은 모두 영어를 아주 잘하는 사람으로 오래지 않아서 판명이 되었다. 그러나 이 김태길의 영어는 영어가 아니었음이 곧 드러나기 마련이었다.

미군이 충주에 진주한다는 그날이 왔을 때, 환영준비위원회는 아침부터 술렁댔다. 도착 시간에 대한 분명한 정보가 없어서 모두 아침나절부터 대기 상태에 들어갔다. '해방의 은인' 부대의 행차를 보겠다고 농촌의 유식층(有識層) 할아버지들도 모였다. 갓 쓰고 두루마기 입은 정장 차림이었다.

미군은 여러 길로 분산해서 들어온다고 하였다. 수안보 쪽으로 오는 부대도 있고 달천 쪽으로 오는 부대도 있다는 것이다. 그 연도에 태극기와 성조기를 든 사람들이 늘어서서 '해방의 은인'들이 나타나기를 기다리고 있었다. 나는 달천에서 시내로 들어오는 길목에 모인 인파 속에 끼여 있었다. 사람들은 말끔히 청소된 신작로를 사이에 두고 좌우로 늘어서서 기다렸으나, 미군의 모습은 좀처럼 보이지 않았다.

달천 방향으로부터 환호의 소리가 들려왔다. 드디어 나타난 모양이었다. 조금 뒤에 처음 보는 소형 군용차가 달려오는 모습이 보였다. 차에는 운전하는 군인 한 사람만이 타고 있었다. 그는 열광하는 인파 사이를 누비며 느린 속도로 다가오더니 내가 서 있는 자리 가까이 차를 세우고 내렸다. 나는 앞으로 나서며 "하우 두 유 두?" 하고 악수를 청했다. 최초의 한두 마디 대화는 그런대로 무난히 진행되었다. 그러나 그 다음부터는 상대편의 말을 알아들을 수가 없었다. 그럴 리가 없는데 도통 모를 말이었다. 몰라도 아는 척하고, "오케이" 또는 "예스, 예스" 하며 얼버무렸다. 미군은 하사관도 못 되는 졸병이었다.

미군과 나의 대화를 지켜본 시골 영감님들이 미군과의 인사를 원하며 나에게 통역을 부탁했다. "수륙만리 원로에 오시느라고 얼마나 수고가 많으시냐고 통역해 주시오." "해방의 은혜는 백골난망(白骨難忘)이로소이다라고 잘 좀 전해 주시오." "양친이 구존(俱存)하신지, 그리고 중시하(重侍下)인지 물어봐 주시오."

통역의 임무는 하루로 끝나는 것은 아니었고, 미군에게 고용된 정식 통역들이 도착하기 전 수일 동안은 무료 봉사를 계속해야 할 형편이었다. 그러나 내 영어가 형편없는 수준이라는 사실이 미군에게 곧 알려졌으므로, 주로 장교들이 관여하는 공적인 일에는 나를 개입시키지 않았다. 다만 영어 잘하는 세 사람의 도움을 받기에는 지위가 너무 낮은 졸병들이 개인적인 용무로 나를 찾는 경우가 자주 있었다. 그런 부탁은 거절해도 무방했을 터인데, 아마 거절하는 편이 옳았을 것인데, 나는 바보가 되어 그들을 따라다녔다. 냉혹한 국제관계의 현실에 대해서 철저하게 무식했던 까닭에 미군을 그저 은인으로밖에 생각할 줄 몰랐고, 또 그들을 따라다니며 영어를 배우는 것은 나 자신을 위해서도 매우 유익한 일이라고 생각할 정도의 낮은 의식 수준이었던 것이다.

나 같은 바보들은 얼마든지 있었고, 돈푼이나 있는 사람들 가운데는 졸병이라도 좋으니 미군에게 술 한잔 대접하는 것을 영광으로 생각하는 호인도 있었다. 그런 호인 중의 하나가 미군 졸병 두세 명을 초대할 수 있는 기회를 갖게 되었다고 기뻐하며, 나보고 그 자리에 동석해 달라고 부탁하였다. 그 자리라는 것은 자기의 가정집이 아니라 접대부가 있는 허름한 술집이었다. 그 허름한 술집에서 나는 몹시 창피한 꼴을 당했는데, 그때는 그것이 얼마나 창피한지조차 몰랐다.

처음 충주에 들어온 미군은 전체가 50명 미만이었고, 모두 백인이었다. 그 가운데 세 사람과 한국인 서너 명이 그 술집에 갔던 것인데, 미군의 한 사람이 매우 수치스러운 통역을 부탁했다. 자기는 사뭇 전방으로만 돌아다니다가 지금 아주 오래간만에 여자가 있는 방에 들어왔으며, 무리한 금욕 생활로 참을 수 없는 고통을 느끼고 있으니, 접대부에게 좀 더 가까이 갈 수 있는 기회를 허락한다면 화대는 넉넉히 지불하겠다는 그런 내용의 통역을 부탁한 것이다. 그때의 나는 상대가 아무리 접대부라 하더라도 그런 무례한 말을 전할 수는 없다고 단호히 거절했어야 옳았다. 그러나 순간적으로 그런 결단을 내리지 못하고, 나는 우물쭈물하며 당황해 하기만 하였다. 도대체 왜 그러느냐고 다른 사람들이 묻기에, 미군이 이러이러한 말을 했다고 솔직하게 이야기하였다. 그때 남의 나라에 와서 그런 무례한 말이 어디 있느냐고 따끔하게 나무라는 사람은 아무도 없었다. 다행히 접대부 본인이 자리에서 일어섬으로써 단호한 의사표시를 하였고, 그런 말을 한 미군은 자기가 한국 사회를 몰라서 실례를 했다고 사과하는 것으로 끝이 났다. 그날 그 접대부의 태도가 참 훌륭했다고 생각되는 반면에, 나와 다른 한국 남자들의 태도는 몹시 부끄럽게 회상된다.

처음에 충주를 떠들썩하게 만들었던 미국 군인들은 오래지 않아 사라지고, 그들과 교대로 미 군정의 행정 요원들이 군청과 경찰서를 장악하였다. 이 행정 요원들에 묻혀서 군목 한 사람이 들어왔다. 그 군목을 처음 만난 것은 충주도립병원에서였다고 기억된다. 그 병원에 탁구대가 있었고, 나는 탁구를 치기 위해서 자주 그 병원을 찾아가곤 하였다. 탁구실에서 만난 사람 가운데 원장의 처남인 민 선생이라는 분이 있었고, 민 선생의 소개로 김 원장과도 알게 되었으며, 또 그 군목과도 만나게 되었다고 생각한다. 박사 학위도 가졌다는 그 군목은 다른 미군과는 전혀 다른 분위기를 풍겼다. 학자 타입의 그는 매우 겸손하고 예의바른 신사였다. 계급은 대위였다.

후일에 경북대학교의 교수가 된 영문학도 민 선생의 주선으로 그 군목을 선생으로 삼은 영어회화반이 생겼다. 김 원장도 참여하고 나도 참여한 그 회화반의 학생수는 열 명 이내였다고 기억된다. 군목 선생은 순전히 무료로 강의를 했을 뿐 아니라, 강의가 끝나고 집으로 돌아갈 때면 학생의 일부를 자기 차에 태우고 집 근처에까지 데려다 주었다. 자동차에 탈 때는 항상 학생들에게 문을 열어 주는 친절을 베풀기도 하였다. 그 군목 한 사람으로 인하여 미군 전체의 평판이 크게 향상되었을 정도로 그의 태도는 인상적이었다.

충주에는 '성광관(星光館)'이라는 이름의 호텔이 있었다. 조선 총독과 정무 총감 등 일본인 고위 관리들이 충청북도에 올 때면 으레 수안보 온천을 즐겼던 까닭에, 그들의 숙박을 위하여 소도시에 어울리지 않는 제법 호화로운 호텔을 그곳에 세웠던 것이다. 이 호텔 건물을 미군의 본부로 사용하였고, 군목도 그 안에 방 하나를 가지고 있었다. 군목은 언제나 그 방문을 열어 놓고 한국인 방문객을 환영하였다. 나도 그를 찾아간 일이 있으며, 미국의 대학에 관해서 여러 가지 궁금한 점을 물어보았고 아울러 미국의 서적을 구입할 수 있는 길에 대해서도 문의하였다. 그는 미국의 대학생들은 많은 분량의 책을 읽는다고 알리면서, 그 많은 책을 제값에 사면 부담이 과중하므로 책을 싸게 구입하는 길을 택해야 한다고 하였다. 나는 귀가 번쩍 뜨여 그 길을 물었더니, 미국에는 헌책 가게가 많아서 거의 새 책에 가까운 것을 절반 값으로 살 수 있다고 하였다. 그러나 한국에 있는 사람으로서는 그 길을 살릴 수가 없지 않느냐고 다시 물었다. 이 물음에 대해서 그는 아주 고마운 대답으로 응하였다. 그는 머지않아 미국으로 돌아갈 예정이므로, 필요한 책을 말하면 자기가 구해서 우송해 주겠다고 호의를 보인 것이다.

그의 말대로 군목은 곧 미국으로 돌아가게 되었다고 하였다. 나는 매우 미안하다고 생각했지만, 좋은 책을 값싸게 살 욕심으로 그에게 상당히 많은 돈을 맡겼다. 그때의 공정 환율은 1달러에 15원이었고, 공정 환율로 돈을 바꿀 수 있다는 것도 큰 혜택이었다. 영어회회반 회원들과 조촐한 송별의 자리를 가진 뒤에 그는 충주를 떠나갔다.

그가 떠나고 나서 상당히 오랜 시일이 지난 뒤에 두 권의 책이 우송되어 왔다. 하나는 듀이와 터프츠가 쓴 『윤리학』이었고, 또 하나는 별로 알려지지 않은 학지기 칸트에 대해서 쓴 책이었다. 계속해서 책이 우송되어 올 것을 예고하는 신호라고 생각되어 나는 매우 기뻤다. 그러나 그 뒤로는 단 한 권의 책도 더 오지 않았다. 이상하다는 생각이 들어 나는 이 사실을 도립병원 원장과 민 선생에게 이야기했다.

원장과 민 선생도 돈을 맡겼다고 하였다. 의학서적은 비싸기 때문에 원장이 맡긴 액수는 내가 맡긴 것의 곱절쯤 되었다. 내가 맡긴 돈은 약 50권 정도의 새 책을 살 수 있는 액수였고, 군목의 말대로라면 헌책 백 권 정도는 사 보냈어야 했다. 결국 우리는 사기를 당했다는 결론을 내리게 되었고, 군목의 친절이 모두 위선(僞善)에 근거한 것이라고 의견을 모았다. 어쩌면 그가 정보원일 가능성도 있다는 추측을 해보았으나, 그것은 어디까지나 추측에 불과했다. 어쨌든 '은혜의 나라' 미국의 이미지는 조금씩 무너지기 시작하였다.

2. 충주여고 시간강사

1945년 9월 초순경이었을 것이다. 충주여고의 교사로 있던 보통학교 동창 신강우(申江雨) 형이 내 집을 방문하였다. 충주여고의 일본인 교사들이 모두 물러나게 된 뒤로 선생이 부족하여 수업이 제대로 안 된다는 사정을 이야기하며, 나의 도움이 필요하다고 하였다. 나는 전임으로 들어갈 생각은 없으나 시간강사로서라면 수업을 맡아도 좋다고 승낙하였다. 서울의 대학이 문을 열면 곧 편입하여 공부를 계속할 생각이었으므로 전임은 사양했던 것이다.

자격은 시간강사였지만, 맡은 시간은 전임을 능가할 정도로 많았다. 학교에 나가 보았더니, 교사는 과학을 담당해 온 신 선생과 미술을 가르치던 이 선생밖에 없었다. 이 선생은 교장 서리직을 맡게 되었으므로, 그나마 수업 시간을 줄여야 할 형편이었다. 학생이 네 학급밖에 안 되는 작은 규모의 학교였으나, 그래도 세 사람이 전 과목을 맡기에는 무리가 따랐다.

내가 맡은 과목은 국어, 영어, 국사 그리고 체육이었다. 국어는 '한글 맞춤법 통일안'을 급히 구해서 우선 공부를 했고, 교과서가 없었으므로 신문 사설을 교재로 사용하였다. 영어는 다른 과목들에 비하면 그런대로 무리가 적은 편이었다. 국사는 최남선의 『고사통(故事通)』 한 권이 집에 있다는 것을 믿고 덤벼들었던 것이며, 체육을 맡은 근거는 배구와 탁구를 좀 해본 경험이 있다는 사실에 두었을 뿐이다.

학교에는 전축이 한 대 있었고, 라디오 체조를 위한 레코드도 몇 장 있었다. 체육 시간이 되면 우선 전축을 틀어 놓고 맨손체조를 시켰다. 그 다음에는 배구와 농구 그리고 탁구 등의 도구를 내주고, 각자가 좋아하는 놀이를 하라고 학생들을 놓아주었다. 체육 시간이 시작될 때는 먼저 몸이 불편한 사람은 열외(列外)로 나와서 쉬라는 말을 잊지 않고 하였다. 여자에게는 '생리'라는 것이 있다는 것을 어렴풋이 알고 그런 배려를 했던 것인데, 지나친 친절이었는지도 모를 노릇이다.

그렇게 여러 과목을 무리하게 맡아도 세 사람의 교사만으로 전 과목을 가르칠 수는 없었다. 나는 적임자가 있으니 교사를 더 채용하자고 교장 서리에게 건의하였다. 그 적임자란 박희철(朴熙哲) 형과 윤오영(尹五榮) 형을 두고 한 말이었다. 두 사람은 모두 충주보통학교 2년 선배였다. 박희철은 청주고등보통학교를 거쳐서 경성제국대학 법학과에 진학했고, 윤오영은 양정고등보통학교를 거쳐서 일본의 명치대학 경제학과에 진학했다. 두 사람이 모두 학도 지원병으로 나갔다가 일본군 소위 계급장을 달고 돌아와서, 당분간 집에서 쉬고 있는 처지였다. 그 당시 대학을 다녔다는 사람들이 대개는 전문부(專門部)에 적을 두고서 대학생 행세를 하곤 했으나, 이 두 사람은 모두 어엿한 정규 대학생이었다는 점에서 충주가 자랑으로 여길 만한 젊은이들이었다. 교장 서리는 물론 찬성하였고, 그들을 끌어들이는 교섭은 내가 맡았다. 그들도 우선 시간강사로서 봉사하겠다는 조건으로 우리의 뜻을 받아들였다. 그래서 전임교사 두 사람에 시간강사 세 사람이라는 불균형이 생겼다.

시간강사가 수적으로 우세한 데 그쳤다면 문제는 없었을 것이다. 문제는 여학생들에게 특유한 그 '인기'라는 것이 시간강사들 편으로 쏠리게 되면서 생기기 시작했다. 박희철은 인품이 중후하고 미남이었으며, 윤오영은 말솜씨가 탁월한 재주꾼이었다. 이들은 직업 교사가 아니었으므로 틀에 박히지 않았고, 교사라는 자리에 대해서 연연하지 않았으므로 말조심을 하지 않았다. 이러한 몇 가지 사유는 감수성이 강한 여학생들에게 신선한 충격으로서 작용하기에 충분하였다.

심기가 불편한 것은 교장 서리의 직책을 맡았던 이 선생이었다. 이 선생은 전임교사 두 사람 중에서 고참이라는 단순한 이유 때문에 우선 그 자리를 맡게 되있을 뿐, 아직 관록도 권위도 붙기 이전의 불안한 상태에 있었다. 잘하면 진짜 교장이 될 수도 있으리라는 야심이 없으란 법도 없었으며, 학생들 사이에 자기에 대한 인기가 놀랍기를 갈망하지 않을 수 없는 처지에 놓여 있었다. 그러한 상황에서 강사들에 대한 학생들의 환호성이 높아진다는 것은 뭔가 불길한 조짐으로 느껴졌을 가능성이 있다. 이것은 한낱 추측에 불과한 것이지만, 그가 강사들의 기세를 꺾어 놓을 필요가 있다고 생각했음을 밝혀 주는 거의 확실한 증거가 있다.

이 선생은 학생들에게 강사에 대해서 언급할 때 '선생'이라는 말을 쓰지 않고 반드시 '강사'라는 말로 불렀다. '박 선생'이 아니라 '박 강사'였고, '윤 선생'이 아니라 '윤 강사'였다. 나도 처음에는 '김 선생'이었지만, 역시 '김 강사'로 강등 조치를 당했다. 그리고 그는 '강사'라는 것은 정식 교사가 아닌 임시직에 불과하다는 것을 학생들에게 인식시키고자 은근한 노력을 게을리하지 않았다. 그러나 이 선생의 이러한 노력은 별로 실효를 거두지 못했을 뿐 아니라, 도리어 학생들의 반발을 사는 역효과만 초래하였다.

여학생 사이에서의 '인기'라는 대수롭지 않은 이야기를 여기에 굳이 적는 이유는, 그 대수롭지 않은 일이 유능한 두 젊은이를 불행하게 만드는 계기가 되었다고 믿기 때문이다. 박희철과 윤오영은 대학 졸업반 때 학병으로 나갔기 때문에 이미 졸업장을 받아 놓고 있었다. 따라서 나처럼 공부를 계속하겠다는 계획은 없었고 기왕에 발을 들여놓은 김에 전임교사로서 봉직할 뜻을 굳히고 정식으로 이력서를 제출했다. 그러나 교장 서리의 미움을 샀던 까닭에, 전임교사의 발령을 받지 못했을 뿐 아니라 강사 자리조차도 해촉(解囑)을 당하고 말았다. 해촉 이유를 분명하게 밝히지는 않았으나, '빨갱이'라는 비밀 보고가 도청 학무과로 올라갔음에 틀림이 없다고 나는 보고 있다. 그리고 그들을 '빨갱이'로 볼 수 있는 꼬투리가 전혀 없었던 것도 아니다.

그즈음에 '민주청년동맹'이라는 것이 충주에도 생겼다. 그리고 이 '민청' 모임 또는 그 활동에 박희철과 윤오영이 참여했다. 언제가 박희철이 그런 사실을 나에게 이야기하면서, "김 형은 학업을 계속하겠다고 하기 때문에 굳이 동참하라고 권고하지 않는다."고 말하기도 하였다. 그리고 그 뒤에 얼마 더 있다가, 공연히 그런 데 쫓아다니느니 학교에 틀어박혀서 조용히 학생들이나 가르치고 싶다는 심경을 말한 적도 있다.

박희철과 윤오영은 모두 충주에서는 부잣집으로 알려진 가정에서 자랐다. 박희철은 아버지가 포목상을 해서 돈을 벌었고, 윤오영은 어머니가 음식점을 경영하여 돈을 벌었다. 두 사람은 기질이나 성격으로 보더라도 혁명가가 되기에는 너무나 원만하고 소심한 사람들이었다. 만약 그들이 교사라는 직업에서 생활의 중심을 얻었더라면, '민청' 운동에 그토록 깊이 빠져들지는 않았을 것이라고 생각한다.

그러나 실제에 있어서 그들은 '민청' 운동에 깊숙이 빠져들었다. 충주여고에서 밀려난 다음에 그들은 그 길로 발벗고 들어섰던 모양이다. 그들이 '민청' 조직 속에서 어떠한 일을 했는지 나는 모른다. 내가 아는 것은 그들이 체포되어 무거운 형(刑)을 받았다는 사실이다. 박희철은 충주형무소에서 복역하다가 6·25 때 처형당했고, 윤오영은 보도연맹(輔導聯盟)에 들어 있다가 생명만 건졌다. 언젠가 윤오영이 승복(僧服) 차림으로 서울대학교에 찾아온 것을 본 적이 있으나, 진정 불도에 귀의한 것 같지는 않았다.

나도 박희철과 윤오영이 밀려나던 날 함께 충주여고에서 밀려났다. 어느 날 교장 서리가 부르더니, 머지않아 전임교사가 오게 되었으므로 이제 더 나오지 않아도 좋다고 통고하였다. 강사라는 것은 임시로 위촉된 자리이며, 위촉한 사람이 언제라도 해촉할 수 있는 자리이기에, 해촉의 이유를 물어보지 않았다. 우리가 그만둔 뒤에도 전임교사는 오랫동안 들어오지 않았던 것으로 보아서, 교장 서리가 거짓말을 한 것만은 확실하다.

충주여고를 물러나던 날, 전교생을 강당에 모이게 하여 '퇴임식'이라는 것을 가졌다. 박희철과 나는 우리들의 개인적 사정으로 그만두게 되었다고 거짓말을 하였다. 그러나 윤오영은 오래도록 학생들과 같이 공부하고 싶었으나 타의에 의해서 물러나게 되었다고 폭로하였다. 여학생들이라 울기는 했으나, 소란은 피우지 않았다.

교장 서리인 이 선생이 단독으로 강사들을 해촉시킨 것은 아니며, 미 군정 아래 있던 충청북도 학무 당국이 최종 결정을 내렸을 것이다. 그리고 학무 당국이 해촉한 근본 이유는 박희철과 윤오영의 좌경이었음에 틀림이 없다. (김태길도 그들과 한통속일 가능성이 높다는 추리로 나에게도 같은 처분을 내렸을 것이다.) 그러나 교장 서리인 이 선생의 마음을 중심으로 말한다면, 먼저 밀어내고 싶었던 것은 김태길이었고, 김태길을 밀어낼 명분을 김태길과 가까운 박희철과 윤오영의 좌경에서 발견했을 것이다. 사실 나는 교장 서리의 미움을 받고도 남을 짓을 이미 저질러 놓고 있었다.

일본인들이 쫓겨 가게 되면서 충주의 여러 공공기관에 일손이 달리게 되었을 때 가장 곤란을 겪었던 것은 산업은행 충주 지점이었다. 창구에서 일을 보던 일본인 여직원의 뒷자리를 채울 만할 미혼 여성을 당시의 충주에서는 구하기가 매우 어려웠던 것이다. 궁여지책으로 은행 측에서는 충주여고 졸업반 학생 가운데서 우수한 학생들 여섯 사람을 뽑아서 쓰기로 하고, 그 여섯 학생들의 학부형에게 교섭을 했다. 조선 사람으로서 은행원이 된다는 것은 대단히 어렵다는 관념이 강했던 학부형들은, 이 뜻하지 않은 기회를 놓치고 싶지 않아서 은행 측의 제안을 흔쾌히 받아들였다.

여섯 학생들도 은행원이 될 수 있는 행운을 잡고 싶은 마음이 간절했으나 졸업까지 한 학기를 남겨 놓고 '중퇴'의 이력을 기록한다는 것은 아깝다는 생각이 들었다. 딜레마에 빠진 학생들은 나에게 조언을 청했다. (박희철과 윤오영은 아직 강사로서 초빙되기 이전의 일이다.) 나는 그들에게 서둘러 취직하기보다는 졸업 때까지 계속 공부하는 편이 바람직하다고 말했다. 그 첫째 이유는, 지금까지 일제 아래서 우리말과 우리 역사를 배우지 못하다가 이제 그것을 배울 수 있게 되었으니, 이 좋은 기회를 다만 한 학기라도 살려야 된다는 것이었다. 그 둘째 이유는, 비록 졸업장이라는 것이 별것은 아니지만, 그래도 얻어 두는 편이 결혼을 위해서나 혹 대학 진학의 기회가 생겼을 때를 위해서 바람직하다는 것이었다. 학생들은 내 말을 순순히 받아들여 취업을 보류하는 편으로 결심을 굳히는 듯이 보였다.

그러나 은행 측은 물러서지 않았다. 학생들에게 졸업장을 얻어 주는 조건으로 다시 교섭을 진행했던 것이다. 우선 은행 간부들은 교장 서리를 설득하기 시작하였다. 교장 서리가 승낙도 거절도 못하고 우물쭈물하자, 그들은 다음에 일본인 전 교장을 찾아갔다. (일본인 전 교장은 교통편을 얻지 못하여 아직 충주에 머물러 있었다.) 일본인 전 교장은 옛 부하였던 이 선생을 관사로 불렀다. 그리고 은행 업무에 지장이 없도록 협조하라고 지시하였다. 이에 힘을 얻은 교장 서리는, 마지막 학기에 장기 결석을 해도 졸업장은 주겠다고 약속하였다. 여기서 학생들의 결심은 다시 흔들리기 시작하였다.

어느 날 은행 사람들이 교장 서리를 찾아오고 있다는 귀띔을 해주는 학생이 있었다. 중년으로 짐작되는 남자 두 사람이 운동장을 가로질러 걸어오는 모습이 보이더니, 곧 현관 안으로 사라졌다. 교장실로 들어가는 모양이었다. 조금 있다가 나도 교장실이 있는 아래층으로 내려갔다. 교무실을 통과하여 교장실로 들어가려고 했을 때, 서무주임이 앞을 가로막았다. 손님이 와 계신다고 하였다. 나도 그 손님을 만나 보아야 하겠다고 말하며 교장실로 들어섰다. 교장 서리가 잠시 후에 들어와 달라고 일어서며 말했다. 나는 그때 몹시 흥분해 있었다. 교장 서리에게는 대꾸도 하지 않고, "은행에서 오신 손님들이지요." 하면서 그들 앞자리에 앉았다.

졸업반 학생을 채용하는 것은 은행의 자유요, 중도에서 퇴학하고 취직하는 것은 학생의 자유이나, 중퇴한 학생에게 졸업장을 줄 자유는 아무에게도 없다고 나는 다짜고짜 퍼부었다. 강사에게는 학교 행정에 대해서 참견할 자격이 없다고 말하며, 교장 서리는 또다시 나에게 나가 달라고 하였다. 나는 지금 강사의 자격으로 이 방에 들어온 것이 아니라 충주의 한 유지로서 들어왔다고 큰 소리로 맞섰다. 그리고 나아가서 이미 물러간 일본인 전 교장의 지시를 받아서 학교 행정을 하는 교장 서리를 어떻게 믿을 수 있겠느냐고 따졌다. 내가 워낙 거세게 나오는 것을 보자, 은행원들은 슬그머니 일어서서 나가 버렸다.

나는 다음번 4학년 수업에 들어갔을 때, 여섯 학생들에게 취직을 거부하라고 거듭 선동하였다. 그리고 물러간 일본인 교장의 지시를 아직도 받고 있는 교장 서리를 공공연하게 비난하였다. 결국 재학생을 끌어가려던 은행의 계획은 내 훼방으로 좌절되고 마는 것으로 일단락을 지었다.

그리고 며칠 있다가 충주여고의 학부형회 간부이며 나에게는 외종 형님이 되는 권태성(權泰成) 씨가 나를 불렀다. 강사가 학교 행정에 지나치게 관여한 것은 잘못이라고 꾸짖었다. 그리고 학부형들 사이에 나를 비난하는 사람들이 많다고 전했다. 그러나 나는 '강사'의 차원에서 한 행위가 아니라고 맞섰다. 그 당시 나는 내가 한 짓이 절대로 옳다고 강하게 믿고 있었다. 믿었기 때문에 그토록 기고만장할 수 있었을 것이다.

지금도 일본인 교장에게서 지시를 받은 점을 공격한 것은 열 번 옳았다고 생각한다. 그러나 그 학생들의 취업을 못하게 한 결과에 대해서는 자신이 없다. 아마 지금 같으면 그런 일이 있어도 못 본 척할 가능성이 많다. 좋게 말하면 신중해진 것이라 하겠고, 나쁘게 말하면 기백이 줄었다고 할 것이다. 어쨌든 나이가 들면 사람이 달라진다. 요즈음 젊은 학생들의 저돌적 언행을 대할 때, 나는 나의 옛 모습을 생각하게 된다.

내가 교장 서리의 미움을 살 짓을 한 것으로서 또 한 가지 생각나는 것이 있다. '해방의 은인'이라던 미군들 가운데 행패를 부리는 사례가 많다는 소문이 떠돌기 시작했을 때에 생긴 작은 일이다. 미군이 남의 가정에 침입하여 여자에게 폭행을 했다는 소문까지 돌게 되었을 때, 기숙사에 있던 학생들을 빨리 집으로 돌려보내자는 결정이 내려졌다. 기숙사의 문을 한 번 닫으면 언제 다시 열지 모르는 상황이어서, 송별회를 갖기로 하였다. 기숙사생과 교직원이 기숙사 식당에 모여서 회식을 하며 간단한 여흥도 즐기는 간소한 모임이었다.

모임이 끝나고 집으로 돌아가려고 했을 때, 외가 쪽으로 육촌이 되는 박영애(朴映愛)가 "오빠, 잠깐만…" 하며 나를 붙들었다. 제 방에 잠시 들렀다 가라고 하였다. 한 방을 세 사람 정도가 함께 사용하는 온돌방이었다. 잠시 앉아 있었더니 7-8명의 학생들이 모여들었다. 모두 박영애와 같은 반인 4학년 학생들이었다. 이를테면 '2차'를 하자는 모양이었다.

'2차'라고 할 것까지도 없었다. 고구마를 얻어먹은 기억이 난다. 사이다가 있었던 것 같기도 하나 아리송하다. 게임도 하고 진 사람이 벌을 받기도 했을 것이다. 그리 오랜 시간 머물지 않고 돌아왔다. 아무 생각 없이 그저 떠들고 놀다가 돌아왔다.

그런데 이것이 문제가 된 모양이었다. 다음 날 4학년 수업에 들어갔더니 빈자리가 많았다. 그 자리의 주인공들이 지금 교장실에서 벌을 받는 중이라고 하였다. 무엇을 잘못했느냐고 물었더니, 학생들이 낄낄 웃었다. 나는 그때까지 학생들이 야단맞는 것과 어젯밤의 '2차'를 연관시켜서 생각하지 못했던 것이다.

그 시간이 끝나기 전에, 벌을 받은 학생들이 찔찔 울면서 교실에 들어왔다. 참 어색하기 짝이 없는 순간이었다. 죄목이 무엇이더냐고 나중에 박영애에게 물어보았다. 첫째 죄목은 여학생의 신분으로 화장을 했다는 것이고, 둘째 죄목은 옷을 한복으로 갈아입었다는 것이며, 셋째는 전임교사를 제쳐 놓고 강사만 데리고 놀았다는 것이었다.

지금 생각하면 내가 그 자리를 피했어야 옳았다. 무슨 핑계를 대든지 피할 수 있는 상황이었다. 여학교라는 데가 말썽 많은 곳임을 몰랐다면, 여학교 선생치고는 눈치가 없는 사람이다. 경험이 없었기 때문에 그런 낌새를 미리 몰랐던 것이다. 경험은 사람을 때묻게도 하지만, 삶의 지혜를 더해 주기도 한다.

어쨌든 내가 충주여고의 강사직을 3개월도 못 채우고 밀려나게 된 것은 경험이 없어서 세상 물정을 몰랐기 때문이다. 조용히 가르치다가 내 뜻을 따라서 물러 나오지 못하고 떠밀려서 쫓겨났다는 것이 더 많은 경험을 한 셈이라고 볼 수도 있다. 문제의 핵심은 이러한 경험들이 나에게 어떤 변화를 가져왔느냐에 있을 것이다. 경험은 사람을 타락으로 몰고 가기도 하고, 성숙으로 이끌어 가기도 한다.

쥐꼬리만도 못한 영어를 가지고 통역을 하겠다고 덤빈 것이나, '한글 맞춤법 통일안'이라는 소책자 한 권만 가지고 고등학교 국어를 가르치겠다고 덤벙댄 것이나, 모두가 형편없는 자기 인식이 빚은 한 토막 희극이었다. 자기에 대한 인식이 제대로 되기 위해서는 자신을 사회와의 관계 속에서 파악해야 하며, 자신을 사회와의 관계 속에서 파악하기 위해서는 안으로 나 자신도 알고 밖으로 사회 현실도 알아야 할 것이다. 그런데 나는 나 자신은 과대평가하고 사회의 현실은 안이하게 얕잡아 보았으니, 그 착오의 폭이 이만저만 큰 것이 아니었다. 이러한 무지의 근본 원인은 나의 성장 과정이 비교적 순조로웠다는 사실에 있을 것이다.

운수가 좋아서 일이 순조롭게 전개되는 동안은 자신에 대한 무지가 도리어 힘이 될 수도 있다. 무엇이든지 할 수 있다는 과신이 만용에 가까운 적극적 태도로 세상을 살게 하고, 그 적극적 태도가 조심스러운 태도로서는 도저히 해낼 수 없는 일을 성취하게끔 한다. 미친 놈이기에 더러는 호랑이를 잡는 결과를 얻을 수도 있다. 그러나 순조로움의 행운이 언제까지나 지속되기는 어려운 일이며, 제 분수를 모르고 덤벙대던 사람이 역경에 처하게 되면 조심스러운 사람보다도 더욱 심한 된서리를 맞기 쉽다. 그러나 나의 경우는 그 된서리를 맞기 이전의 운수 좋은 세월이 아직은 좀 더 남아 있었다.

7장 춤추는 어릿광대

1. 네 사람의 충주 합숙

내가 아직 충주여고에서 교편을 잡고 있던 어느 가을날, 이층에서 운동장으로 우연히 돌린 시야에 건들건들 허풍스러운 몸짓을 하며 빠른 걸음으로 접근해 오는 사람의 모습이 들어왔다. 어디서 본 것 같은 모습이기에 눈여겨 바라보았더니, 한상준(韓相準) 형임에 틀림이 없었다. 제천이 고향인 한 형은 경복중학교를 거쳐서 제삼고등학교에 진학한 친구로서 성품이 쾌활하고 만사에 진취적이었다. 나를 만나기 위하여 일부러 멀리서 온 친구임에 틀림이 없기에, 나는 수업을 하다 말고 쫓아 내려가 이 반가운 친구를 맞았다.

내가 1943년에 경도(京都)를 떠난 뒤로 오랜만에 다시 만나는 반가운 얼굴이었다. 하룻밤을 묵어 가며 바뀐 세상 이야기 등을 나누게 되면 얼마나 즐거울까 하는 기대에 부풀었다. 그러나 그는 당일로 곧 떠나야 한다고 하였다. 한가롭게 세상 이야기나 나누기에는 너무나 할 일이 많은 사람처럼 그는 부산하였다. 충주 같은 시골 구석에서 여고생에게 강의나 하고 있을 때가 아니라고 하며, 그는 나의 안이한 생활 태도에 일침을 놓았다.

그가 바쁜 시간을 쪼개서 충주에까지 나를 찾아온 용건은 연희전문에서 편입생을 모집한다는 정보를 알려 주기 위해서였다. 전화가 보급되기 이전이었고 편지로도 여러 날이 걸리던 시절에, 가장 빠르고 확실한 통신 방법은 사람이 직접 달려가는 것이었다. 그러나 경성대학이 문을 열게 되는 날 그리로 편입할 생각을 가지고 있었던 나로서는 연희전문의 편입생 모집에 관한 정보가 왜 그리 중요한지 도무지 이해가 가지 않았다.

한상준 형의 설명은 대략 다음과 같았다. 연희전문은 곧 대학으로 승격하게 될 미국 선교 재단의 학원이다. 앞으로 한미관계는 매우 밀접하게 될 것이며, 미국의 선교 재단이 운영하는 연희대학 출신들에게 미국 유학의 길이 크게 열릴 것은 불을 보듯이 명백하다. 연희전문의 정외과는 그 가운데서도 특히 유망하다. 앞으로 국제관계가 긴밀한 세상이 오기 마련인데, 우리나라에는 외교관의 훈련을 받은 사람은 하나도 없다. 이 기회에 연희대학의 정외과를 거쳐서 미국 유학을 하고 돌아오면, 그 다음에는 우리 앞에 정말 '세상은 넓고 할 일은 많은' 나날이 전개될 것이다.

그런데 여기서 중요한 것은 시간적으로 남보다 앞서는 일이다. 한발 늦으면 비록 연희대학을 졸업한다 하더라도 그 길에서 제일인자가 되기는 어려울 것이다. 따라서 이번 제1차 편입생 모집의 기회를 놓쳐서는 안 될 것이므로, 충주 시골에 틀어박혀서 세상 돌아가는 것도 모르고 있는 나에게 이 중대한 정보를 빨리 알리기 위해서 먼 길을 달려온 것이다.

신문에 광고하고 공개적으로 편입생을 모집하는 것이 아니라, 각 과의 비어 있는 자리를 약간 명씩 보충하는 비공식의 보결 모집인 모양이었다. 상황이 그렇다면 하루바삐 연희전문을 찾아가서 교섭을 하는 것이 유리할 듯하였다. 당시 연희전문의 학장이 제삼고등학교의 대선배인 유억겸(俞億兼) 선생이었다는 사실도 우리의 앞길에 대해서 무엇인가를 암시하는 것 같기도 하였다. 어쨌든 나는 한상준 형의 우정에 깊은 감동을 느꼈고, 곧 그의 의견을 따라서 서울로 올라가기로 하였다. 그 다음 날 오후에 연희전문 교문 앞에서 다시 만나기로 약속하고, 고맙고 믿음직한 친구 한상준 형은 한 발 먼저 서울로 떠났다.

그로부터 이틀 뒤가 아버지 생신날이었다. 당일로 서울에 다녀올 수 있을 정도로 교통이 편리한 시절이 아니었으므로, 다음 날 서울에 가면 아버지 생신 자리에 불참할 수밖에 없었다. (그 당시에는 생일을 축하하는 자리는 아침상으로 마련하는 것이 관례로 되어 있었다.) 내가 아버지 생신을 모르고 한상준 형과 그 약속을 했는지 또는 알고서 그렇게 했는지, 그 점은 기억이 분명치 않다. 생신이 임박한 것을 몰랐다 해도 불효요, 알고서 그런 약속을 했다 해도 역시 불효다. 나는 한상준 형이 찾아왔나는 말씀을 부모님께 드리고, 연희전문에 편입 절차를 밟기 위해서 급히 상경해야 할 처지라는 말씀도 드렸다. 부모님은 생일은 매년 돌아오지만 학업은 한 번 기회를 놓치면 다시는 돌이킬 수 없는 낭패가 되기도 한다고 하며, 주저 말고 다녀오라고 승낙하셨다.

연희전문이 있는 신촌 방면은 나로서는 초행길이었다. 분명한 기억은 없으나 서대문까지는 아마 전차로 갔을 것이다. 기억에 남는 것은 밭과 논 사이로 뚫린 고갯길을 넘으며 물어물어 걸어서 연희전문을 찾아갔던 일이다. 가도가도 연희전문 비슷한 곳은 나타나지 않기에, 길에서 만난 어떤 젊은이에게 물었다. 그는 아직 한참 더 가야 한다고 하면서, 그런데 연희전문에 교수로 취직이 되어서 오시는 분이냐며 호기심을 보였다. 내 나이 그때 스물여섯이었는데, 학생보다는 교수에 어울리는 모습으로 보인 모양이다. 좀 울적한 기분이 되어 한참 더 걸어갔을 때, 저만치 잔디밭에 앉아서 노는 여대생 차림의 처녀들이 보였다. 그날이 음력 10월 초하루였는데 봄날처럼 화창한 날씨였다.

연희전문 교정에서 만난 사람은 한상준 형과 나 그리고 전해종 형 세 사람이었다. 학장실에 찾아갔더니 마침 유억겸 선생이 자리에 계셔서 어렵지 않게 면회를 할 수 있었다. 우리 세 사람은 모두 제삼고등학교 후배라는 자기 소개를 앞세우고 연희전문에 편입하고 싶다는 의사를 밝혔다. 그러나 유억겸 선생은 연희전문이 아직은 전문학교이므로 일본의 고등학교를 마치고 대학에까지 진학한 사람이 들어와서 배울 만한 수준의 교과 과정을 기대하는 것은 무리라고 말하였다. 그렇지만 머지않아 대학으로 승격할 전망이 아니냐고 하며 우리가 물러서지 않자, 비록 대학으로 승격한다 하더라도 단시일 안에 경성대학을 능가하게 되리라고 기대하기는 어렵다고 말하며, 유억겸 선생은 경성대학이 문을 열기를 기다려서 그리로 편입할 것을 종용하였다. 미국 유학을 하고 외교관이 되기 위해서는 그래도 연희전문이 유리하지 않겠느냐는 말은 아무도 차마 입 밖에 내지 못했다. 결국 우리는 선배님 말씀대로 하겠다고 말하고 학장실을 물러났다.

경성대학이 문을 열기까지에는 좀 시일이 걸릴 것으로 보였다. 그때까지의 시간을 가장 유효하게 활용하기 위해서는 함께 토론도 하고 공부도 할 수 있도록 합숙을 할 필요가 있다는 의견을 제시했더니, 전해종 형과 한상준 형도 적극 찬성하였다. 합숙 장소로는 충주의 우리 집이 가장 적합하다고 생각되어서, 우리는 다음 날 충주로 향했다. 같은 제삼고등학교 동창인 이호섭(李鎬燮) 형도 함께 데리고 가는 것이 좋겠다는 의견이 나와서 일행은 네 사람으로 불었다. 아버지 생신을 축하하는 자리에 불참할 정도로 무슨 큰일이라도 보러 가는 사람처럼 집을 나섰다가 허행만 하고 돌아오는 주제에, 식객을 세 사람이나 달고 온 결과가 된 것이다.

합숙을 하면서 첫째로 해야 할 일은 독립을 되찾은 조국을 위해서 우리가 무엇을 할 것이냐 하는 문제를 놓고 생각하는 일이었다. 그 당시에 우리는 분명히 우리 자신을 과대평가하고 있었다. 우리 자신에 대한 과대평가는 분수에 넘치는 사명감을 수반하였고, 마치 조국의 장래가 오로지 우리들에게 달려 있기라도 한 것처럼 기고만장했다. 어쨌든 우리가 할 일은 태산같이 많았다.

그러나 당장 사회 현장에 뛰어들어서 정치 활동 또는 경제활동을 하겠다는 생각은 없었다. 우선 공부를 계속하여 실력을 쌓은 다음에 서서히 사회에 진출하여 큰일을 하겠다는 식의 매우 장기적 안목의 설계였다. 도대체 그 큰일이 무엇인지에 대해서는 아무도 구체적 의견을 가지고 있지 않았다. 그저 막연한 꿈이 있었을 뿐이다. 막연한 꿈이기는 했으나 그 가운데도 다소의 합리적인 생각은 있었기에 모종의 대화가 가능했을 것이다. 어쨌든 우리는 내일의 설계에 대한 많은 이야기를 나누었다. 많은 이야기를 했으나 도대체 무슨 이야기를 했는지 기억에 남은 바가 적은 것은 그 이야기가 구체적 내용을 갖지 못했기 때문일 것이다.

그 꿈같은 이야기 가운데서 한 가지 기억에 남을 만한 합의가 이루어졌다. 네 사람이 서로 다른 분야를 공부하도록 하자는 의견의 일치였다. 본래 인재의 절대수가 부족한 나라에서 어떤 인기 있는 분야로만 사람들이 몰리는 것은 국가적 손실이 된다는 의견이 나왔고, 우선 우리 네 사람부터 서로 다른 분야를 공부함으로써 장차 상호 보완할 수 있도록 하자는 데 합의했던 것이다. 세 사람이 함께 연희대학 정외과에 들어가자던 때가 엊그제였다는 것은 문제가 아니었다.

한상준 형은 교육학을 공부하겠다고 먼저 자기의 분야를 선택했다. 수일 전만 하더라도 외교관이 되겠다던 사람이 갑자기 교육학을 하겠다는 것은 이해하기 어려운 변덕같이 생각되기 쉽지만, 그때의 상황으로서는 그럴 수 있는 분위기였다. 한상준 형은 본래 삼고에서는 이과(理科)의 공부를 했고 대학에 진학해서는 화학을 하여 과학자가 된 사람이지만, 후일에 방대한 규모의 한국과학기술연구소를 맡기도 하고 대학 총장직을 맡기도 한 경력이 말해 주듯이, 도량이 크고 성격이 활달했을 뿐 아니라 다재다능한 인물이었다. 그가 외교관의 길을 생각했던 것은 한 개인을 위한 진로로서 그 길이 유망하다고 판단했을 가능성이 크다. 그러나 이제 네 사람이 모여서 국가의 장래를 논하는 맥락에서 각자의 진로를 생각하게 되었을 때, 그는 장기적 안목에서 교육의 중요함을 생각했고 따라서 자기가 그 길로 들어서겠다고 했던 것이다.

이호섭 형은 자기의 주된 관심사는 우리나라의 경제라고 말하며 경제학 공부를 하겠다는 뜻을 밝혔다. 장차 우리나라 경제가 해결해야 할 문제들이 얼마나 많고 중대한가에 대해서 우리는 어렴풋한 생각밖에 가진 것이 없었지만, 그 분야가 매우 중요하다는 것은 짐작했기에 이호섭 형의 선택에 대해서도 모두 공감을 느꼈다.

전해종 형은 나와 같이 동경대학 법학부로 진학한 처지였으나, 이 기회에 역사학으로 전공 분야를 바꾸겠다고 말하였다. 그의 방향 전환의 적극적 이유는 새 나라를 건설함에 있어서 가장 중요한 것이 올바른 역사의식을 가지고 역사의 방향을 바르게 잡는 일이라는 것이었고, 그 소극적 이유는 법학을 공부하는 인재들은 자기 이외에도 많다는 사실이었다.

나도 법학부를 떠나기로 하였다. 법학부 안에 정치학과와 법학과가 있었고, 정치학과를 나오게 되면 정치가나 행정가로 나갈 길이 생기며 법학과를 나오면 판검사나 변호사가 될 수 있다는 것이 그 당시의 통념이었다. 나에게 정치가의 자질이 없다는 것은 '충주자치위원회' 모임에 기웃거렸을 때 알게 되었다. 그리고 판검사나 변호사는 악(惡)과 싸우는 사람들이라는 정도의 상식밖에 갖지 못했던 나로서는 법률가라는 직업에도 큰 매력을 느끼지 못했다. 악을 물리치는 소극적인 일보다도 선(善)을 고취하는 적극적인 일이 더 값질 것이라는 형식적인 논리로 끌려 들어가기도 하였다. 악을 물리치기 위해서나 선을 고취하기 위해서나, 우선 선악을 구별하는 확고한 기준을 먼저 알아야 한다는 생각도 하게 되었다. 선악을 구별하는 기준 또는 근본원리를 탐구하는 것이 윤리학(倫理學)이므로 우선 윤리학부터 공부하겠다고 하며, 나는 나의 태도를 밝혔다.

윤리학을 공부해서 윤리학자가 되겠다는 생각은 아니었다. 나는 본래 꼬치꼬치 따져 들어가야 하는 학문에 대해서 별로 흥미가 없었다. 학문 중에서도 특히 철학에 속하는 학문을 하자면 생각하고 또 생각하며 사유의 세계로 깊이 파고들어야 하는데, 나는 그런 골치 아픈 일에 별로 흥미를 느끼지 못했다. 그러므로 평생토록 윤리학 속에 파묻히는 학자가 되고 싶지는 않았고, 내가 살아가는 데 필요한 신념의 체계를 얻기에 필요할 정도의 윤리학 공부를 하겠다는 심산이었다. 실천 생활에 대한 신념의 체계만 얻게 되면, 그것을 토대로 삼고 이를테면 청소년을 중심으로 윤리 운동이나 해볼까 하는 막연한 생각을 하게 되었던 것이다. 교육학을 공부하여 우리나라의 교육을 바로잡겠다는 한상준 형의 포부와 근본적으로 비슷한 맥락의 생각이 아니었을까 한다.

나의 이러한 생각이 전혀 실현성 없는 어리석은 발상이라는 것을 당시의 나는 모르고 있었다. 윤리학이라는 학문을 수년간만 공부하면 삶에 대한 신념의 체계를 얻을 수 있으리라는 기대가 얼마나 천진난만한 생각인지 나는 전혀 모르고 있었다. 정열 하나만으로 청소년을 상대로 한 윤리 운동을 전개하겠다는 생각이 전혀 세상 물정을 모르는 철부지의 망상에 불과하다는 것도 나는 모르고 있었다. 그토록 모르는 주제에 나는 대단한 지성인이라도 되는 것처럼 행세했으니, 젊음이라는 것이 오로지 좋기만 한 것도 아니라는 생각이 든다.

실현성 없는 생각을 즐긴 것은 나 하나뿐이 아니었다. 각계에서 제일인자가 되어 많은 일을 한 다음에 은퇴를 준비하게 되는 날, 다시 충주로 모여서 그곳에 대학을 세우고 각자의 분야를 따라서 교편을 잡자는 제안을 한 것은 한상준 형이었다. 그리고 이 제안은 만장일치의 찬동을 얻었다. 대학 하나를 세우는 일을 종이 위에 그림을 그리는 것처럼 쉬운 일로 생각했다기보다도, 우리 네 사람이 마음만 먹으면 무슨 일이라도 할 수 있다고 생각한 모양이다.

함께 공부를 하는 것이 합숙을 하게 된 주요 목표의 하나라고 했지만, 공부에 필요한 책은 거의 없었다. 개론 또는 입문서에 해당하는 것을 각자가 한두 권 가지고 있는 것이 고작이었다. 다만 일본에서 출판된 경제학에 관한 전집(全集) 한 질이 나에게 있어서 경제학을 선택한 이호섭만이 다소 유리한 처지에 놓여 있었다. 그는 주로 사회주의 계통의 책을 골라서 읽는 눈치였으나, 다른 세 사람에게 어떤 이데올로기를 주입하려고 들지는 않았다.

어떤 분야를 공부하든 영어 공부를 해둘 필요가 있다는 의견의 일치를 보았으나, 복사기가 없던 때라 같은 책을 교재로 사용하여 독서회 또는 세미나 형식의 모임을 가질 수는 없었다. 다만 얄팍한 영어사전인지 영어 단어집인지 같은 것이 몇 권 있어서, 그것을 첫 장부터 암기하는 단어 공부를 경쟁적으로 한 기억이 남아 있다. 그러나 영어 단어 외우기도 오래 지속되지 못했다.

나는 아직 충주여고에 강사로 나가고 있었으나, 다른 세 사람은 공부와 잡담 이외에는 할 일이 별로 없었다. 아무런 문화시설도 없던 당시의 충주에서는 갈 만한 곳도 거의 없었고, 마땅한 책도 없이 진종일 공부를 하기도 어려운 일이었으며, 같은 얼굴을 맞대고 잡담을 계속 즐긴다는 것도 그리 쉬운 노릇이 아니었다. 공부와 잡담 이외의 어떤 소일거리를 찾아야 할 필요를 느끼고 있었을 때, 충주군청 근방을 지나던 길에 구인광고가 붙어 있는 것을 발견하였다. 중고등학교 교원을 모집한다는 광고였다. 용돈도 떨어져 가고 있던 세 사람을 위해서는 일석이조의 좋은 기회였다.

그 당시 충청북도의 문교 행정은 충주고등학교 교장으로 있다가 청주에 있는 도청으로 자리를 옮긴 고광만 씨가 장악하고 있었다. 도청에서의 직위는 그리 높지 않았을지 모르나, 영어가 능통한 그를 미 군정 당국이 도청으로 끌고 간 점으로 미루어 볼 때, 그가 도 문교 행정의 실력자임에 틀림이 없었다. 나와 면식이 있는 사람이 그런 자리로 간 것은 유리한 조건이라고 생각되어서 나는 그에게 세 친구를 소개하는 편지를 썼다. 나는 충주여고에 매일 강의가 있어서 직접 청주까지 가기가 어려웠으므로, 편지로 대신했던 것이다. 편지를 우송한 것은 아니며, 전해종 형이 우리를 대표하여 청주에까지 감으로써 예의를 갖추었다. 소도시의 중고등학교 선생을 하기에는 과분할 정도의 학력과 실력을 갖춘 사람들이므로 그렇게까지 안 해도 되리라고 생각했지만, 매사를 튼튼하게 처리하는 편이 좋을 것 같았다.

그러나 고광만 씨의 결정은 아주 뜻밖이었다. 교원으로 채용은 하되 세 사람 가운데 한 사람만 충주에 있는 학교에서 가르치고, 다른 두 사람은 충주 이외의 다른 곳으로 가라는 것이 그의 요구였던 것이다. 그 이유는 밝히지 않았으나, 우리 네 사람이 작당을 해서 좌익 운동을 할 염려가 있다고 보았던 것으로 짐작이 갔다. 이 짐작에 틀림이 없다는 것은 그 뒤에 얼마 안 가서 박희철과 윤오영 그리고 나를 충주여고 강사직에서 해촉한 것으로 어느 정도 밝혀진 셈이다.

우리들의 첫째 목적이 취직에 있었던 것이 아니라 침식을 같이하면서 함께 공부도 하고 대화도 하자는 데 있었으므로, 고광만 씨의 제안을 받아들일 수는 없었다. 다만 한 사람은 충주에서 가르쳐도 좋다는 부분만을 받아들여서, 이호섭만이 충주농업고등학교에 일자리를 갖기로 한 것으로써 일단락을 지었다.

이호섭의 교편 생활은 두 달을 넘기지 못했던 것으로 기억한다. 경성대학이 편입생을 모집한다는 신문광고를 본 것이 그해 연말경이었고, 편입학시험이 있었던 것이 다음 해 1월 초순이었다. 편입학시험을 치르기 위하여 우리가 상경한 뒤에 다시 충주로 모였는지 바로 각자의 집으로 돌아갔는지는 잘 생각이 나지 않는다. 그러나 시험 발표가 있은 다음에 곧 이어서 경성대학이 문을 열었으므로, 어차피 우리들의 '합숙 연구'는 그리 오래 지속하지 못했음이 분명하다. 이호섭이 충주농고에 사표를 낸 것은 학년이 바뀔 무렵이기는 했으나, 좀 미안한 일이었다. 미안하다는 것은 지금 돌이켜 보고서 느끼는 감정이며, 그 당시에는 별로 그런 느낌으로 괴로워하지 않았다. 역사의 변혁기에 처해서 우리들의 심리 상태가 상당히 거칠었던 것이 아닐까 생각된다.

2. 국대안과 반대 운동

경성대학 편입학시험에 응시할 수 있는 자격은 일제시대에 정규 대학에 적을 두었던 사람에게만 국한하고, 전문학교나 대학 전문부만 나온 사람에게는 응시를 허락하지 않았다. 한상준 형은 제삼고등학교만 졸업하고 대학에 진학하지 않았으므로, 편입학원서가 서류 심사에서 물리침을 당했다. 제2차 편입생 모집 때는 응시 자격을 대폭 완화했으므로, 한상준 형도 곧 이어서 경성대학에 들어오게 되었으나, 교육학과가 아닌 화학과에 진학하였다. 한 형은 고등학교 때 이과에 다녔으므로 교육학과 진학이 허락되지 않은 것으로 알고 있다.

나는 예정대로 철학과에 지망하였다. 공통 과목으로 출제된 영어와 논문은 그런대로 답안을 적성했지만, 전공 과목에 해당하는 면접시험에서는 전혀 대답을 못했다. "경험론과 합리론에 대해서 아는 바를 말해 보라." 하는 따위의 초보적인 질문뿐이었지만, 철학과를 다닌 일도 없고 시험 준비를 따로 한 일도 없는 나로서는 어물어물할 수밖에 없었다. 그러나 지원자 수가 정원에 크게 미치지 못했으므로 무난히 합격할 수 있었다.

새로운 기대를 안고 우리나라가 운영하는 경성대학에 다니기 시작했으나, 첫인상부터가 엉성하기 짝이 없었다. 자연히 동경대학과 비교가 되었는데,

한양에서 현직(顯職)에 있다가 낙향한 것 같은 그런 느낌이었다. 아직 자리가 잡히기 전이라 그런 느낌이 들었을 터인데, 어떤 학생들은 시시해서 흥미가 없다고 하면서 중도에서 그만두기도 하였다. 내가 아는 친구 가운데도 경성대학을 자퇴하고 고등학교 선생으로 취직한 사람들이 있었다. 그들도 일제 때 명문대학 학부에 재학했다는 이력만으로 그 뒤에 대학교수가 되기는 했으나, 학사 학위가 없다는 약점 때문에 두고두고 푸대접을 받아야 했다. 쟁쟁한 수재로 알려졌던 그들이 다른 사람들처럼 경성대학을 끝까지 다니고 대학원 공부까지 했더라면, 저명한 교수가 되었을 것임에 틀림이 없다고 생각된다. 결국 전공이 희미하다는 이유로 지방대학에서 교양과목만 맡고 말았으나, 인품들이 고결하여서 교육자로서는 많은 존경을 받은 것으로 전해지고 있다.

정들면 고향이라고 하였다. 처음에는 낯설고 썰렁하기만 하던 경성대학도 조금씩 자리를 잡아 가기 시작했다. 새로운 학우들과도 친근감을 느끼게 되었고, 교수들과도 섬차 친숙하게 되었다. 일본에서도 철학 강의를 들어 본 적이 있으나 모두 너무 어려워서 도무지 무슨 소리인지 알아들을 수가 없었던 것과는 달리, 경성대학 철학과 교수들의 강의는 그리 어렵지가 않아서 좋았다. 처음에는 교수 세 분에 학생은 10여 명에 불과한 규모였던 까닭에 모두가 가족적인 분위기였다.

세 분 교수 가운데 단연 명성이 높았던 것은 안호상(安浩相) 선생이었다. 우선 독일에서 박사 학위를 땄다는 것이 성가를 높이는 데 기여하였고, 일제시대에도 창씨개명을 안 했을 뿐 아니라 보성전문학교에서 끝까지 우리말로 강의를 했다는 것도 학생들의 존경을 받을 이유로서 충분하였다. 그분의 강의는 재치가 넘쳐 흘렀고, 약간 가벼운 듯한 느낌을 주기도 했으나 매우 흥미로웠다. 그러나 40대 초반에 이미 학사로서의 명성이 절정에 달했다는 사실이 그분을 위해서 불리한 조건으로 작용했을 가능성도 크다고 생각된다.

윤리학을 담당한 김두헌 교수의 강의는 전형적인 일본 대학식 강의였다. 강의 시간 전체의 약 90퍼센트 정도는 교수가 불러 주는 것을 받아쓰고, 나머지 10퍼센트의 시간을 해학 섞인 설명으로 충당하는 그런 강의였다. 볼펜이라는 것은 미국인이나 쓰던 시절이고 만년필을 사용하는 대학생도 아주 드문 실정이었다. 철필에 잉크를 묻혀 가며 받아쓰자면 여간 바쁘지가 않았다. 한자를 많이 사용하던 때라 받아쓰는 속도가 부르는 속도를 도저히 따라갈 수 없어서, 나는 전부 받아쓰기를 포기하고 중요한 단어만을 기록하는 방법을 택하였다.

나는 어느 날 김두헌 교수 연구실에 들어가서 정면으로 항의를 했다. 교수가 부르는 대로 받아쓰게 하는 일본식 강의는 낡은 방식이며 너무나 비능률적인 강의가 아니냐고 물었다. 그리고 저술을 책으로 출판하여 학생들이 사서 읽도록 하시라고 권고하였다. 그 당시로서는 당돌하기 짝이 없는 태도였다. 충주여고 교장실에 들어가서 하던 기고만장한 그 버릇을 또 보였던 것이다. 지금 생각하면 김두헌 선생께서 무던히 인내력이 강하신 분이었다는 생각이 든다. 그런 경솔한 태도가 결국 나 자신을 불리하게 만든 것은 사필귀정에 가까운 이치였다.

김두헌 선생의 우스갯소리 가운데, 아무리 공부가 하고 싶더라도 성선(性腺)은 제거하지 말라는 것이 있었다. 일본의 어느 젊은 윤리학자가 너무 성욕이 강해서 연구 생활에 지장을 느꼈다. 오로지 학문에만 열중하기 위해서 스스로 성선을 제거한 그의 결심은 가상했으나, 성욕만 없어진 것이 아니라 모든 의욕이 사라져서 결국 폐인이 되고 말았다는 이야기다. 이 사람의 전철을 밟지 않도록 명심하라고 김두헌 선생은 신신당부했던 것이다. 그분의 농담 가운데 "잔디밭에 콩 태(太) 자로 누워서…"라는 것도 있었다.

박종홍 선생의 강의는 받아쓰기와 설명을 반반씩 섞는 절충식이 많았다. 받아쓰라고 불러 준 부분이 강의 내용의 핵심을 압축한 요약이었고, 그 다음에 이어지는 설명이 매우 인상적이었다. 처음에는 안호상 선생의 그늘에 가리는 듯하더니, 그 성실하고 중후한 인품과 논리정연하고 정열 가득한 강의로 인하여 차차 두각을 나타내기 시작했다. 이를테면 떠오르는 별과 같은 존재였다. 적어도 박종홍 선생을 그 이전에 전혀 몰랐던 나에게는 그렇게 느껴졌다.

편입생의 제2차 모집이 있은 다음에는 학생수가 늘었고 동숭동의 좁은 캠퍼스는 활기를 띠기 시작했다. 가끔 학생회를 소집한다는 공고가 나붙기도 하기에 나도 몇 번 참석한 적이 있다. 강당을 꽉 메운 사람들 틈에 끼여 앉아서 지켜보고 있으면 나는 늘 내가 이방인임을 느꼈다. 무슨 안건을 내놓고 동의와 개의를 하고는 "옳소! 옳소!" 하며 박수를 치기도 하고 반대편의 고함소리가 여기저기서 터져 나오기도 하는 소란스러운 모임이 진행되는 동안, 나는 그저 멍하니 있을 수밖에 없었다. 도무지 전체의 상황을 파악하기가 어려웠던 것이다. 내가 대개 모임이 시작된 뒤에 참석했다는 데도 이유가 있었을 것이고, 그 전날 밤 예비 모임에 참석하지 않았음에도 상황 파악이 어려운 까닭이 있었을 것이다.

한 가지 분명한 것은 학생들 전체의 의사를 따라서 어떤 문제를 처리하기 위한 모임이 아니라, 일부 학생들이 미리 준비한 원안을 날치기로 통과시켜서 총학생회의 결의로서 내세우기 위한 모임이라는 사실이었다. 학생회의 간부를 뽑는 절차도 제대로 밟지 않고 학생회를 구성하곤 하여서, 그 학생회를 인정하느니 안 하느니 하고 싸우는 광경도 목격하였다. 그러는 가운데 결국 두 개의 학생회가 생긴 모양이며, 초기에는 좌익 학생회 쪽이 단연 우세했던 것으로 생각된다. 그리고 이것은 추측에 불과한 것이지만, 좌우의 두 학생회를 주도한 학생들은 학교 밖의 정당 또는 정치단체와 연결을 가졌을 것이다. 학생 아닌 사람들이 학생회 모임에 들어왔다가 '감찰'에게 잡혀서 퇴장당한 것을 목격한 기억도 있다. 아직 좌익 정당도 합법적으로 활동할 수 있을 때였고, 대학생은 정당 단체에 가입할 수 없다는 법규 따위는 없을 때였다.

나는 이데올로기 문제에 대해서 많은 이야기도 하고 생각도 했으나 어떤 단체에 가입한 적은 없었다. 충주에서 함께 '합숙 연구'를 했던 이호섭 형이 남로당에 들어간 모양이었고, 처당숙 되는 경성대학 학생 하나도 좌익이어서 공산주의가 옳다는 이야기를 자주 들을 기회가 있었으나, 선뜻 그들에게 동조하지는 못하고 늘 딜레마에 빠져 있었다. 내가 남다른 기회주의자여서 딜레마에 빠졌던 것으로는 생각되지 않으며, 어느 길이 옳은지 확신이 서지 않아서 방황했던 것으로 믿고 있다.

마르크스주의에 관한 책을 단편적으로 읽고 어렴풋이 공감을 느끼기도 했으나, 그 사상을 전체적으로 이해할 정도의 지식은 없었다. 한편 마르크스주의자들이 하는 행위에 대해서는 많은 회의를 느꼈다. 목적이 수단을 정당화한다는 논리를 함부로 남용하는 사례가 보도될 때마다 그 냉혹함에 거리감을 느꼈다. '정판사(精版社) 사건'이라고 불린 지폐의 대량 위조 사건이 보도되었을 때, 그런 느낌을 가졌던 기억이 있다. 치안이 허술한 틈을 타고 정치 테러 사건이 가끔 일어났을 때도, 우익의 폭력과 마찬가지로 좌익의 폭력도 나쁘다는 생각이 들었다.

마르크스주의라는 사상에 대해서 어렴풋하게나마 공감을 느낀 심리와 마르크스주의자들의 행위에 대해서 회의를 금치 못한 심리의 갈등을 어떻게 이해해야 할 것인지 나는 모르고 있었다. 두 가지 느낌 가운데 하나를 택하고 하나를 버림으로써 나의 태도를 분명히 할 필요가 있다고 생각하면서도, 그러한 취사선택을 할 만한 지혜가 나에게는 없었다. 신념의 체계를 세우기 위해서 윤리학을 공부하기 시작했던 것인데, 어느 길이 옳고 어느 길이 그른지를 분간하기가 점점 어려워지는 것 같았다. 지금 돌이켜 보건대, 내가 공감을 느낀 것은 마르크스의 초기 사상에 뚜렷이 나타난 휴머니스트적 측면에 대해서였고, 내가 마르크스주의자들의 행위에 대해서 거리감을 느낀 것은 마르크스의 후기 사상에 부각된 폭력혁명론을 체질적으로 따라가지 못했기 때문이 아닐까 생각한다. 6·25를 전후해서 자취를 감춘 역사학과의 어떤 친구가 나를 귀족주의적이라고 빈정댔던 일이 생각난다. 나는 체격부터가 가냘프고 유약한 체질이었지만, 그 친구가 추측한 바와 같은 지주계급의 출신은 아니었다.

지주계급 또는 그 밖의 유산계급 출신 가운데도 좌익으로 가담한 젊은 지식인들이 적지 않았다. 이호섭 형도 강원도의 지주 가정에서 태어난 사람이었다. 부유한 가정의 출신으로서 좌경한 사람들의 동기는 복합적이었을 것으로 짐작된다. 인도주의적 동기에서 그 길로 발을 들여놓은 사람도 있을 것이고, 역사의 흐름에 순응하고자 하는 동기에서 그 길을 택한 사람도 있을 것이나, 아마 두 가지 동기가 복합된 경우도 많지 않을까 한다. 서울 법대를 다니던 어떤 친구가 한 말이 지금도 기억에 생생하다. "우리는 모두 죄인이며, 우리가 아무리 투쟁을 한다고 날뛰어도 새 시대의 주역이 될 수는 없겠지. 그렇지만…." 이렇게 말한 그 친구는 충북의 어느 명문 규수와 결혼한 지 2년도 되기 전에 처자는 남겨 둔 채 혼자만 훌쩍 북한으로 넘어갔다.

그 친구 결혼식 때 내가 정성들인 축사를 했다는 사실을 기억하기에 그와 그의 처자가 그 뒤에 어떻게 되었는지 궁금하기도 하고, 우리가 살아온 시대가 몹시 어려운 시대였다는 것을 아프게 느끼기도 한다. 그 친구처럼 북으로 넘어간 젊은 지식인들도 상당수 있었고, 남쪽에 남아서 싸우다가 희생된 젊은이들도 적지 않았다. 그들은 대개 머지않아 사회주의 시대가 도래하리라고 믿었을 것이고, 그러한 믿음이 그들로 하여금 모험의 길을 선택하게 만든 것이 아닐까 하는 생각도 든다.

1946년 8월에 미 군정청이 '국립 서울대학교 안'이라는 것을 발표하였다. '국대안(國大案)'이라고 약칭되는 이 조치는 경성대학(京城大學)을 국립 서울대학교로 탈바꿈하게 만든 계기를 마련한 것인데, 이 조치에 대하여 경성대학의 재학생들뿐 아니라 다른 전문대학의 학생들까지도 크게 반발하였다. '학통(學統)'이라고 불린 좌익 학생 단체는 물론이요, 정치적 중립을 지키던 학생들까지도 일제히 반기를 들었던 것이다. 아마 '학련(學聯)'이라고 불린 우익 학생 단체만은 국대안에 처음부터 찬성했을 것으로 짐작되나, 그 세력은 미미하였다. 장기 동맹 휴학으로까지 치달은 이 '국대안 반대 운동'은 4·19 이전에 일어난 학생운동 가운데서 제일 큰 사건이었다.

일제가 만든 경성제국대학에서 '제국'을 빼고 새출발한 경성대학은 법문학부와 이공학부 그리고 의학부만을 가진 작은 규모의 대학이었다. 그 당시의 학부는 지금의 단과대학에 해당하니, 세 개의 단과대학으로 구성된 셈이다. 여기에 상과대학, 사범대학, 농과대학, 치과대학, 약과대학, 미술대학, 음악대학 등을 추가함으로써, 미국식 종합대학교를 만들겠다는 것이 미 군정 당국의 의도였다. 다시 추가될 단과대학을 완전히 새로 만드는 것이라면 그토록 완강한 반대에 부딪치지는 않았을 것이나, 기존의 국공립 전문학교 내지 전문학원을 모두 대학으로 승격시켜서 경성대학과 통합함으로써 '국립 서울대학교'를 만든다는 것이었다. 예컨대, 수원고등농업학교는 농과대학으로 만들고, 경성사범학교의 2년제 본과(本科)는 사범대학으로 승격시키며, 경성의학전문학교는 경성대학 의학부와 통합한다는 발표였다.

이것은 매우 무리한 조치였다. 첫째로 수학 햇수가 다른 학교들을 통합하는 데 따르는 무리가 있었다. 경성대학에 이미 들어와 있는 학생들은 2년 내지 3년의 예과(豫科) 과정을 거쳐서 학부에 진학했지만, 새로 편입된 학생들은 그 과정을 거치지 않은 사람들이다. 5년제 중학교를 마치고 예과 또는 고등학교에서 (일부 유학생의 경우) 2년 내지 3년을 더 공부하고 대학 학부로 진학한 사람과 중학교만 마치고 곧바로 전문학교에 진학한 사람을 같은 학년으로 재편성했으니, 학사 자격을 따기까지에 소요되는 연한에 2년 내지 3년의 차이가 생기기 마련이었다. 예컨대, 경성대학 법학과 3학년 학생과 경성법학전문학교 3학년 학생을 같은 반으로 편성하고 말았으니, 이것은 불공평한 처사였다. 그렇다고 전문학교 학생들에게 새삼스럽게 예과 공부를 시키기도 어려운 노릇이어서, 미 군정 당국은 이러한 무리를 감당했던 것이다.

둘째로, 학생들의 질에도 수준의 차이가 있었다. 그 시절의 전문학교 가운데는 상당히 우수한 학생들이 모이는 곳도 더러 있었으나, 대체로 말해서 정규 대학에 비하면 떨어지는 편이었다. 쉽게 말해서, 오늘의 서울대학교와 다른 전문대학들을 하나로 통합하자는 것과 비슷한 발상이었다. 이토록 무리한 처사였으므로 이때만은 정치에 무관심한 학생들까지도 크게 단결하여 이에 반대하였고, 급기야 전면적인 무기한 동맹 휴학에 들어가기까지 이르렀던 것이다. 휴학에 들어가기까지 여러 차례의 학생회가 열렸고, 나도 몇 차례 그 모임에 참석했다. 내 기억에 남은 인상으로는 경성대학 재학생의 절대다수가 '국대안'에 반대했던 것으로 생각된다.

처음에는 절대다수가 반대했으나, 중간에 이 반대 운동에 반대하는 세력이 커졌다. 국대안 반대 운동이 남로당에 의하여 이용되고 있다는 인식 아래 우익 성향의 학생들이 이 반대 운동으로부터 이탈하기 시작한 것이다. 개인적으로 이탈하는 것에 그치지 않고, 집단적으로 '국대안 반대'에 반대하는 움직임까지 나타났다. '건설학생회'라든지 '경성대학 건설학생회'라든지, '건설'이라는 말이 들어간 학생회의 이름으로, '국대안 반대'가 좌익 운동의 일환임을 주장하는 대자보를 여기저기 붙인 사람들도 있었다. 이 우익 학생 집단은 우익 정당과 연결되었을 가능성이 많았다. 그 시절에는 정당 또는 정치단체에 가입한 학생들이 좌우로 나누어져서 대립하였고, 교수들 가운데도 좌우로 나누어져 학생들을 '지도' 내지 선동하는 사람들이 있었다. 더러는 강의 시간 중에 정치적 발언을 하는 교수도 있었고, 더러는 연구실로 학생을 불러들여서 밀담을 나누는 교수도 있었다.

국대안 반대 운동의 중심지는 동숭동 문리과대학 캠퍼스였다. 미 군정은 경성대학의 법문학부 중에서 법학과를 제외한 학생들과 이공학부의 순수 과학 분야를 합쳐서 '문리과대학'이라는 것을 만들었으며, 정치학과와 경제학과, 철학과와 사회학과 등을 포함한 이 단과대학이 정치적 열기의 중심이 되었던 것이다. 국대안에 대한 반대 운동도 이곳에서 가장 활발하게 일어났고, 이 반대 운동에 반대하는 운동도 이곳을 중심으로 전개되었다.

정당이나 정치적 단체에 가입하지 않았던 까닭에, 나는 동숭동 캠퍼스의 정치적 열기의 중심부로부터는 한 걸음 떨어져 있었다. 그러나 나이가 이미 27세에 이른 노학생이었고, 일본에서 명문 대학을 다녔다는 전력이 있었으며, 정식 선거를 통하여 철학과 과대표 일을 맡고 있었던 터라, 저 정치적 열기로부터 아주 멀리 떨어진 무풍지대에서 안일을 즐길 수 있는 그런 처지는 아니었다. 국대안 문제가 터진 뒤부터는 학생들의 전체 모임 아닌 예비적인 모임에도 한두 차례 참석했던 기억이 있다. 어떤 연줄로 그런 모임에 관계하게 되었는지는 생각이 나지 않으며, 그 예비적 모임의 성격에 대해서도 분명한 기억이 없다. 다만 그 모임에 참석했던 사람들 가운데 생각나는 사람이 한둘 있으며, 그들의 성향은 중도 좌파에 가까운 것이 아니었던가 생각된다.

충주에서 합숙했던 전해종, 한상준, 이호섭 그리고 나는 서울에 온 뒤에도 자주 만나는 편이었다. 그러나 네 사람의 정치적 성향은 모두 조금씩 달랐던 것이 아닌가 한다. 언젠가 네 사람이 자리를 함께했을 때, 한상준 형이 이런 말을 한 적이 있다. 즉 네 사람의 정치적 성향을 비교하건대, 이호섭은 박헌영에 가깝고 김태길은 여운형에 가깝다고 말했던 것이다. 그리고 전해종과 한상준 자신은 이승만과 김구에 가깝다고 말했으나, 그 둘 중에 누가 이승만에 가깝고 누가 김구에 가깝다고 말했는지는 기억에 자신이 없다. 한상준 형의 말이 꼭 적중했는지는 알 수 없으며, 확실한 것은 내가 이승만과 박헌영에 대해서 호감을 느끼지 못했다는 사실뿐이다. 김구와 여운형을 비교할 수 있을 정도의 지식은 나에게 없었으며, 그 두 사람에 대해서는 막연한 존경심을 느꼈던 것으로 회상된다.

김구와 여운형의 정치 노선이 같지 않은데 두 사람 모두에 대해서 존경을 느꼈다는 말이 모순으로 들릴지도 모른다. 그렇지만 그 시절에 나는 하나의 이데올로기로 투철하게 무장되지 못한 얼치기였으며, 또 정치적 성향이 다른 사람들끼리도 인간적 친밀감을 느끼며 서로 어울릴 수 있던 것이 그 시절의 대학 사회였다. 오래전부터의 친구끼리는 피차 기만하거나 모략하는 일이 없었으며, 정치에 관한 내밀한 의견을 서로 기탄 없이 털어놓는 그런 풍토였던 까닭에, 아직 인간적으로는 서로 믿을 수도 있고 우정을 나눌 수도 있는 그런 단계가 아니었던가 한다.

이야기가 옆길로 흘렀다. 어쨌든 내가 중도 좌파의 성향을 가졌던 사람들과 함께 학생운동과 관련해서 만난 일이 있었다는 것은 사실이며, 비록 그런 관련 속으로 깊이 빠져들지는 않았다 하더라도, 나에게도 그러한 성향이 다소간 있었다고 보아야 할 것이라는 생각이 든다. 나 자신에 대해서 매우 모호한 소리를 하는 것 같지만, 사실 나 자신에 대해서도 모르는 바가 적지 않다. 도무지 알 수 없는 것이 인간이라고 하지만, 나라는 인간은 더더욱 애매한 곳이 많지 않을까 의심스럽다.

미군을 해방의 은인으로 생각하던 8·15 당시의 소박한 관념은 멀리 사라지고 없었다. 미국이 자기 나라의 이익을 위해서 우리나라에 군대를 주둔시키고 있다는 것도 어렴풋이 감지할 수 있었다. 그러나 '미 제국'을 통렬하게 증오할 정도의 반미 김징도 없었다. 이와 같은 어정쩡한 심리 상태로 있었을 때 '국대안' 문제가 터졌고, 민주주의를 표방하는 미국인들이 우리들 당사

자의 의사를 무시하고 학제(學制)를 마구 변경하는 것은 부당하다고 느꼈기에, 국대안 반대 운동에 동참하게 되었던 것이다.

국대안 반대 운동의 경과에 대해선 나는 자세한 기억을 가지고 있지 않다, 희미한 나의 기억에만 의존하면 거짓말이 많아질 염려가 있기에, 나는 그 당시 학생운동에서 적극적으로 활동했던 몇몇 친구에게 물어보기도 하고, 『서울대학교 20년사』를 뒤져 보기도 하였다. 워낙 오래전의 일이라 다른 친구들의 기억도 나의 것과 대동소이하였다. 다만 약간 색다른 증언 하나를, 그 당시에는 문리대 정치학과 학생이었고 후일에 경제학 교수가 된 임원택(林元澤) 형으로부터 들었다. 미 군정이 국립 서울대학교 안을 시행하게 된 근본 동기는, 해방 직후에 좌익 교수와 좌익 학생들이 주도권을 장악한 경성대학의 체질을 바꾸고자 함에 있었다는 증언이다. 경성대학을 서울대학교로 바꾸면 어째서 좌익 세력이 퇴조하리라고 내다본 것인지 자세한 사정은 모르겠으나, 많은 정보 장교를 앞세우고 발족한 미 군정이 그러한 정치적 의도를 깔았을 가능성은 충분히 있다고 생각된다.

『서울대학교 20년사』에서 찾아볼 수 있었던 것은 주로 국대안 반대 운동에 대한 표면적인 기록이었고, 이 운동을 좌익 계열의 파괴 운동으로 보는 시각에서 본 서술이었다. 그 가운데서 내 기억을 보충해 주는 것으로서 다음과 같은 기록이 있었다.

첫째로, 동맹 휴학에 들어가기에 앞서서 등록 거부 운동이 전개되었다. 둘째로, 동맹 휴학이 시작된 것은 1946년 12월이었고, 처음에는 문리대와 법대 그리고 상대 학생들이 수업 거부에 돌입했으며, 점차 다른 단과대학도 이에 동조하였다. 셋째로, 국대안 반대 운동에 가담한 학생들 가운데는 강경파와 온건파가 있어서, 전자는 국대안 자체를 절대로 용납할 수 없다는 입장을 취했으며, 후자는 국대안의 모순점을 시정하고 그 운영을 개선하라고 요구하였다. 넷째로, 좌익 교수들이 '불합작성명(不合作聲明)'을 내고 반대 운동에 직접 가담하였다. 다섯째로, 1946년 12월 18일에 미 군정 당국은 문리대와 법대 그리고 상대에 대하여 휴교령을 내리고, 다음 해 2월 3일까지 등교하지 않은 학생은 퇴학 처분하겠다고 발표하였다. 여섯째로, 1947년 2월 3일에 문리대 학생 250여 명은 경찰의 학원 내 투입을 중지할 것과 총장직을 한국인에게 이양할 것, 그리고 1946년 12월 18일의 미 군정 발표를 철회할 것 등을 요구하는 결의문을 채택하고 동맹 휴학을 계속할 것을 천명하였다. 일곱째로, 1947년 2월 10일에 예술대학을 비롯하여 각 단과대학 학생 일부가 수업에 참석하게 되어 학생운동의 대열이 무너지기 시작했다. 그러나 1947년 3월 5일까지 등록한 학생수는 전교생 6,366명 중 1,495명에 불과했다. 여덟째로, 같은 해 3월 13일에 국대안 수정안이 입법 회의에서 통과되고, 총장직은 한국인으로 교체되었으며, 이사회에서 제적 학생들의 무조건 복교를 결정했다는 발표가 있었다.

이러한 각 단계 과정에서 나 자신이 어떤 태도를 취하고 어떤 구실을 했는지 기억이 아리송하다. 다만 한 가지 거의 틀림없는 것은, 1947년 2월 3일에 문리대 학생 250여 명이 모여서 경찰의 학원 간섭 배제와 한국인 총장 임명 등을 요구했을 때, 나도 거기에 참여해서 어떤 구실을 했으리라는 점이다. 내 생각에는 이 250여 명은 국대안 그 자체의 완전한 철회를 주장하는 좌익 학생들과 국대안 반대 운동은 남로당의 지시로 움직이는 좌익 학생들의 불순한 파괴 공작이므로 이를 저지해야 한다고 맞서는 우익 학생들 사이에서, 하나의 타협을 모색하는 중간노선의 학생들이었다고 보면 틀림이 없을 것 같다. 이 250여 명은 열심히 등록 방해와 강의 방해를 감행한 좌익 학생들과도 다르고, 무조건 동맹 휴학을 규탄하며 2월 9일에 결성한 '건설학생회'의 학생들과도 부류가 다른 사람들이었다.

나는 체질적으로 '혈전(血戰)'이니 '혈투'니 하는 말로 불리는 치열한 싸움을 두려워하는 비겁한 성격이다. 생명이나 가족에 대해서 연약한 애착을 강하게 느끼는 편은 아니며, 나 자신과의 싸움에서는 강한 편이라고 생각되기도 하나, 피를 흘리며 남과 싸우는 일에는 도무지 마음이 약하다. 한마디로 말해서 나는 잔인한 광경을 무서워한다. 어린 시절에 시골에서 돼지 불알 까는 소리가 들릴 때마다 나는 귀를 막고 골방에 들어가 숨었다. 개 백정이 개를 잡으러 다닐 때도 나는 그 잔인한 모습이 보기 싫어서 집 안으로 숨었다. 닭의 모가지를 비트는 정도는 부인들도 흔히 하는 일이었으나, 그 광경으로부터도 고개를 돌렸다.

이토록 연약한 기질이고 보니 설사 마르크스주의에 심취했다 하더라도 혁명 대열에 뛰어들어서 투사가 될 만한 사람됨은 도저히 아니었다. 그러면서도 어릴 때부터 꼬장꼬장한 성격이 있어서 매사에 대범하지 못하고 시시비비를 따지기 좋아하는 버릇도 심했으므로, 사회 현실의 모순이나 부조리에 대해서 민감한 편이었다. 그러므로 어떤 비리(非理)나 못마땅한 꼴을 보면 모르는 척 넘어가지 못하고 시비를 걸기 마련인데, 그 비리를 바로잡기 위해서 혈투를 벌일 정도의 용기나 독기가 없으니, 중도에서 적당히 타협하기 쉬운 그런 사람됨이 아닐까 한다.

국대안 반대 운동에 관련해서 내가 저 중도 노선의 250여 명과 태도를 같이했던 것도 나의 그러한 어중된 성격과 무관하지 않을 것이다. 어쨌든 나는 국대안을 완전히 백지로 돌리는 것을 목표로 삼기보다는, 국대안을 이미 기정사실로 전제하고 국대안이 가진 잘못된 점을 시정하기 위한 투쟁을 전개한 계열의 학생 모임에 가담했던 것으로 생각한다. 그러나 이 계열의 모임 가운데서도 나는 주동 인물이 못 되고 그저 따라다니는 하사관급이 아니었던가 회상된다.

미 군정 당국자도 강경 일변도로만 나가서는 사태를 수습하기가 어렵다고 보았는지, 중도 계열 학생들의 요구 조건을 들어주는 방향으로 태도를 바꾸었다. 이러한 상황에서 좌익 계열 학생들은 미 군정의 유화 정책에 속지 말고 끝까지 투쟁할 것을 역설했고, 학원이 정치 싸움의 중심 지대가 되어서는 안 된다고 생각한 다른 학생들은 적당한 선에서 타협하는 것이 바람직하다는 쪽으로 기울었다.

구름이 잔뜩 낀 어느 저녁나절에 계훈제(桂勳悌) 씨가 허름한 트렌치 코트에 흰 고무신 차림으로 13평 반짜리 명륜동 내 집을 찾아왔다. 용건은 동맹휴학을 일단 중지하고 등교하기로 한다는 취지의 성명서 원고를 부탁하기 위한 것이었다. 짐작건대 학생들이 동맹 휴학을 풀고 등교하기 시작하면 학생들의 시정 요구를 들어주겠다는 문교 당국의 언질을 받고서, 일단 휴전 상태로 들어가기 위한 절차로서 성명서를 내고 등교부터 하자는 의견이 중도 계열 학생 모임에서 모아졌던 것을 실행에 옮기기 위하여 나를 찾아왔던 모양이다. 그러한 결의를 한 모임에 내가 참석했다는 기억은 분명치 않으나, 성명서 내용에 대해서 계훈제 씨와 별로 상의하지 않고 그것을 나 혼자 쓸 수 있었던 것으로 보아서, 그 결의의 과정을 내가 잘 알고 있었음에는 틀림이 없다. 어쨌든 계훈제 씨는 나에게 원고지만 맡기고 바쁘다며 바람같이 사라졌다.

나는 그날 밤에 문리과대학 학생회의 이름으로 나갈 '성명서' 원고를 썼고, 그 원고는 별로 수정이나 가필을 당하지 않고 붓글씨로 옮겨져서 다음 날 아침에 문리대 교문 앞에 게시되었다. 동시에 등사판으로 유인물을 만들어서 언론기관을 비롯한 여러 관련 기관에 배포하였다. 그 유인물 한 장이 헌책 갈피 속에서 발견되었기에, 문법적으로 틀린 것이나 표현의 치졸함을 고치지 않고 그 전문을 다음에 소개한다. (유인물에는 세로쓰기로 된 것을 여기서는 가로쓰기로 바꾸어서 전재하기로 한다.)

聲明書

民主學園의 建設을 爲하야 吾等 七百余 學徒는 國大案의 內包한 缺陷의 是正을 中心으로 한 四大要求條件을 걸고 盟休를 斷行한 後 純粹한 學徒的 良心에서 熱烈한 鬪爭을 繼續하여 왔다. 이에 吾等의 團結과 全國民의 熱意로 文敎當局은

一. 理事會를 朝鮮人으로 構成하고 朝鮮人 總長을 任命할 것

二. 神聖한 學院에 警察干涉을 原則的으로 排除할 것

三. 國大案의 缺陷을 認定하고 是正에 最善의 努力을 아끼지 않을 것 等을 全國民 앞에 公約하고

四. 民族的 恥辱이던 三大學 休校處分은 우리의 團結로 事實上 解消되었다. 이것은 吾等의 正當한 鬪爭에 對한 成果라고 하겠다.

이에 우리는 當局의 誠意와 建國途上의 多難한 諸般 情勢를 愼重히 考慮하여 盟休라는 非常手段을 中止하고 그리운 學園에 登校하야 硏學에 邁進하기를 決議하였다. 그렇나 國大案의 諸缺陷은 이것으로 完全한 解決을 보았다고 하기에는 넘어나 많은 問題가 남아 있다. 따라서 우리가 盟休를 中止하였다는 것이 決코 吾等의 鬪爭의 終結을 意味하는 것은 않이다. 此後 어디까지던지 學園의 自主性을 死守하기 爲하야 良心的이고 純粹한 平和的 鬪爭이 꾸준이 繼續될 것이다. 그리고 學生運動의 生命은 그 純粹性에 있는이만큼, 우리는 이것을 濁하게 하는 모—든 謀略이나 虛僞宣傳을 極力 排除하야 時代에 隸屬하지 않는 文化生産의 役軍이 되어 朝鮮學徒의 名譽를 길이 빛낼 것을 天下에 聲明한다.

一九四七年 三月 五日

國立 서울大學校

文理科大學 學生會

치졸하기 짝이 없고 오자투성이인 이 '성명서'의 전문을 여기 인용한 것은, 요즈음의 화장실용 휴지보다도 나쁜 재생지를 사용한 이 유인물이 그 '국대안 반대 운동'의 양상을 짐작하는 데 도움을 줄 뿐 아니라, 그 당시 학생 문화의 일단을 보여주기 때문이다.

첫째로, '그러나'를 '그렇나'로 쓰고 '너무나'를 '넘어나'로 쓰며 '아니다'를 '않이다'로 쓸 정도로 한글 맞춤법이 엉망이라는 사실이 눈에 뜨인다. 이 성명서의 원고를 쓴 나 한 사람만의 무식이었다면 유인물로 등사하기 전에 누군가가 고쳤을 터인데, 그대로 있는 것으로 보아서 이것은 그 당시 일반 학생들의 한글 맞춤법 실력을 반영하는 것으로 보인다. 둘째로, '國大案의 內包한 缺陷의 是正' 또는 '神聖한 學園에 警察干涉을 原則的으로 排除할 것' 등 문법적으로 틀린 표현이 눈에 거슬린다. 이것이 원고를 쓴 사람의 잘못이든 등사용을 위해서 옮기는 과정에서 잘못 베낀 것이든, 세상에 발표한 공문서에 이토록 잘못된 표현이 쓰였다는 것은 그 당시의 학생 문화 수준의 일단을 반영하는 귀한 자료다. 셋째로, 한자를 많이 섞어서 쓴 것이 눈에 띄거니와, 한글 맞춤법이 엉망인 데 비하여 한자의 오자(誤字)가 보이지 않는 것이, 한글 맞춤법에는 문제가 없으나 한자의 오자투성이의 글을 쓰는 오늘의 대학생들의 경우와 대조적이다.

성명서 안에 '순수성'이니 '학도적 양심'이니 하는 말이 자주 나온 것으로 보아, 주로 정치적 동기에서 학생운동을 전개한 좌익 학생 또는 그 배후 세력을 이 성명서는 크게 의식하고 있음을 알 수가 있다. 그렇다면 '양심'과 '순수성'을 앞세워 정치성을 비난한 이 성명서도 적지 않은 정치적 의미를 함축한다고 보아야 할 것이다. 그 당시 문리과대학 학생회를 주도한 사람들이 처음에는 국대안 반대 운동에 적극적으로 가담하다가, 이 운동이 좌익 정치운동의 성격을 강하게 띠는 방향으로 가자, 대도를 바꾸어 어떤 타협선에서 사태를 수습하는 방향으로 기울었다는 사정도 여기에 나타나 있다. 나 자신은 그 학생회를 주도한 사람 중에 들어갈 정도는 못 되었다고 생각되나, 그 성명서를 기초했다는 사실로 미루어 그 당시의 내 정치의식이 어떤 수준이었는지도 어느 정도 짐작이 간다.

국대안에 반대하는 동맹 휴학에 가담했을 때나 동맹 휴학을 중지한다는 성명서를 기초했을 때, 나는 역사의 흐름을 전체로서 조감하고 바로 이 길이 옳다는 확신을 가지고 행동한 것은 아니었다. 그저 내 육안으로 볼 수 있는 좁은 범위의 정보와 내 피부로 느끼는 일상적 직관을 근거로 삼고 내려진 판단을 따라서 행동했을 뿐이다. 결국 내가 하고 있는 행위가 격동하는 역사의 와중에서 어떤 의의를 갖는지에 대해서 아무것도 모르면서, 부처님 손바닥 위에서 이리저리 뛰어다닌 손오공처럼 그저 헤맸던 것이다.

그 성명서를 기초했다는 이유로 나는 두 사람으로부터 비난을 당하였다. 비난을 한 사람의 하나는 강의 시간에도 좌익 성향의 발언을 가끔 한 심리학 교수였고, 또 한 사람은 정치적 색채는 뚜렷하지 않았으나 일찍부터 문명(文名)을 떨침으로써 널리 알려진 문리대 학생이었다. 비난의 논지는 두 사람의 것이 거의 같았다. "다른 동지들은 여전히 투쟁을 계속하고 있는 터에 당신들만 대열에서 이탈하고도 미안하지 않느냐?" 하는 것이 그들의 논리였다. 결국 의리가 없다는 비난이었고, '의리가 없다'는 말은 젊은이들 사이에서는 상당히 아픈 표현이었다.

"아직 동맹 휴학을 중지하기에는 때가 이르다."라고 비난했다면 이쪽에서도 할 말이 있었을 것이다. 그러나 '동지(同志)'니 '의리(義理)'니 하는 말을 사용한 비난에 대해서는 얼른 대꾸할 말이 생각나지 않았다. "한때 동맹 휴학을 하기로 같은 보조를 취했지만, 우리는 처음부터 동지는 아니었다."고 말하기도 어려웠고, "나는 의리를 저버린 일이 없다."고 말하기도 어려운 처지였다. 처음부터 동맹 휴학에 반대했더라면 '동지'와 '의리'의 문제는 생기지 않았을 것이다. 예나 지금이나 우리나라에서는 중간노선이라는 것의 설

자리가 불편하다.

『서울대학교 20년사』에 따르면, 1947년 3월 13일에 '국대안 수정안'이 입법 회의를 통과하였고, 동시에 총장이 한국인으로 교체되었으며, 이사회는 제적 학생 전원의 무조건 복교를 결의하였다. 이리하여 오랫동안 끌어 오던 국대안 파동이 진정된 모양이나, 저 3월 5일의 성명서 발표와 이 3월 13일의 결정 사이에 어떤 인과관계가 있는지 나는 전혀 모른다. 나는 결국 남의 장단에 춤을 춘 어릿광대에 지나지 않았다.

8장 6·25 동란 전후

1. 고등학교 교사는 못 되고

'국대안 파동'이 겨우 진정되고 수개월 뒤인 1947년 7월에 서울대학교는 제1회 졸업생을 내보냈고, 나도 그 가운데 한 사람이었다. 학점에 관한 규정이 제정되기 전이어서, 졸업 연도를 정하는 데 학생들 본인의 의사가 큰 비중을 차지했다. 학생 각자가 희망하는 졸업 연도를 적어 내면 과 교수 회의에서 검토하여 결정을 내리는 특수한 조치였다.

이를테면 학생들의 양심적 판단을 존중한다는 매우 첨단적인 발상이었거니와, 학생들 측에서도 되도록 빨리 졸업하자는 태도가 아니었으므로, 대개는 학생들 희망대로 된 것으로 알고 있다. 나는 전과(轉科)를 했으므로 최소한 1년은 더 다니겠다고 했어야 양심적이었을 터인데, 학문은 대학원에 가서도 계속할 수 있다는 궤변적 자기변명을 앞세우고 그해 여름에 졸업하기로 했던 것이다.

1947년 9월에 서울대학교 대학원이 신입생을 모집하여 출범은 했으나, 엉성하기 짝이 없는 모습이었다. "대학원이라는 곳은 교수가 일일이 가르치는 데가 아니라 학생이 알아서 연구하는 곳이다."라는 대원칙을 따른다는 것이어서 아주 그럴듯하기도 했으나, 실제에 있어서는 더없이 무책임한 교육의 풍토였다. 이를테면 '자율 학습' 같은 것이어서, 공부하고 싶은 사람은 얼마든지 해도 좋으나, 안 하고 싶은 사람은 안 해도 무방한 상태였다. 시험 따위는 물론 없었다.

공부를 하도록 만드는 제도적 장치가 아니더라도 각자가 자율적으로 연구하고자 하는 의욕이 샘솟는 면학의 분위기도 아니었다. '리포트'라는 것을 적당히 써서 내기만 하면 학점은 나오기 마련이었고, 대학원 학생의 대부분은 직장을 가지고 있거나 취직하기를 희망하는 그런 실정이었다. 나도 생활비를 형님으로부터 얻어서 쓰는 처지였으므로, 취직 자리를 구해야겠다는 생각을 학부 졸업이 임박했을 무렵부터 하게 되었다.

그 당시 내가 살고 있던 명륜동 1가 집에서 아주 가까운 곳에 보성고등학교가 있었다. 가까운 곳을 제쳐 놓고 먼 곳으로 직장을 구할 까닭이 없을 것 같기에, 어느 날 이력서 한 통을 써 가지고 보성고등학교를 찾아갔다. 그 무렵에 보성고등학교에는 철학과 조교를 지냈던 김규영 선생이 교사로 근무하고 있었으므로, 그분을 통해서 이력서를 제출하는 것이 상식이었다.

그러나 나는 일을 복잡하게 추진할 필요가 없다는 제멋대로의 논리를 따라서, 그날 직접 교장을 만나 보러 갔던 것이다. 결혼 상대를 구하기 위해서 곧바로 아가씨의 뒤를 따라간 것과 비슷한 사고방식이었다고 생각된다. 그 당시의 보성고등학교 교장이 거물 교장이라는 소문도 들은 바 있기에, 더욱이 단도직입적인 태도가 용납될 것 같은 생각도 있었다.

그러나 나는 그날 교장은 만나 보지도 못하고 돌아왔다. 내가 그날 만난 사람이 교감이었는지 또는 다른 누구였는지는 기억이 어렴풋하나, 그렇게 무작정 넘벼들어서는 취직이 되지 않을 것이라는 씰씰한 말을 들었다는 기억은 비교적 뚜렷하다.

제삼고등학교 동기동창으로 가깝게 지냈던 최덕일(崔悳一) 형을 우연히 만났을 때, 보성고등학교에 갔다가 이력서도 내지 못하고 돌아왔다는 이야기를 하였다. 최덕일 형은 서울대학교 학부에 다닐 때부터 숙명여자고등학교에서 화학을 가르쳤고, 학생들 사이에 인기가 놀라울 뿐 아니라 문남숙 교장의 두터운 신임을 받고 있던 다정다감한 친구였다. 내 말을 들은 그는 그럴 것 없이 숙명여고로 오라고 당장 그 자리에서 기염을 토했다.

그날 나는 어떤 가짜 대학생이, '서울대학교 문리과대학 화학과에 다니는 최덕일'이라고 자기를 소개하고 여러 여자를 농락했다는 이야기도 들었다. 대학생에게 어울리는 하숙방을 차려 놓고 여자를 끌어들여 최음제(催淫劑)를 탄 차를 대접한 뒤에 욕을 보이는 따위의 못된 짓을 했다는 것이다. 피해자의 가족이 진짜 최덕일을 찾아온 적이 있어서 그런 일이 있었다는 것을 알게 되었다고 하였다.

최덕일 형의 소개로 숙명여고의 문남숙 교장을 만난 것은 1947년 7월 중순쯤이었다. 신학기 초부터 강의를 맡기로 결정을 보기까지 10분도 걸리지 않았다. 숙명여고에 취직이 내정되었다는 소문이 곧 퍼져서, '여자 학교만 골라서 가는 사람'이라는 조롱을 받기도 하였다. 그러나 예기치 않은 일이 생겨서 숙명여고의 교사로 채용하겠다고 한 문 교장의 약속은 없었던 이야기가 되고 말았다.

'예기치 않은 일'이란 나를 소개한 최덕일 형 자신이 숙명여고를 떠나지 않을 수 없는 궁지에 몰린 사건을 말한다. 그해 여름방학에 최덕일 선생은 학생들을 거느리고 무슨 '캠핑'인지 수학여행인지를 가게 되었고, 그 단체 활동이 끝나고 해산하기 직전에 술을 마셨다. 그리고 그 다음에 노래를 부르는 마당에서 '적기가(赤旗歌)'를 힘차게 불렀던 것이다. 여고 교사가 학생들과 술을 마시고 적기가를 불렀다. 이것은 분명 간과할 수 없는 실수였다.

최덕일 형이 좌익 사상을 신봉했다고는 생각하기 어렵다. 본인도 술김에 장난기를 섞어서 불렀다고 하였다. 장난삼아 불렀다 하더라도 '적기가'를 불렀다는 사실은, 그전에 이미 그 노래를 익혔다는 것을 말해 준다. 이것은 좌익 노래가 일반에게 상당히 보급되었다는 것을 의미한다. 상당히 보급되었으나, 그것은 고등학교 교사가 불러서는 안 되는 노래였던 것이다. 어쨌든 이 조그마한 사건은 그 당시 사회 분위기의 일단을 보여주는 상징적 의미를 가지고 있다.

고등학교 교사 자리도 그리 쉽지 않다는 사실을 알게 된 뒤에는 더 이상 취직에 대한 미련을 두지 않았고, 어영부영하는 사이에 그해도 저물어 갔다. 그 다음 해 어느 따뜻한 봄날 명륜동 부근을 산책하던 길에서 김영록(金永祿) 형을 만났다.

김영록 형은 경성제대 예과에서 문과 공부를 하고 다시 제삼고등학교에 입학하여 이과 공부를 한 좀 특이한 친구였다. 자존심이 매우 강한 친구로서 그는 몇몇 선택된 사람에게만 악수의 영광을 베풀 정도로 도도한 데가 있었다. 그 친구의 표현을 빌리면, '콤마 이하의 어중이떠중이'와 상대할 필요가 없다는 것이었다. 나도 그 '어중이떠중이' 대접을 3년 이상 받아 왔다. 그런데 무엇이 계기가 되었는지 나를 보는 그의 시선에 변화가 오기 시작했고, 마침내 그와 악수를 교환하는 영광을 누리게 되었을 뿐 아니라, 그 무렵에는 상당히 가까운 사이가 되어 있었다.

김영록 형이 제삼고등학교에 입학한 것은 나보다 1년 뒤였지만, 학병 문제에 걸리지 않는 자연과학도였던 까닭에 그는 그때 이미 서울대학교의 물리학과에 전임강사 자리를 확보하고 있었다. 그리고 명륜동 2가에 있던 서울여자의과대학에서 독일어 강의도 맡고 있었다. 그날도 그가 서울여자의과대학에서 강의를 마치고 돌아오는 길에 나와 만나게 되었던 것이다.

김영록 형은 그러지 않아도 나를 만나고 싶었던 차라고 하면서 반겼다. 마침 서울여자의과대학에서 철학 계통 교양과목 강사를 구해 달라는 부탁을 받고 오는 길이라고 하였다. 그는 그 즉시 나를 끌고 서울여자의과대학 예과 부장실로 찾아갔다. 예과 부장 이운용 씨는 당장 내일부터 나오라고 하였다. 철학, 윤리학, 논리학, 심리학 네 분야에 걸쳐서 개론 강의를 하라는 것이었으며, 나는 겁도 없이 그것을 모두 맡았다.

서울여자의과대학에서의 내 강의는 유치하기 짝이 없는 것이었다. 나는 그것이 매우 유치한 수준의 것이라는 사실조차도 모르고 신이 나서 열심히 강의를 하였다. 내용이 유치한 강의였던 까닭에 학생들의 의식 수준과 잘 맞아떨어졌고, 학생들은 내 강의를 명강의로 잘못 알고 환영했던 까닭에 나는 신이 나서 열심히 떠들어 댔던 것이다. 아무리 대가라도 단정적인 말을 하기 어려운 것이 철학적 논의인데, 나는 무식했던 까닭에 도리어 단정적인 말을 할 수가 있었다. 그 무식에 근거한 나의 자신만만한 태도를 순진한 예과 학생들은 대단한 실력의 발휘로 잘못 알고 감탄해 마지않았다.

나는 요즈음 좀 유치한 듯한 책이 베스트셀러로서 낙양(洛陽)의 종이 값을 올린다는 이야기를 들을 때, 그 옛날 나의 엉터리 강의가 환영을 받았던 희극적 광경을 가끔 상기하곤 한다. '인기'라는 것, 그것은 아주 허망하기 짝이 없는 신기루 같은 것이지만, 그러나 그것이 아주 없는 인생은 너무 무미건조하다.

어쨌든 내가 희망했던 고등학교 교사 자리는 얻지 못하고, 생각하지도 않았던 여자의과대학 강사 자리를 맡게 되어, 대학 선생의 길로 들어서는 운명과 만난 셈이다. 여자의과대학에서의 시간강사 노릇은 약 2년 동안 계속하였고, 짧은 기간이었으나 나로서는 기억에 남는 젊은 한때였다. 이 기간의 기억의 일부는 나의 저서 『흐르지 않는 세월』에 반영시켰다. 내가 서울여자의과대학의 강사 자리를 떠나게 된 것은, 이화여자대학교의 전임 자리를 얻게 되어 두 학교에 나가는 것이 너무 과중하다고 판단했기 때문이다. 이화여자대학교의 전임 자리도 저절로 굴러 들어온 행운이었다.

1949년 어느 이른 봄날 이형우(李馨雨) 선생이 불쑥 찾아왔다. 이형우 선생은 경성제국대학에서 윤리학을 공부하고 이화여자대학교에서 교편을 잡고 있던 아주 젊은 학자로서, 서울대학교 윤리학 연구실에서 몇 번 만난 적이 있는 쾌활한 사람이었다. 이형우 선생이 나를 찾아온 것은, 이화여대에 전임교수 자리가 하나 났다는 것을 알리고 그 자리에 나를 부르기 위해서였다. 교육학과에서 심리학을 가르치던 서명원(徐明源) 교수가 사표를 내고 미국으로 유학을 떠났으며, 그 자리에 뜻을 두고 서울대학교 심리학과 졸업생 가운데 이력서를 낸 사람이 있기는 하나, 마땅치 않아서 나를 부르기로 했다는 사연이었다.

심리학과를 다니지도 않은 내가 어떻게 그 자리로 가겠느냐고 주저하지 않을 수가 없었다. 그랬더니 이형우 선생은 내가 서울여자의과대학에서 심리학 강의를 했다는 소문을 들었다고 말했다. 그거야 아주 초보적인 개론 강의에 불과했다고 고백했으나, 우선 그 정도면 충분하다고 말하며 호탕하게 웃었다. 심리학 교수의 뒷자리이기는 하나, 심리학 강의는 한 강좌 정도만 하면 되고 그 밖에 철학 계통 과목을 좀 더 맡으면 된다고도 하였다.

대학에서 어느 학과를 다녔느냐보다도 일제 때 어떤 학교를 다녔느냐 하는 것을 더 중요시하던 시절이었다. 일제 때 명문 학교에 입학한 사람이면 학문에 대한 소질과 기초의 준비가 되어 있을 것이므로, 어떤 과목을 맡기더라도 공부를 해가면서 가르칠 수 있다는 논리였다.

내가 속하게 된 이화여대 교육학과에 나가 보았더니, 과 교수 가운데 교육학을 전공한 사람은 하나도 없었다. 모든 학문의 기초가 철학이라는 통념 때문인지, 철학과 졸업생이 나를 포함해서 네 사람이나 있었다. 그 밖에 심리학과를 나온 교수가 두 사람 있었고, 역사를 공부한 분이 한 사람 있었다. 요컨대, 대학교수의 자리를 바라보고 공부한 사람들이 너무나 귀했던 것이다. 대학교수 되기가 하늘의 별따기처럼 어려운 오늘날과 비교한다면, 호랑이가 담배를 피워도 연기가 자욱할 정도로 피우던 시절의 이야기다.

교육학과 교수로서 심리학을 전공한 두 사람 가운데 하나인 고순덕(高舜德) 선생은 미국 유학 중이었고, 그의 자리를 윤태림(尹泰林) 선생이 임시로 메우고 있었다. 고순덕 선생은 그해 가을에 석사 학위를 얻고 돌아왔거니와, 그 무렵에 미국에서 석사 학위를 얻고 돌아온다는 것은 글자 그대로 '금의환향(錦衣還鄕)' 중에서도 특기할 만한 사건이었다.

그의 귀국을 환영하기 위해서 많은 사람들이 서울역 플랫폼에 도열했던 광경이 지금도 눈에 선하다. 내 기억을 믿어도 좋다면, 김활란(金活蘭) 총장을 위시해서 이화여대의 중진들이 총출동을 했고, 겨우 전임강사의 말석을 얻어서 그 자리에 참석했던 내가 고순덕 석사와 악수를 나누었던 감격은 사성장군과 악수한 졸병의 그것을 능가할 정도였다. 특히 내 마음을 기쁘게 한 것은 그 화려한 순간에도 고순덕 석사의 태도에 교만함이나 거만함이 보이지 않았다는 사실이다.

고순덕 교수는 귀국하자마자 이화여대에서 이를테면 기획실장 같은 중책을 맡았던 것으로 기억한다. 그해 졸업식 때 고순덕 교수가 석사 가운을 입고 식장에 들어서던 당당한 모습을 먼발치에서 바라본 기억이 남아 있다. 특별히 보직을 갖지 않았더라도 석사 이상의 학위를 얻은 사람은 모두 가운을 입고 행렬에 참가했던 것으로 기억된다. 박사 학위를 가진 사람은 김활란 총장 한 사람 정도였을 것이고, 석사 학위를 가진 사람도 불과 몇 사람 되지 않았다.

사실은 그해 여름에 나도 서울대학교에서 문학 석사 학위를 얻었다. 그러나 나도 석사이니 가운을 입을 자격이 있다고 으스대며 나설 배짱도 없었고, 주위에서 가운을 입으라고 부추기는 사람도 없었다. 아마 내가 석사 학위를 얻었다는 사실을 아는 사람이 거의 없었을 것이고, 비록 알았다 하더라도 그것을 대수롭게 생각하지 않았을 것이다. 어쨌든 그 무렵의 한국 석사와 미국 석사의 차이는 하늘과 땅의 차이보다도 더 엄청난 것이었다.

이화여대에서의 교편 생활은 가족적 분위기 덕분으로 그럭저럭 즐겁게 보낼 수 있었다. 그러나 한 가지 큰 어려움이 있었다. 명륜동 집과 신촌에 있는 이화여대 사이를 왕복할 때 심한 차멀미에 시달리게 되어 항상 머리가 무거웠던 것이다. 이화여대에서는 그때 이미 학교 통근 버스를 운행하고 있어서 출퇴근이 매우 편리했으나, 나에게는 별로 큰 도움이 되지 못했다.

명륜동에서 신촌까지 버스를 타고 나면, 머리가 무겁고 어지러워서 세상이 모두 귀찮게 느껴질 정도였다. 그래서 흔히 서대문까지만 통근 버스를 이용하고, 거기서부터는 아현동 고개를 넘어서 학교까지 걸어서 다녔다. 그래도 멀미의 괴로움은 남게 되어서, 강의 시간이 오후에 있는 날은 아예 명륜동에서 신촌까지 걸어서 다녔다.

이화여대 시절에 있었던 일로서 또 한 가지 기억에 남는 것은 연극의 연출을 맡았다가 실패한 경험이다. 교내 연극 경연 대회 비슷한 것이 열리게 되어 우리 교육학과 학생들도 한 작품을 준비해서 나가기로 결정이 내려졌다. 「원술랑(元述郎)」이라는 작품을 들고 나가겠다고 학생들이 의욕을 보였다. 연극을 공연하려면 연출자가 필요한데 누구에게 그 일을 맡기느냐 하는 이야기가 나왔을 때, 내가 그 일을 자청해서 맡았다. 제삼고등학교에 다닐 때 교내에서 연극을 한 경험이 있었고, 그때 상급생이 연출하는 것을 보았으나 별것이 아니었다. 그 정도라면 나도 할 수 있다고 생각되어서 그 일을 맡았던 것인데, 결국 죽을 쑤고 말았던 것이다.

오후의 수업이 끝난 뒤에 연극 연습을 하게 되었는데, 어쩐지 손발이 잘 맞지 않았다. 학생들의 열의가 점점 식어 가는 추세를 보이기도 하였다. 요컨대, 나의 연출 솜씨에 대해서 학생 배우들이 회의를 느끼기 시작한 것이며, 그런 의사를 솔직하게 나타내지 않았던 까닭에 나는 상황 판단을 하기까지에 많은 시간이 걸렸다.

결국 문제가 나 자신에게 있다는 것을 알게 되어, 연출자를 다시 구해 보라고 학생 대표에게 일렀다. (학생 대표는 '원술랑' 역을 맡은 키 큰 학생으로 조병옥(趙炳玉) 박사의 따님이었다.) 연출자를 바꾸어도 별수 없을 것이라는 생각을 하면서 그렇게 일렀을 가능성도 있다.

어떤 아마추어 연출가를 구해 올 것으로 나는 예상했던 것인데 그것이 아니었다. 어느 극단의 전속 연출가를 한 사람 끌고 왔던 것이다. 그가 연출하는 모습을 지켜보면서, 프로와 아마추어의 차이가 크다는 것에 새삼 놀랐다. 교내 연극 대회에 전문 연출가를 동원하기보다는 서툴더라도 같은 과의 누군가가 연출을 맡는 편이 더 뜻이 깊지 않느냐 하는 의견도 있었다. 그러나 그것은 다른 차원의 문제다. 어쨌든 영어도 못하면서 통역을 맡은 것과 비슷한 성질의 또 하나의 실수였다.

2. 가면극

1950년 6월 25일. 이 초여름의 일요일은 이화여자대학교와 세브란스 의과대학의 교수 친목 배구 대회가 열리기로 된 날이었다. 장소는 서울역 근방에 있던 옛날 세브란스 의과대학 코트였다고 기억한다. 두 학교의 교수 배구팀이 모여서 한창 경기에 열을 올리고 있었을 때, 삼팔선에서 무력 충돌이 일어났다는 소식이 전달되었다. 누가 그 소식을 전했는지, 그것이 단순한 소식이었는지 또는 친선 경기를 중지하라는 지시까지 곁들인 전갈이었는지는 잘 생각이 나지 않는다.

어쨌든 우리는 사태가 심상치 아니함을 직감하고 바로 경기를 중단하는 조치를 취했다. 그러나 집으로 돌아오면서 어떤 엄청난 비극이 다가옴을 느꼈다기보다는, 모처럼의 친선 경기가 땀도 나기 전에 중단된 데 대한 아쉬움이

켰다. 삼팔선 부근에서의 무력 충돌은 그전에도 종종 있었던 일이어서, 설마 큰일이야 없겠지 하는 안이한 생각이 앞섰던 것이다.

사태가 곧 수습되겠거니 했던 안이한 기대는 완전히 빗나갔다. 처음에는 멀리서 들리던 포성이 점점 더 가까이 들려 왔다. 정부는 국군을 믿으라고 호소하면서 동요하지 말고 각자의 직장을 지키라는 방송을 연달아 내보냈다. 그러나 정세가 우리 편에 불리하게 돌아가고 있다는 것은 방 안에 앉아서도 느낄 수가 있었다.

나는 월요일인 6월 26일 아침 일찍이 학교에 출근하였다. 오전 중에는 학생들도 일부 나와 있어서 강의실에 들어가기는 했으나 수업은 제대로 되지 않았다. 몹시 불안하고 지루한 하루였다.

그날 퇴근길은 같은 과의 이희재(李熙載) 교수와 동행하였다. 두 사람은 아현동 고갯길을 걸었다. 구름이 잔뜩 끼어서 음산하기 짝이 없는 날씨였다. 금세 하늘이 내려앉을 것 같은 서울 시가지를 내려다보면서, 이 선생은 주로 말을 하고 나는 주로 들었다. 만약 공산주의 세상이 되면 우리들 인텔리는 많은 고초를 당할 것이라며, 이 선생은 걱정이 태산 같았다.

나보다 좀 먼저 이화여대 교육학과 전임이 된 이희재 교수는 황해도 큰 지주의 아들로 태어난 사람이었다. 일본에 있는 입교대학(立教大學) 철학과를 다니다가 학병에 나갔고, 돌아와서 한때 서울대학교 윤리학 연구실 조교 자리를 지키기도 하였다. 나와는 동갑이기도 하고 성격이 다정다감한 편이어서, 비교적 가깝게 지내는 사이였다. 이 사람에 대해서는 뒤에 다시 이야기할 기회가 있을 것이다.

6월 27일은 어떻게 보냈는지 기억이 흐리다. 내가 한때 강사로 나갔던 충주여고 졸업생으로서 그 당시에는 이화여대 국문학과에 다니던 김복희(金福姬)가 찾아와서, 선생님 댁은 왜 이렇게 한가로우냐고 말한 것이 생각난다. 나는 그때 대청 대들보에 매어 놓은 그네에 세 살짜리 딸을 올려놓고 밀어 주고 있었다. 충주여고에서 반장을 지내기도 한 재원 김복희가 나를 찾아온 것은 앞으로 어떻게 해야 좋을지 조언을 구하기 위해서였다. 나는 일단 고향인 충주로 돌아가는 편이 좋지 않겠느냐고 말했을 것이다. 그러나 그녀는 의용군에 지원하여 북으로 넘어갔다는 후문이다. 꿈을 먹고 사는 다정다감한 문학소녀였다.

6월 28일 밤에는 대포 소리와 함께 기관단총 소리가 요란했다. 전선(戰線)이 서울 근교에까지 접근한 것일까. 국군 부상병을 실은 군용차가 수도 없이 후퇴하는 모습을 보았다는 사람도 있었다. 그날 밤 우리 식구는 부엌 마루 밑 반지하실에서 뜬눈으로 시간을 보냈다. 새벽녘이 되면서 총성이 뜸해졌다. 북한 인민군이 서울에 들어온 모양이었다.

서울이 북한군의 점령 지구가 된 다음 며칠 동안은 학교에 나가지 않았다. 집 안에 종일 틀어박혀 있는 것도 답답한 일이어서, 혜화동 로터리를 돌아서 종로 4가에 이르는 길을 조심조심 걸어 보았다. 나이 어린 인민군 병정들이 돈암동에서 원남동을 향하여 행진하고 있었다. 하나의 부대가 지나가면 다음에 또 다른 부대가 지나갔다. 묵묵히 행진하였다. 길가에는 여기저기 국군의 시체가 차마 볼 수 없는 몰골로 버려져 있었다. 걸어가는 시민의 모습도 더러 보였다. 그들은 대개 빈민층임을 과시하려는 듯 허름한 옷차림을 하고 있었다. 인민군의 대열을 향하여 열심히 '만세!'를 부르는 사람들도 있었다.

얼빠진 사람이 되어 그렇게 며칠을 보냈다. 갑갑하기에 가끔 혜화동과 명륜동 부근의 큰길에 나가 보기도 하였다. 수일 전부터 버려져 있던 시체들이 더욱 참혹한 형태로 남아 있었고, 형언할 수 없는 악취가 진동하였다. 전신주나 담벼락 같은 곳에는 여기저기 포고문이 붙어 있었다. 그 가운데는 모든 직장인은 지체하지 말고 각자의 직장으로 돌아가라는 것도 있었다.

반드시 그 포고문을 보았기 때문만은 아닐 것이다. 그러지 않아도 궁금하던 터였다. 어느 날 슬슬 걸어서 이화여대를 향하여 떠났다. 군용차 이외의 모든 교통수단이 마비 상태에 빠져 있었으나, 전차만은 더러 움직이고 있었다. 운전은 인민군이 하고 있었으며 요금을 받는 사람은 없었다. 그러나 내가 그 전차를 탔던 기억은 없다. 아마 학교까지 걸어갔을 것이다.

이화여대에 당도해 보니, 본관 일층 어느 교실에서 회의가 열리고 있었다. 임시 위원장 자격으로 단상에 선 사람은 말단 사무원이었다. 나는 늦게 참석했으므로 그 사람이 어떤 절차를 거쳐서 그 자리에 서게 되었는지 알 수가 없었다. 그는 훈시 같기도 하고 지시 같기도 한 일종의 연설을 하고 있었다. 그가 한 말 가운데 내 기억에 남은 것은, 세상이 바뀌었으니 지난날 높은 자리에 있던 동무들은 아직도 높은 권한을 가졌다는 착각을 빨리 버리라는 한마디뿐이다. 그의 이야기가 끝나고 또 다른 몇몇 사람들의 발언이 있은 다음에 회의는 잠시 휴식으로 들어갔다.

사람들은 대개 교실 밖으로 나와서 여기저기 흩어져 다음 지시가 내려지기를 기다리고 있었다. 바로 그때 낯모를 청년 두 사람이 나타나더니, "이희재 동무가 누구요?" 하고 큰 소리로 외쳤다. 내 가까운 곳에 있었던 이희재 선생은 "제가 이희재입니다." 하며 겁먹은 표정을 하고 앞으로 나섰다. 두 청년은 이희재 선생을 끌고 보이지 않는 곳으로 사라졌다.

한참 지난 뒤에 이희재 선생이 돌아왔다. 혼자서 돌아왔다. 무사하게 돌아온 것을 다행으로 생각할 시간의 여유도 주지 않고 이번에는 이희재 선생이 나를 조용한 곳으로 데리고 갔다. 사람들의 시선이 모두 우리 두 사람에게로 쏠리는 것을 감지할 수 있었다.

사람들의 눈에 띄지 않는 곳까지 나를 끌고 갔을 때, 이희재 선생은 조용히 입을 열었다. "김 선생, 나를 좀 도와주시오." 나는 다음 말을 기다리며 그의 입만 바라보고 있었다. 그는 담배를 꺼내어 불을 붙이면서 말을 이었다. 아까 찾아온 두 청년은 이희재 선생에게 이화여대를 임시로 책임지라는 지령을 전하러 온 사람이라고 하였다. 지령을 내린 곳은 '교원동맹'인가 '교육자

동맹'인가 하는 단체의 중앙 본부였다.

나를 이화여대로 초빙할 때 찾아왔던 이형우 교수가 일찍부터 교육자들의 좌익 단체인 그 무슨 '동맹'인가 하는 곳에 관계하였고, 그가 그곳에서 높은 자리에 있었다는 것을 나는 그때 이희재 선생을 통하여 처음 알았다. 그 이형우 교수의 영향력으로 이희재 선생에게 이화여자대학교 임시 책임자라는 중책을 맡기게 된 것이다.

이희재 선생도 그 교육자들의 좌익 단체에 가입은 했으나, 별로 한 일은 없다고 말했다. 이형우 선생의 경우는, 그의 집안이 본래 가장 낮은 천민 계층이었다는 사실에 한이 맺혀서 좀 깊숙이 관여한 것 같다는 말도 하였다. 이형우 씨가 천민 출신이라는 것도 그날 처음 들은 이야기였다. 평소에 너털웃음 잘 웃고 그토록 쾌활한 그에게 그런 고민이 있었다는 사실을 알고, 나는 산다는 것이 복잡한 과정이라는 것을 새삼스럽게 통감하였다.

이희재 선생에게 맡겨진 직책이 무엇인지 정확하게 알 수는 없었으나, 아마 정식 책임자가 부임할 때까지 임시로 이화여대를 지키고 관리하는 일이 맡겨진 것으로 생각되었다. 세상이 뒤집히는 와중에서 그런 직책을 수행한다는 것은 용이한 일이 아니었던 까닭에, 이희재 교수는 같은 과에 있는 나에게 우선 도움을 청했던 모양이다. 나도 그런 일에 대해서 전혀 능력이 없는 애송이에 불과했지만, 세상 물정에 대한 무지로 인한 만용에 사로잡혀 있던 철부지였으므로 힘써 돕겠다는 약속을 하였다. 붉은 완장을 두른 하급 사무 직원이 대학의 자치위원장이 되어 칼을 휘두르는 것보다는, 이휘재 교수와 같이 조용하고 신중한 사람이 그 자리를 맡게 된 것은 천만다행이라는 생각도 들었다. 우선 숨통이 좀 트이는 듯한 느낌이었던 것이다.

이희재 교수와 내가 회의장으로 돌아왔을 때까지 회의는 아직 속개되지 않고 있었다. 아마 무슨 낌새를 눈치채고 기다리고 있었던 모양이다. 이희재 교수는 조용히 단상으로 올라가서 자기가 상부의 지령으로 이화여대에 대한 총책임을 맡게 되었다고 선언하였다. 이에 대하여 아무도 감히 질문을 던지거나 이의를 제기하는 사람은 없었다. 그 상황에서는 '지령(指令)'이라는 말이 절대적 권위의 상징으로서 받아들여졌던 것이다.

이희재 선생이 첫째로 해야 할 일은 '지령'의 원칙을 따라서 부서(部署)를 편성하는 일이었다. 그는 좌익 단체에 가입하여 투쟁한 경력이 있는 교수는 손을 들라고 말하였다. 이를테면 '자치위원회' 같은 조직의 간부는 투쟁 경력이 있는 사람으로 정하라는 지령이 있었던 모양인데, 사무직원의 투쟁 경력은 묻지 않았다. 대여섯 명의 교수들이 손을 들었다. 이희재 교수는 그들을 다른 방으로 데리고 갔다. 그때 '김태길 동무'도 같이 오라고 하였다. 나는 투쟁 경력이 없었으므로 손을 들지 않았지만, 시키는 내로 따라갔다. 그저 따라갔다기보다는 기꺼이 따라갔다.

자치위원회의 부서는 '지령'이 제시한 틀에 맞추어야 했다. 그 틀에 따르면 위원장과 부위원장 밑에 조직부, 문화부, 선전부 등 네 개의 부(部)가 있고, 각 부의 부장 아래 네 사람씩의 위원을 두게 되어 있었다. 부장 이상의 자리는 투쟁 경력이 다소라도 있는 사람들에게 배정하고, 그 아래 위원들의 자리는 학교에서 보직을 맡지 않은 평교수로 충당한다는 원칙을 따랐다. 나는 16명의 위원 가운데 한 사람으로 지명되었다. 과거의 투쟁 경력이 없으므로 부장 자리를 주지 못한 점을 미안하게 생각한다는 말을 들은 것은 이희재 선생과 나만이 있는 자리에서였다.

이희재 선생은 다정다감한 사람이었다. 다정다감하다는 것은 좌익 사회의 조직체에서 우두머리가 되기에는 부적합한 성격이다. 그는 겉으로는 아주 냉혹하고 무서운 사람처럼 말하고 행동하였다. 그리고 이화여대의 교직원들은 모두 그를 두려워하는 눈치였다. 그전의 그 이희재가 아니라는 인상을 강하게 풍겼기 때문에 사람들은 그를 두려워하고 경원하였다. 그리고 경원당하는 자기의 처지에 대해서 그는 고독을 느껴야 했다. 옛날의 선배와 동료들로부터 상사 대접을 받는 일도 그에게는 괴로운 일이었다.

어느 날 다른 사람들은 모두 퇴근하고 이희재 선생과 나만이 학교에 남았을 때, 이희재 선생은 "김 선생" 하고 다정한 목소리로 나를 불렀다. '김 동무'가 아닌 '김 선생'으로 불린 것은 꽤 여러 날 만의 일이다. 그렇게 부르고 나서, 그는 연극배우 노릇을 해야 하는 자기의 처지가 서글프다는 뜻의 말을 하였다. 냉엄한 공산주의자처럼 행동해야 하는 자기의 처지가 연극배우의 그것과 같다는 뜻이다.

그 당시의 이화여대는 가장 부르주아적이라는 평을 들었고, 이화여대의 교수들은 자기들의 신분에 대해서 남다른 불안을 느끼는 경향이 있었다. 황해도 지주 출신인 이희재 선생도 이 점에 있어서는 크게 다를 바가 없었다. 이희재 선생 자신을 포함한 이화여대 교수들이 다치지 않기 위해서는 이화여대의 교직원 일동이 과거의 자기를 비판하고 새로운 인생관을 가지고 혁명 대열에 뛰어들 마음의 자세를 가다듬고 있다는 모습을 보일 필요가 있었다.

그렇게 하기 위해서는 교직원들이 매일 학교에 나와서 열심히 노래도 배우고 교양 학습에도 열성을 보이도록 유도해야 하기 때문에, 이희재 자신으로서는 선배와 동료들에게까지 냉엄하게 대하지 않을 수 없었다. 그런데 자기의 그러한 고충을 알아주는 사람이 없는 것 같아서 외롭다고 하소연하였다. 나는 지체 없이 그의 고충을 알고 있다고 위로하였다. 김 선생만 알고 있어도 기쁘다고 하면서 그는 잘해 보자고 하였다.

이어서 이희재 선생은 이런 말도 하였다. 이화여대 교수들 가운데 반동적인 사람의 명단을 적어 내라는 지시를 받았을 때 매우 난처했다. 한 사람도 없다고 하면 곧이들을 리 없기에 한강 이남으로 달아난 사람들 가운데서 극소수만 적어 냈다. 앞으로 더 적어 내지 않아도 좋도록 모두 열성적으로 적응해 주었으면 좋겠다. 대충 그런 말이었다.

이희재 위원장은 매사를 나와 상의하였고 두 사람의 그런 관계는 공공연하게 알려져 있었다. 이러한 사정은 사람들로 하여금 나를 정체 모를 '거물'이라고 생각하게 만들었다는 느낌이 들었다. 김태길은 이희재 위원장 뒤에 숨어서 무엇인가 작용을 하고 있는 진짜 빨갱이임에 틀림이 없다고 보는 사람이 있음을 피부로 느꼈다. 나 자신의 언행도 나를 그런 사람으로 여기도록 만드는 데 부채질을 하였다.

어느 날 위원장과 부위원장은 본부인지 어디에 볼일이 있어 시내로 들어갔고, 문화부장인지 선전부장을 맡아 보던 유 교수가 전체 교직원 회의를 주재한 일이 있었다. 그때 어떤 결의 사항을 통과시키는 마당에서 그 사회자는 회의의 절차를 무시하고 힘으로 밀어붙이려 들었다. 그러한 태도에 대해서 교수들이 불만을 느끼고 있다는 분위기를 감지한 나는 사회자의 태도가 너무 일방적이라며 이의를 제기했다. 아무리 공산주의 사회라 하더라도 형식적으로는 여러 사람들의 찬동을 얻어 내는 절차를 밟아서 의안(議案)을 통과시키는 것이 원칙이며, 그 의안이 그렇게 밀어붙일 필요가 전혀 없다는 것을 알았기 때문에, 나는 안심하고 이의를 제기했던 것이다.

사회자는 내 이의에 당황해 하면서 자기는 자연과학자이므로 회의 진행의 경험이 없어서 그렇게 되었다고 하며 물러섰다. 그 일이 있은 다음부터는 김태길은 간부인 부장까지도 쩔쩔매게 한 사람으로 인식되었고, 필시 무엇인가 믿는 바가 있는 사람이라는 강한 인상이 심어졌을 가능성이 크다.

이희재 선생이 '지령'을 받은 다음 날인가 다음다음 날쯤에 이런 일도 있었다. 학교의 총책임자인 위원장의 집무실로서는 총장실을 사용하는 것이 당연하다는 의견을 따라서 이희재 선생은 총장실을 둘러보러 갔다. 총장실에는 이미 몇 사람의 학생들이 들어앉아 있었고, 물러가라는 말에 처음에는 순순하게 응하지 않았다. 이화여대 교수들 가운데는 그 학교를 맡아서 지킬 만한 사람이 없을 것이라는 태도로 나왔고, 저희들이 교수들을 하나하나 심사할 계획을 가졌다는 말도 한 것 같은 기억이 어렴풋하게 남아 있다. 어쨌든 이희재 교수가 상부의 지령으로 임명된 위원장이라는 말을 듣고 학생들은 물러갔는데, 그 학생들 틈에 안면이 있는 사람 하나가 섞여 있었다. 1944년 봄에 결혼 상대를 구하기 위해서 내가 뒤따라갔던 아가씨들 중의 한 사람이 학생들을 지휘하고 있었던 것이다. 아마 졸업생으로서 관여하고 있었던 것으로 보였다.

이희재 선생의 총장실 주인 노릇은 며칠 가지 않아서 끝이 났다. 이북에서 온 이화여대 총책임자가 곧 부임한 것이다. 체격이 당당하고 외모가 준수한 호남이었다. 태도가 정중하고 예절바른 중년 신사였다. 표면상으로는 부드러운 듯하면서도, 어디엔가 권위주의적이며 위압적인 분위기를 풍기는 그런 사람이었다. 성은 허(許)씨였으며, 이름은 외자였다는 것만 확실하다. 후일에 북한에서 상당히 높은 직위에까지 오른 허담(許淡)이 바로 그 사람이 아닐까 하는 생각도 든다.

북한의 관리가 총책임자로 부임한 뒤부터 이희재 선생은 주로 그를 따라다니는 일에 골몰하게 되었고, 나와 개인적으로 만날 기회는 현저하게 줄어들었다. 따라서 흉금을 털어놓고 진심을 이야기한 일도 다시는 없었다. 그렇게 보아서 그런지 이희재라는 사람도 점차 진짜 공산주의자로 변해 가고 있다는 느낌이 들기 시작하였다. 어쩌다 단둘이 만날 기회가 있어도 뭔가 서먹서먹한 느낌이 들곤 하였다. 다시는 두 사람이 정을 담은 대화를 나룰 겨를이 없었다.

9장 의용군의 북한 구경

1. 공산 치하의 서울에서

기억이라는 것은 이상한 것이어서, 어느 기간 동안에 일어난 일 가운데서 하찮은 것만 생각이 나고 정말 중요한 것은 생각이 나지 않을 경우가 있다. 기억은 단편적일 경우가 많으며, 그 단편들을 연결한 전체는 도무지 생각이 나지 않는 것이 보통이다. 예컨대, 언제 누구를 만난 생각은 나는데 그 사람과 만나서 무엇을 했는지는 전혀 생각이 나지 않을 경우도 있다.

6·25 동란이 일어난 뒤에 나는 자주 이화여대에 나갔고 이화여대의 전체를 관리할 책임과 권한을 가지고 희멀겋게 생긴 중년 남자가 나타났다는 것은 생각이 나나, 그 사람의 지시를 받고 살았던 약 1개월 동안에 무엇을 했는지에 대해서는 생각나는 것이 의외로 적다.

한 가지 분명한 것은 그 기간 동안에 주로 의식 개혁을 위한 교육을 받았다는 사실이다. 나는 '김일성 장군의 노래', '빨치산의 노래' 등 많은 노래를 배웠고, 여러 차례의 강의를 들었다. 또 한 가지 생각나는 것은 '자서전'이라는 이름의 짧은 글을 여러 번 썼다는 사실이다.

노래를 배운 곳과 '자선전'을 쓴 곳은 주로 이화여대 구내였다. 그러나 '교육'을 위한 강의를 들은 곳은 이화여대 밖이었다고 생각이 되나, 정확하게 어디였는지는 기억이 몽롱하다. 다만 거의 틀림이 없다고 생각이 되는 것은 전원배(田元培) 선생의 강의를 듣기 위해서 연희대학교에 간 일이 한 번 있었다는 사실 정도다. 전원배 선생은 유물변증법에 관한 강의를 했던 것으로 생각되나, 확실한 기억은 아니다.

교육 내용에 관해서 다소간 기억에 남아 있는 것은 김일성대학 철학 교수들의 강의를 들었을 때의 인상이다. 확실하지는 않으나, 옛날 경기고등학교 자리에서 있었던 것으로 생각되는 그 강의는 이틀인가 사흘에 걸쳐서 여러 강사가 분담하였다. 그리고 청강생 가운데는 박종홍 선생이나 왕학수 선생 같은 남한의 저명 학자들도 다수 섞여 있었다. 김일성대학에서 왔다는 교수들은 대개 50세 전후로 보였으며, 매우 굳은 자세로 땀을 뻘뻘 흘리며 열심히 강의를 하였다. 준비해 온 강의 노트를 천천히 읽어 내려가는 방식의 강의로 시종일관했으니, 그 준비에 필요했던 시간과 노력이 이만저만한 것이 아니었다고 생각되었다.

강의 내용 가운데는 동서양의 철학사를 관념론과 유물론 두 조류의 흐름으로서 조감한 것도 있고, 리센코(Lysenko)의 생물학적 이론에 관한 이야기도 있었다고 기억한다. 학문도 혁명의 완수를 위하여 이바지함으로써 그 진가를 얻게 된다는 대전제에서 출발한 듯이 보이는 그들의 웃음 없는 강의를 들으면서, 공산주의 국가에서의 철학 교수 노릇이 매우 힘들겠구나 하는 인상을 받았다.

'의식화 교육'을 받고 있다는 것을 알고서 끌려 다닌 것이었지만, 거듭 비슷한 교육을 되풀이하여 받는 가운데 다소간의 영향을 받게 된 것은 어쩔 수 없는 일이 아니었을까 한다. 솔직하게 말해서, 6·25 동란이 터지고 북한 치하에 있었던 서울에서 한 달포 동안 생활하는 가운데, 나의 생각은 공산주의를 긍정적으로 보는 방향으로 조금씩 기울고 있었다. 6·25를 경험한 세대는 북한의 공산주의에 대해서 부정적 시각을 가진 사람이 많다는 일반적 견해와 정반대되는 말을 하고 있는 것 같아서 의아하게 생각하는 독자도 있을 것이다. 그러나 6·25를 경험한 대부분의 사람들이 북한 정치에 대하여 반감을 느끼게 된 것은 전쟁이 어느 정도 진행된 뒤부터의 일이며, 적어도 그 초반에는 공산주의라는 것이 소문처럼 살벌하거나 냉혹하지 않다는 인상을 받은 사람들도 상당히 있었을 것이라고 나는 생각한다.

대중매체를 통해서 세상 돌아가는 형편의 전모를 알 수 있는 그런 상황이 아니었다. 직접 눈으로 보고 귀로 들을 수 있는 좁은 범위의 정보에 의존하여 사태를 판단하는 것이 고작이었다. 6·25 동란이라는 일대 혼란의 와중에서 각자가 체험했거나 직접 견문한 것은 개인에 따라서 차이가 많았으므로, 신변에서 일어난 좁은 범위의 견문이나 정보에 의존한 사람들의 현실 파악도 사람에 따라서 차이가 많았을 것으로 보인다. 6·25 동란 초기에 인민군 치하의 서울에서 북한 공산주의에 대하여 가졌던 나의 피상적 소견은 코끼리의 일부를 만져 보고 얻은 장님의 인식에도 못 미치는 따위의 것이었을지도 모른다.

'인민군'이 서울에 입성한 직후에 들린 북한 사람들에 대한 소문은, 적어도 내가 들은 범위 안에서는 별로 나쁜 편이 아니었다. "인민군은 일반 시민은 해치지 않는다." "그들은 군기가 엄하며, 시민에게서 물품을 조달할 때는 반드시 대금을 지불한다." "전차의 승무원들이 모두 달아나서 서울의 교통이 마비 상태에 빠지자 인민군이 그 운전을 대신하였으며 요금은 받지 않았다." 대개 이러한 소문이 귀에 들려 왔다.

이 가운데서 내 눈으로 목격한 것은 요금을 받지 않고 전차를 운전한 '인민군'의 모습뿐이었으나, 선생에 승리한 군내가 대체로 행패를 일삼는다는 통념과는 다른 소문이 들려 왔다는 것은 공산주의 북한에 대한 첫인상을 좋게 만드는 데 기여했다고 생각된다. 이화여대 관리의 총책을 맡았던 허 아무개의 정중하고 예의바른 태도 역시 그들의 첫인상을 좋게 하는 데 도움이 되었을 것이다.

처음부터 '반동'을 색출한다고 설치고 다닌 것은 북한에서 온 사람들이 아니라 남로당 계열의 남한 사람들이라는 소문이 떠돌았다. '인민군'의 힘을 믿고 남한의 좌익이 남한의 우익을 공격하는 사례가 많았던 까닭에, 남한의 헌병대와 경찰은 이를 예방한다는 명목으로 수감 중이던 좌익 죄수와 감시 중이던 '보도연맹(輔導聯盟)' 회원들을 후퇴 직전에 처형했다는 소문도 들렸다. 해방 직후 충주여고에서 나와 함께 강사 노릇을 한 박희철 씨도 무기수로 복역하다 그 와중에서 희생되었다는 것을 후일에 전해 들었다.

전세가 유리하여 승승장구하던 초기에는 마음의 여유를 가지고 느긋하고 부드럽게 남한 사람을 대하던 북한 사람들의 태도가, 반격에 밀리며 후퇴하기 시작하면서부터 달라진 것이 아닌가 하는 것이 나의 추측이다. 어쨌든 '인민군'이 후퇴하기 시작한 무렵부터 수많은 남한의 비전투 요원들이 끔찍한 인명 피해를 입은 것은 부인하기 어려운 사실이며, 이 모든 잔학한 행위가 남한 공산주의자들만의 소행이라고 보기 어렵다면 그러한 추측이 불가피하게 될 것이다.

전쟁 초기에 내가 북한의 정치를 긍정적 시각에서 바라보게 된 데는 이승만 정권에 대한 나의 부정적 시각의 영향도 컸을 것으로 보인다. 무엇 때문인지 그 이유를 분명하게 말하기는 어려우나, 나는 언제부터인가 이승만이라는 사람을 좋지 않게 생각하고 있었다. 오해인지는 모르지만, 정권의 장악을 위해서라면 못할 짓이 없는 악당이라는 인상을 버릴 수가 없었고, 김구 선생을 죽인 것도 바로 그 사람일 것이라는 생각이 거의 확신처럼 굳어져 가고 있었다. 서양 여자를 데리고 사는 것도 마음에 들지 않았고, 특히 국민 위에 군림하는 그 거만한 태도가 싫었다.

이승만 정권은 이승만이 마음대로 주무른 정권이었던 까닭에, 이승만 개인에 대한 반감은 그의 정권으로 곧바로 연장되었다. 이러한 심리 상태에 있었을 때 북한 사람들이 침공해 들어와서 예상과는 달리 온유한 태도로 남한 사람들을 대했던 것이고, 어쩌면 이승만의 대한민국보다는 김일성의 조선인민민주주의공화국이 차라리 나을지도 모른다는 생각이 스쳐 가기도 했던 것이다. 멀리 떨어진 곳이 아름답게 보이는 것은 잔디밭을 바라보는 시각상(視角像)에만 국한된 현상이 아니다.

남한의 이승만 정부와 북한의 김일성 정부를 비교할 때 후자가 전자보다 낫다는 것이 사실이라 하더라도, 그 이유만으로 내가 김일성이 이끄는 북한 편을 들어야 마땅하다는 결론이 도출된다고는 생각되지 않았다. 국가와 정부는 구별해야 한다는 관점에서 문제를 생각했다는 기억은 없다. 남한 사람이나 북한 사람이 같은 민족이라는 사실 때문에, 정부와 국가는 같은 것이 아니라는 논리는 별로 문제가 되지 않았을 것이다. 그 당시에 내가 골똘히 생각한 것은 도대체 내 성분(成分)이 무엇이냐 하는 문제였다고 기억한다. 인류의 역사는 계급투쟁의 역사라는 마르크스의 주장이 마음에 걸렸던 것이다.

내가 만약 노동자나 빈농의 가정에서 태어났다면, 나는 마르크스 계급 이론의 논리를 따라서 공산주의 혁명에 투신해야 마땅할 것이다. 그러나 우리 집은 비록 산마을의 토박한 땅이기는 하지만 9천 평 가량의 농토를 가진 중농이었다. 그뿐만 아니라 나는 그 당시에도 이미 대학에서 교편을 잡은 지식인, 공산주의자들이 싫어하는 '인텔리겐차'였다.

쉽게 말해서, 나는 비록 부르주아 축에는 들지 않는다 하더라도 우리나라 사람들 중에서는 중산층 상위 집단에 속하는 처지였다. 중산층 상위 집단에 속하는 내가, 나와는 거리가 있는 프롤레타리아 계급의 편을 들어서 그들의 혁명운동 대열에 참여할 근거가 없지 않느냐 하는 것이 그 당시의 내가 나 자신에게 제기한 문제였다.

이 문제와 관련해서 내 기억에 분명하게 남은 것이 하나 있다. 우리 민족이 약소민족이라는 집단적 상황이 문제 해결을 위한 열쇠의 구실을 할 수 있지 않을까 하는 생각을 가져 보았다는 사실이 기억에 생생하다. 우리나라는 반세기 동안 일본의 지배를 받아 왔고, 일본의 통치를 벗어난 뒤에도 미국과 소련의 영향력 아래 있으며, 경제적으로도 극히 빈곤한 상태에 있다. 세계 전체를 한눈에 바라보는 관점에서 볼 때 우리 민족은 모두가 프롤레타리아 계층에 속하는 셈이며, 우리나라 안에서는 중류 상층에 속하는 나도 세계의 수준으로 볼 때는 한낱 가난뱅이에 불과하다. 전체가 프롤레타리아 계층에 속하는 약소민족의 일원이라는 나의 처지가 나에게 프롤레타리아 혁명 대열에 참여할 것을 요구하지 않을까 하는 그러한 생각을 막연하게 해보았던 것이다.

국가 간의 종속(從屬)에 관한 이론을 들은 적도 없는 우물 안 개구리가 그저 그런 생각을 좀 해본 것에 불과하다. 이론적 배경이 없었으므로 확신에 가까운 결론에 이르지도 못하고, 이런 생각 저런 생각을 하면서 관념의 방황을 일삼았던 것이다. 돌이켜 보건대 "약소민족의 일원인 까닭에 프롤레타리아 진영에 속한다고 볼 수 있다."는 논리까지 생각해 냈다는 사실은 내 마음이 이미 어떤 방향으로 기울어 가고 있었음을 암시하는 것으로 풀이된다.

만약에 서울이 북한군에게 점령되기 이전에 그러한 논리를 생각한 것이라면, 그것은 약소민족의 한 사람으로 태어난 지식인이 개인을 초월한 고민을 한 것으로 평가될 수도 있을 것이다. 그러나 공산 치하에 들어간 뒤에 그러한 논리를 생각했다는 것은 기회주의적 사고에 지나지 않았을 것이라는 뉘우침이 앞선다. 복잡하게 생각할 것 없이 두 눈 꾹 감고 현실과 타협하지는 못하고, 그래도 타협하고 싶은 마음을 정당화할 수 있는 어떤 논리적 근거를 찾으려고 애쓰는 것도 나약한 지식인에게서 흔히 볼 수 있는 일반적 현상이 아닐까 한다.

서울이 북한 군대에 의하여 점령되고 난 뒤 얼마 지나지 않아 '의용군(義勇軍)'에 관한 소문이 떠돌기 시작했다. 용맹한 북조선 인민군이 남반부를 해방시키고 조국을 통일하는 이 뜻깊은 전쟁을 팔짱 끼고 구경만 할 수 없어서, 남조선의 젊은이들이 궐기하여 의용군을 조직하고 용약 일선으로 나아가는 사람들이 날로 늘어 가고 있다는 소문이었다. 그 소문이 구전(口傳)으로 들리기만 한 것인지, 저들이 장악한 신문과 라디오를 통해서 선전되기도 했는지는 기억에 남아 있지 않다.

그것은 단순한 소문이 아니라 사실에 대한 정보였다. 그 당시 남한에는 남로당을 추종하는 젊은이들이 상당히 많았고, 초기에는 주로 이들이 '의용군'이 되어 '남조선 해방전선'에 뛰어들었던 것으로 안다. 짐작건대, 처음에는 붉은 완장을 두르고 '자치위원회' 또는 '민주청년동맹'에서 날뛰다가, 북에서 온 사람들의 사주를 받고 일선으로 나가게 되었을 것이다. 사주를 받을 필요조차 없을 정도로 확실한 좌익은 계속 후방에서 일을 했던 것이 아닐까 한다. 언젠가 제삼고등학교 동창생 이호섭이 우리 집에 들렀을 때 왜 의용군에 나가지 않았느냐고 물었더니, 의용군에는 조무래기들이나 나간다고 대답한 적이 있었다. 이호섭은 6·25가 나기 전부터 남로당에서 중요한 일을 맡고 있었던 것으로 안다.

초기에는 본인들이 자진해서 의용군에 나가는 경우가 많다는 소문이었으나, 날이 갈수록 강제로 내보낸다는 말이 돌았다. 길가에서 붙들려 끌려간 사람이 있다는 말도 들리고, 극장에서 끌려간 사람이 있다는 말도 들렸다. 본인들이 자원했다는 초기의 의용군 소문은 나와는 무관한 이야기로 들렸으나, 강제로 끌려가기 시작했다는 후기의 의용군 소문은 나를 다소 긴장하게 만들었다. 조만간 나에게도 의용군 압력이 미칠 것으로 예상되었던 것이다.

그 당시에 나는 김일성의 인민공화국이 이승만의 대한민국보다는 낫지 않을까 하는 정도의 생각은 가진 적이 있으나, 자진해서 의용군에 나갈 정도의 열의는 가지고 있지 않았다. 그렇다고 의용군을 피하기 위해서 다락방에 숨을 정도의 공포를 느끼지도 않은 채, 여전히 이화여자대학에 '출근'하고 있었다.

그날은 8월 3일이었다고 기억한다. 이희재 선생이 나를 조용히 부르더니, 오늘 이화여대 교직원들의 '의용군 출정 궐기대회'가 있을 것이라고 귀띔을 했다. 그리고 나도 그 궐기대회에서 한마디 해야 할 사람으로 지명되었다고 알렸다. 미리 마음의 준비도 하고 말도 준비해 두라는 뜻이다.

그 '궐기대회'에서 몇 사람이나 궐기 선동을 했는지, 내가 무슨 말을 했는지 기억에 남은 것이 별로 없다. 약 5분 정도 짤막짤막하게 여러 사람이 한마디씩 하면 모두가 박수를 치는 그런 모임이었을 것이다. 그리고 그 궐기대회가 끝나고 나서 삼삼오오 지정된 집합 장소로 향했던 것으로 기억한다. 집합하기로 된 시간까지 여유가 있었는지 어떤 사람은 집에 들렀다 오겠다고 하며 떠나가기도 하였다. 집에 들르겠다고 가서 아주 달아난 사람도 있었을 것으로 짐작한다.

일본의 학도 지원병을 피한 솜씨를 발휘한다면 나도 이번 의용군을 피할 수가 있는 상황이었다. 그러나 속임수를 써가며 피해 다닌다는 것이 얼마나 힘드는 일인지 체험을 했던 까닭에 나는 또다시 그 짓을 하고 싶지 않았다. 일제시대의 지원병들도 대개 무사히 돌아왔거니와, 이번 전쟁은 일사천리로 밀고 내려가는 전투인 까닭에 별로 위험하지 않을 것이라는 예측도 섰다.

일제 때부터 공산당에 들어갔고 해방 후에 경상북도 도책(道責)까지 맡았다가 전향하여 그쪽 세상 사정을 잘 아는 한세정(韓世靖) 선생의 충고도 생각이 났다. 내가 중농(中農) 집안의 출신이고 아버지가 우익 정당에 가입했던 일 등을 소상하게 아는 한세정 선생은 나에게 의용군에 나갈 것을 적극 권장했던 것이다. 공산주의 사회에서는 나의 출신성분이 불리한 까닭에, 살아남기 위해서는 의용군에 나감으로써 이력의 전환을 꾀함이 상책이라는 논리였다.

나를 의용군에 나가는 쪽으로 부추긴 또 하나의 사유가 있었다. 그해 8월 8일 만나기로 한 약속이 하나 있었으며, 그 약속을 지키자면 의용군에 나가는 길밖에 다른 도리가 없다고 생각되었던 것이다. 약속의 상대편이 한강 다리가 끊어지기 전에 남쪽으로 피난을 갔으며, 따라서 나도 남쪽으로 가야 8월 8일의 약속을 지킬 수 있는 가능성이 생길 형편이었다. 그리고 내가 경계망을 의식할 필요 없이 손쉽게 한강을 건너갈 수 있는 유일한 길이 의용군의 길이었던 것이다.

8월 8일이 특별한 날은 아니었다. 너무 자주 만나는 것보다는 가끔 만나는 편이 현명한 선택이 될 것이라는 판단에 따라서 두 달 뒤에 만나기로 한 것이 8월 8일이라는 날짜를 잡게 된 연유였다. 비록 한반도가 좁다 하더라도 '한수 이남'이 작은 마을의 이름이 아니거늘, 어디서 어떻게 만날 수 있다는 것이냐고 꼬치꼬치 따지는 것은 이 경우에 어울리지 않는다. 도대체가 상식이나 과학으로 따실 문제의 상황이 아니었고, '기적(奇蹟)'이라는 말은 바로 이러한 문제 상황을 위해서 있는 귀중한 단어였다.

8월 3일 아침에 집을 떠났을 때 '의용군 궐기대회'가 있으리라는 것을 미리 알았던 것은 아니므로, 가족들과 작별인사를 하기 위해서는 나도 일단 집에 다녀와야 할 상황이었다. 그러나 울고불고할 가능성이 있는 작별의 어두운 장면을 자초할 필요가 없을 것 같았고, 상식을 벗어날 정도로 심한 차멀미를 하던 체질이라 부랴부랴 집에까지 갔다가 되짚어 돌아선다는 것도 부담스러운 일이었다. 그뿐만 아니라, 집합 장소로 지정된 '일신국민학교'가 어디에 붙어 있는지 짐작조차 할 수 없는 내가 혼자서 그곳까지 찾아간다는 것도 쉽지 않은 일이었다.

내가 그날 아침에 들고 나온 가방을 집으로 보낼 수 있는 인편이 있기에,

편지를 몇 자 적어서 보냈다. 갑자기 떠나게 되었다는 것, 어머님과 아이를 잘 부탁한다는 당부, 머지않아서 돌아오게 될 것이니 걱정 말라는 것 등을 적어 보냈을 것이다. 그리고 문모(文某) 양이 찾아가거든 잘 돌봐 주라는 당부도 곁들였다.

문모 양은 6·25 동란이 일어나기 전부터 이희재 선생의 연구실에 자주 들른 재색을 아울러 갖춘 대학생이었다. 호남인가 영남인가가 고향인 문양은 기숙사 생활을 하던 중에 6·25를 만났고, 기숙사가 문을 닫게 됨에 따라서 숙식이 어렵게 되었다. 이러한 상황에서 문 양은 이희재 선생의 보호를 받게 되었고, 두 사람의 사이는 약혼 또는 그와 유사한 관계로 진전했던 것으로 보인다. 그런데 이제 이희재 선생마저 의용군으로 나가게 되어 의지할 데가 없어졌다. 사정이 이렇게 되었으니 당분간 문 양을 우리 집에 가 있게 해달라고 이 선생이 나에게 부탁했던 것이다.

2. 명사십리 해당화

집합 장소인 '일신국민학교'에는 교실과 운동장을 꽉 채운 군중이 웅성대고 있었다. 구름이 잔뜩 내리누르는 무더운 날씨가 분위기를 침울하게 만들었고, 구령과 지시를 따라서 앉으라면 앉고 서라면 서는 군중을 더욱 초라하게 만들었다. 나는 내가 매우 미천한 존재로 전락하고 있음을 피부로 느꼈다. 나는 군중 속에 끼여서 지루한 줄도 모르고, 이리저리 끌려다니는 나 자신을 저만치 떨어져서 바라보았다.

이희재 군도 이제는 위원장도 아무것도 아닌 한낱 졸때기가 되어 쭈그리고 앉아 있었다. 그도 나와 마찬가지로 '남조선 의용군'이라는 것이 이토록 쓰레기 대접을 받을 줄은 몰랐을 것이다. 그와 나의 시선이 마주쳤을 때, 우리는 동시에 쓸쓸하게 웃었다. 29세의 동갑내기 두 병아리 철학도의 자조(自

嘲)와 체념 섞인 웃음이었다.

형식에 불과한 '신체검사'를 받기 위해서 우리는 그렇게 장시간 기다렸던 모양이다. 단 한 사람의 의사가 보고 '합격'이라는 판단을 내리기 마련인 '신체검사'였다. 나를 검사한 사람은 해부학자인 이명복(李明馥) 교수였다. 그분이 한의학을 공부하기 이전이었으므로, 의사로서의 경험은 거의 없었을 것이다.

청주고등보통학교의 선배이고 내가 서울여자의과대학에 강사로 나갔을 때 함께 배구도 했던 이명복 교수는 나를 알아보았다. 그러나 그분에게 나를 '불합격'으로 만들 힘은 없었다. "어디 몸에 특별히 나쁜 곳은 없지요?" "예, 없습니다." "그럼 잘 다녀오시오." 이미 1분도 채 안 걸렸을 것이다. 족히 한나절은 걸렸던 일제의 '학도 지원병' 신체검사와 대조적이었다.

'신체검사'가 끝난 뒤에도 얼마를 더 기다렸다. 드디어 '이동'이 시작된 것은 아마 자정이 지난 뒤였을 것이다. 전 도정(道程)을 걸어서 행진하는 이동이었다. 우리는 대열을 지어서 깊깊한 거리를 쉬지 않고 걸어갔다. 본래 길눈이 어두운 나로서는 서울의 어떤 거리를 지나가고 있는지 전혀 알 수가 없었다. '의용군'이라는 이름은 붙었지만, 어떤 제복을 얻어 입은 것도 아니요, 총이나 칼을 든 것도 아니다. 반소매 바람에 맨손으로 걸어가는 특이한 군중의 행렬이었다.

좀 이상하다고 하면서 사람들이 수군거리기 시작했다. 의용군은 한강 남쪽으로 간다고 들었는데, 이것은 분명 북쪽을 향해서 걷고 있는 것임을 사람들이 알아차린 모양이었다. 그 이유는 분명하지 않지만, 행진의 방향이 남쪽이 아닌 북쪽이라는 사실에 대해서 사람들은 대체로 불만이 있는 것처럼 보였다. 8월 8일의 약속을 지킬 수 있는 '기적'이 일어나자면 남쪽으로 가야 하는 나의 낭패스러운 처지가, 다른 사람들의 생각까지 그러려니 넘겨짚게 만들었을 가능성도 있었다.

'단장의 미아리 고개'를 넘은 것은 날이 훤하게 밝은 뒤였다. 떠날 때는 그래도 어느 정도 줄을 지어서 행진을 개시했지만, 점차 대열의 질서가 무너져 가고 있었다. 한 차례도 쉬지 않고 밤을 새워 강행군을 했던 까닭에, 평소에 훈련이 없었던 사람들의 상당수가 낙오하게 되었고, 일부는 어둠 속으로 도망을 친 모양이었다. 이화여대에서 함께 떠난 사람들 가운데도 보이지 않는 얼굴이 적지 않았다.

일단 질서가 무너진 다음에는 다시 규율을 회복하기가 어렵다. 잘은 모르지만, 그 많은 사람들의 인솔 책임자는 한두 사람에 불과했던 모양이고, 인원 파악이나 명단 같은 것이 제대로 되지 않은 상태에서 엉성하게 끌고 가는 모양이었다. 의용군이라기보다는 피난민의 무리 같은 그런 모습이었다. 다만 짐보따리가 없었다는 점과 누군가의 선창을 따라서 북한의 군가를 부르고 또 부른 점이 피난민과 달랐다.

의정부에 도착했을 때 비로소 대열의 재정비가 시작되었다. 북한군이 남침한 초기에 격전을 치른 곳이라고 하였다. 시가지는 무참하게 파괴되어 폐허처럼 인적이 드물었다. 불타지 않고 남은 미군의 콘세트가 있어서, 우리는 일단 그곳에 수용되었다. 잠시 휴식을 취했다. 몹시 배가 고팠다는 기억은 남아 있으나, 그곳에서 요기를 했다는 기억은 없다. 거리로 짐작건대 의정부 콘세트에서 하룻밤 잤을 가능성도 있으나, 역시 기억에는 남아 있지 않다.

기억에 남는 것은 의정부를 떠난 뒤에 동두천을 거쳐서 전곡으로 갔다는 사실이다. 의정부에서 전곡까지 이동하는 사이에 어디서 무엇을 먹고 몇 차례나 노숙을 했는지 전혀 생각나지 않는다. 많은 환자가 생기고 발이 부르터서 절뚝거리는 사람들도 적지 않았으나 다행히 나의 건강 상태에는 이상이 없었다.

전곡은 삼팔선 접경에 있는 소도시로서 당시에는 이북땅에 속해 있었다. 그곳에서는 부녀동맹의 '환영'이 있었던 것으로 기억한다. '환영'이라는 것이 따뜻한 주먹밥 한 덩이씩 나누어 주는 것에 불과했지만, 그것은 그 상황에서는 호텔에서 베푸는 성대한 만찬보다도 더욱 값진 것이었다. 전곡에서는 노숙이 아닌 지붕 밑에서 잠을 잘 수 있었으며, 그곳 민간인들과 이야기할 기회도 있었다.

이북땅으로 넘어간 뒤에는 주로 낮에는 자고 밤에 걷는 행진이 계속되었다. 낮에는 미군 비행기의 공습이 있었던 까닭에 다수 인원이 이동하자면 위험이 따랐기 때문이다. 처음 선을 보인 제트 전투기가 가끔 나타나서는 기총소사를 자행하곤 하였다. 우리는 길 밑으로 엎드리면서 욕을 퍼붓는 것으로 대응하는 것이 고작이었다. 비행기 이름을 몰라서 우리는 그것을 '쌕쌕이'라고 불렀다. 더러는 '호주 비행기'라고 부르는 사람도 있었다. 왜 그런 이름이 생겼는지는 알 길이 없다.

전곡 다음에 기억이 남은 지명은 연천이다. 연천에서도 그 지방 사람들의 '환영'을 받았던 모양이다. 연천을 거쳐서 철원읍에 도착한 것은 8월 8일 새벽이었다. 서울을 떠난 것이 8월 4일 오전 한시나 두시쯤이었을 것이니, 만으로 나흘 이상 걸려서 그곳에 당도한 셈이다. 밤에만 걸은 뒤로는 행진의 속도가 크게 떨어졌던 것이다.

8월 8일. 이 약속의 날을 난생 처음 와보는 이북의 땅 철원에서 맞이한 것은 서글픈 일이었다. '기적'에도 논리라는 것이 있는 법인데, 한강 이남으로 피난 간 사람과 삼팔선 이북의 땅 철원으로 흘러온 나그네가 만난다는 것은 아무래도 불가능한 일이었다. 어디서 어떻게 구했는지, 나는 엽서 한 장을 써서 배달될 가능성이 거의 없는 남쪽으로 띄웠다.

그러나 철원이라는 곳은 인상에 남는 고장이었다. 아늑한 분위기의 농촌으로 농토가 비옥하여 풍요롭다는 말도 들었다. 사람들의 인심도 순박했던 것으로 생각된다. 우리는 여러 민가로 분산돼서 아침밥 신세를 졌거니와, 내가 속했던 분대를 맡은 집주인은 따뜻하게 우리를 대하였다. 나이는 50세쯤 되었을까?

철원을 떠난 우리는 다시 북으로 북으로 걸어서 갔다. 꽤 여러 날 걸려서 안변에 도착할 때까지 겪은 일들은 기억이 아물아물해서 어떤 꿈나라를 헤맨 것 같은 그런 인상만이 어렴풋하게 남아 있다. 지도를 보면 서울에서 철원까지의 거리와 철원에서 안변까지의 거리는 대략 비슷한 것 같은데, 철원에서 안변까지 가는 데 훨씬 더 여러 날이 걸린 것 같은 기억이다. 폭격으로 파괴된 도로의 복구 작업에 동원되기도 하고, 때로는 기차를 태워 준다는 헛소문 때문에 시간을 낭비하기도 하여, 상당히 많은 날짜를 소비한 것이 아닐까 생각된다.

철원에서 안변까지 가는 도중의 고생은 서울에서 철원까지 가는 도중의 그것보다 심했다. 저 경우나 이 경우나 가장 고통스러운 것은 배고픔이었거니와, 처음에는 몸에 지니고 있던 혁대나 만년필 또는 회중시계 같은 소지품을 주고 강냉이나 감자를 구해 먹을 수도 있었으나, 소지품이 떨어진 다음에는 그 길마저 막혔다.

또 하나 고생이 더하게 된 것으로는, 북으로 갈수록 기온이 내려갔기 때문에 반소매 남방 셔츠만으로는 추위를 견디기가 어려웠다는 사정이 있었다. 신고 간 양말이 떨어져서 발목과 발등을 덮는 부분만이 남았기에, 나는 거지 발싸개만도 못한 그것을 어느 냇가에 버렸다. 그러나 그것은 나의 큰 실수였다. 그것을 버린 뒤에 내 발은 갑자기 더 큰 추위에 시달려야 했다.

여러 날 땀을 흘리고도 목욕을 못한 것은 견딜 만한 괴로움이었다. 신문이고 잡지고 종잇조각을 구경하기가 어려운 형편이어서, 대변을 본 뒤의 처리를 돌멩이나 콩잎으로 대신해야 하는 불편이 있었지만, 그것도 어린 시절의 훈련이 있어서 큰 문제는 아니었다. 그러나 수없이 많은 이가 전신에서 스멀거리는 것은 참기 어려운 불쾌한 체험이었다.

쉬는 시간마다 부지런히 잡아도 끝이 없었다. 이라는 것은 아무리 많아도

옷 속으로 기어 다니기 마련인데, 우리의 경우는 옷의 안팎을 가리지 않고 도처에 횡행하였다. 옷의 단춧구멍이나 헝겊의 주름잡힌 구석에는 이와 서캐가 덩어리를 이루고 들어차 있었다. 지금도 그때를 생각하면 온몸이 가렵다.

행군만 계속한 것은 아니었다. 군 소재지 정도의 소도시에 도착했을 때는 대개 '교육'이라는 것이 기다리고 있었다. 군(郡)의 위원장 또는 선전부장이 나타나서 공산주의 나라의 우월함을 밝히는 열변을 토로하곤 하였다. 그 지방의 통계 숫자를 제시하며 자랑을 늘어놓기도 하였다. 대개 비슷한 얘기가 아니었던가 싶으며, 모두가 말을 잘했다는 것도 공통점이었고, 자기를 노동자 또는 농민으로 소개한 것도 공통점이었다.

노동당 간부가 아닌 일반 민간인과 대화할 기회도 더러 있었다. 민간인 집에 분산 수용되어서 숙식의 신세를 지게 된 때도 있어서 그런 기회가 생겼던 것으로 기억한다. 민간인들의 말은 군당(郡黨) 위원장이나 선전부장의 그것과 크게 달랐다. 한마디로 말해서, 공산주의자들 등쌀에 못살겠다는 불평이었다. 그들은 우리가 강제로 끌려온 사람들이라는 전제 아래 말을 마구 하는 모양이었다. 그러나 우리는 그들의 본색을 모르는 까닭에 말을 조심하였다.

어떤 친구는 우리가 자진해서 제 발로 걸어온 '의용군'이라고 강조하기도 하였다. 나도 '동무'라는 말을 열심히 사용했을 것이다. 그러나 그곳 민간인들은 나를 '아바이'라고 부르는 경우가 많았다. 사전을 찾아보면 '아바이'라는 말의 뜻은 '할아버지' 또는 '영감'으로 나와 있다. 내 나이 만 29세에 '아바이'라고 불린 것이다. 내가 일찍부터 겉늙어 보인다는 말을 들었다고는 하지만, 남한에서 '아바이'에 해당하는 호칭으로 불린 적은 없었다. 서울을 떠나서 '의용군'의 길을 걷는 동안에 폭삭 늙었던 것이 아닐까 한다.

철원에서 안변까지 가는 도중에 우리 일행의 인원수는 크게 줄었다. 병이 생겨서 낙오한 사람들도 많았으며, 중환자들의 경우는 의료 시설도 없는 객지에서 소생이 어려웠을 것이다. 도중에서 인근 북한군 부대로 편입된 사람들도 있었다.

이화여대에서 온 사람들도 결국은 뿔뿔이 헤어지게 되었는데, 아마 북한 사람들이 의도적으로 같은 직장 사람들을 갈라놓은 것이 아닐까 한다. 이희재 선생은 서울에서의 경력이 평가되어서 어떤 야전병원의 간호병으로 가게 되었다고 기뻐하였다. 외톨이가 된 다음에는 말동무조차 없어서, 나는 더욱 처절한 나그넷길을 걸어야 했다. 목적지가 어디인지, 일정이 어떻게 짜여 있는지, 전혀 모르는 상태에서 맹목적으로 따라가는 기이한 나그넷길.

안변에 도착했을 때 그곳이 우리들의 일차적 목적지였음을 비로소 알게 되었다. 우리는 허술한 막사에 수용되었고, 북조선 인민군 590 부대의 '전사(戰士)'라는 신분을 얻게 되었다. 군복의 배급이 있었다. 여름옷 한 벌과 모자 그리고 싸구려 운동화 같은 군화와 양말 대신의 '발싸개' 한 켤레씩. 그것이 전부였으나 갑자기 부자가 된 기분이었다. 무기는 아무것도 주지 않았다. 줄 만한 여유가 없었던 모양이다.

소대장이라는 사람이 나타났다. 나이는 20세 정도로 대학 재학 중에 입대한 사람이라고 하였다. 똑똑해 보였다. 분대장도 북한 사람이었다. 나이는 30세가 넘어 보였다. 농사꾼이라고 하였다. 순박해 보이기도 하고 내숭스러워 보이기도 하였다. 그 밖의 소대원은 모두 남한 출신이었다.

내가 속했던 소대는 '45밀리포 소대'라고 하였다. '45밀리포'는 탱크를 공격하는 데 사용하는 매우 위력이 있는 무기라는 설명을 들었을 뿐, 실물을 본 적은 없다. 보병 소대에도 총 한 자루도 없었다. 무기가 있다면 소대장이 허리에 차고 다니는 권총이 있을 뿐이었다. 모든 무기를 전방으로 내보내고, 후방은 무기 없는 군대가 지켜야 할 형편이었을지도 모른다.

무기도 없는 부대였지만 할 일은 굉장히 많았다. 도수(徒手)로 하는 제식 훈련이 있었고, 소대장이 교사 노릇을 하는 '사상 교육'이 있었다. 20세 정도의 대학생 장교의 사상 교육의 내용은 얄팍할 수밖에 없었다. 마르크스가 어떻고 레닌이 어떻고 하는 이야기도 했지만, 제대로 알고 하는 이야기 같지가 않았다.

나는 또 여기서 실수를 했다. 그저 듣고만 있어야 하는 상황이었는데 공연한 질문을 했던 것이다. 내 딴에는 조심스럽게 질문을 한 것이지만, 그것이 소대장을 난처하게 만들었던 모양이다. 그 당장에는 내가 무슨 실수를 했는지 나도 모르고 있었다. 쓸데없는 질문이 왜 실수였는지를 알게 된 것은 며칠 뒤의 일이다.

제식훈련과 사상 교육은 누워서 떡먹기였다. 가장 괴로운 것은 흙을 나르는 육체노동이었다. 무슨 목적을 위해서였는지는 생각이 나지 않으나, 산 언덕을 허물고 그 흙을 다른 곳을 옮기는 작업을 매일 계속하였다. 아주 원시적인 방법으로 옮기는 일이었는데, 맨몸으로 걷는 것은 얼마를 걸어도 문제가 없는 나였지만, 무거운 짐을 지고 걷는 훈련은 전혀 되어 있지 않았으므로 그 고통이 여간 심한 것이 아니었다.

어깨의 살가죽이 벗겨지기 시작하면서부터 고통은 본 궤도에 올랐다. 조금이라도 일을 천천히 하려고 꾀를 부리면 소대장이 금방 달려와서 지적을 한다. 부르주아의 썩은 정신이 가득 차 있다는 것이었다. 육체적 고통에 정신적 고통까지 주자는 수작이었다. 그래도 나는 그것이 나의 어리석은 질문과 관계가 있다는 것을 몰랐다.

거기에도 쉬는 날이 있었다. 쉬는 날이라 해도 별다른 오락이 있을 리 없었고, 이나 잡아 가며 한가로운 시간을 갖는 정도가 고작이었다. 그러나 나의 경우는 쉬는 날마다 하는 중요한 일이 있었다. 소금으로 이를 닦는 일이다. 다른 날도 틈을 찾아서 이를 닦기도 했지만, 여의치 않은 날이 많았다. 어느 쉬는 날을 맞이하여 아침 식사가 끝나자마자 나는 이 닦을 준비부터 하였다.

소금을 한 움큼 쥐고 막 우물가로 가려고 했을 때, 소대장이 나를 불러 세웠다. 자기의 매트리스 속을 채울 볏짚을 구해 오라는 지시를 내리기 위해서였다. 돈을 주고 사오라는 것이 아니라, 아무 농가에나 가서 얻어 오라는 것이었다. 나는 우선 이부터 닦아야 하겠기에, 대답만 하고 우물가로 향하였다. 그 순간 "김 동무!" 하는 날카로운 소리가 등 뒤에서 찢어졌다. 이어서 "소대장을 어떻게 아는 것이냐? 정신이 글러먹었다!" 하며 마구 퍼부어 댔다. 나는 꼼짝없이 당할 수밖에 없었으나 참 어이가 없었다.

쉬는 날 자유시간에 개인적인 부탁을 해놓고서 이 닦을 여유도 주지 않는 행패였다. 매트리스 하나를 채우자면 상당히 많은 볏짚이 필요하다. 만약 농가에서 잘 안 주면 어떻게 하느냐고 내가 물은 것도 트집 거리가 되었다. 서울에서는 그래도 대학교수의 대접을 받았는데, 멀리 타향에 와서 아주 새파란 어린 녀석에게 경우에 없는 야단을 맞고, 그저 잘못했다고 빌어야 했다.

또 다른 쉬는 날, 이웃 소대장이 우리 소대에 놀러 왔다. 우리 소대장보다는 나이가 지긋해 보이고 체격도 우람한 청년이었다. 그 친구가 나에게 말을 걸었다. 서울에서 무슨 일을 했느냐고 물었다. 대학에서 교원 노릇을 했다고 대답했더니, 무슨 과목을 가르쳤느냐고 또 물었다. 심리학을 가르쳤다고 대답했다. 철학을 가르쳤다고 하면, 관념론 철학이냐 또는 유물론 철학이냐 하고 다시 귀찮은 질문이 나올 것 같아서 그렇게 대답했던 것이다.

"심리학이라면 무시기 심리학을 가르쳤습네?"

"심리학 개론도 가르치고 아동심리학도 가르쳤습니다."

"부르주아 심리학이냐 프롤레타리아 심리학이냐 말이오."

"요즈음은 심리학도 실험을 토대로 한 자연과학으로 발전하고 있지요. 그래서 부르주아 심리학이니 프롤레타리아 심리학이니 하는 구별에는 별로 의미가 없습니다."

"미국 사람들의 심리학도 반동적이 아니란 말이오?"

"글쎄요. 내가 읽은 책에서는 별로 그런 것을 느끼지 못했습니다."

그런데 이 대답이 시비거리가 되었다. 내가 미국 심리학을 옹호하고 나섰다는 것이다. 정신 상태가 근본적으로 글러먹었다고 호되게 다그쳤다. 나도 처음에는 자연과학에까지 계급성을 말하는 것은 좀 지나친 것 같다고 맞서 보기도 했으나, 분위기가 너무나 험악하기에 조용히 듣고만 있었다.

우리 소대장까지 합세해서 마구 몰아세웠다. 나를 혼내 주기 위해서 그날 의도적으로 그 사람들이 나에게 말을 걸어 온 것인지, 우연히 그렇게 된 것인지는 알 수 없으나, 내가 그쪽 세상의 물정을 너무 몰랐던 것만은 틀림이 없다.

나뿐 아니라 과거에 고학력을 자랑으로 여기던 사람들은 그곳에서는 대개 푸대접을 받았다. 우리 일행 가운데는 대학생들도 더러 있었는데, 역시 지식인으로 인정되어 별로 환영을 받지 못했다. 남한에서는 집에 돈이 많은 것이 자랑이고 공부를 많이 한 것이 자랑이었으나, 그곳에서는 가난이 자랑이었고 무학(無學)이 자랑이었다. 우리 일행 가운데 극빈자 출신이나 무학은 별로 없었으며, 그런 연유 때문인지 '남조선 의용군'에 대한 인민군 군관들의 태도는 대체로 냉랭한 편이었다.

어느 날 소대장이 나와 한화석(韓華錫) 씨를 불렀다. 한화석 씨는 부산대학에서 수학을 가르치다가 온 사람으로, 어떤 연유 때문인지는 모르겠으나 의용군이 되어서 나와 같은 소대에 속해 있었다. 별로 말이 없으면서 다정스러운 인품이었다. 두 사람을 불러 놓고, 소대장은 우리 두 사람이 다른 소대로 가게 되었다고 통고하였다. 나이 어린 대학생인 자기가 대학교수의 전력을 가진 소대원을 두 사람이나 데리고 있는 것이 너무나 부담스러웠다는 말을 하였다. 다른 소대로 가더라도 건강하게 잘 지내라는 말도 했다.

한화석 씨와 행동을 같이하게 된 것은 천만다행이었다. 한화석 씨는 가끔 누룽지도 얻어다 나누어 주기도 한 자상한 친구일 뿐 아니라, 이희재 선생과 헤어진 다음에 그 빈자리를 채워 준 말동무이기도 하였다. 그의 부인과 나의 아내가 경기여고의 동기동창생이라는 것을 알게 된 것은 훨씬 뒤의 일이다.

한화석 씨와 내가 다음에 속하게 된 소대는 중기관총 소대라고 하였다. 실물의 중기관총은 없었고 그 모형 비슷한 것이 하나 있어서, 그것을 네 사람이 메고 다니느라고 고생을 한 기억이 있다. 중기관총 소대의 소대장도 역시 대학생이었으나, 성격이 온순한 편이어서 대하기가 수월하였다. 나도 전일의 경험을 살려서 불필요한 발언을 삼갔기 때문에, 그 뒤로는 마음고생이 별로 없었던 것으로 기억한다.

중기관총 소대로 옮겨 간 뒤로 부대 이동이 있었다. 역시 걸어서 가는 이동이었고, 원산 가까이 있는 저 유명한 명사십리(明沙十里)까지 가서 일단 머물렀다. 안변에서 명사십리로 가던 도중에 온통 코스모스로 뒤덮인 광활한 들판을 바라본 기억이 지금도 생생하다. 그렇게 많은 코스모스가 한곳에 어우러져 핀 광경을 나는 그때 처음 보았다.

한마디로 장관이었다. 하나하나 떼어 놓고 보면 대단치 않은 코스모스지만, 많이 모여서 피어 있는 광경은 전혀 다른 것이었다. 무수하게 많이 어우러져 핀 코스모스의 물결이 가을바람을 받고 일렁거렸다. 코스모스의 물결 저편에 파란 하늘이 멀리멀리 이어졌다. 북녘땅 고원 지대의 늦가을 풍경은 매우 아름다웠으나 나그네의 마음은 몹시 쓸쓸했다. 대열에 끼여서 걷고 있었지만 나는 혼자였다. 무기도 없이 이름만 '군대'인 그 기이한 대열은 아직도 여름옷을 입고 있었다.

명사십리에서의 우리 소대 임무는 '해안 경비'라고 하였다. 해안에는 이층집 높이 정도의 망루(望樓)가 서 있었다. 그 망루에 교대로 올라가서 해안 일대를 경비하라고 하였다. 밤이면 바닷바람이 몹시 찼다. 여름 군복이 추위에 떨었다. 그러나 다행히 감기에는 걸리지 않았다.

바닷가 백사장에는 빨간 해당화가 여기저기 피어 있었다. 애잔하기 그지없는 꽃. 이것이 저 유명한 '명사십리 해당화'인가 하고 바라보았다. 달이 휘

영청 밝은 밤이면 해당화 핀 백사장은 꿈속의 그림 같았다. 달을 바라보면서 고향 생각을 했다. 처얼썩 처얼썩 파도 소리가 나그네의 쓸쓸함을 부추겼다. 달빛이 탐조등을 대신하는 가운데 맨주먹으로 수평선을 바라보는 이름만의 해안 경비였기에, 한가로움은 곧 쓸쓸함으로 이어졌다.

어느 날 소대장이 한화석 씨와 나에게 중대 본부의 정치 중대장을 찾아가 보라고 지시하였다. 또 무슨 자기비판 거리가 생겼는가 싶어서 불안한 마음으로 찾아갔다. 그러나 그런 것은 아니었다. 정치 중대장은 어떤 자료를 주면서 그 통계를 내고 도표도 작성하라는 과제를 주었다. 수학을 전공한 한화석 씨에게 매우 적합한 과제였다. 작업은 옆방에 가서 하라고 하였다. 나는 한화석 씨 조수 겸 말동무 노릇만 하면 되었다. 의용군으로 나온 뒤에 가장 마음 편안한 하루였다.

중대 본부의 분위기는 어쩐지 침울하였다. 전황(戰況)이 북한에게 불리하게 돌아가고 있는 것이 아닐까 하는 것을 식감으로 느낄 수가 있었다. 그때까지 우리는 북한군이 승승장구 이기고 있다는 이야기만 들어 왔으나, 그것이 아니라는 것을 눈치챌 수 있었다. '작전상 후퇴'를 하게 되었다는 공식적인 알림이 있은 것은 그 바로 며칠 뒤의 일이었다고 기억한다.

'작전상'이라고는 하지만, 원산 부근의 부대까지 후퇴를 하게 되었다면 크게 밀리고 있다는 것을 의미하였다. 인민군 장교들 사이에는 당황해 하는 기색이 완연하였고, '미 제국주의'에 대한 욕설이 쏟아지기도 하였다. 그러나 남한에서 간 '의용군'의 심정은 지극히 미묘한 것이었다.

어느 편이 아군이고 어느 편이 적군인지 분명하지 않았던 까닭에 유엔군과 국군이 밀고 올라온다는 소식이 좋은 소식인지 나쁜 소식인지 얼른 판단이 서지 않았다. 어쨌든 표면상으로는 '나쁜 소식'으로 전제하고 표정을 지을 수밖에 없는 상황이었고, 부대를 따라서 후퇴의 대열을 따를 수밖에 없는 형편이었다.

후퇴는 밤낮을 가리지 않았다. 평지로 이동하면 공습의 목표가 되기 때문인지, 산길을 타고 북으로 북으로 달아났다. 처음에는 부대를 편성하고 이동을 시작했으나, 시간이 지날수록 질서가 무너졌다. 밤에 산길로 후퇴하면서 대오(隊伍)를 정돈하기는 어려웠고, 지휘의 체계가 흔들리면서 후퇴하는 무리는 별수 없이 '오합지졸'이 되었다.

질서가 무너지건 오합지졸이 되건, 그런 것은 의용군 졸병에게는 문제될 것이 없었다. 그러나 식량의 보급이 끊어지게 되니, 이것이 문제였다. 식량이라야 하루에 건빵 한 봉지 주는 정도였으나, 그것마저 끊어지게 되었으니 문제는 심각했다. 먹고 싶은 생각과 자고 싶은 생각밖에는 남은 것이 없는 그저 한 마리의 동물이 되어, 앞 사람의 뒤만 보고 묵묵히 따라가고 있었다.

자는 문제도 먹는 문제에 버금가는 고통이었다. 산중에서의 잠자리란 노숙밖에 다른 길이 없었는데, 이미 10월에 들어선 함경도 산악 지대의 밤공기는 얼음장처럼 쌀쌀했다. 반소매 내의 한 장 위에 여름옷을 걸친 것이 방한 장치의 전부였다. 분대 전체에 한 장인가 두 장의 모포가 있기는 했으나, 그것을 누가 가지고 있는지조차 알 길이 없었다.

아무리 어려운 상황에서도 피곤이 쌓이면 잠은 오기 마련이다. 허섭스레기 소지품이 든 배낭을 베고 쓰러지면 모진 추위 속에서도 잠이 왔다. 후퇴하기 시작한 다음 날 새벽녘에 이름 모를 산중에서 한숨 푹 자고 깨어 보니 주위에 서리가 하얗게 내리고 있었다. 뻣뻣한 천으로 만든 여름 군복이 눅눅하게 젖어 있었다. 그래도 감기나 몸살은 오지 않았으니 신기한 일이다. 병이 나면 그것은 곧 죽음을 의미했을 것이니, 병이 생기기가 어려웠던 것이 아닐까 짐작한다.

그 다음 날 잠을 깨어 보니 해가 중천에 떠 있었다. 날씨가 약간 누그러지고 지형이 아늑해서 잠이 깊이 들었던 모양이다. 내 주위에는 대여섯 명의 동행이 보였을 뿐, 그 많던 사람들은 온데간데없었다. 모두들 앞을 다투어 달아나던 마당에서 단잠을 자다가 패잔병 또는 낙오자가 된 모양이었다. 그 낙오자들 가운데 우리 소대장이 끼여 있었고, 그 밖의 사람들은 모두 남한 출신이었다.

소대장은 권총을 차고 있었으나, 다른 사람들은 모두 맨손이었다. 권총을 가진 소대장이 계속 북쪽으로 가자고 하면 그렇게 할 수밖에 없는 상황이었다. 그러나 소대장은 철저한 공산주의자가 아니었던 모양이어서, 우리에게 계속 후퇴할 것을 요구하지 않았다. 각자가 알아서 고향으로 가고 싶은 사람은 고향으로 가고, 북쪽으로 가고 싶은 사람은 북으로 가라고 하였다. 북쪽 목적지는 만주땅이라고 하였다.

소대장은 전황에 대해서 우리보다 많은 것을 알고 있었다. 서울이 국군에 의해서 수복되었을 뿐 아니라 평양도 이미 함락된 모양이라고 하였다. 공습이 무서워서 산길로 후퇴한 것이 아니라, 평지와 부락은 국군과 유엔군에 의해서 장악되었으므로 산을 탈 수밖에 없었던 것도 그제서야 알게 되었다. 소대장은 고향인 황해도로 가기도 어렵고, 590 본부대를 놓쳤으니 만주로 후퇴하기도 난감하게 되었다고 실토하였다.

한 가지 다행한 것은 우리 낙오자 또는 패잔병 가운데 한화석 씨가 끼여 있었다는 사실이다. 남한 출신은 모두 고향으로 돌아가는 길을 택하기로 하였으나, 북한의 군복을 입고 단체 행동을 하기는 어렵다는 것이 중론이었다. 결국 뿔뿔이 헤어져서 행동을 하기로 하였으나, 나 혼자서 단독으로 행동하기에는 좀 외롭고 불안한 상황이었다. 한화석 씨와 나는 끝까지 행동을 같이 하기로 약속하고 밤이 되기를 기다렸다. 패잔병 주제에 백주에 산을 내려가기는 어려운 노릇이었다. 민간복으로 갈아입을 때까지는 밤에 행동하는 것이 안전하리라고 판단했던 것이다.

10장 남한으로 돌아오다

1. 지옥선(地獄船)

한화석 씨와 내가 날이 저물기를 기다려서 산을 내려온 그날이 1950년 10월 12일이었다고 나는 기억한다. 내 기억에 잘못이 있다 하더라도, 하루나 이틀 이상의 착오는 없을 것이다. 우리가 북쪽으로 달아나다가 낙오된 그 지점이 어디쯤인지는 잘 알 수가 없다. 다만 함경남도의 어느 산중이었던 것만은 틀림이 없다. 어쨌든 우리는 서남방을 향하여 산에서 내려왔고, 가장 가까운 농촌을 찾아갔다. 그 농촌 어느 농가의 북데기 속에 들어가 우선 달고 긴 잠을 잤다.

잠을 깬 것이 어느 시각이었는지는 생각이 나지 않으나, 도랑을 찾아가서 세수를 한 기억은 어렴풋하게 남아 있다. 세수를 한 다음에 두 사람은 어느 농가를 방문하여 자초지종을 이야기하였다. 우리의 목적은 헌 누더기라도 좋으니 민간복으로 갈아입을 옷과 날것으로 씹기 위한 쌀을 좀 구하고자 함에 있었다. 거저 달라고 구걸하는 방법 대신, 우리가 가지고 있던 것 전부와 바꾸는 물물교환의 방법을 택하였다. 우리가 가지고 있던 것이라야 인민군 여름옷 한 벌 외에는 별로 쓸만한 것이 없었을 터인데, 결과적으로 우리는 헌 중의적삼과 쌀을 한 되쯤 구하는 데 성공하였다.

생쌀을 씹으며 서울까지 걸어서 가리라는 것이 우리들의 심산이었다. 본래 걷는 다리 힘에 대해서는 자신이 있었고, 단식의 경험도 있는지라 그 정도의 쌀에다 솔잎이라도 씹어 가며 걸어가면 서울까지 가는 것은 별로 문제가 없을 것으로 마음이 놓였다.

'의용군'에 나갔다는 것 때문에 집으로 돌아가는 것을 누가 막을 까닭도 없을 것 같았다. 그때 우리들에게는 죄의식이나 양심의 가책 따위는 거의 없었다. 정부와 국군을 믿고 동요함이 없이 끝까지 서울을 지키라고 공영 라디오 방송을 통하여 거듭 강조한 정부였다. 그리고 그 방송이 나가고 있던 시간에 서울을 포기하고 달아나면서 하나밖에 없던 한강 다리를 폭파해 버린 정부의 수뇌부였다. 한강을 건널 길이 없어서 서울에 남았던 민초들 가운데 젊은 이들이 역사적 선풍에 날려서 '의용군'이라는 꼬리표를 달고 함경도 낯선 땅까지 왔을 뿐이다. 대략 이상과 같은 논리를 전개하면서 한화서 씨와 나는 별로 잘못한 것이 없다고 스스로 변명하였다. 설사 잘못이 있다 하더라도 법에 의해서 처벌을 받음이 마땅하며, 법적인 조처를 받기 위해서라도 일단 서울로 돌아가야 할 일이었다.

손에 지도가 있는 것도 아니었다. 물어물어 서울까지 가야 할 형편에서 우선 머리에 떠오른 것은 왔던 길을 되돌아가면 되리라는 생각이었다. 그 고장 사람에게 물어보았더니, 굳이 명사십리가 있는 원산을 거쳐 갈 필요는 없을 것 같았다. 우리는 첫째 중간 목표를 안변으로 잡고 기운을 내서 걷기 시작했다. 억압에서 풀려났다는 해방감에 젖어 가며, 두 사람은 가벼운 마음으로 귀향길에 올랐다.

우선 철길을 찾아갔다. 그 근방에서 철길이라면 경원선(京元線)밖에 없을 터이고, 경원선을 따라서 남쪽 방향으로 걸어가면 안변이 나올 것임에 틀림

없었다. 물어서 철길을 찾는 일은 비교적 용이한 일이었고, 기차가 다니지 않는 철길이라 그 위를 걷기에도 어려움이 없었다. 한화석 씨도 걸음을 잘 걷는 편이었다.

편안한 마음과 평범한 자세로 철길 위를 걷고 있는데, 저쪽에서 걸어오는 국군 차림의 두 장정과 마주치게 되었다. 그들은 우리를 불러 세우더니 어디 가는 사람이냐고 물었다. 우리는 의용군에 끌려 나온 사람으로서 집으로 가는 길이라고 천연스럽게 대답했고, 국군은 고생이 많다고 위로하며 잘 가라고 보내 주었다. 서울까지 가자면 이런 검문을 여러 차례 당할 것으로 예상되었다.

두 번째로 만난 국군은 지프차를 타고 있었다. 신작로를 달리다가 우리를 발견하고는 차를 멈추었다. "너희들은 누구냐?" 하고 해라를 하며 추궁하듯 물었다. 헌병이었다. 우리는 자동적으로 그들을 향해 갔고, "너희들 의용군이지?" 하는 두 번째 질문을 받았다. 머리를 박박 깎고 있어서 바로 표가 났던 것이다. 숨길 수도 없고 숨길 필요도 없는 일이어서 바른대로 이야기했다. 다만 강제로 끌려왔다는 점을 과장해서 강조하기를 잊지 않았다.

우선 차에 타라고 헌병은 우리에게 지시하였다. 우리는 시키는 대로 뒷좌석에 올랐고, 운전병은 말 없이 페달을 밟았다. 오래간만에 타보는 지프차였다. 지프차가 안변에 도착한 것은 황혼이 깔릴 무렵이었고, 헌병은 우리 두 사람을 어떤 음식점으로 끌고 갔다. 음식점에는 국군들이 여럿 모여서 푸짐한 불고기 잔치를 벌이고 있었다. 전쟁에 이긴 군대의 모임은 활기에 넘쳐 있었다.

국군 병정들은 승리자답게 너그러웠다. 우리에게도 실컷 먹으라며 술과 음식을 권했다. 더러 호기심 어린 질문을 하는 사람도 있었으나, 우리를 '빨갱이'로 인정하고 적대시하는 기색은 전혀 없었다. 북한의 인민군이 남한 출신의 의용군을 의심에 가득 찬 눈초리로 바라보던 것과는 대조적이었다. 어꼈든 그들의 인심 좋은 분위기 속에서 우리 두 사람은 마음이 편안함을 느꼈고, 모처럼의 포식을 즐기는 한때를 가졌다.

저녁 식사가 끝난 다음에, 그 헌병은 우리를 끌고 어디론가 가더니 어떤 큰 창고 비슷한 곳에 가두고 사라졌다. 그제서야 우리는 자유의 몸이 아니라는 것을 알게 되었고, 풀려 나기까지에는 심사를 받는 등 어떤 절차를 밟아야 되는가 보다고 짐작하였다. 그러나 그 절차를 밟는 데 그리 여러 날 걸릴 것 같지는 않았으므로, 크게 걱정할 일은 아니었다.

그곳은 캄캄한 창고였다. 그러나 우리 두 사람 이외에도 벌써 와서 갇혀 있는 사람들이 있다는 것을 곧 알게 되었고, 그곳이 사과를 저장하는 과수원 창고라는 사실도 차차 알게 되었다. 마침 사과의 수확기라 그 인애는 지 유명한 안변 사과가 일부 저장되어 있었다. 개인 소유는 아니겠지만 주인이 있는 물건이었을 터인데, 우리는 별다른 죄책감 없이 그 사과를 포식하였다. 전쟁 마당에서의 사람의 심리라는 것은 평상시의 그것과는 크게 다른 것이 아닌가 싶다. 남의 사과를 훔쳐 먹는다는 죄책감노 없었고, 농약이 묻있을 깃이므로 물에 씻거나 껍질을 벗겨서 먹어야 한다는 생각도 없었다.

다음 날 아침에 끌려간 곳은 넓은 광장이었고, 그곳에는 이미 무수히 많은 사람들이 끌려와 있었다. 그 가운데는 부상을 당한 사람들도 있었고, 들것 위에서 신음하는 사람들도 있었다. 대개 인민군 복장을 한 사람들이었다. 그제서야 나는 내가 전쟁 포로로 잡혀 있다는 것을 알게 되었다. 무기라고는 몽둥이 하나도 들어 본 적이 없지만 '590 부대'라는 군대의 전사(戰士)로 편입되었다가 잡힌 몸이니, '전쟁 포로'라는 말이 조금도 이치에 어긋날 것이 없었다.

그러나 일단 부산까지 가서 그곳에서 심사만 끝나면, 의용군으로 끌려갔다가 잡힌 사람들은 곧 석방될 것이라는 소문이 그럴듯하게 퍼지고 있었다.

또다시 고생길이 열렸다. 그것은 내가 겪었던 고생 가운데서 가장 혹심한 고생이었다. 먹고 마실 것이 없는 괴로움과 잠자리가 없는 괴로움뿐 아니라, 밀폐된 공간 속에서 숨쉬기가 어려운 괴로움까지도 겪게 되었고, '전쟁 포로'라는 신분에 대한 비인간적 천대에서 오는 모멸도 참고 견디어야 했다. 포로는 인간이 아니었다. '제네바 협정'이라는 것이 생겼다는 사실 자체가 포로의 현실이 인간 이하임을 역설적으로 말해 준다.

포로는 끌려 다녀야 했다. 어디로 가는지도 모르고 이리저리 끌려 다니다가 또다시 어떤 창고 속에 갇혔다. 창고 안의 포로는 콩나물 시루 안의 콩나물 같은 것이었다. 창고 안에는 출퇴근 시간의 지하철처럼 사람 아닌 사람들로 꽉 들어차 있었다. 나는 쥐죽은 듯이 그 무리 속에 끼여 있었다. 한화석 씨도 마찬가지였다.

밤이 되었다. 밤에는 자야 한다. 그러나 선 채로 잠을 잔다는 것은 네 발을 가진 말이나 할 수 있는 재간이다. 누워야 할 터인데 누울 자리가 없다. 여기서 매우 희한한 현상이 생겼다. 겨우 서 있을 정도의 좁은 공간에서 결국은 모든 사람들이 누워서 자게 된 것이다. 벼나 보리가 잘되면 논 또는 밭을 꽉 메우게 된다. 장마가 지고 태풍이 오면 논 또는 밭을 빈틈없이 메우고 들어섰던 곡식이 일제히 쓰러진다. 바로 그 이치였다. 쉽게 말해서, 사람 위에 사람이 쓰러지게 되면 서 있기에 필요한 공간이 누울 수 있는 공간으로 변할 수 있다는 논리가 성립하는 것이다. 서로가 서로의 베개 노릇도 하고 이부자리 노릇도 했던 것이다. 여자 포로들은 다른 곳에 수용되어 있었다.

그 많은 포로들 가운데 목욕을 한 지가 두 달 이상 되지 않은 사람은 거의 없었을 것이다. 악취(惡臭)라는 것은 발에서만 나는 것은 아니다. 밥을 굶은 사람에게서는 방귀가 나오지 않는다는 법도 없었다. 평소에 조용하게 자던 사람도 피로가 겹치면 코를 곤다. 그러나 악취가 나는 사람 또는 코를 심하게 고는 사람 옆에서는 잠을 잘 수 없다는 것은 팔자 좋은 사람들의 사치스러운 불평에 지나지 않는다.

잠을 자고 나면 세수를 하고 양치질도 해야 하는 것으로 알고 살아왔지만, 사람이 사람이 아닌 그 상황에서는 위생이니 청결이니 하는 따위는 전혀 문제가 아니었다. 잠을 잔 뒤에 절실하게 다가온 문제는 먹는 것 그것이었는데, 먹을 것이라고는 건빵 하나도 주지 않았다. 주지 않은 것이 현명했을지도 모른다. 만약 조금이라도 먹고 마셨다면 대소변이 생겼을 터인데 그때 그 상황에서 배설의 문제를 해결한다는 것은 몹시 어려웠을 것임에 틀림이 없다.

나에게는 한 주머니의 쌀이 있었지만, 그것을 그 자리에서 씹기는 어려운 상황이었다. 만약 내가 입맛을 다시면 주위 사람들이 모두 나누어 달라고 아우성을 칠 것이다. 아우성 소리를 못 들은 척하기도 어려운 일이고, 그 쌀을 나누어 주고 나면 나의 생명을 부지할 수 있는 마지막 보물을 잃게 될 것이다. 나는 살아남아야 했다.

포로들의 이동이 시작되었다. 어디를 거쳐서 어디로 간다는 것을 미리 알고 따라가는 이동이 아니었다. 모르고 따라가는 사람들 사이에는 여러 가지 풍문과 억측이 떠돌았다. 그 가운데서 가장 신빙성이 있는 것은, 동해안의 어느 항구까지 걸어가서 배를 타고 부산으로 이송된다는 풍문이었다. 의용군이 되어 북으로 갈 때나 포로가 되어 남으로 갈 때나 나와 나의 일행은 삶을 남에게 맡긴 한낱 꼭두각시였다.

가을비가 우중충하게 내리고 있었다. 포로들은 대충 열을 지어서 질서 있게 행진했으나, 그 구지레한 몰골은 어쩔 수가 없었다. 무슨 구경거리가 났다고 인근 주민들이 모여들어 호기심 어린 시선을 보냈다. 카빈총을 겨누어 들고 감시병으로 따라오는 국군 졸병들이 주민들의 접근을 막았다. 포로들의 손발은 묶이지 않은 자유로운 상태였다. 가을비를 맞아 가며 이리저리 끌려 다니는 것이 크게 유쾌한 일은 아니었지만, 창고 안에 콩나물처럼 갇혀 있는 것보다는 훨씬 마음이 가벼운 시간이었다.

시가지를 지나고 또 몇 군데 마을을 지나서 얼마쯤 더 갔을 때, 신작로에서 가까운 곳에 무밭이 보였다. 포로들이 우우 달려가서 하나씩 뽑아 들었다. 감시병들이 대열을 이탈하지 말라고 제지했지만 그 필사적인 행동을 막기는 어려웠다. 나도 하나 뽑아서 반은 한화석 씨에게 나누어 주었다. 무를 먹는 사이사이에 생쌀을 씹을 수가 있었으니, 별로 손색이 없는 식사의 구실을 하였다.

해가 질 무렵부터 비는 여름 장마처럼 주룩주룩 내리기 시작했다. 머리끝에서 발끝까지 온몸이 푹 젖었다. 모자가 없었으므로 눈을 뜨기가 어려웠다. 밤이 되면서 기온이 갑자기 떨어졌다. 온몸이 덜덜 떨리고 밤길은 먹물을 들이부은 것처럼 어두워 지척을 분간하기가 어려웠다. 앞이 보이지는 않았으나 포로들은 계속 발걸음을 옮겨 놓았다. 때로는 뒤에 가는 사람의 가슴이 앞에 가는 사람의 등과 부딪치기도 하였다. 부딪치는 순간에 젖은 옷이 피부에 척 달라붙으면, 얼음이 살에 닿을 때처럼 싫도록 차가웠다.

찬비를 맞으며 걸어가는 가운데도 잠이 오기 시작했다. 쏟아지는 잠은 어쩔 수가 없었다. 자면서 걸어갈 수밖에 없었다. 단독으로는 자면서 걸어간다는 것이 거의 불가능에 가까울지 모르나, 대열을 지어서 행군하는 단체행동에서는 그것이 가능하다는 것을 그때 알게 되었다. 전체가 동시에 잠이 들면 행군은 지속되기 어렵겠지만, 대부분은 잠을 자지 않고 일부만 졸 경우에는 졸지 않는 다수가 조는 소수를 끌고 갈 수가 있다. 교대로 졸게 되면 모두가 조금씩은 수면을 취하는 결과를 얻는다.

동이 틀 무렵에서야 빗줄기가 가늘어지기 시작했고, 날이 훤하게 밝았을 때는 비도 완전히 그쳤다. 비가 갠 아침의 동해 바다 경관은 포로의 신세로 바라보기에는 너무나 아름다웠다. 비록 포로의 신분이라 하더라도 추위와 굶주림만 아니었다면 그 풍경을 더 즐기며 걸을 수 있었을 것이나, 워낙 춥고 배가 고파서 마음의 여유가 없었다. 같은 방향으로 좀 더 걸어가면 해금강이 나타날 것이었다. 통천이라는 곳을 통과한 기억은 있으나, 그 다음에 어디까지 걸었는지는 생각이 나지 않는다. 지금 지도를 들추어 보면 장전에서부터 배를 탄 것이 아닌가 짐작된다. 어쩌면 통천에서 배를 탔을 가능성도 있다.

배 종류는 'LST'라고 들은 것 같다. 전투용이 아니라 수송용이며 배의 바닥이 비교적 넓다는 말도 들었다. 어쨌든 배를 타게 되었는데 그곳은 바로 지옥이었다. 너무 많은 사람을 태워서 숨을 쉬기조차 어려웠던 것이다. 공기라는 것이 그토록 소중하다는 것을 나는 그때 처음 알았다. 배고픈 것보다는 목마른 것이 더 괴롭고, 목마른 것보다도 숨막히는 것이 더 괴롭다.

각자가 앉은 자리가 각자의 변소였다. 오줌을 싸는 정도에서 멈추었어야 할 상황이었는데 배짱 좋게 대변까지 본 친구들이 있었다. 그 전날 무를 여러 개 뽑아 먹은 사람들의 소행이었을 것이다. 발냄새와는 비교가 어려울 정도의 악취가 풍겼던 까닭에, 가까이 앉았던 사람들의 항의가 빗발치듯 하였다. 어디서 생겼는지 헌 신문지가 있어서 배설물을 처리하는 데 이용한 것은 아주 잘한 짓이었으나, 신문지에 싼 것을 멀리 던진 것은 좋지 못한 행동이었다. 말로만 들었던 '똥벼락'이 내려진 것이다. 그것이 떨어진 곳에 있던 사람들이 가만히 있을 리가 없었다. 신문지에 싼 것을 되받아서 날아온 방향으로 다시 던졌다. 그러나 보내고 싶은 위치에 정확하게 보낼 수 있는 야구공과는 달랐다. 제3의 피해자가 생기고 다시 제4의 피해자가 생기는 소란이 일어났다.

군용 화물선의 일부는 밧줄 같은 것으로 구획을 짓고 그곳에는 중상을 입은 환자 포로들을 따로 수용하고 있었다. 중상자들에게는 누울 수 있도록 공간을 넉넉하게 주고, 또 물과 건빵도 주고 있다는 것을 우연히 알게 되었다. 중환자들의 코너는 멀리 바라보이는 거리에 있어서, 유심히 관찰하면 그쪽 상황을 어느 정도 짐작할 수가 있었던 것이다.

부러운 눈초리로 그쪽을 한참 바라보았더니, 환자 아닌 포로들도 더러 눈에 띄었다. 이를테면 간호병을 대신해서 환자들을 돌보는 구실을 하는 사람들로 보였다. 어쩌면 환자들을 들것에 싣고서 움직일 때부터 수고한 사람들인지도 모른다. 그 '간호병'에 일정한 정원제(定員制)가 있을 리 없으니, 내가 한 사람 더 추가되어도 무방할 것 같은 생각이 들었다. 환자들의 고통을 덜어주겠다는 사랑의 정신으로 자원봉사를 하겠다는 갸륵한 생각이 아니라, 우선 숨이 좀 덜 막히는 곳으로 옮겨 가고 싶은 이기심의 발동이었다.

환자들이 있는 방향으로 살금살금 움직였다. 끈질긴 노력 끝에 구획을 위해서 쳐놓은 밧줄을 슬쩍 넘어갔다. 다행히 제지를 당하지 않고 자리 이동에 성공한 셈이다. 우선 자세를 낮추고 환자들 틈에 앉았다. 수술을 제때에 못한 중환자들 몸에서 썩는 냄새가 코를 찔렀고, 괴로움을 참지 못하고 울부짖는 신음 소리가 귀청을 두들겼다. 숨은 좀 덜 막혔지만, 그곳도 사람이 있을 데가 못 되었다.

붕대를 잔뜩 감고 누워 있는 환자에게 다가가서, 내가 도와줄 일이라도 없느냐고 물었다. 환자는 돌아눕는 것을 도와달라고도 하고 물을 가져다달라기도 하는 등, 이것저것 시키는 일이 많았다. 물그릇이 있기에 가져다주었더니, 환자는 건빵을 씹기 시작했다. 나는 체면불구하고 그의 먹는 입을 뚫어지게 바라보았다. 환자는 내 시선을 의식한 듯, 골패쪽 만한 건빵 두 개를 집어 주었다. 집어 주는 손은 고름과 때로 말할 수 없이 불결했으나, 나는 그 건빵을 소중하게 받아서 달게 먹었다.

포로들을 실은 군용 화물선이 부산항에 도착하기까지 몇 시간 정도가 걸렸는지는 생각이 나지 않는다. 부산에 도착할 때까지 내가 간호병으로의 자원봉사 자리에 머물렀는지, 또는 중간에 제자리로 돌아왔는지도 기억에 남아 있지 않다. 어떤 모습으로든 배 안에서 잠을 좀 잤을 것이며, 부산항이 가까워지면서 배 안은 술렁대기 시작했고 잠도 깨었던 것이 아닐까 생각한다.

부산항에 도착하고 배에서 내리기 시작했을 때, 포로들은 서로 먼저 나가려고 아우성을 쳤다. 자유로운 호흡을 즐길 수 있는 바깥 세상으로 한순간이라도 빨리 나가고 싶었던 것이다. 그때까지 잘 참아 왔으니, 이제 조금만 더 참으면 모두가 밖으로 나갈 수 있게 된 그 시점에서 서두를 필요는 없었다. 그러나 사람의 심리라는 것은, 전혀 가능성이 없는 상황에서는 체념하고 잘 참다가도 어떤 가능성이 보이면 갑자기 욕심을 부리기 시작하는 버릇을 가진 모양이다. 나도 그 순간에는 그 욕심이 발동해서 조금이라도 먼저 나가려고 기를 썼다. 그와 같은 극적인 순간에 여유를 보였어야 마음의 틀이 잡혔다고 볼 수 있는데, 나는 그렇지가 못했다.

밀고 밀리는 가운데 화물선의 선실 아닌 선실 밖으로 거의 나오게 되었을 때, 나는 조금이라도 빨리 신선한 공기를 마시겠다는 조급한 생각에서 두 팔을 위로 들고 심호흡을 했다. 그 찰나에 헌병인지 경비병인지 문밖에 지키고 서 있던 군인이 구둣발로 나를 걷어찼다. 나의 동작이 꼴보기 싫어서 그랬는지, 또는 빨리빨리 움직이라는 경고의 뜻으로 그랬는지는 알 수가 없다. 어쨌든 주먹도 아닌 발길질을 당했다는 사실에 자존심이 상했고, 그래서 그 순간을 지금도 생생하게 기억한다. 그것이 발길로 차일 정도로 좋지 못한 행동이었는지 아닌지 모르겠으나, 나의 행동에 성급하고 경망스러운 점이 있었던 것은 부인하기 어려울 것이다.

2. 삶의 축도(縮圖)

배에서 내려서 끌려간 곳은 군대용 천막이 즐비하게 쳐 있는 허허벌판이었다. 그곳의 이름은 '동래 포로수용소'였다. 천막 하나에 약 50명 정도가 수용되었던 것으로 생각되며 도착한 다음 날쯤 헌 군복을 한 벌씩 나누어 받았다. 옷에는 앞뒤로 'PW'라는 글자가 페인트로 씌어 있었다. '전쟁 포로'를 의미하는 영어의 약자였다. 질과 양이 형편없기는 했지만 음식물의 배급도 있었다. 화물선 안에서의 고생에 비하면 월등하게 좋아진 생활 조건이었지만, 서글프기는 마찬가지였다.

수용소까지 포로들을 끌고 오는 일은 국군이 맡아서 수행했지만, 일단 수용소에 들어온 포로들은 미군이 맡아서 관리하도록 되어 있었다. 수용소 둘레에는 철조망을 높게 쳐놓았고, 철조망 밖에서 포로들을 감시하는 임무만은 국군이 맡고 있었다. 가난한 나라 조선인민공화국의 의용군으로 끌려 다닌 것은 3개월 남짓한 기간이었지만, 부자의 나라 미국이 주도하는 유엔군의 포로로 잡혀 있던 기간은 1년 9개월이 넘는다.

포로수용소 생활은 좁은 공간 안에 국한되면서도 내용에 있어서는 상당히 복잡한 일면도 없지 않아서, 그 기억을 체계적으로 되살리기는 어려운 일이다. 그러므로 수용소에서 겪은 일들을 시간의 순서를 따라서 질서정연하게 기록할 자신은 없다. 가능한 범위 안에서 시간의 선후도 생각해 가며 서술하고자 하나, 더러는 단편적이 이야기들이 그 시간과 공간의 좌표를 잃고 튀어나올 수도 있을 것이다.

수용소에 들어왔을 당시의 포로들은 예외없이 거지 꼴이요 참담한 몰골이라는 점에서 모두가 평등하게 출발하였다. 집이 부산에 있던 한화석 씨는 수용소에 드나드는 민간인에게 부탁해서, 자기가 동래 수용소에 와 있다는 사실을 부모에게 알렸다. 소식을 듣고 달려온 그의 어머니가 철조망 너머로 포로 복장의 아들을 바라보고 통곡하며 말한 첫마디는 "아이구, 거지 씨가 따로 없고나!"였다. 키만 크고 몸이 수척한 나의 꼴은 한화석 씨의 그것보다도 더 비참했을지도 모른다.

처음에는 모두 거지 꼴이 되어 평등하게 출발했지만, 시일이 지나는 사이에 그 평등이 깨지기 시작하였다. 포로들 사이에도 강한 자와 약한 자의 구별이 생기고, 가진 자와 못 가진 자의 구별이 생겼다. 그러한 구별은 포로 사회의 조직과 연결되고 분업과 연결되면서 기묘한 '질서'를 탄생시키는 것이었다. 그것은 생존경쟁의 축소판이기도 하였다.

수용소 안에서는 미군이 절대적 권한을 가지고 있었으나, 그들의 수가 적었으므로 그 많은 포로들을 장악할 수가 없었다. 음식물이나 옷가지가 천막 단위로 배급될 때면 자연히 원초적 생존경쟁과 혼란이 생기기 마련이었고, 이때 주먹이 세거나 깡패 기질이 강한 친구들이 나서서 '질서'를 잡는 동시에 지휘권을 장악하였다. 여기저기서 고개를 든 주먹 또는 깡패들은 자기들끼리 잠시 힘겨루기를 하기도 했지만, 곧 그들 사이에도 모종의 타협 또는 위계질서가 성립하였고, 결국 그들은 같은 패거리가 되면서 하나의 지배 계층을 형성하는 것이었다.

최고의 강자들인 미군들도 주먹패의 등장을 환영하였다. 원래 수가 적어서 저희들만의 눈과 귀로는 다수의 포로들을 장악할 수가 없던 터에, 이 주먹패들에게는 많은 이용 가치가 있었던 것이다. 미군은 주먹패들에게 '경비'니 '감찰'이니 하는 완장을 채워 줌으로써 그들에게 공권력 대행지로서의 자격을 부여하였다. 완장을 두르고 다니는 사람들은 좋은 음식을 먹고 좋은 옷을 입게 되었으며, 처음 수용소에 들어왔을 때와는 전혀 다른 모습으로 변신하였다.

그러나 주먹패들이 포로 사회의 최고 계층을 형성하기까지에는 이르지 못하였다. 그들에게는 영어 실력이 없었기 때문이다. 수용소를 관리하는 미군의 처지에서 볼 때, 주먹패보다 더 아쉬운 것은 영어를 잘하는 사람이었다. 영어 잘하는 사람은 미군의 통역도 될 수 있었고 부관(副官)도 될 수 있어서 쓸모가 많았다. 미군은 영어 잘하는 사람을 찾게 되었고, 영어 잘하는 사람들 가운데 미군을 졸졸 따라다닐 수 있을 정도로 배알이 없는 친구들은 미군의 힘을 업고 주먹패들보다도 더 유리한 고지에 오를 수가 있었다. 주먹이 강한 사람들과 영어 잘하는 사람들 사이에 다소의 갈등이 없었을 리 없지만, 그들은 이내 분업과 협조의 관계를 지으면서 함께 포로 사회의 지배 계층을 형성하였다.

지배 계층이 되면 먹는 것과 입는 것 그리고 잠자리가 모두 유리하게 되었다. 유리하게 된 까닭은 사람 머릿수에 따라서 균등하게 배급되어야 할 물자를 떼어먹었기 때문이었다. 다시 말하면, 계층이 생기는 동시에 분배의 불공정 현상이 일어났던 것이다. 생산재의 사유(私有)와는 관계없이 가진 자와 못 가진 자의 구별이 생긴 것이다. 치열한 생존경쟁이 있는 곳에 계층의 구별이 생기고 빈부의 차이가 생기는 것은 인간 사회의 일반적 현상이 아닐까 한다.

나는 주먹과는 인연이 먼 약골이다. 미국인 마음에 들 정도의 영어회화 실력도 없었다. 설령 영어에 능통했다 하더라도, 머릿속에 충청도 '양반 의식'이 잔뜩 들어앉아서 미군의 뒤를 졸졸 따라다니는 일은 잘 못했을 것이다. 이러한 사정 때문에, 나는 포로 사회에서 떵떵거리는 계층에 들지를 못하였다. 그러나 가장 낮은 계층으로 가라앉지도 않았다. 의용군으로서 북한에 있었을 때 가장 낮은 위치에서 곤욕을 당한 것과는 대조적이다. 북한 치하에서는 학력이 높다는 것이 나에게 불리한 조건이었으나, 남한 수용소에서는 뭐니 뭐니 해도 그것이 유리하게 작용하였다.

나도 처음에는 근육노동에 동원되는 대열에 속했다. 건설하고 확장하는 과정에 있었던 포로수용소에서는 근육노동 일거리가 많았다. 돌을 날라서 길을 닦아야 했고, 비가 올 때를 대비해서 수로(水路)도 파야 했다. 수도 시설이 없었으므로 식수를 멀리서 운반해야 했고, 원시적 변소 시설이었던 까닭에 포로들의 배설물을 밖으로 내다 버리는 일도 만만치 않았다. 영양부족 상태에서 당하는 무보수 강제노동이었으므로 포로들이 꾀를 부리면 미군 감시병들이 "빠리빠리" 하면서 채찍을 휘둘렀다.

근육노동에 종사한 지 며칠이 지난 뒤의 어느 날 밤, '심사'를 한다면서 우리 천막의 포로들을 어디론가 끌고 갔다. 심사가 아니라 포로들 각자의 신원 진술서를 작성하는 과정이었다. 본적과 주소, 성명과 연령, 인민군에서의 계급과 병종(兵種), 학력과 특기 등을 16절지 앞뒤로 빽빽하게 기록해서 포로들의 등록 원부를 만드는 것이었다. 모두 영어로 기입하게 되어 있어서, 면접의 형식으로 대서(代書)를 하고 지장을 찍게 되어 있었으므로 '심사'라는 말이 나오게 된 모양이었다.

신원 진술서를 작성하는 절차를 밟고 나서 며칠 뒤에, 나는 다른 천막으로 옮겨졌고 근육노동 대신 펜대를 잡게 되었다. 내가 대학을 졸업했고 대학의 전임강사를 지낸 전력이 있다는 것이 밝혀진 덕분에, 신원 진술서를 대서하는 요원으로 뽑힌 것이다. 새로 맡은 일이 좀 편해졌을 뿐 아니라, 물자 배급에도 다소 유리한 점이 생겼다. 펜대를 잡고 일하는 사람을 우대하라는 공식적 규정이나 방침은 아마 없었을 것이다. 그러나 결과가 자연히 그런 방향으로 돌아갔다.

펜대를 잡는 사람들을 수용한 천막에서도 나는 나이가 많은 축에 속했다. 그 가운데는 대학을 갓 나온 사람 또는 대학에 재학 중인 젊은이가 많았다. 그들의 대부분은 머리가 팽팽 돌아가는 수단꾼이었고, 영어회화를 잘하는 소대장도 그 가운데 있었다. 소대장 이외에는 동창관계 등으로 미군 통역들과 통하는 사람들이 많았다. 이러한 사정은 식사를 비롯해서 물품을 배급받을 때 유리한 조건으로 작용하였다. 나는 서울에서 대학 선생을 지냈다는 사유로 '선생님' 대접을 받았고, 자연히 물질적으로도 신세가 다소 피어나게 되었다. 이를테면 가재 덕분에 게가 중산층으로 격상된 격이라고나 할까.

영어뿐 아니라 다른 어떤 기능을 가진 사람들도 유리한 일자리를 얻는 사례가 많았다. 의사나 의과 대학생은 진료소에서 일할 수 있었고, 목수는 목수로서의 일자리를 얻을 수 있었다. 이발 기술이 있는 사람은 포로들의 간이 이발소에서 일할 수 있었고, 음식점에서 일한 경험을 가진 사람들은 수용소

식당에서 일할 수 있는 기회를 얻었다. 그 가운데서 가장 유리한 일터는 식당이었다. 식당 일꾼들 가운데서도 그 책임자가 되려면 영어도 좀 하고 주먹도 세야 했다. 식당 책임자에 버금가는 사람은 '국반장'이었다. '국반장'은 부식을 관장하는 직책이었으며, 가끔 요리 솜씨를 발휘해서 선택된 사람들에게 별식을 제공할 수 있는 이점을 가지고 있었다.

진료소에서 일하는 의사들의 수가 부족하고 의약품도 충분하지 못했던 까닭에, 모든 환자들에게 충분한 의료 혜택을 주기가 어려웠다. 그러므로 환자가 누구냐에 따라서 성의를 보일 수도 있고 사무적으로 처리할 수도 있었다. 이발사의 경우도 마찬가지였다. 한 5분 이내에 처삼촌의 벌초하듯 후딱 깎아 줄 수도 있고, 30분 이상 걸려서 면도까지 해줄 수도 있었다. 본래 간이 이발소에 공급된 것은 이발 기계뿐이고 면도칼은 없었다. 그런데 이발사 가운데는 놀라운 재간을 가진 사람들이 있어서, 미군 군수품 나무상자 모서리에 부착된 쇠붙이를 달구고 두드려서 수제 면도칼을 만들고, 나무나 쇠뼈를 깎아서 빗도 만들어 냈다.

수용소 안의 일자리는 모두 공직(公職)의 성격을 띤 것이었고, 그 자리에 주어진 물자나 시간을 자기의 주관에 따라서 불공평하게 사용하는 것은 직권의 남용이요 명백한 비리였다. 그러나 그것을 막을 세력이 없었다. 비리를 막을 수 있는 힘을 가진 사람들은 모두 그 비리의 혜택을 입고 있었기 때문이다.

이러한 비리를 자본주의의 산물이라고 못박는 것은 무리한 강변이 아닐까 한다. 의용군으로서 북한땅에 있는 동안에도 나는 약육강식에 가까운 비리를 여러 번 목격하였다. 군관들의 숙소와 졸병들의 막사는 비교하기 어려울 정도의 차이가 있었고, 군관 식당의 급식과 졸병 식당의 급식의 격차는 국군이나 일본 군대의 그것을 능가하였다. 전투복까지도 군관의 것과 졸병의 것이 달랐고, 담배의 배급은 질과 양에서 모두 차별을 두었다. 군대가 이동할 때는 많은 짐을 몸으로 운반해야 했는데, 졸병들은 어깨가 벗겨지고 허리를 펴기가 어려울 지경에 이르러도 군관들은 권총 하나만 달랑 차고서 따라왔다. 그저 따라오기만 한 것이 아니라, 빨리 걸으라고 호통까지 치는 것이었다. 나는 인간이라는 것이 몹시 잔인한 동물이라는 생각을 아직도 버리지 못하고 있다.

직권 남용이 있고 비리가 있는 가운데서도 수용소의 생활은 조금씩 질서와 안정을 얻어 가고 있었다. 수라장 같은 혼란이 없어지고, 수용소 안의 시설도 차차 갖추어졌다. 길을 닦고 수로를 파는 따위의 일이 일단락을 짓게 되면서, 근육노동에 종사하던 포로들의 고생도 차차 줄어들었다. 시간의 여유가 생기게 되면서 여기저기 오락을 즐기는 사람들이 늘어 갔다.

가장 손쉬운 오락은 노래였다. 함께 제창을 하기도 하고, 돌아가며 솜씨 자랑을 하기도 하였다. 신고산 타령, 경복궁 타령, 수심가, 태평가 등을 매우 잘 부르는 친구들이 있어서, 포로의 신세를 잠시 잊고 즐거워하기도 하였다. 많은 사람들이 노래말을 외설적인 말로 바꾸어서 불렀고, 외설의 농도가 짙을수록 뜨거운 박수를 받기도 하였다.

사람이 많이 모인 곳이라 여러 가지 솜씨를 가진 재간꾼들이 있어서, 손으로 그린 화투, 궤짝을 뜯어서 만든 장기판과 바둑판 따위가 등장하였다. 더욱 놀라운 것은 수용소 안에서 구할 수 있는 소재를 가지고 쓸 만한 마작패한 틀을 만든 사람이 있었다는 사실이다. 그 수제 마작패 또는 손으로 그린 화투를 이용한 작은 도박판이 벌어졌다. 배급 나온 양담배를 돈 대신 걸고 내기를 했던 것인데, 나는 주로 관람객에 머물렀다.

양담배는 수용소의 화폐였다. 수용소 안에서는 많은 물물교환이 이루어졌거니와, 양담배라는 중간 매체가 있음으로 해서 교환의 기준 구실을 하였다. 양담배는 철조망 밖에서 수용소를 지키는 감시병을 매수하는 뇌물로도 자주 쓰였다. 집이 부산에 있는 포로들 가운데는 철조망 밖의 감시병의 도움으로 편지를 전하는 사람도 있었고, 심지어 외출까지 하는 사람도 있었다. 이런 경우에 포로가 감사의 표시로 줄 수 있는 것으로서 양담배는 매우 적절한 물품이었다. 물자가 몹시 귀하던 시절이었다. 양담배 한 보루 정도만 주어도 뇌물로서의 효과는 적지 않았다.

동래 수용소에서 만난 많은 사람들 가운데서 특히 인상에 남은 젊은이가 하나 있다. 정(丁)씨 성을 가진 사람으로서 고려대학교를 졸업했다고 하였다. 수용소에 도착한 직후에 우연히 만난 사람이었는데, 그는 나보다도 며칠 먼저 잡혀 왔었다. 얼굴도 잘생기고 체구도 당당했지만, 옷도 깨끗하게 입고 있어서 포로같이 보이지 않았다. 'PW'라는 글자도 작고 흐리게 씌어 있어서 잘 보이지 않을 정도였다. 나이는 나보다 네댓 살 적어 보였다. 나이는 젊었지만 마치 선배가 후배에게 하듯이 어른스러운 태도로 수용소 생활에 대한 요령도 알려 주고 충고도 하였다. 그러나 조금도 건방지다는 생각은 들지 않았고, 도리어 그의 여유만만한 태도에서 어쩌면 같은 포로인데 저토록 늠름할 수가 있을까 하고 부러워하기도 하였다.

그의 늠름하고 여유만만한 태도의 근원이 곧 밝혀졌다. 그의 삼촌이 별을 네 개 단 장군으로서 군의 요직에 있다는 이야기를 들었을 때, 나는 모든 것을 납득할 수 있었다. 어느 날 밤이 깊은 시각에 그 젊은이가 나를 천막 밖으로 불러 냈다. 그날 밤에 자기는 수용소 밖으로 나가게 되었다고 알리며 작별을 청하는 것이었다. 나는 잘가라고 하며 그의 탈출을 축하하였으나, 그를 크게 부러워하지는 않았다. 머지않아서 정식으로 석방될 터인데 굳이 서두를 필요가 없다고 생각했던 것이다. 우리 집 주소를 알리고 포로수용소에서 무사히 지내고 있다는 사실을 전해 달라고 부탁할 수도 있었으나, 번거로운 생각이 들어서 그것도 그만두었다.

그러나 머지않아 석방되리라던 나의 예상은 크게 빗나갔다. 엄밀하게 말하자면 그것은 '나의 예상'이 아니라 포로수용소 안에서 떠돌아다니던 풍문이었다. "인천상륙작전에 성공한 이래 국군과 유엔군이 밀고 올라가는 속도로 미루어 볼 때 전쟁은 곧 끝날 것이다. 전쟁만 끝나면 더 이상 포로를 잡아둘 필요는 없을 것이며, 전쟁이 끝나기 전에도 남한 출신의 의용군 포로는 먼저 석방할 가능성이 많다." 대략 이러한 소문이 수용소 안에 떠돌아다녔고, 늦어도 1950년 크리스마스 전에 집으로 돌아갈 수 있을 것이라는 희망적 관측이 환영을 받고 있었다. 그러나 그 낙관이 차차 무너지기 시작했다.

중공군이 인해 작전을 쓰면서 밀고 내려온다는 소식이 들렸다. 포로수용소를 안전한 곳으로 이전한다는 소문도 있었다. 좋은 소문은 한낱 풍문으로 끝나더니, 나쁜 소문은 곧 현실로 다가왔다. 동래 수용소에 있던 모든 포로들을 거제도로 이송하기 위한 행동이 개시되었던 것이다. 포로들은 불안해하기 시작했고, 나는 살아 있다는 소식만이라도 집에 알려야겠다고 생각하였다.

제네바 협정에 따르면 포로에게도 통신의 기회는 주도록 되어 있겠지만, 현실적으로는 그러한 자유가 주어지지 않았다. 그러나 나는 편지 한 장을 써서 집으로 띄우는 데 성공하였다. 우표는 어떻게 구했으며 누구를 통하여 편지를 수용소 밖으로 내보냈는지에 대해서는 기억에 남은 것이 전혀 없다. 아마 나도 양담배를 답례로 이용했을 가능성이 많다고 생각될 따름이다.

제네바 협정에 어떻게 규정되어 있는지는 알 수 없었으나, 상식으로 미루어 보건대 어떤 검열 과정을 거쳐야 할 것으로 생각되었다. 그렇다면 내가 편지를 보낸 것은 불법 행위에 해당할 것이며, 일반인의 편지도 수사기관에서 비밀리에 뜯어 보는 경우가 많던 당시의 형편으로서는 약간의 위험부담이 있는 행동이었다. 뒤탈이 없도록 하자면, 내 편지를 포로가 쓴 편지가 아닌 것처럼 위장할 필요가 있었다.

내가 포로수용소에 있다는 사실을 솔직하게 기록할 수는 없었고, 다만 가족만은 짐작으로 알 수 있도록 편지를 써야 할 것 같았다. 이를테면 위장의 언어를 구사해야 한다고 판단했던 것이다. 구체적으로 어떤 말을 썼는지는 생각이 나지 않으나, 아마 다음과 같은 식으로 썼을 가능성이 높다. "동래에서의 볼일은 끝났으나 다시 거제도에 볼일이 생겨서 그곳으로 가야 할 형편이다. 거제도에선 언제쯤 일이 끝날지 아직 모르겠다. 침식에는 큰 불편이 없고 몸도 건강한 편이니 너무 걱정 말아라."

나중에 안 일이지만, 이 편지가 들어가기는 했으나 안 보낸 것만 못한 결과가 되었다. 편지 사연이 횡설수설한 것으로 보아서 내 정신에 이상이 생겼다고 가족들이 걱정을 하도록 만들었던 것이다. 세상의 질병 가운데 가장 난처한 것이 정신병이라는 사실을 생각할 때, 이것은 무소식만도 못한 소식일 수밖에 없었다. 편지를 쓰면서 나는 그것이 이심전심으로 잘 통할 줄 알았는데, 그렇지가 못했던 모양이다. 책상도 없는 상태에서 편지를 썼던 까닭에 글씨도 삐뚤삐뚤 좀 어지럽게 쓰여서 더욱 그러한 오해를 초래했던 것이 아닐까 한다.

동래 수용소를 떠나게 된 것이 언제쯤이었는지는 생각이 나지 않는다. 일정한 공간 속에 갇혀서 변화가 별로 없는 생활을 하게 되면 세월의 흐름에 대한 감각이 둔해지기도 하고, 이미 40년 전의 일이므로 그 시기를 기억해 내기가 매우 어렵다. 다만 1·4 후퇴와 포로수용소의 이전 사이에 불가분의 관계가 있으리라는 점으로 미루어 볼 때, 우리가 동래를 떠나서 거제도로 간 것은 1950년 12월 하순쯤이 될 것이라는 추측이 가능하다. 어쨌든 우리는 겨우 익숙해진 동래 수용소를 떠나서, 각자의 집으로 돌아가는 대신 거제도로 자리를 옮기게 되었다.

11장 거제도 포로수용소

1. 수용소의 무직자와 유직자

포로수용소가 이전을 하는 것과 기업체나 공공단체가 이사를 하는 것과는 근본이 달랐다. 기업체나 공공단체가 이사를 할 때는 집만 바뀌고 사람들의 직책과 신분에는 별다른 변동이 없는 것이 보통이다. 그러나 포로수용소가 이전할 때는 수용소의 위치만 달라지는 것이 아니라 사람들의 직책과 신분에도 큰 변동이 온다. 가령 어떤 기업체가 사옥을 옮길 경우에는 옛 사옥에서 사장이던 사람이 새 사옥에서도 사장이고, 옛 사옥에서 수위 노릇을 하던 사람은 새 사옥에서도 여전히 수위로 일하는 것이 보통이다. 그러나 내가 경험한 포로수용소의 이동의 경우는, 장소만 바뀌는 것이 아니라 모든 것이 새롭게 시작되었다. 물론 영어를 잘해서 미군과 가까워진 극소수의 포로들은 동래 수용소에서 얻은 직책을 그대로 거제도 수용소로 연장한 사람도 있었을 것이다. 그러나 대부분의 포로들은 백지에서부터 다시 출발해야 했다.

동래를 떠나서 배에 오르기 전에 소지품 검사가 있었다. 그동안에 정식으로 배급받은 물품이든, 마작을 해서 딴 물건이든, 또는 집으로 연락을 해서 반입한 물건이든, 몸에 걸친 것 이외에는 모두 빼앗기 위해서였다. 나의 경우는 담배를 피우지 않기 때문에 그동안에 배급 나온 양담배를 모아 둔 것이 있었고, 서울대학교 후배들이 정으로 준 깨끗한 옷가지가 배낭 속에 있었다. 새 옷을 입고 헌 옷을 배낭 속에 넣었더라면 좋았을 것을, 반대로 한 것이 어리석은 꼴이 되었다. 일반 사람은 세상을 떠날 때 모든 것을 버리고 가야 하지만, 포로들은 수용소를 옮겨 갈 때 모든 것을 버리고 가야 했다. 일반 사회에서 수십 년 걸려서 경험하는 일들을 포로수용소에서는 수개월 이내에 경험하고 있다는 느낌을 여러 번 가졌다.

거제도 수용소에는 우리보다 먼저 도착한 부대들이 많았다. 새로 건설 중인 포로수용소에는 먼저 도착하는 것이 유리한 사람들도 있고 뒤에 도착하는 것이 유리한 사람들도 있었다. 주먹 또는 영어 실력을 가진 사람으로서 좋은 자리를 차지하기 위한 생존경쟁에 뛰어드는 데는 빨리 도착하는 것이 기선을 제압하기에 유리했다. 그러나 별다른 특기나 능력이 없어서 경쟁에 뛰어들어도 전혀 승산이 없는 사람들에게는 늦게 도착하는 것이 유리했다. 새로 건설하는 단계의 수용소에는 토목공사 성격의 힘든 일거리가 너무 많은 까닭에, 어차피 근육노동에 종사할 포로들에게는 일찍 도착할수록 일복이 터지기 마련이었다.

포로수용소의 조직은 군대와 비슷한 점이 있었다. 같은 천막 안에서 기거하는 포로들은 소대(小隊)라 부르고, 몇 개의 소대를 합친 것을 중대라 부르며, 다시 중대들이 모여서 대대를 형성했던 것으로 안다. 그리고 수만 명에 달하는 포로들을 하나의 철조망 울타리 안에 수용하는 것이 아니라, 여러 군데로 나누어서 수용하였다. 같은 철조망으로 둘러싸인 구역을 '컴파운드'라고 불렀다. 동래에도 여러 개의 '컴파운드'가 있었지만, 중공군이 개입한 뒤에 잡힌 포로들까지 수용하게 된 거제도 수용소에는 더욱 많은 '컴파운드'가 생겼다.

동래에 있었던 포로들을 거제도로 옮길 때, 기왕의 부대 편성을 그대로 살리지 않고 마구 뒤섞어 버렸다. 따라서 거제도에 도착해서 내가 처음에 속하게 된 소대에는 아는 얼굴이 하나도 없었다. 안변에서부터 서로 의지하고 서로 아껴 오던 한화석 씨와도 이 바람에 헤어지게 되었다. 아는 얼굴이 없었던 까닭에, 아직 자리가 잡히지 않고 어수선한 거제도의 수용소는 더욱더 썰렁하게 느껴졌다.

나는 육체노동에서부터 다시 시작해야 했다. 흙을 파고 돌을 나르는 따위의 일은 많고 포로의 신원 진술서를 대서하는 따위의 일은 적었던 까닭에, 또다시 펜대를 쥘 기회는 한동안 오지 않았다. 그러나 그것이 심한 중노동은 아니었고 노동 시간도 그리 긴 편은 아니었던 까닭에 그런대로 견딜 만하였다. 다만 그것이 자유롭게 하는 노동이 아니라 외국인의 감시하에서 하는 강제노동이었던 까닭에 밝고 가벼운 기분으로 일하기가 어려웠다. 한때는 체면에 대한 의식 또는 수치심 따위의 심리를 완전히 떠난 상태에서 살기도 했으나, 이제 또다시 자존심 비슷한 것이 살아나곤 하였다.

거제도로 이동하여 외롭고 울적한 나날을 보내던 무렵에 목격한 광경 가운데 지금도 망막에 뚜렷한 인상을 되살릴 수 있는 두 가지가 생각난다. 그 광경의 하나는 식당 근처에서 목격했던 것이고, 또 하나는 공중변소에서 보고 들은 광경이다.

제주도가 그렇듯이 거제도에는 돌이 많다. 그 흔한 돌을 수용소 안의 길과 빈터 위에 지천으로 깔아서, 흙을 밟지 않고도 못 갈 데가 없었다. 식당 앞 빈터에도 돌이 깔렸거니와, 하루 세 차례 배식할 때면 그 돌 위에 밥알이 떨어졌다. 끈기가 없는 안남미 쌀밥을 삽으로 나누다 보면 자연히 흩어져서 떨어지는 것이 있었다. 그 밥알을 줍기 위해서 굶주린 포로들이 타작이 끝난 마당에 참새가 모이듯 모여들었다. 그것도 경쟁이 심해서 동작이 기민한 사람에게나 몇 알씩 돌아갔다. 그러나 동작이 느린 사람의 몫이 전혀 없는 것은 아니었다. 넓적한 돌 위에 떨어진 밥알을 동작이 빠른 포로들이 주워먹고 사라진 다음에, 동작이 느린 포로들은 돌과 돌 틈에 끼인 밥알을 나무젓가락으로 집어 올렸다. 강태공이 겨울 낚시로 잉어를 낚아 올리듯이 정성 들여서 집어 올렸다.

거제도 수용소의 변소는 노천 종합 변소였다. 지붕도 벽도 없었으니 '노천'이요, 대소변 구별 없이 백여 명의 것을 동시에 받아 낼 수 있었으니 '종합'이었다. '석방' 두 글자만을 고대하는 포로들이, 혹은 등을 맞대기도 하고 혹은 얼굴을 맞대고 담뱃불을 나누기도 하며 혼신의 힘을 기울여 용변을 시도하는 진풍경. 먹은 것이 적어서 변비 증세가 심한 포로들의 이 용변 광경을 카메라에 담았더라면, 세계 뉴스의 초점이 되고도 남았을 것이다.

구름이 잔뜩 낀 어느 날 오후 나도 변비 증세로 애쓰는 사람들 사이에 한 자리를 점령하고 있었다. 그때 내 옆에 쭈그리고 앉았던 중년 포로가 무심코 중얼거린 혼자말은 40년이 지난 지금도 내 귀에 쟁쟁하다. 그것은 철학자가 될 뻔한 사람의 명언 같기도 하고, 독학한 시인이 명작(名作)으로 자부하는 시의 한 구절 같기도 했다. "위로 들어가기 어렵던 것은 아래로 나오기도 힘들도다." 그 해학이 인상적이다.

포로들에게도 '취직'이라는 것이 있었다. 식당, 진료소, 이발소 등에서 일하게 되거나 미군의 통역 노릇을 하게 되는 것을 '취직'이라고 불렀다. '취직' 자리를 둘러싼 경쟁은 돌 위에 떨어진 밥알에 대한 경쟁보다 훨씬 치열했다. 나도 '취직'을 하고 싶은 생각이 간절했지만, 내세울 만한 기술이 없고 거제도에 도착한 시기도 한발 늦었으므로 뚫고 들어갈 만한 자리가 없었다.

'취직'을 거의 단념하고 있었을 무렵에, 귀가 번쩍 뜨이는 소식이 들려 왔다. 병원 컴파운드에 또 하나의 식당이 생기게 되었다는 소식이었다. 상처가 가벼운 환자들은 각자가 속해 있는 컴파운드의 진료소에서 치료를 하지만,

좀 심한 환자들은 큰 병원에 입원시켜서 치료하도록 되어 있었다. 거제도 수용소 전체를 위한 큰 병원이 하나 있었거니와, 그 병원의 병동과 환자수가 늘게 되어서 제2의 식당을 만들기로 했다는 소문이었다. 식당이 하나 더 생기면 많은 일자리가 생기게 될 것이므로, 이 소문은 여러 사람들의 관심과 화제의 대상이 되었다. 포로들 사회에서는 식당이 가장 매력 있는 일터였으므로, 이미 '취직'이 된 사람들도 그쪽으로 '전직'하기를 희망하는 분위기였다.

나의 이력서는 식당일과는 너무나 먼 거리에 있었으므로, 그 소문을 나와는 무관한 것으로 여기며 흘려서 듣고 있었다. 그런데 어느 날 내 욕심에 불을 당긴 젊은이가 나타났다. 서울법대 3학년 재학 중에 의용군에 끌려왔다는 젊은이였다. '동에 번쩍 서에 번쩍'이라는 말이 잘 어울릴 정도로 활동적인 그는 이미 그 큰 병원에 '취직'을 하고 있었다. 그의 직책은 컴파운드 진료소에서 입원시키기로 판정한 환자를 큰 병원으로 데려가고, 큰 병원에서 퇴원시키기로 결정한 환자를 본래의 컴파운드로 복귀시키는 안내역 또는 인솔역을 수행하는 일이었다. 성이 신(申)씨여서 나는 그를 '신 형'이라고 불렀다. 그는 나를 '김 선생님'이라고 불렀지만, 내가 그를 '신 군'이라고 부르지는 않았던 것으로 생각된다.

그 '신 형'이 나를 새로 생기는 병원 식당의 서기(書記)의 일을 맡아 보도록 알선하겠다는 것이었다. 식당에서 '서기'가 하는 일은 매일매일의 메뉴를 작성해서 식당 게시판에 붙이는 것과 각 병동의 환자수를 파악해서 배식(配食) 담당자에게 건네주는 일, 그리고 배식 현장을 지켜보는 일 등이라고 하였다. 메뉴는 영어로 써 붙여야 하고, 각 병동의 인원을 따라서 배식의 분량을 계산하는 데 약간의 수학 실력이 필요하다는 것이, 나를 식당 서기의 적임자로서 추천할 수 있는 명분이었다.

서울대학교의 선배이고 대학에서 선생 노릇까지 한 내가 육체노동을 하는 소대에서 고생하는 꼴을 보기가 민망해서, 신 형이 나를 좀 편한 자리로 옮겨 주자고 생각했던 모양이다. 뒤에 가서 안 일이지만, 그 포로 병원 요소요소를 서울법대 관계자들이 장악하고 있었고 신 형은 여러 선배들의 사랑을 받고 있는 처지였으므로 나를 식당 서기 자리에 앉힐 수 있다고 판단했던 것이다.

그러나 병원 밖의 일반 수용소에 있는 포로를 병원에서 일하도록 만들자면 몇 차례의 어려운 고비를 넘겨야 했다. 첫째로, 새로 생길 식당의 책임자로 내정된 사람과 면담을 하고 그의 동의를 얻어야 했다. 책임자로 내정된 사람도 역시 포로 신분이었고, 포로들은 특별한 허가를 받지 않는 한 남의 컴파운드로 들어갈 수 없었던 까닭에, 이 첫째 조건을 만족시킨다는 것이 여간 어려운 일이 아니었다. 내가 있던 컴파운드와 병원 컴파운드는 서로 멀리 떨어져 있었으므로, 철조망 너머로 면담을 할 수도 없는 노릇이었다. 둘째로, 설령 새 식당의 책임자가 나를 받아들이기로 동의했다 하더라도, 그 식당 책임자에게는 나를 병원으로 불러 갈 힘이 없었다. 이미 병원 컴파운드에 적(籍)을 가지고 있는 포로들 중에서 사람을 채용할 수는 있었지만, 병원 밖에 있는 사람을 불러 갈 힘이 그에게는 없었던 것이다. 그러므로 나의 적을 병원 컴파운드로 옮기는 일이 내가 부담해야 할 둘째 고비였다.

샘은 목마른 사람이 서둘러 파기 마련이므로, 식당 책임자와의 면담을 위해서 상대방의 컴파운드를 방문할 부담은 나에게 있었다. 입원 환자가 됨으로써 병원 컴파운드를 찾아가는 방법이 있기는 했으나, 그것은 매우 번거로운 일이었다. 그보다는 미국 사람들이 나타나기 이전의 이른 새벽 시간을 이용해서 병원까지 갔다 오는 편이 낫다고 신 형이 대안을 제시했다. 내가 있던 컴파운드와 병원 컴파운드의 정문을 지키는 국군 감시병만 구워삶으면 이 방법은 성공할 것이었다. 그들을 구워삶는 일은 두 정문을 매일 드나들면서 감시병들과 얼굴을 익힌 신 형이 책임지기로 하였다.

그것은 까딱 잘못하면 영창 중에서도 중영창(重營倉)에 들어갈 모험이었다. 나야 영창에 들어가서 며칠 굶고 고초를 당한대도 나를 위한 도박에서 진 대가라고 생각하면 그만이지만, 신 형의 경우는 그의 '직장'까지도 잃게 될 공연한 모험이었다. 그러나 염려 없다고 장담하는 그의 말만 믿고, 어느 날 이른 새벽에 우리는 모험을 감행하였다. 모험이라는 것은 위험성이 높을수록 스릴의 쾌감이 강한 법이다. 일본에서 고등학교에 다니던 시절의 교련 시간에, 모의 시가전(市街戰)을 하다 말고 다방에 들어가서 차를 한 잔 마시며 느꼈던 그런 스릴을 오랜만에 다시 느낄 수 있었다. 신 형은 스파이 영화의 주인공처럼 아주 대담하고 기민한 연기를 훌륭하게 해냈고, 나는 그의 서툰 조연이었다.

식당 책임자로 내정된 사람은 진짜 인민군 출신이었다. 그러나 그는 독실한 기독교 신자였고, 석방이 된 뒤에도 남한에 남고 싶어 하는 사람이라고 하였다. 그와의 면담이 나에게는 매우 중요한 일이었지만, 그에게는 대수롭지 않은 일에 불과했다. 어쨌든 강한 평안도 사투리를 쓰는 그는 내가 병원으로 적만 옮기면 식당 서기로 받아들이겠다고 쾌히 승낙하였다. 신 형이 미리 교섭을 해두었던 덕분에 면담은 잠깐으로 끝났고, 우리는 부랴부랴 본래의 컴파운드로 되돌아왔다. 감시병이 임무를 교대하기 전이어서 돌아오는 길에도 별로 어려움이 없었다.

다음에 할 일은 적을 병원으로 옮기는 절차였다. 병원에 입원을 하게 되면 입원한 동안은 병원에 적을 둔 사람으로 간주하였으므로, 입원을 해서 퇴원 조치를 받기 전에 식당에 '취직'된 것으로 서류를 정리하면 될 일이었다. 입원 치료가 필요하다는 진단서를 얻기 위하여 진료소를 찾아간 것까지는 기억에 남아 있으나, 무슨 말을 하고 그것을 얻었는지는 생각이 나지 않는다. 나는 원래 몸이 무척 수척한데다가 안색마저 창백했으므로, 항상 환자로서의 외모를 갖추고 있었다. 거기나 "오후가 되면 미열이 나고 피로를 느낀다."고 거짓말을 보태면서 잔기침을 하면, 대개의 엉터리 의사들은 폐결핵을 염두에 두고 엑스레이 사진을 찍어 보라고 말하기 쉬웠다. 내가 그런 거짓말을 하고 잔기침까지 했다는 기억은 없지만, 포로수용소 진료소의 의사들 가운데는 수의사(獸醫師)도 있었고, 진료소에는 엑스레이 사진을 찍을 설비가 없었다는 것은 분명하다. 나는 평소에는 거짓말 안 하는 것을 원칙으로 삼고 살아왔지만, 그때의 그 상황에서도 그 원칙을 지켰을 가능성은 대체로 희박하다.

어쨌든 나는 수용소 병원에 입원하는 데 성공하였고, 이틀인가 사흘 뒤에 퇴원하면서 곧장 새로 생길 식당의 '종업원'으로 옮겨 앉게 되었다. 모든 절차는 신 형의 주선으로 큰 어려움 없이 진행된 것으로 기억하고 있다. 포로가 기왕에 속해 있던 컴파운드를 떠나서 다른 컴파운드로 옮겨 가는 것은 매우 어려운 일이었지만, 같은 병원 컴파운드 안에서 자리를 옮기는 것은 비교적 쉬웠던 것이 아닐까 한다.

병원 내의 생활 조건은 일반 포로수용소보다 월등하게 유리했다. 첫째로, 병이 났을 경우에 지체없이 의료 혜택을 받을 수가 있었다. 의사들 가운데는 민간인도 있고 포로도 있었으며, 서로 면식이 두터워진 뒤에는 인심 좋게 부탁을 들어주는 포로 의사가 많았다. 나는 그런 혜택을 특별히 입지는 않았지만, 병원에서 일하던 포로 가운데는 포경수술을 공짜로 한 친구들도 많았다. 어떤 사람은 석방된 뒤에 부인을 행복하게 해주겠다는 갸륵한 동기에서 남근에 혹을 붙였다고도 하였다. 나는 서울 명륜동에서 단골로 다니던 치과 의사를 그 안에서 만났고, 가끔 치석을 제거하는 신세를 졌다.

어떤 경로를 통해서 들어왔는지는 모르겠으나, 본래 포로수용소에는 있을 수 없는 물건까지 돌아다녔다. 예컨대 장기판과 바둑판이 들어왔고, 심지어 마작패까지 들어왔다. 병원의 약품이 수용소 밖으로 새어 나간 대가로 들어온 것이라는 소문도 있었으나, 나로서는 그 소문의 진위를 알 수 없었다. 다만 수용소 병원에는 민간인의 출입도 많아서, 그런 부정을 감행할 수 있는 기회는 있었다고 생각된다.

'등하불명(燈下不明)'이라고 했으니, 식당의 쌀포대가 수용소 밖으로 나가는 것을 내가 모르고 있었을 가능성도 생각해 볼 수 있다. 다만 쌀포대는 힘이 매우 좋은 사람이 아니면 다루기 어려울 정도로 무겁고 부피도 컸으므로 밖으로 빼돌리기가 어려웠을 것이다. 그러나 감시병을 매수하고 차를 대기시킨 뒤에 깊은 밤중을 이용해서 그런 짓을 했을 가능성도 생각해 볼 수 있을 것이다. 물론 이것은 추리소설 같은 상상에 불과하다.

병원에는 수도가 시설되어 있었고 따뜻한 물이 나오는 샤워장도 있었다. 목욕을 못해서 늘 찜찜하던 포로들에게 이것은 크나큰 혜택이었다. 그 샤워장에서 일생 동안에 단 한 번 평소에 듣지 못한 듣기 좋은 소리를 들은 적이 있다. 함께 샤워를 하던 옆의 친구가 "체격이 참 좋습네다."라고 말했던 것이다. 나는 키는 컸지만 앙상하게 말라서 볼품이 없는 체격을 평생 가지고 다니도록 팔자가 정해진 사람이었다. 그런데 병원에서 하루 세 시간 정도 일하고 빈들빈들 놀고 먹는 사이에 살이 붙었던 것이다. 신경을 쓰지 않고 바보처럼 산다는 것이 건강에는 매우 좋았던 모양이다.

수용소 병원에는 천막 하나를 이용한 도서실도 있었다. 책은 변변한 것이 별로 없었지만, 심심풀이거리라도 있다는 것은 다행한 일이었다. 더구나 도서실을 지킨 분이 어느 지방대학에서 경제학인지 정치학 교수로 있던 학자여서, 무료한 시간에 서로 말동무가 되는 기쁨도 있었다. 이름은 생각이 나지 않고 '박 교수'로만 기억되는 그분은 말을 많이 하는 편은 아니었다. 그러나 매우 후덕한 인상을 풍기는 인품이어서 내가 종종 찾아가곤 하였다.

수용소 병원에는 민간인 간호사들이 근무하고 있었다. 대개는 의과대학에 재학 중인 여학생들이 피난살이의 방편으로서 그 자리를 채우고 있었다. 내가 시간강사로 출강했던 서울여자의과대학 학생들도 그 가운데 섞여 있었다. 나는 병동에는 드나들지 않았으나, 어쨌든 그들과 만나게 되었다. 내가 포로로 잡혀 있다는 소문을 듣고 그들 중의 누가 식당으로 나를 찾아왔는지,

또는 오다가다 우연히 마주쳤는지, 그것은 생각이 나지 않는다. 그때의 내 심정은, 부끄럽고 창피해서 사람을 피하고 싶다는 생각보다도 바깥 세상에 대한 소식을 듣고 싶다는 생각이 앞섰다. 내가 듣고 싶은 소식 가운데는 1950년 8월 8일에 만나기로 약속한 사람의 근황도 포함되어 있었다.

수용소 병원 안에서 민간인과 포로가 만나는 것을 특별히 단속하는 제약은 없었던 것 같다. 나는 서울여자의과대학 학생들과 한자리에 앉아서 느긋하게 이야기를 나눈 적이 있으며, 1951년 크리스마스 때는 그들로부터 케이크 한 상자를 선물로 받은 기억이 있다. 그들 가운데 나의 은사인 박종홍 선생과 인척관계를 가진 학생도 있었다. 나는 배급 나온 양담배를 모아서 그 학생을 통하여 은사에게 보내 드리는 곰상스러운 짓도 하였다.

민간인과의 접촉이 자주 있었던 까닭에, 우리 집이 그동안에 충주로 피난 갔다는 소식도 알게 되었고, 내가 거제도 수용소 병원 식당에 있다는 것을 우리 집에 알릴 수도 있었다. 그러나 제삼자를 통해서 서로의 소식을 전했을 뿐, 직접 서신을 주고받지는 못하였다.

어느 겨울날 오후였다. 나에게 면회 온 사람이 있다는 전갈을 받았다. 아내가 찾아왔다는 뜻밖의 소식이었다. 그 소식을 전한 사람은 서울여자의과대학을 졸업하고 수용소 병원에서 의사로 일하던 여의사였다. 나와는 직접 모르는 사이였고, 사람들은 그를 '닥터 손'이라고 불렀다. 미인으로 소문이 나서 포로들 사이에서도 가끔 화제에 오르곤 하였다.

'면회'라고 했지만 정식 절차를 통해서 면회가 허락되는 규정이 있었던 것은 아니며, 따라서 '면회실' 같은 것이 따로 있을 리도 없었다. 그저 감시병의 시선이 먼 곳에서 철조망을 사이에 두고 멀리 바라보며 손을 흔들어 보이는 것이 포로수용소의 '면회'였다. 어쨌든 우리들의 면회도 일단 그렇게 수용소 식으로 끝났다. 논두렁에 서 있던 아내를 보고 손을 들어 웃어 보이며, 걱정 말고 돌아가라고 말했던 생각이 난다.

그러나 아내의 기억은 나의 그것과는 좀 다르다. 아내의 희미한 기억에 따르면, 우리는 다음 날 한 차례 더 만났다. 철조망 밖에 있던 어떤 천막 안에서 만난 것 같다는 것이다. 철조망 밖에 있던 여의사들 천막에서 만나도록 누가 주선을 해주었을 가능성이 전혀 없는 것은 아니나, 나에게는 그런 기억이 남아 있지 않다. 내가 보기에는 철조망 너머로 바라본 그 면회가 훨씬 더 포로수용소다운 광경이었으며, 천막 안에서 제대로 만났다면 그것은 너무나 평범하고 산문적이어서, 공연한 짓을 한 것이 되고 만다. 그러나 여행이 어렵던 시절에 천리길을 물어물어 찾아온 가정주부로서는 한 번 더 만나 보고 싶었을 것이다. 그러한 소망이 기억에 착오를 가져왔을 가능성도 생각할 수 있음직하다.

수용소 식당에서 밥을 짓고 죽을 끓이는 일은 중노동이었다. 아침 식사 준비는 새벽 세시나 네시쯤에 일어나서 시작해야 했고, 저녁 설거지가 끝나고 나면 밤이 이슥했다. 가장 힘드는 것은 밥짓는 일이었다. 회산의 분화구같이 생긴 큰 솥의 밥이 타지 않게 하기 위해서는, 솥 하나에 장정 두 사람이 붙어서 삽으로 연신 쌀을 뒤집어 놓아야 했다. 부뚜막 위에 올라서서 삽질을 해야 하는 까닭에 여름에는 땀이 비오듯 했다. 형무소와는 달라서 한 푼의 월급이 없는데도, 포로들은 그 일자리를 부러워했다. 배불리 먹을 수 있었기 때문이다.

식당의 일은 20명 가까운 일꾼들이 분업적으로 나누어서 맡았다. 쌀포대와 야채 바구니를 트럭에서 취사장까지 나르는 일을 하는 사람들이 따로 있었는데, 이 사람들은 힘이 장사였다. 무거운 짐을 나르는 일을 전담한 사람들은 세 사람이었고, 그들은 모두 인천 부두에서 하역(荷役)에 종사하던 '어깨'였다고 들었다. 세 '어깨' 가운데서 가장 힘이 세고 날쌘 사람은 이름이 '재호'였고, 그 다음은 '미스터 김'으로 불린 권투선수 출신이었다.

재호는 보통 장정 같으면 하나를 지고도 쩔쩔매는 무거운 쌀포대를 두 개씩 짊어지고 다녔다. 게다가 몸이 비호처럼 날쌔고 성미도 불같아서, 항상 공포의 바람을 일으키며 수용소 안을 활보하고 다녔다. 누구라도 그의 성미를 건드리면 가만히 두지 않았다. 여기에 비하면 미스터 김은 온순한 편이었지만, 결코 만만한 사람은 아니었다. 제3인자에 해당하는 사람은 보통 '임씨'로 통했으며, 키가 작달막하고 탄탄하게 생긴 사람으로서, 역시 한가닥 하던 친구였다.

나는 이런 사람들과 같은 지붕 밑에서 생활하게 된 처지에 대해서 약간의 불안을 느끼며 출발했다. 그러나 그것은 곧 기우로 판명되었다. 그 사람들은 우리 같은 책상물림 따위에 대해서는 무관심한 편이기도 했지만, 그들을 잘 무마하는 도사 한 사람이 같은 식당에 기거하면서 병원 전체를 그런대로 평화로운 분위기 속으로 이끌었던 것이다. 식당 안에서는 그를 모두 '백 선생님'이라고 불렀다. 나이가 열 살 정도 위인 사람들도 그렇게 불렀다.

백 선생도 역시 서울법대 출신이었고, 전직은 고등학교 교사였다. 약간 뚱뚱한 체격의 그는 보스 기질의 천품을 타고난 것으로 보였다. 말은 아주 나지막하고 조용조용한 목소리로 느리게 하였다. 그는 항상 침착했으며, 결코 흥분하는 일이 없었다. 그의 여유 있는 독특한 태도 앞에서는 거칠고 사나운 주먹들도 고개를 숙였다.

식당과 병원 안의 분위기를 잡는 것이 백 선생이 하는 일의 전부였다. 나머지 시간은 주로 담배 내기 마작을 하거나 무해무득한 농담을 던지는 것으로 소일하였다. 그러나 그는 수용소의 식당과 병원 전체를 위해서 매일 필요한 인물이었다.

그를 '백 선생님'으로 부르지 않고 '백 선생'으로 부르는 사람이 있었다. 서울법대에서 교편을 잡았던 박관숙(朴觀淑) 선생이었다. 이분은 포로수용소에는 어느 모로 보아도 어울리지 않는 귀공자였다. 나이는 나와 비슷했지만,

동경대학 선배였다. 매우 점잖고 어진 사람이어서 그분 자신의 인품으로도 사람들의 존경을 받을 만했지만, 특히 백 선생이 그분을 깍듯이 선생님으로 대접했던 까닭에, 자연히 그분은 모두의 대접을 받는 위치로 올라가게 되었다. 박관숙 선생의 직책은 제1식당에서 서기 일을 맡아 보는 것이었다.

백 선생은 박관숙 선생과 나를 동등하게 대하였다. 박관숙 선생이나 나나 제 힘만으로는 식당 일꾼들의 거친 분위기 속에서 적응하기가 어렵다고 판단하고, 음으로 양으로 우리 두 사람을 싸고 돈 것이다. 보통 사람 같으면 박 선생과 나 사이에 다소의 차등을 두었을 터인데, 그는 매사에 신경을 써서 나도 박 선생 못지않게 불편 없이 지낼 수 있도록 배려하였다. 마치 쌍둥이 어머니처럼 우리 두 사람에 대해서 세심한 마음을 썼다.

백 선생은 나를 너무나 답답한 샌님으로 보았음에 틀림이 없다. 그는 나이는 자기보다 한두 살 더 많지만 세상 물정에는 우물 안 개구리처럼 어두운 나에게 여러 가지 이야기를 들려주었다. 그가 나에게 들려준 이야기 가운데는 고급 매춘부에 관한 정보도 있었고, 부부생활의 기교에 관한 지식도 있었다.

나에게 마작의 기초를 가르쳐 준 것도 백 선생이었다. 가끔 실전에 참가할 기회를 주기도 하고, 자기가 쉴 때는 옆에서 훈수하기도 하였다. 그러나 나는 늘 초보자였고, 차라리 구경꾼으로 남는 편이 뱃속 편했다. 박 선생도 나보다는 선수였고, 재호와 미스터 김은 모두 수준급이었다. 식당 밖에서도 더러 원정을 오는 사람들이 있었다. 후일에 공화당 국회의원을 지낸 김 변호사도 그 가운데 한 사람이었다. 김 변호사와 백 선생은 서울법대 동기동창이라고 하였다.

식당 일꾼들이 편을 갈라서 씨름판을 벌인 적이 있었다. 그때 나는 당연히 관람석에 앉았어야 할 위인이었는데도, 무슨 바람이 불었는지 주제 넘게 샅바를 매는 쪽으로 들이갔다. 밥반(飯班)의 취사부와 맞붙어서 보기 좋게 넘어지고 말았지만, 내가 그 장정들 틈에 끼어서 모래판 위에 섰다는 것은 이력서에 크게 기록해야 할 사건이었다.

또 하나 기억에 남는 것은 수용소 안에서 제사 음식을 얻어먹은 적이 있다는 사실이다. 제주(祭主)는 재호였다. 밤과 대추 그리고 곶감 등을 갖추어 차려 놓았거니와, 도대체 포로의 신분으로서 어떻게 그것이 가능했는지는 캐물을 필요가 없었다. "굿이나 보고 떡이나 먹어라."는 속담을 따라서, 그저 그런가 보다 하고 바라보았을 뿐이다. 재호를 '형님'이라고 부르던 졸개들이 모두 분향을 올렸다. 사망한 재호의 아버지는 재호의 '아우들'에게도 당연히 선친이었던 것이다.

2. 부정(不正)의 수혜자

1952년 봄부터 포로를 석방한다는 소문이 심심치 않게 떠돌았다. 수용소 안에서 포로 석방에 관한 헛소문은 간헐적으로 떠돌아다녔지만, 이번 소문은 믿을 만하다는 주석까지 따라다녔다. 아직 전쟁은 끝나지 않은 상태였다. 전쟁이 끝나지 않은 상태에서 포로를 석방한다면, 심사를 해서 일부만 내보낼 것이라느니, 남한 출신 의용군만 석방할 것이라느니, 이런저런 추측도 만발하였다.

이번 소문은 단순한 헛소문이 아니라는 증거가 곧 나타났다. 석방된 뒤에 남한과 북한 어느 쪽으로 돌아가기를 희망하느냐에 대한 공식적인 조사가 시작되었던 것이다. 북한 인민군도 남한에 남기를 원하는 사람은 남으로 보내 주고, 남한 출신 의용군도 북한으로 가기를 원하는 사람은 북으로 보내 준다는 소문이 돌았다. 그리고 그 준비 작업으로서 각자의 의사를 묻는 절차가 시작된 것이다. 각자의 희망을 따라서, 남으로 가겠다는 사람들은 남으로 가겠다는 사람들끼리 같은 컴파운드에 수용하고 북으로 가겠다는 사람들은 북으로 가겠다는 사람들끼리 같은 컴파운드에 수용하는 작업이 동시에 진행되었다. 이러한 분류 내지 분리(分離)가 먼 후일에 있을 석방을 위한 준비에 불과할 수도 있었지만, 포로들 사이에서는 석방이 임박했다는 희망적 해석이 환영을 받았다.

포로들을 남한행과 북한행으로 나눈다는 것이 남자와 여자를 나누는 것처럼 간단한 일은 아니었다. 우선 본인들 자신이 결심을 못하고 갈등을 느끼며 고민하는 경우가 있었다. 그리고 북한 인민군 출신의 포로들을 주로 수용한 컴파운드에서는 남한으로 가겠다는 사람들을 위협하고 박해하는 사례가 많았다. (심지어 살해했다는 소문도 있었으나, 그 사실 여부는 알 수가 없었다.) 전체 수용소의 소장인 미군 장성을 좌익 포로들이 일시 감금하는 사건이 생긴 것도 같은 무렵이었나고 기억한다.

수용소 병원에서 일하던 사람들은 대부분이 별로 갈등을 겪지 않고 남한쪽을 택한 것으로 알고 있다. 그러나 일부 사람들은 북한 쪽을 택하였다. 그 일부 가운데는 남한 의용군 출신도 상당수 있었다. 북한 쪽을 택한 그 사람들이 어느 날 나에게 '자기비판'을 요구하였다.

어느 날 오후에 '한 씨'가 나를 조용히 만나고 싶다는 전갈을 보냈다. 한 씨는 별로 하는 일 없이 거물 행세를 하며 병원에서 기거하던 포로였다. 그의 직책은 병동에서 환자를 돌보는 간호병이었지만, 자주 식당에 놀러 오기도 하였으므로 '별로 하는 일 없는 사람'이라는 인상을 나는 받았다. 나이는 나보다 위였고 인천 사람으로서, 재호와 미스터 김으로부터는 선배 대접을 받고 있었다. 한 씨는 북한을 선택한 사람 중의 하나였다.

나이는 나보다 위였지만 나를 오라 가라 할 처지는 아니었고, 만날 일이 있으면 한 씨가 나를 찾아오는 편이 상식에 가까웠다. 그런데 그가 나를 밖으로 불러낸다는 것은 좀 이상하다는 예감이 들었지만, 무슨 사정이 있겠거니 하고 그가 지정한 천막을 찾아갔다. 만약의 경우를 생각해서 내가 가는 곳을 백 선생에게 미리 알려 두고 식당을 떠났다.

한 씨 혼자가 아니라 북한을 선택한 것으로 알려진 사람들 10여 명이 나를 기다리고 있었다. 그 가운데는 평소 나에게 매우 정중하게 대하던 '김 씨'도 있었다. 김 씨는 본래 역도선수 출신으로서 씨름꾼 같은 거구를 자랑하였다. 소속은 식당이었으나 실제로 하는 일은 없었다. 나이는 나보다 열 살 정도 위였으나 아직도 힘이 장사였으며, 매일 조석으로 무거운 역기를 들어올려 보임으로써 사람들을 놀라게 하였다. 그도 역시 인천 사람으로서 한 씨와는 단짝이었다.

그들이 나를 보자고 한 것은 '식당의 비리(非理)'를 따지기 위해서였다. 식당 비리의 하나는 식당 종업원들이 남보다 질과 양에서 좋은 식사를 했다는 것이었고, 또 하나는 식당 종업원 가운데 아버지 제사까지 지낸 사람이 있는데 그 돈이 어디서 나왔겠느냐 하는 것이었다. 마치 인민재판을 할 때와 같이 여기저기서 공격이 들어왔다.

식당 종업원 가운데 돈 잘 쓰는 사람이 있다는 사실에 대해서는 내가 책임을 느껴야 할 이유가 없었다. 재호나 미스터 김은 도박으로 돈을 땄다는 자랑을 늘 했고, 주먹과 솜씨를 아울러 가진 그들이 도박판에서 돈을 번다는 것은 충분히 있을 수 있는 일이었다. 나를 추궁한 사람들은 식당의 물자를 빼돌린 것이 아니냐는 의혹을 말한 것이었는데, 그 의혹을 뒷받침할 만한 증거는 없었다. 설령 물자의 유출이 있었다 하더라도 그것은 내가 책임질 일은 아니었다. 식당의 물자를 관리하는 일은 식당 책임자가 맡고 있었으며, 식당 창고의 경비 책임자도 따로 있었다.

그러나 매일매일의 식단을 짜고 배식을 하는 것은 나의 책임이었다. 그러므로 식단에 없는 음식을 만들거나, 식단에 있는 음식이라도 식당 사람들이 더 많이 먹는다는 것은 내가 말렸어야 했다는 논리가 성립한다. 그러나 나는 그것을 말리지 않았으며, 나도 다른 식당 사람들과 같은 식탁에서 식사를 즐겼다. 역도선수 출신의 김 씨도 같은 식탁에서 나의 두 배가 넘는 식욕을 채웠으며, 성토를 위해서 그 자리에 모인 사람들의 대부분이 그 식당의 '별식'을 즐긴 일이 있었다.

그러나 그들이 완전하게 결백하지 않다는 사실이 나의 묵인을 정당화할 수는 없었다. 엄밀하게 말하면, 식당 사람들이 남보다 잘 먹는 것은 일종의 부정(不正)이었으며, 그 부정에 대한 책임을 묻는 마당에서 내가 할 말은 별로 없었다. 큰 식당의 종업원들이 부뚜막가에서 자기 손으로 음식을 만들어 먹는 것을 과연 막을 수 있느냐 하는 문제를 제기할 수는 있었다. 특히 수용소 식당의 경우는 먹는 맛으로 무보수의 중노동을 자청한 사람들이므로, 그 '부정'을 막기는 사실상 어려웠다. 그러나 '부정'을 막을 수 없다는 것이 내가 그 '부정'의 수혜자(受惠者)의 한 사람이 되고 있다는 사실을 정당화할 수는 없었다. 내가 만일 백이(伯夷)와 숙제(叔齊)같이 청렴한 사람이었다면, 나는 그 식당을 떠나서 일반 수용소로 돌아갔을 것이다.

그날 그 자리에서 나는 크게 봉변을 당하지는 않았다. 나는 내 책임의 한계와 내 힘의 한계를 앞세움으로써 그 자리를 일단 모면할 수가 있었다. 그러나 "내가 모순된 현실의 혜택을 받고 있다는 사실을 나 자신에게 어떻게 해명할 것인가?" 하는 물음은 그 뒤에도 오래오래 나를 따라다녔다. 이것은 포로수용소 생활에 국한된 문제가 아니라, 일반 사회생활의 마당에서도 항상 내 의식의 바탕에 그림자를 던지는 문제이기도 하다.

정도의 차이는 있겠지만, 모든 사회 현실에는 구조적 모순이 있다. 이제까지의 우리 한국 현실은 그 구조적 모순의 정도가 비교적 큰 편이다. 나 개인은 그 구조적 모순으로 인해서 혜택을 입기도 하고 피해를 입기도 하는 중간 계층에 속한다고 볼 수 있겠으나, 경제적 측면에서는 주로 혜택을 입은 축에 들어간다고 보아야 할 것이다. 대학교수의 월급이 적다고 불평하는 친구들도 있지만, 고역스러운 육체노동자들과 비교할 때 대학교수들은 월등한 우대를 받고 있음을 부인하기 어렵다.

나는 포로 생활 당시에는 식당 부근에서 어정거리며 불공정한 현실의 혜택을 입었고, 수용소 밖으로 나온 뒤에는 대학 주변을 서성대면서 한국 사회가 안고 있는 구조적 모순의 혜택을 입어 온 셈이다. 약육강식은 생물 세계의 일반적 현상이고 인간도 일종의 생물이라는 사실을 들어서 나 자신이 입어 온 혜택을 변명할 수 있을지도 모른다. 그러나 인간 사회를 생물학적 생존경쟁의 마당 이상의 것으로 만들고자 노력하는 곳에 인간다움의 특색이 있다고 보는 까닭에, 나는 모순된 사회 현실을 시정해야 한다고 역설하는 사람들 축에 들기도 하였다. 말로는 모순된 현실을 시정해야 한다고 주장하면서, 그 시정되어야 할 모순의 혜택 속에 안주하는 자기모순. 이 자기모순에서 오는 갈등이 항상 내 마음의 바탕에 찜찜한 그림자를 던지곤 하였다.

수용소 식당에서는 백지를 구하기가 별로 어렵지 않았고, 철필과 잉크도 구할 수가 있었다. 나는 수용소 생활의 남는 시간을 이용하여 이것저것 생각나는 것을 적어 보았다. 처음에는 주로 단상(斷想) 또는 수상에 속하는 단편적인 글들을 두서없이 적어 보았다. 그리고 다음에는 윤리학에 관한 생각들을 정리해서 기록하는 일을 시도하였다.

석방 소문이 나돌기 시작했을 때, 그동안에 써서 모아 둔 원고를 안전하게 가지고 나가는 일이 잘될지 걱정스럽게 느껴졌다. 수용소를 떠나게 되는 날 미군의 소지품 조사가 있을 것이고, 무지막지한 미군 졸병들이 수상한 물건은 모두 불문곡직하고 압류할 가능성이 많다고 생각된 것이다. 어떤 공무를 띠고 수용소를 출입하는 민간인과 알게 되어 그 걱정을 말했더니 자기가 안전하게 가지고 나갔다가 후일에 만나서 돌려주겠다고 호의를 보였다. 고맙기 그지없어서 우선 단상 또는 수상을 적은 단편적인 글들을 기록한 원고를 그에게 위탁하였다. 정신여고의 교사를 지냈다는 것과 박 아무개라는 성명에만 의지하고 원고 뭉치를 그에게 맡겼던 것이다.

그러나 석방 후에 그 사람과는 다시 연락이 닿지 않아서 그 원고는 끝내 내 손으로 돌아오지 않았다. 이리저리 수소문을 해보았지만 그 사람의 주소를 알아내지 못했던 것이다. 대체로 미숙한 생각을 서툰 솜씨로 기록한 것이어서 없어진 것이 크게 아까울 정도는 아니나, 그 원고가 지금 남아 있었다면 이 글을 쓰는 데 상당한 도움이 되었을 것이다. 특히 그 가운데 '수용소의 하루'를 소묘한 짧은 글 한 편은 제법 반반하게 빠졌다고 느꼈던 것이어서, 가끔 아쉬운 생각도 든다. 그 글 속에 "멀리 철조망 밖에서 거제도 아낙네의 성난 듯한 사투리가 찢어진다."는 구절을 적어 놓았던 기억이 남아 있다. 왜 하필 그 구절만이 생각나는지 알 수 없는 일이다.

석방이 결정되어 수용소 밖으로 내보낼 때 모든 소지품을 빼앗을 것이라던 내 예상은 한낱 기우에 불과했다. 몹시 짓궂게 굴던 미군 졸병들도 포로가 사람의 신분을 되찾고 나가는 마당에서는 그토록 못되게 굴지 않았던 것이다. 덕분에 윤리학 문제에 대해서 미숙한 생각을 기록해 두었던 원고 뭉치는 집까지 무사히 가지고 나올 수가 있었다. 안전하리라고 생각했던 길은 실패하고, 불안하게 걱정했던 길은 무사했던 것이다. 그때에 살아남은 초고(草稿)를 기초로 삼고 거기에 이것저것을 더 보태어 설익은 책을 한 권 내게 되었다. 1956년에 민중서관(民衆書館)에서 발행한 『윤리학 개설』이 그것이다.

수용소에서 쓴 원고에 가필한 것으로 서장(序章)과 제1장을 삼고, 그 뒤에 새로 쓴 것을 합하여 한 권의 단행본을 만든 것인데, 빨리 책을 한 권 내고 싶다는 성급하고 어리석은 생각의 산물이었다. 그 따위 설익은 책을 서둘러 내놓은 것이 매우 어리석은 짓이라는 것을 뒤늦게나마 깨달았다. 나는 이 학자 초년생 시절의 실패를 염두에 두고, 후진들에게 책을 빨리 출판하려고 서두르지 말라는 충고를 가끔 하였다. 그러나 후진들은 내 충고가 자기의 실력을 과소평가하는 말이라고 섭섭하게 생각하는 경향이 있었다. 오직 현명한 사람들만이 남의 충고를 통해서 배우고, 보통 사람들은 자기 자신의 실패를 통해서 배운다. 그리고 보통 이하의 사람들은 자신의 실패를 통해서도 배우지 않으려고 고집을 부린다.

거제도에 수용된 포로들 전원을 석방하는 것이 아니라, 남한으로 돌아가겠다는 의사를 표시한 포로들만을 석방한다고 하였다. '반공 포로'라는 이름을 붙여서 이승만 대통령이 배짱으로 석방한다는 소문도 돌았다. 어쨌든 석방되기 위해서는 이른바 '반공 수용소'로 일단 자리를 옮겨야 했다. 수용소의 병원은 중립 지대의 성격을 띤 곳이었으므로, 나는 불가불 그곳을 떠나야 했다.

또다시 불편한 나날이 시작되었다. 전혀 낯선 사람들과 같은 천막에서 기거해야 했고, 목욕은 고사하고 세수조차 하기 어려운 불편을 견디어야 했다. 병원에서는 전원이 야전 침대를 사용했으나, 이제 다시 좁은 흙바닥 위에서 옆사람과 부딪치며 자야 했다.

남한을 선택한 사람들의 수용소로 옮긴 다음에도 기약 없는 나날이 상당히 오래 계속되었다. 아주 체념하고 느긋하게 기다렸던 때와는 달라서, 수용소에는 초조하고 들뜬 분위기가 감돌았다. 참다 못해서 집으로 연락하여 탈출한 사람들도 있다고 하였다. 막판이 되어서 경비병들의 감시망도 허술하게 된 것이 아닐까 한다. 물론 아무나 함부로 탈출할 수 있었던 것은 아니며, 유리한 가정 배경을 가진 사람들의 일부가 그렇게 한 것으로 알고 있다.

그러던 어느 날, 문교부 장관이 '반공 포로'들을 위로인지 격려인지 하기 위해서 수용소를 방문한다는 소식이 있었고, 이어서 모두 광장으로 집합하라는 지시가 내려졌다. 그날 실제로 온 사람은 문교부 장관이 아니라 문교부 장관을 대리한 고등교육국장이었다. 나는 이 대리 행차를 큰 길조라고 멋대로 해석하고 속으로 기뻐하였다. 그 당시의 고등교육국장은 서울대학교 철학과에서 내가 지도교수로 모셨던 김두헌(金斗憲) 선생이었던 것이다.

세상 물정에 어두웠던 나는 '고등교육국장'이라는 관직을 어마어마하게 높은 자리로 알고 있었다. 마음만 먹으면 제자의 취직 자리 하나쯤 마련해 주는 것은 문제가 없을 정도로 영향력이 있는 자리라고 생각했던 것이다. 실제에 있어서도 그 당시는 고급 인력이 부족하던 때라, 김두헌 선생 같은 분의 강력한 추천만 있으면 대학의 강사 자리 정도는 어렵지 않게 얻을 수 있는 상황이었다. 내가 김두헌 선생의 출현을 길조로 생각한 것은, 그분과의 수용소에서의 만남이 내가 석방된 뒤에 취직하는 데 도움이 될 것 같은 예감이 들었기 때문이다.

김두헌 선생은 높은 단상에서 일장 연설을 하였나. 연설 내용에 대한 기억은 없지만, 머지않아서 석방되게 된 것을 축하한다는 말이 있었을 것이고, 석방된 뒤에는 조국을 위해서 배전의 노력을 하라는 당부도 있었을 것이다. 어쨌든 선생이 연설을 마치고 청중의 박수를 받아 가며 내려왔을 때, 나는 그분 앞으로 접근하여 인사를 드렸다. 선생은 내가 그곳에 수용되어 있다는 것을 미리 알고 있었던 듯, 별로 놀라는 표정 없이 손을 내밀었다. 아마 내 건강도 물었던 것으로 생각한다. 그리고 분명히 기억에 남은 것은 "석방되거든 꼭 한번 찾아오게."라는 말씀을 남겼다는 사실이다. 나는 이 한마디 말씀에 큰 뜻을 부여했고, 그로 말미암아 후일에 웃지 못할 촌극(寸劇)이 생기기도 하였다.

그렇게도 뜸을 들이던 석방의 날이 드디어 온 것은 그해 6월쯤이었다고 생각된다. 일단 배를 타고 진해인지 부산인지까지 가서 그곳에서 다시 기차를 타고 영천까지 갔던 기억이 어렴풋이 되살아난다. 영천까지는 누군가에게 인솔되어 단체행동을 했고, 완전한 자유의 몸이 된 것은 그 뒤부터였을 것이다.

영천에서 다시 완행열차를 타고 고향인 충주까지 갔을 것으로 짐작이 가나, 그 지루했을 기차 여행에 대한 구체적 기억은 단편적으로도 남아 있지 않다. 분명하게 기억에 남는 것은, 아무런 기별도 없이 충주 역전에 있던 우리 집 대문 안으로 들어섰을 때 우물가에서 일하시던 어머니의 모습이 시야에 들어왔던 사실이다. 나는 어머니에게로 다가가며 웃었고, 어머니는 웃음보다는 울음을 터뜨렸다.

충주에서 사나흘 쉬고, 나는 서둘러서 당시의 임시 수도였던 부산을 다녀오기로 작심하였다. 석방되거든 한번 꼭 찾아오라고 말씀하신 김두헌 선생을 만나 보고 취직 부탁을 하기 위해서였다. 나는 어떤 때는 우유부단하고 어떤 때는 일을 지나치게 서두르는 버릇이 있었다. 부산에 오거든 자기 집에서 유숙하라고 한 백운길 형의 말이 나의 서두름을 부추겼을 가능성이 있다.

보통학교에서부터 대학에 이르기까지 세 학교를 같이 다닌 백운길 형은 그 당시 부산에 본부를 둔 국방부 정훈국 대위로 있었다. 마침 고향에 왔다가 우리 집에 들러 주어서 만나게 되었던 것이다. 내가 석방된 소식을 알고 들른 것인지 그저 들렀던 것인지는 기억이 모호하다. 본래 붙임성이 많은 사람이어서, 우리 어머니를 '어머니'라고 부르는 사이였으므로, 그저 안부가 궁금해서 들렀을 가능성도 없지 않다.

백운길 형은 서울 출장길에 충주에 있던 부모님 댁을 잠시 방문했다고 하며 바로 서울로 향하였다. 나는 그가 서울에서 부산으로 돌아가기로 예정한 기차 시간에 맞추어서 부산을 향하여 길을 떠났다. 우리는 경부선 기차 안에서 만날지도 모른다는 말을 나누었으며, 이런 자질구레한 일까지 기억에 남은 것은 그럴 만한 이유가 있기 때문이다.

6·25 이후에 '도민증(道民證)'이라는 것이 새로 생겼고, 여행을 할 때는 그것을 휴대하기로 되어 있다고 하였다. 그러나 도민증을 만들자면 시일이 걸릴 것 같아서 나는 그것 없이 여행을 떠났다. 설마 어떻게 되겠지 하는 생각으로 떠나면서, 6·25 전에 만든 이화여자대학교 전임강사 신분증을 몸에 지녔다. 대한민국에서는 그 정도면 도민증 대신의 구실을 할 것이라고 가볍

게 생각했던 것이다.

충주에서 부산에 가자면 조치원에서 기차를 갈아타야 했고, 갈아타는 자리에서 도민증 조사가 있었다. 나는 이화여자대학교 신분증을 슬쩍 보이고 검문선(檢問線)을 무사히 통과했다. 워낙 승객이 많아서 하나하나 면밀하게 들여다볼 시간의 여유가 없었으므로 검문은 형식에 불과했던 것이다.

대전을 지났을 무렵이었다. 객차를 차례로 훑으며 도민증 조사를 하는 형사가 나타났다. 나는 도민증 대신 그 알량한 신분증을 내보였다. 형사는 아래 위를 훑어보더니 "너 포로수용소에서 나온 놈이구나." 하며 내리눌렀다. 내가 무슨 말을 하려고 했더니 잔말 말고 따라오라며 열차 제일 앞칸으로 끌고 갔다. 그곳에는 형사가 사무실 대신 사용하는 작은 공간이 있었다

형사는 우선 내 손가방을 조사하였다. 간단한 세면도구 외에 지폐가 가득히 들어 있었다. 인플레이션이 심했고 고액권이나 수표를 구경하기 어렵던 때라, 여비로 가져간 지폐의 부피가 컸던 것이다. 돈을 본 형사는 대구에 가서 함께 내리자고 하였다. 나는 사태가 심상치 않음을 직감으로 느꼈다. 구속영장 없이도 얼마든지 사람을 가두어 둘 수 있는 때였고, 공무원들의 부패가 극도에 달한 전시였다. 부산까지 가기 전에 가방 속의 돈은 모두 날아갈 것이고, 집에서 다시 누가 돈을 가지고 와서 나를 빼내야 할 상황이었다. '이거 정말 큰일났구나!' 지그시 눈을 감았다. 머릿속에서 여러 가지 생각이 빠른 속도로 돌아갔다.

정거장이 가까워 오는 듯 열차가 속도를 줄이기 시작했다. 어디냐고 물었더니 형사는 김천이라고 퉁명스럽게 대답했다. 그 순간 나는 돈가방을 형사에게 맡기며 화장실에 잠시 다녀오겠다고 하였다. 형사는 나를 막지 않았다. 화장실을 찾아서 다음 칸까지 갔을 무렵에, 열차가 김천역에 도착하였다. 나는 지체 없이 플랫폼으로 뛰어내렸다. 그리고 열차의 제일 뒤의 객차를 향해서 미친놈처럼 달렸다. 열차 제일 뒤칸은 군인 전용이라는 말을 들은 바 있었

고, 그곳에 가면 행여 백운길 대위나 그 밖의 어떤 아는 장교를 만날 수 있을까 하는 기대를 걸고 달린 것이다. 입석까지 꽉 들어찬 초만원 열차였던 까닭에, 승객들의 틈을 헤치고 맨 뒤의 객차까지 가자면 너무 많은 시간이 걸릴 상황이기에 플랫폼을 달린 것이다.

다행히 군인 전용 객차에서 나는 백운길 대위의 모습을 발견하였다. 헐레벌떡하며 상황을 대충 설명하고 그를 형사가 있는 자리까지 끌고 갔다. 열차의 끝에서 끝까지 사람들의 틈을 헤치고 간다는 것이 쉬운 일은 아니었지만, 군인 장교를 앞세우고 가는 길이라 모두 협력해 주었다. 전시의 군인 장교, 그것은 대단한 존재였다.

돈가방만 놓고 달아났다고 생각했던 내가 육군 대위를 대동하고 다시 나타났을 때, 형사는 약간 당혹한 눈치였다. 우선 한풀 꺾인 기색이 완연하였다. 백운길 대위는 수고가 많다고 형사를 위로한 다음에, 그의 탁월한 말솜씨를 발휘하여 어린아이 다루듯 하였다. 요컨대, 김태길 씨는 고등교육국장의 빨리 오라는 부름을 받고 가는 사람으로서 신분이 확실하다는 점을 강조함으로써, 나를 위기에서 구해 준 것이다.

다음 날 문교부로 김두헌 선생을 방문하였다. 그러나 김두헌 선생과의 대화를 통해서 알게 된 것은, 그 전날 꼭 한번 찾아오라고 한 말씀은 그저 지나가는 말로 해본 것에 불과하다는 사실이었다. 김두헌 선생은 곧 전북대학교 총장으로 부임하게 되었다는 말씀을 하면서, 지금도 전북대학에 자리가 있기는 하나 좀 더 두고 보자는 말도 하였다. '두고 보자'는 것은 나의 사상 동향을 두고 보자는 뜻이었다.

김두헌 선생은 취직 이야기는 뒤로 미루고, 의용군에 나간 젊은 철학도들의 이름을 열거하면서 유감의 뜻을 표시했다. 서울대학교의 철학과 조교를 비롯해서 여러 명의 졸업생이 사상적 오류를 범한 것은 박 아무개 교수의 영향 때문이라고 비난하였다. 서울대학교 철학과 주변의 많은 젊은이들이 의용군에 나간 것은 사실이었다. 그러나 그것이 어떤 교수의 교육적 영향 때문이라는 분석은 전혀 타당성이 없는 편견에 불과했다.

불원천리하고 부산까지 갔던 길에 몇 사람 더 만나 보았다. 충주에서 '합숙연구'를 한답시고 한솥밥을 먹었던 전해종 형과 한상준 형도 만나고, 서울대 물리학과 조교수로 있던 삼고 동창 김영록 형도 만났다. 그들은 모두 임시 수도에서 피난살이를 하던 때여서 물질적으로는 어려움이 있었겠지만, 그런대로 안정된 생활을 하고 있다는 느낌을 받았다. 나만 홀로 낙오자가 된 꼴이었으나, 그들과 나를 비교할 그런 생각조차 나지 않을 정도로 철저하게 몰락했다는 사실이 도리어 내 마음을 편하게 하였다.

어떤 욕심을 가질 때 번민이 생긴다. 아무런 욕심도 가질 수 없을 정도로 처지가 어려워졌을 때는 마음이 편안하다. 김두헌 선생과의 짧은 만남이 왜 나를 그토록 의기소침하게 만들었는지는 알 수 없으나, 나는 그때 시골에 푹 파묻혀서 살고 싶은 생각에 지배되고 있었다. 시골에서 국민학교나 중학교 교사 노릇을 하며 조용하게 여생을 보내고 싶다는 생삭을 골똘히 하였다. 그리고 그러한 심경이 내 마음을 아주 편안하게 만들었던 것이다.

대학에 일자리를 얻고자 했던 시도가 실패한 것은 문제가 아닐 수도 있었으나, '도민증' 없이 충주로 돌아가는 일은 당장 현실적인 문제로 다가왔다. 백운길 형에게 상의했더니 걱정 말라고 하며 국방부 정훈국장의 큼직한 직인이 찍힌 종이쪽지 한 장을 얻어다 주었다. 정훈국장에게 민간인의 신원을 보증할 권한이 있었던 것은 아니지만, 전시에는 그런 엉터리 종이쪽지가 위력을 발휘하였다. 당시의 정훈국장은 임대순(任大淳) 씨였고, 그는 충주가 고향이었다.

12장 청주여고와 서울여의대

1. 여고생과 혈서

고향인 충주에서 어머니를 모셔 가며 교편을 잡고 싶었다. 국민학교도 좋고 중학교도 좋을 것 같았다. 내가 다닌 보통학교에서 교무주임을 지냈던 김웅기(金雄起) 선생이 그 당시 충주고등학교의 교장으로 있었기에 그분에게 취직 부탁을 하였다. 말로는 힘써 보겠다고 약속을 했지만 실제로 힘써 줄 생각은 없는 눈치였다. 보통학교만 졸업하고 마침내 고등학교 교장의 자리에까지 올라간 김웅기 선생은 남달리 조심성이 많은 분이었으며, 의용군 출신은 멀리하는 편이 안전하다고 판단하는 것 같은 느낌이 들었다. 생각한 끝에 나에게 재당숙이 되는 김학응(金鶴應) 씨를 찾아서 청주로 갔다.

후일에 내무부 차관까지 지낸 학응 씨는 그 당시 충청북도 내무국장으로 있었으며, 교육위원회가 생기기 이전의 내무국장은 도내의 중고등학교 이하의 교원 인사에 대해서 영향력을 가지고 있었다. 재당숙 덕택에 그해 9월부터 청주여자고등학교 교사로 부임하게 되었다.

그것은 여섯 학급밖에 안 되는 작은 학교였다. 교장은 일본에서 고등사범학교 교육을 받은 최국경(崔國卿) 선생이었다. 영문학자 최재서(崔載瑞) 교수와 오누이 사이라고 하였다. 교감은 청주고등보통학교 선배인 김용환(金龍煥) 선생이었다. 일제 아래서 교육을 받은 사람들이 대개 그렇듯이, 두 사람 모두 매우 보수주의적 성향이 강한 교육자였다. 다른 교사들도 대개 교장과 대동소이한 교육관을 가지고 있었다.

충청북도라는 곳이 본래 보수적인 지방이어서 학부형들도 엄격한 규율을 강조하는 교육을 환영하는 편이었다. 교사들과 학부형들의 일치된 보수주의 교육관 아래서, 학생들은 행동의 자유에 많은 제약을 받았다. 극장 출입이나 음식점 출입이 금지된 것은 물론이요, 야간 외출도 일체 허용되지 않았다. 학생들은 여름에 반소매 교복 입기를 원했으나, 그것도 용납되지 않았다. 빨간 줄이 있는 양말을 신거나 '고무 보재기'라고 불린 플라스틱 제품을 가지고 다니는 것도 교칙에 어긋나는 행위였다.

그러나 학생들은 이러한 규제를 공연한 구속으로 느끼고 거세게 반발하였다. 변복을 하고 극장 출입이나 음식점 출입을 하는 것을 용감한 행위라고 생각하는 학생들이 있었으며, 왜 이런 학생들을 내버려 두느냐고 추궁하는 학부형들의 항의가 교장의 심기를 괴롭혔다. 학생들의 제재를 논의하는 교무회의가 자주 열렸고, 무기정학, 유기정학, 근신 등의 처벌이 내려지곤 하였다. 처벌로 학생들을 다스리고자 하는 학교 방침에 대해서 학생들은 다시 반발하였고, 처벌로써 규율을 확립하겠다는 의도는 실효를 거두지 못하였다.

나도 일제시대에 교육을 받은 사람이지만, 내가 많은 영향을 받은 제삼고등학교의 교육은 유별나게 자유분방한 것이었으므로, 규제와 처벌에 역점을 두는 청주여고의 교육 방침에 대해서 공감을 느끼지 못하였다. 그러나 신참자인 주제에 교장의 교육 방침을 비판하는 뜻의 발언은 삼가는 편이 좋을 것 같아서, 한동안 방관사의 태도를 취하였다. 그렇게 하다가 어느 날 교무회의 석상에서 학생들의 훈육 방침을 고쳐 보는 것이 어떻겠느냐는 발언을 하였다. 학생들이 납득할 수 없는 불합리한 규제를 완화 내지 철회하는 한편, 처벌보다는 설득과 대화로써 학교의 기강을 세워 보자는 요지의 발언이었다고 기억한다.

내 의견이 당장에 받아들여지지는 않았다. 그러나 단속과 엄벌이 실효를 거두지 못한다는 사실이 점점 확실하게 드러나기에 이르러서, 내 의견의 일부를 시험해 보기로 의견이 모아졌다. 그것은 1951년도 학년 말이 가까워졌을 무렵의 일이었다고 생각된다.

교무회의에서 첫째로 한 일은, 종전 같으면 정학 처분을 당해야 마땅한 교칙 위반자 몇 학생을 근신 처분으로 처벌을 완화한 것이었다. 말하자면 학년 말 시험 때라는 점을 고려해서 '집행유예'의 정신을 살린다는 명분이었다. 이러한 조처는 학생들 측의 좋은 반응을 불러일으켰고, 학생들 사이에 자율적 협력의 기풍이 싹트는 전기가 되었다.

1952년 새 학년이 시작될 때, 교장은 그 학교에서 '가장 드세다'고 평판이 난 학급의 담임을 나에게 맡겼다. 말썽을 부리는 학생들이 많다고 해서 그런 말을 듣게 된 3학년 진학반이었다. 담임을 맡으면서 내가 우선 한 일은, 학교에 대하여 불평이 많으며 학생들 사이에 영향력이 강하다고 알려진 학생들과 자주 만나서 이야기를 나누는 일이었다. 학생들의 불평을 들어 주기도 하고 나의 당부도 하며, 학생들이 앞장서서 교풍을 세워 가도록 유도하는 대화였다고 생각한다. 그리고 그 '드세다'는 학생들에게 학생 간부의 자리를 하나씩 떠맡기기도 하였다.

다음에 한 일은 학생들의 관심을 공부하는 방향으로 돌리는 일이었다. 다른 선생님들과 협력해서 과외 공부를 열심히 시키기로 하였다. 다음 해 봄에 그 반에서만 서울대학교에 여섯 명의 합격생을 냈을 정도로 면학 분위기를 만드는 데 성공하였다. 그 당시만 해도 학생들이 순진했고 학교의 규모가 작았던 까닭에, 학생들의 분위기를 바꾸는 일이 비교적 수월하였다

그러나 모두가 순조롭게만 되었던 것은 아니다. 내가 '드센 반'의 담임을 맡은 지 얼마 되지 않았을 때, 학생들이 조그만 '반란'을 일으킨 사건이 있었다. 어느 날 조회 마당에서 학생들이 등을 보이고 뒤로 돌아섰던 것이다. 선생들에 대한 어떤 오해 또는 헛소문이 발단이었고, 내가 맡은 반의 김영자(金英子)라는 학생의 선동으로 생긴 일이었다.

나는 내가 맡은 반 학생들을 모아 놓고 질책을 한 다음에, 담임으로서의 책임을 지고 사표를 내겠다고 선언하였다. 실제로 사표를 썼는지 아닌지는 기억이 분명치 않으나, 내가 그 다음 날 학교에 나가지 않은 것만은 확실하다. 이미 판문점에서 휴전 회담이 활발하게 진행되고 있을 때였고, 휴전만 되면 곧 서울의 내 집으로 돌아가겠다는 생각을 굳히고 있었으므로, 그 무렵에 사표를 낸다 해도 개인적으로 크게 난처할 상황은 아니었다. 시골에 묻혀서 여생을 보내겠다던 생각은 한때의 감상에 불과했던 모양이다.

입장이 정말 난처하게 된 것은 반란 시위를 주동한 김영자였다. 모처럼 대학교수의 전력(前歷)을 가진 선생이 한 사람 굴러 들어와서 영어 과외까지 열심히 지도해 주었는데, 그 사람을 달아나게 만든 책임이 그 학생에게로 돌아가게 될 상황이었기 때문이다. 몸이 달게 된 김영자가 혈서를 써 들고 나의 단칸 셋방을 찾아왔던 일을 나는 지금도 생생하게 기억한다.

꽤 길게 쓴 혈서였다. 나는 섬뜩하고 끔찍한 느낌이 앞서서 끝까지 읽지 못하고 접어 버렸다. 다시는 안 그러겠다는 다짐의 혈서였을 것이다. 어쨌든 그 일은 학생들이 잘못 알고 한 실수로 판명되었고, 그 다음부터는 학생들이 함부로 행동하는 일은 없었던 것으로 기억한다. 이 일이 있은 다음에 교장은 나에게 훈육주임(訓育主任)의 소임을 맡겼다.

청주에서의 의식주는 몹시 궁핍한 생활이었다. 단칸방 하나를 빌려서 여섯 살짜리 딸아이까지 세 사람이 기거하였다. 월급도 얼마 되지 않았다. 그러나 마음은 매우 편안하게 나날을 보낼 수가 있었다. 학교에서는 영어와 독일어와 심리학을 가르쳤는데, 대학에서보다는 여유를 가지고 교단에 설 수 있어서 마음이 편했다. 학생들의 규율 문제를 위해서 기울인 작은 노력이 헛되지 않고 눈에 보이는 성과를 보았다는 것도 보람을 느끼게 하는 일이었다. 청주여고에서의 교편 생활은 짧은 기간으로 끝났지만, 나에게는 '좋았던 날'의 하나로서 기억되는 소중한 시기였다.

청주여고의 교사 시절을 '좋았던 날'로 기억하게 만든 작은 일들 가운데는 학생들이 나를 어느 정도 신뢰해 주었다는 사실도 포함된다. 학생들이 나를 신뢰해 주었다는 것을 밝혀 주는 작은 사건이 하나 생각난다.

어느 날 학교에 출근했을 때, 내 책상 위에 두둑한 우편물 하나가 와 있었다. 보낸 사람은 어느 출판사 사장이요, 받는 사람은 '독일어 담당 선생님'이었다. 우편물 내용은 독일어 사전 광고였다. 자기 회사에서 발간된 독일어 사전을 학생들에게 팔아 달라는 교섭이었다.

공짜로 해달라는 부탁이 아니라, 담당 선생에게는 '연구비'를 지급한다는 반대 급부의 조건이 명시되어 있었다. 팔린 책값의 20퍼센트를 "피난살이에 여러 가지로 곤란이 많으실 선생님의 연구비로" 제공하고, 학생들에게는 따로 10퍼센트를 더 할인해 준다는 조건이었다. 그곳 독일어 선생은 나 한 사람밖에 없으니, 학생들이 반수만 구입한다 해도 상당한 부수입이 생길 수 있는 계산이었다.

독일어 시간에 들어가서 책 광고 이야기를 그대로 전달하였다. 다만 '교사의 연구비'라는 명목이 붙은 20퍼센트도 학생들의 이익으로 돌리겠다고 하였다. 학생들로서는 정가의 70퍼센트만 내면 된다는 계산이다. 이미 독일어 사전을 가진 학생은 하나도 없었고, 거의 모든 학생들이 그 책을 사겠다는 의사 표시를 하였다.

주문한 책이 곧 도착하였다. 그것을 나누어 주고 대금을 거두는 일은 학급 대표였던 민상기(閔上基)에게 일임했다.

책값의 전액이 걷히는 데 별로 시일이 걸리지 않았다. 전액이 걷힌 다음 날쯤 그것을 대구에 있는 출판사로 우송함으로써 그 일은 일단 끝이 났다.

독일어 사전에 관한 일이 거의 염두에서 사라졌을 무렵에, 어떤 낯모를 사람이 학교로 찾아왔다. 대구의 그 출판사 사장이었다. 용건을 말하자면 수금(收金)의 방법을 배우러 왔다고 하였다. 그 사장은 동일한 방법으로 남한 각지에 독일어 사전을 많이 팔았다. 그러나 책 대금이 걷히지 않는 것이 큰 애로라고 하였다. 다른 학교에서는 작년 봄에 보내 준 책의 대금도 받지 못하고 있는 경우가 태반이었다. 그런데 청주여고에서는 책을 보낸 지 두 주일 이내에 책값이 완납되었다. 도대체 어떤 묘방(妙方)을 썼기에 그토록 수금 성적이 좋은지, 그것을 배우러 왔나는 것이다.

나는 내가 직접 수금을 하지 않고 학급 대표에게 맡겼다는 이야기를 사실대로 말한 다음에, 학급 대표를 불렀다. 민상기가 와서도 별로 신통한 대답은 나오지 않았다. 그저 학급비를 거둘 때와 같은 방법으로 거두었을 뿐이라고 대답했던 것이다. 몇 가지 보충 실문을 통해서 일아낸 깃은, '연구비' 명목의 20퍼센트를 교사가 착복하지 않고 학생들의 부담을 덜어 준 것이 요점이라는 것을 알게 되었다. 교사가 중간에서 책임을 지고 알선한 것인데, 아무것도 생기지 않는 일에 관여해서 신용을 잃는다면 그것은 미안한 일이라는 생각에서 모두 돈을 빨리 냈다는 것이다. 요컨대 대금을 빨리 거두어들이기 위해서는 교사가 '연구비'니 '채택비'니 하는 명목으로 돈을 받지 말고 그 액수만큼 학생들의 책값을 싸게 해주면 된다는 결론이었다.

그러나 그 방법은 교사들이 원치 않을 것이므로 출판사 사장으로서는 써먹을 수가 없다고 하였다. 청주여고에서 학생들에게 30퍼센트 할인 판매했다는 사실이 다른 고등학생들에게 알려지면 큰일이 나니, 이 말이 밖으로 새나가지 않도록 해달라고 신신 부탁하며, 출판사 사장은 대구로 총총히 돌아갔다. 중고등학교에서뿐 아니라 대학에서도 교재를 선정할 때 '채택료'라는 이름의 구전(口錢)을 주고받는 사례가 많다고 들었다. 책이 좋으냐 나쁘냐에 따라서 교재를 선정하지 않고 채택료가 많으냐 적으냐에 따라서 선정할 경우도 허다하다고 하였다. 반드시 없어져야 할 몹시 나쁜 버릇이라고 생각되기에, 나는 한 번도 채택료라는 것을 받지 않았다.

그러나 '채택료'라는 부패에 관해서 내가 완전히 결백하다고 말할 수는 없다. 내 저서가 다른 교수들에 의해서 교재로 채택되는 과정에서 '연구비'를 주었을 가능성이 있지만, 나는 그것을 막으려는 노력을 전혀 하지 않았다. 부정을 묵인한 셈이다. 깨끗하지 못한 현실과 적당한 선에서 타협해 온 것이 나의 일관된 삶의 태도가 아니었을까 한다. 바로 이 점에 나의 한계가 있다. 돌이켜 보건대, 원칙론과 결과론 사이를 우왕좌왕하며 살아왔다. 원칙에 충실해야 한다고 생각하면서도, 그 원칙을 절대적인 것으로까지는 보지 않는 까닭에, 자연히 결과를 무시할 수가 없다. 결과를 중요시하다 보면, 자연히 현실과 타협하게 된다. 사사건건 비리(非理)에 가득 찬 어지러운 현실 속에서 원칙만을 고집하게 되면, 결과는 전혀 원치 않는 방향으로 삐뚤어진다. 원칙 그 자체에 절대적 가치를 인정하기보다는 좋은 결과를 위해서 원칙이 소중하다고 보는 입장인 까닭에, 자칫 원칙을 어기고 현실과 타협하곤 하였다.

시골의 고등학교 교사 노릇 하기가 서울의 대학교수 노릇하기만 못한 경우도 물론 있었다. 첫째로 관료주의의 아니꼬운 꼴을 보고도 참아야 했다. 예컨대, 도청 학무과의 새파란 장학사가 교장실에 들어와서 교장 의자에 떠억 앉아 있고 교장은 옆자리로 비켜 앉은 꼴을 보고도 나는 모르는 척했다. 그 자리에서 무슨 말을 하면 교장의 처지가 더욱 거북할 것 같아서 참은 것이다. 그 뒤의 어느 날 같은 장학사가 나에게 무슨 지시를 했을 때, 여러 사람들이 동석한 자리에서 못 들은 척 묵살함으로써, 교만한 관리에 대한 내 감정을 표시한 적은 있었다.

어린애들 장난 같은 일로 시간을 빼앗긴 경우도 적지 않았다. 판문점에서 휴전 회담이 진행되고 있는 동안 이승만 대통령은 휴전에 절대 반대한다고 거듭 주장하였고, 이 주장이 '민의(民意)'라는 것을 증명하기 위해서 학생들은 '휴전 결사 반대' 시위 행렬에 동원되어야 했다. 그 시위 행렬에 교사들도 동행해야 했음은 물론이요, 학생들 가운데 혈서(血書)로 결사 반대 의사를 표명한 아이가 생겼을 경우에는, 담임 선생이 그 아이 집을 가정방문하는 것이 '예의'로 되어 있었다.

'새 교육'에 관한 강습을 받은 적도 있고, '새 교육 워크숍'이라는 것에 참석한 적도 있었다. 존 듀이의 교육철학에 입각한 미국의 교육 이론을 우리나라에 도입하자는 취지의 모임이었다. 그 취지의 옳고 그름을 떠나서, '새 교육'에 대한 단기 강습을 받은 사람이 갑자기 '새 교육' 이론의 대가가 되어서 전달 교육을 베푸는 모임이었으므로, 수박 겉핥기 수준을 면할 수 없었다. 우리나라의 특수 사정에 대한 고려 없이 미국의 문화를 무조건 성급하게 받아들이려 했던 그 당시 풍조의 한 단면이었다.

2. 남의 장단에 춤추기

휴전에 결사 반대한다는 조작된 '민의'의 시위가 있었고 순진한 학생들이 혈서도 썼지만, 결국 휴전 협정은 1953년 1학기 수업이 끝나기 전에 성립하였다. 곧 서울로의 복귀가 허용되었고, 아내는 아이를 데리고 먼저 명륜동 집으로 돌아갔다. 나는 1학기의 수업을 마치고 시험을 쳐서 성적도 제출하기 위하여 청주에 머물렀다. 그동안 나는 어떤 가정집에 하숙을 했으며, 집주인이 친절하여 별로 불편함이 없었다.

민으로 3년 만에 서울 명륜동 집으로 돌아왔다. 직장은 먼저 얻어 놓고 돌아온 것은 아니며, 이른바 '무작정 상경'이었다. 굳이 계획이 있었다면, 명륜동 집의 일부를 남에게 빌려 줌으로서 최소한의 생활비를 마련하겠다는 생각 정도가 있었을 뿐이다. 그러나 방세를 놓고 돈을 받는 것도 생각처럼 쉬운 일은 아니었다.

복덕방에 내놓은 지 며칠 안 가서 사랑채에 세들겠다는 가족이 나타났다. 남자는 은행원이고 부인은 이화여대를 나왔다고 하였다. 이화여대 재학 중에 내 강의를 직접 듣지는 않았지만 그래도 '사제지간'이 된다는 점을 강조하기도 하는 붙임성 있는 사람들이었다. '사제지간'에 방세를 많이 받을 수도 없는 형편이어서, 시세보다 좀 싸게 18평 정도의 사랑채를 내주었다. '보증금'을 받는 것은 불신(不信)을 의미한다고 생각되어서 생략하고, 월세만 받기로 하였다.

세 든 사람들이 이사 온 지 한 달이 되던 날, 월세가 들어올 것을 기대하며 다소 마음의 설레임을 느꼈다. 세 식구의 생계가 달려 있는 귀중한 돈이 들어올 바로 그날이 밝아 온 것이다. 그런데 저녁때가 되도록 아무런 소식이 없었다. 그 다음 날도 소식이 없었고, 다음다음 날도 마찬가지였다. 아내는 생활비가 떨어졌다고 울상이 되었으나, 좀 더 기다려 보기로 하였다. '사제지간'이라 차마 입이 떨어지지 않았던 것이다.

한 일주일이 더 지나도록 아무런 기척도 없기에 내가 직접 은행원에게 사정 이야기를 하였다. 무슨 말을 어떻게 했는지 구체적인 기억은 없으나, 실직 상태에 있는 사람의 궁색한 처지를 이야기했을 것으로 짐작된다. 은행원이 내 말을 어느 정도 믿었는지는 알 수가 없다. 그 당시 내가 가지고 있던 집은 대지 99평에 건평이 45평이나 되는 한옥이었고, 그런 큰 집을 가지고 궁색하다는 것은 곧이들리지 않을 가능성도 있었다. 막내인 내가 부모를 모시기로 했을 때 큰형이 내 명의로 산 집이었으며, 내 형편에는 도대체 어울리지 않는 물건이었다.

은행원은 내 말에 크게 실망한 눈치였다. '사제지간'에 방세를 재촉한다는 것이 세상에 있을 수 있느냐는 표정이었다. 어쨌든 그들은 곧 다른 곳으로 방을 구해서 나가 버렸다. 옮겨 가면서 이웃에 살던 같은 고향 사람에게 "사상이 틀려서 한집에 살 수 없으므로 떠나간다."는 말을 남겼다고 들었다. '사제지간'에 굳이 감출 것도 없을 것 같아서, 실직 상태라는 것을 설명하는 가운데 거제도 수용소에서 돌아왔다는 이야기를 솔직하게 말했던 것이고, '사상이 틀려서'라는 말은 그 점을 빗대 놓고 한 말이었다.

은행원 가족이 떠나간 뒤에 또 작자가 나타났다고 복덕방에서 기별이 왔다. 방세를 제대로 낼 사람 같으냐고 물었더니, 그 점은 염려 없다고 하였다. 방을 구하러 온 부인이 안경을 쓰고 있었다는 사실이 염려할 필요가 없다는 이유의 하나였다. 그 당시에는 여자가 안경을 쓴다는 것은 돈이 있다는 증거로서의 의미를 가졌던 것이다. 더욱이 남자 주인이 청계천 근방에 회사를 가진 사장이라는 사실은 그들의 신용을 보증하고도 남았다.

두 번째로 세든 가족은 네 식구였다. 서울대학교에 다니는 아들과 경기여고를 졸업한 딸이 있었다. 우리 집에도 경기여고 졸업생이 하나 있었으므로, 이번에는 동창 선후배 관계가 두 가족을 잇는 유대 구실을 하였다. 두 집은 사이가 좋았으며, 월세도 꼬박꼬박 잘 냈다.

경기여고를 졸업한 딸은 재수생이었다. 다시 입학시험 때가 왔을 때, 이화여자대학교에 원서를 내고 응시하였다. 어느 날 그 수험생의 아버지가 나를 찾았다. 이화여대 해당 학과장에게 청을 넣어 달라는 부탁을 하기 위해서였다. 청을 넣으면 실제로 합격에 영향이 있었는지 아닌지는 모르겠으나, 그 당시에는 길만 닿으면 흔히 부탁을 하기도 하고 또 받기도 하는 것이 보통이었다. 아마 실제로는 아무런 영향도 없었을 가능성이 크지만, 굳이 야박하게 거절하지 않고 일단 부탁을 받아 둔 경우가 많았을 것이다.

재수생 아버지는 금기락지 한 쌍을 내주며 갖다 주라고 하였다. 나는 사전에 그런 것을 주는 것은 좋지 않다고 말하고, 혹 사례할 뜻이 있으면 합격이 결정된 다음에 직접 건네주라고 하였다. 그 당시에는 사후에 '사례'를 하는 것은 무방하다는 통념이 있었는지, 나는 별다른 죄의식 없이 그런 말을 했던 것으로 기억한다.

해당 학과장은 신촌에 살고 있었다. 나는 택시를 탈 만한 형편이 못 되어서, 절반은 전차를 이용하고 절반은 걸어서 그 댁을 찾아갔다. 나는 그 수험생이 나의 외사촌 누이라고 거짓말을 해가며 부탁을 하였다. 학과장은 두말하지 않고 수험번호와 성명을 수첩에 기입하였다.

합격자 발표를 하루 앞두고 나는 다시 학과장 댁을 방문하였다. 전화가 보급되기 이전이라 그 밖의 좋은 방법이 없었던 것이다. 학과장은 수첩을 꺼내보더니 '합격'이라고 선언하였다. 나는 정말 내 외사촌 누이가 합격한 것처럼 기뻤다.

나보다도 합격생의 아버지는 더 기뻐했다. 그날 오후에 당장 인사를 가자고 서둘렀다. 이번에는 사장과 동행이었으므로 택시를 얻어 탈 수가 있었다. 사장은 도중에서 케이크도 하나 준비하였다. 그 케이크 상자를 옆에 놓고 사장은 학과장에게 정중한 인사를 올렸다. 그러나 금가락지는 내놓지 않았다.

지금보다 케이크가 귀한 시절이기는 했지만, 입학 청탁의 사례치고는 좀 미약하다는 느낌이 들었다. 학과장 댁을 나오면서 그런 뜻을 비쳤더니, 사장은 이 다음에 다시 기회가 있을 것이라고 말하였다. 집으로 돌아오는 길에 사장은 나에게 저녁을 샀다. '태극당'이라는 경양식 집에서 먹은 것으로 기억한다.

딸의 합격이 결정난 다음에 얼마 안 가서 사랑채에 세든 가족은 떠나갔다. 처음부터 계획적으로 우리 집에 세들었다가 목적을 달성한 뒤에 떠난 것인지, 또는 우연히 이용을 당한 결과가 된 것인지, 아직껏 모르고 씁쓸하게 그때를 회상한다. 나는 그 뒤에 그 학과장에 대해서 미안하다는 느낌을 오래 간직하고 살아야 했다.

내가 그때 왜 세든 사람들을 위해서 열성을 보였는지 이상한 생각이 든다. 내가 어떤 금품을 사례로 받을 것을 기대하고 그런 중간 역할을 했다고는 생각하기 어렵다. 나의 정직성이나 결벽성의 문제를 떠나서라도, 그 당시의 관행으로 보아서 그랬을 가능성은 없다고 단정할 수가 있다. 그 무렵에 뇌물을 주는 사람이 중간에 선 사람의 몫을 따로 주는 일은 전문적 브로커의 경우가 아니면 없었으며, 중간 역할을 하고 이득을 얻으려면 가로채기를 해야 할 형편이었다. 나에게 만약 흑심이 있었다면, 사장이 처음에 금가락지를 내놓았을 때, 나는 그것을 일단 잡아 두었을 것이며, 그것을 사장에게 돌려주었을 리가 없다.

그 수험생이 여자였다는 사실에서 수수께끼의 실마리를 찾을 수 있지 않을까 의심하는 독자가 있을지 모르나, 그것도 완전히 빗나간 억측에 지나지 않는다. 나에게는 이꽃 저꽃 스쳐 가며 장난스럽게 날아다니는 호랑나비 기질이 전혀 없었고, 그 여학생과 말을 나눈 기억도 전혀 없다.

매사에 냉담하다는 인상이 강한 나의 중년 이후만을 알고 있는 사람들은 내가 가짜 외사촌 누이동생을 위해서 신촌까지 세 번이나 쫓아다닌 행동을 도저히 이해할 수 없을 것이다. 그러나 나의 젊은이 시절을 아는 사람이라면, 충분히 그럴 수도 있는 위인이라는 것을 수긍할 것이다.

어린 시절의 나는 몹시 다정다감하였다. 동무들을 좋아하고 혼자 있는 것을 대단히 싫어했다. 누가 무엇을 부탁하면 거절할 줄을 몰랐고, 동네 아이들이 시키는 대로 집에서 고은 엿을 훔쳐다가 그들에게 나누어 주고 야단을 맞은 적도 많았다. 이러한 성격은 세상 인심을 체험하는 가운데 점차로 바뀌어서 마침내 정반대의 방향으로 탈바꿈했지만, 그래도 30대 중반까지는 가끔 본래의 바탕이 다시 얼굴을 내밀기도 하였다. 가짜 외사촌 누이동생의 청탁 행사도 이러한 맥락에서 분석하면 그 이해에 어려움이 없을 것이다.

문간방까지 세를 놓았으나, 요즈음처럼 방세가 비싼 시절이 아니었으므로, 그 수입은 애당초 얼마 되지 않았다. 서울로 돌아온 직후부터 이리저리 취직 자리를 찾아다녔으나 별로 성과가 없었다. 서울여자의과대학의 논리학 강좌 두 시간짜리 하나를 겨우 얻었을 때, "그래도 완전 실업자의 처지는 면했다." 하며, 이석희(李奭熙) 형과 윤명로(尹明老) 형이 진심으로 기뻐해 주었다. 이정훈(李正勳) 형의 주선으로 '상록학원'이라는 외국어 학원의 강사 자리도 하나 얻었으나, 그 자리는 글자 그대로 '식소사번(食少事煩)'이었다. 내가 맡은 것은 '타임(*Time*), 뉴스위크(*News Week*) 반'과 '리더스 다이제스트(*Readers Digest*) 반'이었다. 처음부터 고급반을 맡게 되어 실력을 인정받았다고 기뻐했으나, 그것이 아니었다. 수강자의 수에 따라서 등록금의 40퍼센트를 강사료로 받는다는 규정이었으며, 고급반은 수강생이 적어서 아무도 맡을 사람이 없었던 까닭에, 내 차지가 돌아왔을 뿐이었다.

수강생이 적은 고급반은 시간대도 불리하게 배정되었다. 하나는 새벽에 들어 있었고 또 하나는 밤늦게 들어 있었다. 통행금지가 풀리기를 기다려서 전차로 새벽 출근을 하여 한 강좌를 하고 나서 일단 집으로 돌아왔다. 저녁 시간에 다시 출강을 하고 돌아오면 열시 가까운 밤중이 되었다. 학원은 중구청 근방에 있던 일본 사원(寺院)을 개조해서 사용하고 있었으니, 그 근처에도 음식점은 있었을 것이다. 그러나 밖에서 사 먹기에는 호주머니가 너무 가난했던 까닭에, 집에 돌아와서 찬밥으로 때워야 할 형편이었다.

호주머니 사정은 원장인 차주환(車柱環) 선생의 경우도 대동소이한 모양이었다. 어느 날 저녁에 '고바우' 김성환 화백의 그림이 걸려 있던 '금붕어' 다방에서 차주환 원장은 강사인 나에게 차 한잔을 대접한 적이 있다. 그때 차 원장은 저녁 식사 대접을 못하고 차 한잔으로 대신하게 된 것을 미안하다고 말하였다. 그리고 학원 경영에 애로가 많다고 하소연하기도 하였다. 차주환 선생과는 학원에서 처음 만난 사이였지만, 나이가 동갑이고 서울대 문리과대학의 동창이기도 하여 비교적 빨리 가까워졌다.

원장과 사이가 가까워진 것은 영광스러운 일이기는 했지만, 불편한 점도 있었다. 우선 강사료에 대해서 처분만 기다려야 했고, 이쪽에서 어떤 요구나 내색을 할 수가 없었다. 학원은 늘 집세가 밀리고 전기세도 밀리는 형편이어서, 강사료 지불은 자연히 지연되는 경향이 있었다. 이러한 상황에서는 강사료를 재촉하는 사람에게 우선적으로 지불하게 되는 것이 세상 돌아가는 이치다. 그러나 나는 원장에게 차마 강사료 독촉을 할 수가 없었다.

집에서는 아내가 만삭의 배를 안고 해산을 기다리고 있었다. 병원에 가서 몸을 푼다는 것은 생각조차 할 수 없었고, 조산원(助産員)이라도 부르고 싶었으나 그것도 어려운 실정이었다. 결국 내 손으로 신생아를 받아야 할 형편이었고, 그 정도의 일은 해낼 수 있을 것 같아서 팔을 걷어붙이고 그 일을 무사히 처리하였다. 다행히 순산이었던 까닭에 그것이 가능했던 것이다. 집안 형편이 어려우면 산모도 어떤 각오를 하게 되고, 마음을 단단히 먹으면 순산의 확률이 높아지는 것이 아닐까 나는 생각한다.

황성모(黃性模)라는 독일어 강사가 몸살이 나서 강의에 나오기 어렵다는 기별이 왔다고 하였다. 대학에서는 휴강이라는 것이 흔히 있을 수 있지만, 학원에서는 휴강을 하면 아우성이 난다. 원장이 나에게 대강(代講)을 부탁했을 때, 나는 기꺼이 수락하였다. 우정 또는 봉사 정신이 투철해서 그렇게 한 것 같지는 않다. 황성모 강사 대신 몇 시간 더 하면 행여나 그의 강사료 일부가 나에게로 돌아오지나 않을까 하는 기대가 있었을 것이다. 그것은 어리석은 기대였지만, 나의 그때 형편은 그러한 계산을 하지 않을 수 없을 정도로 궁색했던 것이다. 타고난 군자의 경우는 모르겠으나, 우리네 보통 사람은 돈에 쪼들리면 사람 자체가 좀스럽게 되기 쉽다.

좀스럽게 군다고 해서 수입이 늘지는 않았다. 소비를 줄이는 길밖에 다른 방도가 없었다. 추위가 다가왔을 때 가장 걱정스러운 것은 연료비였다.

연료비를 절약하기 위해서 서재로 쓰던 건넌방을 겨울 동안 닫고 안방을 둘로 나누었다. 장롱으로 칸막이를 하고 윗목을 서재로 사용하자는 것이었다. 주변머리 없고 궁상맞은 위인의 답답한 궁여지책이었다. 아랫목에서는 갓난아이가 간헐적으로 울어 댔고, 윗목에서는 떠다 놓은 물그릇에 살얼음이 잡혔다.

1954년 봄이 되면서 형편이 풀리기 시작했다. 서울여자의과대학에 조교수로 들어가게 된 것이다. 의과대학 예과에서 교양과목만 맡은 것이니 학자로서 안정된 자리를 얻었다고 보기는 어려우나, 우선 경제적 안정을 얻었으니 첫째 고비는 넘긴 셈이었다.

서울여자의과대학은 학생의 총수가 6백 명 정도밖에 안 되는 작은 규모의 학원이었다. 학교 전체에 가족적인 분위기가 가득했고, 여학교 특유의 아기자기함이 있어서, 철학도를 위한 학문적 자극이 없었다는 점을 제외한다면 별로 불만이 없는 직장이었다. 적어도 취직하고 처음 1년 동안은 하루하루를 즐거운 마음으로 보낼 수가 있었다.

그러나 다음 해인 1955년으로 넘어갈 무렵에 그 학교의 평화로운 분위기를 깨는 사건이 일어났다. 쉽게 말하자면, 교수들과 학교 재단 사이에 알력이 생긴 것이다. 서울여자의과대학은 학생들의 공납금과 병원 수입으로 근근이 꾸려 가는 가난한 학교였는데, 학생들이 낸 공납금마저도 재단 이사장이 빼내서 사생활에 유용한다는 폭로가 있었고, 이 폭로가 도화선이 되어서 대부분의 교수들과 학생들이 재단을 규탄하는 움직임을 보였다. 이에 당황한 재단 측은 처음에는 유화(宥和)로서 무마하기를 꾀했으나, 여의치 않게 되자 반격으로 나왔고, 분규는 장기화하였다.

처음 한동안 나는 이 분규의 방관자였다. 그러나 여러 차례의 교수 회의를 통하여 재단의 비리에 대한 고발을 거듭 듣게 됨에 따라서, 자연히 그 와중에 뛰어들게 되었다. 지금 돌이켜 보건대 재단의 비리에 관한 물증을 내 눈으로 확인한 적은 없었다. 다만 그 비리를 고발함에 앞장선 교수가 학교 행정에 깊이 관여한 분이었으며, 해명을 위해서 교수 회의 석상에 나타난 이사장의 태도가 애매모호했다는 점 등으로 미루어서, 재단의 비리를 의심의 여지 없는 사실로 믿게 된 것이다. 재단의 비리가 확실한 이상, 방관적 태도를 취하는 것은 비겁하다는 생각이 들어서 마침내 그 분규에 적극 관여하기에 이르렀다.

분규의 양상이 재단 이사장을 상대로 한 투쟁으로 발전했던 것으로 기억한다. 재단 설립자의 미망인이기도 했던 재단 이사장을 물러가게 할 생각은 아니었으며, 최소한 과거의 비리를 인정하고 앞으로는 학교 돈을 가져가지 않겠다는 다짐을 받는 것이 당초의 목표였을 것이다.

이사장의 명백한 사과와 서면화된 다짐을 받아 내지는 못했지만, 묵시적인 사과와 다짐은 나왔던 것같이 생각된다. 그 정도에서 끝났더라면 좋았을 터인데, 비리를 폭로한 교무처장을 비롯해서 몇 사람의 교수를 내보내려는 재단 측의 반격이 있어서 사태가 다시 악화되었다.

그 당시는 실력이 있는 교수의 절대수가 부족했고 한 대학이 주는 보수만으로는 살기가 어려운 시절이었다. 이러한 상황에서 저명한 교수들은 두 학교의 전임을 겸하는 사례가 많았고, 문교 당국도 이를 묵인하고 있었다.

서울여자의과대학의 교무처장을 비롯한 몇몇 기초 의학 교수들은 서울대 의과대학 교수이기도 했으며, 이들 모두가 재단의 비리를 규탄하는 일에 가담했던 것이다. 이에 대해서 이사회 측에서는 두 학교 교수직 중에서 하나를 선택하라고 요구했던 것이며, 그럴 경우에 누구나 서울의대 쪽을 선택하게 될 것이므로, 결국 재단 측의 요구는 서울여자의과대학의 교수 자리를 포기하라는 뜻이 되었던 것이다. 여기서 학생들은 재단 측의 처사에 반기를 들게 되었고, 드디어 전교생의 동맹 휴학을 결의하고 나섰다.

이보다 앞서서 교수들의 일부가 재단 측을 지지하고 나서기도 하여서 사태는 매우 복잡하게 되었다. 사태가 이 지경에 이르렀으므로, 자연히 문교부가 개입하게 되었고, 신문기자들의 관심을 끌기도 하였다. 어쩌면 신문기자들의 관심을 끌도록 교수단 측에서 작용했을 가능성이 있다. 내 기억에 분명히 남은 것은 재단의 비리를 규탄하는 성명서를 발표했던 일이며, 그 성명서의 기초(起草)를 내가 맡았다는 사실이다. 문교부의 개입을 최초에 요청한 것도 교수단 측일 가능성이 많다. 나 자신도 문교부 장관을 찾아간 일행 중에 있었던 일이 기억에 남아 있으며, 처음에는 문교부 측이 우리 교수단의 편을 들었다는 것도 기억이 분명하다.

그러나 날이 갈수록 문교부의 태도가 달라지기 시작했다. 문교부는 학생들의 동맹 휴학을 못마땅하게 생각했고, 그 배후에 교수들의 선동이 있었다는 재단 측의 주장을 굳게 믿은 것으로 보였다. 결국 문교부 장관의 최종 판결은 재단의 비리를 시정하도록 명령해 달라는 교수단을 때리는 방향으로 내려지고 말았다.

이선근(李瑄根) 문교부 장관의 이름으로 내려온 판결문은 세 가지 조항으로 요약될 수 있었다. 첫째, 재단 측에서 가져간 학교의 공금이 있으면, 그것은 학교로 다시 반환하라. 둘째, 두 학교에 전임을 겸직한 교수는 양자 중 택일하라는 재단 측의 요구에 응해야 한다. 셋째, 학생들의 동맹 휴학을 선동한 교수는 엄중하게 제재하라.

표면상으로는 모두가 지당한 지시였다. 그러나 실질적 내용에 있어서는 매우 불공평한 판정이었다. 첫째 항목에 대한 강제 집행권이 교수단에게 없었고, 문교부도 이 항목이 집행되도록 하는 아무런 후속 조치를 취하지 않았기 때문이다.

네 사람의 조교수를 파면 처분한다는 이사장 명의의 공고문이 게시되었다. 그 네 사람의 이름을 나는 모두 기억하고 있지만, 여기서는 그 가운데 내 이름이 들어 있었다는 사실만 밝혀 둔다. 파면 처분의 근거는 "학생들의 동맹 휴학을 선동한 교수는 엄중하게 제재하라."는 문교부 장관 판정의 셋째 항목에 있었다.

내가 아는 범위 안에서는 우리가 학생들을 의도적으로 선동한 적은 없다. 선동하기 전에 이미 학생들이 흥분하고 있었기 때문에 그럴 필요도 겨를도 없었다. 다만 우리가 성명서까지 내걸며 재단 이사회를 규탄하던 과정에서 학생들을 앞에 놓고 재단을 비난했을 가능성은 있다고 보아야 할 것이다. 그리고 우리는 아무도 학생들의 동맹 휴학을 만류하지 않았으며, 이미 결행하기로 한 학생들의 동맹 휴학에 대해서 도리어 긍정적인 반응을 보였을 가능성은 충분히 있다.

파면 처분이 공고된 네 사람은 공교롭게도 모두 학부와 예과부의 교무과장 또는 학생과장을 맡고 있었거니와, 학부의 학생과장을 맡았던 나와 동갑내기 조교수가 학생회장과 계단 밑 창고에 들어가서 밀담을 하고 나오던 현장을 재단 편에 섰던 어느 교수가 목격한 촌극이 있었다. 이 촌극은 우리를 매우 난처하게 만들었다.

젊은 남자 조교수와 과년한 여자 학생회장이 단둘이서 좁은 창고 안에 들어가서 동맹 휴학에 관한 밀담을 한 것이 아니라면, 그보다도 더 나쁜 짓을 했다는 말이 된다. 그렇다고 학생 선동의 책임을 그 한 사람에게만 씌우고 세 사람은 빠져나간다는 것도 생각할 수 없는 노릇이었다. 꼼짝없이 당할 수밖에 없는 상황이었고, '의원 면직'이면 다른 직장을 물색할 수가 있으나, '파면'은 그 길조차 막는다는 점이 더욱 아팠다.

비장한 각오를 하고 있었을 때 또 새로운 사태가 일어났다. 동맹 휴학을 일단 거두어들인 학생들이 동요하기 시작한 것이다. 파면된 네 조교수 가운데 예과부에 속했던 두 사람은 그만둔다 해도 크게 문제될 것이 없었지만, 학부에 속했던 두 사람은 그 학교로서는 결코 놓쳐서는 안 될 매우 보배로운 젊은 학자들이었다. 이 사실을 너무나 잘 알고 있었던 학생들이 동요한 것은 매우 자연스러운 현상이었다. 이번에는 재단 측에서 다시 당황했던 모양이다.

우리가 파면 결정에 불복하고 학교에 출근하고 있던 어느 날, 재단 이사장이 차를 보내어 우리 네 사람을 만나자고 하였다. 만난 장소는 이사장 자택이었다. 저녁상을 잘 차려 놓고 이사장과 몇 명의 이사가 기다리고 있었다. 지나간 일은 모두 잊어버리고 앞으로 다시 한가족이 되어 잘해 보자고 이사장이 말문을 열었다. 이미 노령에 가까웠지만 이사장이 여자였다는 사실은 분위기를 한결 부드럽게 하였다. 젊어서 화려한 날도 가졌고, 산전수전 모두 겪은 여장부였다. 우리들 애송이 네 사람을 어루만지는 일쯤은 그녀에게 그리 어려운 문제가 아니었다.

서울여의대 분규와 관련해서 생각나는 또 하나의 촌극이 있다. 문교부가 재단 측을 두둔하는 쪽으로 기울면서 형세가 갑자기 교수단에게 불리한 방향으로 뒤집어지기 시작했을 무렵에 일어난 일이다.

어느 날 교수단 측과 이사회 측의 간담회가 있으니 이사장실로 모이라는 통문이 돌았다. 나는 정각에 회의 장소에 도착했는데, 이미 모두 모여 있었다. 그 모여 있는 모습이 상식으로는 생각할 수 없는 광경이었다. 네 사람만이 앉아 있고, 그 밖의 사람들은 모두 서 있었던 것이다.

앉아 있던 사람은 이사장과 그의 남동생인 박 감사, 그리고 교수단 편을 들다가 이사회 편으로 태도를 바꾼 학장과 스포츠 머리를 한 낯선 중년이었다. 한편, 손을 앞으로 모으고 서 있던 사람들은 7-8명의 교수들이었다. 교수들 가운데는 머리가 허옇게 센 노인도 있었다. 나는 회의 장소인 이사장실로 들어서다 말고 서무과로 발길을 돌렸다.

그리고 이사장실로 의자를 여러 개 가지고 오라는 부탁을 하고 다시 그곳으로 갔다. 곧 뒤를 따라서 사환들이 의자를 들고 이사장실로 들어오기 시작했다. 그때였다. 스포츠 머리의 낯선 중년이, "누가 의자를 들여오랬어?" 하고 힐난하는 어조로 물었다. 나는 그가 이번 분규의 해결사로서 '상무이사'라는 직함을 주고 데려온 사람이라는 것을 직감적으로 알 수 있었다. 경마장 근처에서 누구나 알아주는 주먹을 데려온다는 소문을 이미 듣고 있었던 터이다. 나는 애써 조용한 목소리로 대답하려 했으나 가슴이 두근거렸다. 사람들이 모두 나를 돌아다보았다. "내가 들여오라고 했소. 어째서 초면에 반말을 하시오?" 시비를 거는 것이었다. '했어'는 반말이지만, '했소'는 반말이 아니라고 하며, 나는 혼신의 힘을 내서 버티었다. 등줄기에서는 땀이 흘러내리고 있었다. 그때 박 감사가 중간에 나서서 어색한 순간을 수습하는 한편, 의자를 들여오도록 하였다.

박 감사의 그 당시 나이는 50 전후가 아니었을까 한다. 그도 젊어서는 주먹 세상에서 '형님' 소리를 들었을 법한 사람이었고, 스포츠 머리를 상무이사로 데리고 온 것도 그 사람이었을 것이다. "병 주고 약 준다."는 속담이 아마 이런 경우를 두고 하는 말일 것이다.

나는 이사장실로 들어갈 때 가죽 장갑을 끼고 있었다. 신변에 위험이 닥칠지도 모를 장소에 갈 때는 반드시 가죽 장갑을 끼라는 외사촌 형의 충고에 따른 것이었다. (나에게는 한때 권투도 하고 싸움도 했던 동갑내기 외사촌 형이 있었다.) 그러나 그날 상대는 가죽 장갑 아니라 몽둥이를 가지고도 못 당할 것 같기에, 슬그머니 벗어 버렸다.

나는 분규가 있던 해의 학년이 끝난 1955년 3월에 직장을 옮겼다. 파면을 당할 뻔했던 다른 조교수들은 세 사람 모두 그대로 머물러서 정년퇴임 때까지 같은 학교를 위해서 많은 공헌을 한 것으로 알고 있다.

13장 건국대학교와의 짧은 인연

1. 평교수 회의에서의 쓸데없는 발언

1956년 초에 서울대학교는 새로 '교양학부'라는 것을 만들었다. 아직은 정부 차원에서 법제화한 기관이 아니라 총장 재량으로 만든 기관이었으므로, 전임교수의 자리가 뒤따르지는 않았다. 그러나 '전임 대우'의 시간강사 자리는 많이 생겼고, 그 자리가 장차 정식 전임 자리로 굳어질 가능성도 있다는 소문이 돌았다. 그 교양학부에 논리학과 철학개론을 맡을 '전임 대우' 자리도 셋이 생겼다고 하기에, 나도 이력서를 제출하였다.

윤명로 형과 이정훈 형 그리고 나 세 사람을 채용하기로 내정했다는 소식을 당시의 철학과 학과장이었던 고형곤(高亨坤) 선생으로부터 듣고, 나는 서울여자의과대학에 사표를 제출했다. 최명관 형을 내 후임으로 추천했으나, 학교 측에서는 재정난을 이유로 최 형을 시간강사로 맞아들였다.

서울대 교양학부의 '전임 대우'로 내정된 사람들에게 발령이 나왔고 시간표도 발표되었다. 그러나 나에게는 발령 통지가 없었다. 의아하게 생각하고 있던 차에, 고형곤 선생께서 우리 집 문 앞까지 찾아오셨다. 내 발령이 보류되었다는 사실을 알리기 위한 어려운 걸음이었다.

투서가 들어왔다고 하였다. 투서의 내용은 '빨갱이'였고, '빨갱이'라는 증거는 내가 '의용군'에 나갔다는 사실이었다. 항상 낙천적인 고형곤 선생도 그날만은 난처한 표정을 지었다. 후배에게 길을 열어 주기 위해서 지체 없이 서울여의대에 사표를 내라고 재촉한 책임 비슷한 것이 그분에게 있었던 것이다.

나는 무슨 도리가 없겠느냐고 물었다. 열쇠를 쥔 것은 문리대 학장인 김상기(金庠基) 선생이니 김상기 학장과 가까운 김두헌 선생께서 "크게 염려할 것 없다."는 쪽지만 하나 보내 주면 어떻게 될 것 같다며 고 선생은 대책을 제시하였다. 마침 김두헌 선생께서 서울에 출장 중이고 충무로에 있는 라이온스 호텔에 투숙하고 있으니 찾아가 보라고 자세한 처방까지 일러 주었다.

라이온스 호텔을 찾아간 것은 저녁 시간이었으나, 김두헌 선생은 출타 중이었다. 세 시간쯤 기다려서 그분을 만날 수 있었다. 뜸들일 것도 없이 바로 용건을 말하였다. 김두헌 선생께서는 내 부탁을 완곡하게 거절하였다. 김상기 학장으로부터 어떤 문의가 오면 자기의 의견을 말할 것이나, 자기가 먼저 전화를 걸거나 쪽지를 써줄 처지는 아니라고 말씀하였다.

1954년 봄에 나도 김두헌 선생의 부탁을 거절한 적이 있었음을 상기하였다. 서울여의대에 조교수로 채용되어서 강의를 시작한 지 불과 일주일도 지나기 전에, 김두헌 선생께서 나에게 전북대학교 철학과로 오라는 호의를 보인 일이 있었다. 그러나 나는, 없는 자리를 만들어 가며 나를 전임으로 채용한 서울여의대에 미안하다는 이유로, 그 호의를 물리쳤다.

김두헌 선생을 라이온스 호텔에서 만난 다음 날, 나는 청량리에 있는 고형곤 선생 댁을 찾아갔다. 3월 초순이었는데 선생의 서재는 몹시 썰렁했다. 어둠침침한 방에 난초 한 그루가 떨고 있었다. 선생은 나를 데리고 여러 가지 이야기를 하였다. 구체적으로 어떤 내용의 이야기를 했는지는 기억에 남은 것이 없다. 그날 밤을 선생 댁에서 자고 왔으니 많은 이야기를 했을 터인데, 하나도 생각이 나지 않는다. 내가 어떤 사람인가를 알아보기 위해서 이런저런 이야기를 교환했을 가능성이 있으나, 직접적인 질문을 받은 기억은 없다.

서울대학교 교양학부 자리가 불확실하게 되었을 때, 나는 건국대학교의 전신인 정치대학에 교섭하여 의외로 쉽게 전임 자리를 하나 얻게 되었다. 나는 1954년부터 정치대학에 시간강사로 출강하였고, 1956년 봄 학기에는 이미 전임을 하기에 충분할 정도의 시간을 맡고 있었다. 사람이 귀한 때여서 영어 강의까지 일부 떠맡게 되어서 시간이 늘었던 것이다.

정치대학에 전임 자리를 얻게 된 것은 그 당시 교무처장이었던 송두용(宋斗用) 교수의 호의 때문이었다. 서울여의대 봉급만으로는 기본 생활조차 어려워서 시간강사라도 더 맡기를 원했을 때, 한양대학의 한태수(韓泰壽) 선생의 소개로 송두용 교무처장을 알게 되었다. 송 처장은 댁이 우리 집과 가까웠고 그 부인이 내 아내의 여고 선배이기도 하여, 매사에 호의적이었다. 언젠가 김장 배추를 한 리어커를 보내 준 적도 있을 정도로 그에게는 보스 기질이 강했다.

건국대학교의 근원은 정치학원이라는 작은 교육기관이었다. 정치학원이 정치대학으로 바뀌고, 그것이 또 한 차례 변신한 것이 오늘의 건국대학교다. 늦게 발족한 한국의 대학들이 대체로 그러했듯이, 1950년대의 정치대학은 교수진이 몹시 빈약했다. 그나마 전임교수는 수가 적었고, 많은 강의를 시간강사에게 의존하는 실정이었다. 시간강사 가운데는 저명인사로 알려진 사람도 더러 있어서, 전임교수보다는 시간강사를 예우하는 듯한 인상이 강했다. 예를 들어서, 전임교수들의 휴게실보다 시간강사들의 대기실을 더 정성스럽게 꾸며 놓았던 것 같은 기억이 남아 있다.

1956년 봄에 전 교직원의 야유회가 있었고, 시간강사들도 초대되었다. 그 준비 모임에서 재단 이사장은 전임교수들에게 시간강사들을 잘 모시라는 지시를 하였고, 그 지시가 실천되기도 하였다. 나에게는 이사장의 지시가 단순히 주인으로서 손님에 대한 예절을 지켜 달라는 것 이상의 함축을 가졌다는 느낌이 들었다. 시간강사 가운데는 국회의원을 지낸 사람도 있었고, 소위 '거물 강사'에 대한 보수는 전임교수의 그것을 웃돈다는 소문도 있었다.

어느 날 '평교수 회의'라는 것이 열렸다. 이 회의를 소집한 사람이 누구이며 어떠한 경위를 거쳐서 그 회의가 소집되었는지 그런 것은 모르고, 그저 모이라는 연락을 받았기에 나도 참석하였다. 그것은 전임교수들의 불평과 불만을 설립자이기도 한 학장에게 알리고 시정을 요구하자는 취지의 모임이었다. 여러 가지 불평이 나온 가운데 가장 크게 논란이 된 것은, 학장과 이사장이 학생들의 대표 및 다른 사람들을 통하여 교수들의 강의 내용과 학자로서의 자질 등을 내사한 사건에 대한 성토였다고 기억된다.

전임이 된 지 일천한 나로서는 처음 듣는 이야기였다. 학장과 이사장이 먼저 학생 대표에게 어떤 밀명(密命)을 내렸는지, 또는 학생들 측에서 강의에 대한 불평을 한 것이 계기가 되어서 학교 당국이 학생들의 증언에 지나친 비중을 둔 것인지, 자세한 내막은 모르겠다. 어쨌든 학장과 이사장이 학생들을 시켜서 교수를 평가하도록 했다는 말이 사실무근은 아니었으며, 이에 대해서 평교수 일동의 이름으로 학교 당국에 항의하자는 결의를 하기에 이르렀다.

항의 내용을 전달하는 방법은 교무처장을 통하여 구두로 하자고 의견이 모아졌다. 당장에 교무처장을 불러다 앉혀 놓고, 여기저기서 불평을 털어놓았다. 학교의 사정을 잘 모르는 나로서는 끝까지 침묵을 지켜야 했을 상황이었다. 그런데 쓸데없는 소리를 한마디 하고 말았다. 전임이 되고 나서 시간강사 때보다 신분이 격하된 것 같은 느낌이 든다고 말했던 것이다.

그 말을 했을 때의 내 심정에는 교무처장에 대한 불평은 추호도 없었고, 학장에 대한 불평도 거의 없었다. 나의 불평은 주로 이사장을 염두에 둔 것이었다. 교수들 모임에 자주 나타나서 훈시 비슷한 잔소리를 늘어놓는 이사장에 대해서 나는 평소에 불만이 많았다. 그러나 내가 발언했을 때 교무처장의 표정이 눈에 뜨이게 일그러졌다. 어떻게 당신까지 그럴 수가 있느냐는 놀라움 같았다. 아차 실수했구나 하는 것을 순간적으로 느꼈다. 그러나 이미 엎질러진 물이었다.

그 뒤부터는 송두용 교무처장이 나를 보는 눈길은 매우 냉랭하였다. 신경과민인지는 모르나, 학장과 이사장의 눈길도 달라진 것으로 느껴졌다. 이러한 느낌이 단순한 신경과민의 탓만은 아니라는 것을 밝혀 주는 작은 일이 생겼다.

어느 날 교수 회의가 끝났을 때, 교무처장이 한 가지 공지사항을 알렸다. 미국에 '교환교수'로 가고 싶은 희망자는 수일 내로 자기에게 알려 달라는 광고였다. '풀브라이트 장학금'의 전신에 해당하는 '스미스먼트 장학금'에 의한 미국 유학생을 그 당시에 '교환교수'라고 불렀다. 그렇게 부른 근거는 그 장학생을 지망할 수 있는 자격을 대학의 전임강사 이상에게만 국한했기 때문이다. 전임강사 이상이라도 소속 대학 기관장의 추천이 있어야 지망할 수 있었기에, 희망자는 교무처장에게 알리라는 것이었다.

스미스먼트 장학생 지망에는 연령 제한이 있어서 만 35세가 지나면 지원서를 받지 않기로 되어 있었다. 나는 그때 만 35세를 수개월 남겨 놓고 있었으므로, 그해가 마지막 기회였다. 다음 날 아침에 나는 교무처장을 찾아가서 학장의 추천서를 의뢰하였다.

그러나 교무처장은 즉석에서 난색을 표명하였다. 추천하기가 어렵다는 것이었다. 그 이유를 물었더니, 경제학을 가르치는 이 교수가 이미 신청을 했다는 대답이었다. 두 사람을 추천할 수도 있지 않느냐고 다시 물었다. 두 사람을 추천하면 초점이 흐려져서 '추천력'이 약해진다고 대답하였다. 그러나

이 교수는 이미 만 35세가 넘었을 터인데 왜 굳이 그 사람을 추천하느냐고 물었다. 이 교수는 전문학교밖에 다니지 않아서 학력을 보충할 필요가 절실하지만, 김태길은 석사 학위까지 가지고 있으니 사정이 다르다고 하였다. 나는 더 말하지 않고 물러섰다. 그리고 며칠 지났을 때, 스미스먼트 장학생을 지망할 생각이 아직도 있으면 추천해 주겠다는 전갈을 받았다. 이유를 물었더니, 이 선생의 지원서가 연령 제한 때문에 접수되지 않았다는 것이었다.

그 전갈을 받은 것은 원서 접수 마감을 하루 앞둔 날의 저녁이었다. 추천서 이외에도 구비해야 할 서류가 적지 않았다. 그것들을 만들자면 출신교인 서울대학교에도 가야 하고 구청에도 가야 했다. 다음 날 나는 오전 강의를 휴강하고 동분서주하였다. 집에 전화가 없고 공중전화도 없었으며 정치대학의 전화번호도 모르고 있었으므로, 휴강을 미리 알릴 방도가 없었다. 아내도 구비 서류를 위해서 뛰어야 했기 때문이다.

미친놈처럼 뛰어다니며 겨우 지원서를 제출하고 학교로 돌아갔을 때, 교무처장실로 오라는 지시가 내려졌다. 무단 휴강을 문책하기 위해서였다. 학생들이 항의를 하고 학장이 진노했다고 하였다. 그 당시의 학생들은 휴강을 싫어할 정도로 학문을 좋아하지도 않았고, 대학교수가 무단으로 휴강하는 일이 흔히 있던 시절이었다.

뒤에서야 안 일이지만, 나 이외에 정치학과의 김 교수도 학장의 추천을 받고 있었다. 김 교수는 그 전해에도 추천을 받은 사람이었다. 두 사람을 추천하면 초점이 흐려져서 '추천력'이 약해진다는 논리를 따른다면, 이번에는 나 한 사람만을 추천했어야 옳았다.

스미스먼트 장학생 선발을 위한 일차 필기시험은 미국 대사관 건물 안에서 치르기로 되어 있었다. 시험장으로 가기 위하여 혜화동에서 밀리고 밀고 아우성을 치면서 만원 버스에 올랐다. 시청에서 가까운 정류장에 도착했을 때, 손목시계가 없어진 것을 비로소 발견하였다. 손목시계 하나 장만하자면 특별 예산이 필요할 때였고, 당장 시험을 치르는 데 시계는 꼭 필요했다. 시험 과목은 영어였고, 문제가 객관식으로 나오기 때문에 모자라기 쉬운 시간의 안배가 매우 중요하다고 들었다.

어느 시계포에 들어가서 신분증을 맡기고 헌 탁상시계라도 하나 빌리려 했으나 실패하였다. 남자의 옷을 짓는 양복점에서 여자의 것도 만들던 때여서, 아내와 함께 외투 두 벌을 맞춘 점포가 근처에 있기에 찾아갔다. 두세 시간 동안만 시계를 빌려 달라고 간청을 했으나 냉랭한 거절을 당했다. 평안도 말씨의 상인이었는데, 양복을 맞추러 갔을 때의 나에 대한 태도와 시계를 빌리자고 사정했을 때의 나에 대한 태도가 어쩌면 그렇게 다를 수가 있을까 하고 정말 놀랐다. 다시는 그 집에서 양복 맞추지 않을 결심을 하면서 가게를 나왔다.

이젠 시계를 빌리기 위해서 더 다닐 시간이 없을 것 같았다. 부랴부랴 미국 대사관으로 달려갔다. 모두들 자리에 앉아서 기다리고 있는 마지막 순간에 겨우 고사장에 들어갔다. 내 바로 옆자리에는 송욱(宋稶) 교수가 앉아 있었다. 송 교수는 영문학자 중에서도 실력이 탁월한 사람으로 알려져 있었으니, 담배를 피워 가며 여유 있는 모습으로 답안지를 작성하는 기색이었다. 그러나 나는 허둥지둥 달려온 직후라 마음이 들떠 있었고, 시계가 없다는 불안감까지 겹쳤을 뿐 아니라, 이런 불안한 심리 상태로 시험을 치면 불리하다는 쓸데없는 생각까지 오락가락하여 정신의 집중을 얻기 어려웠다.

일차 시험이 끝나고 발표를 기다리고 있을 무렵에, 시험을 잘 쳤느냐고 묻는 사람이 있었다. 정치대학 졸업생으로서 모교 사무 직원으로 일하던 젊은 친구였다. 내가 잘 못 쳤다고 대답했을 때, 좋은 수가 있다고 하였다. 자기가 잘 아는 사람이 미국 문화원에서 일하고 있는데, 돈을 좀 쓰면 합격이 보장된다는 것이었다. 나는 그저 웃고 말았다.

다행히 일차 시험에 합격했다는 통지를 받았다. 이차 시험은 면접 고사였고, 영어회화 실력의 평가를 겸한 것이었다. 나에게는 필기시험보다도 훨씬 부담스러운 시험이었지만, 설마 어떻게 되겠지 하고 시험장에 나갔다.

면접위원은 5-6명 되었고 미국 사람들뿐 아니라 백낙준 박사와 김활란 박사도 그 가운데 있었다. 미국 사람이 먼저 물었다. 첫 번째 물음은 매우 단순한 것이어서 알아들을 수 있었다. 그러나 둘째 질문부터는 무슨 말인지 잘 알아들을 수가 없었다. '아이 베그 유어 파든(I beg your pardon)'을 수없이 되풀이할 수도 없기에, 대충 짐작으로 동문서답을 끙끙대며 늘어놓았다. 겨울인데도 땀이 흘렀다.

백낙준 박사가 물었을 때는 좀 숨을 돌릴 수가 있었다. 한국 사람의 영어는 알아듣기가 쉬운 편이었고, 물음의 내용도 일상적인 것이었다고 생각된다. 다음에는 다른 미국인이 무엇을 물어보았고, 역시 땀을 흘리며 동문서답을 할 수밖에 없었다.

가장 진한 땀이 흐른 것은 김활란 박사가 질문을 시작했을 때였다. 여자의 영어가 대개 그렇듯이, 김활란 박사의 영어는 발음이 똑똑하고 낭랑해서 알아듣기에는 어려움이 없었다. 그럼에도 불구하고 내가 진땀을 흘린 것은 그가 서류를 뒤적거리며 내 이력서에 대해서 관심을 보였기 때문이다. "동경대학에서는 법학부에 재학했는데 왜 철학을 공부하기로 마음을 돌렸느냐?"는 따위의 질문은 내가 바라는 바였다. 그러나 "이화여대의 전임강사로 있었는데, 왜 그만두게 되었느냐?"고 묻는다면 어떻게 대답할 것인가?

김활란 박사는 그 당시 이화여대의 현직 총장이었고, 내가 이화여대에 나갔을 때도 역시 총장이었다. 이화여대의 학생수가 1천 명에 달한 것이 1950년이었으니, 내가 그 학교에 재직했을 무렵의 교수들은 대개 서로 얼굴을 알 정도였다. 총장과 전임강사의 거리는 멀었지만, 교수 회의는 김활란 총장이 늘 주관하였고 나도 빠지지 않고 참석하였으니 안면이 있을 가능성은 충분하였다. 의용군에 나간 이화여대 교수들 가운데서 상당수가 도중에서 탈출했고, 북한에까지 넘어가서 이화여대를 떠난 사람의 숫자가 많지 않으니, 총장으로서 내 이름을 기억할 가능성도 높았다.

그러나 김활란 박사는 나와 이화여대의 관계에 대해서는 한마디도 묻지 않았다. 그 자리에서는 묻지 않았더라도 심사위원끼리 상의할 때 나에 대해서 불리한 발언을 하지 않을까 하는 걱정도 하였다. 6·25 직후에 남하(南下)하지 못하고 서울에 남아 있던 사람들을 이른바 도강파(渡江派)가 몰밀어서 비난한 사례가 허다했던 시절이라, 그런 걱정도 하게 되었던 것이다.

최종 합격자가 발표되었을 때 내 이름도 들어 있었다. 후일에 알게 된 일이지만, 그 해에는 19명이나 뽑았으니 전무후무한 다수가 아니었을까 한다. 많이 뽑은 덕택에 나도 끼이게 된 것이라는 생각도 들었다. 송욱, 남덕우, 김명희, 김정흠, 이근삼, 차기벽, 장왕록, 오상낙, 김승숙 등이 모두 스미스먼트 동기생이었고, 내가 그 가운데서 가장 늙은 학생이었다. 나의 합격 소식을 듣고 정치대학 교수들 중에서 가장 기뻐해 준 사람은 정범석(鄭範錫) 선생이었다.

나의 스미스먼트 장학생 합격을 계기로 정치대학에서는 급히 서둘러서 내규(內規) 한 가지를 만들었다. 전임이 된 지 3년 미만의 교수가 외국으로 유학을 갈 경우에는, 학교를 떠나 있는 동안의 봉급은 일체 지급하지 않는다는 규정이다. 나보다 수년 전에 스미스먼트 장학생으로 미국에 유학한 정범석 선생의 경우는 떠날 때 학장 이름으로 전별금도 주고, 월급뿐 아니라 상여금까지 지불했다는 소문을 듣고 있었던 나는, 이것도 역시 '평교수 회의'에서의 입바른 소리의 여파라고 생각하였다.

그런데 갑작스럽게 만든 저 내규는 만든 지 얼마 안 가서 수정되었다. 전임이 된 지 3년 미만인 교수도 외국 유학의 처음 1년 동안만은 봉급을 지불한다고 고친 것이다. 내가 스미스먼트 장학생으로 내정되고 얼마 후에 박동서(朴東緖) 교수가 다른 장학금으로 미국에 유학할 기회를 얻게 되었고, 그는 나보다도 뒤에 정치대학 전임이 되었던 것이다. 박동서 교수는 장래가 촉망되는 젊은 법학도였고, 그의 미국 유학은 1년간으로 예정되어 있었다.

2. 유학길의 우여곡절

누군가의 투서 때문에 보류되었던 서울대학교 교양학부 '전임 대우 강사' 발령이 뒤늦게 나왔다. 고형곤 선생께서 내가 별로 경계할 만한 인물이 못 된다고 증언함으로써 매듭을 풀었을 가능성이 크다고 생각한다.

다른 사람들은 모두 문리과대학 소속으로 발령이 났으나, 나는 무엇 때문인지 치과대학 소속으로 발령을 받았다. 당시 청량리에 있던 치과대학 예과 강의도 내가 맡게 되었고, 봉급도 멀리 치과대학까지 가서 받아야 했다. 서울대학교에서는 전임 시간에 해당하는 아홉 시간을 맡았지만, 강사 자격으로 출강한 것이므로 정치대학의 전임 자리에는 별다른 지장이 없었다.

교양학부 강사 노릇과 관련해서 남길 만한 이야기는 별로 없다. 교양학부 부장을 맡은 이숭녕(李崇寧) 선생이 교무과장과 학생과장을 모두 자기 제자들에게 맡기고 왕초 노릇을 맡지 않게 했으며, 교양학부 교수실은 젊은 학자들로 그 분위기에 활력이 넘쳤다는 인상이 강하게 남아 있다. 1956년 한글날을 기해서 전임 대우 강사 일동이 왕초를 따라서 여주에 있는 세종대왕릉에 참배한 일도 즐거웠던 기억으로 회상된다. 그 전날 신륵사(神勒寺)에 가서 원효대사가 꽂아 놓은 지팡이에 싹이 돋아서 컸다는 노목도 구경하고, 큰 절 간방에서 주지스님의 이야기를 듣기도 하였다. 마치 학생들의 수학여행처럼 즐거운 1박 2일이었다.

1957년도 서울대학교 입학시험 때는 교양학부 강사들도 모두 동원되었다. 고사장마다 책임자와 부책임자 두 사람이 들어가기 마련이었고, 나는 전임 대우 강사에 불과했으므로 부책임자가 되었다. 책임자는 나보다 나이는 적었지만 일찍이 전임이 된 사람이었다.

시험지와 답안지를 나누어 줄 때까지는 두 사람이 함께 움직였다. 그러나 사진과 실물을 대조해 보는 일은 전적으로 나에게만 맡기고, 책임자라는 젊은 친구는 구경만 하고 있었다. 다음에 할 일은 시험 답안지마다 감독의 도장을 찍는 일이었다. 책임자가 도장을 내주면서 나보고 찍으라고 하였다. 그전 성미 같았으면, "네 도장을 네가 찍지 왜 내가 찍냐!" 하고 호통을 쳤을 것이다. 그러나 산전수전을 절반은 겪은 뒤라, 수험생들 앞에서 추태를 보일 수 없음을 생각하고 꾹 참았다. 꾹 참으며 도장을 꾹꾹 찍었다. 내가 도장을 찍는 동안, 기생 오라비처럼 해말갛게 생긴 젊은 책임자는 마도로스 파이프를 빠끔빠끔 피우고 있었다.

한마디로 말해서 그 책임자 교수에게는 귀족적인 모습과 귀족적인 태도가 있었다. 사람에게는 대체로 어떤 호오(好惡)의 편견이 있기 마련인데, 나에게는 귀족적인 사람들이 흔히 보여주는 교만한 태도를 몹시 싫어하는 편견이 있었다. 1962년 8월부터 전임 자리를 서울대학교 철학과로 옮기게 되었고, 그 이후로 저 해말갛게 생긴 동료와도 문리과대학 교정에서 가끔 마주쳤다. 두 사람은 서로 인사하고 지낼 정도 이상의 가까운 친구는 끝내 되지 못했다.

나보고도 '귀족주의적'이라고 말한 사람들이 있었다. 젊은 날의 나에게는 분명히 교만한 태도가 있었던 것으로 생각되며, 어쩌면 늙은 뒤에도 그 잔재가 남아 있을지도 모른다. 남의 귀족적이고 교만한 태도를 싫어한다는 것은 결국 나 자신에 대한 혐오의 연장이 아닐까 하는 분석을 해보기도 한다.

자신의 결함을 고쳐야 한다는 생각은 누구나 가지기 마련이다. 나도 교만해서는 안 된다는 반성에 밀려서, 애써 겸손하려고 의식적인 노력을 한 때도 있었다. 그런데 이러한 노력이 자칫하면 '과공비례(過恭非禮)' 쪽으로 기울기도 하여, 새로운 결점을 낳기도 한다. 나는 '권위 의식'이 부족하다는 말을 학생들로부터도 듣고 다른 사람들로부터도 들은 적이 있다. '권위 의식'이라는 것이 있는 편이 좋은지 없는 편이 좋은지, 일률적으로 말하기는 어려울 것이다. 한 가지 분명한 것은 내가 남의 앞에서 허리를 깊숙이 굽히는 버릇을 가졌다는 사실이다. 칵테일 파티 같은 모임에서 찍힌 스냅 사진을 보면 내 모습이 유난스러울 정도로 낮은 자세다. 오로지 남보다 키가 크기 때문일까.

스미스먼트 장학생으로 가기 위해서 제출해야 할 서류가 적지 않았다. 그 서류 가운데 내가 살아온 장소를 소상하게 기록하라는 난이 있었다. 특히 최근 10년 동안 거주한 곳은 빠짐없이 적으라고 되어 있었다. (미국 CIA인가 뭔가 하는 정보기관에서 요구하는 서류가 아니었을까 한다.) 의용군으로 북한에 가 있던 시기와 포로수용소에서 지낸 시기를 어떻게 메울까 하는 것이 고민이었다. 만약 거짓말을 썼다가 탄로가 나면 크게 낭패가 될 것이요, 정직하게 기록을 한다 해도 문제는 생길 수 있을 것 같았다.

생각 끝에 그 당시 미국 대사관 문정관(文政官)으로 있던 슈바카를 찾아갔다. 그에게 경위를 대충 말하고 어떻게 쓰는 것이 좋겠느냐고 물어보았다. 슈바카는 그것이 '전부(whole story)'라면 정직하게 써도 큰 문제는 없을 것이라고 말하며, 자기에게 상의해 준 것을 고맙게 생각한다는 말까지 하였다. 그 당시의 문정관은 스미스먼트 장학생에 관한 실무 책임자였다.

같은 문제는 여권 신청을 위해서 제출하는 한국 서류에도 있었다. 한국 서류에는 특히 6·25 전후의 거주지를 소상히 적으라는 요구가 있었고, '남하(南下)' 여부를 쓰라는 난도 있었다. 그 한국 서류에 의용군과 포로수용소 이야기를 적었다는 기억은 없다. 다만 '남하 못했음'이라고 적은 것만이 기억에 뚜렷하다.

여권을 신청하면 신청자의 신상에 관한 조사를 소상하게 한다는 소문이 나돌던 시절이다. 우선 신청자 주변에서 딤문 수사를 하고, 그 다음에 본인을 찾아와서 면담을 한다고 하였다. 6·25를 치른 지 얼마 되지 않은 때였고, 외국 여행자가 아주 적을 때여서, 그럴 가능성은 충분히 있었다. 신청자에게 약점이 있거나 없거나 찾아온 형사에게는 돈을 주어야 한다는 말도 들었다. 돈을 안 주면 늑장을 부리게 되어 여권을 제때에 받기가 어렵다는 소문이었다.

어느 날, 신상 조사를 위해서 담당 형사가 찾아갈 것이니 집에서 대기하라는 기별이 왔다. 마침 그날이 월급날이었기에, 월급봉투 중에서 일부를 다른 봉투에 나누어 이부자리 틈에 끼워 두었다. 나는 약점이 있는 편이라 좀 넉넉하게 넣었다.

찾아온 형사는 꼬치꼬치 캐물었다. 특히 6·25 때 어디서 무엇을 했느냐를 집요하게 물었다. 나는 대답을 하다 말고 화제를 돌렸다. 서울 시경의 이성우(李成雨) 경무관을 잘 아느냐고 이쪽에서 질문을 던진 것이다. 이름은 들었지만 개인적으로는 모른다는 대답이었다. 나는 이성우 경무관과는 청주고등보통학교 동기동창일 뿐 아니라 같은 하숙방에서 고락을 함께했다는 사실을 넌지시 알렸다. 그 다음 순간부터 형사의 태도가 달라졌다. 오히려 그쪽에서 '앞으로 잘 부탁한다'는 말을 하며 일어서려고 했다. 나는 잠깐 기다리라고 한 뒤에, 안으로 들어가서 이부자리 틈에 끼워 두었던 봉투를 꺼내다 건네주었다.

그가 떠난 뒤에 봉투가 바뀌었다는 사실을 깨달았다. 형사에게 주려고 한 것보다도 훨씬 많은 돈이 든 봉투를 주었던 것이다. 월급봉투와 보통 편지 봉투는 겉모양부터가 다르므로 혼동했을 리가 없으니, 아마 같은 모양의 봉투에 돈을 둘로 나누어서 넣어 두었던 것이 아닐까 한다. 오래된 일이라 상세한 기억은 없으나, 어쨌든 바보 같은 실수를 저지른 뒷맛이 아주 고약했다.

모든 일이 순조롭게 된다고 가정했을 경우에 미국 유학을 떠나기까지 약 8개월의 시일이 남아 있었다. 그 기간 동안에 영어회화 공부를 부지런히 해야 할 형편이었다. 텔레비전도 없고 녹음기도 없을 때여서, 독학의 길은 열려 있지 않았다. 미국 사람들이 운영하는 어학연구소(F.L.I.)에도 다니고, 미국 문화원 여직원이 가르치는 회화반에도 참가했다. 연세대학교의 김명희 교수의 주선으로 영어 강사 하나를 초빙하여 7-8명의 장학 동기생들이 정기적으로 지도를 받기도 하였다. 30세 정도의 젊은 미국인 강사는 우리들이 모아서 주는 강사료가 너무 적다는 것을 조목조목 따져서 불평한 적이 있었다.

연세대학교의 언더우드 교수를 청하여 '미국의 대학원 교육'이라는 제목의 강의를 들은 일도 있었다. 대략 알아들을 수가 있었기에, 이제는 미국에 가더라도 강의를 듣는 데 큰 지장이 없겠지 하는 자신감 비슷한 것이 생겼다. 그러나 그것이 너무나 안이한 생각이었음은 후일에 밝혀졌다. 한국에 와서 오래 산 미국인이 한국의 청중을 위해서 사용하는 영어와 미국에서 미국인들끼리 사용하는 영어 사이에는 커다란 차이가 있다는 것을 뒤늦게 알게 된 것이다.

그 시절에는 결핵 환자가 아니라는 증명이 있어야 미국에 입국할 수가 있었다. 한국 의사는 믿을 수 없다는 이유로, 미국인이 경영하는 청량리 밖에 있던 '위생병원'에 가서 엑스레이 사진을 찍어야 했다. 그 사진을 판독하고 서명할 수 있는 자격은 그 병원의 원장인 미국인에게만 인정되었다. '르우'라는 이름의 까다롭기 짝이 없다고 소문난 사람이었다. 그 까다로운 사람의 '오케이' 서명만으로도 부족해서, 커다란 엑스레이 사진을 휴대하여 미국 입국 때 제시하기로 되어 있었다.

그 까다로운 미국인 의사가 내 엑스레이 사진에 대해서 '양성' 판정을 내렸다. 양성이면 비자가 발급되지 않는다. 학도 지원병을 피하기 위해서 그렇게 원했던 폐결핵 진단서가 이제 나와서는 안 될 시기에 나온 셈이다. 폐결핵이 틀림없다면 설령 비자가 나온다 하더라도 유학은 보류해야 한다고 주위에서 말했고, 나도 그렇게 생각하였다.

유학길은 일단 포기하고 건강 회복에나 전념하자고 생각을 돌려 보았지만, 마음이 편할 리가 없었다. 깨끗이 마음을 비울 수 있을 정도의 수양을 쌓은 바 없으니, 자연히 '다음 기회'라는 것을 생각하지 않을 수 없었다. 그러나 내 나이 이미 40 고개를 바라보고 있었으니, 또다시 장학금을 받을 가능성은 없었다. 자비 유학이라는 것은 생각조차 할 수 없는 형편이었으니, 필경 이것이 마지막이라는 결론을 피할 길이 없었다.

한국 내의 대학원은 아직 유명무실했고, 독학으로 나 자신을 끌어올린다는 것이 얼마나 어려운 일인가를 나는 이미 체험하고 있었다. 스미스먼트 장학금이라는 것은 1년 기한의 장학금이었으므로 그것을 발판으로 삼고 박사 학위를 얻을 확률은 아주 적었으나, 희망을 걸 계기는 될 수 있었다. 또 그 당시는 어느 정도 열심히 하여 석사 학위만 얻고 돌아와도 지금의 박사 학위를 능가할 만한 희소가치가 있었다. 이러한 여러 가지 사정을 고려할 때, 내 엑스레이 사진에 대한 '양성' 판정은 학자의 길을 막아 버리는 치명상을 의미했다 하여도 과언이 아니다.

그 당시에 미국 유학을 떠난다는 것은 큰 경사로 여겨지던 터라, 여권이 나오기 전부터 송별회를 열고 법석을 떠는 풍속이 있었다. 나도 엑스레이 사진을 찍기 전에 벌써 두세 번 송별회를 가졌고, 또 그런 모임을 위한 약속도 하고 있었다. 이러한 상황에서 갑자기 유학길을 떠날 수 없는 사유가 생겼다는 것은 쑥스럽기 그지없는 일이었다. 사정을 모르는 사람들로부터 언제쯤 떠나느냐, 어느 대학으로 가게 되었느냐 하는 따위를 질문을 받는 것도 거북스러운 일이었다. 이래저래 마음이 상하고 피곤한 나날을 보내게 되어 없던 병도 생길 지경이었다. 전신이 나른하고 머리가 무거웠다.

상실된 건강을 회복하자면 전문의의 도움을 받아야 할 것이었다. 어느 날 나는 서울여의대의 후신(後身)인 수도의과대학(首都醫科大學) 부속병원 '유병서(兪炳瑞) 내과'를 찾아갔다. 유병서 박사는 자초지종 이야기를 듣더니, 유학을 단념하고 요양에 열중하라고 권고하였다. 체온을 측정하여 약간 미열이 있다는 것도 확인하였다. 전신이 나른하고 피곤함을 느낀다는 것도 결핵 환자의 증상 바로 그것이었다.

유 박사는 일주일치 약을 주면서 너무 염려하지 말라고 위로하였다. 나는 그 약을 소중히 여기고 지시대로 복용하기 시작했다. 집에서 며칠 요양을 하는 동안에, 그래도 혹시 모르니 엑스레이 사진을 한 번 더 찍어 보고 싶다는 생각이 들었다. 내 위장이 약한 것은 사실이지만, 폐와 심장만은 튼튼하다고 믿어 왔던 터라, 그런 미련이 생긴 것이다.

'유병서 내과'를 다시 찾아갔다. 엑스레이 사진을 다시 한 번 찍어 보기 위해서였다. 유 박사는 고개를 갸우뚱하면서 새로 찍은 엑스레이 사진에는 결핵 증상이 보이지 않는다고 말하였다. 그리고 엑스레이 필름 원판에 결함이 있어서 사진이 잘못 나올 수도 있으니, 위생병원에 가서 다시 한 장 찍어 보라는 조언을 해주었다.

위생병원의 한국인 의사가 내 엑스레이 사진을 찾아서 다시 살펴보았다. 동전만한 크기의 공동(空洞)이 나타났다고 하였다. 나는 간청하다시피 하여 다시 한 장 찍고 돌아왔다. 즉석에서 필름을 현상할 수도 있었겠지만, 안면이 없는 터라 그렇게까지 해주지는 않았다.

며칠 뒤에 다시 위생병원을 찾아갔다. 이번 사진은 깨끗하게 나왔다고 한국인 의사가 말하였다. 그러나 최종 판정은 르우 원장만이 내릴 수 있다는 사실을 일깨우며, 원장은 와병 중이니 그가 출근한 뒤에라야 결론이 날 것이라고 하였다.

다음 날 또 위생병원을 찾아갔으나, 원장은 병세가 악화하여 당분간 출근이 어려울 것 같다고 하였다. 출국 예정일이 임박하고 있어서 늙은 원장의 병이 낫기를 느긋하게 기다릴 상황이 아니었다. 나의 초조해하는 꼴을 안타깝게 여긴 정치대학 서무과장이 좋은 수가 있다고 하였다. 자기 아들이 르우 원장의 수양아들로서 그 병원에서 일을 돕고 있으니, 와병 중이라도 에스레이 사진에 서명을 받을 수가 있을 것이라고 하였다.

서무과장의 아들은 20세 미만의 젊은이였다. 낮에는 병원에서 일하고 야학에 나가는 근로 학생이었을 것이다. 젊은이는 르우 원장의 성격이 워낙 까다로워서 당장에 서명을 받기는 어려울 것 같다고 말하였다. 그러나 원장의 기분이 좋을 때를 포착하여 시도해 보겠으니, 2-3일만 기다리라고 하였다. 그 젊은이 덕택으로 나는 한때 체념했던 유학길에 가까스로 오를 수 있게 되었다.

정치대학의 그 서무과장은 (만약 그 당시의 정치대학에 '학무과장'이라는 직책이 있었다면 '서무과장'이 아니라 '학무과장'일 것이다) 그때에도 이미 초로(初老)의 연배였으니, 지금까지 생존해 계시다면 90세를 바라볼 것이다. 그 자제도 이제는 50 고개를 넘어섰겠지. 지금 만날 수 있다면 얼마나 반가울까 하는 생각이 솟구친다. 나는 그때 만년필 한 자루를 정표로 주었지만, 이제 돌이켜 보면 너무나 약소한 사례였다.

그 김 과장 부자가 나를 돕기 위해서 한 일이 크게 힘들었거나 많은 시간을 필요로 하지는 않았을지도 모른다. 그러나 그들이 나에게 준 도움의 크기는 엄청났던 까닭에, 그 고마움이 오래 기억에 남아 있다. 나를 위해서 더 많은 애를 썼지만 그 결과가 크지 않았던 까닭에 고마움이 잊힌 사람들도 무수하게 많을 것이다.

부모와 형제 그리고 아내의 경우와 같이, 나를 위해서 많은 희생을 했고 결과적으로도 큰 도움을 준 사람들도 많이 있다. 그러나 그들은 나와의 관계가 너무나 가까웠던 까닭에, 그 은혜를 당연한 것으로 생각하고 쉽게 잊어버린다. 은혜에 대한 기억의 심리, 생각할수록 여러 가지 의미를 담고 있다. 결과가 컸든 작았든, 나와의 관계가 가까웠든 멀었든, 나를 위해서 애써 준 사람들의 은혜는 잊지 말아야 사람의 도리에 가까울 것이다. 그러나 나의 경우는 사람들의 은혜를 마음에 새기는 시간이 지나치게 짧다. 나도 역시 너무나 자기중심적인 소인에 불과한 것일까.

14 장 존스홉킨스 대학원 유학 시절

1. 하와이에서의 6주

내가 유학하기로 결정된 미국 대학의 이름은 '존스홉킨스 대학'이었다. 나로서는 처음 듣는 이름이었다. 미국 대학 이름을 별로 모르는 촌놈이었던 까닭에 지망교 난에 '하버드 대학'이라고 적어 넣었던 것인데, 엉뚱한 곳으로 결정이 된 모양이었다. 시시한 학교가 아닌가 싶어서 걱정을 했더니, 모두들 명문교라며 내가 운수 좋은 사람이라고 축하하였다.

입학 일자는 9월 20일경이었지만, 7월 하순에 서울을 떠나야 했다. 미리 하와이 대학에 가서 6주 동안 예비교육(orientation)을 받기로 되어 있었기 때문이다. 다른 곳에 있던 예비교육 연수원으로 배정된 사람들도 있어서, 장학 동기생 19명 가운데서 하와이로 가게 된 일행은 8명이었다.

처음 타보는 비행기였다. 여러 가지가 놀랍고 신기했다. 그 가운데서도 가장 놀라운 것은 공주같이 품위가 있고 배우같이 아름다운 여자가 승객들에게 시중을 드는 모습이어다. '스튜어디스'라는 것이 백인 여자들 중에서도 특별히 선택된 사람만이 가질 수 있는 매우 고귀한 직업으로 보였던 것이다.

그토록 고귀한 사람으로부터 식사 쟁반을 받을 때는 황송하기 짝이 없었다.

호놀룰루에 도착한 뒤에는 눈앞에 보이는 것 모두가 놀라움뿐이었다. 도로에 차선이 그려져 있는 것도 놀라웠고, 가정주부가 자동차를 몰고 다니는 것도 놀라웠다. 찬물뿐 아니라 뜨거운 물까지 나오는 수도꼭지가 신기했고, 집집마다 텔레비전이 있는 것도 놀라울 따름이었다. 세상에 이런 별천지도 있었던가!

하와이 대학 기숙사가 합숙 장소로 지정되어 있었다. 한국뿐 아니라 일본, 필리핀, 태국, 미얀마(당시는 버마), 인도네시아 등 다른 나라에서도 각각 6-8명의 젊은 학도들이 모여든 국제적 단체 생활이 시작되었다. 영어회화, 학기말 리포트 작성법, 도서관 이용법, 미국 생활양식 등을 배우기 위한 연수 과정이었다.

일상적 의사소통에는 별 지장이 없었지만, 강의를 청취하는 데는 어려움이 있었다. 주로 하와이 대학의 교수들이 강의를 맡았거니와, 한국에 온 미국인들처럼 그렇게 또박또박 말해 주지 않았으므로, 못 알아듣는 말이 많았다.

정식 수업 이외에도 여러 가지 행사가 있었다. 가정방문도 있었고, 대화의 모임도 자주 있었다. 한국 사람들 가운데는 기회 있을 때마다 우리나라 자랑을 하는 애국자가 많았다. 한국의 학문 수준이 결코 미국에 뒤지지 않는다고 강조한 친구도 있었다. 그렇게 학문 수준이 높은 나라의 대학교수가 무엇 때문에 미국 대학원의 학생 자격으로 오게 되었느냐는 질문을 받았을 때도 그 친구는 조금도 당황하지 않았다. 한국의 학문과 미국의 학문을 비교 연구하자는 것이 자기의 주목적이며, 강의를 듣고 배우러 온 것은 아니라는 점을 강조한 다음에, 연구의 기회만 얻었으면 되었지 신분이야 학생이면 어떻고 교수면 어떻냐고 태연하게 대답했던 것이다.

하와이는 일본인이 일찍이 진출한 곳이어서, 그들의 후손이 큰 세력을 이루고 있었다. 우리가 교육을 받은 연수원의 원장도 일본인의 후손이었고 사무장도 마찬가지였다. 그래서인지 일본에서 온 장학생들이 의기양양한 태도를 보이곤 했으며, 한국 장학생들은 그들의 꼴을 보기 싫어하였다.

한국 사람들이 일본인을 대하는 태도가 냉랭했으므로, 일본인들 측에서도 우리를 그렇게 대하였다. 특히 유도가 4단임을 자랑하는 다나까(田中)라는 일본인은 목과 어깨에 힘을 주며 거만한 자세로 우리를 대하곤 하였다. 우리 한국 사람 여덟 명이 한꺼번에 대들어도 그 일본인 하나를 당하기 어려울 것이라는 느낌을 주는 당당한 체구였으므로 우리 측에서는 못 본 척하고 피하는 것이 고작이었다.

하루는 일본인 장학생 대표가 나를 찾아왔다. 내가 한국인 장학생 대표로 되어 있었고 동경대학에서 그의 선배가 된다는 명분을 앞세우고 찾아온 것이었다. 한일 두 나라 장학생들이 노골적으로 반목하며 서로 피하는 것을 제3국 사람들까지 눈치채고 있으니 딱하다는 말을 하였다. 분위기가 바뀌도록 함께 노력해 보는 것이 좋지 않겠느냐 하는 상의를 하기 위해서 나를 찾았다고 하였다.

나는 그의 뜻이 좋다고 찬동했지만, 적극적으로 어떻게 하겠다는 약속을 할 처지가 아니었다. 일본인이 나를 찾아왔다는 이야기를 하고, 일본인들과의 반목을 겉으로 드러내는 것은 현명하지 않다는 의견을 꺼냈다가는 내가 친일파로 몰릴 분위기였기 때문이다. 나는 과거에 집착할 필요가 없다는 원칙에 동의하면서, 그러나 가해자의 심리와 피해자의 심리가 같을 수는 없다는 말을 하여 적당히 얼버무릴 수밖에 없었다.

나의 처지를 더욱 난처하게 만든 것은, 기숙사에서 나와 같은 방을 쓴 사람이 일본인이었다는 사실이다. 나의 선택으로 그렇게 된 것은 물론 아니고, 연수원 측에서 일방적으로 결정한 동숙생(同宿生)이었다. 나이는 나보다 열 살 정도 아래였다. 6주 동안 같은 방을 쓰면서 의식적으로 멀리한다면 이쪽이 옹졸한 사람이 될 뿐이라고 생각되었기에, 그저 자연스럽게 대하였다. 더러는 같은 식탁에서 식사를 하기도 하였다. 그럴 때마다 나는 한국 친구들의 시선을 배후에 느꼈다. 그리고 동시에 외로움도 느꼈다. 만리타국이었기에 외로움은 더욱 컸다.

6주일의 예비교육이 거의 끝나 갈 무렵에 연수원장의 알리는 말이 있었다. 미국 본토의 목적지까지 가는 데 필요한 여비 현금 또는 비행기표가 준비되었으니 각국 대표는 받아 가라는 광고였다. 여비 현금을 받을 나라도 있고 비행기표를 받을 나라도 있다고 하였다. 한국은 현금을 받을 나라였고, 일본은 비행기표를 받을 나라였다.

이 말을 듣고 한국 친구들이 크게 분개하였다. '여비 현금'을 비행기표 값에 기준하여 지급하지 않고, 기차의 침대차(pullman) 운임에 해당하는 금액을 주겠다고 했기 때문이다. 왜놈에게는 비행기표를 주고 한국인에게는 기차표 값을 준다는 것은 명백한 민족 차별이라는 것이었다. 연수원장이 일본인 후손이어서 그런 간교한 짓을 한 것이라고 흥분하였다.

한국 장학생들은 한자리에 모여서 대책을 논의했다. 민족 차별을 그대로 받아들여서는 안 된다는 것이 압도적인 의견이었다. 우리에게도 비행기표를 달라고 요구하자. 만약 이 요구가 거부된다면, 우리는 모두 미국 유학을 포기하고 한국으로 돌아가겠다고 단호하게 선언하자. 대략 이러한 의견이었다. 이러한 의견을 연수원장에게 전달해야 할 사람은 최연장자라는 이유로 한국인 대표가 된 김태길이었다.

나는 좀 더 신중을 기하자고 대안을 내놓았다. 내 대안의 요점은 다음과 같았다. 첫째, 왜 어떤 나라에 대해서는 비행기표를 주고 어떤 나라에 대해서는 현금을 주게 되었느냐고 물어보자. 둘째, 거리가 같을 경우에 비행기 운임과 기차 침대차의 운임의 차액이 얼마나 되는지 알아보자. 이 두 가지를 우선 알아보고, 다시 모여서 최종 결정을 내리자.

이러한 대안을 내놓기가 무섭게 공격의 화살이 나에게로 향했다. 민족 차별을 당하고 있음이 명명백백한 마당에, 무엇을 더 알아볼 필요가 있느냐고 하였다. 꾸물대는 것은 비겁하기 때문이라고 하며, 삿대질을 하는 친구도 있었다. 일본인과 같은 식탁에 앉기도 하는 나에 대한 평소의 불만이 함께 튀어나온 것이라고 생각되었다. 내가 공격당하는 모습을 보고 안됐다고 생각하는 듯한 표정을 보인 사람은 홍일점 김승숙 선생 한 사람밖에 없었다.

나 혼자서 연수원장실을 찾아갔다. 건네주려는 돈 봉투를 받기 전에, 나는 두 가지 궁금한 점을 물어보았다. 우선, 어떤 나라 장학생에게는 비행기표를 주고 다른 나라 장학생에게는 현금을 주게 된 이유가 무엇이냐고 물었다.

이 물음에 대한 연수원장의 대답은 요지가 분명했다. 여러분을 초청한 미국 국무성 장학금에는 두 가지가 있다. 하나는 풀브라이트 장학금이고, 또 하나는 스미스먼트 장학금이다. 풀브라이트 장학금에는 여비를 현금으로 주지 못한다는 규정이 있으나, 스미스먼트 장학금에는 그런 규정이 없다. 한국인 학자들은 스미스먼트 장학금으로 초청되었으므로 현금을 주게 된 것이다. 대략 이런 대답이었다.

다음에는 비행기 요금과 기차 침대차 요금의 차이는 어느 정도냐고 물었다. 치사한 질문이라고 느끼면서도 그것을 묻지 않을 수 없었다. 둘째 물음에 대해서는 원장도 즉석에서 대답하지 못하고 여사무원에게 계산을 해보라고 지시를 내렸다.

계산의 결과는 비행기 일반표보다 기차 침대차 값이 좀 더 많은 것으로 나타났다. 그런 것도 모르고 따지고 덤빈 내 꼴이 우습게 되었지만, 나는 그래도 기뻤다. 민족 차별을 당했다고 항변을 하며 비행기표 내놓으라고 흥분한 것보다는 백번 잘된 일이니, 글자 그대로 불행 중 다행이었다. 나는 더 말하지 않고 여비 현금을 받아 가지고 돌아섰다.

연수원장을 만나 본 결과를 한국 친구들에게 보고하였다. 아주 홀가분한 마음으로 보고하면서, 친구들도 모두 만족하리라고 기대하였다. 그러나 내 예상은 완전히 빗나갔다. 비행기표 값보다 기차표 값이 비싸다는 것이 도대체 있을 수 있느냐는 것이었다. 바보가 아니고서야 어떻게 그런 말을 믿을 수 있느냐고 하였다. 내 영어가 서툴러서 혹 잘못 들은 것이 아니냐는 의문도 나왔다.

결국 가장 강경한 발언을 한 사람들과 함께 다시 확인하는 절차를 거쳐서 내 말이 옳다는 것이 밝혀지기는 했으나, 뒷맛이 개운치 않은 촌극이었다. 나는 이러한 체험을 통하여 한국인의 의식구조에서 감정이 차지하는 비중이 너무나 크다는 사실을 배웠다. '젊은 지성인'으로 자부하는 사람들이 벌인 촌극이 그토록 감정적이었다는 것은 한국인 대다수가 감정이 우세한 의식구조를 가졌다는 추론을 가능하게 한다.

한국인의 의식구조에서 감정이 차지하는 비중이 매우 크다는 것을 다시 확인할 수 있는 기회가 미국 본토에 간 뒤에 생겼다. 나이가 많다는 공통점 때문인지 비교적 가깝게 지내게 된 미국인 학생 굴드(Gould) 내외와 어느 날 영화를 보고 돌아오면서 나는 한국인인 나와 미국인인 굴드 사이에 커다란 의식구조의 차이가 있음을 발견하였다.

『북경에서의 6주일』이라는 영화였다. 인간애(人間愛)를 주제로 삼은 영화로서 눈시울이 뜨거워지는 장면이 많았으며, 영화 예술로서의 가치는 모르겠으나 나에게는 감동적인 작품이었다. 영화를 함께 보자고 먼저 말한 것은 굴드였다. 입장권도 그가 샀던 까닭에, 나는 좋은 영화를 보여주어서 감사하다는 인사말을 하였다. 그러나 굴드는 실망스러운 영화에 초대하게 되어 도리어 미안하다는 뜻의 말을 하였다. 그 영화가 어떻길래 그렇게 생각하느냐고 물었더니, '너무 정서적(too much emotional)'이라고 하며 굴드는 고개를 가로저었다.

굴드는 미국인 가운데서는 인정미가 풍부한 편이었고, 나는 한국인 중에서는 냉정한 편이라는 말을 자주 들었다. 사실 나는 관객이 눈물을 찔찔 흘리는 그런 영화를 별로 좋아하는 편이 아니다. 『북경에서의 6주일』은 한국식 최루물(催淚物)이 아니면서도 감동적이었던 까닭에, 나는 그것을 좋게 보았던 것이다. 그런데 미국인 가운데서는 인정미가 있는 편인 굴드가 그것을 너무 감정적이라고 타박한 것이다. 그때 나는 나도 역시 감정이 우세한 한국인임을 절감하였다.

일본 사람들에 대한 민족 감정에 연유하는 씁쓸한 촌극이 있기는 했으나 하와이에서의 6주일은 대체로 유쾌한 시간이었다. 그때만 해도 아직 도시화되기 이전이어서, 하와이의 자연이 그림처럼 아름다웠을 뿐 아니라, 그곳 인심이 더없이 순박한 것에 깊은 인상을 받았다. 여러 차례의 가정방문을 통하여 그곳 주민들과도 만날 기회가 있었던 것이다.

연수원생 39명 전원이 어떤 가정과 주객(主客) 관계를 맺도록 안배되어 있어서, 일요일은 대개 일반 가정에서 소일하였다. 한 가정에 평균 두 사람 정도의 식객이 배정되어 하루 해를 그 집 가족과 보냄으로써, 미국 가정과 사회를 이해하게 한다는 취지였다. 더러는 소풍을 나가 야외에서 종일 지내기도 했거니와, 집을 비우고 전 가족이 외출을 할 때도 현관문을 잠그지 않았다.

장시간 잠그지 않고 집을 비워도 도난의 염려가 없느냐고 물어보았다. 그런 염려는 전혀 없다는 대답을 듣고 나는 어리석은 질문을 했다고 뉘우쳤다. 뉘우치면서 그 인심을 부럽다고 생각했다.

미국 본토를 향해서 호놀룰루를 떠나던 날은 우리 일행과 주객의 인연을 맺었던 가정의 주인들이 공항까지 나와서 전송을 하는 후의를 보였다. 연수원에서 서무일을 맡아 보던 '니시무라(西村)'라는 젊은 여직원은 공항까지 전송을 나왔을 뿐 아니라, 우리 일행 39명 각자에게 편지 한 통씩을 전달하였다. 39통이 모두 친필로 쓰였으며, 편지 사연도 사람에 따라서 달랐다. 나에게 준 편지에는 "아버지 같은 친근감을 느꼈다."고 적혀 있었다.

하와이 사람들이 보여준 친절에는 여러 가지 요인이 섞여 있었을 것이다. 미국의 보호 내지 영향력 그늘 아래 있었던 동남아 여러 나라 젊은이들을 친미(親美)로 기울게 하자는 국무성의 정책도 반영되었을 것이다. 부강한 대국 국민으로서의 우월감도 작용했을 것이고, 연수원 직원으로서의 투철한 직업의식도 발동했을 것이다.

비록 그러한 모든 점을 감안한다 하더라도, 하와이 사람들의 그 당시 인심이 유별나게 순박했다는 것은 부인하기 어렵다. 미국 본토로 건너갔을 때 나는 하와이의 인심이 미국 전체의 인심이 아니라는 것을 피부로 느꼈다. 그리고 그 뒤로 14년이 지난 1971년에 다시 호놀룰루에 가서 10개월 동안 머물렀을 때, 그 옛날의 하와이 인심은 흔적도 남아 있지 않다는 사실을 발견하였다.

2. 개가 머루를 먹다

존스홉킨스 대학은 볼티모어 교외에 자리한 작은 규모의 대학이었다. 1876년에 존스 홉킨스(Johns Hopkins)라는 독지가가 창립하였다. 19세기의 미국은 문화적 후진국이었고, 미국의 젊은이들이 대학원 공부를 하기 위해서는 유럽으로 유학을 해야 하는 실정이었다. 이에 미국 자체 안에도 대학원 교육을 베풀 수 있는 대학이 있어야 한다는 선견지명으로 세운 대학이 바로 존스홉킨스 대학이다.

내가 존스홉킨스에 입학했을 때의 철학과 대학원 학생 정원은 20명이었다. 그러나 실제 재학생 수는 열 명도 안 되었다. 탈락자로 인하여 빈자리가 생겨도 그 자리를 굳이 채우지 않고 소수만을 데리고 가르친다는 것이었다. 이러한 상황은 교수에게 개인지도를 받기에 매우 유리한 조건이 되고 있었다. 교수들이 학생 하나하나를 잘 알 수 있는 작은 살림 규모가 외국인 학생인 나에게 유리하게 작용하기도 하고 불리하게 작용하기도 하였다.

하와이 대학에서 6주의 예비교육을 받고 존스홉킨스로 떠날 때는 이젠 강의를 듣고 이해하기에 큰 어려움은 없을 것이라는 자신감 비슷한 것을 느꼈다. 그러나 막상 들어 보니 그것이 아니었다. 하와이 대학에서의 강의는 동남아 여러 나라 사람들만을 대상으로 했던 까닭에 알아듣기 쉽도록 배려했다는 것을 뒤늦게서야 깨닫게 되었다. 대체로 말해서, 내가 이미 알고 있는 이야기는 알아들을 수 있었으나, 새로운 이야기는 암중모색이었다.

잔뜩 긴장을 하고 귀를 기울이면 큰 줄거리만은 대충 알아들을 수 있었으나, 이러한 긴장을 장시간 계속할 수는 없었다. 고작 15분 정도만 계속 긴장을 하고 나면 심한 피로를 느꼈다. 강의 내용을 노트에 기록하는 일은 아예 포기하였다. 나는 그 시간에 다루어진 토픽(topic)이 무엇인가를 파악하고, 그 토픽을 다룬 주요 문헌이 무엇인가를 알아내는 일에 총력을 기울였다. 못 알아들은 부분은 하숙에 돌아가서 독서로 보충한다는 전략이었다.

가장 괴로운 것은 질의 응답과 토론이 벌어지는 시간이었다. 학생들의 발언은 교수들의 강의보다도 알아듣기가 힘들었다. 간혹 토론 내용이 알 만할 것 같아서 나도 좀 끼어들고자 해도 그것이 결코 쉬운 일이 아니었다. 끼어들자면 말을 해야 하는데, 그 말을 어떠한 표현으로 다듬을까 하고 생각하는 동안에 발언권은 다른 사람에게로 넘어가곤 하였다. 말하기를 좋아하는 미국 학생들 틈에서 서투른 외국어로 발언권을 얻기란 결코 쉬운 일이 아니었다.

설사 발언권을 얻는다 하더라도 뚱딴지같은 소리를 할 염려가 있었다. 내 말 그 자체는 말이 된다 하더라도, 내 말과 비슷한 의견을 이미 다른 사람이 말했을 경우에, 내 말은 뚱딴지 이상의 것이 될 수 없다. 그런데 나는 그 시간에 이미 어떤 말들이 오고 갔는지 그 전부를 파악하지 못하고 있을 때가 많았다.

수업 중 토론에 참여하지 않으면 열등생으로 평가된다는 말을 들었다. 한국에서 부교수의 자리를 차지했던 사람이 미국에 와서는 학생으로서 보통 이하로 평가된다면, 이것은 개인의 망신일 뿐 아니라 나라 망신까지 겸해서 하는 꼴이 된다. 그러므로 기필코 토론에 참여해야 한다는 강박관념을 면할 수 없었다. 토론에 참가하되 뚱딴지같은 소리는 하지 말아야 한다.

토론이 무르익은 뒤에는 뛰어들기가 어렵다면, 오직 열려 있는 길은 최초의 발언자가 되는 그것뿐이다. 한두 번 용기를 내서 최초의 발언자가 된 적이 있다. 그러나 여기에도 문제가 있었다. 내 발언에 대해서 다른 사람들의 반응이 나오면, 그 반응에 대해서 다시 반응을 해야 최초의 문제를 제기한 사람으로서 떳떳한 것인데, 도무지 그 뒤처리에 자신이 없었다. 그래서 '최초의 발언자'가 되는 전략도 함부로 쓰기가 어려웠다.

매 과목마다 제출하게 되는 논문(paper)을 쓰는 일은 토론에 비하면 훨씬 수월하였다. 참고문헌을 뒤져 가며 천천히 쓰면 시간은 걸리지만, 미국 학생들에 비해서 유리한 점도 있었다. 미국 남학생들은 모두 기혼자였고, 따라서 주말에는 가족과 함께 놀아 줄 부담이 있었다. 그러나 나는 가족을 고국에 두고 단신으로 도미했던 까닭에, 주말 시간도 밀린 공부를 위하여 사용할 수가 있었다.

학기말 시험은 토론보다는 쉬웠으나 논문쓰기보다는 어려웠다. 한국과 일본에서도 나는 시험을 볼 때면 늘 시간 부족에 허덕였다. 문제지만 받아 들면 곧 쓰기 시작하는 사람들도 많았으나, 나는 펜을 대기 전에 좀 생각을 하는 버릇이 있어서 늘 시간에 쫓기곤 하였다. 영어로 문장을 쓰는 속도는 더욱 느릴 수밖에 없었으므로, 제한된 시간 안에 답안을 쓰는 일이 나에게는 이중의 부담으로 다가왔다.

내가 미국에 가서 제일 먼저 시험을 치른 과목은 프라이스(Price)라는 맹인 교수가 담당한 '경험론'이었다. 세 시간 동안 세 문제에 답을 써야 했다. 두 문제는 잘 아는 문제였고, 셋째 문제는 자신이 없었다. 나는 잘 아는 두 문제에 대해서 비교적 매끈한 답안을 작성하였다. 그리고 셋째 문제에 대해서는 그럴싸한 말로 서두만 시작해 놓고, 끝마무리를 짓지 못하고 답안지를 제출했다.

답안을 쓰다가 만 자리에 "영어로 글을 쓰는 속도가 느려서 답안을 완성하지 못하고 제출하게 됨을 미안하게 생각한다."는 뜻의 말을 적어 넣었다. 시간만 넉넉했더라면 셋째 문제에 대해서도 좋은 답안을 쓸 능력이 있다는 것을 암시한 교활한 수작이었다. 이 교활한 수작에 넘어갔는지, 프라이스 교수는 내 답안지를 A플러스로 평가하였다. 이 과대평가는 뒤에 큰 화근이 되어 나를 괴롭혔다.

첫 학기의 성적은 비교적 좋게 나왔다. 수업 중의 토론 참가보다는 시험 답안과 논문에 의존해서 평가를 내린 모양이었다. 그러나 학과 성적은 그리 중요한 것이 아니었다. 다음 학년도의 장학금을 받기 위해서 가장 중요한 것은 '과 세미나(departmental seminar)'에서 발표하는 논문에 대한 평가였다.

'과 세미나'는 2주일에 한 번씩 열렸다. 철학과 교수 전원과 대학원생 전원이 참석한 자리에서 지정된 대학원생이 주어진 주제에 대한 논문을 발표하고, 발표된 논문에 대해서 질의 응답과 토론과 논평을 하는 120분짜리 세미나였다. 이 세미나에서 좋은 논문을 발표하고 질의 응답에 성공하면, 다음 학년도 장학금은 보장된다고 보아도 좋다고 하였다. 발표자는 학과장이 미리 지명하는 것이 관례였고, 연구 주제도 학과장이 지정하는 경우가 많았다.

2주일마다 '과 세미나'는 어김없이 있었고, 나도 빠지지 않고 참석하였다. 참석은 했지만 토론에 활발하게 참가하지는 못했으니, 그 시간을 크게 즐기지는 못했다. 그럭저럭 학기 말이 가까워 왔다. 그러나 학과장은 나에게 과 세미나에서 연구를 발표하라는 과제를 주지 않았다. 그 발표를 하지 않으면, 다음 학년도의 장학금을 받을 가능성은 없어지기 마련이었다.

시일로 보아서, 과 세미나를 앞으로 한 번밖에 더 열 수 없게 되었을 때까지 발표의 기회를 얻지 못한 대학원 학생이 세 사람 있었다. 마지막 세미나에서 발표할 사람을 학과장은 지명하지 않고, 희망자가 있으면 말하라고 하였다. 나는 용기를 내서 그 학기 마지막 발표자가 되기를 자청하였다. 경쟁자가 없어서 내 자청이 받아들여지기는 했으나, 학과장은 미덥지가 못하다는 표정으로 나를 바라보았다.

스미스먼트 장학금은 기본적으로 1년 동안 주기로 되어 있었고, 석사 학위를 받기 위해서 필요하다고 인정되면 하기 대학(summer school)을 한 학기 더 다닐 수 있도록 학비 지급을 연장해 주는 것이 관례였다. 나도 석사 학위만을 얻고 돌아올 생각이었다면, 과 세미나에서 굳이 연구를 발표할 필요는 없었다. 나 자신 반드시 박사 학위를 얻겠다는 결심은 없었지만, 미리부터 포기할 필요도 없을 것 같아서, 우선 그 발표의 기회를 잡아 두고 싶었던 것이다. 힘 닿는 데까지 하다가 잘되면 끝까지 해보고, 안 되면 미련 없이 돌아오자는 생각을 가지고 본래 김포공항을 떠났었다.

발표할 연구의 주제를 지정받기 위하여 나는 학과장 댁으로 전화를 걸었다. "글쎄 무엇이 좋을까요?" 한 것이 학과장의 첫 반응이었다. 그리고 다음에 이런 말이 들려 왔다. "나도 생각해 보겠지만, 프라이스 교수와 상의하는 것이 어떨지요. 그가 당신을 좋게 평가하고 있는 것 같던데요."

프라이스 교수란 내 시험 답안지에 과분한 평가를 매긴 맹인 교수 그 사람이었다. 다음 날 나는 프라이스 교수를 찾아가서 연구 주제에 대한 자문을 구하였다. 그는 무어(G. E. Moore)의 『윤리학(*Ethics*)』 가운데서 문제를 찾아보라고 권고하였다. 나는 그가 빌려 준 책을 들고 돌아왔다.

무어의 책을 대충 훑어보고, 도덕 판단의 객관성(objectivity)을 입증하고자 한 그의 논의를 반박하는 논문을 쓰면 뭔가 집힐 것 같다는 예감이 들었다. 그러한 마음의 준비를 하고 학과장을 찾아갔다. 찾아가서 프라이스 교수를 만났다는 이야기를 하고, 무어의 학설 중에서 한 가지 테마를 골라서 논문을 쓰고 싶다는 내 의견을 말했다.

학과장은 내 말을 건성으로 듣는 눈치였다. 그리고 "나도 좀 생각해 보았는데요." 하면서 수첩을 꺼내 들었다. 그는 수첩을 보면서 말을 이었다. "니체나 키에르케고르 또는 칸트의 윤리설 가운데서 문제 하나를 골라 보는 것도 좋지 않을까요?"

이것은 굉장한 호의의 표시였다. 몇 사람의 학자 가운데서 하나를 선택할 수 있는 자유를 준 것은 나를 위해서 매우 유리한 제안이었으며, 특히 내가 서울대학교에서 석사 논문의 주제로 삼은 니체의 윤리설을 그 가운데 포함시킨 것은 파격적인 배려라고 생각되었다. 그러나 그의 의견을 따르기에는 때가 좀 늦었다는 생각이 앞섰다.

첫째로, 프라이스 교수에 대해서 미안하다는 생각이 들었다. 그가 무어의 책을 천거했을 때, 나는 그것을 들추어 보며 긍정적인 반응을 보인 바 있었다. 그리고 나는 이미 상당한 시간을 소비하여 무어의 『윤리학』을 훑어보았고, 논문의 뼈대도 대강 구상해 놓은 상태였다.

나는 학과장의 배려에 감사한다는 말을 먼저 하였다. 그러나 프라이스 교수의 조언을 받아들이기로 이미 언약을 하였고, 무어의 윤리설에 관한 논문의 틀을 구상하는 중이라는 사실을 솔직하게 이야기하였다. 나의 이러한 반응을 학과장은 섭섭하게 생각하는 기색이었다. "그래요? 내가 권고하는 주제는 마음에 들지 않는 모양이지요." 나는 더 이상 변명하지 않고 학과장실을 물러났다.

먼저 전화로 학과장이 "나도 생각해 보겠지만, 프라이스 교수와 상의하는 것이 어떨지요."라고 했을 때, 내가 그의 뜻을 잘못 이해했음에 틀림이 없었다. '나도 생각해 보겠지만'에 진의(眞意)가 담겨 있었고, 그 다음 말은 그저 해본 소리였는데, 나는 반대로 들었던 것이다. 표정을 읽을 수 없는 전화였고, 영어의 미묘한 억양을 충분히 알아들을 정도의 청취력이 부족한 데서 온 결과였다고 생각된다.

학과장의 감정을 풀어 줄 필요가 있다고 생각되었다. 수일이 지난 뒤에 무어의 책 가운데서 질문거리를 하나 발견해 가지고 학과장실을 찾아갔다. 과 세미나에서 발표할 논문 작성에 관한 지도를 받고자 왔다고 말문을 열었다. 그러나 학과장은 그 지도 같으면 프라이스 교수에게 가서 받으라고 일언지하에 사절하였다. 그때 나는 사태가 심상치 않음을 느꼈다.

나중에 알게 된 일이지만, 학과장과 프라이스 교수는 몹시 사이가 나빴다. 그들의 사이가 나쁜 것을 내 눈으로 확인할 수 있는 기회도 뒤에 가서 생겼다. 어느 학술 모임에서 두 사람의 의견이 대립했을 때, 학과장이 "당신의 생각이 틀렸소(You are wrong)!" 하고 버럭 화를 내며 퇴장한 일도 있었다. 학문적 문제로 의견이 대립하는 것은 흔히 있을 수 있는 일이지만, 학생들 보는 앞에서 그렇게 화를 낸다는 것은 평소의 감정이 폭발한 것으로밖에 볼 수 없었다. 그들의 사이가 나쁘다는 것을 다른 학생들은 잘 알고 있었으나, 나만 그것을 모르고 있었던 모양이다.

나는 과 세미나에서 발표할 논문을 작성하는 일에 온 정성을 다하였다. 군소리를 빼고 밀도 있게 논리의 전개가 되도록 심혈을 기울였다. 초고가 일단 완성된 다음에 싱어(Singer)라는 젊은 교수에게 우선 보였다. 학과장도 아니고 프라이스 교수도 아닌 제삼자의 조언을 받는 것이 좋겠다고 판단했던 것이다. 싱어 교수는 서투른 영어 표현을 일부 고쳐 주고 '아주 잘된 논문'이라고 칭찬하였다.

나는 다듬은 원고를 타이피스트에게 맡겨서 깨끗하게 친 다음에 복사를 했다. 그리고 복사된 유인물을 과 세미나가 열리기로 된 날보다 2~3일 전에 철학과 교수와 대학원생 전원에게 미리 돌렸다. 다른 발표자들은 대개 요지(要

旨)만을 타이프로 쳐서 세미나가 열리는 시간에 돌리곤 했으나, 나는 원고 전체를 복사해서 미리 돌렸던 것이다. 평소는 소극적인 편이었으나, 그때만은 극성을 떤 꼴이 되었다.

세미나 시간에 나는 논문을 읽지 않고 보충 설명만 하기로 하였다. 영어가 서투른 나로서는 논문을 낭독함으로써 시간을 메우는 편이 훨씬 쉬운 길이었지만, 나는 어려운 길을 택하였다. 연출 효과를 극대화하는 길이 바로 그 길이라고 판단되었기에, 약간의 모험을 감행한 것이다. 그 길을 '모험'이라고 말한 이유는, 적어도 20분 이상 무엇인가 말을 해야 하는데, 나는 그때까지 10분 이상 계속해서 영어로 말한 경험이 없었기 때문이다. 그리고 나의 발표 시간이 짧으면 짧을수록 질의 응답과 토론을 위해서 남는 시간이 길어지기 마련이고, 그 시간이 길수록 내 부담이 커진다는 것도 문제점이었다.

과 세미나가 열리기 전날 나는 20분 정도에 걸쳐서 할 말을 영작문(英作文)할 때와 같은 요령으로 만들어서 우선 종이에 기록하였다. 그 기록을 암기해 두었다가 현장에서 마치 그 자리에서 생각해 가며 말하는 것처럼 연기를 하겠다는 심산이었다. 영국의 수상 처칠 경이 즉흥 연설을 잘하는 것으로 소문이 났었으나, 사실은 미리 치밀하게 계획하고 준비한 말을 즉흥 연설처럼 한 것이라는 전기를 읽은 바 있어, 그를 모방하고자 했던 것이다.

120분 동안 진행된 과 세미나를 큰 실수 없이 치렀다. 그 시간은 내 평생에 가장 긴장했던 시간의 하나였다. 봐주느라고 그랬는지 대답이 어려울 정도의 반론이나 질문은 별로 없었고, 자기들끼리 열띤 토론을 한 시간이 길어서, 나로서는 크게 고생하지 않고 넘어갈 수 있었다.

세미나가 끝났을 때, 좌장(座長)을 맡았던 램프레히트(Lamprecht) 교수가 나에게 와서 악수를 하며 축하한다고 말하였다. 발표자에게 박수를 보내는 것은 흔히 있는 일이지만, 좌장의 축하를 받는 것은 흔하지 않은 일이었다. 학생들 가운데서도 축하해 주는 사람들이 있었다. 이번 학기의 과 세미나에서 발표된 논문 중에서 제일 잘되었다고 말한 학생도 있었고, 다음 학년 장학금은 걱정 안 해도 될 것이라고 말한 학생도 있었다.

그들의 말을 어느 정도 믿어야 좋을지, 미국 생활에 익숙하지 못한 나로서는 알 수가 없었다. 다만, '바보처럼 말 없이 앉아 있는 열등생'으로서의 인상은 그날 무너졌다고 생각되었다. 다른 학생들보다 몇 갑절 노력한 덕분이었다.

학기가 끝나고 방학이 시작될 무렵에, 학과장이 나를 자기 연구실로 불렀다. 장학금 지급에 관한 이야기를 하기 위해서 불렀다고 하였다. 철학과에 배정된 교내 장학금은 몇 자리 없어서 나에게까지 배정하기가 어렵다는 말을 먼저 하고, 학과장은 나에게 양해를 구한다고 말하였다. 이번 학기 성적대로 한다면 나도 교내 장학금을 받을 자격이 충분하다고 하였다. 그러나 그 자리를 미국인 학생에게 양보하라고 종용하는 것이었다.

장학금을 미국인 학생에게 양보하라고 권고하는 이유로서 학과장은 두 가지를 제시하였다. 첫째로, 나는 한국에서 이미 대학 부교수의 자리를 확보하고 있으며, 존스홉킨스 대학에서 석사 학위만 얻어 가지고 귀국한다 해도 한국의 대학교수로서 생활하기에 큰 지장은 없을 것이다. 둘째로, 한국인인 나 한 사람이 박사 학위를 얻도록 도와주자면 생활비 전액을 대주어야 하므로, 미국인 박사 두 사람을 양성하는 데 필요한 액수를 장학금으로 지급해야 한다. 요컨대, 박사 학위가 더욱 절실하게 필요한 것은 한국인이 아니라 미국인이며, 한국인 한 사람을 길러 내는 데 필요한 장학금은 미국인 두 사람을 길러 내기에 필요한 액수에 해당하니, 다소 학과 성적이 낫더라도 한국인인 네가 양보하는 것이 옳지 않으냐는 논리였다.

학과장과 따져 봐도 승산이 있을 것 같지 않기에, 나는 흔쾌히 그의 말에 동의하였다. 나의 순순한 양보를 미안하다고 여긴 듯, 학과장은 나에게 하기 대학 장학금을 얻어 줌으로써 석사 학위를 받을 수 있도록 해주겠다고 하였다. 그러나 나는 이미 서울대학교에서 석사 학위를 얻었으므로 또 하나의 석사 학위에 대해서는 별로 관심이 없다고 대답하였다. 그 대신 학위와는 관계없이 1년만 더 미국에서 공부할 수 있도록 추천서 한 장을 써달라고 부탁하였다.

그 추천서라는 것은 내가 받고 있던 '스미스먼트 장학금'을 1년 동안 더 연장해서 받을 수 있도록 하는 데 필요한 추천서를 말한 것이었다. 스미스먼트 장학금은 1년 동안 주는 것이 원칙이나 특별히 우수한 사람에게는 1년 더 연장해 줄 수도 있다는 규정이 있었다. 한 나라 학생들 중에서 한 사람 정도 더 연기해 주는 것이 관례라고 들었으니, 스미스먼트 동기생 19명 중에서 한 사람으로 뽑혀야 한다는 좁은 문이다. 바로 그 좁은 문을 위한 추천을 부탁했던 것이다.

학과장인 로우(Lowe) 교수는 자기가 쓸 수 있는 가장 강력한 추천서를 써주겠다고 약속했다. 존스홉킨스 학생으로서 스미스먼트 장학금을 신청할 수 있는 사람은 나밖에 없었으므로, 그것을 얻어 주어도 다른 미국 학생에게는 영향이 없다는 계산이 있었던 모양이다. 그런데 학과장은 여기서 단서를 달았다. 다행히 스미스먼트 장학금을 1년 더 받게 될 경우에는 꼭 1년만 더 공부하고 한국으로 돌아간다는 약속을 하라는 것이었다. 마당 빌려 봉당 빌려 야금야금 늘어붙을 생각은 말라는 뜻이다. 나는 박사 학위에 대한 희망은 포기하겠다고 약속했다.

그로부터 약 일주일 뒤에 학과장 댁으로부터 저녁 초대를 받았다. 학과장이 대학원생들을 초대하는 모임이겠거니 짐작하고 참석했다. 그러나 뜻밖에도 학생 손님은 나 하나뿐이었고, 다른 손님들은 모두 철학과 이외의 교수들과 그 부인들이었다. 더욱 의외였던 것은 그날의 주빈(主賓) 자리에 나를 앉혔다는 사실이다. 나에게 장학금을 주지 않도록 결정한 처사를 미안하게 생각하고, 그 미안함을 보상하려는 만찬이었다고 나는 직감적으로 해석했다.

저녁 초대 한 차례 한 것만으로 미안하다는 느낌을 지울 수는 없었던 모양이다. 어느 날 학과장은 나를 또 연구실로 불렀다. 등록금 면제 장학금 하나를 나에게 돌릴 수 있게 되었다며 밝은 낯으로 소식을 전했다. 나는 집에서 생활비를 가져다 쓸 형편이 못 되니 부분 장학금은 나에게는 소용이 없다는 말을 하였다. 그러나 학과장은 "스미스먼트 장학재단에 전액 장학금을 신청하는 것보다는 생활비만 요구하는 편이 긍정적 결정을 얻어 내기에 유리하다."는 말로 나를 위로하였다.

스미스먼트 장학재단 대행 기관의 여직원이 나를 면접하기 위해서 존스홉킨스로 찾아온 것은 1958년 이른 봄이었다고 기억한다. 나를 워싱턴으로 부르지 않고 그쪽에서 찾아와 준 것이 고마웠다. 면접 시간은 그리 길지도 짧지도 않았다. 면접자의 눈치로 보아서 일이 잘될 것 같은 예감이 들었다.

이 예감이 적중했다. 첫해와 같은 수준의 전액 장학금을 1년 더 연장해서 준다는 통지를 받은 것이다. 1958년 여름 동안 하버드 대학의 하기 대학에 다니고 싶다는 신청도 했는데, 그것도 뜻대로 되었다. 등록금만 면세해 주는 존스홉킨스의 교내 장학금은 포기하였다.

존스홉킨스에서의 첫 학기 공부는 속담 그대로 개가 머루를 먹는 식이었다. 어느 솥에 죽이 끓고 어느 솥에 밥이 끓는지도 모르고 허둥댄 5개월. 그러나 내 딴에는 열심히 했다. 열심히 한 덕택인지 운이 좋았던지, 1년 동안 더 공부할 수 있는 장학금을 확보하게 되었으니 일단 평년작(平年作)은 올린 셈이다.

3. 하버드의 하기 대학

하기 대학을 하버드로 지원한 것은, 첫째로 '하버드'라는 대학의 명성에 대한 동경 때문이었고, 둘째로는 그런 기회를 살려서 여행을 좀 해보겠다는 얄팍한 계산 때문이었다. 하버드에서 하기 대학 과정을 이수하게 되면 그 유명한 대학의 겉이라도 핥게 될 것이고, 뉴욕을 거쳐서 아름다운 뉴잉글랜드로 여행할 기회도 생길 것이었다.

케임브리지로 가는 길에 뉴욕에 들러서 구경도 좀 하리라던 생각은 물거품에 가까운 것이 되고 말았다. 처음 가는 대도시를 구경하자면 아는 사람의 신세를 지는 것이 가장 쉬운 일이다. 나 같은 시골뜨기에게 뉴욕에 본래부터 아는 사람이 있을 리 없었고, 사돈의 팔촌만도 못한 전화번호 두 개만이 유일한 의지(依支)의 꼬투리였다. 하나는 스미스먼트 동기생 김명회 교수의 전화번호였고, 또 하나는 하와이 대학 연수원에서 서무일을 보던 니시무라(西村) 양의 전화번호였다. 그런데 그 두 개의 전화번호가 큰 도움을 주지 못한 것이다.

김명회 교수는 천품이 사교적인 분이라, 뉴욕에 오는 길이 있거든 꼭 연락을 하라고 하며 전화번호를 적어 보냈었다. 기차로 뉴욕역에 도착하자마자 나는 대도시의 소란함과 복잡함에 넋을 잃었다. 호텔 예약도 하지 않고 무작정 뉴욕역에 내리니 촌놈의 머리를 스쳐 간 것이 우선 김명회 교수에게 전화를 걸고 조언을 듣자는 생각이었다. 공중전화 부스는 플랫폼에 늘어서 있었다.

공중전화 부스 안이 좁아서 가방은 밖에 놓아두어야 했다. 전화를 거는 동안에 손가방 하나를 누가 가지고 달아났다. 그 가방 속에 크게 값나가는 것은 없었으나, 필요한 서류 몇 가지가 들어 있었다. 나는 당황한 가운데 구내 파출소에 도난을 신고했다. 다행인지 불행인지 절도범은 곧 잡혔다. 흑인 청년이었다. 잃어버린 가방도 압수되었다. 그것이 곧 나에게로 돌아올 줄 알았으나, 그렇게 간단하지가 않았다. 재판이 끝나야 돌려줄 수 있다는 것이었다.

약식 재판을 받기 위해서 범인은 재판소로 끌려가게 되었고 나도 함께 끌려다녔다. 증인을 서주어야 한다는 것이다. 밤 열두시가 지나서야 심문이 끝났다. 판결은 4-5일 후에 내려진다고 하였다. 그때까지는 물건을 돌려줄 수 없다는 것이다. 나는 그렇게 여러 날을 뉴욕에서 보낼 형편이 아니었으므로, 짐을 찾는 일은 후일로 미루어야 했다. 하루 해를 고스란히 허송한 셈이다.

다음 날 김명회 교수를 만나기는 했으나, 그는 몹시 일과가 바쁜 모양이었다. 그의 숙소에서 잠시 이야기를 나누고 바로 작별하였다. 한창 바쁠 때는 친형제가 찾아와도 반갑지 않은 법이다.

니시무라 양은 하와이를 떠나던 날 39명의 연수생 각자에게 친필로 편지를 써보낸 다정다감한 아가씨였다. 그 아가씨가 유엔에서 일하게 되었다며 뉴욕에 오거든 구경 오라고 전화번호를 적어 보냈던 것이다. 그저 지나가는 말로 그렇게 적어 보낸 것이겠지만, 나는 그녀를 찾아갔다. 다행히 만날 수는 있었으나, 그날 그녀는 유엔에 사표를 내고 다른 지방으로 옮겨 갈 준비를 하느라고 정신이 없었다. 뉴욕은 하와이처럼 한가한 고장이 아니었다.

하버드 대학에서 보낸 두 달 동안도 기대한 것처럼 즐거운 시간은 아니었다. 내가 그 대학의 도시 케임브리시에 머물고 있었을 때 어머니가 돌아가셨다. 요즈음 같으면 전화로 그 비보를 알렸을 것이고, 나도 비행기로 서울로 돌아가서 장례식에 참석했을 것이다. 그러나 그 시절의 한국과 미국 사이는 멀고도 먼 거리였다. 집에서는 내 공부에 지장이 될까 걱정하여, 장례식이 끝난 뒤에야 편지로 슬픈 소식을 전했다.

평소에는 좀처럼 울지 않는 나였지만, 어머니의 타계 소식을 듣고도 울지 않을 정도로 강한 성격은 아니었다. 어머니를 잃은 슬픔과 객지에서의 외로움이 겹쳤다. 허드슨 강가에 나가서 오가는 배들을 넋을 잃은 사람이 되어 바라보기도 하고, 하버드 옌친 교환교수로 이웃에 머물고 있던 차주환 교수를 찾아가 말을 나누기도 하였다. 그러나 침울하고 어두운 기분은 꽤 여러 날 지속되었다.

하기 대학에서 하버드 대학의 면모를 엿보기는 어려웠다. 학생들은 대부분 타교생들이었고, 각 반의 학생수가 많아서 분위기도 어수선했다. 학기말 시험 때는 네 사람의 감독이 들어왔다. 네 사람이 네 곳 책상 위에 올라서서 감독을 하였다. 그래도 쪽지를 훔쳐보며 답안을 쓰는 학생이 있었다. 감독이 없어도 부정이 없던 존스홉킨스와 비교가 되었다.

도서관 출입도 까다로웠다. 출입구에 직원이 지키고 앉아서 드나드는 사람들의 소지품을 세밀하게 검사하였다. 도서관 직원이 모두 퇴근한 뒤에도 카드만 적어 놓고 책을 빌릴 수 있었던 존스홉킨스와 너무나 다른 분위기였다.

그 당시 하버드 대학 학부 졸업반에 있었던 김여수(金麗壽) 선생을 우연히 처음 만나게 되었다. 언젠가 한나절 신세를 져가며 이야기를 나눈 적이 있었다. 재기와 패기가 넘치는 젊은이라는 첫인상을 받았다.

같은 강의를 듣는 학생들 가운데 전형적인 한국 사람의 모습을 한 사람이 있었다. 서로 한참 바라보다가 인사를 하였다. 연세대의 조우현(趙宇鉉) 교수였다. 같은 철학도였지만 많은 이야기를 나누는 사이에는 이르지 못했다. 철학과도 없는 삼류 대학에서 교양과목이나 맡고 있던 내 처지가 너무 초라했던 것이다.

윤천주 교수도 그곳에서 우연히 만났다. 그와 나눈 이야기 가운데 지금도 잊히지 않는 말이 있다. 이역만리에서 겪는 객고(客苦) 가운데서 가장 견디기 어려운 것은 독수공방의 외로움이라고 하였다. 윤 선생이 하숙한 집 주인은 중년의 여인이었고, 그 여인의 소변보는 소리에 관심이 쏠렸다. 다행히(?) 방음이 제대로 되지 않은 날림 건물이어서, 기대를 걸고 귀를 기울였다. 그러나 실패했다. 중년 여인은 소변을 보기 전에 수돗물을 크게 틀어서 큰 물소리로 작은 물소리를 죽였다는 것이다. 윤 선생의 솔직하고 소탈한 점이 좋았다.

차주환 선생과 뉴햄프셔 주 어느 소도시를 찾은 적이 있다. 볼티모어에서 알게 된 파커(Parker) 할머니의 딸이 그곳에 살고 있어서 우리를 초대했던 것이다. 숲이 아름다운 전원도시였다. 9월 초순쯤이었는데 이미 가을 기운이 돌고 있었다.

차 선생과 함께 보스턴 교외의 어느 한국인 가정을 방문한 일도 기억에 남아 있다. 그 가정의 주인장과 아는 사이였던 차 선생이 초대를 받은 것이었으며, 나는 묻혀서 따라간 것이다. 그 집은 보스턴 중심가에서 15분 거리에 있다고 하였다. 차주환 선생은 택시로 가자고 했지만 나는 걸어서 가기를 고집했다. 15분 정도 걷는 것은 건강에 좋을 뿐 아니라, 걸어가야 보스턴 시가지를 천천히 구경할 기회도 생길 것이었다.

그러나 아무리 걸어도 목적지가 나타나지 않았다. 걷고 또 걸었지만 목적지까지는 더 가야 하는 모양이었다. '15분 거리'라는 말이 미국에 사는 사람들 사이에서는 '자동차로 15분 거리'라는 뜻으로 쓰였으나, 우리는 '도보 15분 거리'의 뜻으로 받아들였던 것이다. 차 선생은 중간에 택시를 잡자고 말했지만, 나는 오기가 나서 끝까지 걷자고 우겼다.

15장 철학 박사 학위에 대한 꿈

1. 윤리학적 회의와의 씨름

하버드에서 하기 대학을 마치고 존스홉킨스로 돌아온 것은 새 학년이 시작되기 조금 전이었다. 돌아와 보니 학과장이 바뀌어 있었다. 맨델바움(M. Mandelbaum) 교수가 새 학과장으로 부임한 것이다. 다트머스 대학에 있던 맨델바움 교수가 학과장이 되어 존스홉킨스 철학과에 오기로 내정된 것은 내가 처음으로 그곳에 가기 조금 전이었다. 그러나 하버드에서 객원교수로 1년 동안 강의할 계약이 그보다 먼저 되어 있어서 부임이 1년 연기되었고, 로우(Lowe) 교수가 임시로 학과장 대리직을 맡아 보았던 것이다.

맨델바움 교수는 새 학년이 시작되기 전에 모든 철학과 대학원생들과 개별 면담을 하였다. 학생들 각자의 계획을 들어 보고 학과장으로서 조언을 하기 위한 면담이었다.

지정된 일시에 내가 그를 찾아간 곳은 그의 아파트였다고 기억한다. 그는 거두절미하고, 존스홉킨스에서 내가 앞으로 하고자 하는 바를 말해 보라고 하였다. 나는 1년 동안 철학의 기본에 대한 공부를 더 하고 한국으로 돌아갈 계획이라고 대답하였다. 이 대답을 듣고 맨델바움 교수는 서류를 들추어 가며 나에 관한 기록을 살펴보았다. 그리고 입을 열었다.

"당신은 작년도의 학업성적이 좋은데 왜 박사 학위에 대한 도전을 포기하려 합니까?"

"저는 1년만 더 공부하고 한국으로 돌아가기로 이미 약속을 했습니다."

"누구하고 그런 약속을 했지요?"

"전 학과장이신 로우 교수와 그렇게 약속했습니다."

"그러나 이제는 내가 학과장을 맡게 되었으니, 다른 사람과 한 과거의 약속에 구애될 필요는 없어요. 당신만 원한다면 학위가 끝날 때까지 이 존스홉킨스에서 공부해도 좋아요."

이것은 천만 뜻밖의 행운이었다. 너무나 고마워서 내 입에서는 그 흔한 '고맙습니다'가 잘 나오지 않았다. 나는 최선을 다하겠다고 약속을 하고 학과장 댁을 나왔다. 그리고 나 자신에게도 한번 해보자고 다짐하였다. 이날을 계기로 내 마음의 자세는 아주 다른 모습을 취하게 되었다. 전신에 새 기운이 솟구침을 느꼈다.

철학이라는 학문은 특별한 재능을 가진 예외적인 사람들만이 할 수 있는 학문이며 나 자신은 그 학문에 적합하지 않다는 생각을 나는 일찍부터 가지고 있었다. 일본에서 제삼고등학교에 다닐 때, 철학개론을 맡은 교수가 '생성(生成)의 형이상학'이라는 것을 강의했고, 나는 그것을 들어도 무슨 소리인지 알 수가 없었다. 그 강의를 이해하기 위해서는 서양철학의 역사에 대한 기초 지식을 미리 가질 필요가 있었으나, 나는 예비지식이 전혀 없이 그것을 들었던 것이다. 예비지식이 없어서 강의를 이해할 수 없다는 사실조차도 그 당시에는 몰랐고, 내가 철학에 대한 소실이 없어서 이해를 못하는 것이라고만 생각하였다.

강의를 들어서 이해를 못했을 뿐 아니라, 철학 서적을 읽어 보아도 그 뜻이 들어오지 않았다. 칸트의 『순수이성비판』이 유명한 책이라고 하기에 일본어 번역판을 읽어 보았으나, 그 말이 어려워서 몇 장 읽다가 덮어 두었다. 니체의 『차라투스트라는 이렇게 말했다』도 좀 읽어 보았으나 역시 어려웠고, 헤겔은 더욱 어려웠다. 고등학생 정도가 번역으로 읽어서 모르는 것은 당연한 일이었으나, 나는 그것을 내 소질의 탓으로만 생각했다.

일본인 학생들 가운데 늘 철학 책을 끼고 다니는 사람들이 있었다. 칸트의 원전을 독일어로 소리내어 낭독하는 현학도도 있었다. 나는 그들에게 그들이 읽는 책의 의미를 잘 이해할 수 있느냐고 물어보았다. '물론 이해한다'는 대답을 들었을 때, 나는 내가 철학에 소질이 없다는 결론을 내리지 않을 수 없었다.

알기 쉬운 철학 책부터 읽고 차차 어려운 책으로 옮겨 갔더라면 이해가 가능했으리라는 생각을 나는 미처 못했다. 쉽게 풀어 쓴 해설서를 참고해 가며 고전을 읽어야 한다는 것도 몰랐다. 참을성 있게 생각해 가며 거듭 읽지도 않았다. 본디 난해한 책을 한 번만 읽고서 그 뜻을 이해하기 어렵다는 사실에 부딪쳐서, 나는 철학과는 인연이 없는 사람이라는 결론을 성급하게 내렸던 것이다.

제2차 세계대전이 일본에게 불리하게 돌아가고 우리나라가 주권을 되찾을 날이 다가오고 있었을 때, 나도 활발한 일꾼이 되어야 한다고 생각했다. 활발한 일을 하자면 법학부에 들어가는 것이 상책이라는 생각이 들었다. 일본에서 가장 활발하게 일하는 인물로 드러난 사람들은 대개 법학부 출신이라는 피상적 관찰에 근거한 얕은 생각이었다.

얕은 생각을 따라서 동경대학 법학부 정치학과에 입학했다. 당시의 동경대학에서는 정치학과와 법학과에서 가르친 것은 대부분 공통된 과목이었고, 법학에 관한 것이 주종을 이루었다. 자연히 법학에 관한 기본적인 서적을 이것저것 읽어 보게 되었다. 법학 서적이라는 것이 대부분 따분하게 느껴진 가운데 유독 형법만은 흥미롭다고 생각하게 되었다.

형법 책을 읽으면서 중대한 의문에 부딪쳤다. 형법학은 악을 막기 위하여 악인(惡人)을 제재하는 문제를 다루고 있거니와, 도대체 선과 악을 구별하는 기준이 무엇이며, 정부가 이른바 악인을 처벌할 수 있는 근거가 무엇이냐는 의문이다.

형법 책에 따르면, 선과 악을 구별하는 기준은 법에 의하여 밝혀지는 것으로 되어 있다. 그러나 입법가가 법을 바르게 제정할 수 있기 위해서는 선과 악 또는 시(是)와 비(非)를 구별할 수 있는 기준이 먼저 서 있어야 한다는 생각이 들었다. 여기서, 형법 문제를 제대로 다루자면, 선악과 시비의 문제를 근원적으로 다루는 윤리학 공부를 좀 해야 하겠다는 생각이 가볍게 스쳐 갔다.

법학 공부를 제대로 시작하기도 전에 학병 문제가 닥쳐왔고, 동경은 자주 폭격을 당했다. 공부보다도 생명이 중요하다는 생각에서 고향으로 피난하였고, 고향에서 부딪친 징용 문제를 해결하기 위해서 지금의 이장(里長)에 가까운 구장(區長) 일을 맡게 되었다. 공부니 학문이니 하는 것과는 자연히 멀어졌고, 무의미한 나날을 보내는 가운데 해방을 맞이했다.

해방이 되었으니 이제는 할 일이 많다는 생각에 마음이 들떴다. 가장 먼저 해야 할 일이 우리나라의 헌정 질서를 수립하는 일일 것이라는 소박한 생각에서 무슨 '자치위원회'니 '준비위원회'니 하는 이름이 붙은 단체 주변을 기웃거렸고, 그 기웃거림을 통해서 정치와 관련된 일은 나의 적성에 맞지 아니함을 깨닫게 되었다.

'해방'이라는 이름의 민족의 경사는 '극심한 혼란'이라는 현실 문제를 수반하였다. 도처에서 발견되는 극심한 혼란을 바라보면서 나는 헌정 질서를 수립하는 일보다도 너욱 근본적인 문제가 있음을 느꼈다. 새 시대가 요구하는 윤리 의식을 광범위하게 함양하는 문제다. 건전한 새 나라를 세우기 위해서는 국민 일반의 건전한 윤리 의식이 앞서야 하거니와, 그 준비가 전혀 되어 있지 아니함에 나는 큰 충격을 받았다.

여기서 정치나 행정 방면에 적성이 아님을 깨달은 나는 막연하게 '윤리 운동'이라는 것을 생각하게 되었다. 아마 심훈의 『상록수』 또는 이광수의 『흙』에 나타난 농촌운동 같은 것을 연상해 가며 어떤 꿈을 꾼 모양이다. 실현성이 희박한 목표를 머릿속에 그렸다는 뜻에서 그것은 한갓 꿈에 지나지 않았다.

'윤리 운동'을 하자면 우선 나 자신의 신념 체계를 세워야 하고, 신념 체계를 세우기 위해서는 윤리학을 공부할 필요가 있었다. 그리고 윤리학을 공부하기에 가장 적합한 곳이 대학의 철학과라고 생각되었기에, 경성대학으로 편입할 때 철학과로 전과했던 것이다.

본격적인 철학자가 되어서 대학교수 노릇을 하기에는 자질이 부족하지만, 실천 생활을 위한 신념의 체계를 세우기에 필요할 정도의 철학 공부는 나도 할 수 있을 것이라고 낙관하였다. 전문적 기사(棋士)가 되기 위해서는 바둑에 대한 특별한 소질이 필요하지만, 동네 사랑방에서 즐길 수 있을 정도의 바둑을 위해서는 보통 재능으로도 족하다고 생각하는, 그런 사고방식이다. 물론 이것도 윤리학 내지 철학에 대한 무지에 연유하는 잘못된 생각이었다.

윤리학을 공부하기 시작한 지 얼마 되기도 전에, 나는 어려운 벽에 부딪쳤다. 도대체 윤리 판단의 타당성 여부를 판정할 수 있는 객관적 기준이 있느냐 하는 의문에 사로잡힌 것이다. 사실판단의 진위는 판단의 대상이 된 사물에 비추어서 판정할 수가 있겠지만, 가치판단의 경우는 그 진위를 밝힐 근거가 될 만한 것이 존재하지 않는다는 생각을 하게 된 것이다. 이러한 생각은 1920년대부터 논리실증주의자들에 의해서 활발하게 전개된 것이지만, 우리나라에는 아직 소개되지 않고 있었다.

선진국의 사조에 밝았더라면 '윤리학적 회의'에 대한 여러 가지 학설을 공부하고 어떤 돌파구를 모색할 수도 있었을 것이다. 그러나 우물 안 개구리에 불과했던 나로서는 그 회의의 늪에서 빠져나갈 실마리조차도 찾을 도리가 없었다. 결국 윤리학이라는 것이 학문으로서 성립할 수 없는 것이 아닐까 하는 비관론 쪽으로 기울어 가는 꼴이 되었다.

내가 누구의 영향을 받고 어떤 경로를 거쳐서 윤리학적 회의에 빠지게 되었는지는 기억이 모호하다. 다만 서울대학교 철학과에서 학사 논문을 썼던 1947년 전후에 이미 그 싹이 텄을 것임을 추측할 수는 있다. 내 학사 논문의 제목은 「윤리학 방법의 예비적 성찰」이었고, 거기에 '도덕적 평가의 타당 근거를 중심 문제로 하여'라는 부제가 붙어 있다.

아직 시지윅(H. Sidgwick)의 책도 모르는 주제에 윤리학 방법의 문제에 도전했다는 것은 가소로운 일이었다. 도대체 무엇을 믿고 그런 근본 문제와 씨름을 하겠다는 것인지, 이만저만한 만용이 아니다. 그러나 저 부제(副題)가 가리키듯이 도덕적 평가의 논리적 근거를 묻고 나섰다는 것은 메타 윤리학적 문제의식에 도달했음을 의미하며, 아직 한국이나 일본에 메타 윤리학(meta-ethics)이 소개되기 이전에 그 문제를 의식했다는 것은 가상한 일이라고 볼 수도 있다.

다행히 그 논문의 초고가 남아 있기에 잠시 훑어보았다. 그 초고만으로 판단한다면 아직 윤리학적 회의에 빠졌다고 보기는 어려우며, 도덕적 가치판단의 보편적 기준이 있음을 애써 주장하고자 한 흔적이 보인다. 매우 독단적이고 엉성한 논리를 통해서, 보편타당성을 가진 도덕의 원리가 있다는 주장을 옹호하고 있는 것이다.

그 초고에는 귀요(J. M. Guyau), 니체, 쇼펜하우어 등의 이름이 보인다. 윤리의 근거를 의지와 욕구 내지 생명력에서 찾고자 했던 철학자들이다. 그들의 주장에 동조하면서, 나는 당위(Sollen)의 근거는 오로지 의욕(Wollen)에 있다고 단정하고 있다. 그리고 사람들의 의욕은 다양하고 변화무쌍하다는 사실을 인정한다. 그럼에도 불구하고 보편타당성을 가진 윤리의 원리가 존재한다고 주장하는 근거를 이렇게 말하고 있다.

> 의무의 근거를 생생 약동하는 우리 생명력 속에 있다고 보는 생명주의 윤리설에는 실증성(實證性)이 있고 생동감이 있다. 그러나 모든 의욕이 바로 당위로서의 타당성을 가질 수는 없다. …
>
> 사실상 우리가 의욕하는 바는 가지각색이다. 한 사람의 동일한 순간에 있어서도 그 의욕하는 바가 단일하지 않으니, 하물며 성질과 환경을 달리하는 여러 사람들에 있어서랴. 그러나 사물이 말단에 있어서 다르다고 해서 그 근본까지 다른 양으로 속단할 것은 아니다. 천지(天池)에 고인 물은 동서로 나누어 흐르고, 동서로 갈린 물은 다시 한 바다에서 만나지 않는가. …

횡설수설하고 있는 말의 뜻을 살펴보건대, 사람들의 의욕이 표면상은 다양하지만 그 근저에는 공통점이 있으니, 그 공통점이 가치판단의 보편적 기준의 구실을 할 수 있다는 말을 하고 싶은 것이다.

그러나 인간의 보편적 본성에 대한 나의 소박한 믿음은 머지않아서 붕괴하였다. 심리학에 대한 서투른 접근으로 인하여 나의 소박한 믿음에 금이 갔던 것이다.

심리학도 철학의 분과라고 생각한 사람들의 덕분으로 서울여의대와 이화여대에서 심리학을 맡게 된 나는 미국 사람들이 쓴 행동주의(behaviorism) 심리학 책을 몇 권 읽었다. 내가 읽은 심리학 책들은 모두 인간의 성격이 주로 경험적 요인에 의해서 형성된다는 점을 강조하고 있었다. 식욕과 성욕 또는 휴식에 대한 욕구와 같은 극히 원초적인 욕구만이 모든 사람들에게 보편적일 뿐이며, 그 밖의 의지나 욕구는 주로 생활환경의 경험적 요인을 따라서 형성된다는 것이다. 이러한 주장이 옳다면, 원초적 동물성과 구별되는 인간의 '보편적 본질'은 부정될 수밖에 없다.

행동주의 심리학과는 견해가 크게 다른 정신분석학자들의 저술도 몇 권 읽어 보았다. 정신분석학자들은 인간의 보편적 본성을 부정하기에 열을 올리지는 않았지만, 그들의 학설도 시비와 선악의 보편적 기준을 위한 토대가 되기에는 적합하지 않았다. 왜냐하면 그들이 인간성의 기본이라고 인정하는 이드(id)와 자아(ego) 그리고 초자아(superego)는, 보편적 윤리설을 위한 기본 개념의 구실을 했던 '양심'이나 '도덕적 의지' 또는 '이성'과는 그 성격이 너무 달라서, 고귀한 윤리의 보편적 근거가 되기에는 적합하지 않기 때문이다.

시비선악의 보편적 기준에 대한 회의(懷疑)는 윤리학자가 되고자 하는 사람에게는 치명적 장애라고 생각되었다. 시비선악의 보편적 기준이 의심스럽다 함은 윤리학이 학(學)으로서 성립하기 어렵다는 뜻을 함축하며, 학문의 대상이 되기 어려운 문제를 연구하여 학자가 되겠다는 것은 출발점부터 모순을 안고 있다는 생각이 들었던 것이다.

윤리학을 공부해서 신념의 체계를 구축하고 다시 나아가서 '윤리 운동'을 하리라던 생각이 매우 허황된 발상이라는 것은, 이미 그 이전에 드러났다. 윤리학을 조금 공부함으로써 신념의 체계에 접근하리라는 생각이 얼마나 어리석은 발상인가는 윤리학적 회의를 느끼게 되면서 곧 알 수 있었다. 그리고 신념의 체계를 터득하는 일 이외에도, '윤리 운동'의 전개를 어렵게 하는 여러 가지 장애 요인이 있다는 사실을 깨닫기까지에 그리 많은 세월이 필요하지 않았다. 어떤 사회운동을 하자면 막대한 자금이 필요할 뿐 아니라, 비민주적 정신 풍토 속에서 탄압과 유혹을 물리쳐 가며 사회운동을 할 수 있기 위해서는 막강한 세력의 조직을 가질 필요가 있었다.

이 길도 저 길도 모두 막힌 듯한 좌절감 속에서 교양 철학 강의로 생계를 유지하다가, 어떤 돌파구라도 찾을 수 있을까 하는 막연한 희망을 품고 미국 유학길을 떠나온 것이있다. 그리고 미국에 와서 나는 중대한 사실 하나를 발견하였다. 윤리학적 회의론을 본격적으로 다루는 메타 윤리학이 그곳에서 매우 활발하게 연구되고 있다는 사실을 알게 된 것이다.

나 자신 윤리학적 회의에 빠졌고 메타 윤리학적 문제의식을 깊게 가지고 있었던 까닭에, 메타 윤리학적 논의들을 어려움 없이 이해할 수가 있었다. 도덕 판단의 객관성을 입증하려고 한 무어의 학설에 대해서 대담한 비판을 가하여 좋은 평가를 받을 수 있었던 것도, 그 문제에 대해서 이미 내가 많은 생각을 해보았기 때문이다.

미국에서 1년 동안 공부하는 가운데, 나는 윤리학적 회의론의 문제가 그토록 치명적인 장애는 아니라는 생각을 하게 되었다. 스티븐슨(C. L. Stevenson)과 헤어(R. M. Hare) 등의 학설을 통하여, 윤리학이 자연과학과 똑같은 논리적 구조를 가진 학문이 될 수는 없더라도, 좀 느슨한 논리의 학문이 될 수는 있을 것이라는 생각이 들었다. 그리고 모든 학문이 반드시 자연과학과 같은 논리 위에 서야 할 필요는 없다는 생각도 하게 되었다. 그뿐만 아니라, "윤리학은 엄밀한 학문이 될 수 없다."는 주장도 이를 치밀하게 전개하여 체계화하면, 그 자체가 '학문'이 된다는 역설적 사실도 알게 되었다.

나에게는 철학자가 될 자질이 없다던 비관에 더 이상 고집할 필요는 없을 것 같았다. 언어의 장벽이 크게 불리한 여건 속에서 서양 학생들과 경쟁하여 낙오하지 않았다는 사실에서, 어느 정도의 자신감을 가질 수도 있었다. 특히 학적부의 기록에 근거하여 맨델바움 교수가 나를 박사 학위 후보자로 인정했다는 사실은 많은 용기를 주었다. 어쩌면 나도 해낼 수 있을 것 같은 생각이 들었다. 기왕 내친 김에 한번 해볼 일이었다.

2. 만학다치(晩學多恥)

우선 박사 학위 논문 제출 자격 시험 준비가 급했다. 존스홉킨스에서는 학과장과 지도교수의 승낙만 떨어지면 언제나 자격 시험을 치를 수 있었다. 학생수가 적었던 까닭에, 학생이 희망하는 날 개별적으로 치를 수도 있었다. 어학 이외의 다른 네 과목은 한꺼번에 통과할 필요가 있다는 점이 어려웠다. 나 같이 나이가 든 학생에게는 동시에 많은 것을 암기하는 일이 큰 부담이었다.

지도교수를 겸한 맨델바움 학과장은 2학년 2학기가 시작될 무렵 자격 시험을 치르라고 지시하였다. 한 학기의 기간은 그 시험 준비를 위해서 충분한 시간은 아니었다. 그러나 시기를 늦추어 달라고 미리 후퇴할 필요는 없었다.

나는 열심히 공부했다. 주중과 주말의 구별이 없었다. 화장실에도 반드시 책을 들고 들어갔다. 붉은 줄을 쳐가며 책을 읽었다. 자질구레한 문제들에 대한 암기 위주의 공부보다도 기본적인 문제들에 대한 큰 줄거리를 이해하는 편에 역점을 누었다.

다음 학기가 시작되었을 때, 나는 자격 시험을 칠 준비가 되었다고 학과장에게 보고했다. 그리고 두 가지 부탁을 하였다. 첫째로, 구술 시험 대신 필기 시험을 치르도록 배려해 줄 것을 부탁하였다. 그리고 둘째로, 하루에 한 과목씩만 보도록 허락해 달라고 부탁하였다. 학과장은 누 가지 부탁을 보두 들어주겠다고 약속하였다.

구술시험과 필기시험의 차이는 나의 경우 대단히 크다는 것을 나는 잘 알고 있었다. 나의 영어 실력이 회화보다 작문 쪽이 낫다는 점도 있었지만, 한국말로 시험을 치르더라도 나에게는 필기 시험이 유리하다. 나는 사고(思考)의 순발력이 부족한 편이어서, 묻는 말에 지체 없이 대답하는 일에는 본래 서투르다. 뜸을 들이고 머리를 짜야 생각이 도는 그런 유형의 느림보다. 거기에 하루에 한 과목씩 나누어서 친다면, 그것은 땅을 짚고 헤엄치는 거나 다름없었다.

자격 시험이 끝나면 그 다음에는 논문을 쓸 일만이 남는다. 논문을 쓰는 일은 강의를 듣거나 시험을 치르는 일에 비하면 훨씬 수월한 편이었다. 한국식으로 계산해서 이미 40 고개에 올라선 나이였으므로, 홀로 하숙방에서 느긋하게 준비할 수 있는 논문쓰기가 비교적 부담이 적었다.

학위 논문의 주제는 '도덕 판단의 논리'에 관한 문제를 다루기로 하였다. 풀어서 말하면, "도덕 판단은 경험적 근거에 의해서 그 진위(眞僞)를 밝힐 수 있는가? 밝힐 수 있다면 어느 정도까지 밝힐 수 있는가?" 하는 문제를 다루기로 하였다.

이번에는 서울대학교에서 학사 논문을 썼을 때처럼 천방지축 내 목소리를 내겠다고 설치는 어리석음은 범하지 않았다. 내가 선택한 문제에 대해서 대립된 학설을 세운 유명한 학자들을 앞세우고, 그들의 주장에 대해서 다소의 비판을 가함으로써 내 생각을 정리하는 수법을 쓰기로 하였다.

앞세울 학자들로서 누가 좋겠느냐고 맨델바움 교수에게 문의하였다. 그는 페리(R. B. Perry)와 듀이(J. Dewey), 그리고 스티븐슨으로 하는 것이 좋겠다고 대답하였다. 이 세 사람의 저술은 나도 이미 태반은 읽어 보았으므로, 대략 감이 잡혔다. 페리는 가치판단을 사실판단으로 옮겨 놓을 수 있다고 주장한 자연주의 윤리학자이고, 스티븐슨은 윤리학적 인식에 대하여 부정적 견지에 선 정의주의(情意主義) 윤리학자다. 듀이는 가치판단을 사실판단으로 옮겨 놓을 수 없다고 주장하면서도 윤리학이 과학으로서 성립할 수 있음을 긍정하는 독특한 논리를 구사한 사람이다.

대략 논문의 방향이 정해진 다음에는 바로 원고쓰기를 시작하는 것이 나의 버릇이다. 참고문헌을 읽고 카드를 작성한 뒤에 논문의 틀을 짜놓고 그 틀 속에 필요한 내용을 차곡차곡 집어넣는 방법을 나는 잘 쓰지 않는다. 우선 먼저 쓰기를 시작하고, 써가면서 남의 책을 읽는다. 남의 책을 읽으면서 다음에 쓸 것을 생각하기도 하고, 남의 책 가운데서 인용(引用)에 적합한 구절을 찾아내기도 한다.

이러한 집필의 방법이 위험하다는 것을 나는 알고 있다. 이러한 방법은 잘하면 개성과 생명력이 있는 원고를 생산할 수도 있지만, 주관과 독단에 빠질 위험성이 크다는 것을 나는 알고 있다. 위험하다는 것을 알면서도 그 방법을 쓰는 것은 어쩌면 내 사고의 버릇 때문일 것이다. 그러한 사고의 버릇은 내가 수필을 많이 썼다는 것과 관계가 있을 듯하다. 수필이란 조직적인 작업이 아니라 연상(聯想)을 따라서 말을 이어 가고 의식의 흐름을 좇아서 생각을 기록하는 작업이다. 내가 어려서부터 공상을 즐기는 가운데 의식의 흐름을 좇는 버릇이 생겼고 그래서 수필을 쓰게 된 것인지, 수필을 많이 쓰는 가운데 의식의 흐름을 좇는 버릇이 생긴 것인지, 그 앞뒤는 잘 모르겠다.

논문의 초고를 만드는 동안은 2주일에 한 차례씩 지도교수를 찾아보기로 하였다. 2주일 동안에 만든 부분을 제출해 두었다가 다음 2주일 후에 찾아갔을 때 전번에 제출한 부분에 대한 평가와 조언을 듣기 위해서였다. 내가 형편없이 서투른 타이프 솜씨로 친 초고에 대해서, 맨델바움 교수는 연필로 의문부호로 표시를 하기도 하고 수정을 해두었다가, 친절하게 도움말을 주었다.

맨델바움 교수는 날카롭고 까다로운 학자이기보다는 선이 굵고 대범한 우두머리 형의 인품이었다. 따라서 그의 지도는 어느 편이냐 하면 평면적이었다. "대체로 잘되었으나, 이 점은 주장이 너무 단정적이라는 느낌이 드니 표현을 다소 완화하는 편이 좋겠다."는 식의 조언을 주곤 하였다.

연구실밖에 모르는 꼬장꼬장한 학자이기보다는 대인관계의 폭이 넓은 사람을 지도교수로 두었다는 것이 나에게는 유리한 조건이었다. 나에게 제일 큰 문제는 제3차 연도의 장학금을 확보하는 일이었으므로, 연구실만 지키는 전형적인 학자였다면 이 문제를 해결하기가 어려웠을 것이다. 존스홉킨스의 철학과 교내 장학금 가운데서는 조교에게 주는 것이 가장 컸으며, 그것을 얻는다 하더라도 생활비의 3분의 2 정도가 부족한 형편이었다.

맨델바움 교수는 장학금 문제는 자기가 책임지겠다고 장담하였다. 그리고 어느 날 워싱턴 시에 가서 누군가를 만나고 오더니, 문제가 해결되었다고 알려 주었다.

맨델바움 교수가 나에게 각별한 호의를 가지고 대한 것은 아마 어떤 선입견 때문이었을 가능성이 크다. 언젠가 그는 나에게 이런 말을 한 적이 있다. 자기가 전에 근무하던 대학에 한국에서 온 '재권 김'이라는 학생이 있었는데, 그는 뛰어나게 우수한 젊은이였다는 것이다. 그리고 그는 이어서 재권 김과 내가 친척관계가 아니냐고 물었다.

그 김재권 학생이 후일에 세계적인 철학자가 될 줄은 몰랐던 까닭에, 나는 그 '재권 김'에 대해서 별다른 관심을 보이지 않았고, 다만 한국에는 김씨 성을 가진 사람이 많다는 말로 대답을 대신하였다. 수년 전에 김재권 교수가 서울에 왔을 때 이 이야기를 했더니, 그는 수줍은 듯이 웃기만 하였다.

학위 논문의 작성이 완료된 것은 1959년 3월쯤이었다고 기억한다. 마지막 관문인 학위 심사위원회에서의 구술 시험을 앞두고 걱정이 적지 않았다. 그 때까지도 영어회화에 자신이 없었던 것이다. 그러나 생각보다 일이 쉽게 풀렸다. 심사위원의 대부분이 철학과 교수가 아닌 다른 과 사람들이어서 우선 겁을 먹었으나, 그것이 오히려 유리한 조건이었다. 그 당시는 미국에서도 철학을 전공하지 않은 교수들에게는 메타 윤리학이 생소했던 모양이어서, 상식 수준 이상의 질문을 던지지 못했던 것이다.

마지막 관문을 통과하고 '박사 학위'라는 것을 받게 되었을 때 나는 대단히 기뻐했을 것임에 틀림이 없다. 실제로 기뻐했을 것이다. 그런데 1959년 3월에 쓴 편지 형식의 수필 「만학다치(晩學多恥)」를 다시 읽어 보면, 단순하게 기뻐하기만 한 것이 아닌 듯한 기록이 있다.

그 수필 가운데, 나의 학위 취득을 축하하는 작은 모임에서 같은 과의 여자 대학원생으로부터 "당신이 최종 구술시험에 합격하던 날, 어떤 축하를 가졌느냐?" 하는 질문을 받는 대목이 있다. 이를테면 친구들과 파티를 연다든지, 여행을 떠난다든지 하는 따위의 즐거운 시간을 가졌느냐는 질문이다. 그녀가 말한 '친구들'이란 한국 친구들을 뜻한 것인데, 나는 내가 학위를 받게 되었다는 소식을 한국인 유학생 아무에게도 알리지 않았다.

그 여자 대학원생은 "부인께 전보는 쳤습니까?" 하는 질문도 하고 있다. 이 물음에 대해서 나는, "아뇨, 그 대신 편지를 냈지요. 그것도 3-4일 지나고서야 쓴걸요."라고 대답한 것으로 적혀 있다. 그리고 그 대화가 끝난 뒤에 그때의 심정을 다음과 같이 표현하였다.

> 20세 남짓한 새파란 젊은이가 학위를 얻은 것이라면, 파티도 열 만하고 전보도 칠 만하겠습니다. 허나, 나이 40에 그것을 얻었다는 사실 그 뒤에는 무슨 슬픈 이야기가 있는 것만 같습니다. …
>
> 나 자신의 마음 한구석에도 '서투른 외국의 언어를 통하여 성취한 정신노동이요, 나이가 많아 쇠퇴한 기억력으로 통과한 시험의 관문이기에 도리어 장한 일이 아니냐' 하는 무치(無恥)하고 몽매한 소리가 자소(自笑)와 자기혐오를 부르곤 한다는 사실을 형에게 감출 필요는 없을 거 같습니다.

그리고 그 다음에는 다음과 같은 독백(獨白)이 기록되어 있다.

> 아아, 떳떳이 네 나라의 말로 그것을 못했으며, 마땅히 소년시에 했을 일을 오늘까지 미루게 된 너 자신의 게으름과 네 민족의 궂은 운명은 그냥 불문(不問)에 붙일 생각이뇨.

요컨대 나는 매우 복잡한 위인(爲人)이다. 인간치고 복잡하지 않은 사람이 있을까만, 그 가운데서도 나는 유달리 복잡하고 까다롭다. 그저 단순하게 기뻐하면 좋을 일까지도 그 그늘진 이면을 들여다보는 버릇이 있나. 젓가락처럼 마르는 것도 당연하다 하겠다.

3. 홀아비의 방

나는 미국으로 떠날 때 가족을 동반하지 않았을 뿐 아니라 그곳에 머무는 동안 줄곧 가족과는 떨어져서 살았다. 그 당시는 가족을 데리고 가는 일이 제도적 제한을 받았을 뿐 아니라 우리 집 형편도, 가족의 구성으로 보나 경제적 여건으로 보나, 그것을 허용하지 않았다. 가정 살림의 큰 짐을 아내에게만 떠맡기고 미국 구경 한번 시켜 주지 못한 점은 몹시 미안하지만, 혼자 있는 것이 학문에 열중하기에는 오히려 유리한 조건이었다.

우리 세대가 대개 그렇듯이, 나는 독립심만은 강하게 길러졌다. 보통학교 6년 동안을 부모와 떨어져 외가에서 보냈고, 고등보통학교 5년은 객지에서 하숙 생활을 하며 아무렇게나 살았다. 그 뒤에 일본으로 건너가서 다시 4년의 세월을 보냈으니, 가정을 떠난 생활에는 이골이 날 정도로 익숙해 있었다.

미국에서는 자취 시설이 있는 셋방살이를 하게 되었다. 그곳에서 처음 알게 된 박동수(朴東秀) 선생과 같은 이층에 살게 되어, 번갈아 가며 식사 당번을 맡았다. 박동수 선생은 경북대학교에서 조교수로 재직 중에 도미하여 존스홉킨스 대학원 물리학과에서 공부하고 있었다. 나보다는 젊었으나, 두 아들의 아버지였다. 미국 생활은 나보다 선배였으므로 매사에 내가 일방적으로 신세를 지는 때가 많았다.

어느 화창한 봄날, 박동수 선생이 '다리' 구경을 가자고 하기에 서슴지 않고 따라 나섰다. 그곳 볼티모어 근교에 베이 브리지(Bay Bridge)라는 미국에서 가장 긴 다리가 있다는 이야기만 들었지, 아직 가볼 기회가 없었던 터였다. 바다 위를 가로지른 거대한 다리라고 하였다.

박동수 선생이 나를 끌고 간 곳은 바다가 보이는 교외가 아니라 시내에서 멀지 않은 큰 공원이었다. '다리'를 보러 가자더니 왜 이런 곳으로 왔느냐고 물었더니, 저기 저쪽에 다리가 보인다고 대답하였다. 가리키는 쪽으로 시선을 돌렸다. '핫팬츠' 차림의 아가씨들이 미끈한 다리를 드러내고 걷는 모습이 시야에 들어왔다. 그것도 '다리'임에는 틀림이 없었으며, 먼 나라에서 온 '홀아비'들에게는 금문교(金門橋) 구경보다 더 좋은 '다리 구경'이 될 수도 있었다.

하이파이(HiFi)와 엘피(LP) 음반이 나온 지 오래지 않은 때였다. 음악을 사랑하는 박동수 선생은 손수 하이파이 기기를 조립하여 주로 고전음악을 즐겼다. 나도 가끔 그의 방에 들어가서 함께 듣곤 하였다. 나보다 한발 앞서 귀국하면서 그는 나를 위하여 하이파이 한 틀을 조립해 주었다.

미국에서 공부하는 동안에 쓴 수필 가운데 「이층에 사는 사람들」이라는 제목이 달린 것이 있다. 이 수필 가운데 "그래도 한국 사람이 그 중 나은 모양이다."라는 구절이 있다. 여기서 말한 '이층'은 내가 자취 생활을 했던 이층을 가리키는 것이며, 이층에 들락날락하며 살았던 미국인, 영국인, 일본인, 대만인, 유고슬라비아인과 비교할 때, 그래도 한국인이 가장 낫게 생각된다는 뜻을 말한 구절이다.

한국에 사는 동안에는 우리 민족성의 부정적 측면을 주로 의식했는데, 이제 외국에 와서 여러 외국인과 만나고 나서 갖게 된 '그래도 한국인이 낫다'는 생각, 이것은 기쁜 발견이기도 하고 슬픈 발견이기도 하다고 적혀 있다. 인류 또는 '인간성'이라는 것에 대한 환멸을 함축하는 까닭에, 슬픈 발견이기도 하다는 뜻이다. 인간에 대한 그리움과 싫증, 인간성에 대한 기대와 실망은 국내에서나 해외에서나 항상 따라다니는 마음의 갈등이었다.

1959년 여름철에 쓴 수필 가운데 「홀아비의 방」이라는 제목이 붙은 것이 있다. 그 글 속에 존스홉킨스 시절의 셋방살이 모습이 매우 생생하게 기록되어 있기에, 그 일부를 여기에 옮겨 본다.

서재 겸 침실로 사용되는 나의 거처는 동대문시장처럼 어지럽습니다. 책, 문방구, 벌써 온 편지 따위가 세 개의 책상 위를 그저 저희들 멋대로 차지하고 있습니다. 세 개의 의자 가운데 제대로 책상 앞에 놓인 것은 하나뿐이고, 나머지는 그저 우연한 자리에 우연한 방향으로 놓여 있습니다. 그리고 이들 실직자처럼 굴러다니는 의자 위에는 (본래 그것은 방문객을 위한 자리였지만) 잠옷, 수건, 땀찬 내의 등이 볼품 없이 걸려 있습니다. 봄철이 오던 무렵에 벗어 던진 스웨터가 여름철이 거의 지나간 오늘까지 같은 의자를 차지하고 꼼짝도 않습니다.

마룻바닥도 질서를 잃은 지 오래입니다. 헌 구두, 새 구두, 운동화들이 신다가 둔 양말짝을 물고 흩어져 있는 모양은 운동선수 합숙소의 탈의실과 같습니다. 두 개의 테니스 라켓이 아직도 걸릴 못을 발견하지 못하고 여전히 방바닥에 주저 물러앉아 있습니다. 벽에 걸 요량으로 작년 크리스마스 때 산 틀에 넣은 그림 한 장도 못을 얻지 못한 채 방구석에 기대 섰습니다.

침대 밑은 감히 들여다보지도 않습니다. 수륙 만리 동행하느라고 장식 하나 성한 데 남지 않은 한국제 여행 가방 하나가, 해묵은 먼지 속에 묻힌 채 그 밑에 있을 것입니다. 그 밖에는 재산 목록에 오르지 못할 지질한 물건들이 구석구석을 차지했습니다. …

나는 빈민촌처럼 어질러진 이층 방에서 하루해의 대부분을 보냅니다. 학교 도서관에도 내 이름표가 붙은 좌석이 있기는 하나, 이곳처럼 만만한 맛이 없습니다. 나는 여기서 책을 읽습니다. 글을 씁니다. 읽기도 쓰기도 싫어지면 침대 위에 눕습니다. 그것이 그대로 낮잠이 되기도 합니다.

나는 어린 시절부터 옷매무시를 단정히 하고 신변의 정리와 정돈을 깔끔하게 하라는 교육을 받아 가며 자랐고, 실천도 그 가르침에서 크게 벗어나지 않은 편이었다. 30대 초반에 서울여자의과대학에서 가르쳤을 때, 학생 대표 두 사람이 우리 집을 방문하여 내 서재에 들어온 적이 있었다. 그 대표들이 친구들에게 한 말이 돌고 돌아서 내 귀에 들어왔다. 너무나 깔끔하게 정돈된 서재여서, 그 주인은 좀처럼 접근하기 어려운 사람일 것이라는 인상을 강하게 받았다는 촌평(寸評)이었다.

만약 그때의 그 학생 대표가 지금 다시 내 서재에 들어와 본다면 크게 놀랄 것이다. 미국에서 자취했을 때의 서재처럼, 오늘의 내 서재는 이루 말할 수 없을 정도로 어지럽다. 젊었을 때 익혔던 정리와 정돈의 습관을 버린 것이다. 서재의 방바닥과 책상 위를 너무 어질러 놓는다고 아내로부터 잔소리도 여러 번 들었지만, 이제는 도리가 없다.

내 아들이 제 방을 어질러 놓는 정도는 나의 그것을 능가한다. 아버지를 닮아서 그렇다며 아내는 그 책임을 나에게로 돌린다. 자주 자기 손으로 아들의 방을 치워 주기도 하지만, 아들을 시켜서 제 방은 제 손으로 치우도록 가르치지는 않는다. 돌이켜 보건대, 선친에게도 방 안을 어질러 놓는 경향이 있었다. 그분의 머리맡에는 늘 여러 권의 책이 널려 있었고, 안경과 담뱃갑 등이 흩어져 있었다. 아내가 내 방을 정돈하듯이, 어머니는 아버지의 머리맡을 정돈하셨다. 그러나 어머니는 아들이 어질러 놓은 것은 아들의 손으로 정돈하도록 가르치셨다.

학위 논문이 끝난 뒤에도 학위 수여식까지는 3개월의 시일이 남아 있었다. 그때까지 장학금이 나오게 되어 있었기에, 나는 그 기간에 미국 각지를 여행할 생각이었다. 나이아가라도 보고 그랜드 캐년도 볼 생각이었다. 그러나 나는 갑자기 이 계획을 포기하고 바로 귀국하기로 생각을 바꾸었다. 최재희 교수로부터 하루바삐 귀국하라는 연락을 받았던 것이다.

1957년 여름에 미국으로 떠나올 때는 서울대학교 교양학부의 '전임 대우' 강사 자리를 일단 사임할 수밖에 없었다. 그러나 내가 귀국한 뒤에는 그 자리로 복귀하도록 한다는 구두 언약이 있었다. 그 당시의 교양학부장과 철학과

학과장 그리고 내 뒷자리를 물려받은 후배가 그러한 약속을 했던 것이다. 그러나 내가 미국에 체류한 기간이 처음 예상보다 장기화되었고, 그동안 교양학부장과 철학과 학과장이 바뀌었을 뿐 아니라, 내 후임을 맡은 후배도 이제는 그 자리를 돌려줄 수 없다는 태도의 변화를 보이고 있다는 소식을 미리 듣고 있었다.

그 소식을 듣고 나는 서울대 교양학부 자리를 포기하기로 작정하였다. '전임 대우'라고는 하지만 결국 강사 자리에 불과한 것이므로 굳이 미련을 둘 필요가 없다고 생각했던 것이다. 그런데 1960년 3월 말경에 받은 최재희 교수의 편지는 빨리 귀국하라고 강조했던 것이다. 내 후임으로 교양학부 시간을 맡았던 사람이 서울을 떠나게 되고, 제삼고등학교의 선배인 이양하 교수가 문리과대학 학장직을 맡게 되었으니, 지체 없이 돌아오면 '전임 대우' 자리로 다시 복귀할 수 있다는 사연이었다. 일단 '전임 대우'의 자리를 얻어 놓아야 다음에 정식으로 전임이 되는 데 유리하다는 말도 있었다.

부랴부랴 귀국 준비를 서둘렀으나, 이것저것 정리할 일들이 있어서 4월 13일에야 김포공항에 도착하도록 일정이 잡혔다. 비행기표를 구입해 놓고 곧 집으로 전보를 쳤다.

그러나 실제로 서울에 도착한 것은 4월 12일이었다. 본래는 4월 12일 하루는 동경에서 보낼 예정이었으나, 그곳 세관원이 불쾌하게 굴기에 일본이 미워서 그 예정을 취소했던 것이다. 예정 변경을 알리는 지급 전보를 집으로 친 것은 4월 11일 밤이었다. 뒤에 안 일이지만, 4월 13일에 도착한다는 전보를 받고도 아내는 그 말이 의심스러웠다고 한다. 한국을 떠날 때 1년 후에 돌아온다고 한 사람이 그 약속을 지키지 않았고, 1년만 더 공부하고 돌아온다고 한 두 번째 약속도 지키지 않은 전과(前科) 때문이었다.

첫 번째 전보를 받고 아내는 어떤 맹인 점쟁이를 찾아갔다. 남편이 언제쯤 귀국하겠느냐고 물었더니, 4월 12일에 도착한다는 점괘가 나왔다. 13일에 도착한다는 전보를 받았다고 실토했으나, 점쟁이는 12일에 돌아올 것이라고 장담을 하였다. 지금도 아내는 점을 단순한 미신이라고는 생각하지 않는다.

서울대학교의 '전임 대우' 자리로 복귀하겠다는 희망은 이루어지지 않았다. 교양학부의 정식 인가가 날 전망이 보이지 않아서, '전임 대우' 자리를 점차 줄이고자 하는 것이 학교의 방침이었다는 사실을 최재희 선생이 모르고 있었던 것이다.

16장 신촌에서 동숭동으로

1. 연세대학교와의 짧은 인연

내가 미국에 가 있는 동안에 정치대학은 건국대학교라는 종합대학으로 발전해 있었고, 초대 문리과대학 학장직을 해외에서 돌아온 정대위(鄭大爲)라는 분이 맡고 있었다. 정대위 학장은 나를 매우 반겼다. 나의 사람됨을 알고 있거나 개인적 친분이 있었던 것은 아니고, 내가 동경대학과 존스홉킨스 대학이라는 명문을 드나들었다는 점을 높이 평가했던 모양이다.

정대위 학장은 나를 위해서 '문학부장'이라는 보직 자리 하나를 만들었다. '이학부장'의 자리를 동시에 만들지 않았으니, 명백한 위인설관(爲人設官)이었다. 문학부장으로서 할 일이 뚜렷하게 있었던 것도 아니고, 나에 대한 막연한 '우대'의 뜻을 가진 그 자리를 나는 사양할 수밖에 없었다.

보직에 대해서는 별로 관심이 없었고, 나의 주된 관심은 건국대학교에 철학과가 생길 것이냐 아니냐로 쏠려 있었다. 어느 날 우연히 총장과 이야기할 기회가 있어서, 나는 철학과 창설에 대한 그의 뜻을 물어보았다. 먼 후일에는 모르겠지만, 가까운 장래에는 철학과를 만들 생각이 없다는 것이 총장의 대답이었다. 철학과가 없는 대학에서 교양 철학만 강의하는 처지를 벗어나고 싶었던 나에게는 실망을 주는 대답이었다.

이러한 실망은 건국대학교에 대한 애착의 이유를 고갈시키기에 충분하였고, 기회가 생기면 철학과가 있는 학교로 옮기고 싶은 욕심을 정당화하는 데 도움을 주었다. 그런데 '철학과가 있는 학교로 옮길 수 있는 기회'가 생각보다 빨리 왔다. 1960년에 연세대학교 교수단과 재단 이사회 사이에 분규가 있었고, 그 여파로서 1961년 봄에 그 학교 철학과에 교수 자리가 하나 생겼던 것이다.

연세대 철학과 측에서 먼저 교섭을 해왔으므로, 그 자리를 위해서 내가 움직일 필요는 없었다. 다만 건국대학교 측의 양해를 구하는 일만 남아 있었다. 그 당시는 현직 대학 기관장의 동의를 얻어야 전직할 수 있다는 규정은 없었다. 다만 해외에서 돌아온 지 1년 만에 떠나기가 미안하다는 나의 심리적인 부담이 있었던 것이다. 그러나 이런 기회가 자주 있을 것 같지는 않기에, 미안함을 무릅쓰고 건국대학교 측의 양해를 구하는 말을 끄집어냈다.

전임 자리를 옮기더라도 시간강사로서는 건국대학교가 필요로 하는 동안 나오겠다는 단서도 달았다. 건국대학교 교무처장은 나의 떠나감을 굳이 말리지 않았다. 그러나 시간강사로서 계속 나오겠다는 제의는 사절하였다. 1956년 평교수 회의에서 내가 입바른 소리를 했을 때에 생긴 틈이 계속 벌어져 갔던 것이라고 생각된다.

연세대학교로 옮기고 새 직장에 적응하는 데 크게 어려운 문제는 없었다. 다만 기독교적 의식이 몸에 배지 않은 나로서는 매일같이 점심 시간에 올리던 예배 시간이 부담스럽게 느껴졌을 뿐이다.

나는 기독교라는 종교에 대해서 사랑과 미움의 상반된 감정을 품고서 살아온 사람이다. 나는 인간 예수 그리스도의 사상과 실천에 대해서 많은 존경을 느껴 왔고, 원시 기독교 사상에 대해서도 소박한 공감을 느껴 왔다. 그러나 중세 암흑기에 교회가 한 일과 그 교의(dogma)에 대해서는 부정적 편견을 가지고 있으며, 지나치게 세속화된 오늘의 교회 주변에 대해서도 공감을 느끼기가 어렵다. 이와 같이 어정쩡한 나의 마음가짐은 기독교적인 의식이 행해지는 마당에서 내가 깊이 동화하기에 걸림돌이 되곤 하였다.

그러나 전체적으로 판단할 때, 연세대학교에서의 새로운 출발은 만족스러운 편이었다. 나는 강의 준비를 열심히 하여 성실하게 가르쳤고, 학생들도 비교적 따르는 편이었다. 다만 한 가지 불만스러운 점은 집에서 학교까지의 거리가 너무 멀어서 시간과 정력의 낭비가 심하다는 사실에 있었을 뿐이다.

이 불만을 해소하기 위해서 나는 연세대까지 걸어다닐 수 있는 곳에 집터 하나를 장만했다. 창천동 언덕배기에 위치한 그곳의 땅값이 아직은 쌀 때여서, 우선 대지부터 장만해 놓고 장차 건물을 지을 생각이었다. 그러나 그 자리에 집을 짓기 전에 뜻밖의 좋지 않은 일이 생겼다. 내막을 자세히 밝힐 필요가 없는 그 좋지 않은 일이 생긴 것은 1962년도 새 학기가 시작되기 조금 전이었다.

나는 봄방학을 이용하여 정맥류(靜脈瘤) 수술을 하고 세브란스 병원 입원실에 누워 있었다. 생각보다 큰 수술이어서 전혀 기동을 못하고 누워 있는 나를 찾아온 사람이 있었다. 연세대학교 졸업생으로서 학교 재단 실력자의 오른팔 노릇을 한다는 소문이 들린 사람이었다. 문병차 오면서 빈손으로 방문하게 되어 미안하다고 전제한 다음, 그는 바로 용건을 말하기 시작했다.

용건의 첫째는 연세대 철학과 정교수로 고형곤(高亨坤) 선생을 모시기로 결정했으니, 퇴원한 뒤에 그분 댁을 찾아가서 인사를 드리라는 것이었다. 인사를 드리는 동시에 시간표도 상의해서 결정하도록 하라고 명령조로 말했다. 나에게 그렇게 요구한 근거는 내가 그때 새로 학과장을 맡게 되었기 때문이었다. 나는 큰 충격을 받았다. 도대체 학과장도 모르게, 그리고 철학과의 다른 교수들과도 아무 상의 없이, 전임교수를 새로 영입하게 되었다는 것은 언어도단이었다.

그 사람의 요구는 또 있었다. 새 학기에 내가 맡기로 된 세 과목 중에서 두 과목을 다른 교수에게로 돌리라는 요구였다. 이미 강의안의 준비가 끝난 개학 직전에 과목을 바꾼다는 것은 여간 힘드는 일이 아닌데, 그것을 부탁하는 것도 아니고, 그렇게 해야 한다고 강요했던 것이다.

그가 그토록 무례하게 나올 수 있는 확고한 근거가 있음을 알리기 위해서인 듯, 그는 연세대학교의 인사권이 자기 수중에 있음을 은연중 과시하였다. 문과대학장을 갈아 치워야 하겠다는 말을 하는가 하면, 철학과의 어느 두 교수를 내보내겠다는 말도 하였다. 나도 고분고분 말을 듣지 않으면 내보내겠다는 말로 들렸다. 그는 나에게 자기와 손을 잡고 한번 잘해 보자는 말도 하였다. 손을 잡자는 말은 그의 심복 부하가 되라는 뜻으로 들렸다.

나는 그때 몸이 극도로 쇠약한 상태에 있었다. 여섯 시간 걸린 수술을 받은 다음 날이어서 화장실 출입은 고사하고 침대 위에 일어나 앉지도 못하고 누워 있기만 할 때였다. 방문객의 당당한 체구와 위압적인 언어 앞에서 나의 쇠약한 몸은 부들부들 떨렸다. 방문객이 굉장히 무서운 사람으로 보였다. 그 사람의 요구를 거절할 용기 따위는 전혀 없었다.

나는 방문객의 요구대로 고형곤 선생 댁도 찾아가고 내 과목도 양보하겠노라고 약속했다. 다만 그와 손을 잡고 잘해 보자는 말에 대해서는 겨우 침묵을 지켰다. 침묵을 지키면서, 기회가 생기는 대로 연세대를 떠나야 하겠다는 생각을 하였다. 오래 남아 있다가는 이 당당한 체구의 남자로부터 망신을 당할 것만 같았다.

평소의 나는 그토록 무리하고 그토록 무례한 요구에 순순히 응할 정도로 호인은 아니다. 깡다구도 다소 있는 편이다. 그러나 그날은 전혀 달랐다. 몸이 쇠약하면 마음도 따라서 약하게 된다는 것을 나는 아프게 체험하였다. 개선장군처럼 유유히 물러가는 그의 뒷모습을 바라보면서, 나는 몸이 튼튼해야 한다는 것을 새삼 느꼈다. 그것은 나 자신에 대한 실망이기도 하였다.

몸이 약해지면 마음도 약해진다는 사실과 아울러, 내가 그 무렵에 깊이 느낀 것이 또 하나 있다. 나라 안의 크고 작은 집단 또는 기관들의 모습은 정부의 체질 여하에 따라서 크게 달라진다는 사실이다. 이를테면, 비민주주의적인 정부 아래서는 대학 같은 특수한 집단도 민주화를 이룩하기가 어렵다는 사실을 체험으로 확인한 것이다.

대학은 최고의 지성인들이 모이는 곳이라고 큰소리를 치지만 그 안에도 지성을 배반하는 사람들이 더러 있기 마련이다. 비록 그들의 수가 많지는 않아도, 정부가 독재적이거나 권위주의적일 경우에는, 지성을 배반하는 소수가 정부의 힘을 업고 득세하기 쉽다. 힘을 휘두름으로써 이득을 보고 싶은 사람은 어떤 집단에도 있기 마련이고, 집단 내부의 이 사람들의 존재가 그 집단의 민주화를 어렵게 한다.

내가 지론(持論)처럼 가끔 내세우는 주장이 있다. 한 나라 전체가 갑자기 민주화를 이룩하기는 어려운 일이며, 나라 안에 있는 모범 집단들이 먼저 민주화의 시범을 보임으로써 민주주의의 기운을 확산시키는 것이 현실적으로 시도할 만한 방안이라는 주장이다. 그리고 대학 사회가 그런 모범 집단 노릇을 하기에 가장 적합하다는 말을 추가하곤 하였다.

내 입과 내 붓으로 이러한 주장을 하면서도 나는 가끔 내 말에 대해서 회의를 느낀다. 대학 사회와 같이 성원들의 의식 수준이 높은 집단의 경우에도 민주주의에 역행하는 소수가 힘을 휘두르는 정부와 결탁함으로써 학사 행정을 좌지우지하는 사례가 많은 것이 인간 사회의 현실이라면, 모범 집단의 시범(示範)을 확산시킴으로써 민주화를 성취하자는 주장은 한갓 관념론에 불과하지 않느냐 하는 의문을 느끼는 것이다. 다만, 비록 그런 사례가 많다 하더라도, 그렇지 않은 경우도 있을 수 있다고 믿는 까닭에, 나는 어려움이 있는 줄 알면서도 내 주장을 버리지 않는다.

세브란스 병원에 일주일 가량 누워 있다가 퇴원했을 때, 최재희 선생으로부터 만나자는 연락이 왔다. 서울대학교 철학과에 교수 자리가 하나 났으니, 모교로 돌아오도록 함께 추진하자는 것이 용건이었다. 일을 추진하는 순서로서, 박종홍 선생과 김준섭 선생을 비롯하여 철학과의 다른 교수들을 우선 찾아보고, 모교로 직장을 옮기고 싶다는 뜻을 밝히라는 방법론까지 그는 일러 주었다. 최재희 선생의 말씀은 내가 서울대학교를 선호하리라는 것은 물어볼 필요도 없다는 전제에서 출발하고 있었다.

세브란스 병원에 입원했을 때 그 방문객으로부터 당한 충격적인 언행이 아니었다면, 나는 아마 생각할 시간을 달라고 최재희 선생에게 말씀드렸을 것이다. 그러나 이미 내 마음이 연세대학교를 떠나고 있던 때라, 나는 고맙다는 말밖에는 다른 말을 할 필요가 없었다.

최재희 교수의 조언에 따라서 서울대학교 철학과 교수들을 차례로 예방하였다. 그분들 사이에 나를 채용하자는 의견이 이미 돌아서 거의 합의를 본 상태였으므로, 나의 방문은 예절상의 요식 행위에 가까운 것이었다. 좀 쑥스러운 생각이 들기는 했으나, 생으로 취직 부탁을 하며 돌아다니는 것보다는 쉬운 일이었다.

내가 서울대학교에 교수 발령을 받는 데 필요한 서류를 제출했을 무렵에는 그 소문이 퍼지기 시작했다. 연세대 철학과 학생들이 우리 집에까지 찾아와서 항의를 하였다. 연세대를 '여관'으로 이용한 것이 아니냐는 말을 한 학생도 있었다. 나는 그것이 아니라고 부인했지만 세브란스 병원에서 있었던 험악한 대화를 폭로할 수는 없었다.

연세대학교 교무처장과도 몇 차례 면담하였다. 연세대에 그대로 눌러 앉으라는 권고를 받은 면담이었다. 부총장의 부름을 받고 역시 같은 권고를 받기도 하였다. 정교수로 승진시켜 주겠다는 약속도 있었다. 연세대가 나를 필요로 하고 있다는 사실을 나는 늦게서야 알았다. 세브란스 병원의 입원실을 방문했던 사람이 그토록 막강한 실력자는 아니라는 사실도 알게 되었고, 내 건강이 회복된 뒤였으므로 그 사람에 대한 공포심도 사라지고 없었다. 나는 내가 연세대를 떠날 결심을 하기 전에 좀 더 신중하게 생각해야 했다는 뉘우침을 느꼈고, 권고를 따라서 연세대에 그대로 눌러 앉고 싶은 생각도 없지 않았다. 그러나 사태를 원래 상태로 돌리기에는 때가 이미 늦어 있었다.

1962년도 첫 학기가 끝날 때까지, 그리고 28년이 지난 지금까지도 연세대학교에서 내가 두려워했던 일은 생기지 않았다. 세브란스 병원의 내 입원실을 찾아왔던 사람의 말대로라면, 문과대학 학장은 곧 경질됐어야 했고, 철학과 교수 중 적어도 두 사람은 쫓겨났어야 했다. 그러나 아무 일도 생기지 않았다. 그가 그저 나를 겁주기 위해서 장난삼아 한 말에 불과했던 것을, 나는 그 말을 진담으로 믿었던 것이다. 어쩌면 나의 무의식 가운데 그의 말을 그대로 믿고 싶은 마음이, 즉 서울대학교로 옮길 구실이 생기기를 원하는 마음이 있었을지도 모른다.

연세대학교에 내가 두려워했던 일이 생기지 않았다는 것은, 내가 그 학교를 떠날 만한 정당한 이유가 없었다는 것을 의미한다. 어쨌든 나는 약간 불편한 마음을 안고 연세대학교를 떠났다. 연세대학교에서 책임 있는 자리에 있던 사람으로서 아무도 나에게 섭섭하게 한 일이 없는데 떠나온 것이 미안하기도 하고, 장난스러운 사람의 허풍에 놀라서 겁을 집어먹은 나의 허약함과 경솔함이 부끄럽기도 하였다.

2. 학생운동에 대한 관심

1962년 8월에 서울대학교로 직장을 옮겼을 때 내 나이 이미 42세였으나 철학과에서는 가장 젊은 교수였다. 해방 후에 서울대학교를 졸업했으므로, 학생들과의 거리를 '선후배관계'라는 이름을 앞세워서 좁힐 수 있는 유일한 철학 교수이기도 하였다.

정부에 대한 학생들의 불만이 기성세대 일반에 대한 불만으로 확산되는 경향이 시작되기는 했으나, 아직은 교수와 학생들 사이에 감정의 칸막이가 생기기 이전이었다. 4·19를 겪은 대학생들은 정치인 또는 기성인 일반을 비판의 시선으로 바라보았고, 그 비판 의식의 수위(水位)는 날로 높아져 가는 추이를 보였으며, 교수나 노년층을 덮어놓고 존경하는 기풍은 사라져 가고 있었다. 그러나 학생들은 힘과 돈의 맥을 따라서 추세하는 소수를 제외한 대다수의 교수들을, 큰 테두리 안에서 자기들과 같은 부류의 사람들로 보는 경향이 있었다.

정부와 사회 현실을 비판하는 학생들의 모임이 자주 있었고, 당국을 규탄하는 시위도 있었다. 그럴 때마다 교수들에게는 학생들의 집회 또는 시위를 막는 임무가 주어졌다. 학장과 학생과장 등 보직을 맡은 교수들은 몸이 달아서 뛰어다녔지만, 다른 교수들은 도리어 학생들의 주장에 공감을 느끼는 경우가 적지 않았다. 학생들이 하는 행동에 지나친 점이 있다고 느끼면서도, 그들의 행동을 전적으로 막아야 한다고까지는 생각하지 않는 교수들이 대다수를 차지하였다.

데모에 가담한 학생들의 처벌을 결의하기 위한 교수 회의가 가끔 열렸다. 문교부 또는 수사 당국에서 학생들의 명단을 제시하고 처벌을 요구했을 경우에 교수 회의를 열어야 했던 것이며, 대다수의 교수들은 학생들이 처벌당하는 것을 원치 않는 경향이 있었다. 그러나 대개는 강자의 미움을 살까 두려워서 적극적으로 반대하지도 못하였다. 언젠가는 연로한 교수 두 분이 술을 잔뜩 마시고 회의장에 들어와서, 학생들의 처벌안을 통과시키고자 하는 회의 진행을 훼방 놓은 적도 있었다. 술기운을 빌려서 간접적 의사표시를 한 것인데, 그 무렵 교수들의 심리를 상징적으로 나타낸 것이었다고 생각된다.

나는 1965년 2월 「대학생과 사회참여」라는 짧은 글을 발표한 적이 있고,

다시 1966년 12월에 「후진국과 대학생의 사회참여」라는 제목으로 원고지 50여 장 길이의 논문을 쓴 일이 있다. 당시 '학원 문제' 또는 '학생운동'으로 불린 '대학생의 사회참여'에 대한 나의 관심이 비교적 컸음을 의미하는 증거라고 볼 수 있을 것이다.

내용이 대동소이한 이 두 편의 글을 다시 읽어 보았다. 나는 그 글에서 '대학생의 사회참여'를 불행한 현상으로 규정하는 한편, 이 불행에 대한 책임은 기성세대에게 있다는 것을 거듭 강조하고 있다. 기성세대가 오늘의 현실을 참을 수 없을 정도로 고약하게 만들어 놓은 까닭에, 이상주의의 기질이 강한 젊은이들이 이 현실을 개조하겠다고 성토를 하고 시위도 하는 동기는 충분히 이해할 수 있다고 본 것이다.

그러나 나는 학생들의 사회참여가 정도를 지나칠 경우에는 얻는 것보다 잃는 것이 많을 공산이 크다고 보았다. 따라서 학생들의 시위가 정도를 벗어나지 않기를 바랐지만, 혈기왕성한 젊은이들의 군중 시위가 적절한 선에서 멈추기는 어려운 일이었다. 자연히 과격한 시위도 빈번하게 일어났고, 정부의 압력을 받고 처벌을 서두르는 보직 교수들과 학생들 사이에 대립이 생기기도 하였다. 이러한 대립이 생길 때면, 나는 학생들 편을 드는 쪽으로 기울면서도, 그들이 전적으로 옳다고 주장하지는 못하는 엉거주춤한 태도를 취하곤 하였다. 학생운동의 긍정적 측면과 부정적 측면을 모두 인정하다 보니, 자연히 선명한 태도를 취하기가 어려웠던 것이다. 다음은 1965년에 쓴 글 가운데 한 토막이다.

> 젊은 지성인들의 불만 및 그 불만에서 파생되는 정치적 관심은 후진국에 있어서 매우 귀중한 역량이다. 왜냐하면 그 불만과 불평이야말로 후진국을 근대화로 이끄는 원동력이 될 가능성을 지니고 있기 때문이다. 목마른 사람이 샘을 파는 이치를 따라서, 일은 언제나 불만을 느끼는 사람들이 추진하기

마련이다.

그러나 교육을 받은 젊은이들의 불평이 예외 없이 국가와 사회의 개혁을 위하여 이바지하는 것은 아니다. 대학생들은 사회의 현실에 잘못된 점이 많다는 것은 확실히 알고 있지만, 그 현실을 어떠한 방향으로 개혁해야 할 것인지에 관한 구체적인 방안을 세울 수 있도록 경험과 지식이 풍부하지는 못한 까닭에, 그들의 불평은 개혁의 실질적 결실로 연결되지 못하는 경우가 많다.

1965년 6월에 한일회담을 반대하는 격렬한 시위가 있었을 때, 당시의 법대 학장이었던 유기천(劉基天) 씨가 학생들을 진압하기 위해서 경찰을 학교로 불러들인 일이 있었다. 그때만 해도 학교 측의 요청이 없이는 경찰이 내학에 들어오지 못하도록 되어 있었던 것이며, 유기천 학장은 학생들의 격렬한 기세를 꺾기 위하여 경찰을 불러들였던 것이다.

이 보도에 접한 나는 유기천 학장의 처사를 비난하는 글을 『대학신문』에 실었다. 나는 글을 부드럽게 쓰는 편인데 이때만은 꽤 강한 어조로 비난하였다. 유기천 학장과는 아직 인사가 없는 사이였기에 마음 턱 놓고 때렸던 것이다.

그 유기천 학장이 두 달 후에 서울대학교 총장이 되었다. 총장이 된 다음에 각 단과 대학교수들 가운데 일부를 총장 공관으로 초대하여 '간담회'라는 이름의 만찬 모임을 가졌다. 문리대 교수들이 모이던 날 나도 초대되어 참석하였다. "김태길입니다." 하고 인사를 하였을 때, 유기천 총장은 "사람을 공개적으로 그렇게 때리는 법이 어데 있소?" 하고 한마디 하였다. 세상이 좁았던 것이다.

언젠가 조가경 교수 댁에 저녁 초대를 받아 갔을 때, 또 한 번 유기천 총장과 마주치게 되었나. 나를 위해서 조가경 선생이 그런 기회를 만들었딘 깃으로 생각한다. 유기천 총장과 조가경 선생은 전부터 가까운 사이였고 유 총장이 어느 사석에서 나에 대한 유감의 뜻을 조 선생에게 비쳤다는 말을 들은 적이 있었다. 총장에게 잘못 보여서 이로울 것이 없다고 판단한 조 선생이 나를 위해서 유 총장과 내가 가까이 앉을 자리를 마련했던 것으로 짐작한다.

그 기회에 내가 능동적 자세로 유 총장에게 접근했어야 조 선생의 의도를 살릴 수 있었을 터인데, 나는 그렇게까지는 못하였다. 다만 조가경 선생 댁의 식사가 진수성찬이었고, 주인 내외분의 분위기 조성으로, 그날 저녁의 유 총장은 기분이 유쾌했던 것으로 기억한다.

학생들의 시위를 강력하게 막음으로써 박정희 정권에 협력한 유기천 교수도 유신체제(維新體制)에는 적극적으로 반대하였다. 유신체제에 반대하는 글을 발표하여 박정희 정권의 미움을 샀고, 결국은 서울대학교와 한국을 떠나서 해외로 도피하지 않을 수 없는 파국에 이르렀다. 유기천 교수의 경우는 격변하는 시대를 살았던 한국 지식인들의 길이 험난했음을 상징적으로 말해주는 극적인 사례의 하나라고 볼 수 있을 것이다.

반정부 시위에 가담한 학생들의 정치적 성향이 한 가지로 통일되어 있었던 것으로는 생각되지 않는다. 군부독재에 반대한다는 점에서는 의견이 일치했으나, 군사정권을 타도한 다음에 세워야 할 새 체제에 대한 대안이 뚜렷하게 하나로 통일되지는 않았던 것이다. 더러는 사회주의 이념으로 이끌린 학생들도 있었으나, 대다수는 막연하게 '민주주의'를 염두에 두었던 것으로 생각한다. 바꾸어 말해서, 1960년대의 학생운동은 대체로 순진하고 소박한 편이었으며, 급진적 정치 이념으로 무장된 사람들에 의해서 주도되는 단계에는 이르지 않았다.

순진하고 소박한 학생들이 대다수를 차지했던 까닭에, 교수들과 학생들 사이에는 인간적 신뢰의 바탕이 남아 있었고, 대화의 문도 열려 있었다. 보직 교수들과 운동권 학생들의 사이는 좋지 않았으나, 평교수와 학생들 사이는 대체로 무난한 편이었다.

문리과대학에 '낙산 사회과학연구회'라는 학생 단체가 있었다. 나는 초창기부터 꽤 오랫동안 이 학생 단체의 지도교수를 맡게 되었다. 비교적 의식 수준이 높은 학생들을 회원으로 확보한 단체였고, 무수하게 많은 학생 서클 가운데서 가장 비중이 큰 단체의 하나였다. 언젠가 최문환(崔文煥) 총장이 나를 불러서 '낙산 사회과학연구회'의 동향에 대해서 이것저것 물어본 적도 있었다.

'낙산 사회과학연구회' 회원들 가운데는 사회문제 또는 학원 문제에 대해서 관심이 큰 학생들이 많았다. '사회참여'의 문제가 심각하게 대두될 때마다 그들의 대표가 나를 찾아와서 자기들이 취해야 할 태도에 대해서 상의를 하곤 하였다. 그들은 내 말에 귀를 기울였고, 나와 한 약속은 지켰다. 그때만 해도 교수와 학생 사이에 인간적인 믿음이 있었다는 증거로 볼 수 있다.

1969년경에 있었던 일로 기억한다. 어느 날 나는 문리과대학 교수 회의에서 학생들을 옹호하는 발언을 하였다. 한완상 교수도 비슷한 발언을 하였다. 우연의 일치였다. 그 다음 날 한완상 교수는 최문환 총장에게 불려 가서 호되게 꾸중을 들었다는 소문이 들렸다. 그러나 나는 총장실에 불려 가지 않았다. 한완상 교수는 최문환 총장과 사제관계를 맺고 있었으나, 나에게는 그런 관계가 없었기 때문에 불려 가지는 않은 것으로 알고 있다.

학생들을 옹호하는 발언을 했다고 해서, 학생들의 격렬한 시위 그 자체를 전적으로 지지한 것은 아니었다. 다만 주동 학생들을 엄벌하자는 의견에 반대한 것에 그친다. 학생운동의 동기를 순수하다고 보았던 까닭에 그들을 엄벌하자는 의견에 찬성하기 어려웠고, 학생운동의 결과에 부정적 측면이 크다고 보았던 까닭에 학생들의 격렬한 시위를 전적으로 지지하기도 어려웠다.

윤리학을 공부한 나에게는 일찍부터 목적론적 사고가 강했다. 목적론적 사고가 강했던 까닭에 행위의 결과를 중요시하게 되었고, 결과를 중요시하는 가운데 나는 자주 딜레마에 빠져야 했다. 결과라는 것은 대체로 긍정적 측면과 부정적 측면을 아울러 가지기 마련이어서, 결과의 양면성을 고려하다 보면 행위의 시비를 일도양단(一刀兩斷) 식으로 시원스럽게 단정하기가 어렵다.

나는 박정희 정권에 대해서도 부정적 평가만으로 일관할 수가 없었다. 박정희 정권의 경제 정책에 긍정적 측면이 있음을 부정하기 어려웠고, 강직하고 과단성이 있는 박정희의 인품에도 좋은 점이 있다는 세평을 물리치지 못하였다. 이렇게 이것저것 생각하다 보면 자연히 상대론으로 빠지기 마련이고, 상대론에 빠지면 자칫 우왕좌왕 줏대 없는 사람이 되기 쉽다.

내가 1974년에 쓴 수필에 「대열(隊列)」이라는 것이 있다. 꿈에서 보고 겪은 것을 그대로 기술한 글이다. 그 일부를 여기에 인용해 보기로 한다.

> 이층 유리창 아래는 바로 큰 한길이다. 길은 동서로 뚫려 있다. 이미 많은 대열(隊列)이 지나갔고 지금도 행진은 계속되고 있다. 서쪽에서 동쪽으로 행진하는 사람들과 동쪽에서 서쪽으로 행진하는 사람들이 아우성을 치며 서로 엇갈린다. 동쪽으로 가는 사람들은 제각기 평복으로 차린 군중이다. 그들은 도보로 걸어가고 있다. 서쪽으로 가는 사람들은 군복 차림의 장정들이다. 그들은 군용 트럭 또는 장갑 자동차를 나누어 타고 호기롭게 행진하고 있다. …
>
> 한길은 금방 수라장이 되었고, 흥분의 여파는 이층에까지 밀려온 듯하였다. 이때 이층의 출입문이 열리며 몇 사람의 젊은이들이 뛰어들었다. "여러분은 이렇게 구경만 하시깁니까?" 동쪽으로 가는 대열에 속하는 것으로 보이는 그들은 마구 소리를 지른다. "자, 우리와 행동을 같이합시다. 양심이 있는 분이라면 우리 대열에 들어오십시오!"
>
> 몇 사람이나 되는지는 모르나 이층에서 구경하던 군중의 일부가 그들을 따라 나섰다. 나도 뭔가 어떻게 해야 할 것 같은 생각이 들었다. '양심'이라는

말이 소심한 나에게 꽤 큰 자극이 되었는가 보다. 그러나 어느 길이 과연 옳은지 아직 확신이 서지 않아 머뭇머뭇하고 있을 때, 이번에는 군복 차림의 건장한 사람들이 문을 박차고 들어섰다. "당신네는 무엇하는 사람들이기에 이렇게 방관만 하는 거요? 당신네는 이 나라 국민이 아니란 말이오? 우리는 회색 분자를 가장 미워하오!"

서슬이 퍼런 그들의 꾸지람에 이층 사람들은 크게 위축당한 분위기였다. 모두들 꿀먹은 벙어리처럼 묵묵히 서 있다. 이때, "자아 우리도 같이 나갑시다!" 하고 누군가가 소리쳤다. 이 소리에 이끌린 듯 또 몇 사람이 그 뒤를 따라 거리로 뛰쳐나갔다.

내게도 이 이상 더 우물쭈물해서는 안 된다는 강박관념이 엄습해 왔나. 그러나 이왕 늦은 길이니 확실한 것을 알고 태도를 결정해야 하겠다는 생각이 들어, 슬그머니 옥상으로 올라갔다. 옥상에서 내려다보면 상황 전체를 좀 더 정확하게 파악할 수 있을 것 같은 느낌이 앞선 것이다.

하늘은 맑게 개어 있었다. 옥상에서 바라보니 상당히 먼 곳까지 시선이 미친다. 그 유식한 사람들이 말한 '남북으로 뚫린 길'이 어디에 있는가 하고 나는 사방을 두루 살폈다. 과연 저 먼 곳에 그 비슷한 것이 보인다. 그러나 워낙 먼 거리에 떨어져 있으므로 동쪽으로 가는 것이 가까울지, 그 반대 방향으로 가야 가까울지 좀처럼 판단이 서지 않는다. 아물아물한 시력을 다시 조정할 생각으로 나는 두 눈을 감았다. 감았던 눈을 뜨고 다시 응시한다. 먼 곳의 안개가 걷히는 듯, 눈앞이 약간 밝아 오는 듯한 느낌이다. 마침내 내 나름의 판단이 섰다.

거짓말같이 생각될지 모르나 이 글은 내가 실제로 꾼 꿈의 기억을 더듬어서 쓴 것이다. 신기할 정도로 생생한 꿈이었다. 세부적 서술에는 다소의 보탬이 있을지 모르나 큰 줄거리에는 허구를 섞지 않았다.

이 꿈은 매우 상징적이다. 그 당시 내가 늘 생각하고 고민하던 심리 상태를 여실히 반영한 것으로서 암시하는 바가 크다. 어쨌든 나는 늘 내면적 갈등을 느끼면서 엉거주춤 딜레마에 빠질 때가 많았다.

엉거주춤 갈림길에서 헤매다가 낙착하기 쉬운 곳이 절충과 타협의 과정을 거쳐서 도달하는 중도(中道)의 노선이다. 중도주의는 지식인 사이에서는 어느 정도 공감을 얻을 수도 있으나, 전체적으로 말하면 항상 전후좌우로부터 공격과 미움을 받게 되는 괴로운 노선이다. 특히 우리 한국은 양극으로 달리는 정신 풍토가 강하므로, 더욱 중도주의자들이 발을 붙이기 어렵다.

3. 윤리학자로서의 새 출발

서울대학교로 옮긴 다음에는 주로 윤리학을 강의하게 되었고, 윤리학 가운데서도 메타 윤리학(meta-ethics)에 치중하였다. 내가 미국에 가서 공부한 것이 메타 윤리학이었고, 아직 한국에는 거의 소개되지 않았던 이 분야를 알리는 것이 중요하다고 생각되었던 것이다.

그 당시 한국 사람들의 '윤리학'에 대한 이해에는 크게 두 가지 부류가 있었다. 하나는 윤리학을 고급 수신(修身) 비슷한 것으로 보고 옛 성현의 가르침을 체계화하는 것이 윤리학의 주된 임무라고 믿는 경우고, 또 하나의 선천적으로 이미 정해져 있는 삶의 목적 또는 행위의 법칙을 발견하고 그 목적의 실현 또는 법칙의 준수를 위한 구체적 방안을 밝히는 것이 윤리학의 주된 임무라고 믿는 경우다. 전자는 주로 일반 생활인들의 의견이었고, 후자는 주로 철학을 전공하는 사람들의 생각이었다.

나는 인간 아닌 어떤 초월적 존재가 인간이 가야 할 길을 미리 정해 놓았다는 생각을 받아들일 수가 없었다. 시간과 공간을 초월해서 모든 나라와 모든 시대에 보편적으로 타당한 도덕의 원리를 제시한 성현이 있었다는 것도 믿을 수가 없었다. 나는 도덕 또는 윤리의 근원이 인간 자신에게 있다고 보는 동시에, 도덕의 원리는 인간 스스로가 창조적으로 탐구해야 할 인간적 규범이라는 생각을 가지고 있었다.

나의 이러한 생각은 선천적이요 절대적인 도덕원리에 대한 회의(懷疑)에서 출발한 것이었고, 같은 회의는 메타 윤리학이 가진 부정적 측면을 위한 출발점이 된 것이기도 하였다. 따라서 메타 윤리학의 소개는 윤리 또는 도덕에 대하여 한국에서 통용되고 있던 전통적 관념을 논리적으로 깨는 작업으로서의 의의를 함축하고 있었다.

윤리의 본질 또는 윤리학의 과제를 보는 나의 시각은 독일 관념론에 젖어 있던 기성 학자들에게는 못마땅하게 생각되었으나, 학생들은 대체로 '메타 윤리학'이라는 새로운 분야에 대해서 반신반의의 호기심을 느끼는 모양이었다. 그까짓 게 무슨 윤리학이냐고 헐뜯는 선배도 있었다. 선천적 도덕의 원리를 의심하면 결국 상대론적 윤리설을 벗어날 수 없지 않느냐고 걱정하는 동료도 있었다. 그러나 아무도 논리적 이론을 전개시켜서 나에게 도전해 오는 사람은 없었다.

윤리 문제에 대한 분석적 접근으로서의 메타 윤리학을 나는 윤리학도로서 반드시 거쳐야 할 과정이라고 믿었으나, 나 자신 평생 메타 윤리학의 문제에만 매달리고 싶지는 않았다. 끝까지 파고들자면 메타 윤리학의 문제만을 다루기에도 일생이 부족하겠지만, 말씨름에 가까운 지엽적 문제들은 남겨 두어도 무방하리라고 생각되었다. 나는 윤리학 본래의 영역인 규범(規範)의 문제로 눈을 돌리고 싶었던 것이다.

규범 윤리학에 관해서 내가 첫째로 부딪친 문제는 "선천적 도덕원리의 존재를 전제하지 않더라도 도덕 판단을 위한 객관적 기준을 세울 수 있는가?" 하는 것이었다. 여기서 '객관적'이라는 말의 뜻을 어떻게 규정하느냐에 논란의 여지는 있을 것이나, 초월자가 정해 놓은 선천적 원리를 가정하지 않더라도, 도덕 판단을 위한 객관적 기준을 창조적으로 세우는 일이 가능하리라는 생각을 나는 갖게 되었다. 이것은 메타 윤리학의 공부를 통하여 내가 얻은 결론이다.

도덕 판단을 위한 만고불변의 객관적 기준을 세울 수 있다고 생각한 것은 물론 아니었다. 일정한 시대와 일정한 사회를 위해서 타당성을 가진 기준을 세울 수 있다고 믿은 것이며, 주어진 시대와 사회의 기본적 여건이 그것을 결정하는 변수(變數)의 하나로 작용한다는 헤어의 주장에 공감을 느꼈던 것이다.

그 변수로 작용하는 기본적 여건 가운데 큰 비중을 차지하는 것의 하나로서 나는 사람들의 가치관 내지 의식구조가 있다는 사실을 어렴풋이 깨닫기 시작하였다. 윤리 문제에 관해서 목적론적 견해를 상당히 받아들였으며, 삶의 목적이 선천적으로 주어진 것은 아니라고 믿었던 나로서는, 그 시대 그 사회 사람들이 공통적으로 가지고 있는 소망(所望)을 중요시하지 않을 수 없었으므로, 가치관 내지 의식구조를 저 기본적 여건의 하나로 간주했던 것이다.

나 자신이 살고 있는 한국 사회를 위한 도덕 평가 내지 윤리의 기준을 세우기 위해서는 한국인의 가치관에 대한 지식이 필요하다는 생각을 하게 되었다. 내가 '한국인의 가치관' 문제에 관심을 갖기 시작한 것은 이러한 생각에 기초했던 것이며, 이 문제에 대해서 구체적 접근을 시도하기 시작한 것은 1964년의 일이었다. 1964년은 내가 그때까지 메타 윤리학에 관해서 공부한 것을 정리하여 『윤리학』이라는 이름의 단행본을 박영사(博英社)에서 출판한 해이기도 하다.

한국인의 가치관 내지 의식구조에 대한 연구의 필요성을 느꼈지만 그 연구의 방법에 대한 지식은 거의 없었다. 심리학자들과 사회학자들이 질문서(質問書) 또는 면접(面接)의 방법으로 그런 연구를 한다는 것을 심리학 책에서 읽은 것이 내가 아는 바의 전부였다. 그나마 질문서나 면접의 방법을 직접 사용한 경험이 없으므로 막연하기 짝이 없었다.

무식한 가운데도 아는 것이 한 가지 있었다. 질문서 또는 면접의 방법을 사용하자면, 그 당시의 대학교수 수입만으로는 감당하기 어려울 정도의 많은 비용이 든다는 것을 알고 있었던 것이다. 따라서 어디서 연구비의 지원을 받아야 그 방법을 쓸 수 있다는 점을 고려하지 않을 수 없었다.

요행을 바라고 연경재단(燕京財團)에 연구 조성비를 신청하였다. 연구 제목은 '전통적 가치관과 현대 한국 대학생의 가치관 비교 연구'였다. 다행히 연구 조성비를 주기로 결정이 났다는 통지를 받았을 때 매우 기쁘기도 했지만 걱정도 따랐다. 연구 진행의 구체적 방법에 대해서 모르는 점이 너무 많았기 때문이었다.

고려대학교 사회학과 교수인 홍승직(洪承稷)이라는 분이 한국인의 가치관에 대한 통계학적 연구를 하고 있다는 정보를 신문인가 잡지를 통해서 알게 되었다. 그 당시는 아직 학생 신분이었던 송상용(宋相庸) 군의 소개로 시내 어느 장소에서 홍 교수를 만나서 한 수 가르쳐 달라고 간청하였다. 그때 어떤 가르침을 받았는지는 기억에 남은 것이 없으나, 내가 대선배를 대하듯이 자세를 낮추었다는 기억만은 뚜렷하다.

전국 각지에서 남녀 대학생의 표본 1천 수백 명을 뽑아서 사회조사를 실시하였다. 보조받은 연구비에 비하여 너무 일을 크게 벌인 셈이다. 여러 사람들의 도움을 받아 가며 연구를 수행했지만, 사례는 제대로 못하는 꼴이 되었다. 서투른 솜씨에 끙끙대며 연구 결과를 원고지에 정리하였다. 방대한 양의 논문이 되었다. 추가로 출판 보조비를 얻어 일조각(一潮閣)에서 『한국 대학생의 가치관』이라는 제목으로 간행하였다. 288면짜리 단행본 하나를 얻은 결과가 된 것이다.

『한국 대학생의 가치관』은 철학계에서는 외면을 당했으나, 사회학자들 가운데서는 그런대로 평가를 받았다. 나도 처음에는 상당히 생산적인 일을 했다고 자부하였다. 그러나 머지않아서, 질문서에 의존한 그 방법에 중대한 결함이 있음을 발견하였다. 우리들의 가치관은 복합적 구조를 가지고 있는 것인데, 질문서를 통해서 우리가 파악할 수 있는 것은 복합된 구조를 가진 가치관의 한 가지 측면에만 — 그것도 피상적인 측면에만 — 국한된다는 사실을 깨닫게 된 것이다. 여기서 나는 가치관의 전모를 파악하기 위해서는 질문서와 면접에 의존하는 통계학적 방법 이외에 다른 방법을 아울러 사용할 필요가 있음을 느꼈다.

그 다른 방법의 하나로서 나는 소설 속에 깔려 있는 가치관을 찾아내는 방법을 생각해 보았다. 소설 속의 인물들의 말과 행동을 깊이 분석함으로써 저자와 그 동시대인들의 가치관 내지 의식구조를 추리해 낼 수 있으리라는 가설을 세워 보았던 것이다. 특히 조선시대의 소설은 권선징악(勸善懲惡)의 성격이 강하고 독자 대중에게 많은 공감을 주었으므로, 그 시대의 가치관을 짐작하기에는 좋은 소재가 되리라는 생각이 들었다.

조선시대의 소설부터 시작하였다. 신소설(新小說)을 거쳐서 해방 전의 현대 소설까지 대충 다루는 데 생각보다 많은 세월이 걸렸다. 들어간 시간과 노력에 비해서 얻는 바가 적다는 생각이 들어서, 그 이후의 소설은 포기할까 하다가, 2-3년 쉰 다음에 다시 계속하였다. 10여 년 동안 꿈지럭거려서 『소설에 나타난 한국인의 가치관』 1권과 2권을 얻었으나, 들인 시간에 비해서 너무나 초라한 소득이었다.

돌이켜 보건대, 소설을 소재로 삼고 한국인의 가치관을 파악하겠다는 발상도 별로 신통한 것은 못 되었다. 조선시대 조상들의 가치관을 짐작하기에는 그런대로 도움이 되었다고 볼 수 있으나, 현대 한국인의 가치관을 파악하는 데는 큰 도움이 되었다고 보기 어렵다. 체험과 관찰을 통해서 이미 알고 있던 것을 소설 속에서 다시 확인한 정도가 고작이 아니었을까 한다.

'한국인의 가치관'에 대한 연구는, 윤리학 연구를 위해서 보조의 구실은 할 수 있을지 모르나, 그 자체는 윤리학 내지 철학의 울타리를 벗어나는 일이다. 따라서 '한국인의 가치관'에 대한 연구는 대학 강의와는 직접 관계가 없다. 철학과 교수가 철학 강의에 별로 도움이 되지 않는 연구를 위해서 많은 세월을 허송한 셈이니, 삶의 설계에서 우선순위를 잘못 정한 어리석음이었다.

대학에서는 메타 윤리학을 계속 강의하였다. 나 자신이 메타 윤리학 문제에 심취했을 동안에는 그 강의에도 열을 올릴 수가 있었으나, 세월이 흐르면서 메타 윤리학이 시들하게 느껴졌고, 따라서 그 강의도 메너리즘에 빠졌다. 대학 강의는 강의하는 사람의 뜨거운 관심사를 항상 주세로 삼아야 하는 것인데, 나는 이 점에서도 크게 실패한 셈이다.

1970년대로 넘어갈 무렵부터 나의 관심은 '바람직한 사회의 구조' 문제로 기울어 가고 있었다. 내가 1960년대 중반부터 '한국인의 가치관' 문제에 손을 댔을 때 나의 관심은 단순히 '한국인의 가치관의 과거와 현재'를 사실대로 파악하고자 함에 그치지 않고, 앞으로 실현되어야 할 '바람직한 한국인상'을 탐구하자는 의도도 있었다. 그리고 '바람직한 한국인상'의 문제를 생각하는 과정에서, 한국의 '바람직한 사회구조'의 문제를 떠나서 개인들의 가치관이나 심성(心性)의 문제만을 다루는 것은 무의미하다는 생각이 들었던 것이다.

사회윤리 내지 정치철학 문제에 관심이 끌리면서도 뚜렷한 목표와 계획을 세우고 그 방면의 공부를 시작하지는 않았다. 그저 막연하게 이것저것 건드려 보는 안이한 자세로 세월을 보냈다. 마르크스주의와 자본주의의 예리한 대립의 문제에 뛰어들어서 체계적인 공부를 했어야 했는데, 사실은 그렇게 하지 못했다. 듀이(J. Dewey), 소로킨(P. T. Sorokin), 니버(R. Niebuhr), 포퍼(K. Popper), 마르구제(H. Marcuse) 등의 책을 손에 잡히는 대로 이것저것 읽어 보는 따위의 비능률적인 접근을 하는 데 그쳤다. 더러는 그런 책을 교재로 사용하기도 하였으나, 심도 있는 연구를 했다고는 말하기 어렵다.

1971년에 하와이 대학 안에 있는 '동서문화연구원(East-West Center)'에 연구교수로 갈 기회가 생겼다. 국내에만 틀어박혀 있는 것을 딱하게 본 조가경 선생이 동서문화연구원의 한 부서의 책임자였던 이한빈(李漢彬) 선생에게 부탁해서 얻은 기회였다. 이한빈 선생은 나와 전공 분야가 달랐던 까닭에, 그가 주관하는 부서로 나를 직접 초정할 수가 없었다. 그러므로 철학과 교육학 등의 문제를 다루는 부서에 다시 나를 소개하면서, 잠시 다녀갈 수 있는 학술회의에 초청해 줄 것을 부탁했던 것인데, 그 부서의 책임자가 내 이력서를 검토하고 10개월 동안 그곳에 가서 연구할 수 있는 자리 하나를 준 것이다.

특별한 연구 계획이 있어서 하와이에 간 것은 아니었다. '동서문화연구원' 쪽에서도 일정한 요구가 없이 각자의 자유 연구에 맡겨 두었다. 내가 속했던 '오픈 그랜츠(Open Grants)'라는 부서가 바로 그런 곳이었다. 토론회니 세미나니 하는 모임이 자주 있었다. 반드시 참석할 의무가 있는 것은 아니지만, 얼굴도 내밀 겸 여러 차례 참석하였다.

여러 나라 학자들이 모인 곳이라서, 토론 또는 세미나의 주제는 대체로 거창한 것이 많았다. 강대국과 약소국의 바람직한 관계의 문제, 세계평화의 문제, 이데올로기의 문제 등 거창한 주제를 놓고 왈가왈부 많은 말을 주고받았다. 중국에 다녀온 미국 교수들의 견문담을 귀기울여 듣기도 하고, 우리나라 교포로서 당시의 소련 아카데미의 간부로 있던 게오르그 김인가 하는 학자의 이야기를 가득한 호기심으로 듣기도 하였다.

그 당시의 미국 지성인들은 미국 현실에 대해서 매우 비판적이었다. 모든 것을 긍정적으로 보던 1950년대 후반과는 전혀 다른 분위기였다. 월남전의 실패가 쓰라린 상처로 남아 있었고, 미국식 자본주의가 내포한 문제점이 심각한 문제로서 의식되는 듯한 지적 풍토였다.

모택동의 중국을 찬양하는 발언이 유행처럼 돌아다녔다. '문화혁명'도 긍정적으로 평가하는 시각이 우세하였다. 중국에 다녀온 학자들의 증언은 그 나라를 인류의 희망처럼 찬미하였다. 대학생들 가운데는 모택동 배지를 자랑스럽게 달고 다니는 모습도 보였다.

공산주의 사회에 거센 개혁의 바람이 불고 있는 오늘의 시점에서 돌이켜 보건대, 그러한 일련의 현상은 모택동의 중국 그 자체에 대한 지식에 근거했다기보다는 사양길로 접어든 미국 자체가 주는 실망에 연유한 반동 심리의 표현이었다고 보는 것이 옳을 듯하다. 어쨌든 그것도 격동하는 시대의 한 단면이었다.

하와이라는 열대 지방의 느긋한 분위기 속에서, 나도 느긋한 나날을 보냈다. 그런 가운데서도 나는 두 편의 논문을 작성해서 발표하였다. 하나는「조선조 소설에 나타난 한국인의 가치관(Values of the Korean People Mirrored in Fiction of Yi-Dynasty)」이고 또 하나는「발전의 문제와 가치관의 기본 전제(Problems of Development and Fundamental Value Assumtions)」였다. 전자는 우리말로 작성한 7백 장 가량의 원고를 요약한 것이고, 후자는 하와이의 지적 풍토 속에서 내 마음에 떠오른 문제 하나를 선택하여 처음부터 영어로 쓴 논문이다. 그 밖에『새 인간상의 정초(定礎)』라는 이름으로 1973년에 출판한 단행본의 원고도 하와이 체류 중에 얻은 작은 열매에 해당한다.

하와이에 체류하는 동안 나는 가족과 떨어져 있었다. 학교에 다니는 아이들 관계로 그렇게 할 수밖에 없는 형편이었다. 50세가 넘은 나이로 혼자서 객지 생활을 10개월 동안 했지만, 불편이나 외로움은 별로 느끼지 않았다. 그 당시 하와이 대학에는 많은 한국 유학생과 한국인 교수들이 있었고, 그들은 옛날 농촌 사람들처럼 자주 왕래하며 사이좋게 지내고 있었다. 나도 그들 사이의 한 식구가 되어서 많은 신세를 졌다. 그 가운데서도 권연웅 부부, 심재룡 부부, 이건원 부부의 호의는 각별하였다. 돌이켜 보건대, 본래 천성이 고독한 내가 가장 외로움을 적게 느끼고 살았던 시절이 하와이에서의 10개월이 아니었던가 싶다.

하와이에서 내가 신세를 진 심재룡 군은 학위를 얻고 돌아온 뒤에 서울대학교 철학과 교수가 되었고, 내가 발행인으로 되어 있는 계간지 『철학과 현실』의 편집위원으로도 수고를 하고 있다. 그 심재룡 교수가 얼마 전에 나에게 이런 말을 한 적이 있다. "선생님의 회고록이 하와이 대목을 다루실 때는 그 얘기를 빼놓지 말아야 합니다." 그가 말하는 '그 얘기'라는 것은 여기에 기록할 만한 가치가 없는 시시한 이야기에 불과하다. 따라서 그 이야기는 빼고 하와이 대목은 일단 마무리를 짓고 싶었다.

그러나 내가 하와이에서 심재룡 부부에게 진 신세를 잊지 못하고 있는 마당에, 심재룡 교수의 그 조언을 묵살하기가 미안하다. 이에 '그 얘기'의 줄거리를 여기 간략하게 추가하기로 한다.

내가 호놀룰루에 도착하기 이전에 이미 내 숙소는 정해져 있었다. 일본인 이민이 경영하는 하숙집의 방 하나를 예약해 놓았던 것인데, 숲 속에 위치한 조용한 곳이었다. 나보다 수년 전에 이상은(李相殷) 선생께서 거처했던 같은 방이 내 차지가 되어서, 여러 가지로 마음에 들었다. 그러나 살아가는 가운데 매우 불편한 점 하나를 알게 되었다. 나에게 불편을 준 것은 바로 옆방에서 들려 오는 일종의 소음공해였다. 남방의 건축이라 송판으로 된 벽이 방음의 구실을 전혀 못했던 것이다.

옆방의 투숙객은 하와이 대학의 생물학 교수였다. 나이는 60세 가까워 보였으나 건장한 체구를 가지고 있었다. 그의 가족관계는 알 까닭이 없었고, 내 옆방을 그는 혼자서 사용하는 것으로 되어 있었다. 이를테면 독신 생활을 하는 홀아비 같은 겉모양이라고나 할까. 그런데 그 홀아비의 거처를 매일같이 찾아오는 말만한 중년 여성이 있었고, 이 여성이 해괴망측한 소리를 내어 역시 홀아비 생활을 열심히 하고 있던 나를 괴롭혔던 것이다.

동서문화연구원의 내 연구실은 냉방장치가 잘된 지하층에 있었다. 지하실이 마음에 들지 않았을 뿐 아니라 냉방장치에도 친근감을 느끼지 못하는 촌놈이었던 까닭에, 나는 오후를 주로 내 하숙방에서 보내고 있었다. 거대한 앞가슴을 가진 그 중년 여인이 생물학 교수를 찾아오는 시간이 오후 세시에서 네시 사이였으므로, 얇은 벽 하나를 사이에 두고 저쪽 방에서는 백인 남녀가 사랑을 하고 이쪽 방에서는 한국 홀아비가 공부를 하는 상황이 되풀이되었다.

여자가 도착하면 곧 냉장고 문을 여닫는 소리가 들려 왔다. 그 다음에는 대개 조용한 속삭임으로 이어졌는데, 거기까지는 별다른 문제가 될 것이 없었다. 약간 부럽다는 생각이 들기도 했지만, 이역만리까지 연구를 위해서 날아온 동방의 선비가 그런 일에 신경을 쓸 일이 아니었다. 나는 내가 읽는 책 또는 쓰는 원고에 열중하는 것 이외에 딴생각을 해서는 안 될 처지에 있음을 잘 알고 있었다. 나는 목석(木石)이 되기로 작심하고 내 일에만 몰두하라고 자신에게 타일렀다. 그러나 나처럼 수양이 부족한 사람이 목석이 되는 데는 넘기 어려운 한계가 있었다.

옆방의 속삭임 정도는 내 방의 라디오를 틀어 놓는 것만으로도 능히 이겨낼 수가 있었다. 그러나 문제는 다른 데 있었다. 여자에게 괴상한 소리를 지르는 버릇이 있었던 것이다. 단근질을 당했을 때의 사육신(死六臣)이 가슴에서 토해 낸 부르짖음과도 다르고 두레박으로 퍼 올린 찬물을 등에 쏟아 부었을 때, 아낙네 폐부에서 나오는 흑흑 하는 소리와도 다른 그 해괴한 소리를, 나는 세계에서 가장 우수한 표음문자인 한글로도 나타낼 수가 없다. 어쨌든 해괴한 음성은 아직 50대 초반밖에 되지 않은 나그네에게 적지 않은 고통을 주었다.

그 하숙집에는 하숙인들이 지켜야 할 수칙이 있었고, 그 수칙을 적은 인쇄물이 방마다 벽에 붙여 있었다. 그 수칙 가운데 남자 방에는 여자 방문객이 들어갈 수 없고 여자 방에는 남자 방문객이 들어갈 수 없다는 조항이 있었다. 나는 그 조항을 하숙집 주인에게 들이대며 매일 오후에 내 옆방에서 무슨 일이 일어나고 있는지 아느냐고 물었다.

주인은 알고 있음을 시인하였다. 그러나 뭐라고 말하기가 거북하다는 것이었다. 오끼나와가 고향이라는 그 농군같이 생긴 주인은 백인인 대학교수를 두려워하고 있음에 틀림이 없었다.

목마른 사람이 샘을 파는 수밖에 없었다. 나는 종이 쪽지에 몇 마디 글씨를 써서 옆방에 드나드는 사람 눈에 잘 뜨이는 장소에 붙였다. 그 종이 쪽지에는 "이 하숙집의 수칙 제3조와 제4조를 잘 읽어 보시기 바랍니다."라고 적혀 있었다.

그 다음 날 옆방 대학교수는 그 하숙집을 나갔다. 나가기 전에 하숙집 주인을 찾아와 고함을 지르며 불평을 하는 소리를 나는 내 방에 앉아서 들었다.

17장 동숭동에서 관악으로

1. 어정쩡한 문학부장

서울대학교가 관악 캠퍼스로 이전하기 직전의 수년 동안은 개인적 불운이 겹친 우울한 시기였다. 가정에도 불행이 있었고 내 건강 상태도 몹시 나빴다. 따라서 그 기간 동안에는 기억에 남을 만한 생산적 활동이 없었고 여기에 기록할 만한 이야깃거리도 없다. 굳이 그 공백을 메울 화제를 찾는다면, '문학부장'이라는 보직을 떠맡고 사보타지한 이야기 정도가 있을 뿐이었다.

1974년 3월 어느 날 새로 문리과대학 학장으로 임명된 이해영(李海英) 교수가 철학과의 안상진(安相鎭) 교수를 앞세우고 혜화동의 내 집을 방문하였다. 문학부장 자리를 맡아 달라는 부탁을 하기 위해서였다. 건강 상태도 좋지 않았고(신경통을 앓고 있었다) 심기도 울적했을 뿐 아니라, 보직이라는 것은 가능하면 피하는 것이 좋다는 평소의 생각이었으므로, 그 자리를 맡고 싶은 생각은 전혀 없었다. 더구나 나이도 아래고 학교 후배인 이해영 학장 밑에서 '문학부장' 노릇을 한다는 것도 마음에 내키지 않았다.

그러나 즉석에서 완강하게 거절하는 것보다는 다음 날 학장실로 찾아가서 정중하게 사절하는 편이 예절에 합당하다고 생각되었다. 나를 학장실로 불러서 그런 부탁을 하지 않고 내 집까지 찾아온 사람에 대한 답례로서 그렇게 하는 것이 옳겠다고 판단한 것이다. 그래서 가부간의 결정을 짓지 못한 상태로 학장은 돌아가게 되었다. 다음 날 일찍이 나는 학장실을 찾아갔다. 여러모로 생각해 봤지만 보직을 맡을 형편이 아니라는 결론을 얻었다고 통고하기 위해서였다. 이유는 건강이 나쁘다는 데 역점을 두기로 하였다.

그러나 이해영 학장은 이미 총장에게 결재 서류를 올린 뒤라고 하였다. 교무처장을 역임한 그는 나보다 한 수 위였던 것이다. 물론 내가 완강하게 버티면 그 시점에서도 그 보직을 면할 길이 아주 없지는 않았을 것이다. 그러나 그다지 대단하지도 않은 일로 크게 법석을 떨고 싶지 않아서, 결국 내가 지고만 꼴이 되었다.

나에게는 대학에서의 보직을 완강하게 거절한 과거가 있었다. 건국대학교에서 '문학부장'의 발령을 일방적으로 받고 보직 수당까지 나왔을 때, 그것을 되돌려주고 고집을 부린 적이 있었다. 연세대학교에서는 이우주(李宇柱) 대학원장으로부터 대학원 교무과장을 맡아 달라는 부탁을 받고 사절하였다. '과장'이 싫으면 '부원장'으로 하자는 타협안까지 나왔으나 끝까지 사양하였다. 이우주 선생을 만날 때면 지금도 미안하다는 생각이 든다. 서울대학교로 옮긴 뒤에도 이인기(李寅基) 문리대 학장으로부터 교무과장직을 맡아 달라는 부탁을 받고 거절한 적이 있다.

처음에는 내가 싫으면 안 하는 것이 당연하다고 생각하였다. 그러나 후일에 반성을 통하여 나는 내 태도가 지나치게 개인주의적이라고 생각하게 되었다. 개인적으로 손해를 보더라도 직장을 위해서 꼭 필요한 경우에는 보직을 맡는 편이 옳을 경우도 있다는 결론을 얻은 것이다. 다만 같은 사람에게 보직 자리를 계속 떠맡기는 것은 부당하다는 단서를 붙여 보기도 하였다.

1975년에 서울대학교는 관악산 기슭으로 이전하게 되었고, 그때가 되면 문리과대학이 없어지는 동시에 '문학부장'이니 '이학부장'이니 하는 자리도 없어지기 마련이었다. 문학부장 자리를 맡는다 해도 1년만 지나면 자연히 그만두게 된다는 계산이 성립했다.

이학부장도 바뀌고 교무과장과 학생과장도 바뀌었다. 어느 날 한심석(韓沁錫) 총장이 신규 보직 교수들에게 저녁을 샀다. 명동의 어느 한식집에서였을 것이다. 돌아오는 길에 나는 집이 같은 방향이라 한 총장의 차에 타게 되었다. 차 안에서 한 총장은 나에게 '부장' 자리를 맡긴 것을 미안하게 생각한다고 말하였다. 그리고 이어서, 다음 해 관악으로 옮겨 가게 되면 이해영 학장은 사회과학대학장을 맡게 될 것이고 현재의 문학부장과 이학부장은 각각 인문대학장과 자연과학대학장을 맡게 될 공산이 크다는 말을 하였다.

나는 정신을 바짝 차리고 총장의 말을 듣기만 하였다. 보직의 임무를 1년 단기로 때우겠다는 계산이 틀려 돌아갈 판국이었다. '문학부장'과 '이학부장'의 자리는 결재 도장을 찍을 권한도 의무도 없는 한직이지만 학장의 경우는 사정이 다르다. 만약 학장의 자리를 맡게 되면 학생들과 정부 사이에서 고민하게 될 것이고, 건강은 더욱 악화될 것이 거의 확실했다. 학장의 자리만은 무슨 수를 쓰든지 모면해야 할 것이었다.

앞에서도 말했듯이 문학부장의 자리는 결재의 권한이 전혀 없는 유명무실한 자리였다. 이를테면 학장의 자문위원 비슷한 엉성한 자리였다. 문학부장실이 따로 있기는 했으나, 일정한 업무는 없었다. 나는 그 자리를 비울 때가 많았다.

이해영 학장은 대원군의 직계 자손이라고 들었다. 자존심이 대단했고 권위주의적 몸가짐이 체질화되어 있었다. 그의 인품은 깨끗했고 학사 처리도 사리를 벗어나는 일이 없어서 여러 사람들의 존경을 받았다. 그러나 권위주의적 몸짓을 매우 싫어하는 나와는 호흡이 맞기 어려웠다.

나는 왕족은 아니지만 양반을 자랑하는 집안에 태어나서 양반 교육을 받고 자랐다. 어려서부터 행랑 사람들로부터 '도련님' 호칭을 들었으며 그들에게 반말을 하며 자랐다. 그러나 중학교에 다닐 무렵부터는 '양반'이라는 신분에 대해서 죄책감 비슷한 것을 느꼈다. 권좌에 올라 세도를 부린 양반이 아니라 조선 후기에는 주로 초야에 묻힌 '불우한' 양반들의 후예임을 불행 중 다행으로 느끼면서, '충정도 양반'이라는 말에 거부감을 느끼곤 하였다.

나는 양반 티를 벗어나고 싶었다. 그러나 상소리를 입에 담거나 거친 행동을 예사로이 할 정도로 내 탈을 벗기는 어려웠다. 내가 할 수 있었던 것은 고작 권위주의의 거부였다. 애써 권위주의를 거부한 것이 아니라, 어쩐지 체질적으로 그것이 싫었다.

서울대학교 철학과 동료들 가운데는 내 제자뻘 되는 젊은 교수들이 있었다. 어떤 공적인 문제로 상의할 일이 생겼을 때도 나는 젊은 교수를 내 연구실로 부르기보다는 그의 연구실로 내가 찾아가는 편을 택하였다. 나이가 나보다 스무 살 이상 아래일 경우에도 그렇게 하였다. 승용차의 상석과 하석의 순서를 잘 알고 있지만, 나는 그것을 무시한다. 현재도 내 사무실에는 여자 직원들이 있지만, 그럴 만한 이유가 있을 때는 제외하고는, 그들을 시켜서 전화를 걸지 않고 내 손으로 직접 그 일을 한다.

내가 일방적으로 그렇게 하는 것만으로 만족할 정도로 나는 수양이 높은 사람이 못 된다. 다른 사람에 대해서도 나의 것과 비슷한 태도를 기대하는 심리가 있다. 그럴 만한 사정의 불가피성이 있는 것도 아닌데, 앉아서 남을 오라 가라 하는 사람을 나는 별로 좋아하지 않는다. 제 차든 남의 차든 승용차의 상석을 차지하려고 거드름을 떠는 사람보다는 편리한 순서대로 차에 오르는 사람에게 더 호감이 간다. 별로 바쁘지도 않은 자리에 앉아서, 비서를 시켜 남을 전화 앞에 불러 놓고 오래 기다리게 하는 사람보다는 제 손으로 전화를 거는 사람에게 나는 더 깊은 친근감을 느낀다.

나의 이러한 생활감정은 수직적 질서 의식과 왕손으로서의 우월감이 몸에

밴 이해영 학장의 가치 의식과는 조화되기 어려운 것이었다. 따라서 두 사람은 자연히 서로를 서먹서먹하게 느낄 때가 많았고, 색깔을 달리하는 두 사람의 자존심이 형태 없는 부딪침을 일으키곤 하였다. 성격이 맞지 않은 것이다.

나로서는 학장에게 밉게 보이는 편이 장차 생길 인문대학의 초대 학장직을 면하는 데 도움이 되리라는 계산도 있어서 위안을 찾을 길도 있었지만, 이해영 학장 측에서는 문학부장 잘못 선택한 것을 두고두고 후회했을 것으로 짐작된다. 지금은 두 사람이 유명을 달리한 상태이고, 나도 머지않아 그의 뒤를 따라야 할 처지임을 생각할 때, 대단치도 않은 것을 가지고 신경에 날을 세우는 우리네의 그날그날이 어리석고 가소롭게 느껴진다.

1975년 3월에 서울대학교는 대부분이 관악 캠퍼스로 옮겨 갔다. 문리과대학은 인문대학, 사회과학대학, 자연과학대학으로 나누어졌고, 나는 내가 바란 대로 인문대학장 자리를 면했다기보다는 그 근처에도 가지 못했다. 인문대학장 자리에는 이해영 학장과 경기고등학교 동기동창인 송욱 교수가 앉게 되었다. 그리고 자연과학대학의 초대 학장은 나와 이웃하여 문리과대학의 이학부장 자리를 맡아서 매우 성실하게 그 임무를 수행한 조완규(趙完圭) 교수가 맡게 되었다. 순리(順理)대로, 예상대로 그렇게 된 것이다.

학장 자리를 회피한 행위가 정당화되기 위해서는 보직을 맡지 않음으로써 얻은 시간을 학문 연구와 학생 교육에 선용했어야 한다. 그러나 나는 이 점에 대해서 별로 자신이 없다. 학생들과 정부 권력 사이에 끼어서 부대끼는 것이 싫고 '어용학자'라는 소리 듣는 것이 무서워서 그 자리를 회피한 데 불과하다면, 그것은 옹졸한 처세에 지나지 않는다. 학장을 명예로 알고 또는 얼마간의 경제적 이익을 위해서 그 자리를 얻으려고 운동까지 하는 속물근성보다는 약간 나을지 모르나, 옹졸한 처세임에는 틀림이 없다.

단순히 무엇을 안 하는 데 큰 뜻이 있는 것이 아니라, 무엇인가 값진 일을 해내는 데 뜻이 있다고 나는 생각한다. 그러나 내가 이러한 반성에 도달한 것은 내 나이가 좀 더 든 뒤의 일이다. 우리는 대개 경험을 통하여, 특히 실패의 경험을 통하여 무엇인가를 깨닫게 되고, 겨우 깨달았을 때는 이미 늦은 경우가 많다.

서울대학교가 관악으로 자리를 옮긴 그해에 나는 내가 살 집을 짓는 일에 열을 올렸다. 집은 직장 가까이 있어야 한다는 나의 지론을 따라서, 사당동 예술인 마을에 빈터를 구하여 집을 지었다. 정원은 넓고 건물은 아담한 그런 집을 갖고 싶었다. 정원은 어느 정도 내 뜻대로 되었으나, 집은 내가 원한 것보다 훨씬 큰 것이 되었다. 사돈뻘 되는 친구에게 일을 맡겼던 것인데, 그 사람의 성격이 호쾌하고 배포가 큰 편이어서 그런 결과가 되었다. 나는 내가 신분에 어울리지 않는 큰 집을 가지고 있다고 생각하며, 한동안 죄책감 비슷한 것을 느끼기도 하였다. 그러나 대지를 선택하는 일에서부터 어린 정원수를 사다가 심는 일에 이르기까지 내 손이 많이 간 그 집에 대해서 각별한 애정을 느낀 것도 사실이다.

서울대학교가 동숭동 캠퍼스를 버리고 다른 곳으로 옮겨 간다는 소식을 처음 들었을 때, 내 마음은 몹시 언짢았다. 학교를 따라서 그 근처로 이사를 하리라고 마음을 먹었을 때도 혜화동 집을 떠나기가 싫었다. 명륜동 1가와 혜화동에서 거의 30년을 살았던 것이다. 더 좋은 곳을 찾아서 새로운 시도를 하기보다는 그 자리에 그대로 머물러 있고 싶은 것이 나의 기질이 아닐까 한다.

그러나 나는 일단 옛 자리를 떠나게 되면 그 자리에 오래 연연하지 않는 일면도 가지고 있다. 중원군의 한 산마을을 떠났을 때도 그랬고, 충주를 떠나서 서울로 왔을 때도 그랬다. 나는 새 일터인 관악 캠퍼스에 정을 붙이는 데 오랜 시일이 걸리지 않았고, 예술인 마을에 신축한 양옥집에도 곧 적응이 되었다. 한국 사람들이 일반적으로 '고향'이라는 것에 대해서 매우 민감한 데 비하면, 나는 이에 대한 감정이 둔한 편이다.

그러나 '장소'가 아닌 '사람'에 대한 감정은 크게 다르다. 장소에 대한 애착은 끊기가 쉬워도 사람에 대한 그것은 사정이 다르다. 장소를 잊기는 어렵지가 않으나 사람을 잊기는 어렵다. 사람과 쉽게 가까워지는 편이 아니지만, 한번 가까워진 사람과 멀어질 때는 그 여운이 오래오래 지속된다.

어쨌든 많은 교수들이 썰렁한 관악 캠퍼스에 정이 붙지 않는다고 불평을 했지만, 나는 관악의 자연이나 건물에 대해서는 큰 불만이 없었다. 그러나 새 캠퍼스로 옮긴 뒤에는 동숭동 시절에 비해서 사람과 사람의 관계가 냉랭하고 소원하게 되어 간다는 느낌이 늘었고, 바로 그 점이 마음을 어둡게 하였다.

2. 서먹서먹한 사제관계

사람과 사람의 관계는 거주하는 장소와 그 집단의 크기의 영향을 받는다. 동숭동 캠퍼스는 비교적 좁은 공간에 시설들이 짜임새 있게 배치되어 있었으며, 교수의 총수도 그리 많은 편은 아니어서, 가족적 친밀감이 캠퍼스 전체에 스며 있었다. 그러나 관악 캠퍼스는 면적이 넓고 건물이 여기저기 흩어져 있었으며, 교수의 수도 크게 늘었다. 이러한 변화는 교수와 교수의 사이를 서먹서먹하게 만드는 쪽으로 작용했을 가능성이 크다. 어쩌면 여러 교수들이 관악 캠퍼스에 대해서 가졌던 불만도 관악의 자연에 대해서가 아니라, 그 인간관계의 분위기에 대한 것이었을지도 모른다.

그러나 정말 달라진 것은 교수와 교수의 사이가 아니라 교수와 학생의 사이였다. 언제부터 그렇게 되었는지 그 정확한 시기는 말하기 어려우나, 학생들이 교수들을 경원하고 불신하는 풍조가 생겼고, 교수들도 따라서 학생들에 대한 정이 멀어지는 분위기가 생겼다. 학생들의 이데올로기가 급진의 방향으로 선회하였고, 정부를 규탄하는 데모도 점점 과격한 양상으로 변해 갔다. 그리고 그전에는 교수들이 자기들 편이라고 생각하던 학생들이 이제는 정부의 편이라고 생각하는 경향이 늘어났다. 이렇게 된 것도 관악의 자연이 거칠고 삭막하기 때문이라고 풀이하는 사람들도 있었으나, 아마 우연의 일치에 불과할 것이다.

일부 학생들의 좌경은 동숭동 캠퍼스 시절부터 싹텄다고 보아야 할 것이다. 다만 처음 한동안은 그것이 숨겨져 오다가 관악 캠퍼스로 옮긴 다음부터 어렴풋이 나타나기 시작했고, 1980년대로 들어서면서 점차 그 모습을 드러낸 것이 아닐까 한다. 어쨌든 학생운동이 처음에 앞세운 것은 군사독재정권을 규탄하는 민주화의 운동이었고, 그것이 민주화를 위한 운동이라는 전제 아래서 교수들도 은연중에 학생들의 편을 들었던 것이다.

학생운동에 가담한 사람들이 모두 좌경이었던 것은 물론 아니다. 다만 그 주도권을 장악한 학생들이 그쪽으로 기울었을 따름이며, 사회주의 이데올로기와는 관계없이 오직 군사독재정권이 싫어서 운동에 가담한 학생들도 많았다.

일본 동경대학의 경우도 그랬듯이, 학생들의 사회주의 내지 공산주의는 폭력혁명을 옹호하는 급진론으로 기울어지기가 쉽다. 교수들은 대개 6·25를 경험한 기성세대였고, 그들 가운데 진보적인 편에 속하는 사람도 폭력혁명을 앞세울 정도로 급진적인 경우는 적었다. 따라서, 이른바 '운동권'으로 분류되는 학생들의 견지에서 볼 때, 대부분의 교수들은 '반동분자'일 수밖에 없었다. '반동분자'를 존경하거나 신뢰할 수 없는 것이 '혁명가'를 자처하는 젊은이들의 입장이었고, 자연히 교수와 운동권 학생들 사이는 멀어지는 추세를 보이게 되었다.

'운동권 학생'은 소수에 불과했을 터이지만, 그들의 영향력은 학교 전체의 분위기를 좌우할 수 있을 정도로 막강하였다. 학생운동에 적극적으로 가담하지 않은 대다수의 학생들도 사회주의 이데올로기에 반대되는 어떤 신념의 체계가 있었던 것은 아니며, 집안이 부유하거나 용기가 부족해서 그 대열에 뛰어들지 못한 경우가 많았다. 따라서 그들의 대부분도 운동권 학생들의 태도에 공감을 느끼는 경향이 있었고, 또 죄책감 비슷한 생각을 가진 경우도 적지 않았을 것으로 짐작한다.

교수들이 학생들의 존경을 받지 못한 연유가 학생들의 좌익 이데올로기에만 있었다고 보기는 어렵다. 오히려 교수들 자신의 책임이 더 컸을지도 모른다. 교수들 가운데 사회주의나 공산주의 사상을 제대로 연구한 사람은 극소수에 불과했으며, 확고한 신념을 가지고 학생들을 대하는 사람은 그리 많지 않았다. 한편으로는 권력의 눈치를 보고 다른 한편으로는 학생들의 눈치를 보는 나약한 지식인에 불과한 교수들이 오히려 더 많았을지도 모른다.

비록 소수이기는 했지만, 군사정권의 독재를 규탄하는 발언을 하고 더러는 행동도 한 교수들이 있었다. 이들 용기 있는 교수들은 거의 모두가 '자진사퇴' 형식으로 교단에서 추방되었으며, 학생들의 시시와 존경을 받기도 하였다. 이들 '해직 교수'들이 약 4년 만에 복직했을 때는 학생들의 뜨거운 환영을 받았다. 그러나 비교적 진보적이라고 말할 수 있는 이 해직 교수들과 학생들 사이에도 결국은 고랑이 생기기 시작했다. '진보적'이라고 알려진 교수들도 운동권 학생들의 급진주의에까지 동조하지는 못했기 때문이다.

이데올로기의 대립이 없을 경우에도, 일반적으로 세대간의 갈등 비슷한 것이 생기고 있다는 느낌이 들었다. 어떠한 이데올로기를 가지고 있든 간에 젊은 세대에게는 우리나라 현실에 대한 불만이 컸고, 이 불만은 곧 기성세대에 대한 불만으로 이어졌다. 때로는 세대간에 생존경쟁이 벌어지고 있는 듯한 느낌도 들었다. 세상이 온통 삭막해져 가고 있는 것 같아서 서글프기 그지없었다.

이규호 씨가 문교부 장관 자리를 맡았을 때였던가, 대학의 학생 정원이 대폭 늘어났다. 이같이 학생수가 많아졌다는 사실도 교수와 학생들의 사이를 서먹하게 만드는 방향으로 작용하였다. 학생수가 적어서 개개인의 얼굴과 이름을 기억할 수 있었을 때는 그것이 바로 정과 사랑의 관계였다. 그러나 학생수가 너무 많아져서 누가 누구인지 잘 모르는 상태에서는 애당초 서로가 남남일 수밖에 없었다. 복도에서 마주쳐도 작은 미소 하나 없이 그저 지나가는 경우가 많았다.

'지도교수제'라는 것이 있었다. 학부 학생 전원을 교수의 수에 따라 무작위로 나누어서 교수 한 사람에게 10여 명씩을 배정하고 '지도'를 맡게 하는 제도였다. 그 '지도'라는 것이 데모를 하지 말도록 설득하는 것과 데모에 가담하여 처벌을 받게 된 학생의 경우에는 그 학부형을 만나 보는 일이었다. 그러니 학생들의 입장에서 볼 때는 '지도교수'란 멍청한 잔소리꾼에 불과하다. 학생들은 지도교수와 만나는 시간을 환영하지 않았고, 교수들의 견지에서 볼 때도 그 시간이 반갑고 유쾌한 시간이 되기는 어려웠다. 결국 '지도교수제'라는 것은 교수와 학생의 사이를 가깝게 하는 데 아무런 도움을 주지 못했다.

'학생 지도비'라는 명목으로 약간의 돈을 주면서, 학생들과 회식을 하거나 다과회를 열라는 전갈이 대학 본부로부터 내려온 적이 있었다. 공금을 떼어먹은 꼴이 되지 않기 위해서, 나에게 배정된 '지도 학생'들을 이끌고 낙성대(落星垈)를 찾아갔던 기억이 남아 있다. 나의 사람됨이 한두 번 만난다고 바로 친구가 될 수 있는 그런 성격이 아닐 뿐더러 술도 못하는 답답한 위인이라 그랬는지, 그러한 모임이 학생들과 가까워지는 계기가 되었다고는 생각되지 않는다.

학생들이 문제를 일으키고 그 주동자들이 밝혀졌을 때는 '문제 학생'들을 맡은 것으로 되어 있는 '지도교수'에게 귀찮은 공문이 쏟아져 내려왔다. 그 학생 본인 또는 그 학부모를 만나 보고 면담의 결과를 서면으로 보고하라는 따위의 공문이었다. 더러는 조교가 알아서 적당히 적어 내기도 하고 또 그렇게 해달라고 부탁하기도 했지만, 거짓말에 대해서 죄책감을 느끼는 세심한 성격 때문에, 가끔 학생 또는 그 부모를 만난 적도 있다.

만나 보고 이야기를 좀 한다고 해서 어떤 태도의 변화가 생길 리 없었다. 다만 학생 또는 그 부모의 생각을 들을 기회가 생겨서, 세상 공부에 다소 도움이 되었으리라고 자위하는 것이 고작이었다. 만나 본 인상으로 문제된 학생의 심경 또는 그 부모의 태도를 기록하고, 지도교수의 소견도 적어 내도록 되어 있었다. 교수가 되어서 학생을 나쁘다고 쓸 수는 없는 노릇이기에, "태도가 많이 좋아졌다." "앞으로는 별일 없을 것이다." 등 무책임한 거짓말을 썼다. 같은 학생이 후일에 더 큰일을 저질러도 내가 무책임하게 써낸 '보고서'에 대한 문책은 없었다. 그러나 교수라는 것이 그 따위 시시한 짓으로 신경과 시간을 써야 했던 우리나라 대학의 현실이 한심하고 서글펐다.

3. 훈장의 좁은 길

돌이켜 보건대, 내가 처음 백묵을 들고 교단에 선 것은 1945년 가을이었고, 정년 제도에 따라서 교단을 일단 물러선 것은 1986년 봄이었다. 그 기간 동안에 내가 가장 열심히 가르친 것은 훈장 초년병 시절이었고, 가장 사무적으로 가르친 것은 정년을 가까이 내다보던 관악 캠퍼스 시절이 아니었을까 한다. 해방 직후에 처음 교편을 잡은 것은 충주여자고등학교에서 강사 노릇을 했을 때였고, 거의 무료 봉사에 가까운 대우를 받은 데 불과했지만, 매우 열심히 가르쳤다. 시작종이 울리기를 기다려서 교실로 달려갔고, 끝나는 종이 울렸음을 모를 정도로 강의에 열중했다.

두 번째 교편을 잡은 것은 1948년에 서울여자의과대학 강사로서였으며, 이때에도 매우 열심히 강의에 임했다. 교실에 들어가는 것을 부담스럽게 느낀 기억이 없으며, 대단히 즐거운 마음으로 강단에 섰다. 지금 돌이켜 보면 강의 내용은 치졸한 편이었으나, 학생들의 호응이 좋아서 강의실은 항상 뜨거운 열기로 가득 찼다. 신분은 시간강사였지만 학생들과의 거리는 전임교수들보다 가까웠다고 생각된다.

세 번째 교편은 이화여자대학교에서 잡았다. 여기서는 전임강사로서 가르쳤던 것인데, 크게 성공적인 편은 아니었다. 내가 열을 올려도 학생들 측의 호응이 미지근했으므로, 자연히 나도 맥이 빠졌다. 내가 첫 출발을 잘못 디뎠는지 또는 학생들의 면학 분위기가 약했는지, 그것을 지금 판단하기는 어렵다. 어쨌든 별로 활기도 없고 열기도 없는 강의실 분위기였다. 다만 음악과 학생들로 구성된 반만은 예외적으로 활기를 띠었다.

네 번째 교편은 6·25 때 청주여자고등학교에서 잡았다. 이 경우에도 나는 학생들의 활기 가득한 호응을 받아 가며 열심히 가르칠 수가 있었다. 학과를 가르치는 수업 시간뿐만 아니라 교실 밖에서의 생활 문제에 대해서도 능동적인 태도로 일관하였다. 청주여고에서 교편을 잡은 기간은 1년 동안에 불과하지만, 아직도 여러 가지 일들이 좋은 기억으로 남아 있다

훈장 초년병 시절에 나로 하여금 열심히 가르치게 만든 것은 학생들의 열기(熱氣)였다. 충주여고에서는 내 스스로 전임의 자리를 원치 않았으며, 서울여자의과대학에서도 열심히 가르침으로써 전임이 되리라는 생각은 추호도 없었다. 그리고 그 당시의 강사료는 돈이랄 것도 없을 정도였다. 요컨대, 강사료나 전임에 대한 야심에서 열성을 보인 것이 아님이 분명하다. 오로지 학생들의 호응 덕분에 열의가 솟은 것이다. 청주여고의 경우도 사정은 마찬가지였다. 월급은 셋방살이에 어울릴 정도의 액수를 넘지 않았고, 고과(考課) 점수를 높여서 교감 또는 교장이 되겠다는 생각도 전혀 없었다.

내 나이 40세 이전에도 강의의 열기가 비교적 떨어진 경우가 더러 있었다. 그런 경우는 예외 없이 학생들의 호응도 약했다. 내 강의의 열기가 떨어져서

학생들의 호응도 따라서 약해진 것인지, 학생들의 호응이 약하므로 내 강의의 열기가 떨어진 것인지, 그 선후 관계를 말하기는 어렵다. 그것은 일방적인 관계라기보다는 상호의 관계였을 것이다. 그 상호 관계 안에서 결정적으로 작용한 것은 아마 나의 성격적 결함이 아니었을까 한다.

나는 사람을 대할 때 소극적 태도를 취한다. 특별히 의식적으로 행동할 경우가 아니면, 처음 만난 사람에게 먼저 말을 걸고 접근해 가는 일은 거의 없다. 남자 친구든 여자 친구든 친구를 사귀는 데 많은 시간이 걸리며 친구의 수도 따라서 적은 편이다. 호감이 가는 사람을 만나도 내가 먼저 능동적으로 접근하지 못하고 상대편이 접근해 와야 겨우 발동이 걸리는 까닭에, 자연 그렇게 될 수밖에 없다. 일단 발동이 걸리면 열이 오르고, 그 열은 오래 간다.

나의 수동적 자세는 교실에도 따라다녔다. 학생들 측에서 귀를 기울이고 열심히 따라올 때까지 미리 앞에서 끌고 가지 못하고, 학생들의 자리에 열기가 보이는 듯해야 비로소 나도 열을 발한다. 학생들의 반응이 시들하더라도 그 분위기를 바꾸도록 어떤 능동적인 노력을 해야 하는 것인데, 나에게는 그만한 능동성이 없다. 결과적으로, 학생들을 끌고 가는 것이 아니라, 학생들에게 끌려 다니는 꼴이 된다.

학생들이 나의 마음에 영향을 미치는 것은 교실에서의 수강 태도만이 아니다. 교실 밖에서 있던 일도 훈장으로서의 내 마음가짐에 변화를 일으켰을 가능성이 크다. 요컨대 내 신경이 두둑하지 못하고 과민하다는 결점 때문에, 훈장 초년병 시절에 가졌던 열성이 점점 줄어들었던 것으로 생각된다.

1961년에 나는 연세대학교 철학과 학과장을 맡고 있었다. 그해의 졸업식이 있던 날 나는 졸업생들과 작별 인사를 나누기 위하여 학교에 나갔다. 강당이 좁아서 그랬는지 학처장급 이상의 보직을 가진 교수들만이 졸업식장에 나가는 것이 보통이었으나, 나는 학생들의 졸업을 축하도 하고 떠나는 얼굴을 보기 위하여 명륜동에서 신촌까지 달려갔다.

졸업식장에서는 철학과 졸업생들의 모습을 먼빛으로만 볼 수가 있었다. 식이 끝나고 나서 나는 학생들을 가까이 보기 위해서 운동장으로 나갔다. 운동장은 인산인해(人山人海)였다 가족들과 사진을 찍고 애인의 꽃다발을 받는 따위의 일에 정신이 빠져서, 교수와 학생이 작별의 인사를 나눌 수 있는 그런 분위기가 전혀 아니었다. 그래도 몇몇 만나 볼까 하고 서성대다가, 어디에 가면 철학과 졸업생을 만날 수 있을지 알 길이 없기에 단념하고 과사무실로 후퇴하였다.

과사무실에서 기다리고 있으면 졸업생 가운데 누군가 나타날 것이라고 생각했다. 적어도 과대표 정도는 나타날 것이며, 다만 한 사람이라도 만나서 내가 작별 인사를 위하여 나왔다는 것을 알리면, 그가 다른 졸업생들에게 그 사실을 전할 것이다. 그렇게 되면 그날 내가 학교에 나간 것이 아주 허행으로 끝나지 않은 셈이 된다. 이런 생각을 되씹으며 홀로 우두커니 기다렸다. 오래 기다렸다.

그러나 아무도 나타나지 않았다. 운동장의 인파가 모두 사라진 뒤에까지 아무도 나타나지 않았다. 교수가 학생을 생각하는 마음과 학생이 교수를 생각하는 마음이 달랐던 것일까. 어쨌든 그 뒤로 나는 학교 졸업식에는 나가지 않기로 하였다. 서울대학교에서 대학원 학생과장을 맡았을 때 한 번 졸업식에 참석한 것 이외에는 나가지 않았다. 내 아들이 서울대학교를 졸업하던 날도 나가지 않았다.

1960년대 초기에 느꼈던 어려움의 하나는 외국어로 된 교재를 구하기가 힘들다는 사정이었다. 종이에 타이프를 쳐서 등사판으로 밀어낸 프린트를 대용하는 것이 상례였으며, 그 프린트가 제대로 보이지도 않고 오자투성이어서 지장이 많았다. 이러한 불편을 없애기 위하여 나는 어느 해 약 4개월의 여유를 두고 무어의 『윤리학(*Ethics*)』 20권을 미리 주문하였다. 다음 학기에 서울대학교 학생들을 위한 교재로 사용할 목적이었으며, 광화문에 있던 외국 서적 전문점을 통해서 주문한 것이었다.

물건이 들어오면 알려 주겠다고 한 서점 측의 약속이 어쩐지 미덥지 않아서 가끔 광화문 나들이를 했다. 집에 전화가 없던 시절이라, 직접 가서 알아보는 수밖에 없었다. 들러 보아도 늘 아직 안 왔다는 대답이었다. 선적했다는 소식이 왔다는 대답을 들은 뒤에는 더욱 자주 들러 보았다.

어느 날 오후에 서점에 들렀더니 주문한 책이 왔다고 하였다. 그러나 두 권은 이미 팔리고 열여덟 권만이 남아 있었다. 선금을 주고 주문을 한 것이 아니어서 일반에게 팔았다는 것이다. (책이 반드시 온다는 보장이 없다는 이유로, 선금을 준대도 서점 측에서 받지 않았다.) 하는 수 없이 남은 열여덟 권만을 사가지고 집으로 돌아왔다.

새 학기가 시작되었을 때, 나는 그 책을 원하는 학생들에게 다시 파는 모양이 되었다. 학생들이 각자 사게 했다가는 방학 동안에 다른 사람들에게 팔릴 염려가 있어서 그렇게 했던 것이다. 학생들에게 책을 먼저 나누어 주고 값은 다음에 가지고 오라고 일렀다. 물론 내가 서점에 지불한 것과 같은 액수였다.

한 학생이 책값을 여러 날 뒤에서야 가지고 왔다. 그것도 부족한 액수를 내밀면서 "이거면 되지요?" 하였다. 채소나 과일 장수가 떨이를 팔 때 싼 값을 받듯이, 나도 책값을 꼴찌로 내는 사람에게는 덜 받아야 마땅하다는 뜻 같았다. 꼼짝없이 내가 책장사를 한 꼴이 되고 만 것이다. 다시는 학생들을 위해서 교재를 확보하려고 뛰어다니는 짓을 하지 않았다.

이름이 있는 대학에서는 그런 일이 없었겠지만, 교과서의 '채택료'를 주고받는다는 소문이 공공연하던 시절이었다. 내가 책장사를 했다는 오해를 받게 된 것은 그러한 부패상의 배경 때문이었을 것이다. 책장사로 오해한 학생이 한 사람뿐인지 더 있었는지는 알 수가 없다. 비록 오해하는 학생이 있었다 하더라도, 계속 교재 주문에 극성을 떨었더라면 더 좋은 훈장이 되었을 것이다. 양서(洋書)의 환율이 일정했을 때이므로, 책장사가 아님을 해명할 길도 있었다. 그러나 나는 그렇게까지 신경이 튼튼하고 참을성이 강한 위인이 못 되었다.

그래도 동숭동 시절에는 학생들이 열심히 수강에 임하는 편이어서, 강의하는 일을 지루한 부담으로 느낀 적은 없다. 메타 윤리학이라는 것을 처음 우리나라에 소개한 때라, 학생들도 신선하게 느꼈고 나도 큰 진리라도 전수하는 것처럼 열심히 강의할 수 있었을 것이다.

그러나 관악 캠퍼스로 옮긴 무렵부터는 나도 매너리즘에 빠졌고, 학생들의 대부분은 이데올로기의 문제 또는 사회 현실 문제와 관계가 없는 윤리학 강의에 대해서 크게 흥미를 느끼지 못하는 기색이었다. 그래도 윤리학 공부를 위해서는 메타 윤리학의 과정을 먼저 밟아야 한다고 믿었던 까닭에, 학부에서는 계속 분석적인 윤리학을 강의하였다.

다만 대학원에서는 사회문제에 대한 이론을 주로 다루었다. 마르크스를 옹호하는 급진주의적 저술도 다루었고, 로크를 옹호하는 보수주의적 저술도 다루었다. 롤즈의 경우와 같이 중도주의적인 학설도 다루었다. 어떤 하나의 사회사상에 심취하고 빠져들기에 앞서 여러 가지 서로 다른 견해들을 편견 없이 공부할 필요가 있다고 믿었기 때문이다. 그러나 나의 이러한 태도가 급진적인 학생들에게 환영을 받으리라고 기대하기는 어려웠다. 더러는 이미 하나의 이데올로기를 확고부동한 진리로서 신봉하고 있는 학생들도 있어서 고집스러운 논쟁이 벌어지기도 하였다.

휴강은 거의 하지 않았고, 강의 준비도 착실하게 하고서 교실에 들어갔다고 말할 수 있다. 그러나 훈장 노릇을 시작한 지 일천했던 시절에 경험했던 교실의 열기는 식어 가고 있었다. 철학 강의는 본래 차분해야 한다는 해석도 있을 수 있을 것이나, 모든 일에는 정열이 있어야 한다고 생각한다.

관악 캠퍼스 시절에 내가 한 일 가운데 『한국철학사』의 간행을 위한 준비와 기초 작업이 있다. 1974년 여름에 한국철학회 회장직을 맡게 되었을 때, 『한국철학사』의 간행을 서둘러 달라는 요청이 강하게 들어왔다. 나는 당시 좁은 의미의 '한국 철학'에 종사한 학자들의 수와 온축이 부족하다고 보았던 까닭에, 그 일이 시기상조라고 판단하였다. 그러나 중론의 요청을 거부할 수가 없어서 그 일에 손을 대기로 하였다.

『한국철학사』의 편찬과 집필에 바로 들어가는 것은 때가 이르다고 보았던 까닭에, 먼저 『한국철학사연구』라는 이름으로 한국 사상에 관한 논문집을 발행하기로 계획을 세웠다. 한국 철학사에 반영시켜야 할 사상들을 시대별, 영역별로 망라하여 그 목록을 만들고 각 항목에 대한 연구 논문을 여러 학자들이 전공을 따라서 분담 작성하기로 하였다. 그리고 작성된 논문에 대하여 각각 두 편의 논평을 받아서 원 논문과 함께 묶은 논문집을 일차적으로 만든다는 계획이었다. 이 방대한 논문집이 완성되면 거기 실린 논문들에 대한 학술 토론회를 가진 다음, 논문과 논평 그리고 토론회의 기록을 토대로 삼고 『한국철학사』의 집필을 시작하자는 두 단계의 계획을 세운 것이다.

어떤 원칙과 사관(史觀)에 입각해서 『한국철학사』를 엮을 것인가 하는 문제를 결정하기 위하여, 나는 상임 간사였던 이남영(李楠永) 교수와 함께 박종홍(朴鍾鴻) 선생과 이상은(李相殷) 선생 같은 원로 석학을 개별적으로 방문하여 자문을 받았다. 그리고 전문가들의 예비 회담을 갖고 좌담회 식으로 의견을 교환하기도 하였다. 1975년 춘계 연구 발표회 때는 '한국 철학사의 정립'을 주제로 삼고 발표와 토론의 마당을 마련하였다. 그러나 워낙 어려운 문제여서 통일된 의견에 도달하기까지에 적지 않은 논란이 있었다.

『한국철학사』를 저술하자면 적지 않은 경비가 필요하나, 한국철학회로서는 그 일부를 감당할 준비조차 없었다. 그 돈을 마련하는 일은 회장단에 맡긴다는 것으로 편리하게 결정이 났거니와, 말이 '회장단'이지 실제로 몸이 달아서 뛰어야 할 사람은 나 하나뿐이었다. 한 반년 동안 여기저기 찾아다녀 보았으나 눈에 보이는 성과는 없었고, 다만 그 일이 중요하다는 것을 인식시키는 데는 대체로 성공하였다. 북한에서는 이미 오래전에 『조선철학사』가 나왔다는 점을 강조하는 것이 설득의 요체였다.

돈을 얻어 내는 데 가장 큰 힘이 된 것은 나의 서투른 설득이 아니라 박종홍 선생의 전화와 명함이었을 것이다. 선생은 그 당시 대통령 특별 보좌관의 자리에 있었고, 우리가 계획했던 발간 사업에 대해서 관심이 컸으므로, 큰 힘이 되었다. 어쨌든 문교부 연구 조성비를 2년에 걸쳐서 받게 되었고, 문예진흥원과 산학협동재단의 도움도 받게 되었다. 돈을 얻으러 다니는 일이 즐거운 일은 아니었으나, 결과적으로 비교적 넉넉한 예산을 세울 수 있게 되었다.

예산이 넉넉했기에 원고료는 그 당시로는 파격에 가까운 2천 원씩을 지불하였다. 그러나 그 밖의 비용은 극도로 절약하였다. 회식비를 줄이기 위해서 편집회의는 싸구려 장소만 골라 다니며 열었다. 돈을 좀 남겨서 한국철학회의 기금으로 삼자는 것이 나의 의도였다. 내가 회장을 맡았을 때의 한국철학회는 이월금이 거의 없는 빈털터리였다.

그러나 나의 그러한 의도는 한갓 어리석음에 불과한 것으로 드러났다. 회장직은 2년 동안 맡아 왔던 관례를 깨고 나는 3년 동안 그 자리를 지켰으나, 『한국철학사』 발간 사업을 완결하지 못하고 다음 회장에게로 남은 일을 인계하였다. 예산은 충분히 있었으나, 필자들이 원고 제출 마감을 지켜 주지 않아서 일이 늦어졌던 것이다. (다만 내가 물러나기 전에 『한국철학사연구』의 상권이 나오고 중권과 하권도 곧 나올 수 있도록 만들어 놓았으니, 그것만으로도 대견하게 생각할 형편이었다.) 여기서 내가 재미있게 생각하는 것은, 내가 그토록 구두쇠 짓을 해서 좀 여유 있게 모아 놓은 돈이 다음 회장 재량으로 아주 멋있게 사용되었다는 사실이다. 철학회의 회식은 으레 설렁탕집 정도에서 하는 것으로 되어 있던 관례를 깨고, 고급스럽고 품위 있는 곳으로 진출하게 되는 전환이 이때 이루어졌던 것으로 생각한다.

본래는 『한국철학사』를 서술하는 단계에 가서 『한국철학사연구』에 실린 논문들 각각에 대하여 학술 토론회를 가질 계획이었고, 그 모임을 위한 비용도 미리 준비해 두었다. 그러나 그 비용도 내 손을 떠난 뒤에는 철학사의 발간 사업 이외의 학회일로 소비되었다. 『한국철학사』 발간을 위해서 마련한 돈은 그 일이 끝나기 전에는 다른 목적에 사용하지 않기로 하고 통장도 따로 만들어 두었다. 그러나 세월이 흐르는 동안에 모두가 흐지부지되고 말았다.

『한국철학사연구』의 집필에는 여러 사람이 참여하되 『한국철학사』의 경우는 소수의 중진 학자들의 공동 집필로 하자는 것이 본래 나의 의도였다. 일종의 논문집인 『한국철학사연구』의 경우는 되도록 여러 학자들이 참여하는 것이 바람직하나, 『한국철학사』의 경우는 내용과 표현의 일관성이 필요하므로 너무 여러 사람들이 나누어 쓰는 것은 좋지 않으리라고 생각했던 것이다. 그러나 나의 이러한 의도도 한갓 의도에 그치고 말았다. 처음에는 한 5년 동안이면 이 사업을 끝낼 수 있으리라고 보았던 것이나 실제로는 13년이나 걸렸고, 여섯 사람의 회장이 이 사업에 관여하게 되면서, 첫 번째 회장의 의도를 실천에 옮기기가 어렵게 되었던 것이다. 만약 내 의도대로 하자고 고집했다면, 일이 더욱 늦어질 수밖에 없었을 것이다. 『한국철학사』 집필에 실제로 참여한 사람은 19명에 달하고 있는데, 만약 5명 정도가 그 일을 맡았다면 더 오랜 세월이 걸렸을 것임에 틀림이 없다.

정상급의 철학자 5명에게 맡기고자 했던 최초의 의도를 관철하기 어려웠던 또 하나의 사정은 화폐가치의 하락에 있었다고 생각한다. 처음 시작했을 때 지불한 고료는 그 당시로는 파격적인 것이었고, 원고를 청탁하면서 미안함을 느낄 이유가 없었다. 그러나 10여 년이 지나는 동안에 일반적으로 원고료가 많이 올랐고, 초기에 확보했던 돈의 가치는 크게 떨어졌으므로, 미안한 마음을 무릅쓰고 사정사정 원고를 청탁하지 않으면 안 될 형편이었다. 짧은 원고라면 몰라도 단행본 길이의 원고를 그런 조건으로 써주기 위해서는 이해관계를 초월한 남다른 마음이 필요하다.

일이 내 의도대로 일관성 있게 되지 못한 책임의 절반은 나에게 있다. 내가 이 일에 처음 관여하기 시작했을 때, '한국철학사 간행위원회'를 한국철학회 안에 따로 만들어서 그 위원회의 위원장은 한국철학회 회장이 바뀌더라도 바꾸지 않고 계속 그 일을 끝까지 맡도록 했어야 옳았다. 그리고 예산도 독립시켜서 한국철학회의 다른 일을 위해서 그 돈이 유용되지 않도록 했어야 옳다. 일은 애착과 책임을 느끼는 사람들이 끝까지 맡아서 해야 하며, 남이 하던 일을 이어받아서 사무적으로 처리해 가지고는 좋은 성과를 거두기 어렵다는 것을 나는 뒤늦게서야 깨달았다.

그 책의 출판을 맡은 것은 육당(六堂) 선생이 창립한 동명사(東明社)였다. 부업을 계승한 최한웅(崔漢雄) 박사는 당시 서울의대 교수였으며 나와는 테니스를 통하여 서로 잘 알게 된 사이였다. 최한웅 박사는 동명사 창립 70주년 기념 사업으로 『한국철학사연구』와 『한국철학사』의 간행을 맡겠다고 하였다. 인세는 자진해서 15퍼센트를 주겠다고 제의할 정도의 적극성이었다. 1977년이 동명사 창설 70주년에 해당했다. 『한국철학사연구』만은 그 안에 내기로 하고 곧 이어서 『한국철학사』도 낼 수 있도록 원고를 준비한다는 조건으로 출판 계약을 체결하였다.

그러나 우리 학회 측에서 약속을 지키지 못했다. 원고 청탁을 적어도 반년 이상의 여유를 두고 미리 했으나, 좀처럼 논문이 들어오지 않았다. 책임감을 자극하자는 뜻에서 원고료의 반액을 미리 가져다 맡겼으나, 늦는 사람은 역시 늦었다. 끝까지 원고를 내지 않고 막바지에 원고료를 반환하는 경우도 있었다. 작고한 분이 생겨서 부득이 원고가 늦어진 사례도 있었다. 이런저런 사정으로 1977년 3월에 『한국철학사연구』 상권(上卷) 하나를 겨우 내놓았다. 하권(분량이 많아서 나중에 중권과 하권으로 나누었다)의 원고 청탁도 거의 동시에 했던 것인데, 이 부분을 맡은 필자 중에 매우 느슨한 성격이 있어서, 상권만 우선 상재(上梓)하였다. 중권과 하권은 다음 해 8월에 출판되었다.

놀라운 일은 그토록 늦어졌어도 최한웅 박사는 단 한 번도 독촉을 하거나 불평을 한 적이 없다는 사실이다. 13년이나 걸려야 할 뚜렷한 이유가 있어서가 아니라 일부 학자들의 느슨한 성격 때문에 그렇게 되었지만, 최 박사는 늘 웃는 낯으로 잘 부탁한다고만 말했다. 13년 후에 겨우 출판이 완료되었을 때, 그는 이 책의 편찬에 깊이 관여했던 사람들에게 자축의 만찬을 냈으며, 그 자리에서도 불평은 한마디도 하지 않았다. 체구도 큰 양반이지만 보기 드문 대인지풍이었다.

『한국철학사』 간행 사업에 관해서 가장 애를 많이 쓴 사람은 이남영 교수였다. 편집의 원안을 짜는 일에서 원고를 독촉하는 일에 이르기까지 그가 한 일은 많았다. 자기 뜻대로 되지도 않은 일을 포기하지 않은 그의 참을성 있는 협조가 아니었다면 그 정도의 결과를 얻기도 어려웠을 것이다.

이남영 교수 이외에도 수고를 아끼지 않은 학자들이 많은 것으로 알고 있다. 끝마무리를 지을 단계에서 학회장을 맡았던 한전숙(韓筌淑) 교수가 애쓰던 모습이 지금도 눈에 선하다. 어쨌든 『한국철학사연구』와 『한국철학사』의 이름으로 간행된 여섯 권의 책이 나오기까지 우여곡절도 많았고 결과에 만족스럽지 못한 점도 있으나, 그런 책을 냈다는 것은 뜻있는 일이었다고 생각한다.

18장 정신문화연구원과의 어려운 인연

1. 낚싯밥을 물다

1977년 5월 필리핀의 바기오에서 개최된 세계교육자연합(WCOTP) 극동 지역 대회라는 모임에 참석하고 돌아왔을 때, 그동안에 청와대 비서실에서 전화가 왔다며 아내는 걱정스러운 표정을 지었다. 그러나 나는 크게 놀라지 않았다. 그보다 먼저 한국교육개발원에서 모임이 있었을 때, 이영덕(李榮德) 원장이 나에게 은밀한 정보를 흘리면서 마음의 준비를 해두라고 귀띔을 한 바가 있었기 때문이다.

박 대통령의 특명으로 가칭 '한국정신문화연구원'이라는 것을 설립하게 되었으며, 그 설립을 위한 준비 작업의 책임자로서 내가 지명을 받을 가능성이 많다는 정보였다. 만약 지명을 받게 되거든 사절하지 말고 맡아서 훌륭한 연구 기관이 되도록 기초를 마련하는 것이 학계를 위해서 도움이 될 것으로 생각한다는 이영덕 교수 자신의 의견도 곁들였다. 도대체 무슨 연구를 하는 기관이냐고 물었더니, '한국 사상'을 연구한다는 원칙이 세워졌을 뿐 구체적인 문제는 설립 준비를 맡은 사람이 하기에 달려 있지 않겠느냐는 반응이었다.

필리핀에서 돌아온 다음 날, 청와대 비서실에서 다시 전화가 왔다. '수석 비서'라고 자기를 소개한 사람이 좀 만나자는 것이었다. 그때만 해도 '청와대'라는 말은 어떤 위압감을 수반하는 단어였으며, 만나고 싶거든 우리 집이나 내 연구실로 찾아오라고 말할 수 있는 배짱이 나에겐 없었다. 자기는 점심시간 이외에는 사무실을 떠날 수가 없으므로 그 시간을 이용해서 시내에서 만나고 싶다는 그의 의견에 그저 그렇게 하자고 대답했을 따름이다. 다음 날 종로 화신 근처에 있는 한정식집 '경향'에서 만나기로 약속하고 수화기를 놓았다.

내가 '경향'에 도착했을 때 수석 비서는 이미 와서 기다리고 있었다. 젊은 사람이었다. 그는 뜸을 들이지 않고 바로 용건을 말하기 시작했다. 우리나라의 전통문화에 대한 박 대통령의 관심이 크다는 이야기와, 우리나라의 전통사상을 체계적으로 연구할 기관이 필요하다는 것은 박종홍 선생이 생전에 이미 역설한 바 있다는 이야기 등이 나왔다. 그리고 물질문명이 극도로 발날한 반면에 정신문화가 위축된 우리의 현실을 걱정하는 말도 나왔을 것이다. 어쨌든 우리나라의 전통 사상 연구를 위한 가칭 '한국정신문화연구원'을 설립하기로 기본 방침이 섰다는 이야기였다.

기본 방침은 섰으나 그 구체적 계획은 아직 서 있지 않다고 하였다. 새로 설립될 연구 기관의 구체적 계획을 세우는 일의 책임을 맡아 달라는 것이 그가 나를 만나고자 한 용건이라고 하였다.

나는 한국의 전통 사상을 연구하는 전문가가 아니라는 이유를 들어 사양하는 의사를 표명하였다. 나보다는 이런 사람이 적임자라고 두 사람 정도의 이름을 들어서 대안을 제시하기도 하였다. 내 기억으로는 한우근(韓㳓劤)과 고병익(高柄翊) 두 교수의 이름을 입 밖에 낸 것으로 생각된다.

그러나 수석 비서는 내 의견을 듣기 위하여 나와 만난 것이 아니라 내 승낙을 받기 위해서 나와 마주 앉아 있었다. 그는 내 말을 음미하는 대신 그동안의 경위를 대충 설명하였다. 새로 생길 연구원의 설립 준비위원장을 맡길 사람을 찾기 위하여 수십 명 학자들의 명단을 만들었다는 것이다. 그 다음에 다각도로 수소문도 하고 자문도 구하여 후보자의 범위를 좁히고 또 좁혀서 마지막으로 세 사람만 남겼다고 하였다. 그 세 사람에 대한 이력서와 그 밖의 참고사항을 첨부하여 대통령에게 결재를 올린 결과 나에게 지명이 떨어졌다는 이야기였다. 이렇게 신중한 절차를 거쳐서 결정된 것임을 생각하고, 또 국가 원수의 뜻이라는 점을 깊이 고려해서, 거절하지 말라고 은근히 못을 박았다.

그래도 주저하는 나에게 수석 비서는 연구원의 기구와 그 운영 방안은 전적으로 나에게 맡길 것이라는 말을 하였다. 그리고 이번에 준비위원장이 되는 사람은 장차 그 연구원의 부원장으로 임명될 것이며, 동시에 연구원 운영의 전권을 장악하고 소신껏 일할 수 있을 것이라는 말도 하였다. 원장의 자리에는 아주 나이 많은 원로 학자가 앉게 될 것이며, 그는 다만 상징적 존재에 머물게 될 것이라고 하였다. 박종홍 선생이 계획하다가 실현하지 못하고 만 그 뜻을 이어받아서 좋은 연구원을 만드는 것은 제자로서 보람된 일이 아니냐는 설득까지 동원되었다.

박 선생께서 청와대에 들어가신 결정에 대해서 많은 제자들이 부정적 반응을 보였다. 제자 아닌 지성인 가운데는 심한 비난을 하는 사람조차 있었다. 나도 그분이 연구 생활에만 몰두했더라면 좋았을 것이라고 생각하였고, 되도록 빨리 서재로 돌아오시라는 진언도 하였다. 그러나 그분이 권력이나 물질에 대한 관심에서 그 자리를 받아들였다고는 생각하지 않았다. 나라를 위해서 크게 기여하는 길이 바로 그 길이라는 신념에서 그 자리에 앉기로 결심했음에 틀림이 없었다. 다만 우리나라 정치의 생리를 제대로 몰랐던 까닭에 실현성이 희박한 결심을 한 것이라고 나는 생각하였다.

나는 박종홍 선생에게 좋은 연구소를 하나 설립하시도록 진언한 적이 있었다. 청와대에 들어가신 기회를 살릴 수 있는 길은 그것밖에 없다는 생각이 들었고, 연구소를 설립하고 그 책임을 맡게 되면 자연스럽게 청와대를 물러나는 결과도 얻을 수 있을 것이었다. 박 선생께서도 그 의견에 찬동하셨고, 연구원 설립 계획서를 관계 기관에 제출한 적이 있었다. 그 계획서가 문교부는 통과했으나, 경제기획원의 제동에 걸려서 성사에 이르지 못한 것으로 알고 있다. 박 대통령에게 직접 상의했더라면 일이 쉬웠을지도 모르나, 박 선생께서는 그 방법을 택하지 않았다. 그 방법을 몰라서가 아니라 그것이 정당한 절차가 아니라고 판단했기 때문일 것이다.

내가 박 선생에게 진언했던 것은 순수한 학술을 위한 기관이었고, 어떤 정치적 의도나 정책과 관련된 연구소는 아니었다. 그날 수석 비서가 말한 연구원이 순수 연구 기관인지 정책 연구 기관인지는 속단하기 어려웠다. 또 설사 순수한 연구 기관이라 하더라도 내가 반드시 그 일을 맡아야 한다는 논리가 성립하지도 않는다. 나는 좀 생각할 여유를 달라는 말을 하고 일단 수석 비서와 작별하였다.

다음 날인가 다음다음 날인가 또 전화가 걸려 왔다. 나는 우선 설립 준비 과정에는 참여하되 추후에 부원장이 된다는 조건은 달지 말라고 타협안을 내놓았다. 그렇게 되면 서울대학교의 교수직을 물러날 필요도 없고, 국가 원수의 뜻을 무시했다는 말을 듣지 않을 수 있을 것 같아서, 그렇게 응답했던 것이다. 수석 비서는 아무 염려하지 말라는 식으로 얼버무리며 더 이상 말할 기회를 주지 않았다.

서울대학교 윤천주 총장으로부터도 전화가 있었다. 청와대에서 부탁하는 일에 잘 협조해 달라는 말을 하기 위해서였다. 일반적으로는 학교 밖으로 나가서 다른 일을 하는 것을 달갑게 생각하지 않고 되도록 억제하는 것이 총장의 태도이나, 이번만은 그런 차원의 상황이 아니었다.

그 당시 문교부 장관이었던 황산덕(黃山德) 씨로부터 만나자는 연락을 받고 그의 집무실을 찾아간 적도 있다. 그는 자신의 저서 『회귀(回歸)』를 한 권 주면서 연구원 일을 잘 부탁한다고 말했을 뿐, 특별히 할 말이 따로 있는 것 같지는 않았다. 다만 그가 한 말 가운데 "소신껏 하라"는 것이 있었고, "적임자가 그 일을 맡게 되어서 안심"이라는 말도 있었다. 그러나 내가 주로 상대하게 된 청와대의 수석 비서가 경찰관 출신이어서 학문에 대한 이해가 어느 정도나 있을지 걱정이라는 말도 하였다.

연구원의 기구와 운영 방침을 나에게 일임한다던 수석 비서의 말을 나는 곧이들었다. 그러나 그것은 큰 실수였다. 백지 상태에서 연구원의 기구와 운영 방침을 구상하기에는 이미 많은 것이 결정되어 있었던 것인데, 나는 그것을 전혀 모르고 있었다. 곧 알게 된 일이지만, 내가 수석 비서를 만나기 약 반년 전인 1977년 1월에 '한국정신문화연구원 설치 운영안'이라는 것이 이미 작성되어서 그 골격이 어느 정도 형성되어 있었으므로, 나의 자유재량의 반경은 처음부터 크게 제한을 받을 수밖에 없었던 것이다.

어떤 연구 기관에 용역을 주어서 만든 것으로 추측되는 그 '설치 운영안'에 따르면, 그 연구원의 설립 목적은 "우리 고유의 문화, 사상 및 윤리를 재발견하고, 민족의 슬기로운 얼을 되살려, 이를 국민 지도층에게 고취함으로써, 주체성이 희박한 국민 정신을 고무 · 발양 · 심화하며, 나아가 민족 중흥의 기운을 진작케 함"으로 되어 있었다. 이 '설립 목적'을 통해서 알 수 있었던 것은, 그 '연구원'이 학술 연구를 위한 기관이 아니라 이른바 '지도층'의 정신교육을 위한 연수원(硏修院)이라는 사실이었다.

건축설계도도 이미 작성되어 있었고 토목공사가 상당히 진행되고 있는 상황이었다. 그 설계도를 보아도 연구 기관이 아니라 연수 기관이라는 것을 알 수 있었다. 연구실은 몇 개 안 되는 반면에 기숙사와 식당이 차지하는 면적은 어마어마하게 크며, 도서관 대신 작은 도서실이 하나 있을 뿐이라는 사실이 그것을 증명했다.

기구표(機構表)라는 것을 보면 연구원이라기보다도 훈련원(訓練院)이라는 인상이 강했다. 원장 밑에 두 사람의 부원장을 두도록 되어 있었으며, 한 부원장은 '연수부'를 관장하고 다른 부원장은 '연구부'를 관장하도록 되어 있었다. 그뿐만 아니라 연수부를 맡게 될 부원장의 서열이 위였고, 그 자리에는 예비역 장성이 앉도록 내정되어 있었다. 쉽게 말해서 '연구부'라는 것은 연수부를 돕기 위한 하위 부서였다.

나를 더욱 놀라게 한 것은 이미 작성된 문서에 나타난 '연구 목적'에 관한 서술이었다. 연구 목적의 첫째는 '유신 이념의 한국 사상사적 체계화'였고, 그 둘째는 '전통적 윤리관에 입각한 새마을 정신의 정립'으로 되어 있었던 것이다. 특히 나로 하여금 밤잠을 못 자게 한 것은 '유신 이념의 한국 사상사적 체계화'라는 구절이었다. 유인물로 된 그 '설치 운영안'을 훑어본 최정호(崔禎鎬) 교수의 한마디는 핵심을 찔렀다. "새마을 연수원의 대학원 과정 같은 기관이군요."

'설립 추진 본부'라는 것이 그해 3월 2일자로 설치되었고, 그 본부장에는 삼성 장군까지 지냈다가 예편된 고광도(高光道) 씨가 이미 부임해 있었으며, 고 장군을 보좌할 임무를 맡고 현역 군인 최찬욱(崔燦郁) 준장이 파견되어 있었다. 그리고 고광도 장군은 장차 '연수부'를 관장할 '관리 담당 부원장'의 자리에 앉기로 내정되어 있었다. 그 밖에도 추진 본부의 직원 명단에는 예비역 준장, 현역 대령, 현역 소령이 각각 한 사람씩 들어 있었다.

나는 비장한 각오를 하지 않을 수 없었다. 생명을 건 싸움터에 나가는 사람 같은 각오였다. 이 싸움에서 지면 나는 파멸한다. 그것은 싸움일 수밖에 없었다. 지금 돌이켜 보면 그것은 계란과 바위의 싸움 같은 것이었으니, 나는 그 싸움에서 이길 수 있다고 믿었다. 믿음의 근거는 없었다. 결코 져서는 안 되는 싸움인 까닭에 그렇게 믿었을 따름이 아닐까 한다.

'연구원'이라는 이름의 연수원을 설립해서 '지도층'을 대상으로 삼는 정신 교육의 도장으로 만들고자 하는 청와대 측의 의도와 그것을 정치성 없는 학술 연구의 기관으로 만들고자 하는 내 생각과의 대결이 불가피하게 다가왔다. 이 대결에서 내가 이길 수 있다고 믿게 된 데는 황산덕 문교부 장관과의 짧은 대화가 도움을 주었을 가능성이 있다. 그가 담당 수석 비서를 '경찰 출신'이라며 나에게 잘해 보라고 말한 것을 상기하면서, 그 '설치 운영안'이 정부의 일치된 의견을 반영한 것이 아니며, 박 대통령 자신의 직접적인 지시를 따라서 만든 것도 아닐 것이라는 생각이 떠올랐던 것이다. 황 장관의 말을 나에게 편리하도록 해석한 것인데, 어쨌든 '설치 운영안'은 어디까지나 안(案)에 불과한 것이므로 뜯어고칠 수가 있다는 것이 나의 소박한 생각이었다.

내가 해야 할 일이 무엇인가를 나는 곰곰이 생각해 보았다. 밤잠을 설쳐 가며 생각하지 않을 수 없었다. 내가 첫째로 해야 할 일은, "저 설치 운영안이 최선의 것일 수 없으므로 다시 생각해 보자."는 의견을 통과시키는 일이었다. 우선 수석 비서를 설득해서 더 좋은 안을 만들어 보자는 합의를 얻어 내야 할 것이었다. 겉으로는 설득이 될 수밖에 없었지만, 내 마음 안에서는 그것은 처절한 싸움이었다.

싸움은 내가 먼저 걸어야 했다. 시기를 놓치기 전에 빨리 손을 써서 '설치 운영안'을 바꿀 필요가 있었다. 그저 내버려 두면 저 원안(原案)이 움직일 수 없는 원칙으로서 굳어 버리게 된다. 내가 청와대로 수석 비서를 찾아간 것은 '파견 근무 발령'이라는 것을 받은 6월 6일 직후였을 것이다. 그날 방문 때는 추진 본부장 고광도 씨와 그의 오른팔 격인 최찬욱 준장도 동행하였다. 그 당시의 메모를 보면 교육개발원의 이영덕 원장과 신세호(辛世浩) 부원장도 같이 간 것으로 적혀 있다.

어떠한 관련으로 이영덕 원장과 신세호 부원장이 동행하게 되었는지에 대해서는 메모도 없고 기억도 없다. 다만 기억에 남아 있는 것은 '설치 운영안' 이라는 유인물을 받아 보고 놀란 직후에 이영덕 교수에게 전화를 걸고 도움을 청한 일이 있었다는 사실이다. 이영덕 교수는 그 수석 비서(사람들은 그를 '정 수석'이라고 불렀다)와 잘 아는 사이고 나를 '준비위원장'으로 강력하게 추천한 사람이라는 심증이 있었던 까닭에, 정 수석을 설득하는 데 그의 부추김이 주효할 것으로 보았던 것이다.

정 수석을 만나서 나는 이미 작성된 '설치 운영안'의 잘못된 점을 지적하거나 전체를 직접 비판하는 말은 하지 않았다. 내 메모에 따르면, 나는 첫째로 새로 생길 연구원은 '정치성'을 배제해야 한다는 점을 애써 강조하였다. 연구원이 정책 기관이 되어서는 안 될 뿐 아니라, 정책 기관이라는 오해를 받아도 안 된다고 역설하였다. 순수한 연구 기관으로 키우는 것이 설립자인 박 대통령 자신을 위해서도 중요하다는 점을 강조하였다.

나는 박 대통령을 안고 들어갈 필요가 있었다. 이미 경제 정책에서 업적을 세운 박 대통령은 이제 문화 정책에 관해서도 탁견을 가진 지도자임을 보여줄 때라는 말도 하고, 그가 만약 이 연구원을 정책 기관으로 만든다면 한국의 지식층은 크게 실망할 것이라는 말도 하였다. 박 대통령이 새로 생길 연구원을 집현전(集賢殿)에 비유했다는 말을 들었다고 전제하고(나는 그 말을 이영덕 교수에게서 들었다) 집현전은 순수한 학자들의 전당이었음을 상기시켰다.

내가 둘째로 강조한 것은 '폐쇄성의 배제'였다. 메모에는 설명이 없으나 폐쇄적 민족주의의 철학을 가지고는 현대에 어울리는 좋은 연구원을 만들 수 없다는 점을 말했을 것이다. 셋째로 강조한 것은 '복고주의의 배제'였다. 복고주의에 대해서 내가 오래전부터 가지고 있던 부정적 태도를 솔직하게 드러냈던 것인데, 나의 그때의 처지로서는 지나치게 솔직했다고 생각된다.

내가 그때 필사적으로 강조해야 했던 것은 정치성이 배제된 순수한 연구원을 세워야 한다는 점이었다. 그런데 '순수성'의 주장을 철저하게 밀고 나가야 했던 나의 처지에서 '폐쇄성'을 배제해야 하느니, '복고주의'를 배격해야 하느니 하는 따위의 말을 한 것은 전략적으로 몹시 졸렬한 발언이었다. 왜냐하면 이러한 발언은 새로 생길 연구원이 실천적 현실 문제에 대한 연구도 해야 한다는 것을 전제로 한 것인데, 정치성을 철저하게 배제하고 순수성을 철저하게 지키기 위해서는, 실천적 현실 문제는 외면하고 오로지 고전을 위한 고전의 연구에만 몰두하는 편이 유리했다. '정치성'이니 '순수성'이니 하는 말이 본래 애매한 단어이지만, 실천적 현실에 대한 관심은 자연히 정치적 관심과 연결되기 마련이다.

실천적 현실에 대한 연구는 허용하면서 '정치성'을 배제해야 한다는 나의 주장은, 요컨대 "새로 설립하고자 하는 연구원은 당신네의 현 정권을 위한 정책적 도구로 이용되어서는 안 된다."는 말에 지나지 않았다. 그것은 청와대의 환영을 받기에는 가시가 들어 있는 발언이었다. 그러나 정 수석은 내 말에 대해서 어떤 반대 의견을 말하지 않았다. 약간 표정이 굳어지기는 했으나, 일단 내 주장을 받아들이는 듯한 몸짓이었다.

나는 내 설득이 먹혀 들어간 것으로 믿고 깊은 안도를 느꼈다. 가장 큰 고비는 넘긴 셈이었다. 그러나 이것은 어리석은 낙관이었다는 것이 후일에 드러났다. 정 수석은 노련한 낚시꾼의 수법으로 나를 다루었던 것이다. 낚싯밥을 문 잉어는 맹렬히 저항하기 마련이며, 그 저항을 성급하게 꺾으려 들면 잉어는 줄을 끊고 달아난다. 일단 낚싯줄을 풀어 주어 가며 느긋하게 다루어야 한다. 나는 이미 낚싯밥을 물어 버린 물고기가 아니던가.

2. 집현전의 꿈

물고기가 낚싯밥을 무는 것은 그것이 구미에 당기기 때문이다. 먹고 싶은 생각이 전혀 없으면 물지 않는다. 나의 '낚싯밥을 물었다'는 표현이 적합하기 위해서는 청와대가 나에게 던져 준 기회에 대해서 내가 어떤 유혹을 느꼈어야 한다. '설립 준비위원장'이라는 자리를 강제로 떠맡긴 것이라면, 차라리 '투망에 걸렸다'는 비유가 더 적합할 것이다.

나에게는 오랜 전부터 하나의 소망이 있었다. 가치관을 중심으로 한 한국인의 사상을 체계적으로 연구해 보고 싶다는 소망이다. 한국인의 사상을 여러 분야에 걸쳐서 종합적으로 연구하되, 과거의 사상뿐 아니라 현재의 사상도 연구하고, 내일의 한국을 위한 바람직한 가치관의 문제와 앞으로 창조할 바람직한 문화의 방향까지도 대상에 포함시키는 방대한 연구를 꿈꾸었던 것이다. 이러한 연구를 개인의 힘으로는 할 수 없었던 까닭에, 나는 거대한 규모의 연구소가 필요하다고 생각해 왔다. 대통령 특별 보좌관으로 계시던 박종홍 선생에게 연구소의 창립을 진언한 것도 그러한 맥락에서였다. 막대한 예산을 필요로 하는 그 연구소를 어떤 재벌이 설립해 주기를 기대하기 어렵다면, 국가가 그것을 마련할 수밖에 없다고 생각했던 것이다.

가칭 '한국정신문화연구원'에 대한 계획을 이영덕 교수로부터 처음 들었을 때, 그리고 박 대통령이 누차 '집현전'을 언급했다는 말을 들었을 때, 나는 이것이 바로 그 기회가 아닐까 하는 생각을 했다. 사람은 새로운 사태를 자기에게 좋도록 해석하는 경향을 가졌다.

그러나 나는 덥석 덤벼들지는 않았다. 과거에 학자들이 정부 기관에 발을 들여놓았다가 낭패만 보고 물러난 사례가 많다는 사실을 나는 잘 알고 있었던 까닭에, 그렇게 무모하게 서두르지는 않았다. 나는 신중해야 했고, 또 신중하게 하느라고 하였다. 내가 정 수석을 처음 만나던 날 가부간의 대답을 하지 않고 생각할 시간을 달라고 한 것도 내 딴에는 신중을 기한 태도였다.

혼자의 생각만으로 결정을 내리기에는 너무나 벅찬 문제였다. 나는 이명현(李明賢) 교수를 불러서 조언을 구했다. 그 당시 서울대학교 철학과의 조교수로 있었던 이명현은 나에게 제자도 되고 동료도 되는 젊은이였으며, 신변에 어려운 문제가 생기면 서로 상의하는 그런 사이였다. 그는 두뇌의 회전이 빠르고 명석한 추리로써 단호한 결론을 내리는 준재였으므로, 망설임을 해결해 주는 조언자로서는 젊지만 정상급이었다.

내가 이명현 교수를 만난 것은 정 수석과 첫 대면을 한 직후였고 '설치 운영안'이라는 것이 벌써 나와 있다는 사실을 전혀 모르는 상태에서였다. 나는 정 수석이 "작품을 창작하는 기분으로 구상해 주시오." 하는 표현을 썼다는 말도 전하고, 박 대통령이 '집현전' 같은 연구원을 의중에 두고 있다는 말을 들었다는 이야기도 하였다. 나의 이와 같은 희망적 선입견 때문이었는지, 이명현 교수는 '절대 불가'라는 판단을 내리지 못하고, 다만 신중을 기할 필요가 있다는 조언을 주는 데 그쳤다. 본래 의심이 많은 그가 나처럼 단순하게 그 일을 낙관했을 리는 없다. 그는 아마 내 뜻이 이루어지기보다는 실패할 가능성이 크다고 보았을 것이다. 다만 성공할 확률이 전무하다고 보기도 어려웠던 까닭에, 신중을 기해야 한다는 결론에 머물렀을 것으로 생각된다.

신중을 기하는 구체적 방안은 우선 연구원의 설립 준비 단계에 참여하고, 연구원이 설립된 뒤에 계속 관여하느냐 마느냐 하는 문제는 일의 추이에 따라서 결정하자는 것이었다. 설립 준비 단계에서도 정 내 뜻대로 안 되면 도중에서 물러설 수도 있을 것이라고 나는 일을 쉽게 생각하였다. 나쁘게 말해서, 달면 삼키고 쓰면 뱉겠다는 심산이었다. 도대체 낚싯밥을 문 고기에게 그러한 자유가 있는지에 대해서 나는 생각해 보지 않았다. 그 당시 나는 내가 물고기에 불과하다는 생각을 꿈에도 갖지 않았던 것이다. 나는 나를 '자유인'이 될 수 있는 지혜와 용기를 가진 사람이라고 믿고 있었다.

내가 첫째로 해야 할 일은 이미 작성된 '설치 운영안'을 검토하고 그 대안(代案)을 작성하는 일이었다. 그러나 그 설치 운영에 관한 대안이 채택되기까지에는 넘어야 할 고개들이 있었고 그것은 높고 험한 고개였다. 제일 첫째로 넘어야 할 고개는 고광도와 최찬욱 두 군인 장성의 동의를 얻는 일이었다. 나는 내 소신대로 모든 것을 설계할 수 있는 권한이 주어졌다고 생각하고 '준비위원장'이라는 직책을 맡았던 것이나, 사실은 그것이 아니었던 것이다. 내가 '파견 근무'의 발령을 받고 부임하게 된 '설립 추진 본부'에는 이미 고광도 씨가 본부장으로 와서 앉아 있었고, 그가 추진 본부를 대표하도록 되어 있었다. 그러므로 '설립 운영안'을 다시 만들어서 대통령의 재가를 받자면 추진 본부장의 명의로 서류를 올리기 마련이었고, 고광도 씨와 그의 참모 격인 최찬욱 씨가 반대하는 안을 청와대로 보내기는 어려운 실정이었다.

두 장성과 한 철학자. 그 거리는 생각보다도 멀었다. 두 사람은 모두 나에게 우호적으로 대해 주는 듯한 몸짓을 했지만 어깨에 별을 달도록 군대 밥을 먹은 사람들과 책과 백묵을 벗 삼으며 평생을 살아온 사람의 대화는 상당한 준비 기간을 필요로 하였다. 나를 가장 당황하게 만든 것은 그들의 권위주의적 사고방식이었다. 그들은 '지도(指導)'라는 말을 자주 썼다. 지도의 대상은 국민이었다. 모든 인간관계를 수직적 상하(上下)의 관계로 보는 실서 의식노 나와의 대화에 지장을 주었다. 예컨대 교수와 조교수의 사이는 대령과 소위의 사이처럼 떨어진 것으로 보고 총장이나 학장을 지낸 교수와 그렇지 못한 교수의 차이는 별을 단 군인과 못 단 군인의 차이처럼 크다고 보는 그들에게 교수 사회를 이해시키는 일은 예상보다 어려웠다.

그러나 그들에게는 교수에게서는 찾아보기 어려운 좋은 점도 많았다. 그들은 책임감이 투철했고 맡은 일을 차질 없이 수행하고자 하는 성실성을 보였다. 그들은 과단성과 추진력을 가졌을 뿐 아니라, 일처리가 조직적이고 치밀했다. 그들은 피로를 모르는 듯 부지런히 움직이며 일을 하였다. 나와는 의견을 달리하는 점이 많았으나, 사리사욕 때문이기보다는 신념이 다르기 때문이라는 느낌을 주었다.

점심 식사는 늘 세 사람이 함께했다. 최찬욱 준장은 화제가 풍부하고 달변이었다. 남북회담 때 보고 들은 이야기, 월남전에 참가해서 겪었던 체험담 등 재미있는 이야기가 많았다. 의장 시절의 박정희 씨를 측근에서 본 이야기도 있었다. 박 의장으로서는 민정 이양을 의도했으나, 권총으로 위협까지 하며 결사반대하는 부하들의 성화에 못 이겨 대통령 자리에 앉게 되었다는 따위의 비화도 있었다.

고광도 본부장은 말이 적었다. 현역 시절에는 덕장(德將)으로 알려졌다는 소문이었다. 대학 사회에 대해서는 불신과 몰이해로 가득 차 있었으나, 냉정한 태도로 남의 말에 귀를 기울이는 편이어서, 오래 이야기하면 상호 이해에 도달할 수 있다는 신뢰감을 주었다. 그는 근본이 성실한 인물이라는 인상을 강하게 풍겼고, 나는 지금도 그를 그렇게 믿고 있다.

'추진 본부'가 삼청동에 있는 '중앙교육연수원'의 일부를 빌려 임시 사무소로 사용하던 기간 중에는 연구원의 '설치 운영안'을 놓고 구체적인 논의는 하지 않았다. 6월 10일에 '추진 본부'를 역삼동에 있는 '과학기술회관'으로 옮기고 어느 정도 분위기가 안정된 뒤인 6월 중순 이후에야 비로소 그 작업에 들어갔다. 나는 우선 연구원의 기구(機構)부터 뜯어고치기로 마음을 먹었다. 내가 부임하기 이전에 작성되었던 기구표의 일부를 참고삼아 옮기면 다음과 같다.

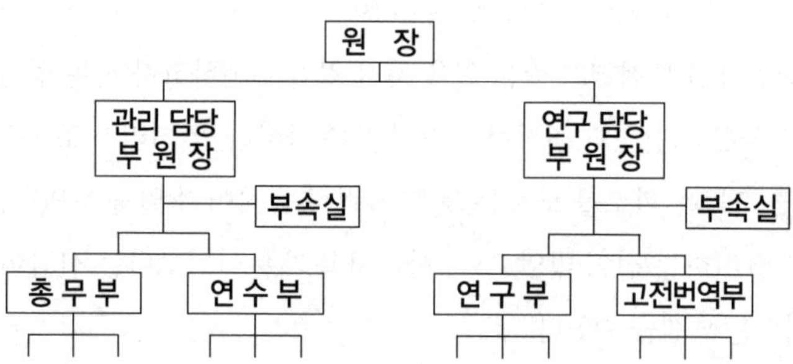

이 도표만을 보면 연수부(研修部)와 연구부(研究部)가 같은 비중을 차지하는 듯하지만, '연구 결과 활용'이라는 설명란에 첫 번째로 '본원 연수 과정 교육에 활용'이라는 항목이 있는 것으로 보거나, 연구원 건축설계도에 연구실과 도서관 시설은 빈약하고 기숙사와 식당의 규모는 방대한 점으로 미루어 볼 때, 연수부가 으뜸이고 연구부는 그 지원 부서로서의 성격을 갖는다는 것이 명백했다.

내 욕심 같아서는 연수부를 아예 없애고 싶었지만 그런 주장이 먹혀 들어갈 가능성은 전혀 없었다. 내가 현실적으로 시도할 수 있었던 것은 연구부의 비중을 키우고 연수부의 성격을 바꾸는 방안이었다. 연구부의 비중을 키우는 방안으로서 나는 연구부를 3개 만들었다. '연구 1부', '연구 2부', '연구 3부'를 만듦으로써 그 세력을 키우자는 속셈이었다. 연구실도 본래는 10개로 되어 있던 것을 28개로 늘렸다. (이미 설계도가 완성되어 건축 공사가 시작된 뒤여서 그 이상은 늘릴 수 없다는 것이 설계를 맡았던 김희춘(金熙春) 교수의 설명이었다.)

연구원을 연수원 아닌 연구 기관으로 만들기 위해서는 연구부를 양적으로 확장함이 마땅했다. 그리고 연구부를 셋으로 만든 것은 연구부장을 세 사람 세움으로써 연구 담당 부원장의 진영을 강화하자는 계산이었으니, 그것도 전략의 상식이었다고 볼 수 있다. 그러나 이 전략은 실제로는 나에게 불리한 결과를 초래하게 된다. 초대 연구부장 가운데 두 사람이 순수한 학술 연구보다도 정책을 위한 연구와 그 연구에 입각한 정신교육이 더 중요하다는 주장을 가진 학자들이어서, 결과적으로 내가 곤경에 빠지게 되었던 것이다. 자세한 사정은 뒤에 가서 다시 언급할 기회가 있을 것이다.

연수부의 성격을 바꾼다 함은, 교육자와 피교육자가 나누어져서, 교육자의 생각을 피교육자에게 주입하는 이른바 '정신교육'을 지양하자는 뜻이었다. 이 연구원에서는 '지도층 인사'들을 연수의 대상자로 예상하고 있었거니와,

'지도층 인사'들에게 주입식 정신교육을 시키겠다는 것은 매우 위험한 발상이라고 보았던 것이다. 그 대신 어떤 주제를 정해 놓고 각계에서 모인 사람들이 세미나 형식의 연구 모임을 갖도록 하자는 것이 내 생각이었다. 몇 사람이 주제 발표를 하고 이에 대한 여러 사람들의 토론을 거쳐서 결론으로 접근한다면, 사람들이 별다른 거부감을 느끼지 않고도 이 모임에 참석할 수 있을 것이라고 보았던 것이다. 따라서 그런 일을 맡아 보는 부서를 '연수부'라고 부르는 것은 좋지 않다고 생각되어, 그 부서에 '연찬부(硏鑽部)'라는 이름을 붙이기로 하였다. 결코 연수원이나 정신교육기관이 아니라는 것을 나타내고 싶었던 것이다. '사물의 도리를 깊이 연구한다'는 것이 '연찬'이라는 말의 뜻이니, 나는 이 말이 좀 생소하기는 하지만 매우 적합하다고 생각하였다.

이상과 같이 변경한 나의 구상에 대해서 고광도 본부장과 최찬욱 준장이 쉽게 찬동했다고는 생각되지 않는다. 구체적으로 어떤 점에 어떻게 반대했다는 기억은 남아 있지 않으나, 상당히 많은 논쟁이 있었던 기억은 생생하다. 나와 논쟁을 한 것은 주로 최찬욱 준장이었고, 끝없는 논쟁을 옆에서 듣고 있던 고광도 본부장이 마침내 내 의견에 찬성을 표명하면, 한 고비가 넘어가곤 하였다. 내가 거듭 강조한 것은 내 구상이 진실로 설립자 박 대통령의 치적(治績)을 위하는 길이라는 점이었고, 학자들에게 외면당하는 연구원을 만드는 것이 무슨 소용이냐는 점이었다. 그러나 내가 그 완강한 사람들을 납득시킬 수 있었던 가장 큰 힘은 내 내심의 필사적 각오와 내 의견이 옳다는 확고한 신념에서 나왔다고 생각한다.

그러나 가장 힘들었던 것은 '설치 목적', '연구 목적' 등을 밝힌 문헌의 서술을 바꾸는 일이었다. '기구표'의 변경에 깔린 의도는 확연하게 드러나는 것이 아니므로 설명만 잘하면 찬동을 얻는 데 큰 어려움은 없었지만, '목적'에 대한 서술의 표현을 바꾸면 이미 작성된 '설치 운영안'에 반대하는 내 의도가 분명하게 나타나는 까닭에, 문제가 예민했다.

내가 이 단계에서 해야 했던 일은, 첫째로 연구보다는 연수에 치중하는 뜻이 담겨 있는 '설치 목적'을 바꾸는 일이었고, 둘째로 '민족혼의 진작(振作)과 지도 이념의 정립', '유신 이념의 한국 사상사적 체계화', '국가 지도 이념(유신, 새마을, 통일, 안보)의 확립', '새 역사 창조의 소명감(召命感) 제고(提高)' 등 제3공화국 정부가 표어처럼 사용해 온 말들을 연구원의 설치와 운영의 요지를 밝히는 문헌에서 삭제하는 일이었다. 만약 이 일을 못하면 학자로서의 내 생명은 끝이라는 절박감을 안고, 나는 이 일에 심혈을 기울였다.

나는 이 일이 얼마나 어려운 일인지에 대해서 충분히는 모르고 있었다. 왜냐하면 문제의 '설치 운영안'은 1977년 1월에 박 대통령의 재가를 얻은 문헌이었고, 그것을 고치자면 그의 재가를 다시 받는 절차를 거쳐야 한다는 것을 나는 모르고 있었다. 이미 재가를 받은 '설치 운영안'은 기본 골격에 관한 것이므로 그것을 명세화한 것을 가지고 다시 대통령의 결재를 받도록 되어 있었다. 그러나 이 명세화는 이미 결정된 골격에 맞추어서 작성되어야 할 것이므로, 먼저 것을 부정하는 내용으로 새로운 안을 만들어서 대통령에게 결재를 올린다는 것은 청와대 비서실로서는 하기가 매우 어려운 일이 아닐 수 없었다. 박 대통령의 절대적 권위가 지배했던 당시의 청와대 분위기를 아는 사람은 그것이 엄두도 못 낼 어려운 일임을 짐작할 수 있었을 것이다.

그 당시 나는 청와대의 어마어마한 분위기에 대해서 깊이 아는 바가 없었고, 그 '설치 운영안'이 대통령의 재가까지 받은 것임을 전혀 몰랐던 까닭에, 내 시도가 얼마나 엄청난 모험인가를 제대로 모르고 있었다. 나는 다만 두 장성과 정 수석만 좋다고 생각하면 그것으로 문제가 해결된다고 생각했던 것이며, 이 세 사람의 동의를 얻는 일 자체가 보통 일이 아님에 대해서만 걱정을 했던 것이다.

3. 임무의 한계를 넘어서

연구원 설립 추진 본부에서 내가 앉았던 자리의 정식 명칭은 '연구위원장'이었다. 연구위원장이 할 일의 첫째는 내가 그 자리에 가기 전에 작성된 '설치 운영안'에 살을 붙이는 일이고, 그 둘째는 장차 설립될 기관에서 연구를 하게 될 10명 이내의 '상임 연구 요원'과 약간 명의 '비상임 연구원'의 후보를 선발해서 추천하는 일이었다.

'상임 연구 요원'과 '비상임 연구원'을 선임하는 기준도 지침이 명시되어 있었다. 상임 연구 요원으로는 '관련 학문 전공 분야의 중견 또는 신진 학자'와 '유신 이념이 투철하고 연구 능력이 탁월한 자'를 뽑기로 되어 있고, 비상임 연구원으로는 '필요한 범위 내에서 사계(斯界)의 권위자 약간 명'을 위촉하기로 되어 있었다.

자세히 들여다보면 이상과 같은 지침(指針)에도 세심한 고려가 깃들어 있음을 엿볼 수 있다. 연구 요원 전부를 '사계의 권위자'로 하지 않고 비상임 연구원만을 필요에 따라서 그 수준으로 채우려고 한 것은, '연수의 교과 내용'을 연구할 요원으로서 굳이 최고의 권위자를 동원할 필요가 없다는 사실과, 국책을 위한 연구원이 설립되었을 경우에 학자 기질이 강한 권위자들을 상임으로 대량 영입하기가 어려우리라는 우리나라의 실정을 감안한 것으로 보인다. 그리고 상임 연구 요원에 '전공 분야의 중견 또는 신진 학자'와 '유신 이념이 투철하고 연구 능력이 탁월한 자'를 아울러 임용하고자 한 것은 상호 보완과 견제를 위한 포석으로 볼 수가 있다. 어쨌든 그 '설치 운영안'은 세심한 주의를 기울여서 작성한 것이며, 즉흥적으로 적당히 만든 것이 아니었음을 알 수 있다.

이미 주어진 '설치 운영안'이 규정한 골격에 살을 붙이고, 그 안에 명시된 인사 지침을 따라서 인선 작업을 충실하게 했더라면, 일은 간단했을 것이고 별다른 문제가 생길 까닭이 없었다. 그런데 나는 엉뚱하게도 그 골격을 뜯어 고치는 동시에 인사 원칙도 바꾸려고 했던 것이다. 연구 요원의 자리 모두를 우리나라 정상급의 학자들만으로 채우는 동시에 유신 이념이 투철한 것으로 알려진 학자들은 받아들이지 않을 궁리를 했던 것이다. 그것은 청와대의 시각에서 볼 때는 괘씸하기 짝이 없는 도발이었을 것이며, 두 장성의 견지에서 볼 때는 답답하기 짝이 없는 우행(愚行)이었을 것이다. 다만 그들이 처음에는 그런 내색을 하지 않았던 까닭에, 나는 내가 하고자 하는 일의 위상(位相)을 정확하게 알지 못하고 무모하게 덤벼들었다.

나는 상대편을 제대로 모르는 가운데도 내 진영을 보강할 필요가 있음을 느꼈다. 마침 청와대 측에서 장차 연구부장과 연수부장 자리를 맡길 만한 사람을 추천해 달라고 말한 바 있기에 나는 그 인선을 서둘렀다. 연구부장 후보가 될 사람은 역사학자 중에서 고르고 연수부장, 즉 연찬부장 후보가 될 사람은 교육학자 중에서 고르자는 원칙을 세웠다. 그리고 몇 사람 추천하였다. 우선 현직 대학교수를 파견 근무시킬 생각으로 그렇게 한 것인데, 좀처럼 발령을 내주지 않았다. 어떤 사람은 병역을 기피했다는 이유로 퇴짜를 놓고, 어떤 사람은 가까운 친척에 월북한 사람이 있다는 이유로 퇴짜를 놓았으며, 또 어떤 사람은 이유는 말하지 않고 날짜를 끌었다. 다음 해 연구원 문을 열었을 때 실제로 부장에 임명된 사람들 가운데서도 두 사람을 추천했으나, 차일피일 날짜만 끌었다. 어쩌면 진영을 보강하고자 했던 내 속셈을 읽은 것인지도 모른다.

부장급 학자 이외에 장차 상임 연구 요원으로 삼을 신진 학자로서 또 한 사람을 추천했다. 우선은 연구위원장 부속실 소속이 되어 나를 도와줄 사람으로서 당시 춘천교대에 있던 이한구(李漢龜) 조교수를 추천했던 것이다. 이한구 교수에 대한 파견 근무 발령은 6월 15일자로 빨리 나왔다.

이한구 군은 그 당시만 해도 아직 어린 철학도였으므로 큰 힘을 보태 주지는 못하였다. 다만 학생 시절부터 잘 아는 사이였고 믿을 수 있는 사람이었으므로 외로운 심정을 더는 데 도움이 되었다고 생각한다. 나도 내가 부딪치고 있던 어려운 문제 상황에 나이어린 젊은이를 끌어들이고 싶지 않았고, 이 군도 상황이 만만치 않음을 짐작한 듯, 언행을 각별히 조심하는 것으로 보였다.

부장급 학자들의 파견 근무 발령을 쉽게 내주지 않을 것 같기에, 그 대신 몇 사람의 자문을 받기로 하였다. 연구원의 설립 취지를 비롯해서 그 운영 방안의 골격을 다시 만들고 이에 살을 붙여서 다듬어진, 모양이 갖추어진 문서를 단독의 힘만으로 만들기도 어려웠고, 또 중지를 모아서 만든 것이라야 타당성을 인정받기에 유리할 것이었다. 자문은 나와의 일대일의 대화를 통하여 받았고, 대담의 장소로는 추진 본부의 내 방을 사용하였다. 내가 자문의 도움을 청한 사람은 철학자 이명현 교수, 역사학자 김철준(金哲埈) 교수, 교육학자 김종서(金宗西) 교수와 강우철(康宇哲) 교수였다. 이 가운데서 이명현 교수와 김철준 교수의 자문은 각각 두 번씩 받았다. 한 번 마주 앉으면 족히 두세 시간 정도는 보낸 긴 대화였다.

제일 먼저 의논의 상대가 된 것은 이명현 교수였다. 장시간 이야기하는 가운데 점심 시간이 되었고 자연히 고 본부장과 최 준장 그리고 나와 네 사람이 함께 식탁에 앉게 되었다. 입 밖에 내서 말은 하지 않았지만, 두 장군은 이명현 교수가 별로 마음에 들지 않는 눈치였다. 군인으로 환산하면 중위나 대위 정도밖에 안 되는 조교수를 자문 상대로 삼는 것부터가 납득이 가지 않았는데, 그 조교수 주제의 이명현 군이 장성과 같은 식탁에 마주앉은 것을 황송한 줄도 모르고 마치 대등한 사이처럼 말대꾸를 해가며 나불나불 지껄였던 것이다. 고 본부장 부속실에 근무하는 전 소령은 아직 한 번도 그 식탁 근처에도 와본 적이 없는데, 이건 그런 줄도 모르고 까분다는 식이었다.

그 당시는 '이명현'의 이름이 아직 세상에 알려지기 전이었으니, 정말 당돌하기 짝이 없는 하룻강아지로 보일 수밖에 없었을 것이다. 이명현 교수는 자기를 대위 정도로 내려다보는 듯한 말투가 싫었는지, 그가 공군사관학교 교관 시절에 가르친 제자들이 이젠 소령으로 진급했다는 말도 하였다. 그러나 20대로밖에 보이지 않는 동안(童顔)의 작은 친구가 그런 소리를 한다고 통할 리가 없었다. 오히려 더욱 당돌하다는 인상을 주었을 것이다.

그 버릇없는 조교수에게 당시의 최고 수준인 2만 원의 거마비를 받아다 주라고 이한구 '보좌관'에게 나는 부탁했다. 돈주머니를 쥐고 있던 최찬욱 준장이 액수가 너무 많다며 거절하더라고 이한구 군이 걱정스러운 얼굴로 보고하였다. 당장에 나는 최 준장에게로 달려갔다. 그리고 내 지시를 어길 셈이냐고 격한 어조로 말했다. 나도 한번 군인 식으로 해보았던 것이다.

학장도 아직 지낸 적이 없는 평교수에 불과하다고 우습게 보았던 삐삐 마른 친구가 의외로 거세게 나오는 것에 최 준장도 약간 당황하는 눈치였다. 그리고 "알겠습니다. 지시대로 시행하겠습니다." 하며 순순히 응하였다. 그러나 내 위압에 눌린 것이라고는 생각하지 않는다. 그는 누구에게도 눌리지 않을 정도로 기(氣)가 센 군인이었다. 다만 나를 나독서려야 할 상황임을 눈치 빠른 그가 몰랐을 리 없었을 따름이다.

이명현 교수와의 두 번째 상의가 있었던 날은 내 앞으로 배정된 '경기 8002' 승용차로 함께 퇴근하게 되었다. 내릴 순서를 고려해서 내가 뒷좌석 왼쪽 자리에 앉고 상석으로 알려진 오른쪽 자리에 내 제자 이명현 군을 앉혔다. 그것을 본 고광도 장군이 손을 옆으로 저으며 다가왔다. 좌석을 바꾸어 앉아야 한다는 뜻이었다. 그 무렵에 두 장성은 항상 내 차를 먼저 전송한 다음에 퇴근했던 까닭에, 좌석의 상하를 무시한 우리의 행동이 격식을 존중하는 군인들의 눈에 띄었던 것이다.

몇 사람의 자문을 받아서 새로 작성한 '연구원 설치 운영안'의 초고를 가지고 다시 두 장성과 의논하는 절차를 밟았다. 그 자리에는 이한구 교수도 '보좌관'의 자격으로 참석하였으나, 자신의 주장을 내세우거나 어떤 말참견을 하지는 않았다. 고향도 다 같이 경상도여서, 두 장성은 이 말 없고 착실한 젊은 철학도를 좋게 생각하는 기색이었다. 파견 근무 중에도 대학 강의는 계속 맡는 편이 좋을 것 같아서, 이한구 교수를 춘천교대에서 서울교대로 옮기도록 주선하는 과정에서도 고광도 본부장이 적극적으로 힘써 주었다. 당시의 서울교대 학장이었던 박재규(朴在奎) 씨와 고 장군의 사이가 각별히 가까웠으므로, 그들의 도움을 크게 받았다.

'설치 운영안'의 초고를 앞에 놓고 끝없는 논쟁이 연일 계속되었다. 예비역과 현역 두 장성이 어떤 정치적 의도에서 내 의견에 반대했다는 심증은 거의 없었다. 다만 한국의 현실을 보는 시각의 차이와 직업에 따르는 신념 체계의 차이로 인해서 견해가 자칫 대립하는 양상을 보이곤 하였다. 주로 최찬욱 준장이 이의를 제기하는 편이었거니와, 입담 좋은 그가 일단 열을 올려 말문을 열기 시작하면 다른 사람들은 발언의 기회를 한참 동안 단념해야 했다. 남의 말에 귀를 기울이는 것도 좋은 공부가 되었다.

한 달포를 두고 매일같이 대화를 나누고 점심을 함께하는 사이에 교수와 군인 사이를 가로막고 있던 편견이 조금씩 사라져 갔다. 두 장성은 처음에는 교수 사회에 대한 불신의 골이 깊었으나, 교수들에게도 교수들 나름의 애국심이 있다는 것을 차차 인정하는 변화가 생겼다. 나도 군인들의 계획성과 추진력 그리고 자기가 맡은 일을 끝까지 완수하는 책임감 등으로부터 배울 것이 많음을 알았다. 그들의 지칠 줄 모르는 체력도 부러웠다. 또 겉과 속이 다르지 않은 그들의 솔직함도 본받을 점이었다. 활달한 기상과 예의바름을 아울러 가진 점도 칭찬할 만하였다.

그들도 나의 인간적 성실성을 어느 정도 믿어 주는 듯하였다. 내가 어떤 사사로운 욕심에서 연구원의 방향을 결정하려 하거나 어떤 파벌을 만들어서 세력을 키우려는 의도가 없다는 것만은 인정하는 듯하였다. 어느 정도의 인간적 신뢰가 형성되었다는 사실이 대화를 가능케 하는 데 귀중한 바탕이 되었다.

그러나 의견을 접근시키는 일은 내가 처음 예상한 것보다도 훨씬 어려웠다. 용어 하나를 가지고 장시간 논쟁을 벌인 경우도 적지 않았다. 많은 경우에 의견이 1대 2로 맞섰으며, 더러는 전일에 일단 합의를 본 대목을 다시 들고 나와서 격론을 벌이기도 하였다.

가장 어려웠던 것은 정관(定款)의 초안을 만드는 과정에서 관리부원장과 연구부원장의 서열을 정하는 문제와 연구직과 관리직의 보수 기준을 정하는 문제를 논의하는 대목이었다고 기억한다. 본래 미리 작성된 '설립 운영안'에 따르면, 두 부원장은 모두 '장관 대우'의 수준으로 동등하게 대우하되, 서열만은 관리부원장을 상위(上位)에 놓기로 내정되어 있었다. 이것은 연수부를 연구부보다도 우위에 놓되, 연수부는 관리부원장에게 맡기고 연구부는 연구부원장에게 맡기기로 했던 당초의 원안으로서는 당연한 순서였다. 그러나 이제 연수원 아닌 연구원을 만들자는 의견에 합의를 본 이상, 연구부원장의 서열을 상위에 놓아야 사리에 맞을 것이었다.

그러지만 내 입으로 연구부원장의 서열을 관리부원장의 그것보다 높이 규정해야 한다는 말을 하기가 좀 거북했다. 관리부원장에는 고광도 본부장이 내정되어 있었고, 연구부원장의 자리는 내가 맡게 될 것으로 추진 본부 사람들은 믿고 있었기 때문이다. (나는 내심 연구부원장의 자리를 사양하기로 마음을 굳혀 가고 있었으나, 아직은 그러한 속마음을 발설할 단계가 아니었다.)

내가 침묵을 지키면 원안대로 관리부원장의 서열이 높게 정해질 수밖에 없는 상황이었다. 정관의 초안이 확정되기 직전에 나는 용기를 내어 이 문제를 거론하였다. 이것은 나 한 개인의 신상(身上)의 문제가 아니라 연구원의 성격과 모양새의 문제임을 강조하고, 냉철하게 이 문제를 재고하자고 제언하였다. 고 본부장은 약간 표정이 굳어지는 듯했으나 우선은 듣고만 있었다. 그러나 최 준장이 노골적으로 반대하였다. 반대 이유는 연구원의 권위를 높이기 위해서라고 하였다.

앞으로 설립될 연구원은 두 사람의 부원장을 중심으로 운영될 계획이므로, 수석 부원장은 실질적으로 이 연구원을 대표하게 될 것이다. 그런데 학장을 지낸 경력도 없는 평교수가 그 대표가 되었을 경우에 연구원의 권위가 대외적으로 인정될 수 있겠느냐. 삼성 장군의 경력을 가진 사람이 연구원을 대표했을 경우와 비교해 보라. 대강 이러한 논리였다.

그러나 이것은 말이 안되는 논리였다. 평교수가 연구원의 대표가 된다고 그 권위가 서지 않는다는 것부터가 말도 안 되는 것이었고, 만약 그것이 사실이라면 총장 경력이 있는 학자를 그 자리에 앉히면 될 일이다. 연구부원장은 평교수에게 맡기고 관리부원장은 삼성 장군 출신에게 맡긴다는 규정이 정관에 없는 한, 최 준장의 논리는 성립할 수가 없었다. 이상과 같은 논쟁을 듣고 있던 고광도 본부장이 내 편을 들어 주었다. 그래서 어려운 고비 하나를 넘겼다.

'상임 연구 요원'이 될 학자들의 대우에 관해서도 의견의 대립이 있었다. 처음에 만들어진 '설치 운영안'에 따르면, 상임 연구원에게는 '대학교수급 이상의 보수'를 주기로 되어 있었다. 그러나 대학교수의 보수는 학교에 따라서 차이가 많으므로, 어느 대학을 기준으로 삼느냐 하는 문제가 남아 있었다. 나는 대우가 가장 좋은 대학을 기준으로 삼아야 한다고 주장한 반면에, 최 준장은 중간 정도의 대학을 기준으로 삼아야 한다고 주장하여 의견이 맞섰다.

연구 요원을 너무 우대해서는 안 된다는 최 준장의 주장에는 그럴 만한 근거가 있었다. 연구 요원의 대우를 어느 수준 이상으로 좋게 하면 연구 요원 아닌 다른 직원들과의 형평이 무너진다는 것이다. 연구 요원 이외의 다른 직원의 수가 워낙 많아서 모두의 보수를 후하게 할 수도 없는 실정이었다.

그러나 연구 요원의 대우를 보통 수준으로 할 경우에는 우수한 학자들을 유치하는 데 실패할 것이 분명했다. 대학에는 1년에 5개월 가까운 휴가가 있다는 사실도 고려해야 하고, 연구원의 자리보다 대학교수의 자리를 선호하는 학자들의 심리도 감안해야 했다. 만약 우수한 학자들을 유치하지 못한다면, '집현전'의 꿈은 물거품이 될 것이고, 새로 생길 연구원은 보잘것없는 연수원으로 전락할 것임에 틀림이 없었다. 따라서 나는 전국에서 가장 대우가 좋은 대학을 기준으로 할 것을 고집하였다. 이 의견 대립에서도 결국은 내 주장이 채택되었다.

19장 장관 대우

1. 칼자루를 쥔 자와 칼날을 쥔 자

1977년 6월 하순이었을 것이다. 대만에서 온 왕 대장이라는 사람의 강연회를 듣기 위해서 국방대학원까지 간 일이 있었다. 왕 대장은 일종의 정치장교로서 대만군의 사상을 관장하는 직책을 가졌으며, 그 서열이 매우 높다고 하였다. 70세 전후의 노령이었으나 아직도 현역이었다. 심리전(心理戰)의 중요성에 관한 강연이었으며, 그 내용은 별것이 아니었다. 다만 군사정권이 지배했던 대만 독재정치의 분위기를 알기에는 도움이 되었다.

내 의사와는 관계없이 타율적으로 작성된 일정표를 따라서 나는 국방대학원까지 그 강연을 들으러 간 것이다. 그 일정표를 짠 사람이 누구인지는 모른다. 다만 분명한 것은 나에게 '투철한 국가관'을 심어 주기 위한 정신교육이 시작되고 있었다는 사실이다. 나로 하여금 '연구위원장'으로서의 태도를 바꾸도록 하자면, 나의 정신 상태를 바꿀 필요가 있었던 것이다.

국방대학원에서 나는 여러 사람들과 인사를 나누었다. 별을 단 군인도 많았고 대령과 중령도 더러 있었다. 나에 대한 소개는 최찬욱 준장이 맡았는데, '장관 대우를 받는 교수'라는 점을 거듭 힘주어 말했다. 점심 식사 때도 내 좌석은 왕 대장 바로 앞자리로 정함으로써 내 위치가 장관급임을 입증하였다. 별을 단 군인들이 모두 나를 정중하게 대했고 나 역시 허약한 체구에도 불구하고 장관급 인사답게 의젓한 모습을 보이도록 노력하였다.

정신교육의 일환으로서 '국산병기화력전시회(國產兵器火力展示會)'의 관람도 있었다. 그해 6월 말인가 7월 초에 어느 산골짜기에서 있었던 이 '전시회'는 국산 병기의 겉모양을 보여주는 것이 아니라 그 성능을 실험해 보이는 행사였다. 병기의 성능도 실험하고 국산 병기의 우수성을 과시함으로써 경향 각계의 '지도층 인사' 2천여 명에게 국군에 대한 신뢰감도 심어 주기 위한 행사였나고 생각한다. 그 가공할 화력을 목격하게 되면 현대전이 얼마나 무서운가에 대한 경각심도 높아질 것이었다.

2천여 명으로 알려진 관람자들 가운데는 아는 얼굴도 여기저기 보였다. 정부에 가까운 사람으로 알려진 얼굴도 있었고, '반골(反骨)'로 소문이 난 교수도 더러 보였다. 그 '전시회'에 소요된 비용이 2억 원이라는 말을 듣고 일인당 10만 원짜리 구경을 했다며 즐거워하는 사람도 있었다.

내가 받은 정신교육 가운데서 가장 본격적이었던 것은 '새마을 연수'였다. 같은 해 7월 10일경부터 일주일 동안 받은 연수 교육이었으며 여러 가지를 느끼게 하는 이색적 체험이었다. 아침마다 구보(驅步)도 하는 강도 높은 훈련이므로 나이든 사람은 견디기 어렵다는 소문도 들렸으나, 내 경우는 그 일주일의 단체 생활이 건강에 도움을 주었다.

같은 시기에 같은 장소에서 교육을 받은 사람들 가운데는 잘 아는 교수들의 얼굴도 보였다. 차인석, 이규호, 이상주, 김형효 그리고 보통학교와 청주고보 동창인 충북대 교수 이희재. 이 가운데서 서울사대 이상주(李相周) 교수의 유능하고 선량해 보이는 모습이 나의 주목을 끌었다. 이때 받은 인상으로 나는 이 교수를 장차 연구원 일에 끌어들이게 되고, 또 많은 도움도 받게 된다.

서울대학교 수학과 교수로서 청와대 비서실로 파견되어 정 수석 바로 다음 자리에 앉아 있던 신현천(申鉉千) 씨도 나와 새마을 연수원 동기생이다. 고광도 본부장도 나와 함께 교육을 받은 연수생이며, 전체의 학생장(學生長)을 맡았다. 삼성 장군 출신이 학생장 노릇을 한 것인데, 조금도 쑥스러워하는 기색 없이 아주 훌륭하게 그 임무를 수행하였다. 그의 소탈하고 성실한 모습이 보기 좋았다.

내가 정신교육을 받으러 다니는 곳에는 항상 고광도 본부장이 동행하여 함께 교육을 받았다. 육군 참모 차장까지 지낸 그는 이미 정신 무장이 잘되어 있었으니 새삼스럽게 교육을 더 받을 필요가 없는 사람이었다. 나에게만 교육을 받도록 하는 것이 적절하지 않다고 판단되어, 본의 아닌 재수생 노릇을 한 것이 아닐까 하는 생각도 든다.

나에게 사전에 아무런 상의도 하지 않고 일방적으로 작성한 일정표를 따라서 정신교육을 받도록 한 처사에 대해서 나는 일언반구의 불평도 하지 않았다. '장관 대우'치고는 좀 소홀하다는 생각이 들기도 했으나, 그런 문제를 가지고 다투는 것은 결코 현명한 처신이 아니라고 생각되었기 때문이다. 나는 '연구원 설치 운영 방안'을 바꾸는 일에만 혼신의 힘을 기울여야 했고, 그 밖의 일에 대해서는 크게 양보함으로써 내 발언권을 강화할 필요가 있었다.

많은 우여곡절을 겪었지만 7월 중순쯤에는 연구원의 기구와 운영 방안에 대한 초안이 새로 작성되었다. 연구원의 설립 취지와 연구 목적 등을 서술한 문구에서 '유신 이념의 체계화'니 '지도 이념의 확립'이니 하는 따위의 정치적 색채를 가진 표현을 모두 삭제하였고, 연수(研修)가 아닌 연구(研究)에 치중하는 기관으로서의 성격도 부각시켰다. '연수부'의 이름을 '연찬부'로 바꾸는 동시에, '연찬'이라는 것은 교육자와 피교육자의 구별이 뚜렷한 일방적

교육을 말하는 것이 아니라, 대화를 통하여 서로 가르치고 서로 배우는 '상호 교육'이라는 점도 분명히 하였다. 나의 주장이 대체로 받아들여진 셈이다.

처음에는 내 주장에 대해서 거부감을 느꼈던 고광도 본부장과 최찬욱 준장이 내 의견에 동조하게 된 것은 내 주장이 사심(私心)이 아닌 신념(信念)에 근거했음을 그분들이 인정했기 때문이며, "긴 안목으로 볼 때는 이것이 박 대통령에 대한 역사적 평가를 높이는 길"이라는 말이 어느 정도 설득력을 가졌기 때문이라고 믿는다.

새로 작성된 이 초안이 대통령의 재가를 받자면 정 수석과 청와대 비서실장의 손을 거쳐야 했다. 직접 대통령을 만나서 설명할 수 있는 기회만 주어진다면, 내 초안이 그대로 받아들여질 것이라고 나는 믿었다. 그러나 결재를 받는 절차가 그렇지 않았으므로, 내가 직접 설득을 꾀할 수 있는 길은 정 수석 선에서 그쳤다. '추진 본부'의 이름으로 작성된 초안(草案)을 들고 정 수석을 방문한 것은 7월 중순이었을 것이다. 고광도 본부장과 최찬욱 준장과 나 세 사람이 미리 약속을 하고 찾아가기 마련인데, 정 수석도 삼시도 쉴 틈이 없을 정도로 바쁜 사람이었다. 미리 준비한 브리핑 차트를 정 수석 앞에 비스듬히 세워 놓고 설명을 곁들여 가며 보고하는 일은 최 준장이 맡았다. 그는 브리핑의 명수였다.

정 수석은 우리가 제시한 초안에 대해서 대체로 찬동한다는 의사를 표명하였다. 그러나 매우 심각한 의미를 함축하는 질문 하나를 던짐으로써 나를 긴장하게 만들었다. "그런데 이념 문제는 어느 연구실에서 다루지요?"

실은 연구 영역에서 이념 문제는 제외하고 싶은 것이 나의 의도였다. 보수와 진보를 가리지 않고 여러 가지 이념들을 다 같이 객관적 태도로 연구하는 것이라면 환영할 일이지만, 그렇게 될 가능성은 보이지 않았다. 만약 이념 문제를 연구하기로 한다면, '유신 이념의 민족사적 체계화'와 '공산주의 이념의 허구성 비판'이 과제로 주어질 것임에 틀림이 없었다. 그러나 그러한 예견(豫見)을 근거로 삼고 이념 문제의 연구를 회피하는 데는 논리적 허점이 있었다. '예견'은 어디까지나 추측일 뿐이고, 유신 이념 또는 반공 이념의 잘못된 점을 밝히기 위해서도 '연구'의 과정은 필요하다고 보아야 하기 때문이다.

나는 우리 연구원의 기구(機構) 초안에는 정치연구실이 없으므로 이념 문제는 다룰 수 없다고 대답하였다. 이것은 졸렬한 대답이었다. 이념 문제는 정치연구실에서 다루어야 한다는 것을 인정한다 하더라도, 정치연구실을 배제하는 이유를 댈 부담이 남아 있다. 나는 우리가 세우고자 하는 연구원은 정치성을 배제한 순수한 연구 기관으로 만드는 것이 바람직하다는 점을 다시 강조함으로써, 정치연구실을 제외하는 이유로 삼았다.

그러나 정 수석의 다음 발언은 나를 더욱 궁지로 몰아넣었다. "김 교수는 정치성을 배제해야 한다고 누누이 강조하지만, 이념 문제의 연구를 극력 회피하는 것 자체가 정치성을 띤 태도가 아닙니까?"

이 날카로운 질문에 대해서 나는 동문서답으로 응수했다. 내가 반대하는 것은 이념 문제의 연구가 아니라 어떤 결론을 미리 정해 놓고 그 결론을 뒷받침하기 위한 이론을 구축하는 작업이며, 이러한 작업 속에 내재하는 '정치성'이라고 말했던 것이다. 이에 대해서 정 수석이 어떻게 나왔는지에 대해서는 뚜렷한 기억이 없다. 다만, 정치연구실은 만들지 않아도 좋으니 '합동연구실'을 하나 만들자는 타협안을 내놓은 것만이 기억에 선명하다.

그것은 일종의 두뇌 씨름이었다. 그리고 정 수석의 두뇌가 비상함에 나는 다시 한 번 놀랐다. 사실 '합동연구실'을 두자는 것은 아주 묘안이었다. 한 전문 분야의 학자들만으로는 다루기 어려운 종합적인 문제의 공동 연구를 위해서 조정의 임무를 맡을 부서를 만들자는 의견에 반대할 이유가 얼른 떠오르지 않았다. 이 '합동연구실'이 생기면 어떤 정책 과제를 그곳으로 내려 보낼 가능성이 많다는 것을 나는 내다보았다. 그러나 '합동연구실'을 반대할 명분을 찾기에 나는 어려움을 느꼈다.

정 수석은 합동연구실을 강력하게 주장했고, 나는 결국 그의 주장을 꺾지 못했다. 나의 둑이 일부 무너지고 있음을 의식하면서 나는 앞날을 걱정했다. 나는 분명히 칼날을 쥐고 있는 편이었다. 칼자루를 쥔 사람에게 결국은 지고 말 것 같은 예감에 전신이 떨렸다. 나는 나의 힘의 한계를 느끼기 시작했다.

설령 합동연구실을 만드는 것을 끝까지 막는다 하더라도, 대통령의 지시라며 어떤 정책 과제를 내려 보낼 가능성은 여전히 남게 된다. 이를테면 철학연구실과 사학연구실이 합동하여 유신 이념을 체계화하라는 과제를 내려 보낼 수는 있을 것이다. 그런 경우에 학자들이 할 수 있는 일은 사표를 내고 그 자리를 물러나는 것이 고작이다. 그러나 모든 연구원이 사표를 내리라고 기대하기는 어려우며, 사표를 내고 나간 사람의 뒷자리에 들어오려고 애쓰는 사람들도 있을 것이다. 결국은 정책 과제를 기꺼이 수행할 뜻을 가진 사람들이 연구원을 가득 채우는 날이 올 공산이 크다.

잘하면 연수가 아닌 연구에 치중하는 연구원을 만들 수는 있을 것이다. 설립 취지문에서 '정신교육을 실시한다'는 말을 빼고, 연구 목적을 밝히는 대목에서 '유신 이념의 체계화' 또는 '지도 이념의 정립' 등의 구절을 제거할 수도 있을 것이다. 쉬운 일은 아니겠지만 거기까지는 갈 수가 있을 것이다. 그러나 "정신교육은 실시하지 않는다." 또는 "지도 이념이나 유신 이념 따위의 문제는 연구 영역에서 제외한다."는 식의 부정적 언어를 정관에 명기한다는 것은 생각할 수가 없다. 그렇다면 결국은 칼자루를 쥔 강자들이 원하는 바를 정관이나 규정의 힘만으로는 막을 도리가 없다는 비관론이 불가피하게 된다.

나는 내 분수에 맞도록 내 목표를 축소해야 하리라는 판단을 내렸다. 욕심 같아서는 정치성이 배제되고 순수한 국제 수준의 연구원을 만들고 싶지만, 설립자와 그 주변 사람들의 뜻이 그것이 아닐 경우에는 그 소망은 한갓 꿈으로 그칠 수밖에 없다. 그러므로 설립 준비 과정에 참여한 내가 할 수 있는 일은, 준비 과정에서 정관과 규정 또는 시설 등을 잘못 만들었기 때문에 좋은 연구원으로 성장할 수 없게 되었다는 비판을 받지 않도록 최선을 다하는 것에 그친다. 바꾸어 말해서, 운영만 제대로 하면 훌륭한 연구원으로 발전할 수 있는 기초를 마련하는 것만으로 만족해야 하며, 후일의 운영 과정에서 정치적 압력을 막는 일까지 맡아서 하겠다는 욕심은 버려야 한다는 결론에 이른 것이다.

이와 같은 결론은, 내가 연구원의 설립 준비 과정에만 참여하고, 설립된 뒤에는 손을 떼는 편이 나를 위해서 유리하리라는 또 하나의 결론을 수반했다. 비록 기초는 제대로 마련했다 하더라도, 계속 남아서 연구원을 운영한 결과가 내 의도와 다른 방향으로 흘러가는 것을 막지 못한다면, 초기의 성과마저 수포로 돌아갈 것이다. 그런데 여러 가지 상황으로 보아서, 모든 정치적 압력을 배제해 가며 연구원으로서의 순수성을 지킨다는 것이 내 힘의 한계를 벗어난다는 것을 피부로 느끼게 되었다.

그러나 그것은 이기적인 생각이었다. 내가 남의 비난을 면하는 일이 그 연구원을 위해서 끝까지 버티는 일보다 더 소중하다는 생각은 분명히 이기적이다. 이기적이라는 것은 좋은 일이 아니다. 이러한 상념(想念)은 나를 내적 갈등 속으로 몰고 갔으며, 이 무렵부터 내 건강이 눈에 띄게 악화되기 시작했다.

2. 연구 준비위원회

'합동연구실'을 두느냐 마느냐 하는 문제를 가지고 씨름을 하다가 일패(一敗)를 안고 돌아온 나는 그 패배가 갖는 상징적 의미를 아는 까닭에 마음이 어두웠다. 나는 그러한 심정을 짐작한 듯, 고광도 본부장이 나에게 위로의 말을 건넸다. 정 수석이 양보한 것은 열 가지가 넘고 김태길이 양보한 것은 한가지뿐 아니냐. 그 정도면 됐지, 그 이상을 어떻게 바라느냐. 전쟁에서도 더러는 아군의 손실도 보기 마련이며, 완승(完勝)이라는 것은 바랄 수가 없다. 대략 그러한 논리였다.

고 본부장은 또 이런 말도 하였다. "너무 고집만 부리지 마십시오. 이런 좋은 기회가 일생에 두 번 오기는 어렵습니다. 이번에 잘하면 다음에 서울대학교 총장 되는 것쯤은 문제가 없을 겁니다." 나도 고 본부장의 예견이 터무니없다고는 생각하지 않았다. 그러나 '서울대학교 총장'이라는 자리에 대해서 그토록 강한 욕망을 느끼지 않는다고 대답했다.

두 사람의 내화는 그것으로 일난 끝날 수밖에 없었나. 그러나 그러한 내화는 두 사람 사이의 벽을 허무는 데 도움이 되었을 것이다. 고 본부장이 나에게 너무 고집 부리지 말라고 한것은, 나로 하여금 청와대에 협조하도록 만들자는 속셈에서가 아니라, 나의 애쓰는 모습이 보기에 딱해서, 즉 나를 위해서 한 말이라고 나는 느꼈다. 그리고 서울대학교 총장 자리에 대해서 별다른 욕심을 가지고 있지 않다는 내 말을 듣고 고 본부장이 나를 단순히 답답한 사람이라고만 보는 것 같지는 않았다.

'합동연구실'을 하나 추가하는 것 이외에는 대체로 내 뜻을 크게 벗어나지 않는 '설치 운영 방안'이 다시 만들어졌다. 그해 1월에 대통령의 재가를 맡은 것과는 크게 차이가 나는 이 방안이 확정되기 위해서는 다시 대통령의 재가를 얻어야 했다. 그 결재 서류는 '보고(報告)'라는 제목을 붙여 제출했으며, '보고' 가운데는 고 본부장과 최 준장이 만든 '단계별 추진 계획'이라는 것과 도표로 된 '사업 추진 계획'이라는 것도 함께 들어 있었다.

그 '보고'에 대한 대통령의 결재가 7월 23일자로 났으며, 나는 어려운 고비 하나를 우신 넘겼다고 기뻐했다. 그러나 후일에 드러닌 일이지만, 그깃은 기뻐할 만한 결재가 아니었다. 7월 23일자로 재가가 난 것은 고광도 본부장과 최찬욱 준장이 만든 '단계별 추진 계획안'과 '건축 공사 추진 계획' 그리고 내가 만든 도표로 된 '기구안(機構案)'뿐이었으며, 설립 취지와 연구 목적 등을 밝힌 핵심적 부분은 모두 빠져 있었던 것이다.

대통령이 그 부분만을 결재에서 제외한 것은 물론 아닐 것이다. 정 수석 손에서 그 부분을 빼놓고 결재 서류를 올렸다고 보아야 한다. "유신 이념의 한국 사상사적 체계화"라든지 "주체성이 희박한 국민정신을 고무·발양·심화하며" 따위의 정치적 함축이 강한 문구를 모두 제거한 내 '설립 운영 취지안'에 대해서 정 수석이 동의한 것은 한갓 의례적 몸짓에 불과했던 것이다. 처음부터 부정적으로 나오면 내 반발이 심할 것을 예상하고, 일단 들어주는 척하며 낚싯줄을 늦추어 준 것에 지나지 않았다. 나는 여전히 낚시를 문 붕어였고, 낚싯줄을 아무 때라도 다시 조일 수 있는 막강한 힘은 정 수석 손에 그대로 쥐어져 있었다.

아마 8월 중순경이었을 것이다. 정 수석이 나에게 '연구 준비위원회'라는 것을 만들어 보자고 제안하였다. 연구 준비위원장을 돕기 위해서 부장급 중진 몇 사람을 상임으로 발령하려 했으나, 그 인사가 여의치 않으니 위원장인 나를 도와줄 자문기관으로서 '연구 준비위원회'를 구성하라는 것이었다. 그리고 내가 만든 '설치 운영안'을 그 준비위원인 학자들에게 설명하고 보완할 점에 관한 자문을 받으면, 후일에 학계의 호응을 얻기에 위원장이 혼자 만든 안이라는 것보다도 유리하지 않겠느냐고 하였다.

모두가 옳은 말이었다. 그러나 정 수석의 속셈은 다른 곳에 있다고 나는 짐작했다. 장차 연구원이 설립된 다음에 '연구부장', '연찬부장' 등을 맡을 중진급 상임위원 발령을 내지 못한 이유는 내가 추천한 학자들 가운데 정 수석 마음에 든 사람이 없었기 때문이다. 그는 내가 추천하지 않은 사람으로 그 자리를 채울 수도 있었지만, 인사 문제는 내 의견을 존중하겠다던 약속을 어기고 서둘러 그렇게까지 할 필요는 없었을 것이다. 그리고 '연구 준비위원회'를 만들고자 한 정 수석의 저의는 나의 고집을 학자들의 '여론'으로 꺾자는 목적에 있었을 것이다. 이를테면 이이제이(以夷制夷)의 고전적 전략이다. 그 준비위원들 가운데 유신체제를 적극 지지하는 사람 몇 사람만 포함시키고 그들로 하여금 강력한 발언을 하게 만들면, 다른 위원들은 울며 겨자먹기로 침묵을 지킬 것이었다.

그러나 이러한 짐작만으로 명분이 뚜렷한 정 수석의 제안을 거부할 수는 없었다. 그것을 거부한다는 것은 나 한 사람의 의견이 여러 학자들의 의견을 종합한 것보다도 탁월하다고 고집하는 것이나 다를 바가 없다. 따라서 나는 정 수석의 제안을 받아들일 수밖에 없었고, 20명 내외의 연구 준비위원 후보를 추천하게 되었다.

정 수석은 내가 추천한 사람의 대부분을 받아들였다. 다만 세 사람만 바꾸자고 하였다. 절충 끝에 정 수석이 추천한 세 사람 가운데서 두 사람만 준비위원으로 위촉하자는 타협을 보았다. 그 결과 정 수석이 믿을 수 있는 위원 수는 세 사람으로 늘어났다. 내가 추천한 사람 가운데도 알게 모르게 유신체제를 적극 지지하는 학자가 한 사람 있었다. 나는 그것을 알고도 그가 학계에서 차지하고 있던 비중을 고려해서 그를 추천 명단에 포함시켰던 것이다.

'연구 준비위원회'의 첫 모임을 삼청동 문교부 중앙연수원에서 가졌다. 우선 그때까지의 경위를 간단히 요약해서 보고하고, 연구원의 설립 취지에 대해서 설명하였다. 내 기억으로는, 나보다도 앞서서 연구원 준비 과정에 참여했고 내가 취임한 뒤에도 비상임위원으로 남아 있었던 신세호(辛世浩) 박사가 경과 보고를 하고, 내가 보충 설명을 한 것으로 알고 있다. 나는 이 연구원이 정책 기관이 아니며 우리 민족을 위한 백년대계의 일환이 될 순수한 연구기관이 될 것임을 상소하였다.

위원들의 반응은 크게 두 갈래로 나누어졌다. 두 갈래는 정반대의 극을 대변하는 것이었으나, 모두가 나를 공격하는 뜻을 가진 점에서는 일치하였다. 첫째 부류의 학자들은, "순수한 연구 기관이라면 그 준비 과정에 왜 군인 장성들이 참여하고 있느냐?" 또는 "그것은 연구 기관이라기보다도 연수 기관이 아니냐?" 하는 따위의 질문으로 나를 괴롭혔다. 그들은 이미 연구원 계획에 대해서 여러 가지 풍문을 듣고 있었던 것이다.

나는 이 공식 석상에서 내가 아는 모든 것을 털어놓을 수는 없었다. 다만 군인들은 주로 연구원 건축 공사에 관계할 것이며 연구 문제에 대해서는 관여하지 않을 것이라고 적당히 가라앉히는 선에서 멈추어야 했다. 그리고 '연구원이냐, 연수원이냐' 하는 질문에 대해서는, 처음에는 연수원으로서의 구상도 없지 않았으나, 이제는 연구원으로서 키워 나가기로 방향이 결정되었다고 답변하였다.

여기서 반대 진영의 맹장들로부터 질문과 반박이 쏟아져 나왔다. "그렇다면 대학에 부설된 연구소와 무엇이 다르냐?" "위원장이 말하는 것은 설립자이신 대통령 각하의 뜻이 아닐 것이다." 이러한 질문이나 반박에 대해서 내가 크게 당황할 이유는 없었다. 첫째로, 그토록 규모가 큰 종합적인 연구소를 어느 한 대학만의 소속으로 하기는 어려운 실정이었다. 그리고 둘째로, 설립자인 대통령은 순수한 연구 기관으로 만들자는 개정된 '연구원 설치 운영안'에 대해서 이미 재가의 결정을 내린 뒤였다. (사실은 재가가 나지 않은 상태였지만, 나는 그것이 났다고 믿었던 까닭에 '대통령의 뜻이 아닐 것'이라는 반박 앞에 당황할 이유가 없었다.)

'연구 준비위원회'는 여러 번 모임을 가졌다. 전체 모임도 있었고 분과별 모임도 있었다. 그 모임에서는 구체적으로 무엇을 연구할 것이냐에 대한 전체적 방향과 제1차 연도인 1978년에 수행할 구체적 연구 과제를 논의하였다. 전체적 연구 방향으로서는 '한국 사상의 역사적 정리 및 체계화', '한국 어문학의 발달과 본질 구명(究明)', '한국 전통 예술의 발달과 본질 구명' 등 우리나라의 전통문화에 대한 연구에 역점을 두는 방향으로 의견이 모아졌다.

연찬(硏鑽)에 관해서도 그 기본 원칙, 연찬에 참가할 사람들의 범위, 연찬의 방법 등에 관한 논의가 있었다. 당시의 기록을 보면, 연찬 방법은 "지성적인 사고 과정을 통하여 심층적 신념을 재정립하고, 능동적인 참여를 통하여 스스로 결론을 찾으며, 집단생활과 토의를 통하여 이견을 조정함으로써 합의에 도달하는 방법을 택한다."로 되어 있다. (여기 '집단생활과…'라는 말이 들어간 것은 2주일 정도 합숙을 해가며 여러 가지 문제를 논의하는 '특수 과정'을 두기로 한 점을 고려했기 때문일 것이다.) 이 기록을 보면, 교육자와 피교육자가 나누어져 있어서 일방적으로 주입하는 연수가 아니라, 서로의 대화를 통하여 중지(衆智)를 모아 보자는 의도가 뚜렷하다. 유신체제를 적극적으로 지지했던 강경론자들도 이 민주적 방법에 대해서는 크게 저항하지 않았음을 의미한다.

준비위원회에서 논의한 것 가운데는 '연구 준비위원들의 건의 사항'이라는 것도 있었다. 그 건의 사항 가운데 "하부 행정기관의 불필요한 통제를 줄이기 위하여 실질적인 대통령 직속 기관으로 할 것"이라는 항목이 있었다. 연구원의 위상을 높이고자 하는 이 항목에서 '하부 행정기관'이라 함은 문교부를 염두에 둔 것이었으며, 문교부의 간섭을 피하는 대신 청와대 비서실의 간섭을 자초하는 건의에 지나지 않았다.

건의안 가운데는 새로 생길 연구원에서는 연구 기능뿐 아니라 대학원 과정의 교육 기능도 수행하여 학위를 수여할 수 있도록 해달라는 항목도 있었다. 이것은 나의 처음 구상에는 없었던 의견이나, 여러 위원들의 의견에 나도 동의하였고 실제로 채택된 건의 가운데 하나다. 한국과학원(韓國科學院)이 창립될 당시 연구 기능뿐 아니라 대학원 과정의 교육 기능도 겸한다는 점에 대해서 옥상옥이라는 비판이 있었음을 상기하기도 했으나, 나로서는 새 연구원을 정책 기관으로 만드는 것을 막는 일에만 신경을 썼던 까닭에, 여러 위원들의 의견에 깊은 고찰 없이 찬동했던 것으로 생각된다. 지금 돌이켜 보면, 좀 무책임한 처사였다고 뉘우쳐진다.

대통령에 대한 건의 사항 가운데는 연구원의 명칭에 관한 것도 있었다. '한국정신문화연구원'이라는 가칭(假稱)은 본래 대통령의 생각이라고 전해졌던 것인데, 이 이름 가운데 '정신'이라는 말이 신경에 걸려서 나도 이것을 바꾸어 보았으면 하는 의견을 가졌다. 이 의견을 그전에 정 수석에게 말한 적도 있었으나, 정 수석은 더 좋은 이름이 있으면 대안을 제시해 보라고 하면서도 소극적 반응을 보였다. 준비위원들 가운데도 나와 같은 생각을 가진 사람들이 있어서, 이 명칭 문제가 거론되었던 것이다.

'한국문화연구원' 또는 '한국인문과학원'이라는 이름이 좋겠다는 의견이 다수의 찬동을 얻었다. 그러나 설립자인 박 대통령의 뜻이 담긴 '한국정신문화연구원'까지 합해서 세 가지 가운데 하나를 대통령이 선택하도록 하자는 의견이 결론으로서 채택되었다.

'연구 준비위원회'가 생긴 뒤로 내가 할 일이 많이 늘었다. 20여 명의 위원들이 모일 때마다 의논할 안건도 미리 준비해야 했고, 여러 가지 의견들을 종합해서 정리하는 일도 적지 않게 번거로웠다. 이한구 군이 곁에 있었지만 전화 연락을 비롯한 자질구레한 일만으로도 바쁠 지경이었다. 상임으로 나를 도와줄 학자가 더 필요하였다.

나는 서울대학교 사범대학의 이상주 교수를 보내 달라고 정 수석에게 부탁하였다. 이상주 교수와 그전부터 아주 잘 아는 처지는 아니었으나, 수원 새마을 연수원에서 분임 토의 결과를 정리하여 발표하는 그의 모습이 인상적이었다. 요점의 파악이 핵심을 잡은 듯하였고, 군소리 없이 논리정연하게 전개하는 보고가 일품이었다. 그리고 쉬는 시간의 언행에서도 그의 쾌활하고 건강한 인품을 느낄 수가 있었다.

내 부탁이 받아들여져서 곧 이상주 교수가 '파견 근무' 발령을 받고 '연구준비위원회'에 가담하였다. 그는 '상임 연구위원'의 직책으로 매일 상근했으며, 매우 부지런하고 유능한 일꾼 노릇을 하였다. 그가 주로 한 일은 연구원이 앞으로 할 사업의 초안을 나와 함께 작성하는 일이었고, 최찬욱 준장이 고광도 본부장의 오른팔 노릇을 했듯이 여러모로 나에게 힘이 되어 주었다.

이상주 교수는 일을 열심히 했을 뿐만 아니라 사람을 대하는 태도도 매우 부드럽고 능숙한 편이어서, 연구원의 구상과 그 방향에 대해서 나와 완전히 같은 태도를 취하면서도, 나와 반대 의견을 가진 사람들로부터도 미움을 사지 않았다. 이는 나를 위해서 매우 다행한 일이었다. 나의 한통속이라는 이유로 그까지 미움을 받았다면, 대화의 어려움이 더했을 것이다. 또 나를 돕기 위해서 나와 가까이했다가 힘이 센 사람들의 미움을 받는 결과가 되었다면, 내가 몹시 미안한 처지에 놓이게 될 일이었다.

좀 뒤에 생긴 일이지만, 1978년 2월 중순에 이상주 교수가 병이 나서 서울대 부속병원에 입원한 적이 있었다. 여러 날 고열이 계속된 심상치 않은 병이었고, 처음에는 급성 간염이 아닐까 하는 걱정도 있었으나, 그것은 아니었다. 어쨌든 그 거구가 홀쭉해질 정도로 몹시 앓고 퇴원했는데, 입원비 일체를 청와대에서 부담하도록 정 수석이 배려해 주었다. 이것도 이상주 교수가 남의 미움을 사지 않는 둥글둥글한 인품이었기 때문에 그런 대우를 받은 것으로 짐작된다. 모르긴 하지만 그 당시에 내가 입원을 했더라면 아마 그런 대접은 받기 어려웠을 것이다.

그러나 이상주 교수가 언제나 남의 비위를 맞추는 무골호인은 아니었다. 그도 더러는 화도 내고 반발도 하는 기개를 보일 때가 아니었다. 연구원의 개원을 기념하는 학술 대회를 준비하던 과정에서, 사사건건 정 수석의 간섭이 많다는 이유로, 실무를 담당했던 이상주 교수가 사표를 낸 적이 있었다.

1978년 4월에 있었던 일이다.

그 이상주 교수가 제5공화국 때 청와대로 들어가서 정 수석이 맡았던 그 자리에 앉게 되었다. 이 소식을 듣고 나는 뜻밖이라는 느낌이 들었다. 어떤 사람은 이 교수가 일찍부터 그 길을 원했다고 말하기도 하고, 한국정신문화연구원에 관여해서 가장 득을 많이 본 사람이 이 교수라고 말하기도 하였다. 그러나 나는 반드시 그렇게 생각하지 않는다. 이 교수가 그 방향으로 가기 위하여 자진해서 어떤 몸짓을 했다기보다는 그의 일꾼으로서의 능력을 인정한 쪽에서 먼저 끌어당겼고, 성격이 모질지 못한 그가 끌려간 것이라고 생각된다. 그리고 더러는 자기의 소신을 굽히지 않는 기개도 보인 까닭에 청와대에 오래 머물지 못했고, 강원대학교 총장 자리로 옮겨 앉게 된 것이라고 내 나름대로 생각해 본다. 또 그가 서울대학교를 떠나서 그 길로 간 결과가 '많은 득'에 해당한다고도 생각하지 않는다. 나는 이상주 교수가 어려운 일들을 능란하게 처리하는 모습을 바라보면서, 장차 서울대학교 총장 재목이라고 생각한 적이 있다.

아마도 이상주 교수는 나 대신 여러 차례 정 수석의 야단을 맞았을 것이다. 정 수석은 불같은 성격의 인물로서 화가 나면 그것을 그 자리에서 발산하는 직선적 일면을 가지고 있었다. 내가 고집을 피우고 그의 뜻에 순응하지 않음으로 말미암아 그는 여러 차례 화가 났거니와, 나에게 직접적으로 화풀이를 하지는 않았다. 내 나이를 대접해서 그랬는지, 그는 나에 대해서 정중한 태도로 임하려고 노력하는 편이었으며, 결코 무례한 언행은 하지 않았다. 그러한 심리적 갈등의 와중에서 내 주위 사람에게로 불똥이 떨어지는 경우가 있었으며, 이상주 교수는 바로 그런 피해자의 한 사람이었다고 생각한다. 나 대신 이상주 교수가 청와대로 불려 간 일은 가끔 있었고, 그럴 경우에 정 수석은 나에 대한 불만을 그에게 퍼부었을 가능성이 크다. 좋지 않은 소리를 듣고 돌아왔더라도, 나에게 그 상황을 크게 완화해서 전할 정도의 능숙함이 이 교수에게 있었다고 생각한다.

그 무렵에 만난 사람으로 인상에 뚜렷하게 남은 또 한 사람으로서 신현천 교수가 있다. 국무총리를 지낸 신현확 씨의 계씨이기도 한 신현천 교수는 서울대학교 수학과 교수로 있다가 청와대 비서실에 파견되어 정 수석과 같은 부서의 차석(次席)으로 앉아 있었다. 수원에서 받은 새마을 연수의 동기생이었던 관계도 있고 그 밖에도 허물없는 자리에서 만날 기회가 있었던 신 교수는 말도 잘하고 기백이 넘치는 쾌남이었다. 그런 사람이 청와대 안에서나 다른 자리에서 공무를 수행할 때는 거의 말이 없고 조용하기 짝이 없는 태도로 일관하였다.

나에 대한 불만과 관계가 있었다고 단정하기는 어려우나, 정 수석은 내가 있는 자리에서 가끔 신현천 교수에게 격한 어조로 꾸지람을 주었다. 그렇지만 신 교수는 한마디의 말대꾸나 변명을 하지 않았을 뿐 아니라, 불평스러운 표정조차 보이지 않았다. 나는 그의 초인적인 인내심에 놀랐으며, 결코 보통 사람이 아니라는 인상을 강하게 받았다. 내가 갖지 못한 것을 가지고 있는 인물들을 여러 사람 만날 수 있었다는 점에서 내가 한국정신문화연구원과 인연을 가졌다는 것은 인생 공부의 좋은 기회였다고 지금도 생각한다.

20장 전투에서 이기고 전쟁에서는 지다

1. '기본 원리'냐 '지도 원리'냐

새로 생길 연구원의 설립 취지와 연구의 방향 그리고 연구원의 기구(機構)와 규정 등을 만드는 임무는 그 자체로서는 그리 많은 시일을 필요로 하는 일이 아니었다. 다만 전혀 다른 두 가지 견해를 가진 사람들이 일치된 의견의 안(案)을 만들어 내야 했던 까닭에, 그 절충 과정에서 많은 시간의 낭비가 불가피하였다.

'절충 과정'이라고 했지만 글자 그대로의 '절충(折衷)' 즉 서로의 의견을 절반쯤 양보함으로써 어떤 합의점에 도달하는 따위의 절충을 해서는 안 되는 것이 나의 입장이었다. 이상주 교수는 윗도리는 벗겨지는 한이 있더라도 팬티만은 끝까지 지키자고 다짐하기도 했지만, 여자가 입술과 앞가슴을 내주고 팬티만은 끝까지 지킨다는 것은 실천하기가 매우 어려운 불리한 전략이다. 적어도 나는 그렇게 믿었다.

나로서는 상대편을 끈기 있게 설득함으로써 완전히 양보를 얻어 내야 할 판국이었다. 그리고 그것이 가능할 것이라고 나는 믿었다. 내가 그렇게 믿은

데는 실오라기만한 작은 근거가 있었다. 그 근거의 하나는, 설립자인 박 대통령의 뜻이 반드시 정권 연장 차원의 정책 기관을 세우는 데 있지 않다는 것을 대학교수 출신의 당시 현직 장관으로부터 들은 귀띔이었다. 그리고 또 하나의 근거는 처음에는 나와 의견을 달리했던 예비역 장성 출신 고광도 본부장이 마침내 내 의견에 동조하기에 이르렀다는 사실이었다.

나는 순수한 학술 연구 기관을 만드는 편이 우리나라 전체를 위해서뿐 아니라 박 대통령 자신을 위해서도 최선의 길이라고 믿었고, 박 대통령에 대한 충성심이 강한 그의 측근도 내 믿음을 결국은 받아들이게 되리라고 기대했던 것이다.

우여곡절은 있었지만 일은 대체로 내 뜻대로 되어 가고 있는 것처럼 생각되었다. 어떤 사람들이 연구원장을 위시한 그 기관의 주인으로서 들어앉느냐가 앞으로의 변수로 남아 있기는 했으나, 1977년 12월 초순경까지 진행된 중간 결산은 대체로 순조로운 방향으로 가고 있다고 낙관할 수 있었다. 그러나 그 낙관이 너무나 안이하고 천신난만한 상황 판단이었음을 알리는 신호가 나타났다.

'연구 준비위원회'의 작업 결과가 일단 정리된 12월 초순 어느 날, 그 결과를 대통령에게 보고하기에 앞서서 함께 검토하는 자리를 갖자며, 정 수석이 만나자고 하였다. 만날 장소는 명동에 있는 로얄 호텔이었고, 그동안의 노고를 달래는 뜻도 겸한 그날 저녁 만남에는 이상주 교수와 이한구 군도 함께하였다. 약속 시간에 약간 앞서서 도착한 우리 세 사람은 그 호텔에서 가장 크고 호화로운 객실로 안내되었다. 그곳에는 신현천 비서관과 변 비서가 미리 대기하고 있었다.

조금 뒤에 나타난 정 수석은 "우선 저녁부터 먹읍시다." 하며 쾌활한 몸짓을 보였다. 정 수석을 대하는 웨이터의 정중함과 굽신거림은 옛날 궁중의 시종을 연상케 하였다. 교수 신분에는 과분할 정도의 만찬이 제공되었으나, 내가 그것을 즐겼다는 기억은 없다. 그날 식사를 가장 즐긴 것은 이상주 교수였을 것이다. 거구인 자신을 '8기통'이라고 부르며 그는 많은 연료를 주입하였다.

식사가 끝난 다음에, 그동안 '연구 준비위원회'의 이름을 걸고 만든 '정신문화연구원 설립 및 운영 방안'을 브리핑 형식으로 정 수석에게 설명하는 일이 시작되었다. 그 일을 맡은 것은 이상주 교수였고, 이 교수는 이런 일에 교수답지 않게 매우 능란하였다.

청와대 주변에서는 '브리핑(briefing)'이라는 것이 차지하는 비중이 매우 컸다. 대통령 앞에서 브리핑을 잘하느냐 못하느냐가 고관들의 출세에 지대한 영향을 미친다는 소문도 들렸다. 그전에도 내 책임 아래 진행된 작업의 결과를 정 수석 앞에서 브리핑한 경우는 여러 차례 있었고, 이상주 교수가 오기 전에는 최찬욱 준장이 그 일을 맡았다. 내가 직접 '브리핑'이라는 것을 한 적은 단 한 번 있었다. 1978년 2월에 박 대통령 앞에서 한 처음이자 마지막 브리핑이었다. 대통령에게 보고할 때 준비물로서 만드는 '브리핑 차트'에도 굉장한 정성을 들였다. 전문가가 밤을 새우다시피 하여 그것을 만들었다. 나에게는 시간과 정력의 낭비로 보였다.

이상주 교수의 브리핑이 끝났을 때, 정 수석은 수고를 많이 했다는 예의적 발언을 하였다. 그리고 대체로 잘되었다는 긍정적 평가도 하였다. 그러나 중요한 것은 그 다음 발언이었다. 그 중요한 발언을 효과적 분위기 속에서 하기 위하여 정 수석은 그날 저녁에 호화로운 만찬의 자리를 마련했던 것이다.

"그런데 가장 핵심적인 알맹이가 빠졌습니다. 김 교수가 그렇게 조종한 것이겠지요…."

그 '핵심적 알맹이'가 무엇인지 그는 설명하지 않았다. 내가 '조정했다'는 말은 그 보고서가 '연구 준비위원회'의 이름을 걸고 여러 위원이 공동 작업한 결과라는 점을 염두에 둔 것이며, 나에게 조정당한 사람이란 그 위원들을 지

칭하는 것이었다. 나는 나에게 만만치 않은 압력이 가해지고 있다는 것을 직감적으로 느꼈다. 전신이 바짝 긴장하였다. 까딱 잘못하면 큰일이 난다. 아마 큰일은 이미 나 있었을지도 모른다. 나는 얼른 대꾸를 하지 못하고 꿀먹은 벙어리가 되었다.

"가장 중요한 알맹이가 빠졌습니다." 정 수석은 되풀이하였다. 용(龍)의 몸뚱이는 잘 그려졌지만 눈동자가 빠졌다는 뜻이다. 나는 그 눈동자가 무엇이냐고 묻지 않았다. 다만 나로서는 최선을 다했다고 말하였다. 일종의 동문서답이다. 정 수석은 자기 입으로 그 '알맹이'가 무엇인지를 밝혀 말하기가 거북한 모양으로 내 스스로 그것을 깨닫도록 유도할 방침이었다. 그러나 나로서는 그것을 스스로 깨달아서는 안 될 처지에 놓여 있었다. 이런 경우에는 멍청한 사람이 되는 것이 상책이라는 것을 나는 어느 고령의 학장으로부터 배웠다.

내가 고려대학교 의과대학의 전신인 수도의과대학에 근무했을 당시의 그 대학 학장은 이갑수(李甲秀) 씨였다. 재단과의 관계가 복잡했던 이유로 학장 노릇을 깔끔하게 하기가 어려운 상황이었고, 교수 회의가 열릴 때면 학장을 괴롭히는 질문이나 의견이 자주 쏟아져 나왔다. 그럴 경우에 이갑수 학장은 질문이나 의견의 뜻을 알아듣지 못하는 멍청한 사람으로 일관하였다. 귀에 손을 대고 열심히 듣는 척하면서도 끝까지 못 알아들었다. 그러나 자기에게 유리한 발언은 한마디도 빠뜨리지 않고 잘 알아들었다. 다른 교수들보다 학장의 나이가 많다는 사정도 유리하게 작용하여, 결국 우물쭈물하는 가운데 교수 회의의 안건은 학장이 의도하는 방향으로 처리되곤 하였다.

나의 멍청하게 묵묵히 앉아 있는 태도에 답답함을 느낀 정 수석은 더 이상 참지 못하고 '정답'을 위한 힌트를 주었다. "지난 1월달에 났던 각하의 재가를 잘 생각해 보시오." 그가 말한 '각하의 재가'란 '유신 이념의 역사적 체계화'를 연구의 첫째 목적으로 삼고 연구보다도 연수에 더 치중한 최초의 '연구원 설치 운영안'에 대한 대통령 재가를 가리킨다.

이미 사문화(死文化)된 것으로 믿었던 옛날 문서가 다시 살아나려고 꿈틀거리기 시작한 것이다. 그러나 그 문서가 죽었다고 본 것은 나의 착각에 불과했다. 그전에 내가 제출한 새로운 대안이 대통령의 재가를 받았다면, 본래의 설치 운영안은 자동적으로 사문화되었을 것이다. 그러나 정 수석은 내가 제출한 대안을 자기 서랍에 넣어 두고 대통령에게 올린 결재 서류에서 제외했던 것이 분명하다. 내가 그 대안 서류를 제출했을 때 정 수석이 아무런 반론도 제기하지 않은 것은, 내가 그의 낚싯밥을 문 지 얼마 되지 않을 때라 나의 강한 반발을 막기 위해서 낚싯줄을 풀어 준 것에 지나지 않았다. 그리고 나는 그가 이의를 제기하지 않은 것을 곧 찬동의 뜻으로 해석했고, 제출한 서류가 부결되어 되돌아온 적도 없으니 대통령의 재가가 난 것으로만 믿었던 것이다.

이것은 정정당당한 게임이 아니다. 정 수석이 나를 처음 만나던 날 모든 것을 나의 재량에 맡기겠다면서 "작품을 창작하는 기분으로 소신껏 구상해 보라."고 말한 언질까지 생각한다면, 그것은 분명히 정정당당한 게임이 아니었다. 바로 그런 약점이 정 수석에게 있기 때문에, 그도 그 '알맹이'가 무엇인지를 구체적으로 말하지 않고 내가 스스로 깨닫기를 촉구했던 것이다.

그러나 나는 반년 전에 두 사람만이 대좌한 자리에서 구두로 한 약속을 근거로 삼고 반론을 펴지는 않았다. 두 사람만 있는 자리라면 모르지만, 이제 여러 사람이 듣는 공개 석상에서 물증도 없는 언질을 들고 나와서 따진다면, 사태는 오히려 나빠질 가능성이 많았다. 나는 다만 '최선을 다했다'는 말을 되풀이하면서, 빠졌다는 '알맹이'가 무엇인지는 모르는 것으로 일관할 수밖에 없었다.

시간은 쉬지 않고 흘러가고 있었다. 초조해지기 시작한 것은 도리어 정 수석이었다. 그는 "내 이렇게 될 줄 짐작은 했지만…" 하고 혼자말처럼 중얼거렸다. 그리고 한참 침묵이 있은 다음에, "그동안 애 많이 쓰셨는데 불평만 해서 미안합니다." 하는 말을 낮은 목소리로 하였다. 정 수석의 인간성을 돋보이게 하는 뜻있는 한마디였다. 그도 지친 모양이다. 쓸쓸한 악수를 나누고 우리가 헤어진 것은 열한시가 조금 지난 뒤였다. 등 뒤에서 땀이 흐르고 있었다. 북어 꽁지처럼 앙상하게 마른 손에도 땀이 쥐어져 있었다.

다음 날 오전에 청와대의 변 비서가 내 사무실에 찾아왔다. '연구 준비위원회'에서 만든 설립 취지 가운데 "미래 한국의 좌표(座標)와 그 기본 원리를 탐구하여"라는 구절만 좀 바꾸자는 타협안을 가지고 왔던 것이다. '기본 원리'라는 말을 '지도 원리'로 두 글자만 바꾸자는 정 수석의 의견을 전하러 온 것이다. '정신문화연구원 설립 및 운영 방안'이라는 것은 18면으로 된 브리핑 차트 형식의 문서였다. 글자를 세어 보지는 않았지만, 줄잡아도 3천 자는 넘을 것이다. 그 가운데서 두 자만 고치자는 것이며, '유신'이니 '이념'이니 하는 말을 넣자는 것이 아니고 '지도'라는 말을 하나 넣자는 것이니, 보기에 따라서는 아주 작은 요구라고 할 수도 있었다. 그러나 나는 그것도 싫었다. 도대체 나에게 일단 위임한 일에 대해서 청와대 비서실에서 이래라저래라 간섭하는 것이 싫었다.

나는 나도 모르게 변 비서에게 호통을 쳤다. "도대체 이것이 누구의 보고서요? 연구 준비위원회의 보고서요, 청와대 비서실이 올리는 보고서요? '기본 원리'를 '지도 원리'로 바꾸어도 좋으니, 그 대신 표지에 쓰인 '준비위원회'도 '청와대 비서실'로 바꾸시오!" 그 자리에는 이상주 교수도 있었다.

궁지에 몰린 쥐가 고양이를 물어 버린 것이다. 그러나 변 비서는 아직 큰 고양이는 아니었다. 그는 "예, 알겠습니다." 하고 총총히 사라졌다. 부드럽고 좋은 말로 거절하지 못하고 흥분한 어조로 쫓아 버린 것은 졸렬한 처신이었다고 뉘우치면서도, 한편으로는 가슴이 후련함을 느꼈다. 성격이 모나지 않은 이상주 교수는, 그 정도의 양보는 하고 원만하게 마무리짓는 편이 좋지 않겠느냐고, 걱정스러운 듯이 말하였다.

내가 '지도 원리'라는 말을 싫어한 것은 그 말이 비민주주의적인 함축을 가졌다고 느꼈기 때문이다. 그 말은 나치 독일의 독재자 히틀러를 '지도자(Führer)'라고 부른 사실을 연상시켰다. 변 비서가 물러간 것으로 일이 끝났다고는 생각되지 않았고, 다음에 또 어떤 파도가 밀려올지 모른다는 예감도 있었기에, 그날 저녁에 독일 사정에 밝은 사회철학자 차인석 교수에게 전화를 걸었다. '지도 원리'라는 말이 갖는 의미에 대한 그의 의견을 묻기 위해서였다. 차인석 교수 역시 '지도 원리'라는 말은 피하는 편이 좋을 것 같다는 의견이었다.

며칠 지난 뒤에 신현천 비서관이 내 사무실을 찾아왔다. 그는 내 방에 들르기 전에 이상주 교수의 방에 들러서 함께 내 방으로 왔다. 나를 설득하는 데 이상주 교수가 도움을 주리라고 기대했기 때문일 것이다. 신현천 비서관은 변 비서처럼 단도직입적이 아니었고 능란한 솜씨로 접근했던 까닭에, 나도 흥분하거나 언성을 높이지 않았다. 그러나 결국 신 비서관의 설득도 실패로 끝나고 말았다. 돌아가기 전에 그가 남긴 말은 변 비서의 경우보다 한결 여유가 있었다. "정 수석이 말하기를 충청도 사람이 가장 지독하다고 하더군요. 충청도 사람은 겉으로는 말랑말랑한 것 같은데 사실은 더 까다롭다는 것입니다. 완전히 휘어잡힌 것 같다가도, 놓으면 다시 제자리로 돌아간다는 것이지요." 그는 자신의 손가락을 뒤로 젖혔다가 놓아 보였다.

교수 출신인 신 비서관이 돌아간 뒤에, 이상주 교수는 "학자의 힘이 그렇게 강한 것인 줄은 정말 몰랐습니다." 하며, 승리를 축하라도 하듯이 좋아하였다. 그러나 나의 심경은 그렇게 단순하지가 않았다. 앞으로 나에게 어떤 위험이 닥쳐올 것 같은 예감이 들었고, 나는 그것을 맞이할 비장한 각오를 해야한다는 절박한 느낌에 사로잡혔다. 나는 엄청난 강자에게 정면으로 맞선 하룻강아지가 아니던가.

2. 서투른 사임 시도

신현천 비서관이 다녀간 뒤로는 청와대 비서실로부터 별다른 소식이 없었다. 겉으로는 아무런 일도 없었지만 내 마음속은 하루도 편하지가 않았다. 준비위원회로서는 별로 할 일이 없었지만, 나 자신을 위한 독서나 집필도 손에 잡히지 않았다. 그 무렵에 내가 한 일로서는 우리나라 원로 학자 세 분을 만나서 면담을 했던 것이 기억에 남아 있다. 이선근(李瑄根), 이병도(李丙燾), 이희승(李熙昇) 같은 원로를 만나 보고 그분들의 의견을 연구원 운영에 참고로 하는 것이 어떻겠느냐는 의견은 그전부터 있었다. 정 수석도 그런 말을 했고, 고광도 본부장과 최친욱 준징도 그린 소리를 하였다. 그러나 나로서는 큰 기대가 가지 않았던 까닭에, 그런 절차를 한 차례 거치는 것이 좋겠다는 정도의 생각은 가졌으나 서두르지는 않았다.

원로 학자들을 만나 보는 것을 나는 원장(院長)의 물색과 관련시켜서 생각하였다. 초대 원장으로서 좋은 사람이 떠오르거든 추천하라는 말을 성 수석으로부터 들은 적도 있었으나, 나는 그 문제를 골똘히 생각해 보지는 않았다. 그러나 이제 '연구 준비위원회'의 일을 일단락지은 상태였고, 다른 일은 손에 잡히지 않는 시간을 이용하여, 숙제로 되어 있던 '원로 학자와의 면담' 계획을 실천에 옮기기로 한 것이다.

이상주 교수와 함께 이선근 선생을 동국대학교 총장실로 찾아간 것은 12월 중순이었다. 이선근 선생과는 잘 아는 사이였고, 내가 정신문화연구원을 위해서 준비 작업에 종사하고 있다는 사실도 그는 익히 알고 있었다. 그래서 나는 어떤 예비적인 설명을 하지 않고도 바로 본론으로 들어갈 수가 있었다. '본론'이란 새로 생길 연구원 운영의 기본 방침에 대한 '고견'을 듣는 일이었다. 다만 그 '고견'을 듣고자 하는 나의 목적은 그분으로부터 무엇인가를 배우는 데 있기보다는 그분이 이 연구원의 원장 후보로서 적합할까를 탐색하는 데 있었으므로, 나의 자세는 그다지 겸허한 편은 아니었다.

이야기를 하는 가운데 나는 이 연구원이 성공하자면 '정치성'을 배제해야 한다고 강조하였고, 만약 이 연구원이 정책 과제를 위한 기관이 된다면 우수한 학자들의 호응을 받을 수가 없을 것이라고 단언하였다. 그러나 이러한 나의 발언은 저편의 뜻을 알기도 전에 내 심중을 털어놓은 것이니 경솔하기 짝이 없는 짓이었다.

이선근 선생은 "정책 과제를 위해서 활용하는 것을 '정치적'이라고 말하면서 순수성을 내세우는 사람이야말로 정치적이지요." 하며 내 의견을 정면에서 물리쳤다. 그리고 "학자들의 호응을 걱정할 필요는 없어요. 적극적으로 협조하는 사람들과 손잡고 일하면 그만이지, 싫다는 사람들을 끌어들일 필요가 어디 있어요? 그리고 기성의 학자들이 외면할 때는 새 학자들을 길러내는 길이 있어요."라는 말도 하였다. 그는 정신문화연구원의 설립에 대해서 지대한 관심을 가지고 있었음에 틀림이 없었고, 어쩌면 청와대 측으로부터 많은 이야기를 듣고 있다는 인상을 풍겼다. 나는 이선근 선생의 말을 통하여 정신문화연구원에 대한 그의 주인 의식을 강하게 느꼈다.

그로부터 며칠 후에 이병도 선생을 댁으로 방문하였다. 이병도 선생은 어둠침침한 방에서 돋보기를 쓰고 책을 읽고 있었다. 이병도 선생은 나지막한 목소리로 매우 조심스럽게 말을 하였다. 내 메모에 남은 그분의 말은 두 마디로 요약될 수 있다. "외국으로부터의 시선도 고려해서, 너무 국수주의적이라는 오해를 받지 않도록 해야 하겠죠. 정치적 경향은 가급적 피하는 편이 좋을 겁니다." 만약 이병도 선생이 원장 자리에 앉는다면, 자진해서 정책 수행을 위한 기관으로 만들고자 하지는 않겠지만, 정부 측에서 그런 요구가 있을 경우에는 크게 저항하지 않고 타협하리라는 생각이 들었다.

다음에는 단국대학교로 이희승 선생을 찾아 뵈었다. 이희승 선생도 정신문화연구원에 대해서 소문을 들은 바가 있다고 하였다. 그분은 순수한 학술 연구 기관으로 운영해야 한다고 전제하면서, "그러나 사사건건 간섭하려 드는 관리들의 근성이 걱정"이라는 말을 덧붙였다. 연세가 워낙 높으신 탓도 있겠지만, 이선근 선생과 같은 패기와 의욕은 보이지 않았다. 그러나 꼬장꼬장한 점은 믿음직하였다.

만약 초대 원장 자리에 이선근 선생이 앉게 된다면, 순수한 학술 연구 기관으로 만들어 보겠다고 바동바동해 온 그때까지의 노력은 허사가 될 것 같은 생각이 밀려왔다. 이상주 교수도 이 점에 대해서는 소견이 같았다. 세 원로 학자를 만나서 나눈 대화를 고광도 본부장에게 이야기했을 때, 그도 이선근 선생이 원장 자리에 앉게 되면 곤란하겠다고 말하였다.

우리가 염려하는 대로 이선근 선생이 원장으로 올 가능성이 많다는 예감이 들었다. 나와 만났을 때의 그분의 태도는 마치 원장으로 내정된 사람의 그것이 아니었던가. 내 온몸에서 힘이 쭉 빠지고 있음을 느꼈다. 칼자루는 어디까지나 정 수석 손에 쥐어져 있었고, 나는 그에게 정면으로 맞서지 않았던가. 칼날을 쥔 손이 바르르 떨린다. 이제 남은 길은 하나밖에 없다. 하루빨리 칼날을 놓고 달아나는 길뿐이다.

그해 12월 20일경의 어느 날 나는 최찬욱 준장의 방을 찾아갔다. 이제 '연구 준비위원장'으로서 할 일도 일단락을 지었으니, 악화된 건강을 회복하기 위하여 그 자리를 물러나야 하겠다는 의사를 밝혔다. 이 뜻을 정 수석에게 전하고 무거운 책임을 면할 수 있도록 중간에서 힘써 달라고 부탁한 것이다. 정 수석에게 직접 부탁해서는 들어줄 가능성이 희박하다고 보았던 것이며, 고 본부장보다도 최 준장이 정 수석과 더 잘 통할 것으로 보았던 까닭에 최찬욱 준장을 택했던 것이다.

사퇴 이유는 건강 악화 이외에 내세울 것이 없었다. 지속되는 긴장 속에서 내 건강은 실제로 상당히 악화되어 있었다. 진찰에 나타날 어떤 병에 걸린 것은 아니었지만, 신경의 피로와 식욕의 부진으로 겉모습이 말이 아니었다. 누가 보아도 앙상하고 창백한 이 겉모습을 살려서 빠져나갈 궁리를 한 것은 이선근 선생을 만나 본 직후부터였다.

그날 이선근 선생이 보여준 몸짓으로 미루어 볼 때, 정 수석과의 사이에 어떤 이심전심(以心傳心)이 있었을 것 같은 인상이 강했고, 초대 원장으로 그분이 임명될 가능성이 매우 높다는 느낌이 굳어졌던 것이다. 그분이 원장이 되면 연구원을 정책 기관에 가깝도록 운영하는 것을 막을 도리가 없을 것이었다. 예컨대, "유신 이념에 대한 연구는 하지 않는다."든지 "정권 연장을 위한 어떠한 활동도 허용하지 않는다."는 따위의 부정적 규정을 만들 수는 없는 노릇이고, 설사 그런 규정을 만들었다 하더라도, 정부와 원장이 합심하면 그런 규정을 폐기하긴 어렵지 않을 것이었다. 그렇다면 내가 그곳에 남아서 할 수 있는 일은 아무것도 없다는 결론을 피할 길이 없었다.

내가 그곳에서 빨리 발을 빼야 할 가장 큰 이유의 하나는, 더 머뭇거리고 있다가는 개원 후에 맞아들일 연구 요원들의 인사 문제에 내가 개입하지 않을 수 없는 시점에 와 있었기 때문이다. 내가 '연구 준비위원장'이라는 자리에 앉아서, 유신체제를 적극 지지하고 그 이론 체계를 구축하는 일에 기꺼이 참여하고자 하는 사람들을 무더기로 끌어들일 수는 없는 노릇이었다. 반대로 유신체제에 대해 부정적 시각을 가졌으며 '어용학자'라는 말에 대해서 민감한 친구들을 끌어들여서, 그들에게 저 좋지 않은 이름을 갖게 하는 결과를 불러도 안 될 일이었다. 그러므로 인사 문제가 거론되기 이전에 서둘러 빠져나와야 했다.

그러나 최찬욱 준장은 내가 빠져나가는 것을 원치 않았다. 이유는 싸우다 말고 중간에서 백기(白旗)를 들 수는 없지 않느냐는 것이었다. 그는 끝까지 더 싸워야 한다고 나를 격려하였다. 그러나 나로서는 그의 격려를 액면 그대로 받아들이기가 어려웠다.

최찬욱 준장의 처지는 매우 미묘한 것이었다. 그는 삼성 장군으로서 육군 참모 차장의 요직에 있다가 예편된 고광도 장군을 도우라는 임무를 띠고 '연구원 설립 추진 본부'에 파견된 현역 장성이었다. 그런데 그가 모시게 된 고광도 장군 — 군대뿐 아니라 고향도 선배인 고광도 장군 — 이 연구원의 '순수성'을 강조하는 김태길의 의견에 동조하고 있는 것이다. 처음에는 그렇지 않았는데, 김태길과 한 반년 동안 생활을 같이하는 동안에 연구원을 보는 시각과 학자들을 보는 시각에 큰 변화가 왔던 것이다. 청와대를 대변하는 정 수석에게도 같은 변화가 왔더라면 아무 문제도 없었을 것이다. 그러나 정 수석은 낚싯줄을 풀었다 조였다 하는 사이에 어느 정도 태도의 변화를 보이기는 했으나, 그가 말하는 '알맹이'에 대한 생각은 그대로 있었다. 그 결과로서 고광도 본부장의 지지를 받고 있는 김태길과 정 수석이 사이가 불편하게 된 것이 작금의 상황이었다.

연구원 운영 방안에 대한 최찬욱 준장의 견해에도 변화는 있었다. 그것을 선불리 정책 연구 기관으로 만들어 보아도 별로 신통한 효과를 거두지 못하고 여론만 나빠지리라는 것을 그도 인정하는 듯하였다. 학자들은 국가 의식이 약하고 애국심도 부족하다고 보았던 그의 편견도 여러 학자들과의 접촉을 통하여 수정되기 시작한 것으로 보였다.

그러나 최찬욱 준장에게는 현역 군인으로서의 입장도 있었다. 현역 장성이었던 까닭에, 삼군의 최고 통솔자인 박 대통령을 의식하지 않을 수 없었고, 박 대통령의 신임이 두터운 정 수석의 의중도 의식하지 않을 수 없었을 것이다. 그는 박 대통령의 대변자 격인 정 수석이 무엇을 원하는가를 살펴야 했으며, 정 수석이 원하지 않는 일에는 가담하기 어려운 처지였다.

정 수석의 처지에서 볼 때, 김태길이 고분고분하지 않고 제 고집만 세우는 것은 백번 마땅치 않았다. 그렇지만 김태길이 도중에서 달아나는 것은 그가 원하는 바가 아니었다. 만약 김태길이 달아난다면, 연구원 설립 준비 과정에서 어떤 갈등 내지 차질이 생겼다는 소문이 퍼질 것이고, '연구 준비위원장'

의 인선을 잘못했다는 문책이 정 수석에게 떨어질 것이었다. 그러므로 정 수석으로서는 김태길이 달아나는 것을 방치할 수 없는 처지였고, 최 준장으로서도 김태길이 달아나지 못하도록 정 수석을 도와야 할 형편에 있었다.

이러한 상황에서 나는 달아날 수 있도록 도와달라고 최찬욱 준장에게 부탁했던 것이다. 이 부탁을 받고 최찬욱 준장이 나에게 할 수 있었던 말은 끝까지 싸우라는 그것밖에 없었다. 끝까지 버티어서 정 수석이 태도를 크게 바꾼다면 그 이상 더 바랄 것이 없을 터이고, 정 수석의 고집을 끝내 꺾지 못한다면 그때 가서 물러나도 큰 지장은 없지 않느냐 하는 논리가 그의 말 배후에 있었을 것이다.

그리고 며칠 뒤에 신현천 비서관과 조용히 만날 기회가 있었다. 그에게도 내 건강 상태가 좋지 않으니 사임하도록 도와달라는 부탁을 하였다. '기본 원리'라는 단어를 '지도 원리'로 고치자는 그의 부탁은 들어주지 않고, 아쉬울 때 내 부탁을 한 것이다. 신현천 박사의 반응에는 여유가 있었다. 병원에 입원이라도 해놓고 사의를 표명한다면 혹 모르지만, 그냥 그대로는 가능성이 없을 것 같다고 조용히 말했던 것이다.

입원을 하면 퇴임하게 되리라는 보장만 있다면, 그 방법도 시도할 만하였다. 그러나 입원을 한다고 풀려 날 것 같은 예감이 들지 않았다. 요행히 입원이 필요하다는 진단을 얻어 낸다 하더라도 공연히 수선만 피우고 헛수고에 그칠 공산이 컸다. 그 숱한 검사를 할 일도 끔찍했고, 여러 사람들의 문병을 받을 일도 미안하고 번거로운 일로 예상되었다.

나는 입원하는 대신 다른 방법을 사용하기로 하였다. 그러나 그 방법을 연말연시에 사용하는 것은 시기가 적절하지 않을 것 같아서 잠시 보류하기로 하였다. 입원에 대한 대안(代案)의 실천을 보류하고 분주한 연말을 보내기까지에는 별다른 일이 없었다. 그러나 새해 벽두에 또 피곤한 일이 생겼다.

정초의 연휴가 끝나고 4일에는 일찌감치 '추진 본부'로 출근하였다. 고광도 본부장과 함께 있는 자리에 최찬욱 준장이 나타나서 5일 오전 중에 청와대로 새해 인사를 가야 한다고 알렸다. 본부장과 연구 준비위원장을 자기가 모시고 가겠노라고 미리 전화로 연락을 해두었으며, 양주 두 병도 준비해 놓았다고 하였다.

그전에는 새해가 되면 고관대작들이 청와대로 가서 대통령에게 세배를 올리는 관례가 있었다. 그러나 너무 번거로우니 그만두라는 대통령의 지시가 있어 대통령에게 직접 세배를 올리는 관례는 없어졌다. 하지만 청와대 밖에 있는 고관들의 처지에서는 전혀 아무런 성의 표시도 없이 넘어가기가 어려웠고, 자연발생적으로 하나의 대안이 창출되었다. 그 대안이라는 것이 '신년 청와대 예방(禮訪)'이라는 것이있고, 이 예방을 받는 임자는 관련된 분야의 수석 비서였다. 수석 비서의 실세(實勢)는 장관들의 목을 붙였다 떼었다 하고도 남을 정도로 막강했던 까닭에, 매년 새해가 되면 삼부 요인들이 앞을 다투어 청와대 비서실을 예방하는 풍속이 생겼다. 내가 들은 풍문은 대략 그런 것이었다.

'신년 예방'이라고 부르든 '신년 인사'라고 부르든 그것은 세배를 연상시키는 행위였다. 잘은 모르지만, 정 수석의 나이는 나나 고 본부장보다 열 살 정도 아래일 것이다. 아무래도 좀 어색한 일이다. 고광도 씨도 자존심이 강한 편이어서 도무지 마음이 내키지 않는 모양이었다. 그는 당장에 전화 인사로 때우겠다고 선언하였다. 나는 전화만 거는 것은 오히려 안 하느니만 못할 듯하여서, 아예 모른 척하겠다고 말하였다.

당황한 것은, 갈 사람의 의사를 물어보지도 않고 언제 가겠노라고 미리 연락을 해둔 최찬욱 준장이었다. 그는 달리 도리가 없어서, 이상주 교수와 이한구 군을 대동하고 다음 날 아침결에 청와대를 예방했다. 정사(正使)는 꼴도 보이지 않고 부사(副使)만 나타난 것을 본 정 수석은 화가 치밀었다. 다른 손님들이 대기실에서 줄지어 기다리고 있던 그 바쁜 시간에 40여 분 동안이

나 비난의 언어를 퍼부었다. 교수라는 것은 도대체 정신 자세가 글러먹었다는 것이 그 비난의 요지였다. 몸이 단 최 준장은 "김 준비위원장과 고 본부장은 오후에 올 것입니다."라는 연수표를 남겨 놓고 일단 물러났다.

정 수석이 분노하던 광경을 현장감 있게 재현한 최 준장의 보고에 접한 고광도 본부장은 당장에 동요하기 시작했다. 그렇게까지 분노할 줄은 예상 못했던 모양이다. 그 분노한 사람으로 말하면 나는 새도 떨어뜨릴 수 있다는 막강한 실력자가 아닌가. 그로서는 최 준장이 끊고 온 시한부 연수표의 부도를 막음으로써 사태를 수습할 필요가 있었다. 고광도 본부장은 개인적 볼일도 좀 있다면서 나보고 함께 청와대에 다녀오자고 하였다.

그러나 나는 동행하고 싶은 생각이 들지 않았다. "개인적 볼일이라도 있다면 가겠지만…" 하고 고광도 본부장의 체면을 세워 주는 발언만 하고 신년 인사는 보류하고 말았다. 결국 고 본부장 혼자서 연수표를 막는 수고를 감수하는 모양이 되었다.

나 혼자만의 짐작이기는 하지만, 내가 정 수석의 기분을 상하게 한 적이 한두 번이 아닌 가운데서 그의 자존심을 가장 크게 건드린 것은 아마 미수에 그친 저 '신년 인사'라는 이름의 촌극이었을 것이다. "모난 돌이 정 맞는다."는 속담도 있으니, 그저 둥글둥글하게 처신했더라면 내 신상에 좋았을 것이다. 다만 신상에 좋도록 둥글둥글하게 사는 것이 바람직하냐, 또는 고슴도치처럼 까슬까슬하게 사는 것이 바람직하냐 하는 문제는 생각하기에 따라서 대답이 달라질 끝없는 물음의 하나일 것이다. 어쨌든 나는 그 일이 있은 뒤로 더욱 긴장된 나날을 보내게 되었다.

앞에서 '연구 준비위원장' 자리를 벗어나기 위하여 "입원하는 대신 다른 방법을 사용하기로 했다."고 말한 그 '다른 방법'이란 단식(斷食)을 가리킨 것이었다. 본래 깡마른 체구가 되어서, 일주일 정도만 단식을 하고 나면 의사의 진단서가 아니더라도 중환자로 보이기 마련인 나의 특징을 살려 보자는 것이었다. 아내에게만 알리고 다른 식구들에게는 절대 비밀로 추진하기로 하였다.

아내는 그런 위험한 짓을 왜 하느냐고 극구 반대하였으나, 학생 시절의 경험자임을 말하여 설득하였다. 20대 초반의 청년기와 환갑이 가까운 노년기가 같으냐고 반박하기에, 일본에서 노인들이 단식하는 것을 보았다고 대답하였다. 결국 단식요법에 관한 책을 한 권 사서, 내 집을 단식 도장으로 삼고 단행하기로 결정을 보았다.

약 반년 동안의 긴장된 생활을 하는 가운데 몸이 몹시 쇠약해 있었으므로, 중환자로 보이는 데 일주일까지 굶을 필요가 없었다. 한 사나흘 굶고 거울을 들여다보았더니, 차마 바라보기 어려울 정도의 몰골이 되고 있었다. 이만하면 되겠지 싶어서 이번에는 정 수석에게 직접 사의(辭意)를 표명했다. 1978년 1월 말경의 일이다.

그러나 정 수석은 빨라도 1979년 2월까지는 참아야 한다고 조용한 말로, 그러나 단호하게, 내 청을 물리쳤다. 나는 개원하기로 예정된 그해 6월 이전에는 그만두도록 해달라고 애걸하다시피 사정하였으나, 이 타협안조차도 약속을 얻어 내지 못하였다.

3. 연두 기자회견의 위기

한편으로는 빠져나갈 궁리를 하면서도, 내가 그 자리에 있는 동안은 연구원이 잘못된 길로 가지 않도록 하기 위한 노력을 게을리하지 않았다고 생각한다. 이렇게 생각하는 근거의 하나로서, 1978년 대통령 연두 기자회견 때, 박 대통령이 정신문화연구원의 설립 취지를 어떻게 말할 것인가를 가지고 며칠 동안 노심초사했던 기억이 있다.

그해 연두 기자회견에 즈음해서, 정신문화연구원 설립에 대한 언급이 있을 것이라는 점은 미리부터 알려져 있었다. 기자들이 하기로 된 질문 가운데 정신문화연구원의 설립 취지를 묻는 것이 들어 있었고, 그 질문에 대답할 내용은 해당 비서실에서 자료를 만들어서 올리기로 되었다고 들었다. 이에 추진 본부에서 일하고 있던 우리들은 정 수석이 맡고 있는 비서실에서 올라갈 '자료'의 내용에 대해서 지대한 관심을 갖게 되었다.

그 궁금한 '자료'의 사본 한 통을 청와대에 자주 드나들던 최찬욱 준장이 얻어 가지고 왔다. 그런데 그 내용에 내가 염려했던 말들이 적지 않게 섞여 있었다. 내가 싫어한 '지도 원리'보다도 더 나쁜 '지도 이념'이라는 말이 들어 있었고, 전체의 문맥 가운데 복고적이고 국수주의적 색채가 강한 문구들이 여기저기 보였다. 나는 공든 탑이 와르르 무너지는 것을 보는 듯한 절망감에 빠졌다.

고광도 본부장도 걱정을 많이 하였다. 설립자인 대통령의 말이 일단 그런 식으로 보도되면, 그 말은 곧 연구원의 성격을 확정하는 금과옥조(金科玉條)가 될 것임에 틀림이 없을 것이었다. 무슨 수를 써서라도 그렇게 안 되도록 막아야 한다고 하며, 그도 수심에 잠겼다. 고광도 본부장은 나에게 청와대 대변인이나 특별 보좌관 또는 국무총리를 만나 보라고 권고하였다. 그 당시의 대변인은 서울대학교 철학과 동문인 임방현(林芳鉉) 씨였고, 최규하 국무총리는 내 처가와의 인척관계로 인하여 겨우 안면이 있을 정도였다. 마침 서울사대의 김종서(金宗西) 교수가 찾아왔기에 고광도 본부장의 권고를 말하고 그의 의견을 물어보았다. 김종서 교수는 매우 위험하다고 고개를 저으며 만류하였다.

고광도 본부장이 직접 모험을 걸었다. 청와대 비서실장 부속실에 전화를 걸어서 실장에게 면회를 신청했던 것이다. 박 대통령을 직접 만날 수 있도록 부탁하기 위해서였다. 그러나 비서실장에 대한 면회 신청은 일언지하에 거절당하고 말았다. 그뿐만 아니라 이 사실이 정 수석에게까지 알려져서 그의 분노를 샀다. 본부장이 청와대를 찾아가서 본의가 아니라며 정중히 사과함으로써 그 일은 일단락을 지었다. 정 수석이 얼마나 강했던가를 말해 주는 촌극이었고, 고광도 본부장에게 이루 말할 수 없는 고마움과 미안함을 느끼게 한 일화였다.

그러나 기적 같은 일이 생겼다. 박 대통령이 연두 기자회견에서 실제로 한 말은 비서실에서 올라간 자료와는 용어도 다르고 분위기도 달랐다. 매우 부드럽고 무난한 말로 그는 정신문화연구원의 설립 취지를 설명했던 것이다. 연수(研修)에 관한 언급은 전혀 없었고, '이념(理念)'이라는 단어도 사용된 바 없었다. 이것이 바로 천우신조(天佑神助)라는 것이 아니고 무엇이겠는가! 나는 고광도 본부장과 손을 마주잡고 안도의 숨을 크게 내쉬었다. '연구원 추진 본부' 전체가 축제 분위기였다. 나는 다시 용기를 얻었다.

박정희 대통령은 분명히 보통 사람들보다는 식견이 있는 인물이었다. 누구의 발상이었는지는 모르겠으나, 정신문화연구원 앞에 대통령의 필적이 새겨진 휘호탑을 세우자는 계획이 추진된 바 있었다. 최찬욱 준장이 돌을 구하기 위해서 직접 충청도인가 어디로 출장을 다녀오기도 하였다. 요행히 50톤짜리 거석(巨石) 두 개를 발견하고 돌아왔다. 그 당시의 돈으로 3천만 원의 비용이 든다고 하였다. 운반비가 많이 드는 모양이었다. 그러나 이 휘호탑 건립 계획은 불발탄이 되고 말았다. 보류하라는 대통령의 지시가 있었던 모양이다.

휘호탑 건립을 보류시킨 이유는 외화(外華)보다는 내실(內實)을 기하라는 대통령의 뜻에 있었다고 들었다. 아직 제대로 된 도서관도 없는데, 그러한 겉치레에 거액의 예산을 낭비해서야 되겠느냐 하는 것이 설립자의 뜻이었다는 말도 들렸다. 그러나 이 말이 누가 지어낸 것인지, 확실한 사실에 근거한 것인지는 확인된 바 없다. 다만 한 가지 확실한 것은, 휘호탑 건립을 보류하라는 지시가 내려왔을 때, 고광도 본부장이 "역시 각하는 현명한 분"이라며 공감을 표시했다는 사실이다.

설립자 박정희 대통령이 정신문화연구원에 쏟은 관심은 대단한 것이었다. 그는 그 바쁜 일정 속에서도 건설 현장에 가끔 나타났다. 작은 승용차를 타고 많지 않은 수행원과 더불어 나타나서는 현장을 한 바퀴 주욱 돌아보곤 하였다. 키는 작았지만 걸음이 몹시 빨랐다. 수행원들과 추진 본부 임원들이 앞을 다투어 그의 뒤를 따라가기 마련인데, 일행의 행진 속도가 빨라서 나는 자연히 뒤로 처지기가 쉬웠다. 그럴 때면 고광도 본부장이 나에게 다가와서 처지지 말고 따라붙으라고 속삭이곤 하였다. 그런 기회에 한치라도 가까이 가도록 하라는 조언인데, 그것은 나를 생각해서 하는 몸짓임에 틀림이 없었다. 고광도 본부장이 나를 경쟁자로 보지 않고 친구로 대접했다는 점에 대해서 지금도 나는 고마움을 느끼고 있다.

박 대통령이 처음 건설 현장에 행차하던 날, 전갈을 받고 한발 먼저 달려간 추진 본부 임원들은 건설 본부 앞에 도열하고 기다렸다. 수행원들을 거느리고 도착한 대통령은 도열한 순서대로 악수를 하였다. 나와는 물론 처음 대면하는 순간이었다. "김 교수, 다음에 조용히 만나서 이야기합시다." 한마디를 남기고 다음 사람 앞으로 걸어갔다.

그러나 그 조용히 만나서 이야기할 기회는 좀처럼 오지 않았다. 처음에는 늦어도 1977년 11월경에는 개인적 면담의 기회가 있을 것이라는 말이 있었다. 그런 기회에 연구원의 운영 방안에 대한 이야기를 조용히 나눌 수만 있다면, 나는 내 뜻을 관철시키는 데 큰 도움을 얻을 수 있을 것으로 믿고, 그날이 오기를 기다렸다. 그러나 11월이 지나고 연말이 가까워 와도 별다른 소식이 없었다. 다음 해 1월 한 달도 그대로 지나갔다. 물론 내가 먼저 면담을 희망할 수 있는 처지가 아니었으며, 나는 그저 처분만 기다릴 수밖에 없는 위치에 있었다. 그 처분의 열쇠를 쥐고 있는 것은 다른 사람이 아닌 정 수석이었다.

그렇게 세월을 보내고 있을 때, 갑자기 청와대로부터 전갈이 왔다. 2월 말일에 브리핑 차트를 준비해 가지고 청와대로 들어오라는 것이었다. 그날 대통령과 면담할 기회가 주어지기는 했으나, 내가 '연구 준비위원회'의 이름을 걸고 만든 '정신문화연구원 설립 및 운영 방안'을 보고하고 이에 대해서 대통령이 한두 마디 간단한 논평을 했을 따름이다. 정 수석을 비롯해서 여러 사람들이 배석한 공식적인 자리였고, 기탄 없는 대화를 조용히 나눌 수 있는 상황은 아니었다. 그러나 우리 준비위원회에서 만든 '방안'에 대해서 어떤 점이 불만스럽다는 지적은 없었고, 대통령 앞에서 내가 떨지나 않을까 걱정했던 고광도 본부장과 최찬욱 준장은 예상보다도 내 태도가 차분했다고 좋아하였다.

박 대통령은 시종일관 겸손한 태도로 나를 대하였다. 맞이할 때도 작별할 때도 정중하게 예를 갖추었다. 학자를 선비로 대접하는 호의 같기도 하고, 일정한 거리를 두는 냉정함 같기도 하였다. 그는 가끔 창밖을 내다보았다. 창밖을 물끄러미 내다보는 강자의 옆얼굴에 외로움의 그림자가 지나갔다.

1978년 4월 5일, 박 대통령의 식목일 행사는 안양에서 있을 것이라는 정보가 들어왔다. 행사를 마치고 서울로 돌아가는 길에, 대통령이 정신문화연구원 현장을 들르기 쉽다는 추측을 한 추진 본부에서는 그 전날부터 그를 맞이할 준비를 서둘렀다. 건설의 진도 상황 보고를 위한 브리핑 차트를 만들고 또 무슨 건물의 투시도를 만드는 등 법석을 떨었다. 몇몇 실무자들은 밤을 새워 가며 준비를 했을 것이다. 대통령이 어느 기관을 예고 없이 방문하는 것은 평소의 모습을 있는 그대로 보고자 함에 있을 터인데, 이렇게 낌새를 알고 미리 준비를 하게 되면, 자연스러운 모습을 보고자 한 대통령의 뜻은 빗나갈 수밖에 없을 듯하였다.

식목일 당일에는 아홉시부터 추진 본부 직원 전원이 건설 중인 연구원 운동장에 모였다. 모사, 장갑, 붕내 감은 삽 등을 준비해 놓고 대통령의 행차를 기다렸다. 묘목을 많이 사다 놓고도 나무는 심지 않고 사람만 기다렸다. 오후 세시까지 기다렸다. 청와대에 여러 번 전화를 걸어 가며 기다렸다. 결국 그날은 대통령의 연구원 건설 현장 방문은 없었다. 나무 심는 일은 흐지부지 되고 말았다. 지나친 충성심이 빚은 한 토막 희화(戱畵)였다.

식목일이 지난 지 8일 뒤인 4월 13일에 박 대통령이 건설 현장을 찾아온다는 연락이 갑자기 왔다. 이날 현장을 방문한 대통령은 주로 조경에 대해서 세세한 지시를 내렸다. "여러 가지 종류의 꽃나무를 심어서 어느 계절에나 꽃을 볼 수 있게 하시오." "너무 나무만 많이 심지 말고 잔디밭을 넓게 만드시오." "정문 앞의 반송(盤松)이 너무 빈약하니 큰 것으로 바꾸시오." 사범 교육을 받고 교사 노릇을 한 경력이 나타나기라도 한 것처럼 매우 세밀한 일면이 있었다.

그날 대통령이 한 말 가운데 가장 중요한 발언은 도서관이 너무 빈약하다는 지적이었다. 본래 연구 기관이 아닌 연수 기관으로 구상했던 까닭에 도서관 또는 도서실의 규모를 아주 작게 마련했던 것이고, 그것을 그대로 재가한 것이 바로 1977년 1월의 '연구원 설치 운영안'이었다. 그러니까 이 지적은 자기 자신이 기왕에 내린 판단에 대한 비판의 뜻을 갖는 발언이었다. 도서관 이외에도 연구 기관이기보다는 연수 기관에 적합하도록 만든 건물이 적지 않았다.

박 대통령이 떠나간 뒤에 고광도 본부장은 다음과 같은 말을 하였다.

"각하께서 일찍이 지금 정도의 안목을 가지고 있었던들, 도서관을 저렇게 작게 만들도록 허락하지는 않으셨을 겁니다. 스스로 결심하고 재가한 것에 대한 불만으로 찜찜하신 듯합니다. 이천의 것은 완전 실패작이고, 이것은 반실패작이지요. 모두가 보필한 사람들의 책임입니다."

'이천의 것'이라 함은 현재 '유네스코 청년훈련원'이 된 시설을 말한다. 정신문화연구원을 만들라는 박 대통령의 지시를 받고 처음에 건설한 것이 덕평에 있는 현재의 '유네스코 청년훈련원'이었다. 건설이 절반쯤 진행되었을 때 박 대통령이 현장을 돌아보고, 위치와 시설 규모 등이 마음에 들지 않는다며 크게 꾸짖었다. 그리고 자신이 몸소 현지를 답사해서 새 후보지로 결정한 것이 현재 '한국정신문화연구원'이 들어선 성남시 운중동 청계산(淸溪山) 남쪽 기슭이다. 이런 경위로 볼 때, 이 연구원은 본래 국민정신교육의 도장(道場)을 염두에 두고 시작한 것이 분명하며, 그것을 '순수한 학술 연구 기관'으로 만들어야 한다고 우겨 댄 내 고집에는 처음부터 무리가 있었다.

21장 숨가쁘고 긴장된 나날의 연속

1. 초대 원장으로 오게 될 사람

1978년 연두 기자회견의 자리에서 정신문화연구원의 설립자인 박 대통령이 그 연구원 설립의 취지를 말했을 때, 정치적 의도가 있다는 것을 느낄 만할 발언이 없었다는 사실에 나는 큰 의미를 부여하였다. 청와대 비서실에서 제출한 자료에는 복고적이며 국수주의적인 언사가 있었을 뿐 아니라 '지도이념' 따위의 신경 쓰이는 단어가 포함되었음에도 불구하고 대통령 자신의 발언 가운데는 그러한 말이 빠져 있었다는 사실은, 이 연구원을 순수한 학술 연구의 기관으로 끌고 가기에 매우 유리한 조건이라고 생각되었다.

문제는 어떤 사람들이 그 연구원의 주인으로 들어앉느냐에 달려 있을 것 같았다. 설립자인 대통령이 그 연구원을 정권 연장을 위한 도구로 삼을 생각을 가지고 있지만 않다면, 그 연구원의 주인으로 들어오게 될 학자들이 내부의 분열을 일으키지 않는 한, 연구원은 '정책 기관'이니 '어용 기관'이니 하는 낙인을 면하고 권위 있는 연구 기관으로 성장할 수 있을 것이었다. 가장 중요한 것은 누가 초대 원장으로 취임하느냐 하는 문제가 아닐 수 없었다.

그전에도 정 수석으로부터 "원장으로는 누구를 적임으로 생각하십니까? 좋은 사람을 추천해 보시지요." 하는 말을 들은 적이 있었다. 그러나 정 수석의 말투가 그저 지나가는 말로 던져 보는 듯한 인상이 강했으므로, 나는 "글쎄요…" 하고 그저 어물어물해 두었다. 그런데 1978년 2월 10일경에 고광도 본부장과 함께 청와대를 방문했을 때, 정 수석은 정식으로 원장 인사 문제를 상의하였다. 그는 이희승(李熙昇), 이병도(李丙燾), 이인기(李寅基), 이숭녕(李崇寧), 네 원로 석학의 이름을 차례로 들어 가며, 원장감으로 어떠냐고 물었던 것이다.

나는 일석(一石) 이희승 선생이 가장 적임자라고 대답했다. 그 다음에는 이병도 선생을 꼽았다. 그러나 그분들은 너무 고령이 아니냐고 반문하면서, 정 수석은 이선근 선생을 다섯 번째로 거론하였다. 나는 이선근 선생보다는 이인기 선생이나 이숭녕 선생이 나을 것이라고 대답하였다. 고광도 본부장도 이선근 선생은 부적당하다고 힘주어 말함으로써 내 의견에 적극적으로 찬동하였다. 고광도 본부장은 이선근 선생과 직접 만난 적은 없었지만, 정 수석이 그 점을 문제 삼지는 않았다. 그러나 이선근 선생을 부적당하다고 생각하는 이유가 무엇이냐고 따져서 물었다.

그 이유를 정 수석에게 솔직하게 말하기는 어려운 노릇이었다. 이선근 선생은 유신체제를 적극적으로 옹호하는 사람이며 그가 원장이 되면 과잉 충성으로 연구원을 정책 수행의 도구로 삼을 가능성이 있다고 말할 수는 없었다. 정책 수행에 직접적으로 도움이 되는 연구원을 만들고 싶은 것이 바로 정 수석의 생각이었기 때문이다. 내가 말할 수 있는 것은 이선근 선생이 원장이 되면 많은 학자들이 이 연구원을 외면할 가능성이 높다는 이유뿐이었다.

벌써부터 초대 원장은 이선근 선생이 맡게 될 것이라는 추측이 학자들 사이에 떠돌고 있었다. 그분이 징훈국장을 지낸 예비역 장군이며, 문교부 장관을 지낸 관록이 있을 뿐 아니라, 육영수 여사에게 국사 강의를 했을 때부터 청와대와 가까운 사이였다는 사실을 근거로 그런 추측을 하는 모양이었다. 그리고 그러한 추측은 정신문화연구원이 정책을 위한 연구원 내지 연수원으로 전락하게 될 것이라는 또 하나의 추측을 낳았다.

이선근 선생에게는 좋은 점도 많았지만, 학자들은 장점에 대해서는 별로 말을 하지 않았다. 사람들은 남의 장점을 인정하는 데는 인색한 경향이 있다. 나는 정 수석 앞에서 이선근 선생의 좋은 점에 대해서도 언급한 필요가 있음을 느꼈다. 이선근 선생은 도량이 크고 남다른 통솔력을 가졌으며 윗사람으로서 관대함도 갖춘 탁월한 인물이라는 점도 언급하는 것이 공정한 인물평(人物評)이라고 생각하였다. 그리고 실제로 그런 말을 입 밖에 내었다.

이선근 선생을 그 정도의 인물로 평가하면서 원장으로서 적합하지 않다고 주장하는 것은 모순으로 들릴 수도 있을 법하였다. 그러므로 나는 그분을 제2대 원장으로 삼는 것이 좋겠다고 주장하였다. 연구원이 순수한 학술 기관으로서 어느 정도 틀이 잡힌 뒤에는 이선근 선생 같은 추진력 강한 분이 그 기관을 맡아서 발전시키는 것이 바람직할 것이라고 강변하였다. 그것은 궁한 나머지 어색하게 튀어 나온 강변임에 틀림이 없었다.

개인적인 정리로 볼 때, 나는 이선근 선생의 원장 취임을 반대하기 어려운 처지에 놓여 있었다. 이선근 선생과 나는 그전부터 잘 아는 사이였을 뿐 아니라, 선생은 나에 대해서 각별할 정도의 호의를 보인 적이 여러 차례 있었다. 이선근 선생으로서는 내가 자기를 적극적으로 지지할 것이라고 믿을 충분한 이유가 있었다. 적극적 추천은 고사하고 중립적 태도조차 취하지 않았으니, 그것은 사정(私情)으로 말하면 분명한 배신이었다.

내가 처음으로 이선근 선생을 만난 것은 1964년쯤이었다고 생각된다. 선생을 회장으로 추대하고 있던 '아세아학술연구회'의 이사회를 겸한 만찬 모임에서 처음 만날 기회를 가졌던 것으로 알고 있다. '아세아학술연구회'라는 단체를 만든 사람은 서울대학교 중국문학과의 장기근(張基槿) 교수와 숙명여대 사학과의 정병학(鄭秉學) 교수였다. 내가 아는 바로는 이 두 사람이 일신제강(日新製鋼)의 주창균(朱昌均) 사장을 설득하여 자금을 대도록 하고 '아세아학술연구회'를 만드는 과정에서 지명도가 높은 이선근 선생을 회장으로 끌어들였다. 사단법인인 이 학술 단체의 이사진도 저 두 사람이 거의 결정하다시피 했으며, 나도 두 사람을 모두 잘 아는 처지였으므로, 그 연구회의 성격을 따져 묻지도 않고 이사의 한 사람이 되었다.

'아세아학술연구회'는 『아세아 연구』라는 논문집을 내기도 하고 『한국민족사상사대계』라는 전집 네 권을 출판하는 등 그 초기에는 순수한 연구 단체로서 제법 활발하게 움직였다. 이사회가 편집의 일도 맡았으므로 이런저런 모임도 자주 있었고, 모임이 있을 때면 이사장인 이선근 선생도 늘 참석했으므로 안면이 차차 두터워졌다. 특히 1965년은 선생의 회갑년에 해당하여서, 댁에서 베푼 수연에 초대되기도 하였다.

처음에는 활발했던 연구회의 활동이 차차 줄어들기 시작했다. 연구 논문집의 발행 빈도가 줄었을 뿐 아니라, 사무실도 없어졌다. 출발 당시에는 명륜동 큰길가에 제법 큰 사무실을 차려 놓고 연구원과 사무원도 두었으나, 연구회의 본부를 이선근 선생 자택 주소로 옮겨 버렸다. 아마 재정 지원자로부터의 지원이 끊어졌던 모양이다. 어쨌든 이선근 회장이 사재를 할애해서 사단법인의 간판을 지키는 결과가 되었고, 이사회니 편집회니 하는 공식적 모임의 횟수도 최소한으로 줄었다.

내가 1971년 7월부터 1972년 5월까지 하와이 대학 안에 있는 동서문화연구원(East-West Center)의 객원(客員)으로 있다가 돌아왔을 때, 이선근 선생의 식사 초대를 받았다. 귀국을 환영한다는 취지였다. 내가 해외에 나가 있는 동안 이선근 선생에게 소식을 전한 일도 없고, 돌아와서도 연락을 취한 기억이 없는데, 어떤 경위로 그 초대가 이루어졌는지 지금으로서도 알 길이 없다. 다만 이제 생각나는 것은 세종호텔에서 한정식을 먹었다는 것과 그 자리에 정병학 교수가 함께 있었다는 사실뿐이다. 아마 내가 외국에 갔다가 돌아왔다는 이야기를 정 교수로부터 듣고 호의를 보인 것이 아닐까 한다.

이선근 선생이 다른 이사들에게도 그 정도의 호의를 보였는지는 알 수가 없다. 어쨌든 나는 그때 받은 호의를 잊을 수가 없으며 우두머리 기질이 강한 인물로부터 배울 바가 많다는 것을 느꼈던 일도 기억에 생생하다. 그 뒤에도 이선근 선생은 연말에 가끔 비서를 시켜서 정표(情表)를 보내는 따위의 세심한 배려를 보이곤 하였다.

이선근 선생의 호의 덕분에 해외여행의 기회를 얻은 적도 있었다. '정신문화연구원' 설립을 준비하는 일에 내가 관여하기 시작한 때보다 조금 앞선 1977년 5월에, 세계교육자연합(WCOTP) 극동 지역 대회라는 것이 필리핀 바기오에서 열린 일이 있었다. 그 당시 '대한교육연합회' 회장으로 있었던 이선근 선생은, 바빠서 참석할 수 없는 자기를 대신하여 나보고 그 회의에 참석해 달라는 전갈을 보내왔다. 크게 권위가 있는 국제 대회 같지는 않았지만, 주변머리가 없어서 좀처럼 해외여행의 기회를 갖지 못한 나에게는 그것도 큰 고마움이었다. 그러나 '대한교련'의 회원으로 가입하지도 않은 내가 어떻게 그 회의에 참석할 수 있겠느냐고 일단 사양했을 때, 한국의 교육자면 누구나 참석할 자격이 있다면서, 이선근 선생은 나의 졸장부 기질을 웃었다.

나는 겉보기보다는 정에 약한 사람이다. 한 번 신세를 지면 갚지는 못하더라도 늘 생각은 하는 편이다. 그런데 나는 이선근 선생의 호의를 비정(非情)으로 갚은 꼴이 되었다. 공(公)과 사(私)를 혼동할 수 없다는 명분도 있고 변명의 여지도 있었다고는 하지만, 한국의 전통적 관념으로 말한다면 내가 취한 태도는 비난을 받아도 크게 받을 선택이었다. 이선근 선생 자신의 시각에서 본다면, 나는 나쁜 놈 중에서도 나쁜 놈에 해당할 것이다.

초대 원장 적임자에 관한 의견을 정 수석과 나눈 지 한 달포가량 지났을 때, 원장이 이선근 선생으로 내정되었다는 소식을 청와대로부터 통고받았다. 충격을 가장 크게 받은 것은 당연히 나였다. '행여나' 했던 꿈이 깨지고 역시 올 것이 왔다는 체념의 허탈감이 밀려왔다. 그러나 고광도 본부장과 최찬욱 준장의 반응은 좀 달랐다. 그들은 '당연한 인사'라는 말을 하기도 하고 '오히려 장점도 있다'는 해석을 하기도 하였다.

이선근 선생을 개인적으로 잘 아는 김태길이 먼저 그분을 찾아가서 축하 인사를 하는 편이 옳다는 의견이 있었다. 그러나 나는 그렇게 하지 않았다. 이선근 선생이 초대 원장으로서 부적당하다는 의견을 힘주어 말한 바로 그 입으로 '축하합니다'라고 말한다면 너무나 간사스러운 처신이 될 것 같았다. 그뿐만 아니라, 침묵을 지키는 것은 그 인사에 대한 소극적 거부 반응의 뜻이 될 수도 있음직하였다.

원장이 내정되었다는 통고를 받고도 모르는 척 침묵을 지킨 지 약 일주일 뒤인 3월 23일에 이선근 선생이 먼저 연구원 건설 현장을 찾아왔다. 그 자리에서 우리는 여러 가지 이야기를 나누었고, 이선근 선생은 내 예상과는 달리 연구에 지숭하는 연구원을 만들겠다는 의견을 개진하였다. 그는 국제적으로 호평을 받고 있는 대만의 '중앙연구원'을 언급하기도 하고, 가급적 빠른 시일 안에 도서관다운 도서관을 새로 지어야 하겠다는 말도 하였다. 그리고 그는 자신의 개인 장서(藏書) 2천여 권을 이미 마련된 도서실에 기증하겠다는 뜻을 밝히며, 곧 탄생할 연구원에 대한 의욕과 애착을 보였다.

1977년 12월 중순에 동국대학교 총장실에서 만났을 때의 이선근 선생과는 크게 다른 태도의 변화였다. 이 태도의 변화를 어떻게 해석해야 옳을지 나는 확신을 갖기 어려웠다. 다만 한두 가지 가설을 세울 수는 있었다. 첫째로, 연두 기자회견에서 한 대통령의 발언 내용으로 미루어 볼 때, 설립자의 뜻이 반드시 어떤 정책 기관이나 어용 기관을 만드는 데 있지 않다는 것을 느꼈을 가능성이 있었다. 순수한 학술 연구 기관으로서 운영하는 것을 박 대통령이 못마땅하게 생각하지 않는다면, 학문에 대한 의욕도 상당히 강한 학자로서의 일면을 아울러 가졌던 이선근 선생으로서는 그 길을 마다할 이유가 없었다.

둘째로 생각할 수 있는 것은, 나를 자기의 협조자로 만들 필요가 적어도 당분간은 있다는 계산에서, 나의 반발을 방지하자는 고도의 전술이었다. 그가 자신을 백년 묵은 구렁이에 비유한 적이 있다는 사실로 미루어 볼 때, 나를 괘씸하기 짝이 없는 놈이라고 분노하면서도, 그것을 숨기고 나를 다독거릴 정도의 능란함은 그에게 충분히 있었을 것이다

이선근 선생이 원장으로 오는 것을 내가 반대했다는 사실을 그가 몰랐을 가능성은 거의 없었다. 그러나 그날 이선근 선생은 나를 옛날처럼 따뜻하게 대하였고, 건설 현장에서 멀지 않은 남서울 골프장에 가서 설렁탕으로 점심 식사를 함께 하며 화기애애한 시간을 가졌다. 나는 그 자리에서 '한국정신문화연구원'이라는 명칭에서 '정신'이라는 두 글자를 빼거나 아예 '한국인문과학연구원'이라고 고치는 편이 좋겠다는 의견을 말하였다. 이 의견에 대해서도 이선근 선생은 "기회를 보아서 진언(進言)해 보겠습니다." 하는 긍정적 반응을 보였다. 그날 집으로 돌아오는 길에 두 사람은 영동시장 앞 다방에 들러 30분쯤 환담을 나누기도 하였다.

어쩌면 이선근 선생을 원장으로 받들고도 연구원다운 연구원을 만들 수 있을지도 모르겠다는 희망을 다시 한 번 가져 보았다. 대만 사정에 밝은 이선근 선생이 그곳의 '중앙연구원'을 극구 찬양하면서 우리도 그런 연구원을 만들어야 한다고 말한 것은 매우 고무적이라고 해석해도 좋을 것 같았다. 대만의 '중앙연구원'은 정치를 초월한 기관이라는 소문을 나는 상기하였다. 그 연구원에는 외국의 석학들도 객원 연구원으로서 종사하고 있다고 하였다. 그 외국 학자 가운데는 대만을 유엔으로부터 축출하는 문제가 일어났을 때 대만에게 불리한 증언을 한 학자들도 있었다. 그때 대만의 국가 이익에 큰 불이익을 초래한 외국 학자들의 거취(去就)가 문제되었으나, 결국 그 사람들을 '중앙연구원'에서 쫓아 내지 않는 편으로 결정이 났다고 하였다.

이선근 선생이 건설 현장을 찾아온 지 닷새 만인 3월 28일에, 이번에는 내가 이선근 선생을 동국대학교 총장실로 찾아갔다. 연구 요원 간부들의 인선 문제와 창립 기념 학술 대회 준비에 관한 상의를 위해서였다. 인선 문제에 관한 상의는 예비적 성질의 것이었고, 창립 기념 학술 대회에 관한 이야기는 이미 결정된 계획을 보고하는 내용이었다. 인선 문제가 화제에 올랐을 때, 이선근 선생은 자기의 추종자를 끌어들이려는 태도로 일관하였다. 학자로서의 역량보다 자기 산하에 잘 융화될 수 있다는 것이 더 중요하다고 생각하는 눈치였다. 좀 재주가 있다고 까부는 후배 학자보다는 자기의 지시를 따라서 일사불란하게 움직여 줄 부하들을 선호하는 것 같았다. 여러 졸개를 거느리기 좋아하는 우두머리 기질의 사람에게 가장 중요한 것은 인맥(人脈)과 충성이 아니던가.

창립 기념 학술 대회의 준비는 거의 확정된 단계였고, '한국의 민족문화: 그 전통과 현대성'이라는 주제 아래서 여러 분과로 나누어져 발표될 논문의 제목과 그 발표자들도 결정되어 있었다. 이제 와서 계획을 바꿀 수 있는 단계가 아니었으므로, 이선근 선생은 여러 말 하지 않았다. 다만 발표 예상자들 가운데 자기가 모르는 사람들이 많다는 사실에 대해서 불만 또는 불안을 느끼는 눈치였다.

내가 가지고 간 안건에 대한 이야기가 일단락을 지었을 때, 이선근 선생은 자기 책상으로 돌아가서 양면 괘지를 들고 돌아왔다. 양면 괘지 첫 장에는 '意見'이라는 두 글자가 상단에 쓰여 있었다. 그리고 그 아래 첫 줄에 '維新理念'이라는 네 글자가 적혀 있는 것이 넘겨다 보였다. 내가 찾아오면 이야기하려고 이선근 선생 쪽에서 만든 메모임에 틀림이 없었다. 그런데 그 '유신이념' 네 글자가 나를 다시금 불안의 도가니 속으로 밀어 넣었다.

진신의 신경을 곤두세우고 나는 그 양면 괘지로부터 이선근 선생의 입으로 시선을 옮겼다. 이선근 선생은 조용히 가라앉은 목소리로 입을 열었다.

"김 박사는 유신 이념을 어떻게 생각하시오? 이 방에는 우리 두 사람밖에는 아무도 없습니다."

"글쎄올시다. 저는 정치를 잘 모릅니다. 잘 모르는 제 짧은 소견으로 볼 때, 저는 '유신 이념'이라는 말 자체에 무리가 있다고 생각합니다."

"무리라니요, 어떤 무리가 있습니까?"

"설사 유신체제를 좋게 본다 하더라도 일시적 응급 처방 이상의 것은 될 수 없다고 저는 봅니다. 나라에 천재지변이 생기거나 전쟁 상태가 생겨서 정상적 방법으로는 치안과 질서를 유지하기 어려울 때, 계엄령이라는 것을 선포하여 일시적 위기를 넘길 경우가 있습니다. 그러한 특수 상황에서는 계엄령하의 군정 체제가 일시적으로 타당성을 가질 수도 있습니다. 그러나 그 위험한 시기가 지나가면 계엄령 체제는 타당성을 잃게 됩니다. 유신체제는 좋게 보아도 계엄령 체제와 유사한 것 이상의 것이라고는 보기 어렵습니다."

"유신체제를 계엄령 체제에 비유하는 것은 좀 무리가 아닐까요?"

"정부가 주장하는 대로 북쪽으로부터의 전쟁 위협이 심각하고, 보통 체제로는 이 위기를 넘길 수가 없을 경우에만, 유신체제는 계엄령에 비유할 수 있는 일시적 응급 처방으로서의 의의를 가질 수가 있습니다."

"유신은 현 정부만이 하는 것이 아니라, 그것은 우리나라 역사를 꿰뚫어 온 전통입니다. 유신은 오늘날 비로소 시작된 것이 아닙니다. 유신의 정신은 우리 역사 전체에 면면히 흐르고 있는 겨레의 전통 정신입니다."

더 이상 논쟁을 계속하는 것은 무의미할 것 같았다. 나는 물러 나오면서 앞길이 캄캄함을 느꼈다. 도대체 이선근이라는 사람은 여러 개의 얼굴을 가지고 있는 인물 같아서 종잡을 수가 없다는 생각이 들었다.

'유신체제'에 대한 말씨름을 한 지 한 달 만인 4월 26일에, 이선근 선생이 다시 건설 현장에 나타났다. 그날은 최찬욱 준장이 장장 세 시간 반에 걸쳐서 연구원의 제반 규정과 사업 계획에 대한 브리핑을 하였다. 4월 하순치고는 매우 추운 날씨였다. 나는 단식에 준하는 절식(節食) 중이었던 까닭에 몸이 몹시 떨렸다. 준장의 보고가 끝난 것이 오후 여섯시였는데, 체력이 탁월한 이선근 선생은 그 다음에 또 내 이야기까지 듣기를 원하였다. 나는 몸이 불편하다는 사실을 말하고, 그 다음 날 오후에 동국대 총장실로 찾아가겠노라고 약속을 하고 그날은 곧 집으로 돌아왔다.

다음 날 서울대학교에서 강의를 마치고, 약속 시간인 2시 30분에 어김없이 동국대 총장실에 도착하였다. 이선근 총장은 회의 중이었다. 비서를 통하여 내가 와 있다는 사실을 총장에게 알렸다. 회의를 빨리 끝내라는 뜻이 담겨 있었다. 그래도 족히 20분은 기다린 뒤에야 회의가 끝났다. 회의장에 모였던 사람들이 빠져나간 뒤에 내가 들어가려고 의자에서 일어섰을 때, 다른 사람이 잽싸게 총장실로 들어갔다. 저 사람이 누구냐고 물었더니 동국대학교 문리대학장이라고 비서는 당연하다는 듯이 대답하였다. 비서의 눈으로 볼 때는 학장이 외래의 방문객인 나보다 먼저 들어가는 것이 당연하다고 생각될 수도 있었을 것이다. 그러나 이선근 총장의 견지에서는 그렇게 생각할 수 없는 상황이었다. 그는 나와 2시 30분에 만나기로 약속을 하였고, 나는 그 약속을 지키려고 그의 부속실까지 달려와서 기다리고 있는 상황이었다. 그가 회의 관계로 나를 기다리게 한 것까지는 양해할 수가 있었다. 그러나 먼저 와서 기다리고 있는 사람을 보고도 한발 앞서 뛰어들어 간 학장의 소행은 용서할 수가 없었다. 더욱 용서할 수 없는 것은 이선근 총장의 태도였다. 자기 밑의 학장이 뛰어들어 왔다 하더라도, 먼저 와서 기다리는 손님이 있으니 다음에 들어오라고 일단 내보냈어야 한다. 그러나 이선근 총장은 그렇게 하지 않았다.

나는 화가 났다. 바빠서 그만 돌아간다는 말을 비서에게 남기고 일어섰다. 그제서야 당황한 비서가 곧 끝날 것이라고 하면서 차 타는 데까지 따라 나왔다. 그러나 나는 그대로 차에 올랐다. 권위주의 내지 관료주의를 싫어하는 나는 거만하거나 교만한 태도를 눈감아 주지 못하는 버릇이 전신에 배어 있었다.

내가 집에 도착해서 30분도 채 되기 전에 이선근 총장으로부터 전화가 걸려 왔다. 아까는 자기가 본의 아닌 결례(缺禮)를 범하게 되었다며 정중하게 사과하였다.

2. 두 번째 사임 시도

내가 그 당시에 적어 놓은 메모에 내 체중에 대한 기록이 있다. 나는 본래 몹시 수척한 체질이어서 평소에도 60킬로그램이 채 못 되는 젓가락이었다. 그런데 그 가벼운 체중이 더 줄어서 1978년 1월 20일경에는 52킬로그램으로 떨어졌고, 1월 말에는 다시 줄어서 47킬로그램으로 떨어졌다. 자연히 그렇게 체중이 감소한 것은 아니고, 절식과 단식을 통해서 독한 마음 먹고 고의로 뺀 것이었다.

앞에서 나는 '연구 준비위원장'의 멍에를 벗기 위해서 '입원'하는 방법의 대안으로서 단식의 방법을 택했다는 이야기를 적은 바 있다. 1978년 1월 말경에 정 수석에게 사의(辭意)를 전달했을 때가 바로 첫 번째 단식을 단행한 때였고, 그때의 내 몸무게가 47킬로그램까지 빠졌던 것이다. 여기서 '첫 번째 단식'이라 함은 연구원과 관계된 단식의 첫 번째라는 뜻이고, 일제 때 학병(學兵)을 피했을 무렵의 단식까지 합하면 두 번째에 해당한다.

나는 '연구 준비위원장'의 자리를 벗어나기 위하여 세 번의 단식을 했으며, 그 세 번의 단식은 우리나라 야당 당수들이 투쟁 방법으로 애용하는 단식과는 상황이 크게 다른 몹시 어려운 단식이었다. 그 어려움의 근본 원인은 그것이 남몰래 한 비밀 단식이라는 사실에 있었다.

우리나라의 야당 당수들이나 데모 군중이 투쟁의 수단으로서 애용하는 단식은 공공연하게 하는 단식인 까닭에, 그것은 누워서 떡먹기에 비유할 성질의 촌극에 지나지 않는다. 그들의 단식은 널리 알려질수록 유리한 단식인 까닭에 아무런 제약 없이 마음놓고 할 수 있는 단식이며, 의사와 간호사를 대기시키고 하는 단식인 까닭에 위험성도 적다. 그것은 자주 혈압과 맥박을 재 가면서 여차하면 입원할 준비가 되어 있는 단식이며, 여러 추종자들의 위로와 격려 속에서 유유히 할 수 있는 단식이다. 그것은 내가 비밀리에 실행한 단식에 비하면 팔자 좋은 귀족들의 가면극 같은 성질의 것이다.

나는 1977년 12월 중순경부터 단식의 준비 과정으로서의 절식(節食)을 시작하였다. 그 절식의 일환으로서 점심 식사를 거르기로 했는데, 점심 거르기조차 마음대로 되지 않았다. 아침 식사나 저녁 식사보다 점심 식사를 거르기로 한 까닭은, 직장에 나가서 여러 사람들이 보는 앞에서 먹기 마련인 점심을 거름으로써 내 위장이 몹시 나빠졌다는 소문을 퍼트리고자 함에 있었으나, 점심을 거르지 못하도록 한사코 방해한 사람이 있었다. 그 사람은 내 비서실에서 타자수로 일하던 신은옥(申恩玉) 씨였다.

신은옥 양은 내가 추진 본부로 파견 근무를 받게 된 직후부터 내 비서실에 나오게 된 직장 초년생이다. 내 인척 중에도 취직을 원하는 젊은이들이 있었지만, 가까운 사람 끌어들이기가 싫었다. 그래서 총무과장으로 있던 강영선(姜永善) 서기관에게 부탁해서 상업고등학교를 졸업했다는 이력서만 보고 사람 하나를 채용했다. 처음에는 촌티가 줄줄 흐르더니 차차 세련되기 시작했고 나중에는 '미스 정신문화연구원'이라는 찬사를 받을 정도로 준수한 자태를 보였다. 게다가 마음씨까지 착했는데, 그 착한 마음씨가 내 점심 거르기를 방해한 것이다.

이름은 '타자수'였지만 나로서는 타자를 부탁할 일이 없었다. 나는 차도 별로 마시지 않았으니, 차 끓일 일도 가끔 있을 뿐이었다. 무슨 내난한 사람이나 되는 것처럼 비서를 시켜서 전화를 걸어 놓고 상대편을 기다리게 하는 사람들이 싫어서, 전화도 대개는 내 손으로 걸었다. 그러니 신은옥 양에게는 할 일이 적었고, 독서할 시간은 얼마든지 있었다. 다른 부서의 타자수 가운데는 직속 상사의 야단을 맞고 찔찔 우는 아가씨들도 있었지만 신은옥 양은 야단을 맞은 일도 없었다. 야단맞을 만한 실수를 저지를 기회도 없었고, 타자수에게 잔소리를 퍼부을 정도로 내 마음은 한가롭지 않았다.

내 수필집의 애독자이기도 했던 신은옥 양은 내 모습이 점점 수척해 가는 꼴을 바라보고 걱정이 되는 눈치였다. 그러다가 마침내 점심 식사도 마다할 정도로 위장이 나쁘다니, 이것 참 큰일났다 싶었던 모양이다. 그래서 식당 주방장에게 사정사정해서 죽을 쑤어다 놓고, 이것이라도 먹으라며 울상을 짓곤 하였다. 그 정성을 생각하면 좀 먹어야 하겠으나, 그렇게 하면 내 계획에 차질이 생긴다. 내가 죽을 먹게 되면 죽을 쑤어 대는 일이 장기화할 것이니 그것도 미안한 노릇이다. 그렇다고 점심을 거르고자 하는 나의 진의를 밝힐 처지도 아니다. 우리 집 아이들에게도 숨기고 있는 비밀을 남의 집 딸에게 밝힌다는 것은 생각조차 하기 어려운 일이다.

단식이 아닌 절식의 단계에서는 그래도 문제는 수월했다. 죽을 좀 먹어 주어도 내 계획에 치명적 차질은 없었다. 그러나 연말연시가 지나고 본격적인 단식에 들어간 뒤에는 죽은 한 입도 먹어서는 안 될 일이었다. 그것은 단식의 중단을 의미할 뿐 아니라, 단식 끝에 미음의 단계를 거치지 않고 바로 죽을 먹는 것은 위험한 수순(手順)이기도 하다.

야당 당수처럼 큰소리치며 하는 단식 같으면 집에 누워서 할 수도 있고 병원에 입원하고 할 수도 있다. 그러나 남모르게 하는 비밀 단식은 직장에 출근해 가며 해야 한다. 대학에 나가서 강의도 하고 추진 본부에 나가서 결재 도장도 찍어야 한다. 집에서 몸져누워서 단식을 계속할 수도 있을 것 같지만, 그렇게 간단하지가 않다. 내가 몸져눕게 되면 내 비밀을 아는 아내 이외의 주위 사람들은 나를 병원으로 끌고 갈 것이고, 병원에 가서 사진을 찍고 정밀검사를 하게 되면 내 단식이 탄로날 것이 아니겠는가.

1978년 1월 말경에 몸무게를 47킬로그램으로 줄인 상태에서 정 수석에게 놓아 줄 것을 간청했으나 들어 주지 않았다는 이야기는 앞에서 이미 적은 바 있다. 이것은 첫 번째 단식이 결국 실패로 끝났음을 의미한다. 실패로 끝난 단식 뒤에 다시 정상적 식생활로 돌아왔지만, 정신적 긴장까지 겹친 탓인지 건강은 순조롭게 회복되지 않았다. 내 메모에 따르면, 3월 중순까지 겨우 5킬로그램의 체중을 회복하여 52킬로그램에 이르고 있다.

체중을 완전히 회복하기도 전에 나는 다시 절식을 시작해야 했다. '유신 이념'에 대한 이선근 선생의 견해를 듣던 날, 그러한 견해를 가진 사람이 원장으로 오게 된 연구원의 앞날에 희망을 걸기 어려웠고, 나는 그 연구원과의 인연을 끊는 방편으로서 또다시 체중을 줄여야 했던 것이다. 4월 27일에 동국대 총장실을 찾아간 것도 음식을 제대로 먹지 않아서 몸이 몹시 쇠약한 상태에서 한 거동이었다.

자기가 지정한 시간과 장소에 약속대로 찾아간 사람을 불가피한 사유도 없이 장시간 기다리게 한 처사에 화가 나서 면담도 하지 않고 돌아선 것도 쇠약한 상태에서 날카로워진 신경 때문이었을 것이다. 그러나 내가 만약 정신문화연구원 부원장 자리에 매력을 느꼈거나 장차 원장이 되고 싶은 생각이 있었다면, 나는 그날 참고 이선근 선생이 자기 방으로 들어오라고 할 때까지 우두커니 기다렸을지도 모른다.

두 번째의 절식 내지 단식을 언제부터 시작해서 며칠 동안이나 했는지 확실한 기억은 없다. 다만 5월 중순에 체중이 다시 48킬로그램으로 내려갔다는 기록만이 남아 있을 뿐이다. 또 하나 확실한 것은 같은 해 5월 12일에 정식으로 사표를 써서 제출했다는 사실이다.

아직 원장이 정식으로 취임하기 전이었던 까닭에, 사표는 추진 본부의 대표자인 고광도 씨에게 제출하였다. 그러나 고광도 본부장은 그 사표를 서랍

속에 넣어 두고 움직이지 않았다. 이에 나는 이선근 선생을 찾아가서, 내 사표가 수리되도록 도와달라고 간청하였다. 그러나 이선근 선생도 내 청을 받아들이지 않았다. 이유는 뚜렷했다. 김태길이 건강을 이유로 중도에서 물러난다면, "정 수석과 군인들의 입장이 곤란해진다."는 것이다. (여기서 군인들이란 고광도 예비역 중장과 최찬욱 준장을 가리킨다.) 얼마나 못살게 굴었으면 건강이 그토록 악화했겠느냐고 소문이 떠돌 것이니, 이름만이라도 걸어 두어야 한다는 논리였다. 그 자리에서 이선근 선생은 이런 말도 하였다.

"정 수석에게도 김태길 교수의 의견을 존중하라고 충고해 두었습니다. 지금 김 교수가 물러나면 난처하다는 것을 정 수석도 잘 알고 있어요. 그러니까 그도 김 교수의 의견을 십분 존중할 겁니다."

5월 18일 아침, 정병학 교수로부터 뜻밖의 전화가 걸려 왔다. '아세아학술연구회'를 만들어서 이선근 선생을 그 회장으로 추대한 정병학 교수는 그때까지도 여전히 이선근 선생과 가까이 지내고 있었다. 그가 전화를 통해서 나에게 한 말은 주로 이선근 선생에 관한 것이었다. "이 총장께서 당신의 건강을 몹시 걱정하더라."고 전하며, 그는 우선 내 안부를 물었다. 평소에는 그런 걱정 별로 안 하는 분인데 내 걱정을 몹시 하더라고, 그는 거듭 강조하였다. 연구원의 기반을 잡을 사람이 '김 교수'밖에는 없다고 믿는 모양이라면서, "하성(霞城)께서 당신 건강이 빨리 회복되기를 고대하더라."고 그는 전하였다. 그리고 직접 한 번 만나서 이야기하자고 하였다. 짐작건대 하성(하성은 이선근 선생의 아호)이 정병학 교수에게 나를 만나 보라고 부탁한 듯하였다.

그 다음 날 정병학 교수와 나는 서울역 근처에 있던 도큐 호텔 다방에서 마주앉았다. 정 교수는 하성의 성격을 잘 알아야 한다고 하며 몇 가지 귀띔을 하였다. 첫째로, 이선근 선생은 귀가 여리다. 본래 그는 악의가 전혀 없는 좋은 사람인데, 측근이 이간질을 하면 귀가 솔깃해서 판단을 그르치는 수가 있다. 둘째로, 그는 기분파다. 조직적이고 논리적인 사고로 일관성 있게 일을 하는 편이 아니고, 기분에 따라서 변화하는 호탕한 인품이라는 것이다. 셋째로, 이선근 선생은 건망증이 심하다고 하였다. 결론적으로 말하자면, 이선근 선생은 옆의 사람이 하기에 따라서 태도가 달라질 수 있으니, 한번 잘해 보라는 뜻의 조언을 주자는 것이 정병학 교수의 의도였다.

새로 생길 연구원의 성패는 정치성을 배제하는 데 달려 있다고 정병학 교수도 강조하였다. 순수한 학술 연구 기관으로 만드는 것은 설립자를 위하는 길이고, 하성 자신을 위하는 길이라는 말도 하였다. 좋은 연구원을 만듦으로써 생애의 말년을 슬기롭게 장식할 수 있는 이 기회를 이선근 선생이 잘 살리도록 옆에서 함께 도와주자는 것이었다.

그러나 본인이 정도(正道)를 외면하는데 무슨 도리가 있겠느냐고 나는 회의적이었다. 아무래도 빨리 발을 빼야 하겠다며, 그렇게 되도록 나를 도와달라고 부탁하였다. 하지만 나의 그 부탁에 대해서 정병학 교수는 별로 귀를 기울이지 않았다. 다만, 하성이 자기의 말을 잘 들으니, 모든 것을 '김 교수'의 뜻에 따라 처리하라고 충고하겠노라며, 사뭇 낙관적이었다. 나는 그렇게 되었으면 하는 일말의 희망을 느끼며, 그의 수완에 맡겨 보기로 하였다.

정병학 교수는, 이선근 선생과 자리를 같이하며 세 사람이 기탄 없는 대화를 나누어 보자고 제언하였다. 마침 저녁때도 되었으니, 동국대학교에서 가까운 앰버서더 호텔로 하성을 불러내서 식사를 나누어 가며 이야기하자고 하였다. 쇠뿔은 단김에 빼자는 것이다. 다행히 내 수중에 그 정도의 돈이 있었기에 우리는 곧장 앰버서더 호텔로 자리를 옮겼다.

조용한 방 하나를 차지하고 정병학 교수가 동국대 총장실로 전화를 걸었다. 마침 이선근 총장은 자리에 있었다. 어떤 선약이 있는 것 같지도 않았다. 그러나 이선근 총장은 좀 피곤하다고 하며, 갑작스러운 만찬 초대를 고사하였다. 자기가 불러내면 틀림없이 나온다고 큰소리치던 정병학 교수는, 셋이 만나서 이야기할 필요에 대한 충분한 설명도 못하고, "예 선생님, 잘 알았습니다." 하고 수화기를 놓았다. 전화하는 말투로 미루어 볼 때 자기가 이선근 선생을 마음대로 주무를 수 있다고 한 정병학 교수의 장담이 애교 섞인 허풍에 불과하다는 느낌이 들었다. 이선근 선생에게 전화하는 정병학 교수는 한갓 귀염받는 제자에 지나지 않았다.

정병학 교수는 60 고개를 바라보는 학계의 원로급이었고, 그 당당한 풍채와 탁월한 언변으로 일반 교수들보다 한 켜 윗길을 걷는 인물이었다. 그러한 정병학 교수보다도 월등한 권위와 관록을 유지하고 있는 하성의 카리스마적 면모를 나는 그때 피부로 느꼈다. 그리고 그의 비서들이 보는 자리에서 그의 권위에 손상을 주었던 4월 말경의 내 당돌함을 그가 어떻게 받아들일지 궁금하였다.

새로 생길 연구원에 대해서는 신문기자들도 심심치 않은 관심을 보였다. 1977년 11월 말경에 중앙일보는 아예 이름을 '한국정신문화교육원'으로 못 박고, 그것은 연구 기관이 아닌 연수 기관이라고 크게 보도하였다. 같은 해 12월 말경에는 경향신문이 연구와 연수를 병행하는 기관이 될 것이라고 보도하였다. 이러한 보도가 단순한 추측 기사는 아니었을 것이고, 누구의 말을 듣고 그렇게 보도한 것인지는 알 수 없는 일이다. 어쨌든 나에게는 매우 불쾌한 보도였다. 그러나 이미 연구원장이 내정되어 있는 상황에서, 내가 기자회견을 자청하여 연구원의 설립 취지를 밝힐 수 있는 입장도 아니었다.

1978년 4월 25일경에 서울대학교 철학과의 졸업생이기도 한 동아일보의 배(裵) 기자가 찾아와서 면담을 청하였다. 그리고 연구원의 기구와 그 운영 방침에 대해서 이것저것 물었다. 그 면담의 결과는 4월 28일자 동아일보에 '새 전통문화 창조의 구심체: 한국학 연구에 새 전기(轉機)'라는 제목으로 기사화되어 비교적 상세하게 보도되었다. 기자의 주관이 좀 섞이기는 했으나, 대체로 말해서 내 의도를 크게 벗어나지 않은 기사였다.

그 뒤 2주일이 지난 5월 13일자 중앙일보는 다시 '한국학의 총본산: 6월에 문 여는 한국정신문화연구원'이라는 제목으로 연구원에 관한 기명기사(記名記事)를 크게 실었다. 같은 신문이 반년 전에 내보낸 기사에 비하면 훨씬 내용이 정확하였다. 그러나 인사 문제에 대해서는 "12일 현재 원장에 이선근 박사(동국대 총장)가 물망에 오르고 있을 뿐, 그것도 확정된 단계는 아니며, 나머지 두 명의 부원장과 연구 1, 2, 3부장, 연찬부장 등과 12개의 연구실장은 오리무중"이라고 적혀 있었다. 이미 인선 문제가 상당히 진척되고 많은 자리가 내정되고 있었는데도 불구하고 그렇게 보도되었던 것이다.

오보의 책임은 기자들에게 있지 않았다. 무슨 비밀이 그렇게도 많은지 연구원 실립에 관한 보도는 처음부터 통제되어 있었다. 청와대 측에서도 쉬쉬했고 추진 본부의 군인들도 침묵으로 일관했다. 사실을 숨긴 까닭에 추측으로 기사를 쓰게 되고, 사실과 다른 보도가 나가기 마련이었다.

같은 신문기사에 다음과 같은 말도 실려 있었다. "처음에 '연구원이냐, 연수원이냐?'로 논란이 있을 때부터 정치적 기관이 아니냐는 일반의 의혹을 사왔기 때문에, 여러 가지 행동 제약을 받는 듯하다."는 기자의 말이 있었고, 곧 이어서 내가 한 말이 인용의 형식으로 다음과 같이 쓰여 있었다.

"현실 문제도 중요한 연구 대상인데 구태여 사회과학 쪽을 배제한 것은 아쉬운 일이지만 불가피했습니다." 무슨 소리인지 뜻이 분명하지 않은 이 대목에 사실은 중요한 의미가 담겨 있다. 그것은 나의 고민과 망설임을 나타내 보인 대목이기도 하다.

나는 과거의 전통에만 매달리는 연구원을 만드는 것은 흡족하지 못하다고 생각하였다. 오늘의 한국이 당면한 현실의 문제도 연구하고, 내일의 한국을 위한 방향 제시로서의 의의도 함축하는 미래지향의 연구도 아울러 해야 한다는 것이 나의 변치 않는 의견이있다. 오늘의 현실 문제를 연구하고 미래를 내다보는 실천적 관심사도 연구 범위에 포함시키자면, 새로 만드는 연구원에는 마땅히 정치연구실도 있어야 하고 경제연구실도 있어야 한다. 그러나 그러한 사회과학 분야를 끌어들이면, 정부 당국에서 정책적 과제를 내려 보낼 근거를 만들어 주는 결과가 될 것이다. 더러는 자신들이 이미 내린 결론을 정당화하는 이론을 구축해 내라는 과제를 내려 보낼 가능성도 있다. 따라서 나는 현실 문제를 다루는 학문들 가운데 가장 비중이 큰 정치학과 경제학 분야를 배제하고, '윤리연구실'과 '사회연구실' 그리고 '교육연구실'만을 연구 2부에 두었던 것이다. 나의 이러한 속셈을 뚫어 보고 정 수석은 강한 불만을 표명했던 것이며, 하나의 타협안으로서 '합동연구실'이라는 애매한 부서를 만들어 넣었던 것이다. 연구 요원 가운데 정치학자와 경제학자만 없으면 현실적으로 정책 과제를 내려 보내기에 제한이 많을 것으로 내다보고, 나는 정 수석의 타협안을 받아들이기로 했었다. 어쩔 수 없는 양보이기는 했지만, 나는 이 타협이 두고두고 마음에 걸렸다.

22장 한 번으로 족한 경험

1. 연구 요원의 인선을 둘러싸고

연구원 일에서 발을 빼고자 했던 두 번째 시도가 실패로 돌아갔을 때, 개원(開院) 예정일은 이미 40여 일 앞으로 다가오고 있었다. 당연히 연구직과 사무직 요원들의 인선 문제가 대두되었고, 좋든 싫든 나도 그 문제에 개입하지 않을 수 없는 처지에 놓이게 되었다. 누가 연구 요원으로 들어오느냐에 연구원의 성패가 달려 있다고 믿어 왔던 나로서는 인선 문제를 남의 일 보듯이 할 수는 도저히 없었다. 앞날을 비관적으로 내다보는 가운데도, 행여나 잘될 가능성도 있지 않을까 하는 한 가닥 미련은 여전히 남아 있었던 것이다.

학술 연구의 능력에는 개인차가 많다고 생각해 왔으며, 탁월한 연구 요원들을 끌어들이지 못하면 막대한 예산이 헛되이 쓰이는 결과를 부를 것이라고 믿었다. 탁월한 학자들을 끌어들이자면 물질적 처우도 좋아야 하겠지만, 더욱 중요한 것은 새로 생길 연구원이 명예스러운 직장으로서의 인상을 확고하게 구축할 필요가 있었다. 그러한 관점에서 볼 때, 개원 초창기에 어떤 학자들을 영입하느냐 하는 문제는 연구원의 성패를 좌우할 중대한 문제였다.

'정치적 기관'이 될 것이라는 풍문과 의혹이 학계에 떠돌고 있었다. 이러한 상태에서, 실력과 명성을 갖춘 대학교수들이 현직을 버리고 새로 생길 연구원으로 자리바꿈을 할 가능성은 거의 없었다. 그러므로 처음 한동안은 '파견 근무'의 형식으로 참여하는 길을 마련하고, 일정한 기간이 지나면 본래의 직장으로 돌아갈 수 있는 길을 보장해 줄 필요가 있었다. 그런 조건으로도 자진해서 오겠다는 사람들 가운데는 내가 원하는 사람이 별로 없었다.

'내가 원하는 사람'이란 학자로서의 실력과 선비로서의 명망이 높은 사람을 의미하였다. 이를테면 학덕이 높은 사람들을 초빙함으로써 연구원의 이미지를 좋게 출발시킬 필요가 있다고 보았던 것이다. 학자로서의 실력이 탁월하다고 인정되더라도 다른 이유로 남의 지탄을 받는 사람은 받아들이기가 어려웠다. 특히 '곡학(曲學)'이라는 세평(世評)이 있는 학자는 내가 원하는 사람이 아니었다.

지금 내 수중에는 그 당시에 만든 학자들의 명단이 여러 장 남아 있다. 그 가운데는 이한구 교수의 필적으로 된 것이 여러 장 있는데, 그것은 내가 각 분야의 전문가들을 만나 면담을 해서 얻은 것이다. 예컨대, 1978년 2월 2일에는 고려대학교를 찾아가서 국사학을 전공하는 'K교수'와 두 시간 동안 면담한 것으로 나타나 있다. 그 명단에는 무려 21명의 국사학자들의 이름이 올라 있으니, 누구 한두 사람을 지목해서 추천하기가 어려웠던 모양이다. 다른 분야에 관해서도 같은 방법으로 '좋은 학자들'의 명단을 만들었거니와, 나와 면담한 교수들의 대부분이 "정치적 색채가 없는 순수 학술 기관으로 발전시켜야 한다."는 의견을 제시하고 있다.

깨끗한 유인물로 된 명단도 있으며, 거기에는 소속과 직위는 물론이요, 연령, 최종 학력, 전공, 학위 등도 명기되어 있다. 아마 청와대에서 참고 자료로 보내 준 것인 모양이다. 그 밖에 타자로 친 명단도 있는데, 하버드 대학의 마샬 필(Marshall Phill), 런던 대학의 스킬랜드(Skilland) 등 외국 학자의 이름까지 올라 있는 이 명단의 출처는 생각이 나지 않는다. 어쨌든 연구 요원 인선에 얼마나 신경을 썼는지를 엿보게 하는 증거라고 생각된다.

조연구원(助硏究員)은 석사 학위를 가진 젊은이들 중에서 공개 시험으로 선발하기로 하였고, 중견 이상의 연구 요원의 자리는 연구부원장을 포함해서 20여 석에 불과했다. 그 인선을 내 마음대로 할 수 있는 상황은 아니었고, 원장으로 내정된 이선근 선생과도 상의해야 했으며, 정 수석의 동의도 필요했다. 이선근 선생과 정 수석의 선정 기준이 나의 그것과 같았다면 문제는 적었을 것이나 그렇지 않았던 까닭에 내 앞에 어려움이 많을 수밖에 없었다.

이선근 선생은 '인맥(人脈)'에 대한 관념이 강한 분이었다. '자기 사람'이 될 수 있는 부하들 하나라도 더 채용하고자 하는 태도가 역력하였다. 그리고 유신체제에 대해서 부정적 시각을 가진 사람보다는 긍정적 시각에서 이를 지지하는 사람을 그는 선호하였다. 정치 문제에 대해서 그와 비슷한 생각을 가진 젊은이들일수록 그의 우산 속으로 기꺼이 기어들어 그를 어른으로 모실 가능성이 많다는 것을 그는 누구보다도 잘 알고 있었다.

유신체제를 신봉하는 학자를 선호함에 있어서 정 수석은 이선근 선생을 앞질렀다. 유신체제에 동조하는 사람은 곧 투철한 국가관을 가진 사람이라고 믿었던 정 수석으로서는 '삐딱한 생각을 가지고' 유신체제를 비판하는 사람들에게 이 중요한 연구원을 맡긴다는 것은 마음 내키지 않는 일일 수밖에 없었다. 다만 정 수석은 공과 사는 명백하게 가리는 편이어서, 자기와 개인적으로 친분이 있느냐 없느냐는 전혀 고려하지 않았다. 아무리 유신체제를 지지하고 접근해 오더라도 학문적 실력이나 명성이 알려지지 않은 사람은 고려의 대상에서 제외하였다.

정 수석이 연구 요원으로 끌어들이고 싶어 하는 사람은 네 사람 정도였다. 그 가운데 세 사람은 유신체제를 지지하는 태도를 분명히 밝힌 사람으로서 학계 일각에서는 '삼총사'로 불리기도 한 사람들이었고, 한 사람은 학계의 중진으로 알려지기는 했으나 유신체제를 지지하고 있다는 사실은 별로 알려지지 않고 있었다. 이 네 번째 사람을 받아들이는 일에 대해서는 내가 굳이 인색할 필요가 없었다. 유신체제를 옹호하는 적극적인 언행을 보이지 않는 한, 연구원의 인상을 크게 해치지는 않을 것으로 보았던 것이다. 네 사람을 모두 거절하기가 몹시 어려운 상황이어서 이 한 사람은 선선히 받아들이기로 나는 한 걸음 물러섰다.

나머지 세 사람도 탁월한 역량을 가진 우수한 인재들이었고, 나와는 개인적 친분이 있어서 인정상 끌리는 면이 적지 않은 사람들이었다. 따라서 그 사람들을 거절한다는 것도 심정적으로는 쉬운 일이 아니었다. 그뿐만 아니라, 나와 정치적 신념이 다르다는 그 이유만으로 남을 배척하는 것이 과연 옳은 일이냐는 의문도 제기될 수 있는 문제였다. 사람은 각각 자신의 신념에 충실하게 살 수 있는 자유를 가졌다고 보아야 하며, 내 신념만이 절대로 옳다는 태도에도 반성의 여지는 있었다. 나 개인 소유의 연구원이라면 모르거니와, 공공 기관으로서의 연구원의 요원들을 내 취향에 따라서 선발할 권리가 과연 나에게 있을지도 의문이었다.

유신체제와 정부에 대해서 적극적으로 반대하는 학자로 알려진 사람들도 이 연구원에 받아들여진다면, 정부를 적극적으로 지지하는 사람들도 받아들여져야 할 것 같은 생각이 들었다. 그러나 이선근 선생과 정 수석이 반체제 내지 반정부의 색채가 뚜렷한 학자들을 받아들이기에 동의할 가능성은 없었으며, 그런 학자들 자신이 들어오기를 거부할 가능성도 적지 않았다. 국민이 내는 세금으로 운영될 연구 기관에 친정부적인 학자들만을 받아들이고 반정부적인 학자들을 물리치는 것은 분명히 불공평한 처사였다. 바로 이 점이 내가 친정부적인 학자로 알려진 학자들을 사양할 이유가 되었다. 이러한 이유가 있었기에, 나는 이른바 '삼총사'로 알려진 사람들을 받아들이지 않기로 태도를 결정하였다.

그러나 이 태도를 밀고 나가는 일은 결코 쉬운 일이 아니었다. 설립자인 박 대통령의 대변인 격이었던 정 수석과 원장으로 내정된 이선근 선생은 내가 받아들이기를 꺼린 바로 그 사람들을 원했던 것이며, 이 두 사람의 힘을 합하면 나의 저항쯤은 일격에 물리칠 수 있을 정도로 막강했기 때문이다. 도저히 씨름이 안 되는 씨름을 하겠다고 덤벼드는 꼴이였지만, 그래도 나는 끈질긴 고집을 부렸다. 나로서는 더 이상 물러설 수 없다는 절박한 느낌에 쫓기고 있었던 까닭에, 도리어 결사적으로 덤벼들 수밖에 없었던 것이다.

이 자리에서 그 당시에 있었던 일들을 소상하게 기록할 수는 없다. '인사(人事)'에 관한 문제는 공개하지 않는 것이 상식임을 고려할 때, 비록 10여 년의 세월이 흘렀다 하더라도 개인의 이름까지 밝혀 가며 그 당시를 기록할 수는 없는 노릇이다. 개인의 이름을 숨기자면 많은 것을 따라서 숨겨야 하므로, 여기에서는 그 당시에 있었던 일의 윤곽과 전체의 분위기만 적어 두는 것으로 만족해야 한다.

지금 돌이켜 보면, 이선근 선생과 정 수석은 둘 다 틀이 큰 사람이었다는 생각이 든다. 좋게 말하면 너그러움의 여유를 가진 사람들이었고, 나쁘게 말하면 '단수(段數)가 높다'는 표현이 어울릴 그런 인물들이었다. 단순히 단수가 높은 책사(策士)라기보다는 그 이상의 장점을 가진 사람들이었다고 보는 것이 공정하지 않을까 생각한다. 내가 그렇게 생각하는 근거는 그들이 막강한 힘을 가지고도 마구 밀어붙이지 않았다는 사실에 있다. 제3공화국 시절에 권좌 가까이 있던 사람들은 반대자를 힘으로 내리누르는 사례가 많았으나, 그들은 적어도 나에 대해서는 그렇게 하지 않았다. 특히 인사 문제에 관해서 그들은 놀라운 정도의 인내력을 가지고 내 고집을 수용하였다.

결과부터 말하면, 일차의 인사 문제 결정에서는 내가 반대한 사람은 일단 모두 제외되었다. 구체적으로 말해서, 다섯의 부장 자리 가운데서 네 자리와

열하나의 실장 자리 가운데서 열 자리를 내가 추천 내지 동의한 학자들로 채우도록 일단 합의를 보았던 것이다. 하나 남은 총무부장 자리는 본래 연구 요원과는 관계가 멀었으며, 하나 남은 실장 자리는 '합동연구실'의 그것으로서 우선은 비워 두기로 하였으니, 내 의견이 일단은 충분히 받아들여졌다고 말할 수 있는 상황이었다. 일단 그와 같은 합의에 도달한 것은 개원을 35일 앞둔 1978년 5월 25일이었다.

그날 인사 문제에 대한 매듭을 짓기 위해서 작은 회합이 있었다. 참석자는 이선근 선생, 이상주 교수, 고광도 본부장, 최찬욱 준장, 그리고 나였다. 군인 두 사람을 합석시킨 것은 그들이 이선근 선생보다는 내 의견에 동조하고 있음을 알았기 때문이었다. 그날은 주로 학계에서 '삼총사'라는 별명을 듣고 있던 학자들에 관한 문제가 논의되었다.

그 세 사람 중 두 사람은 정 수석의 강력한 추천을 받고 있었고, 또 한 사람은 이선근 선생이 밀고 있었던 상황이었다. 나는 이 세 사람이 모두 비범한 능력의 소유자임을 알고 있었고, 그 자리에서도 그것을 인정하였다. 그리고 그 세 사람은 모두 나와는 개인적으로도 잘 아는 사이였다. 그럼에도 불구하고 나는 그들이 정신문화연구원의 식구가 되는 것을 원하지 않고 있었다. 그 이유는 그들이 유신체제를 적극적으로 지지하는 친정부적 학자라는 사실에 있었다.

그러나 친정부적이라는 사실을 그들에 대한 기피 이유로 내세울 수는 없었다. 정부가 만드는 연구 기관에서 친정부적 인물을 물리쳐야 한다는 논리가 석연치 못하다고 생각되었던 것이다. 그러므로 내가 내세울 수 있는 것은 학계의 여론밖에 없었다. '삼총사'니 '어용학자'니 하고 불리는 사람들을 들여놓으면 학계 전체의 외면을 당할 가능성이 높으며 학계의 적극적 호응을 받기 위해서는 그들을 끌어들이지 말아야 한다는 것이 내 주장의 요점일 수밖에 없었다. 그리고 이 연구원은 정권이 바뀐 뒤에도 흔들림이 없도록 확고한 기초를 다져야 하므로, 정치적 색채가 있다는 인상만은 애써 피해야 한다고 나는 주장하였다. 나의 이런 주장에 대해서 이상주 교수와 두 군인 장성이 동조해 주었던 까닭에, 논란의 대상이 된 세 사람의 영입은 일단 보류하기로 합의하였던 것이다.

그날의 합의에 대해서 고광도 본부장은 나에게 축하한다는 말을 하였다. 이상주 교수와 이한구 교수도 만족스러워하였다. 그러나 불안 요소가 남아 있음을 알았던 까닭에, 나는 기뻐하기에는 아직 이르다고 생각되어 활짝 웃을 수가 없었다. 힘을 바탕으로 삼은 것이 못 되고 고집과 억지를 부려서 겨우 하나의 고지를 점령했음에 지나지 않았으므로, 나는 여전히 불안하였다.

남아 있던 불안 요소의 하나는, 내가 추천한 학사들 가운데 정신문화연구원에 근무하기를 거부하는 사람이 생길 수 있다는 사실이었다. 1차에서 내가 추천한 사람으로부터 거절을 당했을 경우에 2차 추천까지도 모두 나에게 맡기라고 말하기는 어려운 형편이었다. 불안 요소의 둘째는 합동연구실장의 자리를 미정으로 남겨 두게 된 사유가 이선근 원장과 정 수석의 의견이 맞지 않은 틈을 탄 일시적 어부지리에 불과했다는 사실이었다. 시간이 지나면 저 두 사람의 의견 대립은 해소될 전망이었고, 그렇게 될 때는 그들이 공동으로 추천하는 사람을 내가 거부할 명분이 없었다.

내가 원하는 사람들을 연구원으로 끌어들이기 위하여 나는 여러 사람을 개별적으로 만났다. 물론 내가 찾아다니며 만났다. 예상했던 것보다는 호응이 좋아서, 제갈량을 찾아다닌 유비와 같은 어려움은 없었다. 그러나 몇 사람은 힘이 들었다. "아무개가 원장으로 내정되었다는데 그것이 사실이냐?" "이러이러한 사람들도 참여할 것이라는 소문이 들린다. 그 사람들이 들어간다면 나는 못 가겠다." 이런 식으로 사절하는 학자들도 있었던 것이다.

내가 할 말은 많지 않았다. 다만 다음과 같은 것이 내가 할 수 있는 말의 고작이었다. 정신문화연구원을 순수한 연구 기관으로 만들기를 원하는 학자가 참여하기를 거절한다면, 그 자리는 정치적 기관으로 만들고자 하는 사람들이 차지하게 될 것이다. 이선근 선생에게는 양립하기 어려운 두 가지 소망이 있다. 하나는 대만이 자랑하는 '중앙연구원'과 같은 권위 있는 연구 기관을 만들고 싶은 소망이고, 또 하나는 청와대와 문교부 관료들의 의사를 따르고자 하는 소망이다. 그런데 고급 관료들의 의사는 박 대통령의 의사를 따라가기 마련이며, 박 대통령을 설득하여 순수 학술 기관을 원하도록 만드는 것은 충분히 가능한 일이다. 나는 그 설득의 기회를 얻지 못했지만, 박 대통령의 신임이 두터운 이선근 선생에게는 그것이 가능할 것이다. 대략 이상과 같은 것이 내가 말할 수 있었던 것의 전부였다고 생각된다.

지금 돌이켜 보면 내 설득 논리에는 엉성한 점도 많이 있었고 희망적 관측도 있었다. 그러나 그것이 전혀 근거 없는 거짓말도 아니었기에, 나는 그렇게밖에는 말할 수가 없었다. 내 말에 설득력이 있었다기보다는 내 간청을 뿌리치기가 딱해서 그랬는지, 처음에는 사양하던 사람들도 대부분 내 청을 받아들였다. 그러나 대학의 보직을 맡았다든지 장기간 외국에 체류하게 되었다든지 하는 부득이한 사정으로 내 뜻을 관철하지 못한 경우도 두 사람 있었다.

내 뜻을 관철하지 못한 두 자리 중의 하나는 정 수석이 추천하는 사람으로 충당하게 되었다. 그 자리에 대한 제2후보로서 미리부터 정 수석이 미는 사람이 있었다. 고광도 본부장은 80퍼센트 이상 뜻을 이루었으면 만족해야 한다고 위로했지만, 나는 둑의 일부가 무너지기 시작하고 있음을 직감하였다.

이선근 선생과 정 수석이 내 의견을 많이 받아들인 것은 일시적 양보에 불과했을지도 모른다. 칼자루를 쥔 측에서는 언제나 형세를 뒤집을 수가 있었으므로, 그들은 개원(開院)까지는 내가 원하는 것을 들어주고, 후일에 서서히 뒤집기 작업을 시작해도 늦을 것이 없었다.

2. 개원식 주변

인사 문제가 거론되기 이전에 물러나고자 했던 소망은 좌절되었고, 어쩔 수 없이 나 자신이 인선 작업에 깊숙이 관여하고 말았다. 이제 와서는 부원장 자리를 피할 수가 없는 형편이 되고 만 것이다. 다른 사람들을 끌어들여 놓고 나만 뒤로 빠진다는 것은 생각할 수 없었을 뿐만 아니라, 청와대 측에서도 겉모양을 흉하지 않게 보이기 위해서는 나를 꼭 붙잡아 둘 필요가 있었다. 결국 그러한 지경에 이르고 만 나 자신이 한심하게 느껴졌다.

그 당시에 나는 사당동 예술인 마을에 살고 있었으므로, 출근길에 내 승용차와 서울대학교 통근 버스가 마주칠 때가 많았다. 그때마다 나는 통근 버스로 출근하는 동료 교직원들이 부러웠다. 내 승용차가 골목길에서 나와 큰길로 접어들기 위하여 멈추고 있었을 때, 그 지점이 바로 통근 버스가 서는 장소에 가까웠던 까닭에 서울대학교 버스는 속도를 줄이기 마련이었고, 키가 큰 버스에 탄 동료들이 나를 내려다보곤 하였다. 더러는 손을 흔들어 보이기도 했다. 나는 그 만남의 순간이 괴로웠다. 가산을 탕진하거나 직장을 잃거나 해서 비참하게 된 사람이 아는 사람 만나기를 원하지 않는 그런 심정이었다.

그러나 나의 그와 같은 심정을 아는 사람은 아마 거의 없었을 것이다. 그 당시의 내 마음의 내막을 광고하고 다닐 성질의 것도 아니었고, 대부분의 사람들은 내가 신이 나서 승용차 타고 다니며 그 자리를 지키고 있는 것으로 아는 모양이었다. 그때만 하더라도 대학교수 가운데 운전수가 딸린 승용차를 타고 다니는 사람은 많지 않았고, 그 '많지 않은 자리'가 시기의 대상이 되기도 하였다.

정신문화연구원 일로 파견 근무를 하는 동안에도 나는 서울대학교 강의는 계속하였고, 과 교수 회의에도 참석하였다. 어느 날 과 회의 석상에서 선배

교수 한 분이 따지고 덤빈 일이 있었다. 김태길 교수가 파견 근무라는 것을 하고 있는 모양인데, 그렇게 하게 된 경위와 그곳에서 하는 일을 소상히 밝히라고 요구했던 것이다. 파견 근무를 시작한 직후도 아니고 1년 가까운 세월이 흐른 뒤에 그런 질문을 한 것이 좀 이상하다고 느껴졌지만, 나는 요점만을 대답했다. 문교부 장관과 청와대 측에서 요청이 있었고 서울대학교 총장으로부터도 협조해 달라는 부탁이 있어서 파견 근무에 응했다는 것과 그 당시 학과장과도 상의해서 결정된 일이라는 말을 하면서, 나는 매우 쑥스러웠다.

그 선배 교수는 내가 어떤 운동을 해서 그 자리에 간 것으로 잘못 알고 있는 것 같았다. 그 선배 교수와 같은 연배의 다른 교수가 전하는 말로 미루어 볼 때, 그 선배 교수는 그 자리가 운동을 해서라도 차지할 가치가 있는 부러운 직책으로 잘못 알고 있었던 것으로 짐작이 갔다.

그 무렵에 나는 늘 우울했고 건강 상태도 좋지 않았다. 본래 사람이 많이 모이는 곳에 나가는 것을 좋아하지 않는 성격인데다 기분까지 우울했으므로, 어느 해 정초에 서울대학교 철학과 동창회가 주최하는 '합동 신년 하례식'에 나가지 않았다. 그런데 그것이 뜻밖에 구설수의 원인이 되었던 모양이다. 너무 지체가 높아졌으므로 도도해서 그런 대중이 모이는 자리에는 나타나지 않는다고 말한 사람도 있고, "우리보고 자택으로 세배 오라는 말 아니냐?" 고 빈정댄 사람도 있었다고 들었다.

그런 말을 전한 사람은 나보고 내년 새해 모임에는 꼭 출석하라고 신신당부하였다. 그렇게 하겠노라고 대답하면서 나는 몹시 서글펐다. 사람들은 대개 자기를 기준으로 삼고 남의 심중을 헤아린다는 사실이, 나의 강의를 들은 젊은 철학도들까지도 그렇게밖에는 생각하지 않는다는 사실이, 나를 서글프게 하였다. 인간이란 결국 고독할 수밖에 없는 존재일까.

사람들이 모인 곳에서 그 자리에 나오지 않은 사람을 헐뜯는 것은 흔히 있는 일이다. 그러나 '합동 하례식'이나 '출판 기념회'같이 칵테일 파티 식으로 많은 사람들이 모이는 자리에 나가지 않았다고 해서 구설수에 오른다는 것은 흔치 않은 일이다. 특히 정초에는 고향에 가는 사람도 많으므로, 불참자를 도도해서 안 나왔다고는 보통 생각하지 않는다. 내가 그 자리에 안 나갔다고 해서 비난의 대상이 된 사유는 불참했다는 그 사실에 있던 것이 아니라, 내가 정신문화연구원 일에 관여하고 있다는 그 사실에 있었음이 명백하다. 바꾸어 말하면, 나에게 '어용교수'라는 낙인이 찍히고 있었던 것이었다.

'어용교수' 또는 '어용학자'라는 말은 대학 사회에서는 가장 모욕적이고 불명예스러운 낱말이다. 경제인이 여당 국회의원이 되어도 '어용 경제인'이라는 말은 듣지 않는다. 삼권분립의 나라이지만 판사가 장관이 되어도 '어용 법조인'이라고 욕하지 않는다. 대학을 졸업한 젊은이가 청와대 비서실로 들어가도 '어용 학사'니 '어용 청년'이라는 말은 듣지 않는다. '어용 군인'이라는 말도 없고 '어용 운전기사'라는 말도 들어 본 적이 없다.

'어용교수'라는 말이 유독 사용되는 것은 대학교수에 대한 기대가 높다는 것을 의미한다고 볼 수 있을 것이며, 우리나라 전통의 자랑거리가 되고 있는 '선비 정신'을 대학교수들이 계승해 주기를 바라는 마음의 표현이라고도 볼 수 있을 것이다. 정부가 저지르기 쉬운 비리(非理)의 공범자가 되지 않을 뿐 아니라, 이를 비판하고 나무라는 정론(正論)의 기수가 되기를 바라는 마음이 있는 것이며, 이것은 대학교수라는 직업의 위상을 높여 주는 고마운 마음이기도 하다.

그러나 '어용교수'라는 말의 언저리에서 반드시 좋은 의미만이 발견되는 것은 아니다. '어용교수'라는 말이 가장 빈번하게 사용되는 것은 대학 울타리 밖에서가 아니라 그 내부에서라는 사실에는 반성해야 할 일면도 있다는 생각이 든다. 대학인이 대학인에게 열심히 돌을 던지고 있는 것이다. 권력과 금력의 비리에 대해서는 내놓고 말 한마디 못하는 사람들이 동업자 교수들에 대해서는 지나칠 정도로 말이 많다. 게다가 사회 현실과 기성세대에 대해서 불만이 많은 대학생들의 부정적 시각까지 가세하게 되니, 대학교수들은 그 대부분이 어용교수 아니면 무능 교수로서 평가되는 결과가 된다.

현대 국가의 정치, 외교, 행정, 경제, 생산, 교육 등 모든 분야에서는 고도의 전문적 인력을 필요로 한다. 만약 모든 분야의 모든 전문적 학자들이 '어용학자'라는 말이 두려워서 정부가 하는 일에 협조하기를 거부한다면, 그 나라는 머지않아서 멸망할 것이다. 전문적 지식을 가진 사람들 가운데는 정부 밖에서 정부를 비판하고 꾸짖는 사람도 있어야 하고, 정부 안에 들어가서 도와주는 사람도 있어야 한다. 더러는 꾸짖어 가면서 도와주는 사람도 필요할 것이다. 중요한 것은 정부 밖에 있었느냐 또는 그 안에 있었느냐가 아니라, 그가 그곳에서 무엇을 했느냐에 달려 있다.

그러나 '어용교수'니 '어용학자'니 하는 말에 대해서 지나치게 민감한 반응이 따르는 우리나라의 괴로운 풍토에 대해서 더 많은 책임을 져야 할 사람들은 정부와 여당에 있다고 보아야 할 것이다. 한국의 정부와 여당이 민주주의에 충실한 정치를 해서 국민의 존경과 신뢰를 받았다면, 유능한 학자들도 그 정부와 여당을 위해서 협력하는 일에 긍지를 느꼈을 것이고, 옆에서 지켜보는 사람들도 그들의 노고를 치하함에 인색할 까닭이 없었을 것이다. 그동안에 우리나라 정치가 제대로 민주화를 이루지 못했다는 사실이 여러 학자들에게 '어용학자'의 오명을 씌우는 결과를 부른 근본 원인이었다고 말해도 과언이 아닐 것이다.

둘째로, 우리나라의 정당과 행정기관의 민주화가 제대로 되지 못한 까닭에, 유능한 학자가 그 속에 들어가서 역량을 충분히 발휘하지 못하고 다수에게 실망을 주곤 하였다. 어려운 결심을 하고 정부나 여당에 들어간 사람들이 제구실을 못하고 바보가 되어서 돌아온 사례가 많았고, 이러한 실정도 '협조적 학자'들의 이름을 떨어뜨리는 방향으로 작용하였다.

이야기가 옆길로 흘렀다. 어쨌든 그 무렵의 나는 '어용교수'라는 낱말에 대해서 지나치게 민감했던 것이 아닐까 한다. 남이야 어떻게 생각하든 개의치 말고 내 소신대로 살아가면 되었을 것을, 나는 '어용교수' 알레르기에라도 걸린 사람처럼 신경을 썼다. 머리가 터지도록 싸워서 좋은 연구원을 만들려고 최선을 다하여 전력투구하지 못하고, 되지도 않을 일에 매달리다가 욕만 얻어먹는 꼴이 되지 않을까 걱정하며, 늘 엉거주춤한 자세로 일관했던 것이다.

엉거주춤한 가운데 세월은 흘러가고 개원식을 거행하기로 된 6월 30일이 가까워 오고 있었다. 그 식전(式典)에 설립자인 박 대통령이 직접 참석하기로 되어 있어서, 개원식의 준비 과정이 여간 까다롭지 않았다. 그 당시 박 대통령의 측근자들이 일을 어떻게 했는지를 보여주는 본보기가 될 듯하기에, 개원식을 위한 준비 과정에서 있었던 일을 한두 가지 적어 두고자 한다.

우선 개원식에 누구누구를 초청하느냐를 결정하는 절차부터가 까다로웠다. 전국의 각 대학 인문 사회 분야의 교수들 가운데서 저명한 사람들을 초청한다는 원칙은 섰으나, 구체적으로 그 명단을 작성하는 과정이 번거로웠다. 원장 책임 아래 우리가 알아서 그 명단을 만들도록 일임하지 않고 연구원 측에서 일단 만든 명단을 청와대 비서실에서 다시 검토하고 수정했던 것인데, 그 과정이 굉장히 까다로웠다. 강당의 좌석수에 맞추어서 손님을 초청하되, 그 자리에 초청되는 것이 무슨 큰 영광이요 큰 특전인 것처럼 수선을 떨었다.

초청객 후보자의 명단이 일단 작성된 뒤에 그들에 대하여 한 사람 한 사람 본적지에 신원을 조회하는 절차까지 밟아야 했다. 결국 외부 손님은 모두 277명을 초청하기로 확정할 때까지 너무 시일을 끌어서, 초청장은 개원을 불과 수일 앞두고 뒤늦게 발송하는 꼴이 되었다. 참가 여부를 알리라는 회신용 엽서까지 동봉했는데, '불참'을 통고한 학자들이 의외로 많았다. 개원식에 참석하는 것이 영광된 특전이라고 본 것은 대통령 주변의 의견이었고, 학자들 생각은 그것이 아니었던 것이다.

개원식 당일에 식장 좌석에 빈자리가 많이 생기게 될 형편이었다. 그런 사태를 막기 위한 대안으로서, 시내 고등학교 교장 백여 명을 긴급 동원하는 소동을 벌였다. 속달을 띄웠는지 교육감이 직접 전화를 걸었는지 그것은 알 수 없으나, 연락을 받은 교장 선생님들은 싫다 좋다 선택의 여지 없이 그 어려운 자리에 대부분 참석하였다.

개원식에 참석하는 사람들이 어떤 옷차림을 할 것이냐 하는 것도 매우 중대한 문제로서 다루어졌다. 처음에는 교수들을 포함한 모든 연구원들에게 제복을 만들어 입히겠다는 의견이 나왔다. 그것이 누가 낸 의견이었는지는 지금 생각이 나지 않으나, 그 첫째 안은 반대 의견에 부딪쳐서 철회되었다. 두 번째로 나온 안에 따르면, 학자들은 검은색 또는 감색 양복을 아래위로 차려 입고 넥타이를 매도록 하며, 그 밖의 직원들은 넥타이를 매는 대신 흰색 남방 셔츠를 깃이 겉으로 나오도록 입고 와야 했다.

그러나 이 둘째 안은 청와대 비서실의 반대에 부딪쳐서 불발탄이 되었다. 청와대 비서실의 지시에 따르면, 교수들까지 모두 흰 남방 셔츠를 입어야 한다는 것이었다. 이 셋째 안에 대해서는 연구 요원으로 오게 된 학자들의 반발이 있었다. 특히 거세게 반발한 것은 '윤리연구실장'으로 오게 된 차인석(車仁錫) 교수였다. 나도 차 교수 의견에 동조하여, 학자들만은 넥타이를 매도 좋다는 양보를 받아 냈다.

그런데 이 절충안도 최종적인 것은 못 되었다. 교수 아닌 일반 직원들도 넥타이를 매도록 하라는 전갈이 청와대로부터 다시 날아온 것이다. 그렇게 바꾸도록 만든 것은 박 대통령 자신이었다. 어느 날, 개원식장에서의 복장에 관해서 대통령 쪽에서 비서실에 대하여 하문이 있었던 모양이다. "가급적 흰색 남방 셔츠를 입도록 하되 교수들만은 넥타이를 매고 싶은 사람은 매도 좋다고 했습니다."라고 비서는 대답했을 것이다.

그러나 대통령의 다음 말은 아주 뜻밖이었다. "무슨 소리야? 아, 그런 날은 모두 넥타이를 매도록 해야지." 그래서 초청된 모든 내빈들에게까지도 '넥타이를 매고 오라'는 알림을 부랴부랴 전하는 소동을 벌였다.

정신문화연구원 임직원 가운데는 그날의 식전을 위해서 검은색 또는 감색 양복을 새로 맞춘 사람들이 많았다. 교수들 가운데도 여러 사람 있었던 것으로 알고 있다. 몇 사람이 앞장을 서서 부산을 떨면, 무슨 마술에라도 걸린 것처럼 다른 사람들까지 덩달아서 법석을 떠는 모습. 그 우스꽝스러운 모습을 마땅히 주역(主役)의 한 사람이었어야 할 나는 방관자처럼 바라보았다.

개원식이 열리기 이틀 전인 6월 28일에 원장과 부원장의 임명식이 청와대에서 있었다. 그날의 복장은 반드시 검은색 또는 감색 양복에 흰색 남방 셔츠를 입어야 한다고 하였다. 나에게는 흰색 남방 셔츠가 없었기에, 그 전날 아내가 구반포 상가에 가서 싸구려 하나를 구해 왔다.

대통령 집무실 대기실에 도착했을 때는 이미 총무처 장관과 그 부하가 기다리고 있었다. 신하가 황제를 배알할 때와 같은 엄숙한 분위기였다. 이신근 원장, 김태길 연구부원장, 고광도 관리부원장 순으로 한 사람씩 대통령 앞에 나아가서 정중하게 두 손으로 임명장을 받으라고 총무부 직원이 일러주고 있을 때였다. 정 수석이 나타나서 고광도 부원장이 김태길 부원장보다 먼저 임명장을 받도록 하라고 총무부 직원에게 지시하였다. 총무부 직원은 어리둥절한 눈치였고, 고광도 씨도 작은 소리로 서열이 그렇지 않다며 머뭇거렸다. 그러나 정 수석은 오늘만은 그렇게 하라고 단호한 몸짓을 하였다.

임명장을 받은 다음에 잠시 담화를 나누는 시간이 있었다. 역시 검은색 양복에 하얀 남방 셔츠 차림의 박 대통령 우측 정면에 놓여 있는 세 의자에 임명장을 보물처럼 받은 세 사람이 교장실에 들어간 우등생 같은 모습으로 단정하게 앉았고, 그 맞은편에는 정 수석과 총무처 장관이 두 손을 모으고 서 있는 자리에서, 몇 마디 말이 오고 갔다. 원장으로서의 연구원 운영 방침을 묻는 대통령의 물음에 대답하는 가운데, 이선근 원장은 외국 학자들도 여러 사람 불러오겠다고 의욕을 보였다. 이 말을 받아서 박 대통령이 보인 반응은 인상 깊었다.

"조용조용히 일을 하시오. 무엇을 하고 있는지 남들이 모를 정도로 차분하게 연구하시오."

그리고 그날의 상황을 적은 내 기록에는 박 대통령이 남긴 말로서 다음과 같은 것도 보인다.

"연구원이라는 것은 백년대계(百年大計)를 따라서 운영해야 합니다. 나는 단시일 안에 어떤 성과가 나타나기를 기대하지는 않습니다. 서두를 필요는 없어요."

끝으로 박 대통령은 우리나라의 문화와 일본의 문화를 비교하면서 이런 말도 하였다.

"족보를 따지면 우리 문화가 일본 문화보다 앞섰지만, 현재는 그들이 좀 앞섰다 해서 우월감을 느끼는 모양인데, … 앞으로는 현대 문화에 있어서도 우리가 앞서고 있음을 입증하도록 해주시오."

내 기억으로는 그날 박 대통령이 한 말 가운데 정치적 색채가 있는 것은 하나도 없었다. 정책 수행에 써먹을 수 있는 연구에 대해서는 하라는 말도 하지 말라는 말도 하지 않았다. 잠깐 만나 본 인상만으로 속단할 수는 없는 일이지만, 나는 그날도 박 대통령을 측근에서 보필하는 사람들이 좀 더 높은 안목을 가졌다면, 정신문화연구원을 훌륭한 연구 기관으로 발전시킬 수 있을 것이라는 생각을 골똘하게 하였다.

개원식은 1978년 6월 30일 오전에 있었다. 이날 연구부원장인 나는 두 번 실수를 저질렀다. 첫 번째 실수는 박 대통령과 그의 장녀 근혜(槿惠) 양을 환영하는 절차에서 저질렀고, 두 번째 실수는 그들을 환송하는 절차에서 저질렀다. 그것은 모두 어처구니없는 실수였다.

그날 개원식에 참석할 내빈들은 박 대통령 일행이 도착하기 30분 전에 식장에 입실을 완료하기로 되어 있었다. 학계의 중진들이 시간에 늦지 않도록 모여들었으나, 원장을 비롯한 연구원 간부들은 이 귀한 손님들에 대해서 별로 신경을 쓰는 것 같지 않았다. 간부들의 관심은 온통 대통령 부녀의 행차로 쏠리는 분위기였다. 대통령 부녀가 도착하면 연구원장 이하 실장 이상의 임원들은 본관 앞에 미리 한 줄로 늘어서서 대기하고 있다가 정중히 환영하도록 예정이 짜여 있었다. 일반 내빈들이 모일 곳은 본관 뒤에 있는 강당 건물이었으므로, 박 대통령 부녀를 환영하는 행동과 일반 내빈을 접대하는 행동을 동시에 하기가 어려운 상황이기도 했으나, 일반 내빈들에 대한 연구원 측의 배려가 소홀하다는 느낌이 들었다.

나라도 주인 노릇을 해야겠다는 생각이 들어서, 나는 강당 입구 근처에서 학계의 내빈들을 맞이하는 일에 몰두하게 되었다. 그러는 가운데 박 대통령 부녀를 본관 앞에서 맞이하는 순서를 깜빡 잊고 말았다. 명색이 연구부원장으로서, 아무런 사전 연락도 없이 그 자리에서 빠진 것은 어떤 오해를 받을 가능성이 적지 않은 실수였다.

박 대통령 부녀를 맞이하는 절차를 밟는 과정에서 미움을 살 짓을 한 교수가 또 한 사람 있었다. 일렬로 도열하여 대통령 부녀를 맞이할 때, 이 막강한 두 사람은 원장 이하 간부들과 차례로 악수를 할 것으로 예상되었다. 그 악수를 교환할 때 고개를 깊이 숙여 경례를 하지 말자고 소곤거린 사람이 있었던 것이다. 나의 간청에 못 이겨서 '윤리연구실장' 자리를 맡게 된 차인석 교수가 바로 그 사람이라는 말이 원장의 귀에까지 들어갔다. 차인석 교수는 그 전날 원장실에서 임명장을 받을 때도 한 손으로 받았다 하여 이선근 원장의 노여움을 사고 있던 터였다.

개원식이 끝난 뒤에는 모든 내빈들에게 점심 대접을 하도록 되어 있었다.

일반 내빈은 2백여 명이 동시에 식사를 할 수 있는 큰 식당에서 대접하고, 박 대통령 부녀와 그 밖의 일부 특급 귀빈은 20여 좌석을 가진 작은 식당에서 대접하기로 되어 있었다. 나도 처음에는 이선근 원장과 함께 작은 식당에서 주인 노릇을 하기로 이야기가 되었는데, 그날 실제로는 큰 식당에서 식사를 하였다. 다른 일반 내빈들의 대접을 위해서 내가 그렇게 자청을 했는지, 또는 청와대의 입김으로 그렇게 된 것인지, 그 점에 대해서는 기억이 아리송하다. 아마 청와대의 입김으로 그렇게 변경되었을 가능성이 높다는 생각이 든다. 왜냐하면 그 무렵 나에 대한 청와대 측의 감정은 매우 좋지 않은 것으로 나타났기 때문이다.

그날 개원식 절차에 '유공자 표창'이라는 것이 있었다. 연구원 설립을 준비하는 과정에서 수고한 사람들에게 훈장도 주고 대통령의 표창장도 주는 절차였으며, 추진 본부에서 일한 여러 사람들이 그 대상이었다. 나는 그 대상에서 제외되었거니와, 나로서는 제외된 것이 오히려 잘되었다는 생각이 들었다. 그러나 그런 내색을 할 형편도 아니어서 침묵을 지키고 있었는데, 그 제외된 사유에 대한 변명이 최찬욱 준장을 통하여 전달되었다. 그 사유라는 것이 어린아이 장난 같은 수준이어서 여기에 옮기지 않지만, 청와대 비서실 측에서는 그 문제로 좀 고민한 것이 아닐까 짐작한다.

그날 식순에는 당연히 '대통령 각하의 말씀'이라는 것이 있었으며, 박 대통령은 미리 준비된 원고를 낭독해 내려갔다. 그 원고 끝머리에 고광도 씨의 노고가 컸다는 치하의 말이 있었으나, 김태길에 대한 언급은 없었다. 이런 몇 가지 징후들은 그동안 내가 취해 온 비협조적 태도에 대한 불만의 표시였을 가능성이 많으며, 대통령 부녀와 같은 자리에서 점심을 먹지 못하도록 만든 것도 같은 맥락에서 읽어야 할 작은 이야기가 아닐까 한다.

내가 그날 점심을 어디서 먹었든 그것은 중요한 일이 아니다. 대통령 부녀와 같은 식당에서 먹지 않게 된 사유가 어디에 있었는지도 중요한 일이 아니다. 이야기의 초점은 그날 내가 큰 식당에서 점심을 먹은 것이 결과적으로 또 한 차례의 실수를 유발하는 계기가 되었다는 사실에 있다. 만약 대통령 부녀와 한자리에서 식사를 했더라면, 식사를 마치고 곧 떠나게 된 그들을 전송하는 대열에서 내가 빠졌을 가능성은 없다. 그러나 실제로 나는 그 대열에서도 빠진 것이다.

대통령 부녀가 떠날 때에도 실장 이상의 연구원 간부들은 모두 작은 식당 앞에 한 줄로 서서 전송하기로 되어 있었고, 그 시간도 미리 정해져 있었다. 나는 앞서 있었던 영접의 대열에서 빠졌으므로 전송의 대열에는 꼭 참석하리라고 생각하면서 여러 내빈들과 식탁에 앉았다. 식탁에서는 으레 이야기가 오고 가기 마련이고 이야기에 정신이 팔린 가운데 시간 가는 줄을 몰랐다. 문득 생각이 나서 시계를 보았을 때는 이미 좀 늦은 시간이었다. 그래도 박 대통령 부녀의 떠나는 시간이 좀 늦어질 수도 있으므로 예정된 장소로 달려갔다. 그러나 그 자리에는 아무도 없었다. 연구원에서 두 번째 서열에 있는 자가 그 연구원의 설립자인 대통령을 영접하는 자리와 전송하는 자리를 모두 외면한 셈이다. 결코 고의는 아니었지만 그렇게 오해를 받아도 변명하기가 어려운 상황이었다.

그러나 아무도 나보고 왜 그 자리에 없었느냐고 묻지 않았다. 한 사람도 묻지 않았다. 한국 사람들은 남의 일에 대해서 호기심이 많은 편인데도 묻는 이가 없었다. 아마도 모두가 박정희라는 막강한 사람에게 모든 신경을 집중시켰기 때문에, 옆에 있을 사람이 보이지 않아도 그것을 의식하지 못했을지도 모른다. 그러나 정 수석과 이선근 원장은 나의 부재를 몰랐을 리가 없다. 어쩌면 박 대통령 자신도 그것을 알았을지도 모른다.

이선근 원장과 고광도 부원장 이외의 연구원의 모든 임직원은 나와 함께 큰 식당에서 점심을 들었다. 모든 부장들과 실장들도 마찬가지였지만, 그들은 한 사람도 빠지지 않고 박 대통령 부녀를 전송하는 자리에 참석하였다. 나만 빠졌다는 것을 어떻게 설명해야 좋을지 잘 모르겠다. 내가 건망증이 심하다는 것만으로는 충분히 설명이 되지 않는다. 건망증이 심한 것을 알면 비서에게 시간표를 주고 일깨우도록 조치를 취했어야 한다. 결국 나는 '장관 대우'를 받기로 되었다는 그 부원장 자리에 부적합한 사람이었다. 그리고 나는 고독과의 인연이 보통 사람들보다 깊은 성격의 소유자가 아닐까 한다.

나는 평상시에 특별히 건망증이 심한 사람은 아니다. 다만 어떤 일에 관심을 몰아서 기울이는 버릇이 있으며, 그럴 경우에는 다른 일을 까맣게 잊어버리는 실수를 자주 저지른다. 그날 대통령의 영접과 전송의 절차를 깜빡 잊은 것도 내가 다른 곳에 관심을 쏟았기 때문이라고 보아야 한다. 그 다른 곳이란 그날 내빈으로 개원식에 참석한 학자들이 이 연구원을 어떻게 볼 것인가 하는 그 걱정이었다.

그날 개원식에 참석한 학자들 가운데는 내가 아는 얼굴이 많았고, 가까운 친구들도 많았다. 그리고 그들은 대개 이 연구원을 김태길의 작품이라고 생각하였을 것이다. 실제로 연구원 조직에 관해서는 내가 그 구상의 주역을 맡았음에 틀림이 없다. 이런 상황에서 나는 이 연구원이 나와 동업자인 학자들에게 좋은 첫인상을 줄 수 있기를 열망하였다. 알기 쉽게 말하면, 구석구석에 내 손길과 내 고집이 스며 있는 연구원을 학문 연구에 종사하는 학자들에게 잘 보이도록 하고 싶었다. 연구에 정열을 가진 많은 학자들이 이곳에 대해서 애정과 애착을 느껴 주어야 이 연구원은 좋은 내일을 가질 수 있을 것이었다.

그러나 아무도 이 귀한 손님들에게 응분의 관심을 기울이는것 같지 않았다. 이선근 원장과 고광도 부원장을 비롯한 몇몇 간부들의 관심은 온통 박 대통령 부녀에게로 쏠렸고, 다른 손님들에게 신경을 쓸 여유가 거의 없었다. 네 명의 부장 자리를 맡은 학자들과 열 명가량의 실장 자리를 맡은 학자들이 있었으나, 그들은 이상주 실장을 제외하고는 모두 새로 나오게 된 연구원 신입생에 불과했으니, 연구원의 주인이기보다는 손님에 가까웠다.

학자 손님들을 주인으로서 따뜻하게 맞을 사람이 나 하나뿐이라는 느낌이 들었다. 나는 한 사람 한 사람 찾아다니며 악수를 했고, 간단한 인사말로 환영의 뜻을 나타내야 했다. 정신없이 돌아다닌 북새통이어서, 악수를 했는지 안 했는지 생각이 나지 않는 사람도 있었다. 한 번도 안 하느니보다는 두 번 하는 편이 무난할 듯하기에, 아끼지 않고 손을 잡았다.

나에게 만약 동에서 번쩍 서에서 번쩍 하며 이 일 저 일을 능란하게 처리하는 솜씨가 있었다면, 나는 학자들의 접대도 포근하게 하고 박 대통령 부녀에 대한 예의도 지킬 수 있었을 것이다. 그러나 나는 그런 상황을 처음 경험한 터라, 결국 반쪽 일만 하게 된 것이다. 의식적으로 대통령보다 학자들을 택한 것이라면, 아마 지탄거리가 될 것이다. 그러나 의식중이든 무의식중이든 대통령 쪽을 택한 것보다는 학자들 쪽을 택한 것이 잘한 일이라고 생각한다.

정신문화연구원의 개원 소식은 여러 신문에 크게 보도되었다. 이 보도가 나간 뒤에 나는 여러 통의 축전과 편지를 받았다. 본인은 전혀 축하의 기분이 아닌데, 내용을 모르는 사람들은 전보와 전화로 축하의 뜻을 전해 왔다. 편지를 보낸 사람들 가운데는 내가 모르는 사람들이 많았다. 이제 우리나라의 민족문화가 제 뿌리를 찾게 되었다고 격려한 한학자(漢學者) 노인의 편지도 있었고, 한민족(韓民族)의 종교를 다시 정립해 달라는 당부를 담은 종교인의 편지도 있었다. 모두 지나친 기대를 하고 있는 것이었다.

대학교수들의 반응은 대체로 관망적(觀望的)이었다. 기대와 회의(懷疑)가 엇갈리는 가운데, 좀 두고 보자는 태도를 취하는 사람이 많았다. 기다렸다가 잘되어 간다는 것을 확인한 다음에 참여해도 늦지 않다는 생각이었을 것이다. 그러나 더러는 아예 정책 기관이 될 것임에 틀림이 없다고 단정하고 근처에도 오지 않으려는 사람도 있었고, 반대로 취직을 하겠다고 이력서를 미리 내는 사람도 소수 있었다.

개원을 기념하는 행사의 일환으로서 텔레비전을 통하여 정신문화연구원을 홍보하는 계획도 추진되었다. 원장 이하 실장 이상의 전 직원이 참여함은 물론 외부 인사도 참가하는 몇 개 팀의 좌담회를 열어서 정신문화연구원의 설립 취지와 각 부서의 사업 계획을 널리 알리자는 뜻이었다. 나는 그 뜻에 반대하지는 않았지만 직접 좌담에 참여하지는 않았다. 마음이 내키지 않았던 것이다. 내가 나가기로 예정되었던 프로그램에는 이선근 원장이 대신 나가게 되어서, 결국 원장은 두 번 출연한 결과가 되었다. 나는 점점 소극적인 자세를 취하기 시작한 것이다.

3. 어렵게 연구원을 떠나다

초대 원장으로 이선근 선생이 내정된 뒤에도 나는 정신문화연구원을 명예스러운 연구 기관으로 만들어 보겠다는 희망을 아주 포기하지는 않았다. 일루의 희망을 걸게 된 이유의 하나는 이선근 선생이 대만의 '중앙연구원'과 같은 연구 기관을 만들고 싶다는 말을 여러 번 했다는 사실에 있었고, 그가 내 의견을 적극 존중하겠다는 말을 직접 또는 간접으로 했다는 사실에 있었다.

이선근 원장과 손발만 잘 맞추면 일이 잘될 가능성도 있다고 판단되었기에, 나는 원장과의 관계를 원만하게 만들도록 노력하기로 결심하고, 그의 권위 의식과 자존심을 거슬리는 일이 없도록 세심한 주의를 기울였다. 한 가지 마음에 걸리는 것은, 원장 후보를 물색하는 공식적인 자리에서 내가 이선근 선생을 부적합하다고 발언한 사실이었다. 그러나 개원식이 있었고 원장으로서 정식으로 일을 시작한 뒤에도 이선근 선생은 전혀 그런 사실을 모르는 사람처럼 나를 친근하게 대해 주었다.

이선근 선생의 측근으로 알려진 사람으로서 같은 연구원의 동료가 된 학자가 있었다. 그와 무슨 의논을 하는 가운데, 이선근 원장이 나를 전적으로 신뢰하고 있다는 말을 들은 적이 있다. 그 말이 우연하게 튀어나온 말이었던 까닭에 나는 그것을 뜻깊은 진실로 받아들였고, 다 같이 힘을 모아 이선근 원장을 잘 받들자는 말도 하였다.

그러나 날이 갈수록 나의 그러한 희망이 너무 순진한 소망에 불과함이 드러나기 시작했다. 나를 무력한 존재로 만드는 작전이 치밀하게 진행되고 있음을 피부로 느끼게 된 것이다. 이선근 원장이 첫째로 손을 댄 것은 인사 문제에 관한 규정이었다. 내가 만든 본래의 규정에 따르면, 인사 문제는 '인사위원회'에서 다루되 그 위원장은 연구부원장이 맡기로 되어 있었다. 연구부원장이 인사위원장을 맡기로 한 근거는 처음부터 부원장을 중심으로 연구원을 운영하겠다고 한 정 수석의 발언에 있었고, 서울대학교에서도 부총장이 인사위원회의 위원장직을 맡고 있다는 사실도 선례로서 참고가 되었다.

그러나 내가 만든 인사 규정에서 원장을 무력한 존재로 만들지는 않았다. 인사위원회에서 통과한 사람에 대해서 마지막 결재의 권한을 원장이 갖도록 함으로써, 인사위원회와 원장이 서로 견제할 수 있도록 한 것이 최초에 만든 인사 규정의 핵심이었다. 이선근 선생같이 밀어붙이는 힘이 강한 원장이 인사위원회의 위원장직을 맡으면, 결과적으로 원장 한 개인이 인사권을 독점하는 결과가 될 공산이 크다고 보았던 것이다. 인사위원회의 위원들을 선정하는 과정에서도 이선근 원장의 의사를 충분히 반영시켜서 그의 심복으로 알려진 사람들을 위원 명단에 포함시켰다. 그 정도면 이선근 원장으로서도 불만이 없을 것이라고 나는 생각하였다.

그러나 그것은 지나치게 소박한 생각이었다. 이선근 원장은 우선 그 인사위원회의 규정을 고치는 일부터 서둘렀다. 인사위원회의 규정을 고치는 일은 이사회에서 하기로 정관에 명기되어 있었고, 연구원 측에서는 원장만이 당연직으로 이사진에 포함되도록 정해져 있었다. 문교부 장관과 서울대학교 총장도 이사에 포함되었지만 그 대부분은 재계의 거두들이었다. 이렇게 구성된 이사회에서 인사위원회의 위원장직을 연구원장이 맡도록 규정을 바꾸는 것은 손바닥을 뒤집기보다도 쉬운 일이었다.

이선근 원장의 작전 목표가 점차 명백하게 드러났다. 김태길을 연구원에 붙들어 맨 채 무력하게 만든다는 것이 그의 목표임에 틀림이 없었다. 정 수석과 마찬가지로 이 원장도 나를 부원장 자리에 묶어 두기를 원한 까닭이 있었다. 연구원을 창설하는 과정에서 주역을 맡았던 사람이 갑자기 나가게 된 사유를 설립자인 대통령에게 설명할 부담도 있었을 것이고, 새로 발족한 연구원의 모양새로 보더라도 그것은 바람직하지 않았을 것이다.

작전 목표가 일치한 이 원장과 정 수석은 손발이 잘 맞았고, 그 두 사람이 힘을 합하면 못할 일이 거의 없었다. 그들이 한 일 가운데 하나는 채우지 않고 비워 두었던 합동연구실 실장을 충원하는 일이었다. 이제는 인사 문제로 옥신각신해도 소용이 없다고 판단되었기에 그들이 하자는 대로 따라가는 수동적 자세를 취하는 꼴이 되었다. 나의 그러한 태도에 항의하는 동료도 있었다. 좀 더 지도력을 발휘해서 용감히 싸워 보라는 것이었다. '지도력을 발휘하라' 함은 우리 편 세력을 규합해서 집단적으로 대항하자는 뜻일 것이다.

그러나 나는 그렇게 할 생각이 없었다. 나는 지식인들의 심리를 대강은 알고 있었고, 우리 편의 단결이 결코 오래가지 않으리라는 것을 환하게 내다보고 있었기 때문이다. 우리 편은 칼날을 잡고 저쪽 편은 칼자루를 쥐고 싸우기 마련인데, 형세가 불리하다는 것이 명백하게 드러났을 때 끝까지 버틸 사람은 그리 많지 않을 것으로 예상되었던 것이다.

1950년대 중반에 서울여자의과대학에서 재단 이사장의 비리를 뿌리 뽑는다고 교수들이 집단행동을 했던 일이 생각났다. 처음에는 대부분의 교수들이 하나로 뭉쳤고, 오직 세 사람의 교수만이 재단 편을 들었다. 한동안은 교수단 측의 기세가 등등했고 승리가 눈앞에 보이는 듯했으나, 문교부가 재단 이사회 편을 들기 시작하면서부터 교수단의 진영이 무너지기 시작했고, 결국 여러 전투에서는 이기고 전체 전쟁에서는 지는 결과가 되고 말았다. 정신문화연구원에서 편싸움을 일으킨다면 그 결과는 더욱 비참하게 될 것이 뻔한 노릇이었다.

이선근 원장은 연구 사업의 5개년 장기 계획을 짜는 과정에서도 나를 소외시키는 전략을 구사하였다. 5개년 장기 계획안은 원장이 위촉한 소위원회(小委員會)에서 주도하도록 하는 동시에, 그 소위원회의 위원장 자리에 자기의 심복을 앉히는 작전을 구사하였다. 명색이 연구부원장인 나는 옆에서 구경만 하면 되도록 일이 돌아가고 있었다.

같은 전략은 '개원 기념 학술 대회'에서 더욱 노골적으로 나타났다. '한국의 민족문화: 그 전통과 현대성'이라는 주제로 열리게 된 이 학술 대회의 준비는 원장이 취임하기 전에 내 책임 아래서 이루어졌고, 나 자신은 연구 발표자, 사회자 또는 토론자에 포함시키지 않았다. 앞에 나서기보다는 뒤에서 밀어 주자는 취지에서 그렇게 했던 것이다.

학술 대회를 개최하는 단계에서 실무 책임을 맡았던 연찬부장 강우철(康宇哲) 교수는, 실장 이상의 연구 요원 전부에게 어떤 역할을 맡기자는 취지를 따라서, 이선근 원장에게는 개회사를 맡기고 부원장인 나에게는 폐회사를 맡기도록 일정표를 만들었다. 그 일정표에 대한 결재를 내리는 단계에서, 이선근 원장은 폐회사까지도 자기가 맡겠다며 이의를 달았다. 그까짓 폐회사를 맡는 것이 크게 명예스러울 것도 없는 작은 일인데, 그것까지 자기가 독점하겠다고 나선 이선근 원장의 태도에 상징적 의미가 있다고 나는 생각했다. 그리고 이선근 원장이 폐회사까지 맡겠다고 나섰을 때, 한마디의 저항도 없이, "예 그렇게 하시지요." 하고 물러선 강우철 부장에 대해서 나는 실망을 느꼈다. 나에게 '리더십'을 발휘해서 싸워 보라고 누차 촉구한 사람이 바로 강 교수였기 때문이다.

나를 따돌려서 고립시키는 것을 목적으로 삼은 듯한 행동은 정 수석에게도 있었다. 연구원이 문을 연 지 약 두 달이 지난 그해 8월 24일에 정 수석이 나타나서, 원장과 부원장을 제외한 연구원 간부 전원을 소회의실로 불러 모았다. 연구원의 운영 방향에 대한 의견을 교환하는 간담회를 열자는 것이었다. 원장과 부원장을 제외한 것은 직위와 나이를 대접한 배려같이도 보였으나, 사실은 연구원의 순수성을 지키고자 하는 점에서 그때까지 나와 뜻을 같이 했던 실장급 학자들과 직접 대화함으로써, 이들의 '협조적 자세'를 유도하자는 것이 그의 저의(底意)였다고 나는 분석했다.

정 수석과 실장급 연구 요원들의 대화는 세 시간 동안 계속되었으며, 주로 정 수석 쪽에서 설득의 뜻을 가진 말을 많이 했고, 학자들은 조용히 들어 주는 자세로 일관했다는 후문이었다. 그 대화의 모임이 있었던 다음 날, 나는 세 사람으로부터 정 수석과의 면담 장면에 대한 짤막한 말을 들었다.

첫 번째 말은 고광도 부원장이 전한 것으로서, 면담을 마치고 고 부원장실에 들른 정 수석이 모두들 긍정적 반응을 보였다며 매우 흡족한 표정이었다는 내용이었다. 국방대학원 교수를 지내다가 연구원 기획실장을 맡은 최병갑(崔炳甲) 씨도 그날 간담회에 참석했는데, 그날 모임의 상황을 묻는 나에게 "반응이 아주 좋았습니다."라고 대답하였다. 정책 연구 기관이 되지 않도록 함께 노력하자고 다짐을 하기도 했던 학자 한 사람은 "어제 정 수석의 말은 대체로 고무적"이었다고 그 소감을 말하였다. 정 수석은 본래 언변과 박력을 아울러 타고난 사람이다. 권력을 배경으로 한 그의 박력 있는 설득 앞에서 모두 경청(傾聽)의 자세를 취했던 그 모임의 모습이 눈에 보이는 듯하였다.

실장급 교수들 가운데 끝까지 빡빡하게 굴어서 미움을 받은 사람도 없지 않았다. 그 대표적인 사람이 차인석 교수였다. 차 교수는 본래 별로 마음이 내키지 않는다는 것을 내가 간청해서 '윤리연구실장'을 맡게 되었거니와, 연구원에 들어온 뒤에도 갈등과 고민이 떠나지 않은 것으로 보였다. 개원식 날과 임명장을 받던 날의 태도가 불손했다고 이선근 원장의 노여움을 샀던 이야기는 앞에서 이미 적었지만, 그 밖에도 한두 차례 티격태격한 적이 있었다.

무슨 일 때문이었는지 그 사유는 기억에 남아 있지 않지만, 차인석 교수가 이선근 원장의 측근으로 알려진 사람과 정면에서 충돌한 일이 그해 9월 20일경에 있었다. 어쨌든 차인석 교수는 연구원 돌아가는 꼴에 불만이 많았고, 10월 말에는 드디어 사표를 던져 놓고 서울대 연구실로 돌아갔다.

내 사표를 수리할 수 없었듯이, 차인석 교수의 사표도 수리할 수 없다는 것이 이선근 원장과 정 수석의 처지였다. 사표를 돌려주고 다시 출근하도록 만들어야 했으며, 그 내키지 않는 일만은 이선근 원장이 나에게 맡겼다. "다른 사람 말은 들을 것 같지 않고 김태길 선생 말이면 들을 것이니, 좀 수고하시오." 말은 그랬지만, 네가 끌어온 사람이니 네가 책임지라는 논리가 뒤에 깔려 있었다.

나는 11월 1일에 연구원 총무과장을 데리고 서울대학교로 차인석 교수를 찾아갔다. 인사 문제의 실무 책임자가 총무과장이어서 함께 가서 차 교수를 설득하라는 원장의 지시가 있었던 것이다. 총무과장이 동석한 자리에서 내가 차 교수에게 할 수 있었던 말은 매우 국한된 것이었다. 차인석 교수는 다시 연구원에 나오기로 고집을 꺾었고, 그보다 5일 뒤인 11월 6일에 나는 차인석 교수와 함께 원장실을 방문한 것으로 메모에 적혀 있다.

정신문화연구원을 하루라도 빨리 떠나야 할 사람은 나 자신이었다. 그곳에 남아서 더 할 일이 이제는 없었다. 그러나 내가 떠나고 싶어 한다고 떠나보내 줄 가능성은 아직도 희박했다. 그 연구원의 설립을 준비한 과정에서 주역을 맡았던 내가 부원장에 취임한 지 반년밖에 되지 않은 시점에서 그만두도록 내버려두는 것보다는, 조용히 쉬고 있으면서 월급이나 타먹도록 하는 편이 겉모양을 위해서 바람직하다고 정 수석도 이 원장도 생각하고 있음에 틀림이 없었다.

그전에도 몇 차례 사의(辭意)를 표명했으나 받아들여지지 않았을 때, 그곳에 끝까지 남아서 연구원을 살려 보라는 운명의 뜻이 아닌가 하는 생각도 했었다. 미련은 항상 남아 있었고 잘될 수도 있다는 가능성에 대한 희망도 약간은 남아 있다고 보았던 까닭에, 그런 미신 같은 생각이 들곤 했던 것이다. 그러나 이제는 더 오래 남아 있으면 시간 낭비와 오욕(汚辱)밖에 얻을 것이 없다는 전망이 뚜렷하였다. 이번에는 섣불리 사표를 냈다가 되돌려 받고 주저앉는 꼴을 되풀이해서는 안 될 상황이었다.

사표가 수리되지 않더라도 출근을 하지 말아야 할 것이며, 월급을 주더라도 받지 말아야 할 것이었다. 그것은 서울대학교 교수라는 공무원으로서 정신문화연구원에 대한 파견 근무 명령을 어기는 행위가 될 것이며, 서울대학교 교수직을 파면시킬 이유가 될 만하였다. 쉽게 말해서, 서울대학교 교수직까지도 그만둘 각오를 해야 할 배수진(背水陣)의 상황이라고 판단되었다.

내 나이 그때 만으로 58세였다. 내 수명을 70세로 가정했을 때, 12년 동안 더 살 수 있는 경제력이 있는지 그것부터 계산할 필요가 있었다. 그 당시 나는 대지가 넓은 단독주택에 살고 있었으며, 이천 근교의 야산을 개간해서 만든 과수원 하나도 가지고 있었다. 집을 반으로 줄이고 과수원을 처분하면 10년 정도는 버틸 수 있다는 계산이 나왔다. 약 2년 동안 살 수 있는 돈이 부족하다는 계산이며, 70세 이상 수명이 연장될 경우에 어떻게 하느냐 하는 문제가 남는 셈이었다.

서울대학교의 퇴직금을 받으면 2년 정도는 살 수 있을 것이고, 문필 활동을 계속함으로써 좀 더 보탤 수가 있을 것 같았다. 특히 정신문화연구원에서 내가 겪은 일을 기록하면 단행본 한 권으로 묶기에 충분한 분량이 될 것이고, 그 책은 베스트셀러가 될 것임에 틀림이 없을 것 같은 예감이 들었다. (그 당시의 내 느낌으로는 정신문화연구원에 관계하면서 내가 겪은 많은 일이 비화(祕話)로 가득 차 있는 것 같았고, 굉장히 흥미로운 이야기가 꼬리를 물고 이어지는 듯하였다. 그래서 나는 후일의 회고록을 위한 자료도 열심히 모았다. 그러나 그 뒤에 십수 년의 세월이 흘렀고 흥분이 완전히 가라앉은 지금 생각하면, 나를 비극의 주인공으로 보았던 그 당시의 느낌에는 과장이 있었고, 한 권의 단행본으로 엮고도 남을 것으로 생각되었던 그 숱한 이야기들도 대부분 기억에서 사라지고 말았다.)

내가 서울대학교에서 쫓겨나는 한이 있더라도 정신문화연구원을 떠나리라는 결심을 굳힌 것은 1979년의 새해가 밝아 올 무렵이었다. 그 결심을 굳히면서 나는 여러 가지 생각을 했고, 그 생각들은 나를 극도로 긴장시켰다. 우선 사직원이 수리되도록 면밀한 계획을 짜다 보면 잠이 달아났고, 사직원이 순조롭게 수리되지 못했을 경우에 서울대학교까지 물러난 나 자신의 여생을 설계하다 보면 신경이 면도날처럼 날카로워졌다. 심한 불면증은 소화불량 증세로 이어졌다.

나는 내 건강의 악화를 연구원 사직의 기회로서 활용할 전략을 구상하였다. 악화된 건강 상태에 내가 좋아했던 단식법(斷食法)을 좀 가미하면 효과가 있을 것으로 생각되었다. 1979년 1월 9일부터 단식 준비에 들어가는 동시에 연구원에는 나가지 않고 병석에 누웠다. 병석에 누우면서 나는 아내에게 두 가지 부탁을 하였다. 하나는 '베지밀'이라는 이름의 두유(豆乳)를 많이 사다 놓으라는 부탁이었고, 또 하나는 잠옷 위에 입는 '가운'을 한 벌 사오라는 부탁이었다.

과거에는 단식 전후의 식사 조절을 위해서 아내가 죽과 미음을 쑤어야 했다. 하루 세 끼 죽이나 미음을 쑨다는 것이 너무 고역스러운 듯하기에 이번에는 '베지밀'을 대신 먹기로 한 것이다. '베지밀'은 영양의 균형으로 따지더라도 죽이나 미음보다는 좋을 것 같았다. '가운'을 준비하게 한 것은 예상되는 문병객을 맞이할 때 잠옷 바람보다는 '가운'을 걸치는 것이 '장관 대우'를 받고 있던 부원장의 체통에 어울릴 것 같다고 생각했기 때문이다.

병석에 눕기 전에 내가 준비한 것으로서 한 가지가 더 있었다. 내 기록 카드가 있는 '한형주(韓烔周) 의원'으로 김 기사를 보내어 그전에 먹었던 약을 더 지어 오는 일이었다. 누가 보더라도 병원 약이 머리맡에 놓여 있는 편이 상황에 어울릴 것 같아서 그렇게 한 것이다. "왜 병원에는 안 가보느냐?"는 따위의 친절한 간섭은 내가 원하는 바가 아니었다.

병석에 눕던 첫날 출판과장으로 있던 김태정(金兌庭) 씨와 비서실의 박종기(朴鍾琦) 군이 문병차 찾아왔고, 내 건강이 좋지 않다는 사실이 알려지기 시작했다. 단순한 꾀병만은 아니었고, 실제로 건강 상태가 좋지 않았다. 베지밀만 마신 탓인지 설사가 자주 나고 불면증도 계속되었다. 다음 날부터는 급한 결재 서류가 생기면 집으로 가지고 오라는 부탁을 박 비서에게 해두었다.

와병 3일째인 1월 11일에 이한구 군이 문병차 찾아왔다. (그 당시 이한구 군은 내 비서실을 떠나서 철학연구실에 근무하고 있었다.) 이한구 군은 반가운 소식 하나를 전했다. 정 수석이 서울시장으로 영전하고 그 뒷자리에 고건(高建) 씨가 앉게 되었다는 소식이었다. 고건 씨에게는 나를 정신문화연구원으로 끌어들인 책임이 없었을 뿐 아니라, 그분의 아버님이 서울대학교 철학과 교수로 계시던 고형곤(高亨坤) 선생이라는 인연도 있어서, 내가 정신문화연구원을 빠져나오는 데는 정 수석보다 유리하리라고 판단된 것이다.

와병 4일째인 1월 12일부터는 여러 사람들의 문병객을 맞이해야 했다. 12일에는 차인석 교수, 이상주 교수, 임희섭 교수 등 연구원에서 각기 실장직을 맡았던 학자들과 총무부장으로 있던 권순찬(權淳讚) 씨가 찾아왔다. 그리고 그 다음 날부터는 신생숙(新生塾)을 만들어서 꿈의 실현을 꾀했던 김일남(金日男) 형과 국회의 사무총장 이호진(李鎬賑) 씨를 비롯해서 연구원 외부의 인사들도 찾아왔다. 나는 평생 처음 장만한 가운을 잠옷 위에 걸치고 그들을 맞이했다.

1월 16일 메모에는 'wt. 48'이라는 것이 적혀 있다. 체중이 48킬로그램이라는 뜻이다. 왜 그런 암호 비슷한 기록법을 썼는지 그 이유에 대한 기억은 명확하지 않다. 아마 내가 단식을 하고 있다는 사실을 극비에 부쳤던 그 심리의 연장 때문이 아니었을까 한다. 어쨌든 나는 그 당시 무엇엔가 쫓기는 듯한 공포와 긴장 속에 살고 있었음에 틀림이 없다.

여드레 동안 결근을 하고 1월 17일에 연구원에 나갔다. 원장에게 사의를 표명하기 위해서였다. 원장은 좀 더 요양을 해보고 정 건강 회복이 어렵다고 판명된 뒤에 그만두어도 늦지 않다는 반응을 보였다. 그러나 절대로 떠나보낼 수 없다고 했던 종전의 태도에 비하면 다소간 신축성이 있다는 인상을 받았다.

내가 정식으로 사직원을 이선근 원장에게 제출한 것은 2월 10일로 기록되어 있다. 왜 바로 사표를 제출하지 않고 여러 날 끌었는지는 기억이 나지 않는다. 아마 3월 초에 시작되는 새 학기에 맞추어서 서울대학교로 돌려보냈다는 명분을 세우기 위해서 시기를 그렇게 선택해 달라는 종용이 있었을 가능성이 크다.

한 가지 확실한 것은 사표 수리를 도와달라고 청와대로 고건 수석을 방문했던 일이다. 그 자리에서 고건 수석은 나의 너무나 파리한 모습을 보고 안됐다고 생각하는 기색이었다. 나는 서울대학교를 그만두지 않고도 연구원을 물러날 수 있을 것 같다는 밝은 전망을 느끼며 오랜만에 마음이 가벼워졌다.

내가 병석에 누워 있을 때 고광도 관리부원장이 문병차 찾아온 적이 있었다. 그 기회에 나는 건강 때문에 연구원을 떠나야겠다는 의사를 밝혔다. 그때 고광도 씨는 자기도 부원장 자리를 1년만 지키고 떠날 생각이니, 함께 사임하자고 간곡하게 말하였다. 실은 고광도 씨도 이선근 원장과 사이가 좋지 않았고, 나마저 떠나면 외롭다는 뜻이었다. 그러나 나로서는 반년을 더 기다릴 수 없는 사정이어서, 한발 먼저 떠나야 한다고 양해를 구했다.

고광도 부원장과 이선근 원장의 사이가 나쁘게 된 것은 도서 구입 문제로 의견이 충돌한 다음부터였다. 이선근 원장은 도서 구입에 관한 1년 단위의 예산을 항목별로 세워 놓고 그것을 집행하는 따위의 원칙은 무시하는 사람이었다. 예컨대 독도(獨島)의 옛날 지도가 발견되었다고 그것을 사라는 사람이 나타나면 골동품 값을 주고 그것을 사들였다. 필요한 도서 구입의 우선순위를 논의하기 위한 위원회의 결의도 거치지 않고 대만의 사고전서(四庫全書)를 갑자기 사들이기도 했다. 예산 집행의 책임을 맡았던 고광도 부원장은 깐깐한 합리주의자였으므로, 공금을 즉흥적으로 사용해서는 안 된다며 결재 서류에 도장 찍기를 보류하곤 하였다. 이것이 이선근 원장의 권위에 도전한 것으로 해석되어 갈등이 생기기 시작했던 것이다.

청와대에 다녀온 권순찬 총무부장이 나에게 병원 진단서를 제출해 달라는 고건 수석 비서관의 말을 전했을 때, 나는 큰 경사를 만난 것처럼 기뻤다. 나는 다음 날 '한형주 의원'을 찾아갔고, 한형주 박사는 '심인성(心因性) 위장 반응'이라는 애매한 병명을 붙여서 6개월 동안 정양하라는 진단서를 만들어 주었다.

2월 말일 오후에 나의 간단한 이임식(離任式)이 있었고, 연구원 구내식당에서 간소한 작별의 칵테일 파티가 열렸다. 그리고 그날 저녁에 송원(松園)이라는 일식 음식점에서 연구원 동료들이 송별회를 열어 주었다. 부장으로는 김철준 교수와 강우철 교수가 참석했고, 실장으로는 차인석 교수, 이상주 교수, 이돈희 교수, 임희섭 교수의 모습이 보였다. 조촐하고 정겨운 송별회였다.

이임식이 끝난 뒤에 출판과장을 맡고 있던 김태정 씨가 내 집무실로 들렀다. 석별(惜別)의 정표라면서 붓글씨 한 폭을 내놓았다. 자신이 지은 한시(漢詩) 한 수를 적은 작품이었다.

雲中淸溪山 靑鶴起老松

一峰多岐雲 始知松鶴逢

운중동이 자리한 청계산 기슭
맑은 학 있어 노송 위에 일어섰네
봉우리는 하나인데 구름은 여러 갈래
비로소 알았네 솔과 학이 만났음을

김태정 씨는 서울대학교에서 국어국문학과를 나오고 교편을 잡다가 서예가로 입신한 청년이었다. 서예뿐 아니라 미술 전반에 대한 관심이 많았고, 실기뿐 아니라 이론에 대한 관심도 깊었다. 정신문화연구원이 설립되면 장차 그 안에 풍부한 자료실이 생길 것으로 내다보고, 한국 미술을 연구하기에 적합한 직장이 되리라는 생각에서 뛰어든 야심가였다. 달리 마땅한 자리가 없어서 '출판과장' 자리를 맡게 되었는데, 그도 그 직장에서 뿌리를 내리지 못하고 머지않아 떠나가게 되었다.

그곳을 평생 연구의 보금자리로 삼겠다던 김태정 씨의 의도는 좌절되었으나, 떠나기 전에 그는 불멸의 흔적을 남겼다. 정신문화연구원의 여러 건물에는 운중관(雲中館), 청계관(淸溪館), 남재(南齋), 북재(北齋) 등의 이름을 돌에 새겨서 붙였거니와, 그 돌에 새겨진 글씨가 도곡(道谷) 김태정 씨가 남긴 흔적이다. 도곡은 그 뒤에 한국미술대전의 초대작가와 심사위원의 자리에 올랐을 뿐 아니라, 서예와 회화의 벽을 허무는 새로운 이론을 전개하여 국내와 국외의 많은 사람들의 주목을 끌었고, 서(書)와 화(畵) 두 분야에 걸친 실기에서도 독창적 예술가로 성장하였다. 그가 돌에 새겨서 남긴 젊은 날의 필적은 정신문화연구원을 위해서도 귀중한 기념이 되어 오래오래 빛날 것이다.

4. 후일담

정신문화연구원을 빠져나온 뒤의 홀가분함은 이루 말할 수가 없었다. 그것은 길고 긴 터널을 빠져나온 것 같은 기쁨이었다. 그러나 내 뜻을 살리지 못하고 물러났다는 점을 생각하면 못내 아쉽기도 하였다. 한때는 승리가 눈앞에 보이는 듯하였으나, 결국은 무위로 끝났다. 칼날을 쥐고 싸운다는 것은 본래 무모한 짓이었다.

그러나 해놓은 일이 전혀 없는 것은 아니었다. 첫째로, 연구원의 설립 목적을 밝히는 취지문과 정관에서 '유신 이념의 한국 사상사적 체계화', '전통적 윤리관에 입각한 새마을 정신의 정립', '기타 지도 이념 정립을 위한 연구' 따위의 문구를 삭제한 것은 눈에 보이지 않는 성과였다. 이러한 문구는 본래 박 대통령의 재가를 얻은 '설치 운영안'에 들어 있었던 것이므로, 그것을 없앴다는 것은 상당한 의미가 있는 일이라고 생각된다.

눈에 보이는 성과로서는 본래 '연수(研修)'라는 이름의 교육을 위한 도장을 만들고자 했던 청와대 비서실을 설득하여 연구 위주의 연구원을 만들었다는 사실을 내세울 수 있을 것이다. 당초의 건축 설계에 따르면, 연구실은 10개밖에 없었고 침실은 '간부 숙소'를 합하면 79개나 되어 150명 가까운 사람들을 동시에 수용할 수 있는 숙박 시설을 마련하고 있었다. 그리고 도서실은 서고를 합해서 120평 정도밖에 되지 않았다. 이런 점은 그것이 본래 연구원 아닌 연수원으로 구상되었음을 입증하기에 충분하다. 그것이 오늘과 같은 거대한 도서관을 갖춘 연구원으로 변신하도록 만든 것은 역시 잘한 일이 아닐까 생각한다.

그러나 내가 의도했던 것은 그런 정도의 일이 아니었다. 나는 거액의 국고금을 써도 아깝지 않은 자랑스러운 연구원을 만들고 싶었다. 자랑스러운 연구원이 되기 위해서는 첫째로 정상급의 학자들을 다수 끌어들여야 하고, 둘째로는 긍지를 가지고 연구에 몰두할 수 있는 분위기를 만들어 주어야 했다. 그렇게 하기 위해서 가장 중요한 것이 정치성을 배제하고 관료들의 간섭을 배제하는 일이었다. 나는 개원 당시 좋은 학자들을 상당수 끌어들이는 데 성공하였다. 그러나 정치성과 관료들의 간섭을 배제하고자 했던 일에서는 뜻의 반도 이루지 못하였다. 이 실패의 아픔을 이기지 못하고 나부터가 연구원을 떠나게 되었고, 나의 권유를 따라서 연구원과 인연을 맺었던 학자들도 조만간 그곳을 떠나가고 말았다.

내가 정신문화연구원을 떠난 뒤에 이상한 풍문이 들려 왔다. 내가 그곳을 떠나게 된 것은 박 대통령의 장녀인 박근혜 양 때문이라는 소문이 신문기자들 사이에 떠돌고 있다는 이야기가 내 귀에까지 들어왔다. 그 소문은 매우 구체적이어서 더욱 신빙성이 있다는 인상을 주기도 하였다.

'새마음운동'을 벌이고 있던 박근혜 양이 김태길에게 전화를 걸고 무슨 자문을 구했다. 김태길은 자문에 성실하게 응하지 않고 주제넘은 충고를 했다. 그 충고의 내용은, "공연히 그런 일로 아까운 세월 보내지 말고 빨리 시집이나 가시지요."라는 것이었다. 이 말을 들은 박근혜 양은 발끈 화를 냈고, 당장에 김태길을 정신문화연구원 밖으로 쫓아내도록 조치를 취하였다.

이상과 같은 것이 그 소문의 줄거리였다. 그러나 이 소문은 매우 그럴듯하기는 하나 사실과는 전혀 다르다. 나는 박근혜 양과 대화를 나눈 적이 한 번도 없다. 정신문화연구원 개원식 날 공식 절차를 따라서 박 대통령 부녀와 악수할 수 있는 기회가 두 번 주어졌으나, 내가 다른 일에 신경을 쓰다가 그 기회를 놓친 것이 나와 박근혜 양 사이에 있을 뻔했던 일의 전부였다. 그런데 왜 그따위 엉뚱한 풍문이 나돌게 되었을까?

'상관 내우'를 받는 부원장 자리를 김태길이 자진해서 사퇴했을 리는 만무하다. 자진 사퇴했다는 헛소문을 퍼트리고 다녔을지도 모르지만, 그것은 어디까지나 헛소문에 불과할 것이다. 청와대 측에서 내보냈을 것은 틀림이 없는데, 무슨 잘못을 저지르고 떨려 났는지 그 이유에 대해서 알려진 바가 전혀 없다. 이러한 상황에서 만들어진 시나리오가 박근혜 양에게 '시집이나 가라'는 주제넘은 충고를 했다가 미움을 샀다는 시나리오가 아닐까 한다. 다만 박근혜 양과 관련된 헛소문이 퍼지게 된 데는 다소의 근거가 없지도 않다.

내가 사표를 내기 일주일 전인 1979년 2월 3일에 외사촌 형인 권태홍(權泰弘) 씨가 집으로 찾아왔다. 학생 시절에 권투도 하고 싸움도 잘한 경력을 가진 사람으로서, 신변에 위험이 닥칠 곳에 갈 때는 반드시 가죽 장갑을 끼고 다니라는 충고를 하여, 나로 하여금 서울여의대 분규 사건 때 가죽 장갑을 끼고 이사장실에 들어가게 했던 바로 그분이다.

외사촌 형에게는 두 사람의 동행이 있었다. 모두 낯선 사람이었다. 한 사람은 출판사를 경영하는 '박 사장'이라고 소개되었다. 또 한 사람은 그 출판사의 상무나 편집부장이거니 하고 그저 악수만 교환하였다. 낯선 두 사람이 외사촌 형을 따라온 것이 아니라, 박 사장이 외사촌 형을 앞세운 방문임을 곧 눈치챌 수 있었다. 그렇다면 냉장고에 바로 넣어 두라고 하며 외사촌 형이 내놓았던 물건 값은 박 사장이 부담했을 가능성이 높다.

나를 찾아온 용건은 원고 청탁이었다. '새마음운동'의 일환으로 청소년들에게 읽힐 교양서를 출판할 계획이 서 있었다. 교양서의 내용은 충(忠)과 효(孝)와 예(禮)에 관한 전통 사상을 세 사람의 공동 필자가 나누어서 담기로 되어 있었다. 그 가운데서 '예'에 관한 부분을 나보고 써달라는 것이 청탁의 요지였다. 그리고 이 책의 서문은 박근혜 양이 쓰기로 되어 있다는 점을 강조하면서, 꼭 써주기를 간청하였다.

나는 청탁을 받아들일 수 없다고 거절하였다. 그런데 그 거절의 방법이 몹시 졸렬하였다. 건강이 나쁘다거나 시간을 내기가 어렵다거나, 얼마든지 적당한 이유를 말할 수 있었을 터인데, 나는 그만 쓸데없는 말을 해버렸다. 명색이 학자인데 어떻게 박근혜 양이 서문을 쓰는 그 따위 책의 공동 집필자가 될 수 있겠느냐고, 너무 솔직하게 말했던 것이다. 공동 집필자들보다는 서문을 쓰는 사람의 격이 높다는 통념으로 볼 때, 나에게 박근혜 양의 우산 밑으로 들어가라는 뜻이 함축된 그 청탁에 화가 났던 모양이다. 그 당시의 내 신경이 몹시 날카로웠던 탓에 아마 그런 졸렬한 발언을 했을 것이다.

말이라는 것은 일단 물꼬가 터지면 계속 쏟아지는 버릇이 있다. 내 입에서 그 다음에 튀어나온 말은 더욱 좋지 않았다. 박근혜 양을 위해서 가장 바람직한 것은 '새마음운동'이니 뭐니 하고 나서는 일이 아니라 빨리 좋은 신랑감을 만나서 시집가는 일이라고 말했던 것이다. 본인도 본인이지만, 아버지인 박 대통령이 왜 딸의 장래를 깊이 생각하지 않는지 모르겠다는 말까지 하였다.

나의 이러한 망발이 나의 퇴임에 관한 헛소문과 어떤 인과관계가 있는지 확실하게 말하기는 어렵다. 다만 나의 그 쓸데없는 말이 박근혜 양의 귀에 들어갔을 가능성은 충분히 있다고 생각된다. 계획 중인 그 책의 서문을 박근혜 양이 쓰기로 되었다는 사실로 미루어 볼 때, 그 출판사와 박근혜 양 사이에는 이미 어떤 연결의 끈이 있었다고 보아야 할 것이고, 박 사장과 함께 온 그 청년이 어쩌면 내 말을 청와대까지 운반하는 전령(傳令)의 구실을 했을 가능성도 생각할 수 있을 것이다.

정신문화연구원을 떠나온 다음에 들려온 이야기 가운데 또 하나 뜻밖의 소식이 있었다. 정 수석과 함께 있던 어느 사석에서 우연히 내 이야기가 나왔고, 그때 정 수석이 나를 매우 훌륭한 학자라고 좋게 말하더라는 이야기가 내 귀에까지 들려온 것이다. 그 자리는 대학교수나 그 밖의 지식인들이 모인 자리가 아니었으므로, 거기서 한 말이 내 귀에 들어갈 것을 계산하고 정 수석이 마음에 없는 말을 했을 가능성은 적으며, 성격상으로 보더라도 정 수석은 마음에 없는 말을 하기에는 너무나 직선적인 인물이었다.

이것은 내 추측이지만, 그가 나를 좋게 말한 것이 사실이라면 아마 내가 내 소신에 충실했다는 점을 높이 산 것이 아닐까 한다. 그리고 그 연구원 일에 관여하는 동안에 내가 사사로운 이익을 도모한 적이 없었다는 사실도 정 수석은 알고 있었으리라고 짐작이 간다.

정 수석과 나 사이에는 처음부터 끝까지 많은 의견의 대립이 있었지만, 두 사람에게는 한 가지 근본적 공통점이 있었다고 나는 믿는다. 두 사람이 모두 정신문화연구원을 훌륭한 기관으로 만들고자 하는 의지를 가졌다는 점에는 다를 바가 없었다고 나는 생각한다. 다만 우리 한국을 위해서 가장 바람직한 연구 기관을 만들기 위하여 무엇을 어떻게 해야 하느냐 하는 문제에 대해서, 그와 나는 너무나 다른 의견을 가지고 있었을 따름이다.

정 수석이 정신문화연구원을 훌륭한 기관으로 만들고자 했다는 것은 인사 문제에 관한 그의 태도에 여실히 나타났다. 연구 요원 또는 사무직원 채용에 발언권을 가진 사람들은 자기 사람을 하나라도 더 끌어들이려는 속셈을 노골적으로 또는 음성적으로 드러내곤 했지만, 정 수석은 그 점에서는 감탄할 정도로 깨끗했다. 정 수석이 유신체제를 긍정적으로 받아들인 학자들을 선호한 것은 사실이다. 그러나 단순히 정부에 협조적이라는 이유만으로 누구를 초빙하자는 주장을 한 적은 한 번도 없다. 그는 학자로서의 역량과 연구 업적에 대한 정보도 널리 수집을 해서, 정상급의 학자들을 끌어 모으려고 무던히 애를 썼다. 그가 공(公)과 사(私)를 혼동함이 없이 자신의 신념에 충실하고자 했다는 점은 높이 평가해도 좋을 것으로 생각한다.

내가 연구원을 떠난 지 3년이 지난 뒤인 1981년 12월 24일 석간과 그 다음 날 조간 신문에 '내연(內燃)하는 정신문화연구원', '개편 진통 겪는 정신문화연구원' 따위의 큰 제목 아래 정신문화연구원 소식이 크게 보도되었다. 문교부 장관이 연구원을 다녀간 직후에 원장과 부원장이 갑자기 사표를 제출함으로써 정신문화연구원이 또 한 차례 진통을 겪게 되었다는 내용의 보도였다. 그 연구원을 순수한 한국학 연구의 전당으로 발전시키고자 하는 의견과 정책 수립과 직결되는 사회과학 연구에 치중하자는 의견이 대립한 것이 진통의 불씨라는 설명도 있었다. 그 신문 보도가 어느 정도 정확한지는 알 수 없으나, 창설 당시부터 있던 문제가 만족스러운 해결을 얻지 못하고 있다는 인상을 독자들은 받았을 것이다.

정신문화연구원의 설립을 준비하던 과정에서 일이 뜻대로 되지 않는다고 내가 불만을 터뜨리며 괴로워했을 때, 고광도 추진 본부장이 한 말이 있다. “어디 세상일에 뜻대로 되는 것이 있습니까. 그러나 길게 보면 이런 큰 연구기관이 생긴다는 것은 학자들을 위해서 아주 좋은 일입니다. 결국 이 거대한 설비를 이용하는 것은 학자들이 아니고 누구겠습니까. 우리 군인들은 설립이 끝나면 물러갈 사람들이고, 이 기관의 주인은 학자들이 됩니다.”

고광도 씨가 말한 대로 군인들은 물러가고 학자들이 남아서 정신문화연구원을 지켜 왔다고 볼 수 있다. 그리고 그동안에 작지 않은 업적도 올렸으며, 국민들을 위해서 해(害)가 되는 저술을 내거나 학술 내회를 개최한 일은 별로 없는 것으로 알고 있다. 다만 국고금에서 지출되는 막대한 예산이 아깝지 않을 정도의 값진 일을 충분히 했는지에 대해서는 의문을 제기할 여지가 있을지도 모른다.

1990년 정초에 내가 정신문화연구원의 원장으로 내정되었다는 보도가 여러 일간지에 발표된 적이 있다. 여러 통의 축전이 날아왔고, 여러 친구들로부터 축하 전화도 받았다. 그러나 그것은 한갓 오보에 지나지 않았다.

그 보도가 있기 수일 전에 정원식(鄭元植) 문교부 장관으로부터 정신문화연구원장 자리를 맡아 달라는 부탁을 받은 적은 있었다. 나는 생각할 시간을 하루만 달라는 말을 하고 전화를 끊었다. 그런 요청을 즉석에서 사절하는 것은 좀 경솔한 태도라는 생각도 들었고, 서로 모르는 사이도 아니므로 그 정도로 대답했던 것이다.

다음 날 나는 문교부 장관에게 전화를 걸고 그 전날의 부탁에 대해서 정중하게 사절하였다. '정중하게'라는 것은 사절하는 이유를 분명히 밝혔다는 뜻이다. 내가 밝힌 첫째 이유는, 정신문화연구원은 한국학 연구에 치중하는 편이 바람직하다고 생각하는데 내가 그 방면의 전문가가 아니라는 사실이었으며, 그 둘째 이유는, 내가 '철학문화연구소'라는 작은 일거리를 만들었다는 사실이었다. 그리고 내가 굳이 밝히지 않은 이유로서는, 여러 가지 여건을 감안할 때 국민의 세금으로 낸 국고금에서 가져다 쓰는 그 방대한 예산에 걸맞은 업적을 올리기가 어려울 것 같은 두려움이 있었다.

그 창설 과정에서 내가 적지 않은 정열을 기울였던 정신문화연구원에 대한 미련이 전혀 없었던 것은 아니다. 그 기관을 부정적 시각으로 보면서 냉소하는 사람들 편에 선 것은 더욱 아니다. 그러나 내 결론은 사양하는 쪽으로 내려졌고, 정원식 장관도 여러 말로 강권하지 않았다.

그 이야기는 없었던 것으로 일단락을 짓고 홀가분한 마음으로 있을 때, 안면이 있는 문화부 기자로부터 전화가 걸려 왔다. 정신문화연구원장으로 내정되었다는 말이 있어서 정말인지 확인하기 위하여 건 전화라고 하였다. 나는 그것이 아니라고 대답하였고, 전화는 그것으로 끊어졌다. 그런데 그 전화가 있었던 다음 날, 내가 정신문화연구원을 맡게 되었다는 보도가 여러 신문에 일제히 실렸던 것이다. 나에게 전화를 걸었던 기자가 속해 있던 신문에도 같은 오보가 실려 있었다.

이번에는 내가 그 문화부 기자에게 전화를 걸고 그것은 오보라고 분명하게 알려 주었다. 그 다음 날은 내가 그 자리를 사양했다는 기사가 그 자리를 맡게 되었다는 기사보다도 몇 갑절 큰 글자로 보도되었다. 곧 이어서, 안 가게 된 것이 천만다행이라고 또 여러 통의 전화가 걸려 왔다. 그러나 축전은 오지 않았다.

23장 수필과 나

1. 외도(外道)의 시작

1953년 가을에 청주 피난살이에서 돌아왔을 때, 호구지책(糊口之策)을 위하여 '상록학원'이라는 외국어 강습소에 상사로 취직한 적이 있었다는 이야기는 이미 기록한 바 있다. 그 학원의 원장인 차주환 선생과는 동갑이어서 자연히 친구가 되었고, 가끔 대화를 나누기도 하였다. 그 차주환 원장이 어느 날 수필(隨筆)을 칭송하는 말을 끄집어냈다. 동양에서는 자고로 선비들이 문장을 즐겨 썼고 이름난 학자라면 대개 한두 권의 문집(文集)은 있었다고 하였다. 때에 따라서 생각나는 대로 붓 가는 대로 글을 썼고, 그것들이 모여서 문집을 이루었다는 것이다. 그 문집에 실린 글들이 대부분 오늘날 우리들이 말하는 '수필'에 가깝다는 뜻이다.

차주환 선생은 중국 문학을 전공한 학자로서 후일에 서울대학교 교수로서 널리 알려지게 되거니와, 중국 문학자로서의 그는 수필에 대해서 남다른 애착을 보였다. 그는 나에게도 수필 쓰기를 권고하면서 함께 그 길에서 자주 만나자고 하였다.

나도 나름대로 수필에 대해서 관심을 가지고 있었다. 차주환 선생이 문학의 관점에서 수필에 관심을 가진 데 비하여, 나는 철학과 관련시켜서 수필을 생각하는 편이었다. 나는 일본에서 고등학교에 다닐 때 철학자들이 쓴 수필을 즐겨 읽었고, 철학적 사색을 수필 형식으로 발표하는 것은 난삽한 언어에 가로막혀서 철학에 접근하지 못하는 사람들을 위해서 뜻있는 선물이 될 수도 있다는 생각을 가지고 있었다.

수필에 대하여 깊은 관심을 가진 사람이 또 있다고 하였다. 차주환 선생과 함께 중국 문학을 공부한 장기근(張基槿) 선생도 끌어들이자는 말이었다. 장 선생도 후일에 서울대학교 교수를 역임했지만, 그 당시는 상록학원에서 중국어와 영어를 강의하고 있었다. 장 선생까지 우선 세 사람이 수필 동인(同人)으로서 활동을 시작하자는 것이 차주환 선생의 제안이었다.

쇠뿔은 단김에 빼라고 하였다. 우리 세 사람은 지체 없이 동숭동 문리대 부근에서 첫 모임을 가졌고, 다음부터 각각 수필 한 편씩을 써 가지고 나오기로 하였다. 매주 한 편씩 써 가지고 나와서 각각 발표도 하고 의견도 나누자고 하며 대단한 의욕을 보였다. 실제로 그렇게 자주 글을 쓰지는 못했지만, 자주 만나기는 하였다.

한 편씩의 글을 들고 와서 읽고 이야기를 나누는 가운데, 수필에 대한 세 사람의 의견에 차이가 크다는 것을 알게 되었다. 차주환 선생과 장기근 선생은 일상생활 속에서 경험하는 구체적인 이야기들을 소재로 삼았다는 점에서, 즉 수필 가운데 많은 예화를 엮어 넣었다는 점에서 공통성을 보였다. 그러나 차주환 선생은 주로 개인적 체험 또는 자연의 모습을 그리는 경향이 있었고, 장기근 선생은 사회적으로 문제가 되는 사건들을 즐겨 다루었다. 차주환 선생은 이를테면 한가로운 이야기를 부드러운 언어로 서술하는 글을 주로 썼고, 장기근 선생은 사회 비판적인 글을 강한 어조로 나타내기를 좋아하였다.

차주환 선생은 수필의 생명은 문학성에 있다고 본 듯하며, 강하고 딱딱한 글에서는 풍부한 문학성을 찾아보기 어렵다고 믿는 듯하였다. 그러나 장기근 선생의 의견은 달랐다. 이 격동하는 시대에 사회의 비리를 고발하고 경종을 울리는 글이 귀중하지, 팔자 좋은 사람들의 한가로운 말 잔치에 무슨 의의가 있느냐고 하였다.

내가 써서 들고 간 글은 저 두 사람의 어느 경우와도 같지 않았다. 내 글에는 구체적인 예화나 사건이 전혀 표면에 나타나지 않았고, 오로지 추상적인 언어들만으로 가득 차 있었다. 이를테면 우정이라든지 허영심이라든지 하는 따위의 주제를 다루되, 어떤 구체적 경험을 앞에 내세우지 않고 일반론만 추상적으로 수상하는 글을 즐겨 썼던 것이다. 과거에 철학자들이 쓴 수상이 주로 그런 것이어서 그 흉내를 선불리 내보았던 것이다. 차주환 선생과 장기근 선생이 내 글을 별로 달갑게 생각하지 않은 것은 물론이다. 나는 나대로 깊은 사색이 수필의 생명이라며 고집을 바로 버리지 않았다.

그러던 어느 날 김소운(金素雲) 선생의 『마이동풍첩(馬耳東風帖)』을 빌려 보게 되었다. 거기 실린 대부분의 글은 구체적 체험담을 쓰고 그 체험에 담긴 교훈을 직접 또는 간접으로 나타낸 수필이었다. 매우 흥미롭게 읽으면서 문학하는 사람들의 수필에 묘미가 있다는 생각을 하였다. 그때부터 나도 체험담을 주축으로 한 수필을 써보기로 태도를 바꾸었다. 추상적 언어를 구사하여 사색의 흐름을 기록하는 따위의 수필을 단념한 것은 아니었다. 그런 글에 도전하기에는 나의 정신연령이 너무 어리다는 것을 깨달았을 따름이다.

1954년 봄 학기부터 차주환 선생과 장기근 선생은 서울대학교 중국문학과의 전임이 되었고, 나는 후일에 고려대학교로 편입된 수도의과대학 예과의 소교수가 되었다. 두 학교 사이가 걸어다니기에 알맞을 정도로 가까웠으므로 나는 자주 차주환 선생 연구실에 들렀고, 세 사람의 모임도 한동안 계속되었다. 세 사람의 글이 무슨 '특집'처럼 묶여서 서울대학교 『대학신문』에 실린 적도 있다. 질서가 잡히기 이전이고 원고가 귀하던 시절이라 그 따위 제멋대로의 일이 가능했을 것이다. 1955년 4월 『대학신문』에 처음 실린 내 글은 「암야의 낙서」라는 단상(斷想)이었을 것이다.

「암야의 낙서」는 내가 세상에 내놓은 첫 번째 수필은 아니다. 해방 직후인 1946년에 김진섭(金晉燮) 교수의 강의를 들은 인연으로 『민족공론(民族公論)』이라는 잡지에 글 한 편이 실린 적이 있고, 1948년에 한 편의 단상을 써서 서울대학교 문리과대학에서 발행한 신문에 발표한 일도 있다. 그러나 그것들은 현재 내 손에는 남아 있지 않다.

내 손에 남아 있는 것으로 가장 오래된 것은 1953년 6월에 청주여자고등학교 교지에 실린 「단상: 여성에 관하여」이다. 차주환 선생을 만나기 전에 내가 생각했던 수필이 어떤 것이었나를 보여주는 것이므로, 여기 그 일부를 옮겨 본다.

> 여성에 대하여 찬사를 바치는 사람들은 말할 것도 없거니와, 그들에 대하여 비난을 퍼붓는 남자들도 대개는 여성에 대하여 보통이 아닌 경의(敬意)를 가진 경험이 있는 사람들이다. 여성에 대한 가혹한 비판이란 거의가 여성에 대한 과대한 숭배 내지 기대의 반동이었다. 만약 여성들에게 분개할 일이 있다면, 그것은 그들을 나쁘게 말한 사람들보다도 오히려 여성에 대하여 아무 말도 아니 한 사람들에 관한 일일 것이다. 묵살보다 더 큰 모욕은 없다.
>
> 역사는 여성에 관하여 두 개의 독단(獨斷)을 빚어 냈다. 그 하나는 대체로 지나간 시대에 속하는 것으로서 여자는 그 기능, 사명 등에 있어 남자와는 선천적으로 판이하게 다르다는 신념이다. 독단의 또 하나는 여자의 할 수 있는 일과 해야 할 일이 남자와 덮어놓고 같다고 주장하는, 현대인들에게 많은 신념이다. 여자와 남자는 전자가 믿듯이 다르지도 않으며, 후자가 단언하듯이

같지도 않다. …

여자가 가진 보배 중에 으뜸 가는 것은 그 아름다운 정서. 정서는 예술을 통하여 가장 효과적으로 표현된다. 나는 노래하는 여자, 춤추는 여자보다 더 아름다운 것을 모른다. …

겉과 속이 다르기로 말하면 여자는 남자를 못 당한다. 여자는 속마음을 겉으로 표시함에 있어 남자보다 솔직하다. 그러나 속이 쉽게 변화함에 있어서는 남자가 여자를 못 당한다. …

여자를 이해하려면 우선 두 가지 심리를 알아야 한다. 허영 그리고 질투. 허영과 질투는 약자의 특징이다. 진실로 실력이 있는 자는 허영으로써 꾸밀 필요가 없다. 진실로 강한 자는 질투하는 대신 분노하고, 더한층 강하면 용서한다. 여자가 얼마만한 시일 내에 이 불리한 성질, 즉 허영과 질투를 극복하느냐 하는 것은 여성이 얼마만한 시일 내에 남성과 동등한 사회적 지위를 향유하느냐 하는 문제를 결정하는 시금석의 하나가 될 것이다. …

다음 일구(一句)를 토로한 사람은 남자가 발견한 것 중 가장 불행한 사실의 하나를 체험한 사람이다. 여자를 대하는 가장 현명한 처세술은 너무 가까이 가지 아니함이다.

세 사람의 수필 활동이 얼마나 오래 지속되었는지 분명히 말하기는 어렵다. 장기근 선생이 중도에서 흥미를 잃기 시작하여 슬그머니 빠지게 된 것이 아마 1955년 말경이 아닐까 한다. 그가 빠진 뒤에도 차주환 선생과 나는 자주 만나서 서로의 작품을 함께 읽기도 하고 의견을 나누기도 하였다. 그 당시는 아직 알려지지 않은 초년병이었던 까닭에 원고 청탁을 받고 쓰는 일은 거의 없었으나, 습작 삼아 쓴 것들은 거의 모두 발표되었다. 주로 『사상계』와 『대학신문』에 게재되었는데, 발이 넓은 차주환 선생이 그렇게 되도록 주선한 경우가 많았다.

1955년에 발표된 글 가운데는 「암야의 낙서」 이외에 「유행」, 「세월」, 「마음의 여유」, 「서리 맞은 화단」 등이 포함된다. 「서리 맞은 화단」을 제외하면 대개 단상(斷想)과 같이 추상적 언어로 사색을 기록한 것들이다. 그 밖에 「유머에 관하여」라는 제목으로 논문에 가까운 글도 그해 여름에 썼는데, 이것은 고려대학교 신문에 실렸다.

추상적인 언어로 사색을 기록한 글에 대해서는 독자들의 반응이 별로 없었으나, 구체적인 체험 이야기를 곁들인 「서리 맞은 화단」에 대해서는 잘 읽었다고 인사하는 친구들이 더러 있었다. 독자들의 반응이 반드시 글에 대한 객관적 평가로서의 의미를 갖는 것은 아니지만, 필자의 심리는 자연히 독자로부터 영향을 받기 마련이다. 1956년부터는 구체적 체험을 앞세우는 글을 많이 쓰게 되었는데, 아마 독자들의 관심을 끌고 싶은 심리가 알게 모르게 작용한 것이 아닐까 한다.

1956년에 쓴 수필 가운데는 「삼남삼녀」가 친구들의 화제에 올랐고, 1957년에 쓴 것 중에서는 「꾀꼬리」가 가장 많은 인사를 받았다. 이 두 작품이 독자들의 관심을 끈 것은 그 안에 들어 있는 해학 때문일 것이다. 1955년에 「유머에 관하여」라는 글을 쓰면서 나는 삶에 있어서 해학이 갖는 의의가 매우 크다는 생각을 골똘히 하였다. 그리고 젊어서부터 근엄하다는 말을 자주 들은 내 마음속에도 해학의 기질이 있음을 알았다. 내 마음속에 깔린 해학의 기질이 밖으로 튀어나올 때가 나의 가장 행복한 순간이라는 사실도 알게 되었다.

1957년 7월에 나는 미국으로 유학을 떠나게 되었고, 수필을 매개로 삼은 차주환 선생과의 만남도 자연히 중단되었다. 그러나 미국에서 철학을 공부하는 사이에도 수필은 종종 썼으며, 쓴 것은 대부분 『사상계』에 실렸다. 미국 유학 중에 쓴 수필 가운데 특히 기억에 남는 것으로는 「석양」, 「창문」, 「홀아비의 방」, 「경주」 등이 있다. 미국에서 돌아온 것은 1960년 4월이었고, 첫 수필집 『웃는 갈대』가 나온 것은 1961년 2월이었다.

『웃는 갈대』를 출판한 뒤에도 틈나는 대로 계속 수필 쓰기에 부지런을 떨었다. 두 번째 수필집인 『빛이 그리운 생각들』의 서문을 쓴 것이 1964년 여름으로 기록되어 있으니, 불과 3년 동안에 책 한 권이 될 정도로 많은 수필을 쓴 셈이다. 반드시 청탁을 받고서 쓴 것이 아니라, 소재가 생길 때마다 써두었다가 청탁이 오면 원고를 넘겨준 경우가 더 많았다.

『빛이 그리운 생각들』 초판의 표지에는 '김태길 수필·수상집'이라는 글자가 보인다. 이 책에도 구체적 체험을 앞세운 글과 추상적 사색을 기록한 글들이 들어 있음을 암시한다. 나는 반드시 '수필'과 '수상'을 까다롭게 구별하는 의견에 찬동하는 편이 아니지만, 구별을 역설하는 사람도 많으므로 '수필·수상집'이라는 어색한 이름을 붙인 것으로 보인다.

두 번째 수필집에 실린 글 가운데는 「부엌 언니」, 「삼등석」, 「낙엽」, 「미모의 역리(逆理)」 등이 독자들의 사랑을 받았다. 내가 각별히 아끼는 「새벽」과 「산신당」 그리고 「대춘부(待春賦: 봄을 기다리며)」는 별로 사람들의 주목을 끌지 못하고 세월 속에 묻혀 버렸다.

『빛이 그리운 생각들』 첫머리에는 수필집의 서문치고는 이례적으로 긴 '머리말'이 붙어 있다. 무슨 말을 주책없이 늘어놓았는가 싶어서 다시 읽어보았다. 내가 수필을 쓰는 동기와 나의 수필관의 일부를 적다 보니 그렇게 되었음을 알았다. 그 당시 내가 수필에 대해서 가졌던 생각은 지금도 큰 줄거리는 버리지 않고 있음을 발견하였다. 사람이 일단 어떤 생각을 품게 되면 그 생각을 아주 떠난다는 것은 매우 어려운 모양이다.

『검은 마음 흰 마음』이라는 제목을 붙여서 세 번째 수필집을 낸 것은 1968년 겨울이었다. 이 세 번째 수필집에는 기억에 남을 만한 것이 적고 허섭스레기가 많이 들어 있다. 그 가운데서 쓸 만한 것은 「남녀유별」(후일에 「만생기」로 제목 바꿈), 「오월의 캠퍼스」, 「정(情)에 관한 단장(斷章)」, 그리고 다른 한

두 편의 단상뿐이다.

『검은 마음 흰 마음』을 내놓은 다음에는 한동안 수필 쓰기를 거의 중단하였다. 수필에 대한 열기가 식은 것이다. 처음에는 철학을 공부하는 사람으로서 느끼고 생각한 바를 쉬운 말로 기록하여 난삽한 언어에 매달리는 강단 철학의 부족한 점을 보완하겠다는 동기에서 수필을 시작했던 것인데, 결과적으로 철학과는 별로 관계가 없는 글만 쓰고 있는 나 자신에 대해서 반성을 하기 시작했다. 다시 말해서, 외도가 좀 지나쳤다는 것을 뉘우치게 되었고, 따라서 수필 쓰기에 대한 흥미도 잃게 된 것이다.

2. 월간지 『수필문학』과 수필문학진흥회

1971년 7월부터 약 10개월 동안 하와이 대학 안에 있는 '동서문화연구원'의 객원(客員)으로서 연구 생활을 하고 돌아왔을 때, 집에는 많은 우편물이 기다리고 있었다. 그 우편물들 가운데 『수필문학』이라는 월간지가 몇 권 섞여 있었다. 내가 한국을 떠나 있던 사이에 창간된 것이어서 나로서는 처음 보는 잡지였다. 비록 수필에 대한 열이 식었다고는 하지만, 『수필문학』이라는 잡지 이름을 대하는 순간 반가운 생각이 들었고, 자연히 시선을 주게 되었다.

같은 해 가을에 『수필문학』의 주간 박연구(朴演求) 씨가 청탁서를 들고 집으로 찾아온 것을 계기로 나는 『수필문학』과 한 걸음 가까워졌다. 그리고 다음 해인 1973년에는 나의 장편 수필 『흐르지 않는 세월』의 출판을 『수필문학』의 발행인인 김승우(金承禹) 씨가 맡게 된 인연으로, 나는 그 잡지에 자주 기고하는 필자가 되었다. 김승우 씨의 소개로 김소운 선생과 윤오영(尹五榮) 선생 등 여러 수필가들과 만나기도 하였다.

『수필문학』은 많은 적자를 내며 출판되는 문학 잡지 중의 하나였다. 김승우 씨 부부가 '관동출판사'를 경영하여 번 돈으로 시작했던 것인데, 운영이 점점 어려워진다는 소문이 돌았다. 누구의 발상이었는지는 분명히 알 수 없으나, 『수필문학』을 살리기 위한 후원 단체를 만들자는 의견이 나왔다. 가칭 '한국수필문학진흥회'를 만들자는 것이었다.

한국수필문학진흥회의 발기를 위한 예비적인 모임이 두세 번 있었다. 나에게도 참석하라는 부탁이 있어서 나가게 되었고, 『수필문학』을 통하여 이름만 알았던 여러 필자와 만나는 기회를 가졌다. 최신해 선생을 처음 만난 것도 그 자리에서였고, 김우현 사장을 처음 만난 것도 그 자리에서였다. 그때가 아마 1976년 겨울쯤이었을 것이다.

마지막 예비 모임에서는 회장을 누구로 하느냐 하는 문제도 의논이 되었고, 최신해 선생을 추대하자는 의견에 아무도 반대하지 않았다. 부회장을 두 사람으로 하되, 재력이 있는 사업가 한 사람과 대학교수 한 사람이 좋겠다는 의견이 우세하였다. 구체적으로 누구를 부회장 자리에 앉히느냐 하는 문제는 회장이 확정된 다음에 논하기로 하고 보류해 두었다.

1977년 1월 16일, 우이동에 있는 레인보우 호텔에서 한국수필문학진흥회의 창립총회가 열렸다. 그러나 나는 그 자리에 나가지 않았다. 마침 감기 기운이 있어서 그것을 구실로 삼기도 했지만, 내가 나가면 부회장 자리 하나가 나에게로 돌아올 공산이 크다는 예감이 들었던 것이 불참의 더 큰 이유였다. 가끔 수필을 쓰고 또 수필 동인들의 모임에 더러 나가는 정도면 모르되, 그 모임의 책임 있는 자리를 차지할 정도로 외도를 지나치게 하고 싶지 않았던 것이다.

창립총회가 있던 다음 날 아침 일찍이 김승우 사장으로부터 전화가 왔다. 큰일났으니 도와달라는 전화였다. 전날 총회에서 회장 선출에 실패했다며, 그 뒷수습에 내 도움이 필요하다는 것이었다. 회칙에 따르면 회장은 이사회에서 뽑기로 되어 있는데, 그날 이사회에서 의견이 대립하여 결론을 얻지 못했다고 하였다. 다음 날 다시 이사회를 열기로 했으니 그 이사회에 출석하여 사태가 수습되도록 도와달라는 간곡한 부탁이었다.

다음 날 열리는 이사회에 나가면 회장의 책임이 나에게로 떨어질 가능성이 있다는 것을 직감적으로 느꼈다. 부회장의 자리를 회피하기 위하여 창립총회에 불참한 사람이 회장의 자리를 떠맡게 될 가능성이 있는 이사회에 나간다는 것은 일견 모순된 일이다. 그러나 결국 나는 그 이사회에 참석하였다. 창립총회에 불참한 것 자체가 너무 이기적이었다는 뉘우침도 있었고 더러는 손해를 무릅쓰고 여러 사람들의 의사를 존중하는 것이 사회인으로서 취할 태도라는 판단에서 이사회에 참석하기로 결심한 것이다.

다음 날 이사회에는 최신해 선생이 나오지 않았다. 모임에 나오지 않은 사람을 회장으로 추대할 수 있는 분위기가 아니었다. 결국 내가 회장직을 맡게 되었고, 이로써 나는 단순히 개인으로서 수필을 쓰는 선에서 멈추지 않고 수필 단체에 깊숙이 관여하게 되었다. 외도의 정도가 지나친 꼴이 되고 만 것이다. 그러나 나는 내 생활 속에서 수필이 철학보다도 더 큰 비중을 차지하는 주객의 전도가 있어서는 안 된다고 스스로 다짐하였다.

한국수필문학진흥회의 일차적 목적은 월간지 『수필문학』이 계속 나올 수 있도록 경제적으로 돕는 일이었다. 그러나 나는 많은 돈을 직접 내놓거나 앞장서서 모금을 할 수 있는 그런 인물이 못 된다. 나는 이 점을 처음부터 분명히 했고 아무도 나에게 그런 구실을 기대하지는 않았다. 돈 문제는 두 사람의 부회장과 상임 이사가 전적으로 맡을 것이니 회장이 할 일은 사실상 별로 없다고 하였다.

부회장으로는 파나여행사의 김우현(金于玄) 사장과 동양엘리베이터의 원종성(元鍾盛) 사장이 결정되고, 상임 이사의 자리는 김승우 사장이 맡기로 하였다. 모두가 김승우 사장의 각본을 따라서 그렇게 되었다고 볼 수 있다. 김승우 사장 생각대로 되지 않은 것은 회장의 인선뿐이었다.

회장을 선출할 때부터 한 차례의 옥신각신을 겪고 출발한 한국수필문학진흥회는 앞날이 별로 순탄하지 않았다. 본래는 사단법인을 만든다는 계획이었으나 흐지부지되고 말았다. 처음에는 굉장한 열의를 보이던 원종성 부회장이 갑자기 그 자리를 물러나겠다고 일방적으로 선언하였다. 이사들 중에도 사퇴 의사를 밝힌 사람이 몇 사람 생겼다.

사퇴 이유를 명백하게 밝힌 바가 없고 나도 그 이유를 알려고 애쓴 바가 없는 까닭에, 지금도 그 당시의 내막 사정은 잘 모르고 있다. 다만 내 추측은 이렇다. 김승우 사장은 『수필문학』 1976년 3월호에서 이 잡지를 사단법인화하겠노라고 공언하고 한국수필문학진흥회를 만들었으나, 『수필문학』 발행인으로서의 주도권은 끝까지 장악하고자 하였다. 사단법인이 되면 회원들 전체의 의사를 따라야 마땅하지만, 김승우 사장은 『수필문학』은 '내 것'이라는 생각을 버리지 않았다. 이러한 상황에서 『수필문학』의 발행을 위하여 상당한 금액을 내놓게 된 부회장과 이사들 가운데서 돈을 내는 의무뿐 아니라 그에 상응한 권리도 행사해야 마땅하다고 생각한 사람들은 일찌감치 떨어져 나갔다. 다만 한국수필문학진흥회를 김승우 후원회쯤으로 생각하고 『수필문학』 지가 계속 나오는 것만으로 만족한 사람들은 그 자리를 떠나지 않았다.

원종성 부회장이 물러간 자리는 덕성무역의 김종수(金鍾洙) 사장으로 대신 채웠다. 그리고 부회장 자리를 하나 더 만들어서 신경내과 의사 한형주(韓炯周) 박사도 끌어들여 물주 진영을 보강하였다. 이들은 모두 김승우 씨와 그 전부터 잘 아는 사이였고, 수필에 대한 사랑에 남다른 바가 있었다.

부회장들을 비롯한 특지가들이 돈을 열심히 내준 덕분으로 한동안 수필문학진흥회는 활발하게 움직였다. 그 당시는 아직 수필 문학 분야에는 상(賞)이 없었음을 감안하여 '한국수필문학상'이라는 것을 서둘러서 만들었다. 제1회 수상자로서 피천득(皮千得) 선생을 뽑자는 의견에 모두 찬성하여 1977년

3월에 시상식을 가졌다. 그 당시로는 적지 않은 백만 원을 상금으로 드렸으나, 피천득 선생은 그 돈을 수필 문학의 진흥을 위해서 쓰라며 수필문학진흥회에 도로 기증하였다.

1978년의 제2회 '한국수필문학상' 수상자로서는 이희승(李熙昇) 선생을 모시기로 하였다. 고령의 노대가에게 상을 드린다는 것이 송구스러운 생각이 들기도 하였으나, 직접 시상식장에 나와서 자리를 빛나게 하였다. 피천득 선생이 희사한 백만 원을 기금으로 삼고 '한국수필문학 신인상'이라는 것도 만들었으므로, 이날의 수상자는 두 사람이 되었다. 이 '신인상'의 제1회 수상자로서는 정진권(鄭震權) 선생이 선정되었다.

제3회 '한국수필문학상'은 1979년에 김소운 선생에게 드리게 되었으니, 초기의 수상자들이 모두 대가들이어서 이 상의 권위가 스스로 서게 되었다. 때를 같이하여 서강대학교의 김열규(金烈圭) 교수에게 제2회 '한국수필문학 신인상'을 수여하였다. 제1회 수상자인 정진권 교수의 경우와 마찬가지로 노대가(老大家)와 비교가 되어 '신인상'이라는 이름이 주어졌으나, 사실은 그 이름이 아주 어울리는 것은 아니었다.

1980년 봄에는 '한국수필문학 신인상'만을 주고 큰 상은 보류하기로 하였다. 이미 수상한 세 분과 비등할 정도의 노대가도 없었고, 경제적인 어려움 등이 겹쳐서 그렇게 결정한 것이다. '신인상'의 제3회 수상자로서는 김효자(金孝子) 선생이 선정되었다. 김효자 선생은 김승우 사장의 부인이고 『수필문학』의 편집인이기도 하여 다소 주저되는 바도 있었으나, 객관적으로 보아서 타당성이 있으며 여성 수상자를 낸다는 뜻도 있다는 판단에서 그렇게 의견이 모아진 것으로 알고 있다.

『수필문학』 지의 발행이 경제적 안정을 얻자면 그 판매 부수가 늘어야 한다는 상식을 따라서 정기 독자를 모집하기로 하였다. 『수필문학』의 정기 구

독자를 한국수필문학진흥회와 연결시키는 등의 무리한 방법까지 동원했으나 별로 성과를 얻지 못했다. 김승우 사장이 경영하는 관동출판사에도 어려움이 많았다. 한국수필문학진흥회의 임원들로부터 '특별 회비'의 명목으로 돈을 모으기도 했으나, 그것도 근본적 대책이 될 수는 없었다.

여기서 누군가가 생각해 낸 것이 '주식회사' 안이었다. '수필문학사'라는 주식회사를 만들어서 한국수필문학진흥회의 회원들을 주주로 삼으면 상당한 기금을 모을 수 있으리라는 발상이었다. 다행히 장사가 잘되면 주주들에게 배당을 주자는 희망론까지 나왔다. '특별 회비'를 희사하라는 말보다는 주주가 되라는 말이 훨씬 하기가 수월하다는 장점도 있었다.

주식회사 안에 대해서 호응이 좋은 편이었다. 배당금을 받으리라고 기대한 사람은 별로 없었겠지만, 『수필문학』 지를 기어코 살려 보자는 공감대가 형성되었던 것이다. 적게는 5만 원 또는 10만 원을 내고 '주주'가 된 선비도 있었고, 임원들 가운데는 가족까지 주주로 끌어들여 5백만 원 가까운 돈을 낸 사람도 있었다. 나도 원고료를 합해서 백만 원짜리 주주가 되었다. 그렇게 해서 모인 돈의 총액은 4천만 원에 좀 미달한 것으로 기억한다. 1979년 7월에 있었던 일이다.

주식회사 '수필문학'의 대표이사 사장 자리에는 김우현 씨가 앉았다. 그는 동시에 『수필문학』의 발행인이 되었고, 편집인의 자리는 그전과 같이 김효자 씨가 지켰다. 그때까지는 사무실이 따로 없고 김승우 씨 소유의 관동출판사 한구석에서 잡지를 만들었으나, 이제는 당주동에 새로 사무실을 차리고 독립하였다. 김우현 사장은 자신의 파나여행사는 남에게 맡기고 매일 당주동 사무실로 출근하는 열성을 보였다. 새로운 의욕과 새로운 분위기는 어떤 가능성을 예고하는 듯한 느낌을 주기도 하였다.

그러니 예기치 않은 문제가 생겼다. 잡시 발행인의 자리에서 물러난 김승우 씨가 소외감을 느끼기 시작한 것이다. 처음에는 잡지를 살리기 위해서 주식회사를 만들었고 잡지사 운영의 책임을 기꺼이 김우현 씨에게 넘겨주었던 것이나, 막상 제2선으로 물러나고 보니 형언하기 어려운 섭섭함을 느낀 것이 아닐까 한다. 어쨌든 수필 문학의 진흥이라는 공동의 목표를 위해서 수년간 가꾸어 온 인화에 금이 가기 시작했고, 김우현 씨는 1980년 4월에 사장의 자리를 김승우 씨에게 내주고 후퇴하였다. 어떤 사사로운 욕심 때문에 그 자리에 앉은 것이 아니었던 까닭에, 김우현 씨는 골치 아픈 짐을 빨리 벗어 던진 것이다.

『수필문학』의 발행인 자리를 하나의 이권(利權)으로 보느냐 또는 하나의 무거운 짐으로 보느냐 하는 시각의 차이에서 온 갈등이었다고 생각된다. 만약 그것을 이권으로 본다면, 이미 억대의 사재를 던져서 만들어 놓은 『수필문학』의 이름이 불과 수백만 원밖에 내지 않은 사람의 손으로 넘어갔다는 것은 불합리하고 억울한 일임에 틀림이 없다. 그러나 그것을 어려운 여건 속에서 수행해야 할 과제 또는 책임으로 본다면, 새로 그 자리를 맡은 사람에게 충분한 시간을 주었어야 옳다는 판단이 설 것이다.

잡지사의 사장 자리에 누가 앉든 『수필문학』이 계속 제대로 나오는 결과만 가져온다면, 수필문학진흥회의 기본 목적은 달성되는 셈이었고 '수필문학사'에 돈을 낸 '주주'들에게도 큰 불만은 없었을 것이다. 그러나 결과는 반대 방향으로 흘렀다. 사장이 바뀐 뒤에도 한동안 잡지가 나오기는 했으나, 질과 양에서 떨어지는 경향이 있었다. 사장이 바뀐 직후에 1980년 5-6월호와 7-8월호가 합본(合本)으로 나왔다는 사실 하나만으로도 그 당시의 사정을 짐작할 수 있을 것이다.

그전에는 반드시 편집위원들이 모여서 다음 호 잡지를 꾸몄으나, 1980년 겨울부터는 편집회의도 없이 사장의 독단으로 잡지를 엮었으며, 1981년부터는 잡지 맨 뒷장에 보이던 편집위원들의 명단이 자취를 감추고 말았다. 그전에는 편집 회의가 끝나면 서로 앞을 다투어서 저녁 식사 대접을 하곤 했으나,

이제는 그런 분위기가 아니어서 편집 회의를 생략하는 것이 다소 경비 절약의 효과를 가져왔을지도 모른다.

그 뒤에도 『수필문학』의 폐간을 막기 위해서 여러 가지 방법을 시도했으나 끝내 뜻을 이루지 못하였다. 결국 주식회사 '수필문학사'가 쓰러지고 만 것이다. 본래 수지타산이 맞기 어려운 회사였던 까닭에 그것이 도산하고 말았다는 사실 그 자체는 크게 나무랄 일이 아니다. 다만 가난한 문인들의 성의로 모인 공금이 어떻게 쓰이고 어떻게 없어졌는지에 대한 결산 보고도 없이 흐지부지하게 되었다는 것은 못내 유감스러운 일이다.

나는 출자금이 적어서 그 주식회사의 핵심인 이사진에는 들어가지 못했으나 이희승, 최신해 선생과 함께 고문으로 되어 있었다. '고문'이라는 자리가 법적으로는 권리도 의무도 대단치 않을지 모르나, 주식회사 수필문학사의 실패에 대해서 면목 없고 미안하다는 생각을 떨쳐 버리기 어렵다. 나의 권고로 그 회사의 주식을 산 사람도 있었다는 사실이 나를 더욱 미안하게 만든다. 나는 그 주식회사의 창립 총회가 있던 날, 한국수필문학진흥회의 회장으로서 '치사(致辭)'로 격려하기도 하였다.

3. 수필문우회, 『수필공원』 그리고 나

1980년 정기총회에서 나는 한국수필문학진흥회의 회장직을 물러나게 되었다. 제2대 회장에는 차주환 선생이 선출되었다. 어려운 문제가 많은 상태에서 책임을 떠맡기게 되어서 내심 미안한 느낌이 떠나지 않았다. 한형주, 김우현, 김종수 세 부회장이 유임하여 계속 도와준다는 조건으로 차 선생은 그 자리를 맡았고, 나도 뒷수습을 위하여 함께 노력하기로 다짐하였다.

차주환 회장이 주도하는 한국수필문학진흥회가 해야 할 일에는 두 가지가 있었다. 첫째는 수필 잡지를 내는 일이고, 둘째는 수필문학상을 주는 일이다. 돈만 많으면 크게 어려운 일이 아니지만, '수필문학사'라는 주식회사가 생긴 뒤에는 모든 경비가 그쪽으로 넘어갔으므로, 한국수필문학진흥회에는 빈 이름밖에 없었다. 부회장을 비롯한 임원들이 다시 돈을 내면 되겠지만, 돈을 내고도 마음고생만 한 기억이 생생한 터에 또 돈 이야기를 꺼낼 상황이 아니었다.

차주환 회장을 중심으로 다시 모이게 된 사람들은 '수필문학사'에서 다 같이 고배를 마신 사람들이었다. 함께 고배를 마신 사람들로서의 정감도 작용하여, 무엇인가 함께 해보자는 의견이 돌았다. 잡지를 내고 상을 주는 일이 어려우면, 돈 안 드는 일부터 우선 시작하자는 이야기가 나왔다. 구체적으로는 수필 합평회(合評會)의 모임을 갖자는 의견이 나왔고, 이 의견에 모두 찬동하였다.

30여 년 전에 차주환 선생과 장기근 선생 그리고 나 세 사람이 가졌던 것과 비슷한 모임을 규모를 좀 키워서 만들자는 생각이었다. 장소는 파나여행사의 회장실을 제공하겠다고 김우현 씨가 제언하였다. 파나여행사의 회장실에는 15-16명이 둘러앉아서 이야기하기에 적합한 좌석이 있었고, 보조 의자까지 놓으면 20명까지도 모일 수 있는 공간이 되었다. 너무 많지도 적지도 않은 인원이 매월 한 번씩 모여서 수필에 관한 이야기를 나누면 친목도 되고 수필에 대한 안목도 높아질 것으로 기대되었다. 회원들의 수필을 도마 위에 올려놓고 돌아가면서 평가를 하면, 화제는 끊어지지 않을 것이고 수필쓰기에 도움도 될 것이었다.

이 합평회에 참가할 사람들의 범위를 어떻게 정하느냐 하는 것은 다소 미묘한 문제였다. 우선 수필문학진흥회의 임원들을 그 범위로 삼는 안이 나왔다. 그러나 이사와 감사까지 합하면 모두 50명쯤 되는데, 그렇게 많은 사람들이 모이기에는 파나여행사 회장실이 좁았고, 너무 사람이 많이 모이면 원탁 회의식으로 오순도순 진행하기가 어렵다. 결국 인원은 20명 이내로 줄일 수밖에 없다는 의견으로 결론이 났다. 그런데 그 20명을 어떻게 뽑느냐 하는 것이 미묘한 문제가 아닐 수 없었다.

다음 모임에서 합평회에 초대할 사람들을 선정하는 구수 회의를 가졌다. 내 기억으로는 그 구수 회의에 참가한 사람은 여덟 사람이었다. 개인의 이름을 거론하기 전에 인선의 기본 원칙부터 정하자는 의견이 나왔다. "글도 좋고 사람도 좋아야 한다."는 원칙이 갈채를 받았다. '사람'까지 강조한 것은 동인 활동에는 인화가 필수라는 점이 강조되었기 때문이다. '글도 좋고 사람도 좋은' 경우가 세상에 얼마나 있겠느냐는 말은 나오지 않았다. 적어도 그 자리에 모인 여덟 사람은 모두 그 경우에 해당한다고 암묵리에 전제했음에 틀림이 없다. 사람들은 대개 자기 자신을 과대평가하면서 기분좋게 살고 있다.

'글도 좋고 사람도 좋다'는 만장일치의 판정을 일차적으로 받은 사람은 27명이었다. 회원이 30명을 초과하면 어려움이 있으리라고 생각되어서, 우선 그 정도의 인원으로 모임을 시작하기로 하였다. 그런데 여기서 하나의 문제가 제기되었다. 이 모임의 성격을 어떻게 규정하느냐 하는 문제였다. 본래는 한국수필문학진흥회가 하는 활동의 일환으로서, 더 정확하게 말하자면 한국수필문학진흥회가 제대로 가동하기 이전의 막간 활동으로서 구상된 모임이었다. 그러나 그런 뜻이라면 그 모임을 수필문학진흥회 회원 전체에 개방해야 마땅하다. 그러므로 새 모임은 독립된 모임으로 규정할 수밖에 없다는 결론에 도달했다. 한국수필문학진흥회의 명맥을 유지할 책임이 무거웠던 나로서는 그 결론이 불만스러웠으나 도리가 없었다. 새 모임의 이름은 '수필문우회(隨筆文友會)'라고 지었다.

수필문우회를 발족시키는 창립의 모임은 1981년 10월 9일 파나여행사에서 있었다. 새 모임의 주간(主幹)을 맡게 된 김우현 회장이 술과 안수까지 차려 주어서 즐거운 한때가 되었다. 그날은 합평회는 없었고, 첫 번째 합평회는 가까운 시일 안에 따로 열기로 하였다.

첫 번째 합평회는 계룡산 기슭에 있는 동학사(東鶴寺)에서 가졌다. 당시 대전에 직장을 가졌던 이병남(李秉男) 동인이 준비를 위해서 많은 정성을 쏟은 덕분에 기억에 오래 남는 첫 모임이 되었다. 김규련(金奎鍊) 동인과 이병남 동인 두 사람의 글이 합평의 대상이었다. 비위를 맞추는 사교적 찬사를 배제하고 솔직한 비평을 할 경우에만 합평회에 의의가 있을 것이라는 의견이 벽두에 있어서 신랄한 발언이 많았다. 나도 그 분위기를 따른 모양이고, 모임이 끝났을 때 회장만은 칭찬하는 말로 격려해 주는 것이 좋겠다는 조언을 유경환(劉庚煥) 동인으로부터 받기도 하였다. 나는 그 조언을 두고두고 참고로 삼았다.

합평회는 그 뒤로 매월 한 번씩 꾸준히 열렸다. 합평회를 통해서 수필을 보는 회원들의 안목이 현저하게 높아졌고, 수필에 대한 이론도 점차 심화되어 갔다. 그러나 더러는 자신의 작품에 대한 혹평을 수용하기에 어려움을 느끼는 사람도 있는 것으로 보였다. 합평회를 거듭하는 가운데 평을 부드럽게 돌려서 하는 말솜씨도 늘게 되고, 남의 비평을 겸허하게 받아들이는 여유도 생기게 되었다. 회원들에게 나타난 가장 큰 변화는 수필을 함부로 쓰지 못하게 되었다는 사실이다. 수필을 쓰는 자세가 엄격하게 되었다는 긍정적 측면과 수필의 자유로움이 위축을 당했다는 부정적 측면을 아울러 가진 변화였다.

1982년부터는 수필문학진흥회의 사업으로서 잡지의 발간도 다시 시작하게 되었다. 태양문화사와 협동하여 계간지 하나를 내기로 한 것이며, 발행인은 그 사장인 이준흠(李俊欽) 씨로 하고 편집 책임자는 차주환 회장으로 한다는 조건이었다. 잡지의 이름은 『수필공원(隨筆公苑)』으로 정하였다. 남들이 사용한 이름은 모두 피하다 보니 좀 낯선 제호가 될 수밖에 없었던 것이다. 창간호가 나온 것은 1982년 9월이었다.

원고료를 내지 않았으므로 제작비에 많은 돈이 필요하지는 않았으나, 태양문화사도 그 전액을 부담하기에 어려움이 있음을 호소하였다. 부회장들이 제작비의 일부를 부담함으로써 근근이 발행을 계속하는 형편이었다. 부회장들에게만 부담을 주는 것도 미안한 일이어서, 수필문우회 회원 전원이 수필문학진흥회의 이사가 되어서 그 회비의 명목으로 잡지 발행에 협조하였다.

태양문화사는 통권 제5호를 낼 때까지만 잡지 발행에 함께 참여하고, 제6호부터는 수필문학진흥회 단독으로 발행을 계속하게 되었다. 그렇게 된 뒤로는 제때에 잡지를 내기가 더욱 어렵게 되었으나, 그래도 겨우겨우 끌고 나갔다. 이 무렵에 가장 수고를 많이 한 사람은 수년 전에 고인이 된 김종윤(金鍾潤) 간사였다.

처음에는 잡지 발행의 허가도 없이 제멋대로 책을 찍어 냈으나, 그것이 불법이라는 사실을 깨닫게 되어, 문공부에 정식으로 허가 신청서를 제출했다. 그러나 언론 규제가 심하던 제5공화국 시절이라 그 허가가 쉽지 않았다. 마침 문공부 국장 자리에 서울대학교 철학과를 졸업한 사람이 있어서, 그때까지 나온 잡지 뭉텅이를 들고 그의 사무실을 찾아가기도 하였다.

경제적 어려움 속에서도 차주환 회장은 1986년 여름까지 그 자리를 지켰다. 고생을 더 이상 하라고 강요하기 어려운 사정이어서, 그해 7월에 모임을 열고 그가 회장의 짐을 벗도록 만들었다. 한국수필문학진흥회의 제3대 회장직을 맡은 것은 서울대학교 사범대학의 이응백(李應百) 교수였다. 이응백 교수는 매사에 능동적이고 치밀한 분으로 알려졌다.

이응백 교수가 회장직을 맡게 된 것을 계기로 『수필공원』이 한샘출판사의 후원을 받게 되었다. 한샘출판사의 사장인 서용웅(徐勇雄) 씨는 이응백 교수를 각별히 존경하고 있는 제자 중의 한 사람이었다. 후일에 서울시 교육위원이 되기도 한 서용웅 사장은 재력도 있고 문화 사업에도 뜻이 있는 분이었다. 수필문학진흥회로서는 든든한 후원자를 얻은 셈이었다.

『수필공원』의 출판을 안정된 궤도에 올려놓은 이응백 회장의 다음 과제는 '한국수필문학상'과 '한국수필문학 신인상'을 부활시키는 일이었다. 그는 운영위원들의 진영을 강화하고 이사진도 강화하여 그 비용을 조달하는 솜씨를 발휘하였다. 이응백 회장의 적극성에 힘입어 여러 해 동안 중단되었던 두 가지 수필상이 다시 살아나게 된 것은 1987년 3월이었다.

여러 해 동안 공백 상태가 있었던 사이에, 우리 단체가 사용했던 '한국수필문학상'이라는 이름을 다른 단체에서 사용한 까닭에, 우리는 다시 그 이름을 쓸 수 없게 되었다. 그리고 '신인상'이라는 이름을 수상자들이 달갑게 생각하지 않는 경향이 있어서 '한국수필문학 신인상'이라는 이름도 바꾸기로 하였다. 우리가 새로 지은 이름의 하나는 '한국수필문학대상'이고 또 하나는 '현대수필문학상'이다. 그해에 전자를 받은 사람은 김태길이고, 후자를 받은 사람은 박연구였다.

'한국수필문학진흥회'와 '수필문우회'는 모두 그때그때의 필요에 따라서 생긴 두 개의 단체다. 두 단체는 불가분의 관계에 있으면서도 하나로 통일될 수 없는 사정을 가지고 있다. 수필문우회는 합평회를 위한 작은 모임에 불과한 까닭에, 이미 많은 회원을 가진 한국수필문학진흥회와 합병할 수가 없다. 그리고 수필문우회의 회원 전원이 한국수필문학진흥회의 이사이고 그 가운데 몇 사람은 그 회장단을 구성하고 있으니, 두 단체는 불가분의 관계를 가지고 서로 협력하게 된다.

그러나 이러한 관계는 수필문우회가 어떤 오해를 받을 소지가 있는 관계이고, 실제로 오해를 받고 있다는 소문도 들려왔다. "수필문우회가 한국수필문학진흥회를 말아먹고 있다."는 오해를 받고 있다는 소문이다. 한국수필문학진흥회의 회장과 부회장도 모두 수필문우회 사람들이 맡고 이사진의 대부분도 그들이 차지하고 있다는 엄연한 사실은 그러한 오해를 부르고도 남을 만한 충분한 근거가 될 수 있다.

만약 한국수필문학진흥회의 회장과 부회장의 자리 또는 이사의 자리가 어떤 이권이 붙어 있는 자리라면, 그렇게 생각하는 것은 '오해'가 아니라 정곡을 찌른 비판이 될 것이다. 그러나 사실은 그 임원의 자리들이 그리 탐낼 자리가 못 되는 것이다. 결국 돈도 내고 봉사도 해야 하는 자리이며, 역대 회장과 부회장들은 모두 그 자리를 빨리 벗어나려고 애를 써온 그런 자리다. 회를 지켜 가며 잡지도 내고 상도 주는 일을 계속하자면 그 자리를 누군가가 지켜야 하므로 마지못해 그 자리에 머물러 있는 자리에 불과하다. 말아먹고 말고 할 만한 이권이 전혀 없는 것이다.

만약 한국수필문학진흥회의 회원 중에서 원하는 사람은 누구나 수필문우회의 회원이 될 수 있도록 문이 열려 있다면, 오해는 생겼다가도 풀어질 수 있을 것이다. 그러나 사실은 그렇지가 못한 까닭에 오해는 더욱 깊어질 소지가 있다. 지방에 사는 회원들도 있고 일과가 바쁜 회원들도 많아서 월례 합평회에 결석하는 사람도 많은 까닭에, 지금은 창립 당시보다는 회원을 약 20명 더 영입하고 있다. 그러나 그런 정도로 폐쇄적이라는 말을 면할 수는 없는 실정이며, 문학을 하는 사람들의 예민한 성격 탓도 있고 하여 회원수를 시원스럽게 늘리지 못하는 고충이 있다. 오해를 하는 쪽보다도 받는 쪽에 책임이 더 크다는 생각이 들 때도 있으나, 별다른 묘안이 없어서 안타까울 뿐이다.

한국 수필계의 인물이 수필문우회에만 있을 리도 없는데 한국수필문학진흥회의 중요한 자리는 모두 그들이 차지하고 있는 것도 납득하기 어려울 것이다. 그러나 한국수필문학진흥회의 중요한 자리는 모두 수필문우회 회원이 독점해야 한다는 파벌적 생각을 가진 사람은 하나도 없는 것으로 안다. 한국수필문학진흥회의 회장 자리와 간사 자리를 수필문우회 회원 아닌 사람들이 맡은 적이 세 번 있었다. 다만 그 자리를 맡게 된 다음에는 자연히 수필문우회 회원도 겸하게 되었을 뿐이다. '자연히'라고 말한 것은 두 단체가 긴밀한 협조를 하는 과정에서 회장과 간사는 수필문우회 측과 자주 만나게 되므로, 자연히 가까워지게 되고 또 가까워져야 한다는 사정이 그들을 문우회 회원으로 영입하는 결과를 가져왔다는 뜻이다.

4. 국제 수필 심포지엄

1991년은 수필문우회가 창립된 지 10주년이 되는 해였다. 나는 이 10주년을 기념하여 뜻있는 행사를 하고 회장 자리를 물러나고 싶었다. 그전에도 그 자리를 물러나고 싶다는 의사를 밝힌 적이 있으나, 10주년만 채우라는 농담 섞인 발언에 밀려서 10년째를 맞이하게 되었다. 그 자리를 물러나야 할 특별한 사유가 있었던 것은 아니고, 그저 자유롭고 홀가분하게 살고 싶었을 뿐이다.

1990년 겨울의 어느 날 허세욱(許世旭) 회원과 고봉진(高奉鎭) 회원 그리고 나 세 사람이 같은 식탁에 앉은 적이 있다. 나는 그 자리에서 창립 10주년 행사로서 어떤 일을 했으면 좋겠느냐고 생각난 김에 우연한 물음을 제기하였다. 이 물음에 대한 두 사람의 공통된 의견은 수필 문학에 관한 국제 대회를 열자는 것이었다. 세계적인 대회는 어려울 것이고, 한국과 중국과 대만과 일본 네 지역 수필가들이 한자리에 모여서 이야기를 나누는 정도는 가능하지 않겠느냐고 하였다.

나는 국제 대회라는 것을 별로 좋아하는 편이 아니다. 한국에서 경험한 국제 대회라는 것이 대체로 외화내빈(外華內貧)의 경향이 심하다고 보았기 때문에, 공연히 돈과 시간을 낭비하는 결과가 되기 쉬운 그 야단법석에 대해서 마음이 내키지 않는다. 그러나 수필가들을 위한 국제 대회는 잘만 하면 얻는 바가 클 것 같은 생각도 들었다. 나는 우리나라의 수필가들이 대체로 시야가 좁아서 한가롭고 사사로운 서정수필(抒情隨筆)에만 매달리는 경향을 보이는 것은 바람직하지 못하다고 보아 왔다. 그러므로 다른 나라에서는 삶에 대한 철학적 사색이 있는 수필 또는 사회 현실의 문제를 차분하게 다룬 수필 등 여러 가지의 수필이 시도되고 있다는 사실을 우리나라 수필계에 직접적으로 알리는 것은 매우 중요한 자극이 될 것으로 보였다.

수필 연구를 위한 국제 대회가 성공하자면, 첫째로 실력이 있는 외국인을 불러와야 했고, 둘째로 소요 경비의 준비가 있어야 한다. 이 두 가지 점에 대해서 허 교수와 고 이사는 매우 낙관적이었다. 일본의 일류 수필가를 불러오는 일은 고 이사가 맡겠다고 하였다. 중국과 대만의 문학계 사정에는 허 교수가 밝다고 믿어도 좋을 듯하였다. 그리고 경비 문제도 크게 염려할 것이 없다고 두 사람은 낙관하였다. 주로 항공료가 많이 드는 것인데, 이웃 나라 사람들만 초청하게 되면 전체 비용이 크게 들지 않을 것이라고 하였다. 대략 어느 정도의 예산이 필요할지 허 교수가 알아보기로 하고 그날은 그 정도에서 이야기를 멈추어 두었다.

허 교수가 여기저기 알아본 결과 대충 천만 원 정도만 가지면 중국과 대만과 일본에서 각각 두 사람씩의 발표자를 초청하여 1박 2일의 국제 모임을 가질 수 있다는 계산이 나왔다고 하였다. 그 정도의 비용이라면 크게 무리하지 않더라도 감당할 수 있을 것 같았다. 수필문우회의 통장에 4백여 만 원의 예금이 있었으므로, 6백만 원 정도만 더 만들면 된다고 보았기 때문이다.

수필문우회 다음 월례회 석상에서 가칭 '한·중·일 수필 문학 국제 심포지엄' 안을 회원들 앞에 내놓고 찬반 의견을 물었다. 반대 의견이 전혀 없는 것은 아니었지만, 대체로 찬성하는 발언이 많았기에 일을 추진하는 쪽으로 결정을 내렸다. 그 자리에서 준비위원회도 만들었다. 창립 10주년 기념 행사로서는 국제 대회 이외에 기념 출판도 하기로 하였다.

가장 먼저 해야 할 일은 주제를 발표할 사람들을 정하여 원고를 청탁하는 일이었다. 일본 측의 발표자를 선정하고 교섭하는 일은 고봉진 회원이 맡고,

중국과 대만 측은 허세욱 회원이 맡기로 하였다. 이들 나라 수필계의 실력자가 누구인지 알려진 정보가 별로 없었던 까닭에, 두 사람의 일이 생각보다 어려웠다.

한국문화예술진흥원과 문화부의 지원을 받음으로써 경비의 일부를 마련하자는 의견이 일찍부터 나왔다. 그 일에는 회장이 직접 나서야 한다고 하여 나도 뛰어다녔다. 허세욱 교수와 고봉진 이사와 함께 문예진흥원의 여석기 원장을 찾아간 것은 1991년 이른 봄이었다. 지원을 받기 위해서 가장 많이 뛰어다닌 사람은 김진식(金鎭植) 회원이었다.

국제 심포지엄의 준비를 구체적으로 추진하는 과정에서 예상 외로 많은 경비가 요구된다는 사실이 드러났다. 이것저것 다 합하면 2천만 원을 가져도 좀 부족하다는 숫자가 나온 것이다. 수필문우회 통장에 들어 있던 4백여 만 원과 문예진흥원에서 3백만 원을 지원받기로 된 것밖에는 아직 확보된 것은 없는 상태였다. 국제적 스포츠 대회를 연다면 거액의 찬조금을 낼 사람들도 있겠지만, 문학 가운데서도 가장 열세한 수필 모임을 위해서 찬조금을 얻어낸다는 것은 쉬운 일이 아니었다. 비록 국제적인 모임이라고는 하지만, 수필 모임에 호의를 가진 사람은 수필을 사랑하는 사람들에 국한될 수밖에 없었다.

수필을 사랑하는 사람들 가운데도 돈을 들여 가며 국제 모임까지 가질 필요가 있겠느냐고 부정적 의견을 가진 사람들이 상당수 있었다. 특히 처음 시도하는 국제적 수필 모임이라 그것이 제대로 될까 하고 의심하는 회원들도 있었다. 나 자신도 사실은 결과에 대해서 장담할 수 있는 처지가 아니었다. 그러나 이제 와서 동요를 보여서는 안 될 시점이었기에, 회장으로서 적극적 자세로 일관하였다. 결국 수필을 아끼는 사람들과 몇몇 광고주의 협력을 얻게 되어 경비 문제는 그럭저럭 풀려 나갔다.

다음에 신경이 쓰인 것은 사람들을 어떻게 동원하느냐 하는 문제였다. 이

번 모임의 주최가 소수의 회원을 가진 수필 동인 단체인 까닭에 50명을 동원하기도 어려울 것이라고 일찍이 단언한 사람이 있었다. 그 말에 자극을 받고 홍보에 신경을 썼더니 많은 문의 전화가 왔다. 사실은 너무 많은 사람들이 모여도 곤란한 처지였다. 회의 장소로 예정된 호암회관(湖巖會館)의 가장 큰 방도 백 명 정도가 사용하기에 적합한 크기였기 때문이다. 참가자가 너무 많아지면 경비 부담이 예산을 초과한다는 문제도 있었으나, 그것은 사소한 문제에 불과했다.

호암회관으로 달려가서 지배인을 만나 보았다. 보조 의자까지 최대한으로 동원하면 2백 명까지도 수용할 수 있다는 사실을 알고 일단 안심하였다. 그러나 신청자 수를 정확하게 예상하기 어려웠던 까닭에, 장소를 꾸미는 일은 회의가 열리기 전날까지 기다렸다가 결정할 수밖에 없었다.

다음에 걱정거리가 된 문제는 지방에서 온 참가자들의 숙식을 어떻게 해결하느냐 하는 문제였다. 본래는 숙식 문제는 각자에게 맡기기로 했었다. 지방 참가자에게 회비를 더 받기도 어렵고, 그 비용을 주최 측에서 부담할 예산이 없었기 때문이다. 그러나 경비를 조달하는 과정에서 뜻하지 않은 수필가들의 찬조를 얻게 되어 다소 마음의 여유가 생겼다. 지방에서 멀리 오신 참가자들을 위해서 숙식을 제공하기로 막바지에서 계획을 바꾼 것이다.

그러나 갑자기 여러 사람의 숙소를 확보하기가 쉬운 일이 아니었다. 호암회관에도 많은 객실 설비가 있기는 하지만, 같은 시기에 '한민족 철학자 대회'가 열릴 예정이어서 모든 객실을 그 준비위원회 측에서 예약해 놓고 있었다. 차선의 방안으로서 서울대학교 부근에 있는 장급(莊級) 여관 방을 얻기로 하였다.

김진식 사장과 둘이서 장급 여관이 즐비한 골목을 누비고 다녔다. 우선 겉모양이 근 집 몇 곳을 둘러보았다. 빈방이 많이 있기는 하나 예약은 사장님과 직접 해야 한다고 직원이 대답하였다. 사장님이 나오기에는 너무 이른 아침 시간이었다. 사장님이 아니라도 예약이 가능한 곳을 찾아서 다시 여러 여관을 돌며 알아보았다.

어느 여관도 '예약'이라는 것은 환영하지 않는다는 사실이 곧 밝혀졌다. 사장이 있든 없든 그것은 문제가 아니었다. 그 동네의 여관은 짧은 시간 동안 이용하는 손님들을 환영하되 하룻밤을 자고 갈 사람은 기피하고 있었다. 손님들의 물갈이가 빨리 돌아갈수록 수입이 오른다. 일급 호텔보다 더 많은 돈을 얹어 준다면 하룻밤을 묵을 수 있는 예약도 가능하겠지만, 우리로서는 그 길을 택할 수도 없었다.

잠시 이용하고 나가는 젊은 남녀의 모습이 간간이 눈에 띄었다. 나는 김진식 사장과 함께 오기를 잘했다고 생각하였다. 김진식 사장이 여자가 아닌 것은 더욱 다행한 일이었다. 아는 사람의 눈에 띄더라도 어떤 오해를 받을 염려는 없었지만, 더 다녀 보아도 소용이 없을 것임에 틀림이 없었다. 우리는 다시 한 번 호암회관을 찾아가서 사정 이야기를 해보기로 하였다.

이번에는 지배인을 직접 만나 보았다. 하급 실무자는 사무 처리를 기계적으로 할 수밖에 없지만 지배인에게는 융통성 있는 처리가 가능할지도 모른다고 생각했던 것이다. 다행히 이 생각이 적중하여, 상당수의 온돌방을 확보할 수가 있었다. '한민족 철학자 대회' 측에서 좀 넉넉하게 방을 예약해 두었다는 내막을 지배인은 알고 있었던 모양이다.

심포지엄의 주제는 '동양 수필의 현대적 위상과 전망'이었고, '어떤 수필이 높이 평가되는가?'라는 부제가 붙어 있었다. 동양의 다른 나라에서 각각 어떤 수필이 높은 평가를 받고 있는지 그 동향에 대한 정보를 교환하자는 것이 그러한 주제를 선택한 취지였다. 심포지엄이 열린 것은 8월 24일과 25일 양일이었다. 약 2백 명의 참가자가 모여서 큰 성황을 이루었다. 겉모습만 성황을 이룬 것이 아니라 내용도 기대 이상으로 충실한 심포지엄이라고 평가되었다.

중국 측 주제 발표자는 린페이(林非: 중국사회과학원 교수, 중국산문학회 부회장)와 푸데민(傳德岷: 서남사대 교수)이었다. 린페이 교수는 「동양 수필가의 사명」을 역설하였고, 푸데민 교수는 「중국 현대 수필의 개요」를 심도 있게 소개하였다. 중국에서는 문학 전체에서 수필이 차지하는 비중이 매우 큰 모양이어서, 이들의 긍지 높고 성실한 발표는 청중에게 깊은 감명을 주었다.

대만에서는 창샤오펑(張曉風: 동오대학 중문과 교수)과 첸밍리(鄭明台: 대만사대 중문과 교수)가 참석하였다. 창샤오펑 교수는 「의미를 지닌 수필을 가장 좋아한다」라는 제목의 논문을 발표했고, 첸밍리 교수는 「현대 대만 수필의 위기와 반성」이라는 제목으로 현대 대만 수필이 독자의 인기에 영합하여 깊이를 잃어 가고 있는 경향 등을 날카롭게 파헤쳤다. 이 두 사람은 모두 여성 특유의 재치와 섬세함을 보여줌으로써 청중을 사로잡았다.

일본에서는 무라오 기요가즈(村尾淸一: 일본 에세이스트 클럽 이사장) 씨와 무까이 사도시(向井敏: 문예평론가) 씨가 참석하였다. 무라오 씨는 「일본에서의 에세이의 의미」라는 제목으로 일본 수필의 전통을 소개하였고, 무까이 씨는 「명수필의 조건」이라는 제목으로 그의 수필관을 피력하였다. 이 두 사람은 수필에 대하여 일가견을 가진 중량급 문필가라는 인상을 주기는 하였으나, 논문 준비에 최선을 다한 것으로는 보이지 않았다. 무라오 씨는 일본의 제삼고등학교와 동경대학 법학부에서 나와 동창임을 알게 되어 학창 시절 이야기를 잠시 나누기도 하였다.

한국 측에서는 차주환(서울대 명예 교수), 허세욱(고려대 중문과 교수), 김열규(서강대 국문과 교수)가 주제 발표에 임하고, 김태길이 기조 발표를 맡았다. 이들은 한국 수필가들에게는 널리 알려진 얼굴들이어서 참신한 맛은 적었으나, 대체로 손색이 없는 발표를 하였다고 믿는다.

마지막 순서인 종합 토론은 일어에 능통한 김용구(金容九) 선생과 중국어에 통달한 허세욱 교수가 사회를 보았으며, 그들의 사회가 매우 조직적이고 능숙해서 대단히 인상적인 끝마무리를 지었다. 보통은 파장 무렵에는 참가자들이 많이 자리를 떠서 한산한 분위기가 되기 쉬우나, 그날은 끝까지 회의장이 만원을 이루었다. 처음에는 국제적 수필 모임에 대해서 부정적 시각을 가졌던 회원들도 크게 만족하였다.

5. 수필관에 따라 달라지는 평가

내가 쓴 수필책 가운데 『흐르지 않는 세월』이라는 것이 있다. 이 책의 초판이 나온 것은 1974년 봄이었으나, 그 원고를 쓴 것은 그보다 훨씬 먼저였다.

1968년 늦가을이나 초겨울쯤으로 생각되는 어느 날 고봉진 군이 찾아왔다. 이런저런 이야기 끝에, 그는 출판업에 손을 대고자 한다는 의사를 밝히면서, 가능하면 처녀 출판은 내 원고로 하기를 원한다고 하였다. 준비된 원고가 수중에 없었으므로 처녀 출판의 호의를 살리기는 어려운 형편이었다. 그러나 되도록 빨리 원고를 써서 고 군의 출판사에서 책 한 권을 내도록 하자고 약속을 하였다.

그해 11월에 나는 대학 입학 예비고사 출제위원으로 위촉되어 약 3주일 동안 연금 상태에 들어가게 되었다. 그전에도 같은 일로 연금된 일이 있었는데, 시험 문제를 내는 데는 그리 많은 시일이 걸리지 않았고, 비밀 보장을 위해서 그저 갇혀 있는 기간이 길었다. 책보따리를 가지고 가기도 했으나, 독방을 쓰는 것도 아니어서 정신 집중이 요구되는 독서는 하기가 어려웠다.

누가 시작했는지 '섰다' 판을 벌이는 꾼들이 나타나서 나도 자주 참여한 적이 있다. 처음에는 남을 따라서 수동적으로 했으나, 나중에는 내가 주동이 되어서 판을 벌이기도 하였다. 그 꼴이 보기에 역겨웠던지 서강대학교의 이모 교수는 정색을 하고 나에게 충고하였다. 노름을 말려야 할 윤리학자가 앞장을 서는 것은 옳지 않다는 것이었다. 그러나 나는 개의치 않고 계속 '섰다'

를 즐겼다. 공자도 우두커니 있느니보다는 도박이라도 하는 편이 낫다고 말한 바 있고, 나는 취침 시간이 되면 반드시 '섰다' 판을 떠나는 절제를 보였다는 변명거리도 있었다. 일어서는 시점에서 돈을 땄을 경우에는 딴 돈으로 맥주를 사는 예절도 지켰다.

1968년 11월에 나는 책 대신 원고지를 싸들고 출제 장소로 향했다. 고봉진 군이 부탁한 책의 원고를 그곳에서 쓰리라고 생각했던 것이다. 그리고 실제로 상당히 많은 원고를 그곳에서 쓸 수가 있었다. 나의 경우는 책을 읽을 때보다는 원고를 쓸 때가 정신을 집중하기에 어려움이 덜하다. 집에 있을 때 이미 저술의 골격을 어느 정도 구상하고 떠났다는 사실도 글을 빨리 쓰는 데 큰 도움이 되었다.

나는 철학 입문서의 구실도 겸할 수 있는 색다른 책을 한 권 써보기로 마음먹고 있었다. 수필이나 소설의 경우처럼 흥미롭게 읽을 수 있는 책이면서도 독자를 철학적 사유로 안내하는 결과를 가져오는 그런 책을 써보고 싶었던 것이다. 실제로 그러한 책이 나오게 된다면, 철학에 대한 관심은 있으나 말이 어려워서 접근하지 못하는 사람들에게 좋은 선물이 될 수 있을 것으로 생각되었다.

나는 젊을 때부터 철학은 마땅히 만인의 것이어야 하며 일부 전문가들만의 독점물이 되어서는 안 된다고 믿어 왔다. 그러나 현실적으로는 강단 철학이 점점 전문화하고 세분화하는 과정에서, 철학에서 사용되는 말이 너무 어렵고 철학이 다루는 문제들도 일상적 생활과는 너무 거리가 멀게 되어, 일반 사람들은 철학에 접근하기가 어렵게 되고, 따라서 철학에 대한 흥미도 잃게 되었다. 이러한 상황을 염두에 두고, 철학 책 같기도 하고 문학 책 같기도 한 저술을 하나 내놓기로 작심했던 것이다.

우리에게 중요한 것은 유명한 철학자들의 이름과 그들의 학설에 대한 지식을 암기하는 일이 아니라 철학하는 태도로 생활하는 일이다. 철학하는 태도로 생활한다 함은, 어려운 문제에 부딪쳤을 때 더 깊고 더 넓게 생각하며, 그 생각으로 얻은 결론을 실천에 반영시키는 생활 태도를 가리킨다.

나는 새로 시도하는 책의 많은 부분을 대화로써 엮어 보기로 하였다. '무심(無心) 선생'으로 불리는 철학 교수와 그를 따르는 제자들로 하여금 철학적 대화를 펼치도록 하기로 방침을 세운 것이다. 화제로서는 선(善)과 악(惡)의 문제, 사랑과 우정의 문제, 개인과 사회의 문제, 사회정의의 문제, 대학인의 사회참여의 문제 등이 적합할 것으로 생각되었다.

그러나 대화만으로 일관하면 읽기에 지루할 염려가 있다. 지루함을 피하고 흥미롭게 읽을 수 있게 하기 위해서, 책 전체를 연결하는 이야기의 줄거리를 꾸며 넣는 것이 좋을 듯하였다. 그 이야기는 실화도 될 수 있고 실화를 다소 변형한 것도 될 수 있을 것이라고 생각하였다.

원고가 일단 끝난 것은 1969년 4월이었다. 그러나 그것을 곧 인쇄할 수 있는 형편이 아니었다. 모처럼 시작한 고봉진 군의 우일출판사(宇一出版社)의 순조로운 성장을 방해하는 어떤 장애가 생겼던 모양이다. 군이 출판을 서두를 까닭이 없다고 보았다기보다는 남을 상대로 하여 일을 추진하는 적극성이 부족했던 까닭에, 원고는 임자를 얻지 못하고 세월만 흘렀다.

어느 날 박영사의 편집부장이 다른 일로 집으로 찾아왔기에 원고 한 뭉치가 잠자고 있다는 이야기를 비쳤다. 편집부장은 회사의 상사와 상의해 보겠다며 원고를 들고 갔다. 그러나 얼마 뒤에 그것은 내 손으로 다시 돌아왔다. 상업성이 부족하다는 판단이 내려졌던 모양이다.

그 뒤에 다시 몇 해가 지난 1973년에 『수필문학』이 장편 수필을 현상 모집한다는 광고를 연달아 냈다. 잡지사로 전화를 걸어 나에게 장편 수필이라고 볼 수 있는 원고가 있다고 알렸더니 사장 김승우 씨가 지체 없이 달려왔다. 두 사람의 첫 만남이었다. 그는 당당한 체구에 붉은색 계통의 와이셔츠를 입고 있었다.

며칠 뒤에 김승우 사장으로부터 연락이 있었다. 나의 『흐르지 않는 세월』을 현상 모집한 장편 수필 당선작으로 삼고 싶다는 연락이었다. 나는 작은 출판사로부터 상을 받는다는 것이 내키지 않았고, 시상식 따위의 행사 마당이 매우 쑥스러울 것 같았다. 나는 상은 받지 않고 그저 인세를 받는 조건으로 출판을 하고 싶다며 내 소망을 밝혔다. 김승우 사장은 내 소망대로 할 것을 분명히 약속하였다.

약속은 하였지만, 다음 호 잡지에 내 『흐르지 않는 세월』을 당선작으로 선정했다고 발표하였다. 잡지사로서는 그렇게 광고할 필요가 있었을 것이다. 그러나 실제로는 상금이나 상장을 주거나 받은 일이 없고 시상식 따위의 절차도 따라서 없었으니, 내 소망도 절반은 들어준 셈이 되었다.

'당선작'이라고 광고한 덕분인지 독자들의 반응이 의외로 좋았다. 동아일보 논설위원 김중배(金重培) 씨와 문학평론가 이헌구(李軒求) 씨를 비롯하여 여러 사람들이 호의적인 서평도 써주어서 출발이 더욱 순조로웠다. 신문에 광고한 적은 없었으나 독자의 입을 통하여 비교적 널리 알려지게 되어 내가 쓴 수필책 가운데서는 가장 많이 읽히는 책이 되었다.

1979년 1월에 11판을 낸 것을 끝으로, 이 책의 간행을 맡았던 출판사에 어려운 사정이 생겨서 책이 계속 나오지 못하게 되었다. 약 4년 가까운 공백기가 있은 다음에 '금박'이라는 출판사에서 다시 이 책을 내게 되었다. 출판계에 불황이 계속되는 상황이어서, '금박'에서도 자칫 절판 사태를 부르곤 하였다. 아직도 이 책을 찾는 독자가 있다는 서점가의 이야기도 있기에, 지형은 다시 '철학과현실사'로 넘어갔다. 20년 가까운 세월이 흐르는 가운데 『흐르지 않는 세월』은 세 출판사를 전전하며 그 명맥을 유지하고 있는 셈이다.

김승우 사장의 관동출판사에서 또 한 권의 수필집을 냈다. 1960년대에 출판했던 세 권의 수필집이 모두 절판 상태에 있었으므로, 그 세 권 가운데서 비교적 마음에 드는 것을 다시 살리고, 이후에 쓴 수필들을 추가해서 한 권으로 묶은 것이다. 책 이름은 『마음의 그림자』라고 지었고, 거기에 '김태길 수필 선집'이라는 또 하나의 이름을 달았다.

'김태길 수필 선집'이라는 또 하나의 이름을 붙인 의도는 빗나갔다. 김승우 사장의 본래 의도는 피천득, 윤오영, 김소운 등을 포함한 6명 정도의 수필가들의 대표작을 한 권씩 묶어서 차례로 출판하고자 한 것이었다. 우선 원고의 준비가 된 김태길의 것부터 내기로 했고, '여섯 사람의 수필 선집'의 하나라는 뜻으로 '김태길 수필 선집'이라는 또 하나의 이름을 달았던 것이다. 그러나 관동출판사의 사정이 어려워져서 결국 다른 사람들의 '선집'은 뒤따르지 않았다. 결국 싱거운 '선집'을 때 이르게 내놓은 꼴이 되고 말았다. 1978년에 있었던 일이다.

1980년은 내가 회갑을 맞게 되는 해였다. 1978년 이후에 쓴 수필들을 묶어서 출판하여 회갑을 축하해 주는 친지들에게 답례로 나누어 줄 생각을 가지고 있던 차에 삼성출판사(三省出版社)에서 사람이 찾아왔다. 조선일보에 실린 나의 글 「순리(順理)」를 읽은 김 사장이 내 책을 내고 싶다며 보내서 왔다고 하였다.

삼성출판사에서 낸 내 수필집의 이름은 『민물고기와 바다』였다. 나는 회갑을 기념하는 책임을 말하고, 장정과 용지 등에 각별한 배려가 있기를 부탁하였다. 그러나 결과로 나타난 것은 내 저서 가운데서 가장 조잡하고 오자도 가장 많은 책이었다. 주로 전집(全集)에 주력하던 삼성출판사가 시험 삼아 단행본을 한 권 내본 것이 아닐까 생각한다. 이 책은 독자들의 관심을 끌 사이도 없이 흐지부지되고 만 불운을 겪었다.

1980년 이후에도 틈틈이 수필을 썼고, 그것들이 모이면 묶어서 책으로 냈다. 회갑 이후에 낸 수필류의 책들 가운데서 비교적 많은 애착이 가는 것은 1984년에 범우사에서 낸 『멋없는 세상 멋있는 사람』과 1991년에 춘추사에서 낸 『꽃 떨어져도 봄은 그대로』이다. 후자는 춘추사가 창립되고 최초로 낸 책이라는 작은 의미도 가지고 있다.

『멋없는 세상 멋있는 사람』을 세상에 내보냈을 때, 많은 독자들이 초기의 작품과 비교하여 크게 달라졌다는 말을 하였다. '달라졌다'는 말을 좋아졌다는 뜻으로 쓴 사람도 있겠지만, 초기의 작품보다 못하다는 뜻으로 쓴 사람들이 더 많지 않을까 생각한다. 내 스스로 비교해 보아도 적지 않은 변화를 인정할 수 있다. 다만 그것이 좋은 쪽으로의 변화인지 나쁜 쪽으로의 변화인지는 속단하기 어렵다. 취향에 따라서도 평가는 달라질 수 있겠으나, 그보다도 수필관에 따라서 달라지는 정도가 더 클 것이다.

6. 내가 좋아하는 수필

수필을 쓰는 동기에도 여러 가지가 있을 것이다. 처음에는 대체로 자기를 나타내고 싶은 소박한 충동에서 글을 쓰기 시작한다. 어린아이들이 그림을 그리고 낙서를 하고 싶은 충동을 느끼듯이, 사람에게는 자신의 생각이나 체험을 기록해 보고 싶은 욕구를 느끼는 경우가 있다. 그렇게 쓴 것이 활자화되어 남의 칭찬을 받게 되면 글을 쓴 사람은 자부심과 보람을 느끼게 된다.

나도 처음에는 아마 나를 나타내고 싶은 소박한 충동에서 글을 쓰기 시작했을 가능성이 크다. 그러나 어느 시기가 지난 다음에는 나를 나타내기 위해서 글을 쓴다는 것은 무의미하다. 학자로서 또는 문필가로서 이미 여러 권의 책을 낸 사람으로서는 글재주를 활자에 실어서 남에게 보인다는 것은 아무 의미도 없다. 오직 그 자체에 충분한 의미가 담긴 글을 쓴 경우에만 집필에 의의가 생긴다.

'그 자체에 의미가 담긴 글'에도 여러 가지 종류가 있을 수 있다. 글의 내용에 깊은 통찰력이나 심오한 지혜가 있어서 읽는 이에게 위안과 용기 또는 깨우침을 주는 글은 의미가 있는 글이다. 글의 내용 또는 표현이 아름답거나 해학적이어서 읽는 이에게 기쁨을 주는 글도 의미가 있는 글이다. 귀중한 정보를 정확하게 알려 주는 글에도 의미가 있으며, 사회의 병리와 모순을 예리하게 파헤친 글에도 의미가 있다.

중요한 것은 많은 글을 쓰는 일이 아니라 좋은 글을 쓰는 일이다. 수필을 문학이라고 보는 견지를 취한다면 문학성이 높아야 좋은 수필로 평가될 수 있을 것이다. 다만 '문학성'이라는 개념에 대한 견해가 일정 불변한 것이 못되고 여러 가지의 문학론이 있을 수 있으므로, 좋은 수필의 객관적 기준을 밝히기에도 어려움이 따른다.

문학도 일종의 예술임에 틀림이 없고, 수필을 문학의 한 분야라고 본다면, 좋은 수필의 필수 조건으로서 아름다움을 들 수 있을 것이다. 아름다움을 많이 간직한 수필이 아니면 좋은 수필로서 평가되기 어렵다. 아름다움의 가치를 간직하지 못한 그림을 좋은 그림이라고 보기 어렵듯이, 아름다움을 갖지 못한 수필도 좋은 수필로서 대접받기 어렵다.

글의 아름다움은 그 내용에 담길 수도 있고 그 표현에 나타날 수도 있다. 글의 내용의 아름다움은 글 속에 그려진 대상의 아름다움에서 올 수도 있고, 글을 쓴 사람의 사상의 아름다움에서 올 수도 있다. 글의 표현의 아름다움에도 여러 가지가 있다. 언어의 화려함에서 오는 아름다움도 있고, 그 간결함에서 오는 아름다움도 있다. 초보자들은 화려한 아름다움에만 골몰한 반면에, 능숙한 필자는 화려한 미문을 피하고 간결한 아름다움을 추구한다. 초보자들은 단어들의 아름다움에 도취하지만, 탁월한 수필가는 문장 전체의 음악적 아름다움에도 신경을 쓴다.

자화상으로서의 수필의 경우에는 직접 또는 간접으로 자신의 모습을 그리게 된다. 따라서 글 속에 그려진 대상의 아름다움이란 글을 쓴 사람의 인품의 아름다움을 가리키게 된다. 여기서 얻어지는 결론이 "훌륭한 수필을 쓰기 위해서는 훌륭한 인간이 되어야 한다."는 일반론이다. 이 일반론은 원칙적으로 옳은 주장임에 틀림이 없다. 그러나 이 일반론을 잘못 받아들이는 까닭에 좋지 않은 수필을 쓰는 사람들이 적지 않다.

훌륭한 인간이 된다는 것은 만인의 소망이기는 하나 평생을 두고 노력해도 도달하기 어려운 요원한 목표다. "좋은 수필을 쓰고자 하면 우선 사람부터 되어라." 하는 말을 글자 그대로 이해할 때는 "너는 아직 수필을 쓰지 말라."는 말이 되기 쉽다. 여기서 수필을 쓰는 사람이 빠지기 쉬운 함정이 생긴다. 자기 미화의 함정이다. 자신을 이미 희로애락을 초월한 깨달음의 경지에 도달한 사람으로 그리기도 하고, 매우 인자하고 선량한 사람으로 그리기도 한다. 그러나 이것은 거짓됨을 가상 꺼리는 수필에 치명상을 입힌다.

진솔함은 수필의 생명이다. 자기 자신의 모습을 있는 그대로 그려야 좋은 수필이 된다. 아직 낮은 단계에 머물고 있는 자신의 모습을 그대로 그리면 추한 꼴을 그리는 결과가 될 것 같은 걱정이 앞설 것이다. 그러나 대부분의 사람들이 낮은 단계에 머물러 있는 것이 인간의 현실이며, 자기 자신을 미화 없이 진솔하게 그린다는 것 자체가 이미 하나의 미덕이다. 자기 자신의 부족한 모습을 남의 일 보듯이 웃어 가며 그릴 때, 더러 해학이 돋보이는 수필이 생기기도 한다. 하지만 이것도 지나치게 의도적이거나 계산이 앞서면 실패작을 얻게 된다. 수필은 물이 낮은 곳으로 흐르듯이 자연스럽게 움직이는 붓끝에서 생겨난다.

"생각나는 대로 붓끝 가는 대로 자연스럽게." 대가들은 전통적으로 수필의 기본 자세를 이렇게 가르쳤다. 그러나 이 전통적인 가르침도 잘못 받아들이면 또 실패를 부를 염려가 있다. 수필의 대가의 경우에는 생각나는 대로 붓끝 가는 대로 꾸밈없이 적어 내려가면 저절로 좋은 글을 얻을 것이다. 그러나 평범한 필사가 이 원칙을 곧이곧대로 따라가면 산만하고 지루한 넋두리가 되기 쉽다. 특히 현대와 같이 바쁜 세상에서는 알맹이 없이 장황하기만 한 사설

(辭說)은 독자의 환영을 받기가 매우 어렵다.

밀도와 함축이 중요한 것은 시(詩)의 경우만이 아니다. 수필의 경우에도 밀도와 함축에서 오는 긴장감이 따라야 독자는 시간 가는 줄 모르고 끌려간다. 밀도가 높고 함축이 풍부한 글을 쓰자면 잔가지를 쳐버리고 말을 아껴야 하며, 때로는 앞을 내다보고 뒤를 돌아보며 구상도 해야 한다. 그러나 글의 밀도와 함축을 위하여 지나치게 생략하거나 함부로 상징적 언어를 남용하면 뜻이 제대로 전달되지 않는다. 시가 아닌 산문에서는 의미의 명확한 전달을 매우 중요하게 생각하는 것이 일반적 경향이다.

소질이 특출한 사람 가운데는 예외도 있을 법한 일이나, 일반적으로 말하면, 생각나는 대로 붓 가는 대로 써 내려가서 좋은 글을 얻을 수 있는 것은 수필가로서 원숙한 단계에 이른 뒤의 일이다. 처음에는 얼개를 구상하고 말을 골라 가며 아껴서 쓰는 노력을 꾸준히 해야 한다고 보는 것이 옳을 줄 안다.

그러나 나는 도리어 반대의 순서를 밟으며 수필을 써왔다. 젊었을 때는 생각에 떠오르는 대로 겁도 없이 함부로 글을 썼다. 머리에 떠오른 생각을 버리는 것이 아까워서 모두 원고지에 옮기곤 하였다. 그 결과로서 활기와 재기가 넘쳐 보이는 글을 더러 얻기도 했으나, 좀 수다스러운 글을 많이 쓴 결과가 되었다.

1970년대 말기에 서예가 김태정(金兌庭) 씨와 글씨에 대해서 이야기를 나눈 적이 있다. 그때 그는 김사달(金思達) 씨의 글씨를 평하면서 잘 쓴 글씨이기는 하나 재주가 너무 드러난 것이 흠이라는 말을 하였다. 아마 그 말은 김태정 씨 개인의 의견이라기보다는 옛날부터 내려오는 서예의 전통을 반영한 동양의 지혜의 일단이라는 느낌이 들었다.

재주가 겉으로 드러나는 것이 바람직하지 않다는 말은 수필의 경우에도 타당성을 가질 것이라는 생각이 들었다. 그리고 나는 수필을 쓰면서 재주를 부린 적이 많다는 뉘우침을 갖게 되었다. 남이 깜짝 놀랄 글을 쓰고 싶다는 충동에 사로잡힌 적이 적지 않았던 것인데, 그것이 경박한 소치라는 생각이 들었다. 이러한 생각은 나의 후기의 수필에 다소간 영향을 주었다. 처세에 있어서나 언어에 있어서나 절제를 미덕으로 여기는 동양의 전통이 진정 옳은지에 대해서도 의문을 제기할 여지가 있을 것이나, 나는 나이가 들면서 스스로 절제하는 방향으로 기울었다.

내 딴에는 잘된 수필이라고 생각하며 은근한 만족을 느끼고 있는 글이 독자들에게는 별다른 인상을 심어 주지 못하는 경우가 있다. 수필을 평가하는 기준의 차이로 인하여 그와 같은 불일치가 생기기도 하겠지만, 나의 의도가 독자들에게 충분히 전달되지 못한 까닭에 그렇게 되는 경우도 있다. 1962년 말에 발표한 「새벽」과 1974년 말에 발표한 「대열(隊列)」은 뜻의 전달이 미흡한 까닭에 관심 밖으로 밀려난 작품의 대표적인 것이라고 생각된다.

저 두 작품은 모두 꿈 이야기를 소재로 삼은 글이다. 꿈은 보통 희미하고 깬 다음에 기억을 되살리기가 어려운 것인데, 어쩌다 아주 선명하게 기억되는 것이 있다. 저 두 수필의 소재가 된 꿈은 모두 선명하게 기억에 남았을 뿐 아니라 총천연색 꿈이었고, 그 내용에 암시하는 바가 크다고 생각되어서, 곧 붓을 들어서 기록에 남겼던 것이다. 두 수필의 소재가 된 그 꿈들의 공통점은 그것들이 내 마음의 갈등과 깊은 관계가 있다는 것과 꿈속에서 또 꿈을 꾼 겹꿈이었다는 사실이다.

해방 이후부터 1960년대 초반에 이르는 기간 동안에 나는 내가 모순되고 불합리한 사회구조의 혜택을 받고 있다는 죄책감 비슷한 것을 느끼며 살았다. 힘들고 고통스러운 육체노동에 종사하는 사람들은 기아에 허덕이고 있는데, 책장이나 넘기고 붓대나 놀리며 시간을 보내는 나는 비교적 편안한 생활을 하고 있다는 사실에 대하여 미안하고 떳떳하지 못하다는 생각을 금치 못했던 것이다. 「새벽」의 소재가 된 꿈은 그러한 마음의 갈등을 반영한 것임에 틀림이 없다. 그러한 심리의 배경을 글 속에 밝혔다면 독자들의 이해에 큰 도움이 되었을 것이다. 그러나 그러한 설명적인 문단을 집어넣으면 긴장감이 없어지고 글도 맛도 떨어질 것 같아서 굳이 그렇게 하지 않았다.

1970년대에 접어든 뒤에는 또 한 가지 갈등이 추가되었다. 4·19 이후에 대학은 공부하는 곳이기보다는 정부를 비판하고 성토하는 마당으로서의 인상을 강하게 주었지만, 처음 한동안 나는 학생들의 '운동'을 긍정적으로 보는 견지를 취하였다. 그러나 학생들의 '운동'이 과격한 양상을 띠면서 좌경의 색채를 드러내기 시작하자 나는 이러지도 저러지도 못하고 엉거주춤하게 되었다. 군사정권과 학생들 사이에 끼어서 어느 편도 들 수 없는 맹랑한 처지에서 오는 갈등 속에 살았다. 「대열」의 소재가 된 꿈은 그러한 갈등이 무의식 속에서 작용한 것으로 분석되거니와, 그 심리적 배경을 수필 속에 설명할 자리가 마땅치 않아서 생략하였다. 배경의 설명이 없어도 그 당시의 독자들에게는 뜻이 어느 정도 전달되었을 것으로 생각되나, 내 마음의 갈등을 직접 그리지 않고 꿈의 상징으로 대신한 점이 전달의 힘을 약화시킨 것이 아닐까 한다.

안으로부터의 충동을 느끼는 바 있어서 체험이나 사색을 기록으로 남기는 것도 보람된 일이지만, 남이 쓴 좋은 수필을 읽는 것은 더욱 즐거운 일이다. 바쁘게 돌아가는 세상이기는 하지만, 그래도 시간이 남아서 지루할 때가 있다. 약속 시간에 맞추어서 떠났는데 의외로 교통의 소통이 잘되어서 너무 빨리 목적지에 도착했을 경우라든지 상대편이 약속 시간에 나타나지 않을 경우에 그 기다리는 시간이 지루하다. 비행기의 탑승을 기다릴 때도 지루하고 기차 안에서도 지루함을 느낄 때가 있다. 그런 자투리 시간을 메우기에 가장 알맞은 것이 짤막한 수필이며, 다행히 좋은 수필을 만나게 되면 조용한 즐거움에 스스로 미소를 짓게 된다. 간혹 흥분에 가까운 감동을 받을 때도 있다.

수필을 읽는 즐거움이나 감동은 그것을 쓴 사람의 글솜씨에서 오기도 하고 그의 인품에서 오기도 한다. 간결하면서도 미감(美感)을 흔드는 문장 또는 해학적이면서도 저속하지 않은 문장은 산뜻한 즐거움을 준다. 그리고 자신의 내면세계를 진솔하게 보여주는 글이나 어려운 세월을 살아온 연륜 속에서 스스로 무르익은 인품의 편린(片鱗)을 엿보게 하는 글은 은은한 감동을 준다. 그러나 흔해빠진 미사여구는 지루함을 더할 뿐이며, 교묘한 언어로 자기자랑을 늘어놓은 글은 독자로 하여금 곧 책을 덮게 한다.

좋은 수필을 읽는 시간은 다른 오락이 대신하기 어려운 기쁨을 준다. 그러나 좋은 수필과 만난다는 것이 결코 쉬운 일은 아니라는 점에 문제가 있다. 요즈음 수필 인구의 저변이 확대되어 수필을 실은 책들이 홍수를 이루고 쏟아져 나온다. 그러나 그 가운데서 신성 수필다운 수필과 만나기는 쉬운 일이 아니다. 일전에 텔레비전에서 수석(壽石)의 아름다움을 소개하는 내용을 방영했을 때, 강변에서 수석을 찾는 사람들의 모습을 보면서, 돌의 세계와 수필의 세계에 비슷한 점이 있을 것 같다는 생각을 하였다.

좋은 수필을 얻기 어려운 이유의 하나는 좋은 소재를 발견하기가 쉽지 않다는 사실이다. 음식 만드는 솜씨가 뛰어난 조리사도 좋은 재료가 없으면 그 솜씨를 발휘할 재간이 없듯이, 저명한 수필가로 알려진 문필가도 마땅한 소재를 얻지 못하면 좋은 작품을 내놓을 묘책이 있을 수 없다. 수필이라는 것은 특수한 경우를 제외하고는 자신의 체험을 소재로 삼기 마련인데, 수필거리로서 적합한 체험이 그리 많지 않은 것이 우리들의 일상이다.

40대 또는 50대까지는 주옥같은 수필을 잇달아 내놓은 사람이 노년을 맞이한 뒤에는 별로 신통한 작품을 선보이지 못하는 경우가 흔히 있다. 필력이 떨어져서 그렇게 되는 경우도 있겠지만, 수필의 소재가 고갈한 탓으로 그렇게 되는 사례가 더 많다. 어린 시절 또는 청소년기에 겪었던 체험은 이미 모두 소재로 사용하였고, 노년 이후에는 색다른 체험을 가질 기회가 점차 줄어드는 까닭에, 늙은 뒤에 수작(秀作)을 내놓기가 어려운 것이 아닐까 한다.

좋은 소재를 가지고도 변변치 못한 작품만 열심히 내놓는 사람이 있다. 수필을 쓰기 위해서도 기본 이론에 대한 공부는 필요한 법인데, 그 기초 공부가 덜 된 상태에서 너무 성급하게 작품을 발표하고자 서두를 때 좋은 소재를 낭비하는 결과가 되기 쉽다. 빨리 여러 편의 수필을 발표하여 그것들을 묶어서 한 편의 수필집을 자비로라도 출판하려고 서두르는 사람들을 흔히 본다. 그러나 수필은 '대기만성'이라는 옛말이 가장 잘 적중하는 분야임을 마음에 새기고 느긋하게 임하는 편이 바람직하다.

남의 체험과 상상력까지도 자유롭게 동원할 수 있는 소설이나 시는 능력만 있으면 얼마든지 만들어 낼 수가 있다. 그러나 수필은 자신의 체험의 테두리를 벗어나서는 안 된다는 제한 때문에, 소재의 결핍이라는 벽에 부딪친다. 이 벽을 거부하는 가장 쉬운 방법은 수필에서도 허구(虛構)의 도입을 허용 내지 권장하는 길이다. 요즈음 수필에 열중하는 사람들 사이에서 이 길을 택하는 사람들이 실제로 나타났고, 이에 대한 찬반 양론이 활발하게 전개되기도 하였다.

허구의 문제를 둘러싼 찬반 양론에는 각각 일리가 있다는 생각이 든다. 다만 수필의 근본적 매력은 필자의 내면세계에 대한 진솔한 기록이라는 점에 있다는 사실만은 잊지 말아야 할 것이다. 상상력으로 꾸며 낸 이야기로 가득 찰 때, 이미 수필로서의 특색은 달아나고 말 것이다. 그런 뜻에서, 허구의 도입을 적극적으로 권장하는 주장에 대해서는 선뜻 찬동하기가 어렵다.

그러나 여기서 '허구'라는 말을 넓게 이해하여 사실과 조금이라도 다른 것은 모두 '허구'라고 보는 견해는 지나친 자승자박을 가져올 뿐이다. 사람의 기억에는 다소의 착오가 생기기 쉬우므로, 한치의 어긋남도 없이 사실대로만 기록한다는 것은 일반적으로 매우 어려운 일이다. 그리고 있는 그대로를 숨김 없이 털어놓을 때 남에게 본의 아닌 피해를 줄 수 있다는 점도 무시할 수 없다. 또 수필의 묘미를 위해서 가끔 삽입하는 해학에는 다소의 과장이 따르기 마련이라는 사실도 고려에 넣어야 할 것이다.

수필을 문장으로 묘사한 자화상이라고 볼 때, 어떤 초상화가 가장 예술성이 높은 초상화인가를 생각하게 된다. 사진에 가까울수록 좋은 초상화라고 말하는 미술평론가는 많지 않을 것이다. 모델이 된 사람의 모습을 평면적으로 묘사한 그림보다도 그의 개성과 특색을 생생하게 나타낸 그림을 더욱 높이 평가하는 경우가 많다. 그리고 개성과 특색을 강조하다 보면, 다소는 화가의 주관적 해석이 들어가기 마련이다. 그 가장 심한 경우가 저명인사를 그린 만화라고 보아도 무방할 것이다.

그러나 딴사람을 그려 놓았다면 그것은 좋은 초상화가 아니다. 너무 뚱뚱한 것이 마음에 들지 않는다고 날씬하게 그려서는 안 되며, 미인이 아닌 사람을 절세미인으로 그리는 것도 허용될 수 없다. 거짓은 초상화를 살리기보다는 죽이는 편으로 작용할 것이다. 화가의 주관은 거짓이 아닌 범위 안에서만 허용된다. 수필의 경우에도 비슷한 논리가 성립할 것으로 생각된다.

소재의 제한을 크게 받는 까닭에 수필은 양산(量産)이 어려운 영역이다. 양산이 어려운 까닭에, 수필의 원고료만으로 생계를 유지하기는 어려운 일이다. 원고료에 애착을 가지면 타작을 양산할 가능성이 높다. 수필은 여가를 위한 도락으로서는 적합하나 생계가 달린 직업으로 삼기에는 어려움이 많은 영역이다.

24장 철학문화연구소의 창설

1. 숙원 사업의 작은 시작

1972년 어느 날 크게 난 신문 광고가 나의 관심을 끌었다. 삼성문화재단 이사장 이름으로 낸 그 광고의 요지는 도의문화(道義文化)에 관한 저술을 현상 모집한다는 내용이었다. 나는 그 당시 한국인의 가치관의 문제에 매달려 있었고, 그동안 생각해 온 바를 정리하면 그 현상 모집의 취지에 맞는 논문 한 편을 얻을 수 있으리라는 생각이 들었다. 별로 망설일 것도 없이 바로 원고를 쓰기 시작했고, 비교적 짧은 시일 안에 탈고를 보게 되었다.

논문은 원고지로 350장이 좀 넘는 길이의 것이었고, 제목은 「우리들의 가치 의식과 한국의 장래」라고 붙였으며, '새 인간상의 좌표를 위한 시론'이라는 부제까지 달았다. 한글을 전용하지 않고 한자도 여기저기 섞어서 쓰고 있다. 남의 글을 인용한 대목은 별로 없으나, 가끔 주(註)를 달고 있다. 학술 논문 같은 인상을 주고 싶었던 것이 아닐까 한다.

논문 원고를 우편으로 제출하고 꽤 여러 날 지난 뒤에 삼성문화재단 사무실로부터 전화가 걸려 왔다. 원고를 잘 받았다는 말이 먼저 있었고, 그 다음에 심사위원이 나보다 젊어도 무방하겠느냐는 문의가 있었다. 후배가 선배의 논문을 심사하는 것을 결례라고 생각하지 않느냐는 뜻이었다. 나는 그것이 무슨 상관이겠느냐고 가볍게 대답하고 전화를 끊었다. 전화를 끊고 나서 약간 불안한 생각이 들었다. 내가 그 현상 모집에 응모하기에는 너무 늙은 것이 아닌가 하는 불안감이 든 것이다. 쉽게 말해서, 나는 심사를 할 사람이지 심사를 받을 사람으로서는 걸맞지 않은 연배가 아닐까 하는 생각이 스쳤던 것이다.

논문을 제출할 수 있는 사람의 자격을 연령이나 학력으로 제한하지 않았고, 원고료 명목의 현상금이 그 당시로서는 거액인 백만 원이었다. 나는 그것이 기성 학자들의 투고를 기대한 현상 모집이라 생각하고 원고를 제출했던 것인데, 전화를 받고 나서는 내가 스스로 체통을 깎는 짓을 한 것도 같다는 느낌이 들기 시작했다. 그러나 원고를 되돌려 달라고 소란을 피우면 꼴이 더욱 우스워질 것 같았고, 다만 다른 기성 학자들의 응모가 많기만을 바랄 뿐이었다.

내 논문이 당선작으로 뽑혔다는 것을 제일 먼저 알려 준 사람은 이규호 교수였다. 나보다 나이가 젊은 심사위원이 바로 이규호 교수였던 것이다. 그의 전화 연락이 있은 뒤에 며칠이 더 지났을 때 삼성문화재단 측에서 이종복 선생이 집으로 찾아왔다. 당선을 정식으로 알리기 위해서였다. 우편으로 알려도 될 것을 일부러 사람까지 보낸 것은 내가 직접 시상식장에 나가겠다는 것을 확약받기 위해서였을 것이다. 시상식은 1973년 1월 말경에 있었다.

원고료 또는 부상의 명목으로 받은 백만 원은 그 당시의 내 안목에는 아주 큰돈으로 느껴졌다. 가장 뜻있게 이 돈을 쓰는 길이 무엇일까 하고 궁리를 하고 있었을 때, 이석희 형이 만나자고 하였다. 내가 받게 된 상금을 뜻있게 사용하는 방안을 제시하기 위해서 만나자고 한 것이며, 만난 곳은 명륜다방이었다고 기억한다. 이석희 형의 제안은 비교적 간단했다. '철학연구회'를 위한 기금으로 내놓으라는 것이었다. 그러나 나는 그보다는 좀 더 뜻있는 길이 있을 것 같아서 선뜻 마음이 내키지 않았다. 나는 그 돈으로 조출한 공동 연구 기구를 만들 수 없을까 하는 생각을 하고 있었던 것이다.

상설 연구 기관을 만든다기보다는 하나의 큰 주제를 대상으로 삼는 한시적(限時的) 공동 연구를 수행할 생각이었다. 그 당시 내가 막연하게 머릿속에 가지고 있던 연구 과제는 한국인의 바람직한 의식구조와 한국의 바람직한 사회구조를 연관시켜서 탐구하는 문제였다. 이 방대한 문제를 단독으로 다룰 수는 없다고 생각했던 까닭에, 5-6명 내지 7-8명의 공동 연구를 구상하게 되었던 것이다.

백만 원이 그 당시로는 큰돈이었다 하더라도 그것만을 가지고 큰 규모의 공동 연구가 가능하리라고는 생각되지 않았다. 적어도 3백만 원쯤은 있어야 무엇인가 시작할 수 있으리라는 생각이 들어서, 2백만 원을 더 만들어야 된다는 계산이 나왔다. 그 3백만 원이라는 숫자도 어떤 치밀한 계산에서 나온 것은 아니며, 그저 막연한 직감으로 그렇게 생각한 것에 지나지 않는다. 그보다도 내가 받은 백만 원을 씨돈으로 삼고 2백만 원쯤은 더 만들 수 있을 것이라는 기대를 근거로 3백만 원이라는 숫자가 나왔다고 보는 편이 더욱 정확할 것이다.

더 만들 수 있다고 생각한 2백만 원 중 백만 원은 삼성문화재단에서 얻어낼 심산이었고, 나머지 백만 원은 우리 형님에게 부탁드릴 요량이었다. 문화사업을 위해서 만들어진 삼성문화재단의 창립 취지에 비추어 볼 때, 내가 구상하고 있는 연구 과제에 대해서 그 정도의 지원은 해주는 것이 당연하리라고 내 멋대로 결론을 내렸다. 그리고 그 당시의 우리 형님에게는 어느 정도 돈의 여유가 있었고, 동생이 하는 뜻있는 연구 사업에 등을 돌릴 분은 아니라고 짚었던 것이다.

삼성문화재단의 이사장은 이병철(李秉喆) 회장이었지만, 그 재단 일을 실제로 맡아서 한 사람은 서울대학교의 교수직을 사임하고 삼성 산하의 요직을 맡았던 홍성유(洪性有) 박사였다. 아주 가까운 사이는 아니었지만 면식은 있었기에, 그를 찾아가서 단도직입으로 백만 원의 지원을 부탁하였다. 삼성문화재단에서 상금으로 받은 돈을 가장 뜻있게 쓸 수 있도록 도와달라는 것이 내 부탁의 요지였고, 연구 결과가 흐지부지되는 일은 결코 없을 것이라는 말도 하였다.

홍성유 박사는 나의 계획이 매우 뜻이 크다고 하며 긍정적 태도를 보이는 듯하였다. 연구 계획이 구체화되면 적극적으로 밀어 줄 것이라는 인상을 받고 밝은 마음으로 일단 돌아왔다. 돌아와서 이번에는 형님에게 연구 계획을 대략 말씀드리고, 소요 경비 3백만 원 가운데서 백만 원만 도와달라는 말까지 하였다. 형님도 그런 일을 위해서라면 도와주겠다고 반승낙은 하였다. 다만 당장에 그만한 현금이 준비되어 있지 않다는 단서가 따랐다.

홍성유 박사가 궁금하게 여긴 것 가운데는 공동 연구에 참여할 학자들이 누구인지 하는 것이 있었다. 그를 만난 석석에서 몇 사람의 이름을 거론하기는 했지만, 내가 함께 연구하고 싶은 사람들의 승낙을 받기 전에는 장담할 수 없는 일이었다. 우선 공동 연구에 참가할 사람들과 자리를 같이하고 기초적인 상의를 할 필요가 있다고 생각되어서, 나는 4-5명의 학자들을 혜화동에 있던 우리 집으로 초대했다. 그때 우리 집에 모였던 사람들 가운데 확실하게 기억에 떠오르는 사람은 차인석(車仁錫) 교수뿐이고, 다른 사람들은 어렴풋한 짐작이 있을 뿐이다. 다만 한 가지 분명한 것은 그때 모였던 모든 사람들이 내 구상에 대해서 적극적으로 찬성했다는 사실이다. 나에게만 돈 걱정을 시켜서 미안하다는 말을 한 사람도 있었다.

연구 진영이 어느 정도 갖추어졌다는 이야기를 가지고 또 홍성유 박사를 찾아갔다. 남에게 돈 이야기를 한다는 것이 결코 쉬운 일이 아니어서, 처음에는 이런 이야기 저런 이야기 잡담을 좀 하다가, 나의 연구 계획에 대해서 뜻을 같이할 쟁쟁한 학자들이 적지 않다는 이야기를 끄집어냈다. 홍 박사는 내 이야기를 듣기만 하고, 가타부타 자기의 의견은 분명히 말하지 않았다. 경제적 지원을 해주고 싶은 생각이 있기는 하나, 좀 더 생각할 시간을 달라는 식으로 어물어물해 두는 것이었다.

당장에 돈을 내놓으라고 떼를 쓸 성질의 일도 아니기에 다시 찾아오겠다는 말을 남기고 돌아섰다. 홍 박사는 떠나가는 나에게 언제나 여유 있는 모습으로 악수를 청했고, 나는 언제나 나의 초라함을 의식하며 어깨가 축 늘어졌다. 다시는 이 사람을 찾아오지 말아야겠다고 속으로 다짐을 한 적도 있었다.

그러나 아주 단념하기도 어려운 상황이었다. 우선 홍 박사는 사태를 보아 가며 돈을 줄 수도 있다는 몸짓이었지, 그 돈을 줄 수 없다고 부러지게 말한 적이 없다. 더구나 나는 친구들에게 공동 연구를 하자고 먼저 제안을 했고, 3백만 원 정도의 연구비는 이미 확보된 것이나 다름이 없는 것처럼 큰소리를 쳐놓고 있었다. 그러니 함부로 단념하기보다는 좀 끈기 있게 노력할 책임을 가졌다고 보아야 한다.

그 다음에도 시청이나 광화문 근처에 나갈 일이 있으면 더러 홍성유 박사의 사무실을 찾았다. 그럴 때마다 홍 박사는 매우 능란한 솜씨로 싫은 소리 한마디 하지 않고 나는 돌려보내곤 하였다. 돈을 줄 수 없다는 말은 한 번도 한 적이 없고 언제나 다소의 희망을 가질 수 있도록 여유 있는 태도를 보인 것이다. 결국 내가 제 풀에 지쳐서 떨어져 나가도록 만들자는 고단자의 수법이라는 것을 알기까지에는 꽤 오랜 세월이 흘렀고, 세월이 흐르는 가운데 석유파동이 닥쳐왔다.

석유파동 바람에 물가가 뛰고 화폐가치가 크게 떨어졌다. 이제는 수중에 3백만 원이 들어온다 하더라도 그것으로 내가 구상했던 공동 연구는 하기가 어려울 것 같았다. 그렇다고 지원금의 액수를 올려서 부를 수도 없는 노릇이었다. 형님에게 돈 이야기를 하는 것은 삼성문화재단에 이야기하는 것보다도 더 거북해서 다시는 입 밖에 내지 않았다. 결국 세월이 문제를 해결한 셈이다.

삼성문화재단에서 상금으로 받은 돈을 뜻있게 쓰겠다고 한 내 말을 세상 사람들은 대개 잊었을 것이지만, 나는 잊을 수가 없었다. 연구 단체를 만들어서 공동 연구를 한답시고 발기회 비슷한 것을 가졌다는 사실을 그때 모인 사람들도 대개 잊었을지 모른다. 그러나 나는 그 일을 잊을 수가 없었다. 제 말에 책임을 지지 못하는 실없는 사람이 되고 말았다는 사실이 늘 앙금처럼 남아 있었다.

우리 형님은 본래 과수원을 경영하던 분이고 충주를 사과의 명산지로 발전시키는 일에 결정적으로 공헌한 분이기도 하다. 조카 형제도 아버지의 영향으로 농사꾼이 되었고, 처음에는 수원과 서울 근교에서 소규모의 과수원을 경영하였다. 그러나 과수원은 소규모로 해서는 경제성이 없다는 것이 형님의 지론이어서, 조카들로 하여금 이천군 부발면에 있는 야산을 개간하여 대규모의 과수원을 만들도록 하였다. 전체 면적이 8만 평 정도 되는 산비탈을 개간한 것이 1963년이고, 묘목을 꽂은 것은 1964년 봄이었다. 과수원 이름은 '죽당농장(竹堂農場)'.

형님의 권고를 따라서 나도 그 죽당농장 일부의 주인이 되었다. 야산을 사들이는 과정에서부터 참여하여 개간을 하고 과수나무를 심어서 키우고 가꾸는 데 들어간 비용의 일부를 소유 면적에 비례해서 부담한 것이 내가 한 일의 전부였다. 쉽게 말해서 비용만 대고 관리는 조카들이 맡아서 해준 일종의 부재 지주였다. 내 명의의 땅 면적은 1만 6천 평 가량이었다.

평당 15원 정도를 주고 산 야산이었으므로 땅값은 얼마 되지 않았으나 매년 들어가는 농자금은 적지 않았다. 그러니 노후를 위한 확실한 대책이라는 믿음을 가지고 열심히 돈을 댔다. 10여 년만 자라면 대학교수 월급과는 비교가 안 될 정도의 수입이 있을 것이라고 하며, 조카들은 그렇게 말하는 근거를 화려한 숫자를 제시하며 밝히기도 하였다.

그러나 실제는 예상을 크게 밑돌았다. 우리 과수원에는 국광(國光) 또는 홍옥(紅玉) 따위의 재래종 사과나무를 주로 심었는데, 부사니 아오리니 하는 따위의 개량 신종이 나타나게 되어, 우리보다 뒤늦게 과수원을 시작한 사람들과의 경쟁에서 밀리게 된 것이 가장 큰 타격이었다. 그뿐만 아니라 전국 각지에 과수원이 너무 많이 생겨서 과일의 생산 과다 현상이 일어났고, 노동력을 공장이나 서비스업 쪽으로 빼앗기는 산업화 바람 속에서 인부를 구하는 일이 해마다 어렵게 되는 추세로 흘렀다.

꿈에 부풀어서 고생을 낙으로 삼고 열심히 일하던 조카들의 사기가 떨어지기 시작했다. 면 소재지의 시골 학교에 보내 가지고는 아이들을 대학에 보낸다는 것이 매우 어렵다는 문제가 당장 발등에 떨어진 불로 의식되었다. 이러한 상황 속에서 조카 형제와 그 가족들은 농촌 생활에 대한 애착을 잃게 되었고, 결국 1983년 가을에 농장을 처분하고 서울로 이사하였다. 나 단독의 힘으로는 과수원을 경영할 수 없는 형편이어서, 내 명의로 되어 있던 부분도 함께 처분하고 말았다.

죽당농장은 그 위치가 큰길에서 멀었던 까닭에 그리 높은 가격으로 팔리지는 않았다. 그러나 내가 무슨 공동 연구를 하겠다며 10년 전에 원했던 3백만원보다는 훨씬 큰돈이 수중에 들어왔다. 나는 그것에 별도로 저축하던 돈을 합쳐서 사당동 3가 25미터 도로변에 백 평 남짓한 땅을 장만했다. 1년 반 앞으로 다가온 정년 퇴직과 때를 맞추어 작은 연구소를 위한 건물을 그곳에 세울 생각을 했던 것이다. 구멍가게 규모의 연구소라도 하나 만들게 되면, 10년 전에 입 밖에 냈던 내 말에 대하여 늦게나마 책임을 지는 셈이 될 것이다. 그리고 그것은 우리나라의 학계 내지 사상계를 위해서 다소 뜻있는 일이 될 것으로 생각되었다.

이번에는 너무 일찍 소문을 내지 않을 생각이었다. 또 무슨 사정이 생겨서 거듭 식언을 하는 결과가 되지 않으리라는 보장은 없었다. 그러나 연구소를 운영하자면 여러 사람의 도움을 받아야 하고, 어떤 연구소를 만들 것이냐에 대해서 남의 의견도 들어 볼 필요가 있었다. 따라서 언제까지나 혼자서만 끙끙댈 일이 아니고, 우선 믿을 만한 사람과 상의도 하고 협력도 구해야 구상이 구체화될 것 같았다.

가장 먼저 떠오른 사람이 이명현(李明賢) 교수였고, 정년퇴임이 임박했을 무렵에 나는 그에게 연구소 설립의 뜻을 전하고 협조를 부탁했다. 이명현 교수는 내 정년퇴임 고별 강연 모임 준비를 위해서 남다른 수고를 아끼지 않은 사람이고, 내가 갑년(甲年)을 맞이했을 때는 그 자신은 이른바 '해직 교수'가 되어 직장 밖으로 떨려난 상태였음에도 불구하고, '회갑 기념 논문집'의 간행과 그 증정식 준비를 위해서 처음부터 끝까지 일을 도맡다시피한 사람이다.

이명현이 나의 관심을 끌기 시작한 것은 그가 서울대학교 철학과 2학년 학생으로 내 강의실에 들어왔을 무렵부터였을 것으로 생각된다. 학부 2학년 정도의 학생이 교수를 긴장시킬 정도의 예리한 질문을 하는 경우는 극히 드문 법인데, 이 친구가 바로 그 예외적인 경우였다. 키가 작달막하고 좀 마른 듯한 체구를 가진 학생 하나가 앞에 앉아서 가끔 질문을 해대는데, 단순한 질문이라기보다는 비판 내지 반론을 겸한 성질의 것이 많았다. 어쨌든 맹랑한 친구라는 인상이었다.

자연히 관심이 끌리기에 도대체 어느 명문 고등학교 출신인지가 궁금하였다. 그런데 알고 보니 고등학교는 문턱에도 못 갔고, 국민학교와 중학교도 다니는 둥 마는 둥 하며 주로 독학을 했다는 이야기였다. 고향은 평북이고 뼈대가 있는 가문에서 출생했으니, 6·25 무렵에 쌍방울 한 세트만 달랑 차고 어린 나이에 월남한 그런 학생이라고 들었다. 이를테면 재능이 뛰어난 입지 전적 젊은이라는 말이다.

입지전적 인물을 좋아하는 편이어서 자연히 서로 만나게 되었고, 이명현 군 측에서도 부모님과 헤어져서 외로운 처지에 있었던 사정 때문인지 또는 본래 사람을 좋아하는 천성 때문인지, 자주 놀러 오곤 하였다. 그가 서울대학교를 졸업하고 공군사관학교에서 군복무에 종사했을 때도 계속 왕래가 있었고, 미국으로 건너가서 브라운 대학에서 유학을 했을 때는 편지 연락이 비교적 자주 있었다.

재주가 뛰어난 사람은 이기적이기가 쉽고 성장 과정을 가난하게 보낸 사람은 이해 계산에 영악스럽기가 쉽다. 그러나 이명현의 경우는 학생 시절이나 유학하고 돌아와서 교수가 된 다음이나 사사로운 이익에 대해서는 오히려 대범한 태도로 일관했다고 나는 생각한다. 호탕한 성격 때문이기도 하겠지만, 굳이 영악스럽게 굴지 않아도 경쟁에서 이길 수 있다는 자신감에서 보인 여유가 아닐까 한다. 어쨌든 재능이 뛰어나고 때로는 다소 독선적이라는 인상을 줌에도 불구하고, 개인적 이해관계에 집착하기보다는 타인과 사회를 위해서 힘쓰고자 하는 그의 마음가짐에 나는 끌렸다. 끌렸기에 친구가 되었고, 친구로서 믿을 만하고 믿음직하다고 보았던 까닭에, 나 혼자서 결정하기에 벅찬 문제와 부딪쳤을 때는 늘 그와 상의하게 되었다.

연구소 설립에 대한 내 의사를 들은 이명현 교수는 예상대로 적극 찬동하는 반응을 보였다. 나는 남이 써놓은 책에서 문제를 발견하고 그 해답을 또 다른 책에서 찾는 철학 또는 남의 학설에 주석에 달거나 논평을 가하는 따위의 철학이 아니라, 우리들 자신이 삶의 현장에서 부딪치는 생생한 문제를 철학자의 시각을 가지고 직접 탐구하는 연구를 시도할 때라는 의견을 말했고, 이 점에 대해서 이명현 교수는 전적으로 동의하였다.

그러나 그 다음부터는 두 사람 사이에 의견의 차이가 있음을 알게 되었다. 연구소를 차린 다음에 하게 될 구체적 활동 내용에 대해서 이명현 교수는 나와 다른 생각을 가지고 있었던 것이다. 나는 그때까지도 13년 전인 1973년의 생각을 가지고 있었으나, 이명현 교수가 의중에 두었던 '연구'는 나의 그것과는 좀 달랐다. 내 생각은 하나의 주제를 선정하여 그 주제에 대한 공동 연구를 한 다음에 그 결과를 논문집 형식으로 출판하자는 것이었다. 예컨대, 한국의 현실이 안고 있는 분배 정의의 문제를 주제로 선정한다면, 이 주제를 가장 심도 있게 다룰 수 있는 몇 사람이 한 팀을 구성하여 여러 각도에서 접근한다. 전문 분야에 따라서 일을 분담할 뿐 아니라, 대화를 통하여 각자의 생각을 서로 비판하고 수정하는 과정을 거쳐서 공동 연구로서의 실효를 거둘 수 있으리라는 것이 나의 해묵은 생각이었다. 13년 전과 생각이 달라진 것은 영속적 기관으로서의 연구소를 만들어서 여러 주제를 순차적으로 잇달아 연구하자는 점이었다. 13년 전에는 예산이 적었으므로 한두 개의 연구 과제를 다루는 것으로 일단 일을 마무리짓는 쪽으로 생각했던 것이다.

이명현 교수가 하고 싶은 일은 일종의 철학 사상 운동이었다. 쉽게 말해서, 철학 사상을 실은 잡지를 내는 일에 주안점을 두고 있었다. 내가 구상한 '공동 연구'는 사회적 영향력이 미미할 것으로 내다보고, 기왕에 정열을 바쳐서 일을 도모할 바에는 뭔가 화끈한 것을 해보고 싶다는 것이 그의 의향인 것으로 짐작이 갔다. 그러나 나는 그의 생각과 내 생각 사이에 큰 차이가 있다는 점을 드러내서 논의하지 않았고, 두 사람의 생각이 대체로 일치하는 것처럼 이야기를 몰고 갔다.

이명현 교수의 구상과 비슷한 생각을 나도 젊어서 가졌던 적이 있고, 정년이 다가온 그 당시에도 그런 구상에 대한 흥미를 잃지 않고 있었다. 그러나 잡지를 발행하자면 풍부한 자금과 많은 인력이 앞서야 할 터인데 우선 그 자금부터가 크게 부족했다. 내가 구상했던 '공동 연구'는 화끈한 맛은 없더라도 준비된 예산 범위 안에서 하나하나 차분하게 계속할 수 있다는 안정성을 가지고 있었다. 그러나 돈이 부족하다는 점이나 안정성의 문제를 강조하는 것은 이명현 교수에게는 설득력이 없는 논법이다. 돈이라는 것은 벌면 되는 것이고, 안전을 위해서라면 가만히 있는 것이 상책이라고 생각할 것임에 틀림이 없었다. 내가 늙은이다운 소극적 태도로 일관한다면, 이명현 교수는 슬그머니 발을 뺄 사람이었다.

나는 이명현 교수의 의견을 대폭 수용하기로 마음을 돌렸다. 다만 처음부터 일을 너무 크게 벌이지 말고 점진적으로 풀어 나가자는 점을 강조하였다. 우선 처음에는 1년에 두 번만 부정기 간행물 형식의 잡지를 내고, 일반을 위한 철학 공개 강좌를 여는 정도로 일을 시작해 보자는 것이 나의 신중론의 구체적 내용이었다. 그리고 차차 형편이 허락하는 대로 계간지로 발전시키자는 의견의 일치를 보았고, 때를 보아서 철학 용어 사전도 만들고 영문(英文) 철학 잡지도 내자는 이명현 교수의 제안이 있었다.

나는 이어서 황경식(黃璟植) 교수에게도 연구소 설립에 대한 내 뜻을 밝히고 협조를 청했다. 이명현 교수보다 6년 후배인 황경식 교수도 학부 초년생 시절부터 내 강의를 들었지만, 그가 나의 깊은 관심을 끈 것은 학부 4학년경부터였을 것이다. 본래 말이 별로 없는 조용한 학생이어서 눈에 뜨이지 않다가, 존 듀이의 윤리설로 졸업논문을 쓰겠다며 나를 찾아왔을 때부터 개인적으로 잘 아는 사이가 되었다. 석사과정에서 학자로서 대성하리라는 기대를 걸게 하였고, 박사과정으로 진입한 뒤에는 더욱 자주 만나게 되었다. 서울대학교의 교수가 된 뒤에도 내가 맡은 대학원 강의 시간에는 함께 참석해서 수업 분위기에 활기를 보태 주곤 하였다.

황경식 교수는 두뇌가 명석하고 초년 고생을 했다는 점에서는 이명현 교수와 비슷하나, 두 사람의 성격은 여러모로 대조적이다. 황경식 교수는 매우 침착한 성품이어서 자기 말을 하기에 앞서서 남의 말부터 참을성 있게 듣는다. 남의 말이 틀렸다고 생각될 때에도 일언지하에 반대하거나 핀잔을 주는 일이 없다. 그렇다고 속으로는 반대하면서 겉으로는 찬성하는 척 표리가 다른 언행을 하지도 않는다. 생각이든 정(情)이든 마음속에 간직해 두었다가 꼭 필요하다고 생각할 때 더러는 매섭게 더러는 따뜻하게 그것을 겉으로 드러낸다. 황경식 교수를 높이 평가하는 어떤 동학이 그를 "우리 주변에서 가장 두려운 사람"이라고 말하는 것을 들은 적이 있다.

황경식 교수도 연구소 설치에 대한 내 구상에 대해서 찬동하였다. 특히 윤리학자로서 우리나라 현실 문제에 대하여 평소에도 많은 의견을 나눈 바 있으므로, 긴 설명을 할 필요도 없이 함께 연구소를 위해서 일하기로 원칙적인 양해가 성립하였다. 그는 앞으로 할 연구소 사업에 대해서 자기의 의견이나 주장을 내세우지 않고, 그저 이명현 교수와 나의 대화를 통해서 얻어진 기본 방향에 대한 설명을 듣고만 있는 태도를 취하였다. 그러나 결코 일 자체에 대해서 회의적이거나 소극적인 것으로는 보이지 않았다.

되도록 소문이 퍼지지 않기를 원했지만, 자연히 말이라는 것은 입에서 입으로 옮겨 가기 마련이다. 서울대학교 철학과 교수들 사이에 말이 퍼졌고, 다른 과 교수들 귀에도 그 소문이 들어갔다. 그러나 내가 받은 인상으로는 그 이야기가 반드시 좋은 옷을 입고서 돌아다니는 것 같지는 않았다. 한마디로 말해서, 대체로 회의적인 시선으로 나의 의도를 바라보고 있다는 느낌이 들었다. 나를 아끼는 사람들도 격려하기보다는 신중하게 하라는 조언을 주는 경우가 많았다. 어떤 동료는 연구소 대신 서울대학교 안에 터를 얻어서 '철학 도서관'을 지으라고 권고하였고, 경제학과 어떤 교수는 연구소를 하더라도 사무실을 따로 만들지 말고 서재를 겸해서 쓰라고 충고하였다. 정년퇴임 뒤에는 조신하게 조용히 은퇴할 일이지 왜 주제넘게 건방을 떠느냐고, 그렇게 솔직하게 말해 주는 사람은 없었다.

잡지를 발행하고 철학 공개 강좌를 여는 등 철학에 관한 연구소를 성공적으로 운영하자면, 여러 철학자들의 적극적 협조가 있어야 한다. 그러나 한국이라는 사회에서 동업자끼리 광범위하게 협동하기란 쉬운 일이 아니라는 것이 우리들의 상식이며, 특히 개성이 강하고 개인의 독립성이 강조되는 학자 사회에서는 그것이 더욱 어려울 것으로 예상되었다. 학회 활동과는 달라서, 어떤 개인이 만든 연구소를 중심으로 여러 철학자들이 협동하는 데는 만만치 않은 어려움이 따를 가능성이 있다고 생각되었다.

오늘의 한국은 만사에 의심이 많은 세상이다. 현실 문제를 다루는 철학 연구소를 만든다는 소문은 특히 난처한 의혹을 부를 소지가 있다. 근래에 철학이라는 학문이 이데올로기와 깊은 관계를 가질 수도 있다는 사실이 부각된 마당에서 철학적 문화 운동을 꾀한다고 할 때, 사람들은 우선 어떤 이데올로기를 옹호하고 나올 것인가를 궁금히 여기며 의혹의 눈으로 바라볼 가능성이 있다. 급진적 성향을 가진 젊은이들은 '보수 반동 세력'을 옹호하기 위한 앞잡이가 아닌가 의심하며 자금의 출처를 편리한 대로 추측할지도 모른다. 정부나 여당 측에서는 그 반대의 시각에서 예의 주시하며 범법의 꼬투리를 잡으려고 은밀한 조사의 그물을 칠지도 모른다.

이런 걱정 저런 궁리를 하는 가운데 세월만 사정없이 흘러갔다. 좋게 말하면 신중을 기한 것으로 볼 수도 있겠지만, 돈도 달리고 사람도 부족해서 꾸물거렸다고 보는 편이 정확한 회고일 것이다. 꾸물거리는 가운데서도 이명현과 황경식 두 교수와는 종종 만나서 의견을 나누었고, 의견의 나눔을 통하여 몇 가지 기본 원칙을 세웠다. 기본 원칙의 어떤 것은 소극적 성질의 것이었고, 그 나머지는 적극적 성질의 것이었다.

첫째로, 한국에 이미 여러 개의 철학회가 있는데 또 하나의 철학회를 만들었다는 비난을 듣지 않도록 조심하기로 하였다. 바꾸어 말하자면, 옥상옥(屋上屋)을 짓는 결과가 되지 말 것은 물론이요, 그런 오해도 받지 말아야 할 것이었다. 그런 오해를 받게 되면 많은 철학자들의 협력을 얻기가 어려울 뿐 아니라, 철학계 안에 파벌을 조성했다는 오해까지도 추가될 염려가 있었다. 기존의 여러 철학회로서는 하기 어려운 일을 가려서 하게 될 연구소를 만들자고 우선 의견을 모았다.

둘째로, 우리들의 철학 운동이 넓은 의미의 정치적 의의를 간접적으로 함축하는 일은 피할 수 없다 하더라도, 직접 하나의 정치 이데올로기를 앞세우거나 이를 옹호하는 거동은 삼가는 편이 바람직하다는 의견을 나누었다. 이데올로기의 문제를 다루지 말자는 뜻이 아니라, 선택된 하나의 이데올로기를 위한 시녀(侍女) 노릇을 피해야 한다는 뜻이다. 우리 철학 운동에 가담하는 사람들이 각자의 신념을 따라서 하나의 이데올로기를 선호하거나 옹호하는 것은 막을 수도 없고 막아서도 안 될 자유의 권한이다. 우리가 앞으로 발행하고자 하는 잡지에서는 정치적 신념이 서로 다른 사람들의 글이나 말을 폭넓게 소개하되, 연구소로서 하나의 이데올로기를 일방적으로 옹호하는 일은 삼가기로 하였다.

이데올로기의 난립과 그 갈등 상황이 오래 지속하여도 좋다는 뜻은 아니었다. 지금은 난립 상태에 있는 상반된 이데올로기들이 장차 한 단계 높은 차원에서 하나의 길로 모이기를 우리도 바라는 바이며, 우리의 철학 운동이 앞으로 우리 겨레의 대다수가 공감하는 새로운 이데올로기를 창출하는 데 도움이 된다면 더욱 다행한 일이 될 것이다. 좀 더 알기 쉽게 말하자면, 분단 상태의 불행 속에서 정치적 갈등과 굴절을 반영해 가며 남과 북에서 각각 세력을 얻은 이데올로기 가운데 어느 하나를 선택하여, 통일을 내다보는 우리 민족의 내일을 위하여 가장 적합한 것으로서 무조건 옹호하고 나서는 것은 철학을 앞세우는 연구소가 할 일이 아니라고 믿은 것이다.

적극적 측면의 기본 원칙으로서는, 우리 연구소가 철학의 전문가와 일반 생활인들 사이를 연결하는 교량의 구실을 하자는 목표를 세운 것이 그 첫째라고 볼 수 있다. 철학은 본래 모든 사람들의 관심사가 되어야 마땅한 것인데, 근래에 철학이 전문화하면서 난해한 표현을 썼을 뿐 아니라 일반인과는 관계가 희박한 학술적인 문제에만 골몰하게 되어, 일반 생활인과는 관계가 없는 철학 전문가만을 위한 철학으로 국한되는 추세를 보여 왔다. 우리나라와 같이 격동기를 맞이하여 어렵고 심각한 문제들과 항상 마주치고 있는 사회에서는 철학이 그 전문가들만을 위한 전유물(專有物)이 되어서는 안 된다는 것이 우리들의 신념이었다. 이에 우리는 일반 생활인과 더불어 철학하는 계기를 만들어 보자고 다짐하였다.

적극적 원칙의 둘째로서 우리는, 남의 철학설에 주석을 달아 가며 매달리는 소매상 내지 소비자로서의 철학에 종사하는 단계를 넘어서서, 우리 자신의 머리와 가슴으로 직접 철학을 생산하는 단계로 올라섬을 꾀하는 새로운 풍토를 조성하는 일을 시작해 보기로 하였다. 남의 나라 또는 옛 시대의 선철들이 이룩한 업적에 대한 연구가 철학을 위해서 생략할 수 없는 과정임을 모르는 바 아니나, 우리도 우리 자신의 철학을 시도할 시점에 이르렀다고 본 것이다.

형이상학이나 인식론 또는 논리학과 같은 순수한 이론 분야에서 우리 자신의 새로운 철학을 창출한다는 것은 현 단계의 우리 수준으로서는 실현하기 어려운 목표라고 보는 것이 상식에 가까울 것이다. 그러나 삶의 현장에서 부딪치는 실천의 문제를 대상으로 삼는 넓은 의미의 철학은 오늘의 한국 철학자로서도 다룰 수 있고 또 다루어야 한다고 생각된다. 우리 한국의 역사적 현실 속에서 발견되는 철학적 문제에 관해서는 오늘의 한국의 현장 속에서 이 문제들과 직접 부딪치고 있는 한국의 지성인들이 오히려 유리한 위치에서 사색할 수도 있을 것이다. 그러므로 우리는 우리의 실천적 현실 문제를 철학적 탐구의 대상으로 삼는 풍토를 조성하자고 의견을 모았다.

또 하나의 철학회를 만들어서 철학계의 파벌을 조성한다는 오해를 미연에 방지하자는 의도는 좋았으나, 그러한 의도가 우리의 일에 기술적인 어려움을 자초한다는 사실이 곧 밝혀졌다. 연구소를 중심으로 철학 운동을 하자면 여러 철학자들의 협조를 얻어야 하거니와, 돈의 힘을 빌리지 않고 자발적 협조를 얻는 가장 쉬운 방법은 뜻이 같은 사람들을 회원으로 영입하는 그것이다. 그러나 회원제를 도입하면 또 하나의 철학회를 만들었다는 오해 내지 비난을 받을 소지가 생긴다. 그러므로 우리는 '회원'이라는 자격을 떠나서 여럿이 함께 협조할 수 있는 어떤 길을 모색해야 하는 형편에 빠지게 되었다.

회원제를 도입하지 않고 개인적 친분을 따라서 일을 추진할 수밖에 없었고, 이 길에는 '끼리끼리 모여서 논다'는 인상이 따르기 마련이었다. 끼리끼리 놀더라도 타인에게 피해만 주지 않으면 그만이라고 보아야 하겠으나, 우리나라의 인심은 공연히 끈끈한 일면을 가지고 있어서, 단순히 그렇게만 보기가 어렵다. 더구나 철학에 관련된 어떤 운동을 단순한 사생활의 문제로 볼 수는 없는 까닭에, 이 경우에 '끼리끼리 놀 자유'가 있다고 생각해 주지 않을 사람들도 충분히 있을 수 있는 일이었다. 여기서 얻은 결론은 남의 이목이나 비난을 두려워해서는 아무 일도 할 수 없다는 그것이었다.

일단 일을 시작하기로 결심한 나로서는 남의 이목이나 비난을 무릅쓰고 나아갈 이유가 있었지만, 내가 하고자 하는 일에 끌려들어 올 사람들의 처지는 좀 다른 것 같았다. 공연히 남의 구설수에 오르는 것보다는 신중을 기하는 편이 상식에 가까운 처세술이다. 그러므로 구상 중인 철학 연구소에 대하여 적극적인 의의와 밝은 전망을 느끼는 사람이 아니면 이 일에 끌려 들어오기를 원하지 않을 것이다. 그래서 내가 하고자 하는 연구소의 구상에 대해서 이 사람 저 사람에게 그 취지를 이야기할 필요가 있었으며, 그 이야기를 듣는 사람 측에서는 내 면전에서 그 일이 무의미하다거나 잘 안 될 것이라고 말하기는 어려운 처지에 놓이게 되었다. 결국 적극적인 찬동을 느끼는 사람부터 동지로서 끌어들여야 할 상황이었고, 비록 적극성은 보이지 않더라도 그의 역량을 빌릴 필요가 있다고 생각되는 사람은 설득을 해서라도 끌어들여야 할 형편이었다.

순수 이론 철학을 전공하는 학자들보다는 실천적 함축이 강한 철학에 종사하는 사람들이 내가 구상했던 연구소에 깊은 관심을 보였다. 또 나와의 개인적 친분으로 인해서 협조의 뜻을 비친 사람도 있었다. 그런 사람들의 일부가 한자리에 처음 공식적으로 모인 것은 아마 1986년 늦가을쯤이었을 것이다. 만난 곳은 구반포의 어느 작은 식당이었으며, 모인 사람들 가운데 확실히 기억에 떠오르는 이름은 소흥렬(蘇興烈), 이명현(李明賢), 심재룡(沈在龍), 황경식(黃璟植), 이한구(李漢龜) 등이며, 이삼열(李三悅), 손봉호(孫鳳鎬) 두 교수도 참석했을 가능성이 있으나 기억이 뚜렷하지 않다.

이날 모임에서는 그동안에 개별적으로 이야기되었던 연구소 설립의 취지 또는 사업의 윤곽 등을 종합적으로 정리하고 확인하는 작업이 이루어졌다. 그 가운데서 가장 큰 논쟁점이 된 것은 연구소의 명칭을 정하는 문제였다. 소흥렬 교수를 위시한 몇 사람은 '윤리문제연구소' 또는 '사회윤리연구소' 등의 이름을 제시하면서 연구 내지 운동의 범위를 윤리 문제에 국한하자고 주장하였다. 그렇게 주장하는 가장 큰 이유는, "저희가 도대체 무엇이길래 철학 전반에 관한 문제를 다루겠다는 거냐?" 하는 일부 철학계의 비난을 미연에 방지하자는 것과, 윤리 문제로 국한해야 연구 내지 운동의 성질과 방향이 뚜렷해진다는 데 있었다.

그러나 이명현 교수는 '윤리' 아닌 '철학'을 고집하였다. '윤리'로 범위를 좁힌 연구소라면 자기는 그 일에 참여하지 않겠다고 강경한 태도를 보였다. 그렇게 고집한 이유는 첫째로, '윤리'라는 말은 한국인에게 크게 매력이 있는 말이 못 되므로 그 말을 내세워서는 그 연구소가 많은 사람들의 관심을 끌 수 없다는 예측에 있었다. 그리고 둘째로, 윤리학을 연구하는 학자들의 수가 적은 까닭에, 윤리 문제에만 범위를 국한할 경우에는 연구 활동의 중추를 이루어야 할 출판 사업을 위한 원고를 얻어 내기 어렵다는 사실도 지적되었다.

두 가지 주장에 모두 일리가 있었다. 연구와 운동의 범위를 윤리 문제로 국한하자는 첫째 안(案)에는 다른 철학자들과의 갈등을 미연에 방지할 수 있는 이점과 구체적 현실 문제를 차분하게 다룸으로써 일이 허공에 뜨지 않도록 할 수 있다는 이점이 있었다. 그러나 '윤리'에만 국한된 발언이나 운동은 진부하다는 인상을 주기 쉬우며 잘된다 하더라도 사회적으로 큰 반응을 일으키기는 어려울 것으로 예상되었다. 그러므로 잘못하면 죽도 밥도 안 될 위험성은 안고 있더라도, 잘만 하면 문화사적으로 큰 의의를 가질 수 있는 '철학운동' 쪽으로 의견이 기울었다. 그러나 연구소의 이름을 확정짓는 일은 좀 더 두고서 생각하기로 하고 일단 헤어졌다.

그 뒤에도 이명현, 황경식 두 교수와는 가끔 만나서 의견을 나누었다. 특히 이명현 교수와는 관악산에 함께 오를 기회가 있어서 그런 기회에도 연구소에 관한 이야기를 나누었다. 이야기만 나누었을 뿐 실천적 행동의 진전은 별로 없었다. 말만 왔다 갔다 하고 꾸물거리게 된 가장 큰 이유의 하나는 현금의 준비가 없었다는 사실 때문이었을 것으로 기억한다. 하여튼 어지간히 꾸물댔다. 성미가 화끈한 이명현 교수가 보기에는 내 태도가 납납하기 싹이 없었을 것이다. 그러나 내색하지 않고 잘 참아 주었다.

여러 가지 의미의 협조를 부탁하기 위해서 좀 더 많은 철학자들과 자리를 같이할 필요가 있다고 생각되었다. 그러한 생각을 따른 첫 번째 모임을 가진 것은 1986년 겨울쯤이었으며, 모인 곳은 동숭동 문리대 자리에 있는 한식집 '수정'이었다. 이 자리에는 그에 앞서 구반포에서 모였다고 확실히 기억되는 사람들 이외에도 이삼열, 손봉호, 길희성(吉熙星), 송상용(宋相庸), 이영호(李英浩), 정대현(丁大鉉), 김영진(金榮振), 남경희(南京熙), 이태수(李泰秀), 엄정식(嚴廷植) 등 모두 17명의 교수들이 참석했다고 기억하되, 기억에 다소의 착오가 있을 가능성도 없지 않다.

이날 모임에서는 앞으로 설립하고자 하는 연구소의 취지와 사업 내용을 대략 설명하고 협조를 구하면서 좋은 의견을 말해 달라는 부탁도 했을 것이다.

나는 같은 설명을 이전에도 여러 번 거듭한 바 있어서 이제는 되풀이하기가 쑥스러운 심정이었고, 이명현 교수가 많은 보충 설명을 했던 것으로 기억하고 있다. 우선 부정기 간행물의 형식으로 『철학과 현실』이라는 책자를 1년에 두 권씩 계속해서 출판할 계획이라는 말도 하고, 원고료의 액수까지도 밝힌 것으로 알고 있다. 모인 사람들의 대부분은 묵묵히 듣고만 있거나, 연구소 설립 취지에 대해서 원칙적인 찬동을 표명하는 정도의 반응을 보였다.

나는 그날 모임을 통하여 많은 협조자를 얻게 되었다고 낙관하면서 밤이 늦기 전에 기분 좋게 집으로 돌아왔다. 그러나 젊은 친구들 가운데는 다시 다방인지 맥주집에 들러서 늦도록 이야기를 나누었다는 말을 후일에 들었다. 그들이 나눈 이야기는 주로 연구소의 성공 가능성을 화제로 삼은 듯하며, 내가 없는 자리에서 나눈 이야기는 주로 비관적이었다는 말이 전해졌다. 원고를 써주면 그 원고료가 과연 나올 것인가 하는 말을 농담 반 진담 반으로 던진 사람도 있다고 들었다. 처음부터 깊이 관여하는 것보다는 어느 정도의 거리를 두고 한동안 관망하는 것이 현명하다고 판단한 사람들도 있었을 것으로 짐작된다.

그런 이야기를 전해 듣고 나는 고독 비슷한 것을 느꼈다. 그리고 남의 웃음거리가 되지 않도록 최선을 다하리라고 스스로 다짐하기도 하였다. 용두사미(龍頭蛇尾)가 되지 않도록 처음에는 일을 작게 시작하여 조금씩 키워 가는 발걸음을 택하는 편이 좋겠다는 생각을 다시 확인하면서 승부를 서두르지 않기로 하였다.

사실은 나에게도 큰 약점이 있었다. 연구소를 운영할 만한 현금의 준비가 부족했다는 사실이다. 사당동 3가에 마련한 대지에 작은 빌딩을 짓기 위해서 모아 가고 있던 돈이 있기는 했으나, 그것을 곶감꼬치 빼먹듯이 사용하면, 빌딩을 지어서 그 임대료로 연구소를 운용하리라던 애당초의 계획에 차질이 생긴다. 설령 빌딩이 완공된다 하더라도 그 임대료만 가지고 잡지를 발행하기에는 어려움이 클 것이라는 계산이 나오고 있었다. 집안에 사정이 있어서 임대료의 일부를 사사로운 목적에 사용해야 할 처지였고, 빌딩을 지을 건축비의 절반 이상을 전세로 미리 당겨서 충당해야 할 형편이었다.

쉽게 말해서, 그 당시의 실정으로는 차인석 교수의 '한국사회과학연구소'가 했듯이 실천 문제에 관한 연구 논문집을 부정기적으로 출판할 수는 있으나, 정기적으로 잡지를 낼 수 있는 예산의 준비가 없는 상태에서 잡지를 내겠다고 광고를 한 셈이다. 그러므로 이 약속을 지키자면 다른 누구의 협조를 얻어야 할 형편이었고, 그 협조의 대상으로서 생각하게 된 것이 문화 사업에 대한 뜻을 가진 출판사였다. 출판사의 신세를 일방적으로 지겠다는 생각은 아니었고, 장기적 안목에서 우리 연구소로서도 출판사를 도울 수 있는 길이 있다는 판단이 섰던 것이다.

그러한 상호 협조의 관계를 맺을 만한 출판인으로서 이명현 교수는 '한길사'의 김언호 사장을 추천하였고, 나는 '자유시대사'의 전태춘(全泰春) 사장을 염두에 누었다. 그 일로 김언호 사장과도 한 차례 만난 적이 있고 어느 정도 긍정적인 이야기를 나누기도 했으나, 여러 가지 사정을 고려한 끝에 전태춘 사장과 인연을 맺기로 결정을 내리게 되었다.

전태춘 사장은 대중 취향의 수상집(隨想集) 부류의 책을 출판하여 많은 베스트셀러를 냈다는 것밖에는 별다른 업적이 없는 출판인이었고, 내가 그를 알게 된 것도 『삶을 어디서 찾을 것인가』라는 에세이집을 그의 출판사에서 낸 것이 계기였다. 그는 사장실을 지키는 대신 직접 발로 뛰는 사장이었고, 내 집에도 가끔 찾아온 적이 있었다. 성격이 쾌활한 편이어서 만나면 이야기를 나누게 되었고, 내가 구상 중에 있던 연구소에 관한 이야기도 자연히 하게 되었다. 그는 나의 연구소 구상에 대해서 호의적인 관심을 표명하였고, 나는 그가 앞으로 단순한 돈벌이를 위한 출판인의 차원을 넘어서서 뜻있는 문화 사업으로서의 출판으로도 나아갈 수 있는 소지를 가진 사람으로 판단하였다.

전태춘 사장이 가지고 있는 '자유시대사'라는 상호는 우리가 발행하고자 하는 잡지 『철학과 현실』을 위한 이름으로서는 부적합하다는 의견이 제시되었다. 이에 '철학과현실사'라는 새 이름의 출판사를 만들기로 하였으며, 이 새 이름의 출판사를 믿을 만한 출판사로서 키우기 위하여 함께 노력하기로 하였다. 이러한 의논을 하는 과정에서 전태춘 사장은 자기의 친동생인 전춘호(全春浩) 씨를 나에게 소개하였고, '철학과현실사'의 사장 자리는 그에게 맡기고 싶다는 뜻을 밝혔다. 나는 전춘호 씨에 대해서는 아는 바가 없었던 까닭에 약간 당혹감을 느끼지 않을 수 없었다. 그러나 그 시점에서 형은 좋으나 아우는 싫다고 하기도 미안한 상황이어서 그 문제를 가지고 긴 말은 하지 않았다.

전태춘 씨는 선대에도 출판업에 종사한 가정의 장남이었고, 현재도 6형제 중의 4형제가 '자유문학사' 와 '자유시대사' 라는 두 출판사를 한 사옥 안에서 함께 경영하고 있다고 하였다. 맏형과 셋째는 각각 출판사 하나씩을 맡고 있으나 출판 사업에 뒤늦게 참여한 둘째 앞으로는 아직 그 몫이 없으므로, 이 기회에 '철학과현실사'를 전춘호 씨에게 맡기고 싶다는 것이 전태춘 씨의 의향이었다. 그러한 사정이었으므로 전태춘 씨에게 새로 생길 출판사의 사장직을 맡으라고 말할 수가 없었고, 뒤에서 맏형이 끝까지 밀어 달라는 부탁만을 누누이 거듭하였다.

2. 사서 고생을 하다

연구소의 이름은 결국 '철학문화연구소'라고 지었다. 황경식 교수의 의견이 채택된 것이다. 우리나라에 철학하는 문화, 즉 깊고 넓고 바르게 생각하는 문화 풍토를 조성하자는 원대한 포부를 나타내고자 한 이름이다. 연구소의 생년월일은 1987년 11월 어느 날로 하자는 심재룡 교수의 의견이 아직 살아 있으나, 그 정확한 날짜는 앞으로 창립을 자축하는 어떤 기념 행사를 하게 될 무렵에 결정된 것으로 짐작한다. 회원제를 전제로 하는 '창립 총회'를 갖지 못했던 까닭에, 연구소의 생일이 불분명하게 되었고 적당한 날짜를 골라잡아도 무방하리라고 생각된 것이다.

1987년 11월은 내가 맡고 있는 '우산육영회(又山育英會)'의 이사장실의 일부를 천만 원의 전세로 우리 연구소가 빌려서 '반쪽 사무실'을 마련한 시기에 해당한다. 그때까지는 사당동에 있던 나의 서재를 비롯해서 여기저기 옮겨 다니며 숙덕공론을 해왔다. '우산육영회'가 그 사무실을 평동에서 방배동으로 옮기게 됨에 따라서 약간 넓은 공간을 사용할 수 있게 되어, 비록 반쪽이기는 하나 명색이 '사무실'이라는 것을 장만하게 되었다. 방배동 지하철역에서 1분 거리인 그 사무실에서 자주 모임을 갖던 그 무렵부터 연구소 사업에 관한 구체적 논의가 활발하게 이루어졌다.

연구소의 첫 사업으로서 우선 1년에 두 번 정도 '무크(mook)' 형식으로 『철학과 현실』이라는 이름의 책자를 발행하기로 하였다. 이 책자에 들어가는 원고를 모아서 편집하는 일까지를 '철학문화연구소'의 편집위원회가 맡고, 그것을 잡지 형태의 책자로 만들어서 독자들에게 보급하는 일은 '철학과 현실사'가 맡아서 한다는 분업의 약속을 실천에 옮기기 시작한 것이다.

그러나 그 첫 작품을 만들어 내는 일이 생각처럼 원활하게 진행되지 않았다. 첫째로 마감 날짜가 지나도 원고가 모이지 않았다. 좋은 잡지를 만들겠다는 욕심에서 우리나라에서는 최고 수준의 필자로 알려진 학자들에게 원고를 청탁했던 것인데, 그들은 모두 일이 많은 사람들이어서 원고 청탁서 한 장 받고 감지덕지 붓을 들 처지에 놓여 있지 않았다. 그들은 대개 많은 글빚을 지고 있는 사람들이었고, 그들의 원고를 받아 내자면 독촉도 하고 애원도 해야 하는 것인데, 그 구실을 제대로 할 사람이 없었다.

편집위원들 가운데 누가 나서서 그 구실을 맡을 형편이 아니었다. 그들 자신이 쓰기로 한 원고의 약속도 지키지 못하는 상태에서 남의 원고를 독촉할 처지도 아니었고, 도대체 원고 독촉 따위의 자질구레한 일을 하는 것은 대학 교수의 신분에 어울리지 않는다고 생각하는 경향이 있었다. '철학과현실사'의 직원 가운데서 원고를 독촉할 만한 사람은 더욱 없었다. '철학과현실사'를 새로 만들었다고 하지만 이 새 출판사를 위해서 잡지 기자의 경험이 있는 직원을 따로 채용한 것은 아니고, '자유문학사'와 '자유시대사'의 일꾼들의 연장선상에서 일을 추진하는 실정이었다. 그런데 '자유문학사'나 '자유시대사'에서 일하는 사람들로서는 교수들을 다그쳐서 원고를 받아 낸다는 것은 엄두도 못 낼 일이었다.

'자유문학사'와 '자유시대사'는 단행본만을 발행해 온 출판사이며, 단행본은 잡지와는 달라서 간행 시기에 별로 구애받지 않는다. 원고가 되면 공장이 덜 바쁠 때 찍어 두었다가 적당한 시기에 서점에 깔아도 무방하다. 특히 전씨 형제들은 원고를 독촉하는 것은 좋은 필자들을 확보하는 데 도움이 되지 않는다는 사실을 잘 알고 있는 사람들이다. 어떤 저명한 필자에게 계약금 명목으로 백만 원을 먼저 주고 3년이 지나도록 독촉은 한 번도 하지 않은 그런 사람들이다. 느긋한 장사에 익숙한 그들로서는 잡지 성격의 『철학과 현실』 원고를 제때에 받아 낸다는 것은 체질적으로 어려운 일이었다.

원고가 모두 들어온 것은 본래의 마감보다 수개월 뒤였다. 그 원고를 인쇄물로 만드는 과정에서도 '철학과현실사'는 느긋한 자세를 견지하였다. 고의적으로 늑장을 부린 것은 아니고 그들의 방식대로 했을 따름인데, 연구소에 관계하는 젊은 교수들 가운데는 불만이 적지 않았다. 더욱 곤란했던 것은 '철학과현실사'의 직원 가운데 철학 잡지의 교정을 볼 만한 사람이 전혀 없었다는 사실이다. 고등학교나 전문대학을 나온 지식 수준으로는 우리 잡지의 원고를 이해하기가 어려웠던 것이다.

교정을 보는 일은 결국 편집위원 중에서 누가 맡아서 볼 수밖에 없는 꼴이 되었다. 마지막 단계에서 가볍게 훑어보는 것이 아니라 일일이 세밀하게 잡아 나가야 했으므로 그 일이 적지 않았고, 한가함에서 거리가 먼 교수들로서는 불평의 이유가 되기에 충분하였다. 자기 원고에 대한 교정을 보는 일도 번거롭게 느껴지기 쉬운데, 남의 원고의 경우에는 그 일이 더욱 짜증스럽다. 짜증은 불평을 부르고 '철학과현실사'에 대한 불평은 나에 대한 불평을 함축하는 것으로 느껴졌다. 그 출판사를 추천한 사람이 나라는 사실은 비밀이 아니었기 때문이다.

제왕 절개 수술을 연상케 하는 산고를 겪어 가며 첫 작품이 나올 때까지 1년 이상의 세월이 걸렸다. 어렵게 얻은 첫 열매라는 뜻으로 대견하기도 했지만, 크게 만족스러운 물건은 아니었다. 편집위원들이나 출판사 측이나 모두 경험이 부족했던 까닭에, 내용도 엉성하고 모양새도 촌티를 벗어나지 못했다. 1988년 3월 2일이 발행일로 되어 있는 이 첫 작품의 '편집 후기'에 다음과 같은 말이 보인다.

> 책을 한 권 꾸며 낸다는 것이 그리 쉬운 일이 아니라는 걸 톡톡히 맛보았다. 재주도 경험도 없이 처음 해보는 일이라 더욱 그랬던 것 같다.
>
> 초산이 어렵다지만, 이 변변치 못한 물건을 하나 세상에 내놓는 데 1년이 훨씬 더 걸렸다.

편집상에도 문제가 있었다. 플라톤의 대화편(對話篇)을 반드시 본받은 것은 아니지만, 철학에서는 대화가 중요하다는 생각에서 좌담회를 두 차례나 열고 그 기록을 실었던 것인데, '대담 1'과 '대담 2'가 차지한 지면이 책 전체의 4분의 1 이상을 차지했다. 대화 자체가 좀 산만하게 되었고, 녹음을 풀어서 정리하는 일에 충분한 시간을 바칠 수 있는 형편이 아니었으므로, 결과는 좀 지루한 읽을거리가 되었다. 그 밖에도 잡지치고는 책 전체가 좀 엉성하다는 인상을 주었다.

그러나 그것은 힘들여서 만들어 낸 첫 작품이라는 뜻에서 우리에게는 매우 대견하고 소중한 물건이었고, 다소 자랑스럽다는 느낌까지 수반하였다. 이 첫 작품의 출현을 세상에 널리 알려야 책을 낸 뜻이 살아날 터인데, 광고에 대담한 투자를 할 수 있는 형편이 아니었다. 하나의 대안(代案)으로서 『철학과 현실』의 창간을 기념하는 공개 세미나를 개최하자는 의견이 나왔다. 학술 세미나를 공개적으로 개최하면, 여러 학자들에게 우리 연구소를 소개하는 기회가 될 뿐 아니라, 신문과 방송에서도 보도해 줄 것이라는 기대를 가졌던 것이다.

'우리 철학의 어제와 오늘'이라는 주제를 내걸고 프레스 센터에서 세미나를 개최한 것은 1988년 3월 5일이었다. 남이 써놓은 책 속에서 문제를 발견하고 책 속에서 해답을 찾는 강단 철학을 벗어나서, 우리의 생동하는 현실 속에서 부딪치는 문제들을 철학적 시각에서 파악하고 우리 스스로의 사색으로서 심도 있는 해답을 구하는 철학의 새로운 지평을 열어야 한다는 우리들의 포부는 상당한 호소력을 가졌다. 여러 신문사 문화부 기자들의 면담 요청을 받았고, 면담 내용은 비교적 크게 보도되었다. 대중매체의 호의적인 협조에 힘입어 그날의 세미나는 예상 밖의 성황을 이루었고, 나는 순조로운 출발을 도와준 여러 사람들에게 깊은 감사를 느꼈다.

'우리 철학의 어제와 오늘'은 『철학과 현실』 창간호의 특집 제목이기도 하였다. 심재룡, 손봉호, 김여수, 이명현 네 교수가 각각 다른 시각에서 이제까지의 우리 철학을 반성하고 앞으로의 과제를 전망하는 논문을 실었고, 그 요지를 세미나에서 발표했던 것이다. 발표자 네 사람이 모두 서울대학교 교수라는 사실이 어떤 오해를 부를 소지가 있었지만, 이미 때가 늦었으므로 그대로 할 수밖에 없었다. 편집을 하는 단계에서 모종의 '안배'를 하지 않으면 자칫 그런 결과를 부르기 쉽다는 것은 뒤에 가서도 여러 번 경험하게 된다.

부정기 간행물로서의 『철학과 현실』은 1년에 두 번 내놓을 계획이었다. 제1집이 1988년 3월 초순에 나왔으니, 제2집은 같은 해 9월 초순쯤 나왔어야 옳다. 그러나 실제로 제2집이 나온 것은 11월 중순이었다. 원고를 써주기로 약속했던 필자 몇 분의 개인적 사정도 있었고, 편집과 출판을 맡은 사람들의 일하는 솜씨가 미숙한 데도 문제가 있었다. 제2집의 출판이 늦어진 책임은 여러 사람에게 있었으나, 주로 비난의 대상이 된 것은 출판을 맡은 '철학과 현실사'의 관계자들이었다. 도대체 성의가 부족하다는 것이다. 고의적으로 게으름을 피우는 것이 아니냐는 의심도 있었다. 공정하게 말하자면, 우리 연구소가 '철학과현실사'라는 출판사를 위해서 해준 것이 별로 없는 상태여서, 우리가 그들에게 크게 불평을 늘어놓을 상황이 아니었다. 그들에게 책임을 물을 수 있는 근거는 우리를 도와주겠다는 약속을 한 데 있었을 뿐이며, '약속'을 지키지 않은 점을 따지기로 말하면 원고를 기일 안에 써주기로 약속을 하고 지키지 않은 학자들의 무책임을 더 지적해야 마땅했다. 그러나 학자들에 대한 불평의 소리는 별로 들리지 않았다. 필자가 원고를 써주기로 약속하고 지키지 않는 것은 흔히 있을 수 있는 일이라고 너그럽게 생각하는 경향이 있는 것일까. '철학과현실사'가 아직은 무명(無名)의 약자였기 때문에 억울한 소리를 들은 적이 없을까 하는 뉘우침이 들기도 한다. 어쨌든 만사에 공정하기란 쉬운 일이 아님을 거듭 체험했다는 인상이 강하게 남아 있다.

『철학과 현실』 제3집이 나온 것은 1989년 6월 하순이었다. 예정보다 두 달 이상 늦어진 셈이다. 책의 겉모습은 조금씩 정돈되어 간다는 느낌을 주었으나, 책의 내용도 점점 좋아져 가고 있다고 단정하기는 어려웠다. 그러나 전체적으로 볼 때 조금씩 자리가 잡혀 가고 있다는 것이 여러 사람들의 의견이었다. 책의 모양이 갖추어짐에 따라서 그 판매 부수도 차차 많아질 것으로 기대했으나, 반드시 그렇게 되지는 않았다. 제1집 때는 재판을 2천 부나 찍었지만, 제2집과 제3집은 초판조차도 반품이 들어오는 실정이었다. 제1집의 경우에는 대중매체의 덕을 크게 보았음을 새삼 느끼게 되었다.

『철학과 현실』의 발행 다음으로 일반 시민을 위한 공개 철학 강좌를 열기로 하였다. '사랑방 철학 강좌'라는 이름으로 일반에게 철학적 사유의 길을 열어 주자는 것이 나의 뜻이었다. 우리들이 현실적으로 부딪치고 있는 문제를 앞에 놓고 이모저모로 생각해 들어가는 사고의 훈련을 시도하자는 뜻이다. 그러나 나는 나의 이 의도를 명백하게 역설하지는 않았다. 강의의 내용에 대해서 지나친 제한을 주지 않는 것이 좋다고 생각했기 때문이다.

제1회 '사랑방 철학 강좌'는 1988년 5월 3일에 시작하여 일주일에 한 번씩 '페스티벌 앙상블' 공개홀에서 열기로 하였다. '페스티벌 앙상블'의 이사장 박은희(朴恩姬) 여사의 호의로 그 장소를 무료로 사용하게 된 것이다. 우리도 사회를 위해서 봉사한다는 뜻으로 수강료는 3개월 동안에 1만 원만 받기로 하였다.

강사를 누구로 하느냐 하는 문제를 놓고 상의하는 모임에서 김용옥(金容沃) 박사가 자진하여 그 일을 맡고 싶다는 적극성을 보였다. 한 사람이 13회를 모두 맡는 것보다는 두 사람 정도가 나누어서 하는 것이 좋겠다고 김용옥 박사가 기선을 제압하였다. '기철학(氣哲學)'을 강의하겠다는 김용옥 박사가 많은 시간을 갖기를 원해서, 그가 열한 번 강의하고 나는 두 번만 하기로 하였다.

첫날 강좌를 내가 맡았다. 준비는 많이 해갔으나 결과는 실패였다. 청중과의 호흡이 전혀 맞지 않은 것이다. 첫날 내 강좌의 제목은 '삶을 설계하는 몇 가지 원칙'이었으며, 나는 청중에게 나의 메시지를 전하고자 하는 데 치중하지 않고, 청중 각자가 스스로 삶의 설계의 문제를 생각하도록 만들기를 꾀하였다. 이를테면 소크라테스의 산파술을 본받은 것이다. 그 의도는 지금 생각해도 옳았다. 그러나 결과는 실패로 돌아갔다.

첫째로 청중이 너무 많았다. 청중 각자로 하여금 생각하도록 만들자면, 문제를 던져 주고 그 문제에 대한 청중의 생각을 들어 본 다음에 그들의 생각에 대하여 다시 내 의견을 말해야 했다. 즉 대화의 방법을 써야 했던 것인데, 실제로 대화를 하기에는 사람들이 너무 많았다. 그래서 내가 던진 문제에 내가 대답하는 방법, 즉 자문자답의 방법을 취한 것인데 이것이 빗나갔다. 나는 청중으로 하여금 나와 더불어 생각하도록 유도하고자 꾀했고, 청중은 강사와 함께 생각하기 위해서 거기에 온 것이 아니라 강사의 이야기를 듣기 위하여 왔던 까닭에, 호흡이 맞지 않은 것으로 분석된다.

나는 "철학이란 무엇인가?" 하는 문제에서부터 이야기를 시작했다. 과거의 철학자들이 이룩한 학설 또는 서술을 연구하는 것이 철학을 공부하는 정도(正道)라는 일반적 견해에 대해서 나는 의문을 제기했다. 만약 선철(先哲)의 학설을 연구하는 것이 철학이라면, 이 세상에 최초의 철학이라는 것이 나올 수 없을 것이다. 최초의 철학자가 나오지 않으면, 둘째와 셋째의 철학자도 나올 수 없을 것이다. 그러므로 선철들의 학설을 연구하는 것 이외에 또 다른 철학의 길이 있다고 보아야 한다.

이런 식으로 나의 강의는 차분하고 논리적으로 전개되었다. 그러나 그날의 상황에는 차분하거나 논리적인 이야기가 어울리지 않았다. 낮은 목소리로 차근차근 접근하기에는 2백 명 가까운 청중의 수가 너무 많았다. 그리고 강의실의 모양이 좁고 길어 뒷좌석의 수강생과 강사의 거리가 너무 멀어서, 부흥회의 목사가 하듯이 감정에 호소하지 않고서는 청중 전체를 장악하기 어려운 상황이었다.

'삶의 설계'의 문제로 화제를 옮긴 뒤에도 나는 우선 "왜 삶의 설계가 필요한가?" 하는 물음을 던졌다. "그때그때의 기분에 따라서 아무렇게나 살면 그만이 아닌가?" 이렇게 반문하고 청중들이 잠시 스스로 생각하도록 유도하였다. 그러나 청중들의 표정에는 별로 반응이 없었다. 뭔가 좀 지루하고 따분하다는 느낌을 가진 듯한 분위기였다. '아차 계산이 틀렸구나' 하는 생각이 들면서 나는 당황함에 흔들리기 시작했고, 그날 나의 강좌는 실패작으로 끝나고 말았다. 그 자리에는 학생 시절에 내 강의를 들었던 철학 교수들이 네댓 사람 참석했거니와, 그들이 이젠 김태길도 한물갔다는 것을 확신하기에 충분할 정도의 실패작이었다.

김용옥 박사의 강좌는 내 경우와 극히 대조적이었다. 박박 깎은 중머리에 두루마기 차림을 하고 등단한 그는 동서고금을 왔다 갔다 하면서 종횡무진으로 좌충우돌하였다. 청중은 넋을 잃었고, 강의는 시간이 지나도 그칠 줄을 몰랐다.

회를 거듭할수록 많은 사람들이 모여들었고, 접수에서는 이미 인원이 찼다며 등록을 받지 않았다. 등록을 받지 않는 것과 입장을 막는 것은 같은 일이 아니었으며, 김용옥 박사는 입석까지도 꽉 들어차기를 희망하였다. 어느새 사랑방 강좌는 무료 공개 강좌로 변하게 되었고, 지정 좌석제가 아니었으므로, 수강료를 낸 본래의 회원이 입석으로 밀려나는 경우도 적지 않았다. 철학문화연구소가 장사를 했다는 오해를 받을 수 있는 상황이 벌어진 것이다.

대성황을 이룬 대가로서 '장내의 질서 문란'이라는 또 하나의 폐단이 생겼다. 청중이 물러간 빈자리에는 담배 꽁초와 먹다 남은 음료수를 담은 종이컵이 나뒹굴었다. 곱게 단장하고 보석처럼 가꾸어 온 음악 연주실이 봉변을 당한 것이다. 페스티벌 앙상블 측으로부터 '곤란하다'는 말을 들은 것은 당연한 불만이었고, 그런 말이 없었다 하더라도 다음 번에 또 장소를 빌려 달라는 부탁을 하기 어려운 모양이 되었다.

1988년 10월 10일과 12월 12일 사이에 제2회 사랑방 철학 강좌를 개설하였다. 이번에는 명동에 있는 YWCA 강당을 빌려서 하기로 하였고, 내용은 좀 더 학구적인 것으로 바꾸어 보자는 의견이 채택되었다. 차인석 교수가

'노동과 사상'이라는 제목으로, 이삼열 교수가 '마르크스주의란 무엇인가?'라는 제목으로 각각 세 번씩 강의하였다. 그리고 이한구 교수가 '역사란 무엇인가?'라는 제목으로, 이명현 교수가 '문명과 인간'이라는 제목으로 역시 세 차례씩 강의하였다.

제2회 사랑방 철학 강좌는 수준이 상당히 높고 내용도 충실한 강좌였다고 자부한다. 수강생이 많을 것이라는 예상 아래 큰 강당을 사용하기로 하였다. 그러나 수강생의 총수는 70명 정도에 그쳤다. 그나마 도중에서 탈락하는 사람들이 계속 늘어났다. 학구적인 강좌로써 많은 청중을 동원하기에는 한국의 철학 문화 수준이 아직 초보 단계에 있음을 실감하였다.

제3회 사랑방 철학 강좌는 1989년 4월 11일부터 7월 4일 사이에 12회에 걸쳐서 실시하였다. 장소는 역시 YWCA의 4층 강당이었다. 이번에는 매력이 있는 전체의 제목을 붙여서 사람들을 끌어 보자는 얄팍한 생각으로 '나는 누구인가?' 하는 큰 주제를 내걸었다. 그리고 우선 엄정식 교수가 '자아의 인식'이라는 제목으로 네 번에 걸친 강의를 하였다. 그리고 김광수(金光秀) 교수가 '마음의 철학'이라는 제목으로, 심재룡(沈在龍) 교수가 '불성(佛性)과 여성'이라는 제목으로 각각 네 번씩 강의하였다.

'매력적인 이름'을 붙인다고 잔꾀까지 부렸으나, 수강생의 수는 2회 때보다도 더 줄었다. 강당은 넓은데 사람이 적으니 전체의 분위기가 썰렁했고, 강사들에게 미안하다는 생각을 금하기 어려웠다. 오락이 아닌 철학으로 사람들의 관심을 끈다는 것이 얼마나 어려운가를 새삼 느끼면서 '사랑방 철학 강좌'도 생각처럼 쉬운 일이 아니라는 것을 알게 되었다.

『철학과 현실』이라는 책자를 부정기 간행물 형태로 1년에 두 번 정도 내는 것만으로는 연구소의 주요 사업으로서 미흡하다는 것이 벌써부터의 일치된 의견이었다. 미흡한 줄 알면서도 그렇게밖에 못한 데는 두 가지 이유가 있었다. 첫째로, 철학문화연구소가 발족할 당시에는 잡지의 발행 허가를 얻기가 매우 어려웠다. 둘째로, 정기 간행물을 출판할 수 있는 현금의 준비가 되어 있지 않았다.

제6공화국이 몰고 온 자유화의 바람 덕택으로 정기 간행물 발행에 대한 규제는 1988년이 다 가기 전에 풀렸다. 이제는 돈만 있으면 『철학과 현실』을 정식 잡지 모양으로 발행할 수 있게 되었을 때, 나는 사당동 3가에 있는 나대지를 팔기로 하였다. 앞에서도 말했듯이, 이 나대지에 빌딩을 지어서 그 일부는 연구실 사무실로 쓰고 다른 일부는 임대를 주어서 연구소를 운영한다는 것이 본래의 생각이었다. 그러나 그 위치가 연구소에 적합하지 않다는 것을 알게 되었고 또 그 밖의 여러 사정을 고려해서, 차라리 그 나대지를 매각하기로 계획을 바꾼 것이다.

1989년 7월에 그 땅을 원하는 사람이 나타나서 계약을 체결했을 때, 예기치 않았던 문제가 생겼다. 그 나대지를 점유하고 있던 사람들이 약속을 어기고 명도를 거부하고 나선 것이다. 그 땅을 팔기로 했다는 것은 그들도 알고 있었고, 팔리는 즉시 지장이 없도록 명도하겠다는 약속을 했음에도 불구하고 태도를 돌변함으로써 사람을 당황하게 만들었다.

내가 샀을 당시에도 그 땅은 두 사람이 나누어서 이용하고 있었다. 반은 철공장을 하는 윤 씨가 천막을 치고 있었으며, 나머지 반은 물력 가게 주인인 최 씨가 건축 자재를 쌓아 놓고 있었다. 그 땅을 소개한 박 씨는 그들을 쫓아내는 것보다는 그대로 두는 편이 좋다고 말하였다. 어려운 사람들을 도와주는 뜻도 있고, 그 땅이 연탄재 쓰레기 더미가 되는 것을 막는 효과도 있다고 하였다. 그뿐만 아니라, 많지는 않지만 셋돈을 좀 받기로 되어 있으니 재산세를 걱정할 필요도 없다고 하였다. 보증금 따위는 없고 6개월마다 50만 원을 두 집에서 나누어 내기로 되어 있으며, 그것은 자기가 받아서 주겠다고 약속하였다.

그러나 내가 집을 짓거나 팔기를 원할 때 땅을 비워 주지 않으면 곤란하지 않느냐고 걱정을 했다. 그런 염려는 말라는 것이 박 씨의 대답이었다. 윤 씨와 최 씨는 본래 착한 사람들이고 또 자기의 말이라면 잘 듣도록 되어 있으니, 그 점은 박 씨 자신이 책임을 지겠다고 다짐하였다. 다만 그 사람들이 항상 고맙다는 생각을 갖도록 임대료는 적게 받는 것이 안전하다고 하였다. 박 씨의 말이 논리정연하고 사리에도 맞기에, 나는 그의 의견을 따르기로 하였다.

박 씨는 약속대로 1년에 두 번씩 50만 원의 돈을 받아 주었다. 그런데 두 사람으로부터는 70만 원을 받고 나에게는 50만 원만 주었다는 사실이 우연히 밝혀졌다. 우리 집 담을 고칠 일이 생겨서 최 씨 가게에 들른 일이 있었고, 그때 이야기 끝에 그 사실이 탄로난 것이다. 사람이 어찌 그럴 수가 있느냐며 최 씨도 윤 씨도 분개하였다.

그 다음부터는 최 씨와 윤 씨가 직접 임대료를 가지고 우리 집으로 찾아왔다. 이쪽에서는 잊고 있어도, 6월 말과 12월 말만 되면 어김없이 찾아 주었다. 철대문이 고장났을 때 윤 씨에게 부탁했더니 즉각 달려와서 고쳐 주었다. 수고비를 받지 않겠다고 하여, 억지로 돈을 주머니에 넣어 주어야 할 정도로 친한 사이가 되었다. 그 대지를 팔려고 내놓았다는 사실을 알리고 계약이 되면 곧 비워 달라고 부탁했을 때, 두 사람은 염려 말라고 거듭 약속하였다. 대체로 말해서, 그동안에 내가 받은 '임대료'라는 것이 다른 사람들의 경우보다 쌌기 때문에, 그것을 고맙게 생각하고 있다는 인상이 강했다.

그 땅을 매매하는 계약을 맺은 직후에, 나는 최 씨와 윤 씨를 방문하고 두 달 안에 철거해 주기를 부탁하였다. 그러나 두 사람은 난색을 표명하였다. 최 씨는 그래도 말이 좀 통하는 편이었다. 건축 자재를 다른 자리로 옮길 때 그 비용을 내가 부담한다는 조건으로 명도를 약속하였다. 그러나 윤 씨의 경우는 문제가 간단하지 않았다. 그는 자기의 천막집을 다시 나누어서 두 사람에게 세를 주고 있었다. 내가 모르는 사이에 그렇게 했던 것인데, 윤 씨는 다시 세든 사람을 방패로 삼고 돈을 울궈 내려고 꾀하였다.

나의 동의 없이 그 땅의 일부를 다시 제삼자에게 임대한 것이 불법이라는 사실을 윤 씨는 인정하였다. 그리고 두 사람을 내보낼 책임이 자신에게 있다는 것도 인정하였다. 그러나 그는 나와 협력하여 그 두 사람을 내보려고 애쓰지 않고, 그 두 사람이 명도에 관한 각서를 나에게 써준 적이 없다는 사실을 이용하여 돈을 울궈 내려고 하였다. 두 사람이 받는 것과 같은 액수를 자기도 철거 위로금으로 받아야 한다는 억지 논리였다. 자기가 그동안 신세진 것을 생각하면 사람의 도리가 아닌 줄 알지만, 가난이 원수라 도리가 없다는 말도 하였다.

이명현, 김광수 두 젊은 교수와 함께 윤 씨를 찾아가서 설득을 꾀하기도 하였다. 그 땅이 개인 명의로 되어 있지만, 내막은 철학문화연구소라는 단체의 재산이라 해도 과언이 아님을 말하고, 성의껏 협력해 줄 것을 부탁하였다. 우리 연구소가 영리를 목적으로 하지 않는 뜻있는 기관이라는 것도 물론 강조하였다. 그러나 그러한 사정은 윤 씨와는 아무 상관도 없는 이야기였다.

한국휴머니스트회 학생부의 회원이기도 했던 신영무(辛永茂) 변호사를 찾아가서 조언을 구하였다. 소송을 하면 이길 수는 있다고 하였다. 그러나 명도를 요구한 뒤에 최소한 6개월 동안은 기다려 주어야 하는 것이 현행법의 규정이라고 알려 주었다. 소송을 하면 비용도 들고 시일도 끌게 되니, 가급적이면 타협을 보는 것이 현명하다는 결론이었다.

처음부터 약간의 이사 비용은 줄 생각이었다. 그러나 저쪽에서 너무 많은 액수를 요구하는 데서 문제가 생긴 것이다. 결국 주고받을 돈의 액수를 흥정하고 조정하는 일이 문제의 핵심이었다. 내가 직접 나서서 흥정을 하는 것보다는 최 씨를 중간에 넣는 것이 좋을 듯하기에, 최 씨에게 중재를 부탁하였다. 그러나 최 씨도 어디까지나 윤 씨 편이라는 것을 눈치채게 되었다. 사리나 시비는 어떻든 간에, 윤 씨가 많은 돈을 받게 되면 자기도 그 액수에 준해서 돈을 요구할 수 있다는 계산이 그에게는 더 중요하였다.

생각다 못해 그전에 그 땅을 살 때 소개해 준 복덕방 박 씨에게 중재 임무를 부탁하였다. 그가 정직한 위인이 아니라는 것을 알면서도 그에게 다시 부탁한 데는 두 가지 이유가 있었다. 첫째로, 윤 씨가 관례보다도 큰돈을 요구한다는 소문을 듣고 박 씨가 분개하더라는 말이 내 귀에까지 들렸다. "차라리 칼을 들이대고 돈을 내라는 편이 낫지, 어찌 그럴 수가 있느냐!"고 말했다는 것이었다. 둘째로, 최 씨가 물력 가게를 옮길 장소로 얻게 된 땅에 관해서도 비슷한 문제가 생겼는데, 박 씨가 중간에 들어서 150만 원에 타협을 보도록 만들었다는 말을 최 씨로부터 들었다.

내 부탁을 듣고 박 씨는 걱정 말라고 장담하였다. 그가 성의껏 주선하면 나에게 큰 도움이 될 것 같은 인상을 받았다. 그러나 박 씨는 성의를 다하지 않았다. 처음에는 나를 도울 생각이 있었을지도 모르나, 뒤에 가서는 윤 씨네 편을 들기로 마음을 바꾸었다. 그 세 사람에게 되도록 많은 돈을 받도록 만들어 주고 세 사람으로부터 사례금을 받는 편이 자기에게 유리하다고 판단했던 모양이다.

윤 씨네 세 사람 가운데서 가장 발언권이 강하고 영향력이 있는 것은 윤 씨가 아니라 포장마차를 경영하는 아줌마라는 느낌이 들었다. 본래는 윤 씨에게 압력을 가하여 그가 끌어들인 두 사람을 내보낼 작정이었으나, 윤 씨는 매우 교활하기는 했으나 그 두 사람을 움직일 만한 위인이 못 된다는 생각을 하게 되었다. 그래서 나는 세 사람을 동시에 방배동 사무실로 불러서 그들과 의견을 나누었다. 다음에는 포장마차 아줌마가 혼자서 찾아왔기에 결단을 내려 버렸다. 세 사람에게 각각 4백만 원씩 주기로 하고 결말을 냈던 것이다.

더 오래 끌며 끝까지 싸웠으면 돈을 좀 덜 주고 해결할 수도 있었을 것이다. 그러나 나는 돈보다는 건강이 더 중요하다는 생각이 들어서 빨리 매듭을 짓고 말았다. 최 씨에게는 2백만 원을 주었다. 그 이하를 받으면 세상 사람들이 자기를 병신이라고 할 것이라는 점을 걱정하면서, 최 씨는 2백만 원을 고집하였다. 최 씨는 경제적으로 어려워서가 아니라 '병신'이라는 말을 듣지 않기 위해서 과다한 '이사 비용'을 받아 낸 셈이다. 네 사람에게 준 돈을 합하면 내가 '임대료' 명목으로 그동안 최 씨와 윤 씨에게서 받은 총액의 세 곱절도 넘을 것이다. 사회생활 공부에 바친 수업료치고는 좀 과다하게 지출한 셈이다. 병신이 따로 없다.

부정기 간행물이었던 『철학과 현실』은 따로 직원을 두지 않고 어거지로 발행하였다. 철학문화연구소 측에서는 편집위원들이 원고 청탁과 교정 보는 일을 맡아서 했고, 그 나머지 일은 전태춘 씨 형제 출판사에서 맡아서 해주었다. 그러나 이제 계간 잡지의 모양을 갖추어서 출판하자면 우리 연구소 자체의 직원이 몇 사람 필요하였다. 그러나 돈을 펑펑 쓸 수 있는 형편이 못 되었으므로 우선 최소한의 인원만 가지고 시작할 수밖에 없었다.

우선 편집의 실무 책임자로서 고현진(高賢鎭) 씨를 맞아들였다. '뿌리깊은 나무사'에서 경험을 쌓은 30대 초반으로서 일을 꼼꼼하게 잘한다는 소문이었다. 직책은 '편집장'이었다. 그 아래 편집 실무자가 또 있는 것이 아니었지만, 그 위에도 없었던 까닭에 '편집장'이 적합하였다. 고현진 씨가 편집장으로 취임한 것은 1989년 10월 초였다. 아직 편집장실은 따로 없었고, 내 사무실을 책장으로 칸막이를 하여 임시로 그 자리를 만들었다.

편집 직원 이외에 경리 기타를 맡아 볼 직원도 필요하였다. 그러나 비용을 절약해야 하겠기에, 그 일은 우산육영회의 장현숙(張賢淑) 사무장이 맡아 보도록 하였다. 아직도 구멍가게 수준을 벗어나지 못한 초라한 출발이었다.

계간지로서의 『철학과 현실』 첫 호가 발행된 것은 1990년 3월 초순이었다. 우리 연구소의 얼굴에 해당하는 『철학과 현실』이 부정기 간행물에서 계간지로 바뀐 것은 자축할 만한 발전이라고 생각되었다. 그리고 책자의 내용도 많이 좋아졌다는 자부심 비슷한 느낌이 따랐다. 우리들의 이 발전된 모습을 세상에 널리 알리는 것이 좋을 것 같아서 번거롭더라도 세미나를 한 번 더 열자는 의견이 나왔다.

세미나를 여는 것은 크게 어려운 일이 아니었다. 계간지 첫 호의 특집이 '대학과 국가'였고, 이 주제 아래 세 편의 논문이 실려 있었다. 이 세 편의 논문을 발표하고 거기에 토론을 곁들이면, 그런대로 조촐한 세미나가 될 수 있었다. 그러나 세미나 장소에 사람이 모이지 않으면 홍보를 위한 행사로서는 실패작이 되고 말 것이다. 부정기 간행물을 계간지로 바꾼 것을 기념하는 세미나라는 명분만을 가지고는 많은 사람을 모이게 하기 어려울 것이라는 비관론이 우세하였다.

이때 이명현 교수의 머리에 떠오른 것이 '김태길 교수 고희 출판 기념회'를 겸한 모임을 갖자는 생각이었다. 공교롭게도 나의 『변혁 시대의 사회철학』이 1990년 3월 초에 나왔음을 기화로 심고 계획에 없었던 '고희 출판 기념회'를 열자는 것이다. 내가 그 책을 쓰면서 고희를 염두에 둔 것은 아니지만, 우연의 일치로 '고희 출판'이라는 이름을 붙여도 시기상으로는 크게 이상할 것이 없었다. 다만 나는 그런 종류의 행사를 떠벌리는 것을 별로 좋아하지 않는 편이다. 그러나 계간지 『철학과 현실』을 선전하고 싶은 욕심 때문에 나는 그 갑작스러운 '김태길 고희 출판 기념회'를 여는 일에 동의하였다.

계간지의 '창간'과 '고희 출판 기념'을 동시에 축하한다는 급작스러운 모임이 열린 것은 1990년 3월 10일이었다. 장소는 프레스 센터로 정했고, 먼저 '국가와 대학'이라는 주제의 세미나를 연 다음에 곧 이어서 '고희 출판 기념'을 축하하는 모임을 가졌다. 2백 명 내외의 사람들이 모였으니, 비교적 성황을 이루었다고 볼 수 있을 것이다. 그러나 계간지 『철학과 현실』을 선전하고자 했던 우리의 의도는 살리지 못하고 말았다. 『철학과 현실』이 부정기 간행물에서 계간지로 바뀌었다는 사실이 우리 연구소 당사자들에게는 큰 변화였으나, 남이 볼 때는 별로 대수롭지 않은 일로 받아들여졌던 것이다. 신문이나 잡지에서도 내가 쓴 『변혁 시대의 사회철학』에 대해서는 적지 않은 관심을 보였으나, 계간지에 대해서는 매우 소극적 반응을 보였다.

계간지로 모습을 바꾼 『철학과 현실』의 존재가 세상에 널리 알려지지는 않았으나, 이 잡지를 본 사람들의 평은 대체로 좋은 편이었다. 이 잡지를 읽은 사람들은 우리나라에서는 지식 수준이 높은 계층이었고, 그들의 공통된 의견은 '속이 꽉 찬 잡지'라는 한마디로 요약되었다. "잡지라는 것은 슬슬 넘겨가며 띄엄띄엄 읽으면 되는 것으로 알았는데, 이 잡지는 읽어야 할 것이 너무 많아서 부담을 느낀다."고 말한 대학생도 있었다. 정성을 들여서 만든다는 인정을 받게 되었고, 우리나라 교양지 가운데서는 가장 수준이 높은 잡지라는 말이 들려 왔다.

'가장 수준이 높은 잡지'라는 말은 '읽기에 힘이 드는 잡지'라는 뜻도 함축한다. 우리는 되도록 난해한 철학적 용어를 피하고, 뜻이 깊은 생각을 알기 쉬운 표현으로 쓴 원고를 싣고자 노력했으나, 그것은 마음대로 되는 일이 아니었다. 여러 필자들이 우리 편집실의 의사를 반영하도록 협력해 주었으나, 더러는 난해한 원고를 보내오는 학자들도 있었다. 어느 정도 자리가 잡힌 필자는 각각 자기에게 고유한 문제를 가지고 있으며, 그 고유한 문제를 떠나서 우리 잡지에 맞도록 쉬운 표현으로 써달라는 부탁은 약간 무리한 요청이다.

내용에 깊이가 있는 글을 알기 쉬운 표현으로 쓰는 필자가 우리 계간지를 위해서 가장 적합한 필자로 환영을 받을 수밖에 없었다. 그러나 그러한 필자가 우리 한국에 수없이 많다고는 보기 어려우므로, 자연히 동일한 필자에게 두 번 또는 세 번 거듭 원고 청탁을 하는 추세가 되었다. 결코 폐쇄적 동기에서 그렇게 한 것은 아니나, '저희들 글만 실린다'는 오해를 면하기 어려운 모양이 되곤 하였다.

편집위원들 가운데도 새로운 필자를 등장시키자는 의견을 제시하는 사람들이 있었고, 그들의 추천을 따라서 필자를 가끔 등장시켰다. 그러나 알려지지 않은 사람들 가운데서 좋은 필자를 발굴한다는 것은 생각처럼 쉬운 일이 아님을 느끼게 될 경우가 많았다. 아마 우리 편집위원이 모르는 사람들 가운데도 탁월한 필자가 많이 묻혀 있을 것이다. 그들을 찾아내는 노력을 꾸준히 해야 할 것으로 알고 있다.

그러나 힘들이지 않고 읽을 수 있는 흥미 위주의 책만을 선호하는 독서 풍토에 영합하고자 함은 물론 아니다. 오락 잡지를 만들어서 돈벌이를 하자는 것이 우리의 목적은 아니므로, 경우에 따라서는 표현이 어려운 글도 많이 실어야 할 것이다. 다만, 평이한 표현으로 능히 전달할 수 있는 것을 굳이 난삽한 표현에 담는 현학(衒學)은 되도록 피하자는 것이 우리들의 일관된 생각이다.

아무리 좋은 잡지를 만들어 낸다 하더라도 널리 읽히지 않으면 그것을 만들어 내는 의의가 없다. 널리 읽히도록 만들자면 광고를 많이 내거나 대중의 구미에 맞는 잡지를 만들어야 한다. 그러나 거액의 광고료를 지출할 수 있는 형편이 아니고, 철학 잡지를 대중의 구미에 맞도록 꾸민다는 것도 지극히 어려운 일이다. 아무리 궁리하여도 단시일 안에 많은 독자를 확보하기는 어려울 것 같다. 다만 좋은 잡지를 계속해서 꾸준히 내면 독자들의 입을 통하여 그 사실은 차차 알려질 것이다. 시간은 걸리겠지만 그 길만이 확실할 것으로 보인다. 지금도 과거에 나온 것들을 창간호부터 전부 보내 달라는 주문을 종종 받는다.

우리 연구소의 취지에 찬동하여 물심양면으로 성원을 보내 주신 인사들이 적지 않다. 아무 잡지에나 글을 싣지 않는 까다로운 필자로 알려진 학자들도 우리 『철학과 현실』을 위해서는 기꺼이 붓을 들었고, 일단 붓을 들면 정성을 다하여 좋은 글을 써주었다. 우리 잡지를 다량 구입하여 여러 학교의 도서관에 기증해 준 분도 있었고, 광고를 실음으로써 협찬한 분도 적지 않았다. 컴퓨터와 팩스밀리를 기증하신 분도 있고, 글씨를 써서 액자에 넣어 보내 주신 분도 있으며, 우리나라 최고의 각예가(刻藝家)로 알려진 분이 '철학문화연구소' 간판을 새겨 주기도 하였다. 그러나 자유로운 언론 활동에 부담으로 작용할 염려가 있다고 생각된 기부금은 사양하기로 하였다.

여러 면으로 가장 큰 도움을 준 사람은 전춘호 사장이었다. 그는 처음에 『철학과 현실』을 부정기 간행물로 세 권 냈을 때, 그 제작비 전액을 부담하였다. 계간지로 바뀐 뒤에도 처음 2년 동안은 제작비의 일부를 도와주었다. 출판계에 불황이 심하여 경제적 지원을 계속하기가 어렵게 된 것을 그는 안타까워하였다. 남자 직원이 하나도 없는 우리 연구소를 위해서, 힘드는 일은 그가 모두 뛰어다니며 도맡아 하였다.

계간지 발행에 총력을 기울여야 했고 또 한국 철학계에 국제 학술 회의가 자주 있어서, 한동안 사랑방 철학 강좌를 열지 못했다. 항상 숙제로 생각해 오던 철학 교실을 다시 열게 된 것은 1990년 7월이었다. 여름방학을 이용하되, 이번에는 고등학교의 철학과 논리학 교사를 주대상으로 하여, 2박 3일로 몰아서 하는 모임을 갖기로 하였다. 장소는 양평에 있는 남한강종합수련원으로 정하였다.

고등학교 철학 담당 교사들이 다수 참가할 것을 기대하고 처음에는 철학 교육에 관한 강의를 주로 하도록 계획을 세웠다. 그러나 실제로 수강을 신청한 사람들 가운데는 고등학교 교사 아닌 사람들이 더 많았으므로, 계획을 바꾸어서 철학 여러 분야의 기초적 문제들을 다루기로 하였다. 예컨대, 나는 '철학 교육의 중요성'이라는 제목으로 강의하기로 했던 예정을 바꾸어서 '윤리학의 기본 문제'를 이야기했고, '철학 교육 어떻게 할 것인가'라는 제목으로 강의하기로 했던 황경식 교수는 '사회철학'의 문제를 다루었다. 철학 교실에 참여한 강사는 이명현, 심재룡, 엄정식, 손봉호, 김광수, 소흥렬 교수 등 모두 8명이었고, 수강생 수는 30명 내외였다.

강의는 낮시간에 하고 밤에는 '철학 토론'과 '인생 담론'의 시간을 가졌다. 수강생 전원과 강사 대부분이 한자리에 모여서 밤이 늦도록 많은 이야기를 나누었다. 수강생들에게는 낮에 있었던 강의 시간보다도 밤에 있었던 대화의 시간이 더 인상적이었다는 의견이 지배적이었다. 강의에는 난해한 대목이 많았지만 대화에는 그런 것이 없었고, 열띤 토론에는 자신들도 참여할 수 있어서, 맥주와 음료수까지 나온 밤시간이 더 즐거웠던 것으로 보인다.

1991년 여름에 비슷한 철학 교실을 다시 갖자는 희망을 안고 아쉬운 작별을 했으나, 이 희망은 실현되지 않았다. 그해 여름방학 기간에는 '세계 한민족 철학자 대회'가 서울에서 있었고, 수필문우회 창립 10주년을 기념하는 '한·중·일 수필 문학 심포지엄'도 열게 되어서, 사랑방 철학 교실에 신경을 쓸 여유가 없었다. 부득이 다음 겨울방학으로 미룰 수밖에 없는 실정이었다.

1992년 1월 16일에서 1월 18일까지 숭실대학교 사회봉사관에서 '사랑방 철학 교실'을 연다는 공고를 일찌감치 발표해 두었다. 1월 초순에 준비위원들이 다시 모여서 세부 계획을 상의하는 자리에서 숭실대학교 사회봉사관에 장소 예약이 안 되어 있다는 사실을 알게 되었다. 이번 사랑방 철학 교실을 맡을 강사의 한 사람이며 우리 『철학과 현실』의 편집위원이기도 한 이삼열 교수가 그 사회봉사관의 관장이었던 까닭에 장소 예약에 대해서는 아무도 신경을 쓰지 않았던 것이다.

그제서야 이삼열 교수에게 다급한 전화를 걸었다. 이삼열 교수가 사회봉사관 실무자에게 연락해 보고 알아낸 것은 방학 동안은 거의 모두 다른 단체들이 예약을 해놓고 있다는 사실이었다. 부득이 장소를 바꿀 수밖에 없다는 결론을 내리고 새 장소를 물색하는 소동을 빌였다. 겨우 한국정신문화연구원 세미나실과 기숙사를 사용할 수 있어서 그리로 정하기는 했으나, 그 사실을 빨리 광고하기가 쉽지 않아서 혼란을 겪어야 했다.

강좌에 참석하겠다고 미리 신청한 사람들에게 일일이 장소 변경을 알려야 했고, 서울시 밖에 있는 정신문화연구원까지 가는 버스를 대절해야 할 부담이 생겼다. 정신문화연구원은 난방비를 따로 받기로 되어 있었고, 그 비용이 의외로 많아서 적자 폭이 크게 늘어났다. 철학자들이 모여서 하는 일이 사무적으로 얼마나 엉성한가를 보여주는 촌극을 연출한 셈이다.

'사랑방 철학 강좌'가 시작되기 전날 눈이 내렸다. 정신문화연구원의 설경(雪景)이 아름답다고 모두들 좋아하였다. 강의는 순조롭게 진행되었고, 밤에 있었던 토론의 시간도 열기로 가득 찼다. 강의가 좀 어렵다는 반응이 있기는 했으나, 대체로 2박 3일이 즐거웠다고 하였다. 촌극은 그런대로 성공리에 끝난 셈이다.

1992년 여름방학을 이용하여 여섯 번째 '사랑방 철학 강좌'를 열었다. 이번에는 '논리적 사고'를 주제로 삼자는 김광수 교수의 의견을 따랐고, 김 교수 이외에 김영진, 이한구 두 교수가 강사로서 수고하였다. 장소로는 숭실대학교 사회봉사관을 사흘 동안 빌려서 사용하였다. 숙박 시설은 좋았으나, 세미나실이 넓은 데 비하여 수강자의 인원수가 적어서 분위기가 썰렁하였다. 이번에도 고등학교 교사들을 겨냥하고 계획을 짰던 것인데, 교사는 몇 사람 참가하지 않았다. 교사들이 자비로 숙박비를 부담하고 철학 강좌에 참석한다는 것은 우리나라 실정으로는 어렵다는 것을 다시 확인한 셈이다.

30명 정도의 적은 숫자의 청강생을 위한 강좌라면, 굳이 남의 시설을 빌리지 않더라도 우리 연구소 사무실에서 열 수가 있다. 그래서 일곱 번째 '사랑방 철학 강좌'는 방배동 연구소에서 열기로 하였다. 1992년 10월 중순에서부터 3개월 동안 매주 한 차례씩 강의를 하는 방식을 택하였다. 손봉호, 김태길, 이한구 세 교수가 각각 한 달씩 강의를 맡았다.

수강을 신청한 사람은 30명을 좀 넘었으나, 실제로 참가한 사람은 그보다 대여섯 명 적었다. 사무실을 강의실로 바꾼 공간이 좀 협소하다는 느낌이 들기도 했으나, 마이크 없이 오순도순 이야기를 나누는 장점도 있었다. 교통이 편리하다는 점과 남의 방을 빌리지 않고도 실시할 수 있다는 점을 살려서, 앞으로 우리 연구소를 이용하는 강좌를 계속하는 것이 바람직하다는 판단이 섰다.

강좌에 참석한 사람들이 지속적 유대를 가지고 철학 문화 운동에 동참하도록 만들기 위하여 '심경동우회(心耕同友會)'라는 모임을 만드는 것이 좋겠다는 의견에 여러 사람이 찬동하였다. 철학문화연구소를 '우리의 것'으로 느끼는 사람들이 많아지기를 바라는 마음도 없지 않으나, 억지로 될 일은 아니다. 어쨌든 모임은 결성을 보았고, 제1기의 대표로서는 이남두(李南斗) 선생이 선출되었다.

심경동우회의 운영은 회원들이 자율적으로 하기로 하되, 필요에 따라서 연구소가 옆에서 도와주는 방식을 취하기로 하였다. 우선은 하나의 주제를 중심으로 삼는 대화의 모임을 정기적으로 갖자고 하였나. 이미 몇 차례의 시험적인 모임이 있었고, '대화'를 유도하기 위한 이야기꾼으로서 정대현 교수와 엄정식 교수 그리고 내가 자리를 함께하였다.

철학문화연구소를 개인의 연구소가 아닌 공적 기관으로 만들기 위해서는 법인(法人)의 설립이 필요하다는 생각은 일찍부터 있었다. 사단법인보다도 재단법인을 만드는 편이 우리 연구소의 실정에 맞을 것 같다는 의견이 나왔다. 그러나 재단법인의 설립 인가를 얻어 내기가 그리 쉽지 않다는 소문이 들렸고, 어떤 방식으로 접근해야 할지 절차에 대해서도 아는 바가 없었다.

어려운 일이 있을 때면 늘 상의도 하고 도움도 청하는 한국일보사의 고봉진(高奉鎭) 이사에게 재난법인 실립에 관한 구체적인 의논을 한 것은 1990년 이른 봄 전후였다. 고 이사는 자기의 비서를 시켜서 재단법인 설립의 신청 절차를 알아보도록 하였고, 제출할 서류 가운데서 가장 기본이 되는 정관(定款)의 초안을 정리해 가지고 문화부의 실무자를 만나 보도록 하였다. 교육부는 법인 설립에 관해서 매우 까다롭다는 소문이 나 있었으므로, 새로 생긴 문화부 쪽을 택한 것이다.

문화부의 실무자를 만나 보고 돌아온 고 이사의 비서가 얻어 온 것은 재단 설립이 결코 쉽지 않다는 풍문을 확인시켜 주는 정보에 지나지 않았다. 문화부 실무자의 첫 반응은 '철학문화연구소'의 문제는 교육부의 소관이란 물리침이었고, 둘째 반응은 재단의 정관 초안이 제대로 되지 않았다는 지적이었다. 고봉진 이사는 자기 회사의 일만으로도 짐이 과중한 사람이었으므로, 더 이상 계속해서 부담을 주고 싶지 않았다. 다른 길을 모색해야 할 형편이었던 것이다.

그 '다른 길'이 선명하게 떠오르지 않아서 한동안 주춤하고 있었을 때, 유승국(柳承國) 교수가 중심이 되어서 발족한 '동방문화연구원(東方文化研究院)'이 재단법인 설립의 인가를 얻었다는 이야기를 들었다. 그 재단 이사장인 유승국 교수를 당시 프레스 센터에 있던 그의 집무실로 찾아가서 비방을 듣기로 하였다. 물론 내가 직접 찾아갔다.

유승국 교수가 가르쳐 준 '비방'은 비교적 간단한 것이었다. 해당 부서의 장관을 찾아가서 부탁해 보라는 처방이었다. 장관이 결심만 하고 담당 부서의 국장이나 과장에게 지시를 하게 되면 일은 수월하게 풀릴 것이라고 하였다. 간단한 처방이었지만 나에게는 심리적 부담을 느끼게 하는 방법이었다. 구비 서류도 제출해 놓지 않고 장관부터 찾아간다는 것이 좀 거북하게 느껴진 것이다.

서류가 실무자들의 계단을 거쳐서 장관 가까이 올라갈 무렵에 부탁을 하는 것이 순서일 것 같은데, 그 초입의 계단을 어떻게 올라가야 할지 그것은 나도 몰랐고 내 주위의 젊은 교수들도 모르고 있었다. 말하는 일에서라면 자신이 있는 교수들이지만, 구체적 행동으로 처리해야 할 사무적인 일에서는 대체로 무력하다. 바로 이 무렵에 구원의 손길과 만나게 되었다. 서울대학교 철학과에 74학번으로 입학한 서원석(徐源錫) 군의 도움을 받게 된 것이다.

서원석 군은 졸업 후에 가업을 계승하였고, 현재는 주식회사 '한려개발(閑麗開發)'의 대표로서 일하고 있다 그 기업체에는 일손도 많고 고문 변호사도 있어서, 재단법인 설립에 필요한 사무적인 일을 도와줄 수 있다고 하였다. 염치없는 일이지만 우리는 서원석 사장의 도움을 받기로 하였고, '한려개발'에 상임 감사로 있는 이준일(李俊一) 씨가 귀찮은 일을 도맡아서 하게 되었다.

이준일 감사는 이해가 빠른 유능한 일꾼이었고, 사람을 대하는 태도도 능숙한 편이어서 우리 일에는 다시없는 적임자였다. 그러나 그 일이 생각처럼 쉽게 진행되지는 않았다. 첫째로, 문교부로터 독립한 지가 일천한 문화부에 일이 많았고, 사람을 만나는 일부터가 쉽지 않았다. 둘째로, 제출해야 할 서류가 적지 않았다. 그 가운데는 생략해도 무방할 것 같은 서류도 있었다. 이사 또는 감사가 될 사람이 준비해야 할 서류 가운데 '신원 진술서'라는 것이 있었는데, 각각 다섯 통씩을 자필로 쓰고 지장까지 찍도록 되어 있었다. 그 진술서에 기재할 사항이 많아서 깨알 같은 글씨로 용지의 앞면과 뒷면을 꽉 채워야 하게 되어 있다. 내 자신의 진술서를 만들면서, 이사나 감사로 예정된 인사들에 대하여 미안하다는 느낌이 들었다.

가장 중요한 서류는 정관이었으며, 문화부의 규격에 맞추기 위해서 정관의 일부를 여러 차례 수정하였다. 그 과정에서 제일 문제가 된 것은 재단법인의 명칭이었다. 우리는 '철학문화연구소'를 그대로 재단의 이름으로 삼고자 원했던 것인데, 그렇게는 할 수 없다고 하였다. 대안(代案)을 물었을 때, 설립자의 아호(雅號)를 앞에 붙여서 작명을 하는 것이 가장 무난하다고 하였다. 그러나 내 아호를 붙이고 싶지는 않아서 다른 이름을 생각해 보기로 하였다.

누가 '집현문화재단(集賢文化財團)'이라는 이름을 제안하여 몇 사람의 찬동을 얻었다. 앞으로 현자(賢者)들이 구름같이 모여들기를 바란다는 뜻을 담고자 했던 것이다. 그러나 이미 이 연구소에 참여하고 있는 사람들이 현자로 자처했다는 인상을 줄 소지가 있을 뿐 아니라, "김태길이가 세종대왕이 된 기분인 모양이다."라는 비아냥거림을 당하지 않으리라는 보장도 없었다.

철학을 상징하는 어떤 말을 앞에 붙이고 싶었다. 그러나 '애지(愛知)'는 좀 통속적이다. '도서출판 산울림' 식의 신식 이름을 본떠서 '재단법인 열린 마음'이 좋겠다는 의견도 나왔으나 역시 좀 어색하다. 밤잠이 달아난 어느 날, '심경(心耕)'이라는 두 글자가 머리에 떠올랐다. 마음의 밭을 깊이 가는 것이 다름아닌 철학이라는 것이 내가 평소에 가졌던 생각이어서, 그런 글자가 떠올랐을 것이다. 다음 날 전화를 걸고 '심경문화재단'이라는 이름이 어떠냐고 물었을 때, 대체로 무난할 것 같다는 대답을 받았다. 그래서 결국 '심경문화재단'이라는 명칭으로 낙착을 보게 되었다.

재단의 이름이 결정되고 거기에 따라서 정관도 다시 고쳐서 모든 서류를 갖추어서 제출한 뒤에도 장관의 결재가 날 때까지에는 다시 몇 달이 걸렸다. 그 가운데는 신원 진술서를 각자의 관할 경찰서로 보내서 조회하는 데 필요한 시일도 포함되었다. 재단법인의 이사나 감사로서 결격 사항이 있는가 없는가를 판단하기에 필요한 사항쯤은 컴퓨터에 입력이 되어 있을 것으로 알았으나, 아직도 그렇지 못하고 관할 경찰서의 정보계 형사가 직접 조사를 하기로 되어 있다는 것도 이번에 알게 되었다.

재단법인 설립에 대한 인가가 난 것은 1992년 4월 17일이었다. 그 뒤에도 사무적으로 처리해야 할 자질구레한 일들이 적지 않았다. '재단법인 등기'라는 것을 해야 하는데, 이사와 감사들은 또 '취임 승인서'에 서명 날인하고 인감 증명서도 다시 내야 했다. 재단법인의 이름이 바뀌었다는 사실이 제대로 전달되지 않았는지, 인감 증명서에 '철학문화연구소 이사 취임 승낙용'이라고 기록된 것도 있어서 다시 증명서를 받아 온 경우도 있다. 세무서에 '사업자 등록'도 다시 해야 했고, 예금통장의 명의도 바꿀 필요가 있었다.

이제 철학문화연구소는 '심경문화재단'이라는 법인 산하의 단체가 되었고 개인의 것이 아닌 공공 기관이 되었다. 내실에 있어서도 공공 기관답게 운영하고 발전시켜야 할 것이다. 한 단계 한 단계 착실한 성장을 거듭하도록 꾸준히 노력하면, 사서 하는 고생의 보람이 조만간 나타날 것으로 믿는다.

우송 김태길 전집

체험과 사색

지은이 김태길

1판 1쇄 인쇄 2010년 5월 20일
1판 1쇄 발행 2010년 5월 25일

발행처 철학과현실사
발행인 전춘호

등록번호 제1-583호
등록일자 1987년 12월 15일

서울특별시 종로구 동숭동 1-45
전화번호 579-5908
팩시밀리 572-2830

ISBN 978-89-7775-721-9 94100
978-89-7775-706-6 (전15권)
값 25,000원